Transsib-Handbuch

Unterwegs mit der Transsibirischen Eisenbahn

Hans Engberding, Bodo Thöns

Trescher Verlag

7., überarbeitete und erweiterte Auflage 2012

Reinhardtstraße 9
10117 Berlin
www.trescher-verlag.de

ISBN 978-3-89794-225-7

Herausgegeben von Bernd Schwenkros und
Detlev von Oppeln

Reihenentwurf und Gesamtgestaltung:
Bernd Chill
Lektorat: Sabine Fach
Stadtpläne und Karten: Johann Maria Just,
Martin Kapp, Bernd Schwenkros

Alle Angaben in diesem Buch wurden sorgfältig recherchiert und überprüft, trotzdem kann für die Richtigkeit keine Gewähr übernommen werden. Hinweise und Informationen unserer Leserinnen und Leser nimmt der Verlag gerne entgegen.

Gedruckt auf chlorfrei gebleichtem Papier

Printed in Germany

Länder und Leute

Die Geschichte der Transsib

Transsib von A bis Z

Städte entlang der Transsib

Routenplan der Transsib

Sprachführer

Reisetipps von A bis Z

Anhang

Anhang

Essays

ТРАНС-СИБИРСКИЙ ЭКСПРЕСС
018
86084

Vorwort

Die Transsibirische Eisenbahn ist die *Bahnreise auf der ganzen Welt. Alles andere sind Peanuts.*

Eric Newby

Abenteuer und Freiheit entlang des Schienenstranges: endlose Weiten und phantastische Landschaften, Europa und Asien im fließenden Übergang, Zwiebeltürmchen und buddhistische Klöster, Taiga und Wüste, Millionenmetropolen und Jurten – die Liste der Sehenswürdigkeiten ist kaum kürzer, als die Transsibirische Eisenbahn lang ist. Für viele ist eine Reise mit der Transsib ein Traum. Doch lohnt sich eine solche Reise? Oder sollte man es lieber einen Traum bleiben lassen? Muss man sich das so oft in den Medien behauptete Horrorszenario einer Reise in den tiefen und fernen Osten wirklich antun? Man muss nicht, aber von denen, die es taten, haben es die wenigsten bereut, und viele bezeichnen ihre Fahrt mit der Transsib als die faszinierendste Reise ihres Lebens.

Mittlerweile begeistert die längste Eisenbahnstrecke der Welt schon über 100 Jahre ihre Fangemeinde. Erstmalig rührte Russland die Werbetrommel für die Transsib noch vor der vollständigen Inbetriebnahme auf der Pariser Weltausstellung im Jahre 1900. In den folgenden Jahren wuchs der Strom der abenteuerlustigen Bahnfahrer mit beachtlichen jährlichen Zuwachsraten, was sich noch heute anhand der Reiseliteratur jener Zeit sehr anschaulich nachvollziehen lässt. Mit der wachsenden Profilierung der großen Diktatoren des 20. Jahrhunderts vereisten auch die Beziehungen zwischen den deutsch- und russischsprachigen Völkern. Später folgte der Eiserne Vorhang, der sich zwar mit den Jahren etwas lockerte, was aber trotzdem nur wenige dahinter lockte. Heute nun zeichnet sich in der westlichen Sicht der Dinge ein klarer Silberstreifen am östlichen Horizont ab. Die Landschaften und Menschen entlang der endlosen Bahntrasse sind wieder interessant geworden. Mehr politische Stabilität in Russland und China wecken die Neugier auf Reisen mit der Transsibirischen Eisenbahn.

Wir sind sicher, mit diesem Buch eine Beantwortung der Frage zu erleichtern, ob es reizvoll sein könnte, sich heute für eine solche Reise zu entscheiden. Natürlich findet man auch umfassende Informationen und Tipps zur Transsib in allen ihren Facetten vom Moskauer Kreml über den Baikalsee bis zur Großen Chinesischen Mauer, vom Visumsformular über die richtige Vodka-Sorte bis zum Toilettenpapier. Je nachdem, wieviel Abenteuerlust und praktische Vorkenntnisse man über Russland, China und die Mongolei mitbringt – jeder findet heute die passende Variante für eine Reise mit der Transsib.

Alle Angaben basieren auf aktuellen Recherchen. Die Zeit ist aber bekanntlich manchmal etwas schneller als der Express der Transsibirischen Eisenbahn und dieses ihn nun bereits in der 7. Auflage begleitende Handbuch. Wenn Ihnen also irgendwo entlang des Schienenstranges neuere und aktuellere Informationen in die Hände fallen, sind Ihnen Autoren und Verlag für Hinweise jeglicher Art dankbar.

Der ›Transsibirien-Express‹ im Bahnhof Port Bajkal

Hinweise zur Benutzung

Im ersten Teil des Buches gibt es **allgemeine Informationen** über die Geographie, die Geschichte und die heutige Situation in China, der Mongolei und Russland, wobei hier das besondere Augenmerk auf Sibirien gerichtet wird.

Der zweite Teil ist der Entstehungsgeschichte und der wechselvollen **Geschichte der Transsibirischen Eisenbah**n gewidmet und präsentiert im Kapitel **Transsib von A bis Z** den längsten Aufenthaltsort auf der Reise – den Zug selbst – samt aller Besonderheiten und Regeln.

Die Qual der Auswahl der Möglichkeiten für längeres Aussteigen und Verweilen erleichtern im dritten Teil die den **wichtigsten Städten** entlang des Schienenstranges gewidmeten kurzen Stadtführungen einschließlich der jeweiligen Stadtpläne. Wir bewegen uns bei den Städteporträts zunächst in Russland von West nach Ost. Aufgrund verschiedener Streckenführungen fährt man nicht auf jeder Route durch alle vorgestellten Orte. Nach dem russischen Fernen Osten folgen dann die Mongolei und China.

Schaffnerin im Zug ›Rossija‹ zwischen Moskau und Vladivostok

Während man in der Vorfreude oder in der Nachbereitung einer Transsib-Reise in der Vergangenheit bestenfalls mit dem berühmten Finger auf der Landkarte schwelgen konnte, bietet Google Earth heute mit recht komfortablen Satellitenbildern vollkommen neue Möglichkeiten für die Vor- bzw. Nachbereitung mit dem Finger auf der Maustaste, so dass man einige Streckenabschnitte aus der Vogelperspektive schon recht gut verfolgen kann. Das trifft insbesondere auf die meisten größeren Städte und deren Umgebung zu. Um die Suche bei Google Earth zu erleichtern, werden für alle größeren Orte die entsprechenden **Koordinaten des jeweiligen Bahnhofsgebäudes** in den praktischen Hinweisen zum jeweiligen Ort oder bei den Routenplänen angegeben.

Im vierten Abschnitt findet man alle möglichen **Reiserouten auf der Transsib**. Neben der Transmongolischen und der Transmandschurischen Bahn werden innerhalb Russlands sowohl die klassische Route von Moskau über Jaroslavl' gen Osten als auch die ursprüngliche Route über Čeljabinsk, die tatarische Route über Kazan' und die heute von den Regelzügen am stärksten frequentierte Route über Nižnij Novgorod sowie die alte Hauptstadtroute aus St. Petersburg mit allen Bahnhöfen entlang der Strecke vorgestellt.

Dem **Sprachführer** mit dem jeweiligen Basisvokabular schließen sich – nach Ländern geordnet – praktische **Reisetipps von A bis Z** an, die der Vorbereitung und der Orientierung vor Ort dienen.

Rikscha-Taxis in Erlian

Im **Anhang** findet man Hinweise zu weiterführenden Büchern, Filmen sowie aktuellen Internetseiten, desweiteren Faksimiles der wichtigsten benötigten Dokumente.

Schreibweisen

Das **Russische** nutzt das kyrillische Alphabet, für das es aber unterschiedliche gebräuchliche Transkriptionen gibt. Das Buch folgt der **wissenschaftlichen Transliteration**, da diese keinen Zweifel über die Schreibweise des Originals aufkommen lässt und jeder Begriff problemlos ›rekonstruiert‹ werden kann (→ S. 423). Wenn in russischen Quellen vom Flugticket bis zum Stadtplan Transkriptionen vorgenommen werden, orientieren sich diese zumeist an der im Englischen üblichen Schreibweise, so dass es hier zu Unterschieden kommen kann. In wörtlichen Zitaten wurde die jeweils dort verwendete Schreibweise von Eigennamen beibehalten. Besonders geläufige Eigennamen (Puschkin, Dostojewski) wurden in der im Deutschen üblichen Version verwendet.

Auch das **Mongolische** benutzt nach wie vor das kyrillische Alphabet, mit einigen vom Russischen abweichenden Zeichen (→ S. 434). In den Legenden zu den Stadtplänen sowie bei wichtigen Eigennamen ist in den Passagen über Russland und die Mongolei auch immer die kyrillische Originalbezeichnung angegeben.

Ein Sonderfall ist das **Chinesische**, kaum jemand wird in der Lage sein, sich die wichtigsten Schriftzeichen auf die Schnelle einzuprägen, aber man kann zum Beispiel im Taxi auf die Zeichen im Sprachführer deuten und wird so auch ans Ziel gelangen (→ S. 440).

Zeichenlegende

- Allgemeine Informationen,Vorwahlen, Reiseagenturen
- Information über Postämter, Banken, Reisebüros etc.
- Bahnhöfe und Zugverbindungen
- Busbahnhöfe
- Flughäfen und wichtige Flugverbindungen
- Flusshäfen und Schiffsverbindungen
- Hotels
- Restaurants
- Einkaufsmöglichkeiten
- Internetseiten zum Standort

Winter am Baikalsee

Häufig vorkommende Bezeichnungen in Stadtplänen

russisch	chinesisch	mongolisch	deutsch
pl. – ploščad'	chăng	talbai	Platz
ul. – ulica	jiē, lu	gudamdsch	Straße
per. – pereulok	hútòng	narijn gudamdsch	Gasse
pr. – prospekt	dajie	ergen tschelee	breite Hauptstraße
nab. – naberežnaja	bīnjiāngdào		Uferstraße
bul. – bul'var	dàdào		Boulevard

Das Wichtigste in Kürze

Zeitzonen

Russland: Das Land erstreckt sich über zehn Zeitzonen. Die Fahrpläne der Transsib werden stets in Moskauer Zeit angegeben (MEZ + 2 Stunden, im Winter + 3 Stunden).

Mongolei: Es gibt drei Zeitzonen, Ulaanbaatar befindet sich in der mittleren (MEZ + 6, im Winter plus +7).

China: Trotz seiner immensen Ost-West-Ausdehnung über fünf Zeitzonen gibt es nur eine einzige Zeitzone (MEZ + 6, im Winter +7)

Einreise

Russland: Es besteht Visumpflicht, die Prozedur ist kompliziert und kann nur persönlich oder per Visumservice bei der Botschaft erledigt werden. Wer keine Erfahrung hat, sollte sich an eine spezielle Agentur wenden.

Mongolei: Für die Einreise benötigt man ein Visum, das unkompliziert per Post beantragt werden kann.

China: Europäer können nur mit Visum nach China einreisen. Dieses muss persönlich oder per Visumservice (nicht per Post) bei einer der diplomatischen Vertretungen beantragt werden.

Bei Pauschalreisen erledigt dies in allen drei Fällen der Veranstalter.

Geldwechsel

Kurse vom Januar 2012

Russland: 1 Euro entspricht ca. 40 Rubel. Man bekommt Rubel nur vor Ort. Es gibt zahlreiche Wechselstuben und Geldautomaten, an denen man meist mit der ec-Karte abheben kann. Euro und US-Dollar können problemlos getauscht werden.

Mongolei: 1 Euro entspricht ca. 1750 Tugrik. Euro und Dollar sind inoffizielle ›Zweitwährungen‹, man sollte entsprechend kleine Scheine dabei haben. Man kann kleine Summen überall privat oder an der Hotelrezeption tauschen. In der Hauptstadt gibt auch Geldautomaten.

China: 1 Euro entspricht ca. 9 Yuan, Kreditkarten sind mittlerweile in den Großstädten weit verbreitet, Reiseschecks werden in den staatlichen Banken gerne genommen, und an vielen, aber nicht allen Geldautomaten bekommt man Geld mit der ec-Karte. Schwarztausch ist illegal.

Verständigung

Russland: Ohne Russischkenntnisse ist es schwierig, Englischkenntnisse kann man außerhalb größerer Hotels und Touristik-Unternehmen nicht unbedingt erwarten.

Mongolei: Neben Mongolisch sprechen die meisten Menschen Russisch, in Ulaanbaatar wird man manchmal auch mit Englisch oder Deutsch Erfolg haben.

China: Bei touristischen Dienstleistern in Beijing oder Shanghai kann man rudimentäre Englischkenntnisse erwarten. Dies gilt allerdings nicht unbedingt für Taxifahrer!

Gesundheit

Russland: Es sind keine Impfungen vorgeschrieben. Im Sommer gibt es viele Zecken und Stechmücken. Die Mitnahme eines entsprechenden Mittels ist zu empfehlen.

Mongolei: Keine Impfvorschriften. Man kann nicht damit rechnen, benötigte Medikamente im Land kaufen zu können.

China: Keine allgemeinen Impfvorschriften.

Eine Reisekrankenversicherung, die auch die Kosten eines Rücktransportes abdeckt, ist für alle drei Länder unbedingt zu empfehlen, für Russland obligatorisch. Ebenso sollte Impfschutz gegen Polio, Tetanus, Diphterie und Hepatitis A und B bestehen.

Sicherheit

Russland: Bei Beachtung der allgemein üblichen Vorsichtsmaßnahmen besteht nicht mehr Gefahr als in westeuropäischen Ländern.

Mongolei: Taschendiebstähle sind auf Märkten nicht selten; ansonsten ist die Mongolei ein sicheres Reiseland.

China: Tätliche Angriffe auf Ausländer sind selten, und auch Frauen können sich allein sicher bewegen. Vor Taschendieben sollte man sich dennoch in acht nehmen.

Ausführliche Informationen in den Reisetipps von A bis Z ab → Seite 451.

Individuell oder organisiert?

Wer sich zum ersten Mal aufmacht, um seine eigenen Vorstellungen über Russland und gegebenenfalls die Mongolei und China vorsichtig an der Realität abzuklopfen, sollte sich für eine Reise im **Sonderzug** entscheiden. In einer zumeist bunt zusammengewürfelten Gruppe Gleichgesinnter findet er ein von erfahrenen Reiseveranstaltern betreutes Programm, das eine westlichen Gewohnheiten entsprechende Logistik gewährleistet.

Wer sich eine gründlichere Bekanntschaft mit den Menschen und Landschaften der ausgewählten Transsib-Route wünscht und zutraut, sollte eine individuell zusammengestellte Reise oder eine **Kleingruppenreise auf Regelzügen** durchgehend buchen, um so mit der Rückendeckung des westlichen Reiseveranstalters vor allzu unerwarteten Überraschungen gefeit zu sein.

Wem ein richtiges Abtauchen in die Realitäten vor Ort vorschwebt, sollte bereits über eine gewisse Russlanderfahrung und auch über Grundkenntnisse der Sprache verfügen. Dann kann man sich auch gemäß seiner eigenen Prioritäten vor Ort entsprechend erfolgreich durchschlagen und eine **individuelle Reise** auf Regelzügen in Angriff nehmen.

Hinsichtlich des Preis-Leistungs-Verhältnisses gilt für alle drei Möglichkeiten der Zusammenhang von Zeit und Geld. Im ersten Fall benötigen Sie mehr Geld und stehen die gesamte Zeit sehr komfortabel im Mittelpunkt. Variante zwei ist der berühmte goldene Mittelweg. Bei der dritten Variante benötigen Sie mehr Zeit, um ihren Mittelpunkt und die Logistik jeden Tag neu zu bestimmen und dabei insgesamt auch preiswerter zu reisen.

Im vorliegenden Handbuch finden Sie alle wichtigen Informationen, um ihre Pläne auf der Transsib Realität werden zu lassen. Ursprünglich war die Transsibirische Eisenbahn ein rein russisches Phänomen. Heute eröffnen die Routen über die Mongolei und die Mandschurei nach Beijing reizvolle Touren durch mehrere Länder, doch bei allen Routen werden Sie den längsten Teil der Fahrt durch Russland reisen. Daher wurde insbesondere auch in den landeskundlichen Abschnitten den Schwerpunkt auf Russland gelegt.

Kunstwerk vor dem Omsker Bahnhof

ОМСКАЯ ОБЛАСТЬ
ПРИГОРОДНЫЙ ВОКЗАЛ
ОМСК

»Die Eisenbahn. Das ist noch so eins der letzten Abenteuer. Einmal im Leben muss man da drauf. Auf die Transsibirische Eisenbahn.«

Hardy Krüger

Länder und Leute

Russland

Mit vielen Sehnsüchten und Ängsten ist unsere Vorstellung von diesem riesigen Reich verbunden: unendliche Weiten und extremes Klima, Zwiebeltürmchen und rote Sterne, eiserner Vorhang und russische Gastfreundschaft, Schwanensee und Kosakenchöre, Neureiche und Hungerhilfe, Matrjoschkas und Mafia – die Liste der Extreme lässt sich wohl endlos fortsetzen. Sie enthalten einige negative Klischees, die unser Russlandbild auch heute noch bestimmen. In Klischees steckt zwar immer das berühmte Körnchen Wahrheit, aber das Imperium zwischen Ostsee und Pazifik vermittelt eine sehr viel größere Vielfalt von Eindrücken. Es ist ein mit der mitteleuropäischen Elle schwer zu vermessendes Land der Extreme und Sibirien ist ohne Zweifel sein extremster Teil. Ein altes russisches Sprichwort besagt, dass es besser ist, etwas einmal selbst gesehen als hundertmal darüber gehört zu haben. Gehen Sie also flexibel mit ihrer Elle um und machen Sie sich Ihr eigenes Bild von Russland.

Geographie

Die Russische Föderation macht mit einer Fläche von 17 Millionen Quadratkilometern heute etwa 75 Prozent der ehemaligen Sowjetunion aus. Hier leben ungefähr 143 Millionen Menschen, Tendenz leicht fallend. Von Kaliningrad im Westen bis zur Halbinsel Kamtschatka durchstreift man fast die halbe Welt, denn Russland erstreckt sich über zehn Zeitzonen. Mit der Transsibirischen Eisenbahn ist man von Moskau bis Vladivostok fast eine Woche nonstop unterwegs, mit dem Flugzeug bewältigt man dieselbe Strecke in einem Direktflug von neuneinhalb Stunden. Zum Vergleich: Von Berlin aus würde man in Richtung Westen in dieser Zeit bis hinter Chicago kommen. Russland ist geographisch wie mental die Klammer zweier Kontinente, Europa und Asien. Sibirien erstreckt sich östlich des Urals bis zur Pazifikküste und lieferte seit seiner russischen Eroberung die Landmenge und seine Naturreichtümer, die Russlands Bedeutung ausmachen.

Der Moskauer Kreml

Blick auf Krasnojarsk

Geschichte

Russlands Geschichte ist lang und wohl für seine entscheidenden Abschnitte am besten mit dem Satz »Russland ist groß, und der Zar ist weit« umschrieben. Von Russland spricht die Geschichte aber erst ab dem 16. Jahrhundert. Seine Ursprünge liegen in der alten Kiever Rus'. Aus Skandinavien kommend, begannen Varäger genannte Wikinger im 9. Jahrhundert entlang der Flüsse sesshaft zu werden und, sich mit den einheimischen Ostslawen vermischend, die ersten Fürstentümer zu bilden. Die Varäger wurden auch ›Ruotsi‹ – ›die über das Meer Gekommenen‹ – genannt. Daraus wurde dann ›Rus'‹ und ›Russen‹ als Bezeichnung für das Gemeinwesen und seine Bewohner. Die bedeutendsten Fürstentümer entstanden zunächst in Novgorod unter Fürst Rurik und danach unter Großfürst Vladimir (ca. 955–1015) ab 980 in Kiev. Heute ist die vielbeschworene ›Mutter aller russischen Städte‹ die Hauptstadt der unabhängigen Ukraine.

Die Kiever Rus'

Die Kiever Rus' wurde unter Vladimir 899 nicht mit Blick nach Rom, sondern nach Byzanz (später Konstantinopel, heute Istanbul) zum christlichen Glauben bekehrt, so dass sich die russisch-orthodoxe Kirche in der Folgezeit unter dem Einfluss der griechisch-orthodoxen Ostkirche konstituierte. Obwohl sich Vladimirs Sohn Jaroslav (ca. 978 –1054) in blutigen Thronzwistigkeiten durchsetzen und das Gebiet seines Reiches ausdehnen konnte, entstanden vor allem im Nordosten neue Machtzentren. Vladimir, Suzdal', Rostov und Jaroslavl' hießen die neuen Hauptstädte der kleinen Fürsten, die Kiev den Führungsanspruch streitig machten. In dieser Zeit gründete auch der Suzdaler Fürst Jurij Dolgorukij Moskau als Außenposten seines kleinen Fürstentums. Sein Sohn marschierte 20 Jahre später gegen Kiev und besiegelte den Zerfall des einstigen Reiches. Doch die untereinander zerstrittenen Fürstentümer waren einer neuen Bedrohung in keiner Weise gewachsen – dem Ansturm der Mongolen und Tataren.

Dschingis Khan und die Folgen

Nach der ersten 1223 durch das Heer Dschingis Khans gewonnenen Schlacht eroberten seine Nachfahren zwischen 1236 und 1241 alle russischen Fürstentümer mit Ausnahme Novgorods. Hier trat Großfürst Alexander Nevskij (1220 –1263) auf die Bühne, der in seinen Schlachten mit dem Westen siegreich war – 1240 auf der Neva gegen die Schweden und 1242 auf dem Peipus-See gegen die Kreuzritter – sich im Osten aber den Tataren und Mongolen bedingungslos unterwerfen musste. Ungeachtet später gewonnener Schlachten, wie beispielsweise 1380 der Schlacht von Kulikovo, aus der Dmitrij Donskoj als Sieger hervorging, zahlten die russischen Fürsten fast 250 Jahre Tribut an die Herrscher aus dem Osten. Im Jahr 1328 ernannte der Großkhan den Fürsten Ivan I. (auch Ivan Kalita genannt, ca. 1295 –1340) zum Großfürsten in der neuen Residenzstadt Moskau. Damit wurde Moskau zum Zentrum der Sammlung russischen Landes und der Idee eines eigenständigen Staatswesens. Als Ivan III. (1440 –1505) die Nichte des letzten byzantinischen Kaisers heiratete, rief er Russland zum Nachfolger von Byzanz aus und die Kirchenmetropole Moskau zum ›Dritten Rom‹.

Ivan der Schreckliche

Das Reich dehnte sich aus, Ivan IV. (auch Ivan der Schreckliche genannt, 1530 –1584) ließ sich 1547 zum Zaren krönen. Nach der Eroberung der tatarischen Khanate Kazan' und Astrachan' forcierte er den 1581 begonnenen Vormarsch russischer Kosaken nach Sibirien. Dem ersten Kosakenhauptmann (Ataman) Ermak folgten weitere Eroberer. Nach weniger als 70 Jahren wehte die russische Fahne an der Pazifikküste. Das Russische Reich hatte sich in einem in der Weltgeschichte einzigartigen Tempo die größte Landmenge der

Burjatischer Tempel in Ulan-Udė

Erde einverleibt. Und Moskau war weit und steuerte diese Eroberung zunächst kaum, wenn auch der Tribut an wertvollen Fellen als bald größte Einnahmequelle des Hofes sehr willkommen war. In Moskau kam zunächst der Zarengünstling Boris Godunov (ca. 1552–1605) auf den Thron. In den folgenden, auch ›Zeit der Wirren‹ genannten acht zarenlosen Jahren kämpften hier mehrere Prätendenten um ihre Pfründe. Nach der Vertreibung des polnisch-litauischen Heeres wurde Michajl Romanov zum Zaren gewählt. Damit ging die Krone bis zum Zarenmord 1918 an die Romanov-Dynastie über.

Russland im 17. und 18. Jahrhundert

Ende des 17. Jahrhunderts ging die Macht an Peter I. (auch Peter der Große, 1672–1725) über. Russland orientierte sich an westeuropäischen Reformen und wurde zu einer europäischen Großmacht, das neu gegründete St. Petersburg als ›Fenster nach Europa‹ zur neuen Hauptstadt. Zar Peter erkannte zugleich die Bedeutung Sibiriens und leitete umfangreiche Expeditionen zu seiner Erforschung ein, die unter anderem zur Eroberung Alaskas führten. Nach Peters Tod kamen mit seiner Frau Ekaterina I., seiner Nichte Anna I. und seiner Tochter Elizaveta I. drei Zarinnen auf den Petersburger Thron.
Nach der Ermordung ihres Mannes wurde aus der deutschen Prinzessin von Anhalt-Zerbst Russlands Zarin Ekaterina II. (auch Katharina die Große, 1729–1796), die das Land in einer Mischung aus Aufklärung und Absolutismus weiter reformierte.

Zu Beginn des 19. Jahrhunderts stoppte der russische Winter Napoleons Expansionsdrang, und der als ›Vaterländischer Krieg‹ bekannte Gegenschlag der russischen Armee ließ Zar Alexander I. (1777–1825) auf dem Wiener Kongress zum ›Retter Europas‹ avancieren. Die in Russland vorenthaltenen bürgerlichen Freiheiten ließen nach seinem Tode Teile der Aristokratie rebellieren. Die Niederschlagung des sogenannten Dekabristenaufstandes (→ S. 274) endete mit Hinrichtung und Verbannung. Die Leibeigenschaft wurde in Russland 1861 durch den später bei einem Attentat ermordeten Alexander II. (1818–1881) abgeschafft, immerhin vier Jahre, bevor in Amerika die Sklaverei abgeschafft wurde.

Industrialisierung

Die Industrialisierung erfasste Russland mit Verzögerung. Dieser Prozess ließ die Ressourcen und den Markt Sibiriens stärker in das Blickfeld rücken. Mit dem Bau der Transsibirischen Eisenbahn, der 1891 begonnen wurde, sollte Sibirien gerade auch wirtschaftlich in das große Reich integriert werden. Die freien Bauern zogen als Neusiedler nach Sibirien oder verdingten sich als Arbeiter in den Industriemetropolen. Dort nahmen die sozialen Spannungen zu, und die Ideen einer sozialen Revolution gewannen Anhänger. Nach der schlimmen Niederlage im Russisch-Japanischen Krieg scheiterte 1905 ein erster Revolutionsversuch. Zehn Jahre später kämpfte das Land in der Entente gegen die Mittelmächte, doch der Patriotismus verlor sich in der katastrophalen wirtschaftlichen Lage im Land. Der Zar dankte zwar ab, doch die provisorische Regierung wurde am 7. November 1917 gestürzt.

Die Sowjetunion

Die sich als Diktatur des Proletariates verstehenden neuen Machthaber unter Vladimir Uljanov (Lenin, 1870–1924) konnten sich in einem dreijährigen Bürgerkrieg durchsetzen, wobei auch die Transsib Gegenstand und Ort erbitterter Auseinandersetzungen war. Nach umfassenden Enteignungen begann man mit dem Aufbau der sozialistischen Ordnung. Ende 1922 wurde die Union der Sozialistischen Sowjetrepubliken gegründet. Nach Lenins Tod übernahm Iosif Džugašvili (Stalin, 1879–1953) die Führung und ließ die Sowjetunion zu einem brutalen Polizeistaat umbauen. Mit enormen Opfern für die Bevölkerung wurde Russland zur bedeutenden Industriemacht, die aus einem System von Arbeitslagern in Sibirien billige Arbeitskräfte rekrutierte. Die zwangsweise Kollektivierung der Landwirtschaft brachte Hungersnöte. Doch der wirtschaftliche Erfolg legitimierte damals für die sowjetische Führung jedes Mittel.

Der Zweite Weltkrieg

Eine enge militärtechnische Kooperation mit Deutschland gipfelte 1939 im Nichtangriffspakt zwischen Hitler und Stalin. Als die deutschen Truppen im Sommer 1941 dennoch die Sowjetunion überfielen, begann der ›Große Vaterländische Krieg‹ – der entscheidende Schauplatz des Zweiten Weltkrieges. Viele Industriebetriebe wurden in den Ural und nach Sibirien verlagert. Der Krieg endete in Europa im Mai 1945 mit der bedingungslosen Kapitulation Deutschlands, in Asien im August mit der Kapitulation Japans.

Dieser Krieg kostete in der Sowjetunion etwa 20 Millionen Menschen das Leben, unzählige Ortschaften wurden zerstört, ganze Landstriche verwüstet. Er ist daher im Bewusstsein der Menschen noch immer tief verankert, ebenso wie der eigene Diktator, dessen lange verschwiegenen Todesmühlen das Land nicht weniger Opfer kosteten. Im Ergebnis des Krieges konnte die Sowjetunion den Radius ihres Machtzirkels durch die Entstehung ihr verbundener Staaten in Osteuropa bis zur Oder ausdehnen.

Der Kalte Krieg

Mit dieser Entwicklung wurde auch der Kalte Krieg eingeleitet, der für die nächsten 45 Jahre die Fronten in der Welt und nicht zuletzt an der innerdeutschen Grenze bestimmte. Die Sowjetunion bot den USA im nuklearen Wettrüsten Paroli und hatte lange Jahre in der Weltraumerforschung die Nase vorn. Ab 1956 begann mit der Aufarbeitung des Stalinschen Personenkults eine vorsichtige Öffnung, ›Tauwetter‹ genannt. Gleichzeitig wurde die Industrialisierung Sibiriens mit dem Bau zahlreicher Wasserkraftwerke und der Erschließung neuer Öl- und Gaslagerstätten in Westsibirien forciert. Wie schon in der Vergangenheit eröffneten die Erlöse aus Sibiriens Reichtümern Russland den Spielraum für seine Weltpolitik. Nun kamen zu den Reichtümern Zobelfelle, Elfenbein und Gold bis hin zu Diamanten auch Erdöl und Erdgas hinzu.

Der Zug ›Sibirjak‹ verkehrt zwischen Moskau und Novosibirsk

Russland heute

Doch die mangelnde Effizienz des sowjetischen Wirtschaftssystems trat in den folgenden Jahrzehnten immer deutlicher hervor und rief, zusammen mit der innenpolitischen Stagnation, in den 1980er Jahren immer größere Unzufriedenheit hervor. Gorbatschows Umgestaltungspläne scheiterten an ihren ideologischen Scheuklappen und spitzten die Ausweglosigkeit zu. Der 1991 gescheiterte Putsch öffnete dann das Land für den überfälligen, radikalen Wandel: Die UdSSR löste sich selbst auf und wurde durch die Gemeinschaft unabhängiger Staaten (GUS) abgelöst.

Der heute spürbaren nationalen Besinnung auf Russland steht der Demütigungsschmerz der ehemaligen Weltmacht gegenüber. Die Geburtswehen und Auswüchse des heutigen russischen Nomenklatur-Kapitalismus stellten die viel zitierte Leidensfähigkeit der Menschen in Russland erneut auf eine harte Probe. Viele Entwicklungen sind nicht unumstritten, doch Russlands Entscheidung für ein marktwirtschaftlich orientiertes Wirtschaftsmodell mit einer gemäß eigener Wortwahl ›gesteuerten Demokratie‹ erscheint unumkehrbar. Nach Boris Jelzin (1931–2007), dem ersten frei gewählten Präsidenten im Moskauer Kreml, prägt seit 2000 Vladimir Putin das neue Russland. Er wird heute im In- und Ausland mit dem wirtschaftlichen Aufschwung und der aktiven Rückkehr des Landes in die politische Weltarena identifiziert. Nach acht Jahren Präsidentschaft folgte 2008 sein Wechsel in das Amt des Premierministers. Das Zepter der Präsidentschaft wurde – ›demokratisch gesteuert‹ – an Dimitrij Medvedev übergeben. Damit hatte der russische Bär zwar ein neues präsidiales Antlitz (Medved heißt Bär), aber der starke Mann im Kreml hieß nach wie vor Vladimir Putin. In Russland spielten immer weniger Parteien als eher konkrete Politiker die entscheidende Rolle. Die neu gegründete und auf das ›System Putin‹ zugeschnittene Partei ›Einiges Russland‹ wurde nur wenige Wochen nach ihrer Gründung bei den Parlamentswahlen zur stärksten Fraktion. Seither zogen – wenn man es positiv formuliert – Präsident und Parlament im Reformprozess an einem Strang – unverkennbare autokratische Risiken und Nebenwirkungen inbegriffen. Die Präsidentschaftswahl im März 2012 brachte trotz öffentlicher Proteste wie erwartet Putins Rückkehr ins Amt des Präsidenten..

Staat und Verwaltung

Russland ist eine zentralistische Föderation und umfasste bis vor kurzem 89 sogenannte Föderations-Subjekte, die sich in verschiedene Kategorien einteilen lassen. Es gibt mit Moskau und St. Petersburg zwei Städte darunter. Das Gros bilden die den alten Gouvernements vergleichbaren Gebiete (oblast') mit einem unter Jelzin gewählten und neuerdings unter Putin eingesetzten Gouverneur an der Spitze. Fast alle große Städte entlang der Transsib (Jaroslavl', Kirov, Novosibirisk etc.) sind Hauptstädte entsprechender Gebiete. Daneben gibt es als Regionen (kraj) bezeichnete Gebiete, in denen in autonomen Bezirken nationale Minderheiten leben. An der Transsib trifft das auf Krasnojarsk, Chabarovsk und Primorje mit Vladivostok als Hauptstadt zu. Bislang separate autonome Gebiete werden derzeit nach diesem Muster in ihrer Autonomie beschnitten und integriert, so dass mehrere Gebiete in Regionen umgewandelt wurden und sich die Anzahl der Förderationssubjekte von 89 auf aktuell 83 reduziert hat. Entlang der Transsib waren davon Perm' und Čita betroffen. Daneben gibt es innerhalb Russlands noch mehrere eigenständige Republiken, in denen nichtrussische Völkerschaften die Mehrheit der Bevölkerung bilden. Das einzige Beispiel an der Transsib ist Burjatien mit Ulan-Udė als Hauptstadt und je nach Reiseverlauf noch Kazan' als Metropole der Republik Tatarstan.

Während Jelzin mit dem progammatischen Satz »Nehmt Euch so viel Souveränität, wie ihr verkraften könnt« in der Folgezeit einige Probleme mit den Konsequenzen (Stichwort: Tschetschenien) zu verkraften hatte, setzte Putin wieder konsequent auf die Stärkung der Zentralmacht. Er unterteilte das Land in sieben mit den zaristischen Generalgouvernements vergleichbare Verwaltungsbezirke, in denen von ihm eingesetzte Vertreter nun darüber wachen, dass die lokalen Größen nicht allzu große Souveränität erringen und mit ihren lokalen Regularien nicht gesamtrussische Vorgaben aushebeln. Mit der Ausnahme Tschetschenien konnte er diese Politik auch durchsetzen.

Wirtschaft

Russlands Wirtschaft ist zu Beginn des 21. Jahrhunderts im Aufwind. Diesen Aufschwung hatte das Land auch bitter nötig, etwa ein Fünftel der Bevölkerung lebt unter der offiziellen Armutsgrenze. Die Konjunktur hängt stark von der Entwicklung des Ölpreises ab, da Öl und Gas als Hauptexportgüter den Großteil der Devisen erbringen. Doch auch die Binnenkonjunktur hat sich vom Schock der großen Krise vor zehn Jahren gut erholt. Nach dem Run auf ausländische Waren besann man sich nicht zuletzt aufgrund der neuen Wechselkursrelationen auf heimische Erzeugnisse. Nicht mehr nur der Handel, auch die Produktion wird dank neuer Technologien und Verpackungen wieder interessant und lukrativ. Die Privatisierung ist weitgehend abgeschlossen. Auslandsinvestoren stehen Schlange.

Mit Ausnahme weniger staatlich kontrollierter Monopole wie der Gaswirtschaft (Gazprom), den Energieversorgern und der Eisenbahn (RŽD, nach großer Imagekampagne seit 2007 mit neuem Logo) wird das Gros des Bruttoinlandsproduktes in der Privatwirtschaft erzeugt. Gleichzeitig werden aber die strategisch wichtigen Ressourcen und Wirtschaftszweige unter starker Einflussnahme des Kremls zentralisiert und gegen eventuelle ausländische Mehrheitsbeteiligungen abgeschottet.

Im internationalen Vergleich liegt das Bruttoinlandsprodukt Russlands bei ca. 2223 Milliarden US-Dollar (2010, zum Vergleich Deutschland 2940 Milliarden). Pro Kopf bedeutet das in Russland etwa 15 900 Dollar, in Deutschland sind es etwa 36 100 Dollar.

Die ausufernde und ineffiziente Bürokratie war und ist ein großes Problem in Russland, aber man arrangiert sich. Moderne Wirtschafts- und Steuergesetzgebung sind ebenso wie das die sozialistische Rechtsprechung ablösende neue Bürgerliche Gesetzbuch auf den Weg gebracht worden. Es wird wohl einige Jahre dauern, bis sich die Verhältnisse stabilisiert haben, aber die Prognosen stimmen optimistisch und geben ungeachtet der Krise 2009 den Hoffnungen auf eine Verbesserung der Situation eine solide Grundlage.

Russland und Deutschland

Russland und Deutschland sind auf eine tragfähige Partnerschaft beider Länder angewiesen. Die Traditionen sind lang und bieten Anknüpfungspunkte ohne Ende. Deutsche Prinzessinnen am russischen Hof, deutsche Forschungsreisende in Sibirien, russische Intellektuelle in der deutschen Emigration – Deutschland war für Russland immer das Tor nach Europa, Russland für Deutschland geheimnisvolle Herausforderung im Osten. Ernsthafte Konflikte hatten hingegen, wie vor allem die beiden Weltkriege zeigen, verheerende Auswirkungen. Sensibilität ist also gefordert, und beide Seiten haben noch Entwicklungspotential, was das gegenseitige Verständnis anbetrifft – Impulse dazu müssen nicht nur aus Saunafreundschaften und Aufsichtsratsmandaten beim Gasleitungsbau resultieren.

Zum Verständnis Russlands gehört maßgeblich ein Gefühl für die Vorzüge und Nachteile seiner kaum vorstellbaren Größe. Das Land besteht nicht nur aus Moskau, und eine Reise mit der Transsib ist die kompakte wie komfortable Möglichkeit, diese Dimensionen hautnah zu erleben. Man mag die Deutschen als Gäste und Geschäftspartner in Russland. Vielleicht liegt es auch daran, dass sich noch nicht all zu viele und in der Regel nur vorbereitete Reisende dorthin getraut haben. Man schätzt dort Qualität Made in Germany, unsere Zuverlässigkeit, die nach Perfektion strebende Gründlichkeit und den Ordnungssinn, auch wenn wir vielleicht im vergleichenden Seelenverständnis der Russen zumeist nur in der Rubrik Krämerseele landen.

Russland kann seinen deutschen Besuchern interessante Denkanstöße bieten. Und ein Urlaub dort kann manchen Touristen russlandsüchtig werden lassen. Die Autoren kennen genauso wie einige bekannte Journalisten oder Geschäftsleute und Privatreisende diese Erfahrung: Es zieht einen immer wieder hin.

Na zdorovje!

Schnaps ist erstaunlicherweise im euroasiatischen Kulturkreis ein vertrauter Begriff, den zumindest in Russland jeder kennt und mit Deutschland und Alkohol assoziiert. In der Transsibirischen Eisenbahn hat man je nach Route die Möglichkeit, entsprechend der drei Länder auch bis zu drei Trinkkulturen und -gewohnheiten kennenzulernen und anzunehmen. Einige Vorkenntnisse kann man sicherlich voraussetzen. Aber während Vodka aus Russland in Deutschland bereits einen gewissen Bekanntheitsgrad genießt, wird bei den hochgeistigen Getränken aus der Mongolei und China zumeist Neuland betreten. Das Wort ›Vodka‹ ist eine Verkleinerungsform des Wortes ›Voda‹ (Wasser). Aber es darf als allgemein bekannt vorausgesetzt werden, dass es dieses Wässerchen in sich hat. Ob der erste Vodka in Polen oder in Russland gebrannt wurde, ist eine delikate Frage, die hier unbeantwortet bleiben soll. Klar benennen lässt sich hingegen das Ausgangsprodukt: In der Ukraine, in Polen und anderen europäischen Ländern gelten Kartoffeln als vollwertige Basis, während diese in Russland als minderwertig angesehen werden. Russlands Vodka wird aus Getreide hergestellt.

Ein gängiges Urteil besagt ›Vodka macht keinen schweren Kopf‹. Das stimmt, denn bei einem qualitativ guten Vodka sind alle Stoffe außer seinem Alkohol und Wasser herausgefiltert und -destilliert (Cognac oder Whiskies enthalten geringe Fremdstoffe zum Beispiel aus der Fasslagerung). Russischer Vodka enthält grundsätzlich 40 Prozent Alkohol. Die renommiertesten und auch international bekannten Marken aus der russischen Hauptstadt sind ›Moskovskaja‹ und ›Stoličnaja‹. Die relativ neue Marke ›Russischer Standard‹ ist ebenfalls gut etabliert. Aber auch in der Provinz unternehmen die Spirituosenfabriken große lokalpatriotische Anstrengungen, ihre Marken in den Hirnen und Kehlen der Verbraucher zu verankern. In Sibirien haben vor allem die Destillerien in Novosibirsk, Minussinsk bei Krasnojarsk und in Barnaul im Altaj einen guten Ruf.

Obwohl die Russen allen möglichen Geschmacksvariationen beim Alkohol eher skeptisch gegenüberstehen und zumeist früher oder später zum klaren Vodka zurückkehren, haben sich doch mehrere Varianten erfolgreich etablieren können: ›Percovka‹ – Vodka mit Peperoni, ›Limonnaja‹ – Vodka mit Zitrone – sowie ›Starka‹ – Vodka mit Kräutern. An anderen hochgeistigen Getränken sind vor allem die ›Balsam‹ genannten Kräuterbrandys zu empfehlen. Aus dem Altaj und der Ussurij-Taiga mit Ginseng und vielen Heilkräutern angereichert und herb im Geschmack, verbindet man bei deren Genuss das Angenehme mit dem Nützlichen – es handelt sich schließlich dabei fast ohne Einschränkungen um Medizin.

Schwarzbrennerei ist in Russland zwar strafbar, aber nach wie vor insbesondere in ländlichen Gegenden weit verbreitet. ›Samogon‹ heißt das selbstgebrannte, extrem hochprozentige Getränk (bis zu 96 Prozent Alkohol), das man sich aber eher nicht antun sollte. Vorsicht ist vor allem bei Spirituosen geboten, die in den Kiosken und auf den Bahnsteigen angeboten werden, wo Methylalkoholvergiftungen keine Ausnahmeerscheinungen sind.

In Russland gehört Vodka zu jeder Feier und zu jedem guten Tisch. So liegt auch eine tiefe Dialektik in der Frage, ob man in Sibirien so viel trinkt, weil die russische Küche so fett ist, oder ob die fetthaltige Küche nur entstand, um den Vodkamengen Paroli bieten zu können. Aber entgegen vielen Vermutungen gibt es in Russland kein Gesetz, wonach das Sich-Betrinken obligatorisch ist. Russlands Größe beziehungsweise seine Grenzen- oder Maßlosigkeit schlägt nicht nur bei der Seele, sondern auch beim Durst durch. Die Sowjetunion war zwar mehr eine Mangel- als eine Planwirtschaft, aber auch wenn es keine Seife, kein Salz oder keine Streichhölzer gab, Vodka war stets erhältlich.

In Russland trinkt man nicht zum Essen, man isst zum Trinken. Im Unterschied zu Deutschland kommt der Alkoholgenuss nicht nach einem möglichst reichlichen Essen, er ist bereits unverzichtbarer Bestandteil des reichlichen Essens. Trinken ohne etwas zu essen ist verpönt, und wenn das reichliche Mahl fehlt, so ist ein Stück Schwarzbrot, ein Happen Speck oder Dörrfisch oder eine saure Gurke das Minimalprogramm.

Das weltbekannte Standardmaß ›sto gramm‹ (100 Gramm Vodka) ist zwar häufig Klischee, aber auch nicht auszuschließen, zumeist kommt der Umtrunk pro Trinkspruch mit etwa 50 Gramm aus und ist damit vom deutschen Doppelten nicht mehr weit entfernt. In den Restaurants werden alle Spirituosen in Gramm bestellt und zumeist in einer Karaffe serviert. Der Alkoholgehalt wird in ›Grad‹ gemessen, die unseren Prozenten entsprechen. Wer fürchtet, dass der Vodka gestreckt oder gepanscht wurde, sollte in der Originalflasche bestellen.

Sibirischer Vodka

Alkoholgenuss bedeutet obligatorisch auch immer Kommunikation. Wer alleine trinkt, besser gesagt, wer es nötig hat, allein zu trinken, gilt als nahezu hoffnungsloser Alkoholiker. Hier also die immer zu beherzigenden Regeln für den kultivierten und zivilisierten Vodkagenuss, die auch das Katerrisiko deutlich reduzieren: Gut und reichlich essen und den Alkohol immer mit viel alkoholfreier Flüssigkeit (am besten Mineralwasser) mischen. Keine verschiedenen alkoholischen Getränke vermischen. Wenn Sie sich einmal für Vodka entschieden haben, ist er wie eine gute Ehefrau und verlangt bedingungslose Treue. Besonders deutschen Vodkatestern, die zugleich Neues erproben und Bewährtes genießen wollen, bleibt die Mischung von Vodka und Bier zumeist länger in schmerzhafter Erinnerung.

Vodka wird nur in Gesellschaft und ausschließlich nach einem entsprechenden Trinkspruch getrunken. Im Moskauer Izmailovo-Park gibt es neuerdings auch ein Vodka-Museum (www.vodkamuseum.ru).

Zum Wohl!

Die Mongolei

Kaum ein Ländername hat heute noch einen so exotischen Klang wie die Mongolei – nach wie vor nicht verwunderlich, obwohl sich die Anzahl der Gäste aus dem deutschsprachigen Raum in den letzten fünf Jahren auf durchschnittlich etwa 15 000 pro Jahr verdreifacht hat. Transitreisende per Transsib, die meist nur einen Stop in Ulaanbaatar einlegen, bereits eingerechnet. Weite, fast menschenleere Steppen und die Wüste Gobi, Gebirge mit Wiesen voller Enzian und Edelweiß, der ewige blaue Himmel mit Wolkenformationen von nie gesehener Schönheit prägen das Land genau so wie riesige Rinder-, Pferde- und Kamelherden, Yaks und anderes seltenes Großwild sowie die berühmten mongolischen Prževalskij-Pferde. Für Kulturinteressierte sind vor allem die Spuren Dschingis Khans und die Klosteranlagen des Buddhismus tibetanischer Prägung einen Besuch wert. Nahezu alle Reisenden, die diese Landschaft mit der Bahn durchfahren, sind beeindruckt von ihrer Schönheit, wie sie sich allerdings kaum in, sondern vor allem um Ulaanbaatar präsentiert.

Ein Name, zwei Länder

Zwei Regionen auf der Welt nennen sich ›Mongolei‹: der selbständige Staat mit der Hauptstadt Ulaanbaatar, früher als ›Äußere Mongolei‹ und ›Mongolische Volksrepublik‹ bekannt, und die ›Innere Mongolei‹ als nordwestlicher Bestandteil der Volksrepublik China mit dem offiziellen Status einer autonomen Provinz. Die Zweiteilung in innere und äußere Mongolei entstand, als die Landstriche ab Ende des 17. Jahrhunderts zur Mandschurei gehörten und spiegelt die unterschiedliche Integration in das Reich der Mitte wider. Während die

Platz vor dem Parlament von Ulaanbaatar

Innere Mongolei wirtschaftlich und demographisch sinisiert wurde, blieb die Äußere Mongolei nur von militär-strategischem Interesse. Im Staat Mongolei stellen die Mongolen bei weitem den größten Anteil der Bevölkerung, in der chinesischen Inneren Mongolei haben sie die Mehrheit infolge der Umwandlung der für die nomadischen Mongolen lebenswichtigen Weiden in Ackerland für die gezielt angesiedelten chinesischen Bauern längst verloren.

Zwischen Russland und China

Die Unabhängigkeit der Äußeren Mongolei kam 1911 mit dem Zusammenbruch der Qing-Dynastie in China. Ein eigenständiger Staat entstand aber erst 1924. Die Volksrepublik Mongolei war zwar formal immer ein selbständiger Staat, aber politisch, militärisch und wirtschaftlich ganz vom großen Nachbarn Sowjetunion abhängig, die das Land fast wie eine der eigenen Sowjetrepubliken behandelte. In ihren sozialistischen Zeiten wurde die Mongolei einerseits als militärisches Aufmarschgebiet gegen China genutzt und diente als Rohstofflieferant (Erze, Vieh); andererseits kostete sie die Sowjetunion aber auch viel Entwicklungshilfe. Gleich nach der Perestroika orientierte sich das Land, vor allem in seinen Handelsbeziehungen, mehr an China. Die Euphorie ist inzwischen einer gewissen Ernüchterung gegenüber dem Nachbarn im Süden gewichen; man versucht nun, mit beiden großen Nachbarstaaten gut auszukommen. »Wir sind wie ein rohes Ei zwischen zwei Mühlrädern», umschreibt ein mongolischer Bekannter die Lage des Landes sehr treffsicher.
Besucher aus der Inneren Mongolei, zu Besuch bei ihren Namensbrüdern im Norden, treten nicht selten hochnäsig auf, da der materielle Fortschritt in den chinesisch-mongolischen Großstädten Baotau und Hohhot mit ihren glitzernden Hochhauszentren und dem unvergleichbar größeren Konsumangebot die Bewohner der Republik Mongolei auf den ersten Blick als ärmlich erscheinen lässt. Hier kommen die ›reichen Brüder und Schwestern‹ nicht aus dem Westen, sondern aus dem Süden. Verwandtschaftliche Bindungen bestehen aber kaum noch, so dass die Situation kaum Parallelen zu Deutschland oder Korea bietet. Das Wohlstandsgefälle ist aber auch auf den ersten Blick unschwer zu erkennen und beeinflusst die Stimmungen. Die fast 1000 Kilometer lange Grenze zwischen Mongolei und Innerer Mongolei hat zwei öffentliche Grenzübergänge, von denen nur der bei Erlian (an der Bahnlinie Ulaanbaatar–Beijing) für Ausländer geöffnet ist. Inzwischen verbinden wöchentlich zwei Züge (via Erlian) und zwei Flüge die Hauptstadt Ulaanbaatar und Hohhot miteinander.

Geschichte

Neuere archäologische Forschungen schätzen das Alter der frühesten Siedlungszeugnisse auf über 300 000 Jahre. Die im 3. Jahrhundert vor Christus vollendete berühmte Chinesische Mauer wurde zum Schutz gegen die im Gebiet der heutigen Mongolei als Nomaden lebenden Hunnen (oder Xiongnu) errichtet. Später entstand auf dem Gebiet ein Turk-Khanat, das dann im tungussischen Kitan-Reich aufging.

Jurte in der mongolischen Steppe

Dschingis Khan und seine Nachfolger

Der bekannteste Mongole war und ist Dschingis Khan (1167–1227). Als man um 2000 vielerorts den Helden vergangenen Jahrhunderts suchte, legte man in der Mongolei ein größeres Maß an: Dschingis Khan war und ist der Held des Jahrtausends. Das Weltreich unter Dschingis Khan und seinen Nachfolgern war das größte aller Reiche, die jemals in der Geschichte der Menschheit existierten. Es umfasste das Gebiet von Schlesien bis Korea und von Indien bis Nordrussland. Die Einigung der mongolischen Clans gelang um 1140 Chabul Khan, dem Großvater Dschingis Khans. Dieser organisierte zunächst das Reich und seine Armee neu: nicht mehr die Zugehörigkeit zu den Clans, sondern der militärische Verdienst gegenüber dem Herrscher zählte. Seine getreuesten Gefolgsleute übernahmen die Zehntausendschaften, und die Eroberungszüge begannen. Weder die Chinesische Mauer noch die Weiten Sibiriens konnten die Mongolenreiter aufhalten. Mitte des 13. Jahrhunderts entstanden drei Teilreiche. Ein Enkel Dschingis Khans saß bis 1294 auf dem chinesischen Kaiserthron in Beijing, das Il-Khanat umfasste den Orient, und die Goldene Horde herrschte im Osten Europas.

Unter mandschurischer Herrschaft

Seit dem Ende des 17. Jahrhunderts geriet die Mongolei für 200 Jahre unter chinesische, genauer: mandschurische Herrschaft. In dieser Zeit kam auch der Buddhismus ins Land. Die äußere Mongolei erklärte sich nach dem Ende der Monarchie in China 1911 für unabhängig und errichtete eine eigene Monarchie unter der Herrschaft des höchsten Geistlichen der lamaistisch-buddhistischen Staatsreligion. In den Folgejahren war das Land mit seiner begrenzten Autonomie ein Spielball in der durch die eigenen Probleme im jeweiligen Land geprägten russisch-chinesischen Diplomatie. Im entsprechenden Vertrag von 1915 wurden die russischen Handelsrechte, die chinesische Rechtsprechung und Verzicht auf außenpolitische Souveränität festgeschrieben.

Die Volksrepublik Mongolei

Für kurze Zeit konnten die Chinesen mit dem Einmarsch ihrer Truppen 1918 wiederum die Macht über das Land gewinnen. Doch 1920 erfasste der russische Bürgerkrieg auch die Mongolei, und 1921 zog die Rote Armee mit mongolischen Partisanen in die Hauptstadt ein. Mit der unter dem Revolutionär Suche Baatar beginnenden Sowjetisierung erlangte das Land mit Hilfe Sowjetrusslands somit seine eigenstaatliche Unabhängigkeit wieder.

Nach dem Tod des letzten Khans 1924 wurden die Weichen auf Sozialismus gestellt und die Volksrepublik Mongolei ausgerufen. Die sozialistischen Reformen riefen vor allem die Opposition in den lamaistischen Klöstern auf den Plan. Nach Aufständen 1932 wurden in den Folgejahren mit barbarischer Brutalität und sowjetischer Unterstützung fast alle Gebetsstätten und Zeugnisse des Buddhismus ausgemerzt und nahezu alle Priester ermordet.

Im Vorfeld des zweiten Weltkrieges kam es an der mongolisch-mandschurischen Grenze zur ersten militärischen Auseinandersetzung zwischen Japan und der Sowjetunion. Die Gefechte am Chalchin-Gol im Herbst 1938 waren der erste militärische Erfolg des späteren sowjetischen Oberkommandierenden Georgij Žukov.

Nach dem Krieg wurde die Kollektivierung der Landwirtschaft forciert und eine sozialistische Industrialisierung eingeleitet. Gleichzeitig wurde für das Mongolische die kyrillische Schriftsprache eingeführt. 1961 wurde die Mongolei Mitglied der Vereinten Nationen, ein Jahr später folgte die Mitgliedschaft im COMECON.

In den 1980er Jahren nahmen die für den Ostblock typischen wirtschaftlichen Probleme auch in der Mongolei zu. 1990 trat die Parteiführung geschlossen zurück. Es folgten Parlamentsneuwahlen, die zum ersten Mal mehrere politische Parteien neben der Kommunistischen Partei zuließen und damit eine Demokratisierung des Landes einleiteten. Jede Wahl brachte eine neue politische Wende.

Als einzigem asiatischen Land im Dunstkreis des sowjetischen Imperiums gelang es der Mongolei, sich von autoritären Herrschaftsformen loszusagen und das Land in Richtung einer parlamentarischen Demokratie zu entwickeln. Im Sommer 2008 kam Ulaanbaatar aber erstmalig mit Unruhen zum Wahlausgang in die Schlagzeilen. Im Ergebnis regiert ungeachtet eines klaren Wahlsieges der Kommunisten erneut eine große Koalition aus Demokraten und Postkommunisten. 2012 ist das nächste Wahljahr.

Traditionelle Architektur und Wohnblocks in Ulaanbaatar

Wirtschaft und Gesellschaft

Die Mongolei ist mit gut 1,5 Millionen Quadratkilometern flächenmäßig fast fünfmal so groß wie Deutschland, hat aber nur knapp 2,8 Millionen Einwohner. Fast die Hälfte der Erwerbstätigen sind in der Land- und Forstwirtschaft tätig. Die amtliche Arbeitslosenquote beträgt 20 Prozent. Die durchschnittliche Lebenserwartung ist elf Jahre niedriger als in Österreich oder Deutschland. Die Bevölkerung besteht zu fast 90 Prozent aus Mongolen; mit gut fünf Prozent bilden Kasachen die größte nichtmongolische ethnische Gruppe, gefolgt von Burjaten mit knapp zwei Prozent.

Die wirtschaftlichen Probleme des Landes sind nicht zu übersehen. Gleichzeitig prophezeien Wirtschaftsforscher dem Land in den nächsten zehn Jahren aber einen deutlichen Boom und eine Verdreifachung des Bruttoinlandsproduktes, das derzeit bei etwa 11 Milliarden US-Dollar (2010, zum Vergleich Österreich 332 Milliarden, Schweiz 325 Milliarden) liegt. Pro Kopf bedeutet das in der Mongolei etwa 4006 US-Dollar (zum Vergleich: in der Schweiz sind es 41700 Dollar und in Österreich 39600). Es gibt bislang kaum eigene Industrie. In den ländlichen Gebieten dominiert nomadische Viehzucht, es gibt wenig Ackerbau. Devisenbringer sind Kaschmirwolle, Felle und die noch von der Sowjetunion gebaute gigantische Kupfermine Erdenet. Jetzt werden weitere Minen folgen. Im Herbst 2009 wurden die rechtlichen Voraussetzungen für den Einstieg ausländischer Investoren in der Rohstoffförderung geschaffen. Das Pilotprojekt für den Boom ist die mit australischen Investitionen finanzierte Kupfer- und Goldmine Oyu Tolgoi in der Wüste Gobi. Sie soll 2013 in Betrieb gehen. Ebenfalls in der Gobi wird 50 Kilometer östlich die Mine Toyo Tolgoi zu einem der weltweit größten Förderplätze für Kohle werden. Sajnšand an der Transmongolischen Eisenbahn soll zum größten Industriezentrum des Landes ausgebaut werden. Der Bauboom der letzten drei Jahre in der Hauptstadt ist der erste sichtbare Vorbote für ›Boomgolia‹.

Wie in allen ehemals sozialistischen Ländern hat die nachdrückliche Förderung des Schulbesuchs zur Folge, dass es kaum Analphabeten gibt. Die Verständigung in den Städten ist wenig problematisch: Die Jugend lernt Englisch, fast alle über Vierzigjährigen beherrschen gut Russisch – und erstaunlich viele dieser Altersgruppe sprechen und verstehen auch gut Deutsch.

Die Mongolei und Deutschland

Die DDR war so etwas wie die Patentante der Mongolei. Dank dieser Patenschaft erhielten Tausende Mongolen zwischen Suhl und Rostock die Möglichkeit zu Ausbildung oder Studium und sind heute oft in Führungspositionen von Wirtschaft und Politik. Die Statistik weist etwa 42 000 Mongolen mit Deutschkenntnissen aus. In Relation zur Gesamtbevölkerung befindet es sich damit aus deutscher Sicht weltweit unter den Top 3. Eine nette Anekdote zur Freundschaft zwischen der Mongolei und der DDR hat auch einen Transsib-Bezug. Rechtzeitig zum 20. Jahrestag der DDR schickte die Regierung der Mongolei 1000 Schafe als Geschenk nach

Ehrengarde vor dem Denkmal von Dschingis Khan in Ulaanbaatar

Berlin – per Transsibirischer Eisenbahn. Als der Transport nach gut neun Wochen die polnische Grenze erreichte, wollte Polen das Staatsgeschenk nicht durchlassen. Als Grund wurden falsche Dokumente angegeben – aus den 1000 Schafen waren inzwischen 1038 geworden. Angeblich musste sogar Moskau intervenieren, damit der Transport rechtzeitig ankommen konnte.

Unterwegs in der Mongolei

Das Reisen im Lande ist reizvoll, aber anstrengend, denn an Infrastruktur fehlt außerhalb der Hauptstadt vieles: Hotels in den wenigen Orten mit Stadtcharakter sind selten und bieten nur Komfort ohne Sterne, so dass ›outdoor‹ in Zelten oder Jurten angesagt ist. Ein Problem beim Vorwärtskommen im Land sind häufig fehlende Brücken – man wartet an Furten, bis das Wasser im Fluss weitgehend abgelaufen ist. So ist das Reisen über Land anstrengend und zeitraubend. Gleichzeitig ist das ausgeprägt kontinentale Klima sehr hart. Ulaanbaatar hat den Ruf, die kälteste Hauptstadt der Welt zu sein.

Das meiste an touristischem Bedarf muss importiert werden – von der Bettdecke über Fahrzeuge bis zum Getreide und Gemüse –, entsprechend teuer kann es werden, wenn man einen gewohnten Standard auf Reisen im Lande aufrecht erhalten möchte. Mongolen wirken auf Ausländer zunächst nicht sonderlich freundlich, eher indifferent. Das ändert sich, wenn man Gelegenheit hat, eine mongolische Familie näher kennenzulernen oder zumindest in eine Jurte einkehren darf.

Wenn Komfort und Schnelligkeit die entscheidenden Kriterien sind, ist die Transmongolische Eisenbahn zweifellos die erste Wahl. Bereits im Transit erhält man einen durchaus repräsentativen Eindruck von den Weiten der Steppe und den eigentümlichen, meist wenig spektakulären Gobi-Landschaften, von der geringen Bevölkerungsdichte und auch ein wenig von der nomadischen Lebensform. Einblicke in die Kulturgeschichte fehlen im Transit jedoch ganz, ebenso die sehr attraktiven Gebirgslandschaften und vor allem Einblicke in die Lebensweise der Einheimischen. Wer die Möglichkeit hat, sollte die Reise unbedingt zunächst in Ulaanbaatar unterbrechen und auch eine Übernachtung in der Jurte einplanen. In der Umgebung der Hauptstadt gibt es dazu inzwischen zahlreiche Gelegenheiten, fast ausnahmslos in wunderschöner Natur gelegen und leicht erreichbar in zwei Stunden Autofahrt.

Reiter in der mongolischen Schweiz

Dschingis Khan

Dschingis Khan vor dem Parlament

Dschingis Khan ist Legende, aber er hat wirklich gelebt. Fast alle Darstellungen beruhen auf einer von anonymen Autoren verfassten historischen Beschreibung, die über zehn Jahre nach Dschingis Khans Tod verfasst wurde, der ›Geheimen Geschichte der Mongolen‹ – geheim, da es sich um ein Auftragswerk des Hofes handelte, dass nur zur Lektüre für Familienmitglieder bestimmt war. Geboren zwischen 1154 und 1166, verlor Temudschin (Dschingis Khan) den Vater bereits im Kindesalter. Es gelang ihm ungefähr 1200, die verschiedenen, bisher zumeist zerstrittenen Stämme der Mongolen erstmals unter seiner Fahne zu einigen. ›Dschingis Khan‹ ist ein Titel und bedeutet ›Herrscher der Welt‹, den Temudschin um 1205 von der Versammlung der mongolischen Fürsten zugesprochen bekam. Mit der ›Yasa des Dschingis Khan‹ gab es gegen 1210 das erste Gesetzeswerk, das das Leben der Mongolen in den damals wichtigen Fragen zu regeln versuchte, und zwar auf der Basis militärischer Strukturen und Grundsätze (→ S. 312). Als Dschingis Khans Macht gefestigt erschien, unternahm er gegen 1215 seinen ersten großen Feldzug gegen den großen Nachbarn im Süden, China. Danach begannen die Eroberungszüge gegen im Westen gelegene Reiche in Zentralasien, Nordindien und die russischen Fürstentümer. Es gelang den Mongolen, mit einem Minimum eigener Landsleute für begrenzte Zeit ein Vielfaches fremder Völker unter Besatzung zu halten und das größte Reich der Menschheitsgeschichte zu etablieren. Etwa 1220 erfolgte die Gliederung in Teilreiche – Dschingis vergab sie an seine Söhne und Enkel, blieb aber Großkhan als übergeordneter Herrscher. Seine Nachfolger konnten der Geschichte weiter Teile Asiens und Osteuropas, für kurze Zeit auch Mitteleuropas bis in die Territorien des heutigen Polens und Ungarns, einen nachhaltigen Stempel aufdrücken.

Dschingis Khan starb ungefähr 60-jährig während eines Feldzuges gegen die Tunguten und wurde an einem geheim gehaltenen Platz begraben. Heute konkurrieren mindestens vier Orte in der Mongolei um den Ruf, letzte Heimat des größten Mongolen aller Zeiten zu sein.

In Russland, das (ausgehend von seinen heutigen Grenzen) über Jahrhunderte unter der Besatzung durch die Mongolen und ihre Nachfolger zu leben hatte, blieb das Thema ›Dschingis Khan‹ lange Zeit ein großes Tabu. Die Unterwerfung fast des gesamten Gebietes der Weltmacht Sowjetunion durch die Vorfahren des kleinen Satellitenstaates sollten im Bewusstsein bestenfalls als eine Fußnote der Weltgeschichte verankert bleiben. Auch der ›kleine Bruder‹ Mongolei bekam die Order, sich nicht all zu sehr an seinen ›großen Sohn‹ zu erinnern. So unterdrückte die Mongolei selbst ab 1924 in vorauseilendem Gehorsam weitestgehend die Erwähnung ihres berühmtesten Ahnen. Heute hingegen wird er allerorten als der ›Mann des Jahrtausends‹ gefeiert.

China

Auf dem Weg nach China über die Mongolei betritt man in Erlian (Erenhot) bzw. auf der Mandschurei-Strecke in Manzhouli chinesischen Boden und damit eine neue Welt. Der Unterschied zwischen dem boomenden China und den recht trostlosen Grenzstationen Dzamin Uud (Mongolei) bzw. Zabajkalsk (Russland) ist schon deutlich sichtbar. Unser Verhältnis zu China ist genau so wie zu Russland immer noch mit vielen, sehr unterschiedlichen Vorurteilen belastet, wobei sich zu den auf den Berichten alter Reisender, der Kolonialmächte, der Politiker aller Richtungen des vergangenen Jahrhunderts auch neue, vor allem vom Wirtschaftsboom getragene, hinzu gesellen. Laotse soll einmal gesagt haben: »Wer reist, der tut es um Augen und Ohren zu öffnen und seine Seele zu erleichtern « Touristen neigen oft dazu, die Orte und Bilder zu suchen, die vor allem ihre Vorurteile bestätigen. Damit umschifft man natürlich die Konfusion, die sich durch die vielfach unverständlichen neuen Eindrücke breitzumachen droht. China wird die Weltmacht des 21. Jahrhunderts. Als Exportweltmeister ist das Land dabei, Deutschland abzulösen, und in den nächsten zehn Jahren wird es die größte Volkswirtschaft der Welt. Erleichtern Sie also Ihre Seele von Vorurteilen und machen Sie sich Ihr eigenes Bild von China. Beobachten Sie unvoreingenommen, wie alles funktioniert.
China ist heute weltweit der größte Prüfstein für Zukunftsmodelle. Die Ideale westlicher Philosophen unterscheiden sich deutlich von den Idealen der großen chinesischen Denker. Autorität hängt in Asien an der Person und nicht am Papier. Wenn Sie in Europa jemand auf eine Regel hinweisen, dann fragt er, wo das steht. In Asien kommt die Frage, wer das sagt. (Russland liegt hier übrigens nicht nur

Die Chinesische Mauer

Der Himmelsaltar in Beijing

geographisch, sondern auch mental auf halber Strecke zwischen Europa und Asien). China modernisiert sich mit Riesenschritten, aber es will die Nachteile dieses Prozesses vermeiden. Deng Xiaoping, der Vater der Öffnungspolitik, brachte es auf die Formel: »Den frischen Wind einlassen – die Moskitos fernhalten.« Die Kulturrevolution hat eine ganze Generation ihrer Ausbildungsmöglichkeiten beraubt. Diese Generation kommt jetzt in Führungspositionen. Sie hat mit großem Fleiß versucht, die Wissenslücken zu schließen, aber das Fundament fehlt. So gilt das Wort Grillparzers »Die Ignoranz gibt die Freiheit zur Entscheidung«, und deswegen findet man im heutigen China teilweise kuriose, ja sogar bizarre Übernahmen westlicher Lebensart. Aber das wird sich sehr schnell ändern. In den heutigen Schulen und Ausbildungsstätten werden wieder Prüfungen abgehalten, vor denen sich die Studenten genauso fürchten müssen wie früher vor dem Mandarinexamen.

Ein Volk von Erfindern

Die Chinesen haben bedeutende Erfindungen lange vor den Europäern gemacht, unter anderem Papier, Schießpulver und Porzellan, Kompass, Erdbebenmesser, Zeitungen, Buchdruck und Fliegerei. Schon 400 Jahre vor Gutenberg wurde in China mit beweglichen Lettern gedruckt, und 1400 Jahre vor den Gebrüdern Wright gelang einem Chinesen ein Flug über drei Kilometer mit einem Drachen. Das Kreuzworträtsel ist eine chinesische Erfindung. Eine Rechenoperation mit dem Abakus, dem chinesischen Rechenbrett, geht schneller als das Eintippen der gleichen Aufgabe in einen Taschenrechner. Ohne die chinesische Erfindung des binären Rechnens gäbe es keine EDV. Der Lehrsatz des Pythagoras vom rechtwinkligen Dreieck stand schon 500 Jahre vor ihm in einem chinesischen Rechenbuch. Das größte Lexikon und das größte Arzneimittelbuch der Welt entstanden in China, lange bevor es in Europa Ähnliches gab. Amerika wurde wahrscheinlich auch lange vor Kolumbus durch chinesische Seefahrer erreicht. Den sparsamen Umgang mit erneuerbarer Energie haben nicht die Grünen erfunden, sondern die Chinesen. Brennstoff ist schon immer knapp gewesen. Also erfanden die Chinesen die punktförmige Verbrennung von scharf gebündeltem Stroh und Reisig unter dem Mittelpunkt eines halbkugelförmigen Gefäßes (Wok) und schnippelten alle Speisen in kleine Stückchen. Auf diese Weise liefert auch ein schwacher Energieträger noch genügend Hitze zum Garen. Diese Liste ließe sich beliebig fortsetzen. China ist das Land der großen zivilisatorischen Errungenschaften, die die westliche Welt in der Summe nie zu überbieten vermochte. Es konnte nur sehr oft nicht davon Gebrauch machen. Durch die Geschichte Chinas zieht sich wie ein roter Faden das Bestreben der Mächtigen, alle Neuerungen erst einmal daraufhin zu prüfen, ob sie ihrer Herrschaft schaden könnten. Ging diese Prüfung positiv aus, dann verschwand die Neuerung in Akten, Magazinen, Arsenalen und Gefängnissen, und Fortschritt fand nicht statt.

Die Geschichte

Die Geschichte Chinas ist lang. Berichte über Macht, Willkür, Größe und Unfähigkeit der Kaiserzeit, die Wirren der Republik, die Volksrepublik Maos mit der Kulturrevolution, die Öffnung zur Welt mit dem Makel der ›Purpurnacht‹, Menschenrechtsverletzungen, Korruption und Modernisierung des Landes bilden ein fast unentwirrbares Knäuel von widersprüchlichen Informationen. Von all dem sollte man sich nicht verwirren lassen. Nach der Legende entstand China aus dem Reich der drei höchsten Machthaber und fünf Kaiser. Der erste Machthaber, Fuxi, gewöhnlich Seite an Seite dargestellt mit seiner Schwester und Gemahlin, der Göttin Nügua, als Menschen mit Drachenschwänzen statt Beinen. Nügua soll den Menschen aus Lehm geschaffen und die Ehe gestiftet haben, während Fuxi ihn mit den Fähigkeiten zu Jagd, Fischfang und Viehzucht ausstattete. Der dritte Machthaber, der ochsenköpfige Shennong, führte den Ackerbau ein und verbreitete das Wissen über die medizinischen Eigenschaften aller Pflanzen. Den fünf Kaisern wird die Einführung einiger wichtiger Kulturgüter nachgesagt wie die Erfindung landwirtschaftlicher Kalender, die Entwicklung von Booten, Waffen, Keramik, Schreibpinseln und der Monarchie.

Die Zeit der Dynastien

Noch wenig weiß man über die ersten Dynastien der Xia, Shang und Zhou (2200–300 vor Christus). Ihr Untergang wird der Unfähigkeit und Korruption ihrer Regenten zugeschrieben. In dieser Zeit lebte und lehrte Konfuzius (551–479 vor Christus). Er verdiente sein Brot als Politikberater verschiedener Regenten. Sein ›Werk‹ wurde nach seinem Tod von seinen Schülern zu Papier gebracht. Wesentliche Eigenschaften des chinesischen Bildungssystems, das bis 1911 beibehalten wurde, entstanden in dieser Zeit. Der für seine Grausamkeit und die Terrakotta-Armee seines Grabmals bekannte Kaiser Qin Shi Huang (221–207 vor Christus) ist der eigentliche Gründer Chinas, der Qin-Dynastie und der Großen Mauer. Unter ihm erhielt das Land eine Verwaltung, deren Prinzipien für mehr als 2000 Jahre galten. Die nachfolgende Han-Dynastie (206 vor Christus bis 220) brachte den ersten großen Kontakt mit der Welt außerhalb Chinas und öffnete die Handelswege bis nach Rom. Bis zur Sui-Dynastie (589–618) zerfiel das Land in ziemliches Durcheinander, kleine Reiche und Völkerstämme bekämpften einander, bis der General Yang Jian, bekannt als Kaiser Wendi, das Land wieder einigte und durch verschiedene Reformen den Grundstein für die Tang-Dynastie legte.

Die Tang-Dynastie (618 – 907) wird als die ruhmreichste und beste Chinas bezeichnet. Einflüsse aus dem Ausland internationalisierten die chinesische Gesellschaft in nie gekannter Weise. Der Höhepunkt der Tang-Dynastie wurde unter dem Kaiser Xuanzong (685 –761) erreicht. Seine Hauptstadt Khang An (heute Xi'an) gehörte mit einer Million Einwohnern zu den größten Städten der damaligen Welt. Die Tangzeit endete im Chaos. Erst die Song-Dynastie (960 –1279) einigte das Land wieder und erzielte große wirtschaftliche Fortschritte. Das beste Porzellan stammt aus dieser Zeit. Der Mongolensturm brachte die Yuan-Dynastie (1271–1368), deren Höhepunkt unter Kublai Khan durch die Berichte Marco Polos auch in Europa bekannt wurden. Die Mongolen regierten das Land mit harter Hand, mischten sich jedoch kaum in die wirtschaftliche Entwicklung ein. Das ›Wirtschaftswunder‹ der Song-Dynastie konnte, gestützt durch das mongolische Law-and-Order System, ungehindert weitergehen. Die Mongolenherrschaft endete durch eine Rebellion der Chinesen, deren wichtigster Führer, Zhu Yuanzhang, 1368 die Ming-Dynastie begründete.

In der Ming-Dynastie (1368–1644) wurde die Große Mauer vollendet. Der Kontakt mit dem Ausland, insbesondere Europa, war eng. Am Kaiserhof wirkten jesuitische Berater und erhielten teilweise hohe Ämter. Am Ende stand jedoch der Staatsbankrott wegen großer Korruption, Eunuchenherrschaft, Isolation und

Nachtmarkt in Beijing

Das Tor des Himmlischen Friedens in Beijing

teuren Kriegen gegen Korea und Japan. Eine Hungersnot in Shaanxi war der Zündfunken für eine Rebellion, die es dem Volk der Mandschus erlaubte, die Macht an sich zu reißen und die Qing-Dynastie zu begründen.

Die erste Zeit der Qing-Dynastie (1644–1911) brachte erneut große wirtschaftliche Fortschritte. Die Mandschus übten die Macht vollständig mit eigenen Leuten aus, unbeeinflusst von chinesischer Lebensart. Die Ablehnung der Mandschu-Herrschaft durch die Chinesen führte zur Bildung von geheimen Gesellschaften, die gegen sie konspirierten und die bis heute als Triaden oder Chinesenmafia, als Verbrecherbanden, überlebten. Die Kaiser Kanxi, Yongcheng und Qianlong gehörten zu den fähigsten Regenten, die China je besessen hat. Ihre Nachfolger wurden jedoch immer mehr von chinesischer Lebensart korrumpiert und konnten bald nicht mehr von den Chinesen unterschieden werden. China blieb eine auf sich selbst fixierte Nation und versäumte die großen technischen und wissenschaftlichen Revolutionen der westlichen Welt. Kaum auszudenken, wie die Welt heute aussehen würde, wenn China unter Kaiserin Cixi die gleiche Entwicklung genommen hätte wie Japan unter ihrem Zeitgenossen und Kollegen Meiji.

Republik und Bürgerkrieg

Die europäischen Kolonialmächte beschleunigten den Fall der Mandschus und legten so den Grundstein für das China von heute. Opiumkrieg, Boxeraufstand und die unfähige, despotische Kaiserin Cixi leiteten den Niedergang der Qing-Dynastie ein; die Revolution von Dr. Sun Yatsen beendete sie endgültig im Jahre 1911. Er konnte aber die junge Republik nicht zusammenhalten, und so zerfiel China in Bürgerkriegsgebiete unter der Herrschaft einzelner Kriegsherren und der japanischen Besatzung. Erst Mao Zedong konnte nach dem Zweiten Weltkrieg das Land wieder vereinen und 1949 die Volksrepublik ausrufen.

Die Volksrepublik China

Unter Mao Zedongs Führung verabschiedete sich China mehr oder weniger für fast 30 Jahre von der Welt. Anfangs florierte die durch den Krieg und Bürgerkrieg total ruinierte Wirtschaft. 1953 konnte die Inflation aufgehalten, die Industrieproduktion wieder auf Vorkriegsniveau gebracht und alles Ackerland an die Bauern verteilt werden. Die ideologische Kontrolle wurde aber immer mehr verstärkt und führte zunehmend zu Auseinandersetzungen mit den Intellektuellen. Durch den ›Großen Sprung nach vorn‹, strenge ideologische Bevormundung, den Bruch mit der Sowjetunion 1960, Dürrekatastrophen und Zwangskollektivierung von Landwirtschaft und Industrie versank das Land im wirtschaftlichen Chaos. Nach Schätzungen verhungerten in dieser Zeit zwischen 30 und 60 Millionen Chinesen. Die Kulturrevolution der Jahre 1966 bis 1970 war als erneuter Sprung nach vorn gedacht. Sie beraubte allerdings das Land seiner kulturellen Entwicklung und nahm vielen Chinesen die Chance zu einer guten Ausbildung. Alle Intellektuellen, die nicht absolut linientreu waren, wurden in die Landwirtschaft und Industrieproduktion zwangsverschickt.

Erst nach dem Tod Maos am 8. September 1976 und dem politischen Aus seiner Nachfolger – oft als ›Viererbande‹ bezeichnet – konnte Deng Xiaoping nach 1980 mit Reformen den Weg zur heutigen wirtschaftlichen Entwicklung ebnen. Inflation, Korruption und Nepotismus als Begleiterscheinungen dieser wirtschaftlichen Liberalisierung führten zu den Demonstrationen auf dem Tian-An-Men-Platz, die 1989 in dem bekannten Massaker endeten. Nach diesem Vorfall wurden zwar noch mehr wirtschaftliche Freiheiten gewährt, die politischen Freiheiten jedoch kaum erweitert, aus Angst vor einem politischen Zerfall des Landes und aus Angst der heutigen Führer, doch noch für das Massaker vor Gericht gestellt zu werden.

Der Bahnhofsvorplatz in Dalian

China heute

Der chinesische Drache fasziniert und verstört heute die Weltöffentlichkeit. Die Olympischen Sommerspiele 2008 in Beijing und die Berichterstattung darüber belegten es einmal mehr auf eindrucksvolle Art und Weise. Die Olympiade war gigantisch, einzigartig und perfekt organisiert, aber man traut sich gar nicht, die Superlative zu verwenden, weil das Zelebrieren kritikwürdiger Zustände ebenfalls zum guten Ton gehört und häufig leider zum Selbstzweck wird.

Seit dem im Herbst 2002 vollzogenen Generationswechsel an der chinesischen Führungsspitze dominiert eine pragmatische und konsequente Weiterführung der Wirtschaftsreformen das Land. Die Auslandsinvestitionen boomen ungebrochen. China selbst hat weltweit die größten Devisenreserven und wird zum großen Auslandsinvestor. In China selbst sind heute nicht mehr nur die – gar nicht mehr so – billigen Arbeitskräfte, sondern der Markt und sein Wachstumspotential die entscheidende Trumpfkarte. Nach japanischem Vorbild werden die chinesischen Waren aus puren Imitationen immer weiter verbessert, und man agiert im Aufstieg in die Liga neuer Technologien sehr clever, wie aktuell die Beispiele Solartechnik, Transrapid oder Chinas neue ICE-Züge zeigen. Trotz des stark gewachsenen sozialen Gefälles zwischen Reich und Arm und zwischen Stadt und Land werden Chinas Verbraucher auch immer kaufkräftiger, und keines der weltweit agierenden Unternehmen kann es sich heute mehr leisten, diesen Markt zu ignorieren. Die KP ist ebenfalls bemüht, ihre Ideologie an die veränderten sozialen Verhältnisse anzupassen und will sich künftig selbst für Unternehmer öffnen.

Die wachsende Wirtschaftskraft im Reich der Mitte lässt das internationale Ansehen und Selbstbewusstsein Chinas steigen. Mit Blick auf die volkswirtschaftlichen Eckdaten weist China ein Bruttoinlandsprodukt von 5878 Milliarden US-Dollar (2010, zum Vergleich Deutschland 3310 Milliarden). Pro Kopf bedeutet das in China etwa 7520 US-Dollar (in Deutschland sind es 36 030). Nach Olympia 2008 fand 2010 die EXPO in Schanghai statt. Das an der Transsib-Route durch die Mandschurei gelegene Harbin liebäugelt mit einer Bewerbung um die Winterolympiade.

Innenpolitisch findet die Öffnungspolitik Zustimmung, doch der von der KP abgesteckte Rahmen bleibt eng. Im nach wie vor gespannten Verhältnis zu Taiwan lieferte Hongkong das Vorbild für das mittelfristig zu erwartende Szenarium der Wiedervereinigung. Heikel wird aber auch in Zukunft das Thema Tibet bleiben.

Der Tourist steht vor allem staunend vor den riesigen Baustellen dieses Aufschwungs Fernost. Die neuen Hochhäuser und Skylines sind mittlerweile keineswegs nur für Beijing und Shanghai typisch. Luxushotels, Einkaufszentren, eine immer besser werdende Infrastruktur mit neuen U-Bahn-Linien, staatlichen Maut-Autobahnen sowie auch dem umstrittenen Jangtse-Staudamm prägen die Eindrücke und führen die uralte Zivilisation Chinas zu neuer Blüte, allerdings um den Preis von enormen sozialen Verwerfungen sowie immensen Umweltschäden. Unter dem Strich ist China aber derzeit eines der interessantesten Reiseländer der Erde.

Auf dem Bahnhof von Tianjin

C
D·E
A·B

Diktatoren unter dem roten Stern

Sowohl Mao Zedong als auch Vladimir Ilič Uljanov und Iosif Vissarionovič Džugašvili gehörten wohl zu den prägendsten politischen Führern des 20. Jahrhunderts. Ihr Versuch der praktischen Umsetzung der von Karl Marx und Friedrich Engels begründeten Theorien vom Aufbau einer Kommunismus genannten klassenlosen Gesellschaft ist bekanntlich gescheitert. Während sich diese Auffassung in Russland mittlerweile durchgesetzt hat, schwört China innenpolitisch immer noch auf die allerdings sehr flexible und pragmatische Umsetzung der Sozialismus-Idee.

Der Aufstieg der Sowjetunion zur Weltmacht Nr. 2 und ihr maßgeblicher Einfluss auf die Weltpolitik waren die eine Seite der Medaille, die andere war gekennzeichnet durch die allgegenwärtige Mangelwirtschaft und die Millionen Opfer des Gulags. Wenn auch dem scherzhaft ›homo sovieticus‹ genannten neuen Menschentyp seit über fünfzehn Jahren seine Existenzgrundlage eigentlich abhanden gekommen ist, so werden die guten wie schlechten Erinnerungen, Erfahrungen und Folgen von Lenin und Stalin die derzeitige russische Gesellschaft noch lange nachhaltig beeinflussen.

In China stand im Unterschied zu Russland nicht die Arbeiterschaft, sondern immer die Bauernschaft im revolutionären Fokus der Partei. Nicht weniger brachial wurde hier zunächst ein zentral verordneter wirtschaftlicher Aufschwung erzielt, der nach Mao durch eine zwar bis heute in keiner Weise politische, aber doch wirtschaftliche Liberalisierung mit beachtlichen Fortschritten fortgeführt werden konnte. Doch im Spagat zwischen dem legitimen Gewinnstreben und der politischen Gleichschaltung hat bereits lange Jahre der Pragmatismus die Oberhand.

Wer waren die großen Steuermänner, die ihre Länder unter dem roten Stern so nachhaltig prägten?

Lenin

Vladimir Uljanov wurde am 22. April 1870 als Sohn eines Schulinspektors mit russischen wie tatarischen, deutschen und jüdischen Vorfahren in Simbirsk, dem heutigen Uljanovsk an der Wolga geboren. Als liberaler Intellektueller sympathisierte er früh mit der neuen revolutionären Bewegung. Sein Bruder war 1887 nach einem fehlgeschlagenen Attentat auf den Zaren als einer der Mittäter hingerichtet worden. Nach einem Jura-Studium in Kazan und St. Petersburg wurde er als überzeugter Marxist von 1896 bis 1899 für drei Jahre nach Sibirien verbannt. Sein Pseudonym soll er aus dem Namen des sibirischen Stroms Lena abgeleitet haben. Aus seinem Verbannungsort Šušenskoe am Oberlauf des Enisej bei Abakan wurde zu Sowjetzeiten ein ganzes Museums-Dorf.

Aus Sibirien musste er wie viele andere russische Sozialdemokraten ins Exil gehen, wo Leipzig, München, Paris, London und Zürich seine Stationen waren. Er wurde der Führer der 1898 gegründeten Russischen Sozialdemokratischen Partei (RSDRP), als er 1903 auf dem zweiten Parteitag sein Konzept einer revolutionären Elitepartei neuen Typus durchsetzten konnte und sich die Partei in zwei Fraktionen spaltete. Lenins Ideen folgte die Mehrheit, nach dem russischen Wort für Mehrheit (bolšinstvo) entstanden für die Bewegung auch die Bezeichnungen Bolschewiki und Bolschewismus. Nach der Abdankung des Zaren kehrte Lenin im April 1917 mit einer Gruppe

Gleichgesinnter in einem unter Sonderbewachung stehenden Eisenbahnwaggon nach Petersburg zurück.

Vor dem Hintergrund der sich dramatisch zuspitzenden Konflikte in Russland gelang es den Bolschewiki, am 7. November 1917 die Macht zu übernehmen. Lenin stand an der Spitze des Rates der Volkskommissare und startete das Gesellschaftsexperiment mit Dekreten über den sofortigen Friedensschluss, die Enteignung von Grund und Boden und die Nationalisierung der Wirtschaft. Mit der Gründung der Čeka (Ausnahmekommission) genannten Geheimpolizei schuf er die Struktur, die alle Gegner seiner Diktatur des Proletariats ohne Rücksicht auf Verluste aus dem Weg räumte. Nach wirtschaftlichen Misserfolgen sorgte er mit der Neuen Ökonomischen Politik (NÖP) noch für eine gewisse Liberalisierung. Doch durch ein misslungenes Attentat angeschlagen, musste er sich nach zwei Schlaganfällen aus der aktiven Politik zurückziehen und das Feld trotz Vorbehalte und mehrfacher Warnungen dem neuen Diktator Iosif Stalin überlassen.

Lenin verstarb am 21. Januar 1924. Sein einbalsamierter Leichnam wurde in einem Glassarg ikonenartig im Lenin-Mausoleum auf dem Roten Platz aufgebahrt und bis in die Gegenwart zur Pilgerstätte seiner zwischenzeitlich jedoch stark dezimierten Anhängerschaft. Die in den letzten Jahren vieldiskutierte Überlegung eines Begräbnisses seiner sterblichen Überreste führte allerdings noch zu keiner endgültigen Entscheidung.

Stalin

Iosif Džugašvili wurde am 21. Dezember 1879 in Gory im damals zu Russland gehörenden Georgien als Sohn eines Schusters geboren. Noch während des Besuch eines Priesterseminars gelangte er zur sozialrevolutionären Bewegung. Er war kein Intellektueller und bahnte sich seinen Weg in die Führungsspitze der Bolschewisten mit seinem populistischen Machtinstinkt. Als Mitglied der Parteiführung verbrachte er die Jahre 1913 bis 1917 in der sibirischen Verbannung im Dorf Kurejka am nördlichen Lauf des Enisej. Hier legte er sich auch das mit ›der Stählerne‹ zu übersetzende Pseudonym Stalin zu. Später an der Spitze der Macht, hat er aber Sibirien nie wieder besucht. Im Rat der Volkskommissare war er zunächst für die Nationalitätenpolitik zuständig. Er kontrollierte alsbald vor allem den Apparat der Partei und konnte sich so gegen Trotzkij in der Auseinandersetzung um die Leninnachfolge durchsetzen. Stalin trieb die sozialistische Industrialisierung und die Zwangskollektivierung ohne Rücksicht auf Verluste voran.

Als in der Partei zaghafter Zweifel aufkam, avancierte Stalin zum in jeder Hinsicht gnadenlosen Diktator. Das Schlüsselereignis war der 17. Parteitag im Jahre 1934, der dem Leningrader Parteichef Sergej Kirov eine größere Popularität als dem Georgier signalisierte. Mit dem von Stalin als Aktion einer schleichenden Konterrevolution inszenierten Mord an Kirov begann die in den Schauprozessen von 1937 gipfelnde Abrechnung mit den ehemaligen Weggefährten. Im Nichtangriffspakt mit dem faschistischen Deutschland verkalkulierte er sich und blieb nach Hitlers Angriff auf die Sowjetunion zunächst wochenlang sprachlos. Doch mit kaum vorstellbaren Opfern und dem Schlachtruf ›Für die Heimat, für Stalin‹ vernichtete die Rote Armee das Nazi-Regime in Berlin. Doch der Personenkult ging weiter und nahm mit neuen

Feindbildern immer abstrusere Formen an, die zugleich immer mehr Menschen in den Gulag trieben.

Stalin starb am 5. März 1953 einsam auf seiner Datsche am Moskauer Stadtrand. Noch drei Jahre sollten vergehen, bis auf der berühmten Geheimrede auf dem 20. Parteitag eine mehr als zaghafte Auseinandersetzung mit dem Erbe Stalins begann. Nachdem sich sein zunächst ebenfalls einbalsamierter Leichnam 1953 bis 1960 neben Lenin im Mausoleum befand, wurde er danach an der Kremlmauer in der Reihe berühmter Persönlichkeiten der Sowjetunion begraben.

Mao

Mao Zedong wurde am 26. Dezember 1893 in einem Dorf in der Provinz Hunan geboren. Als Kind einer Bauernfamilie erfuhr er das Leben auf dem Lande und erlebte auch prägend die Hungerrevolte in Hunan einschließlich der sich anschließenden Exekution ihrer Anführer. Er besuchte von 1913 bis 1918 ein Lehrerbildungsinstitut, wo er in patriotischen Zirkeln auch Bekanntschaft mit den marxistischen Ideen des Sozialismus machte. Er arbeitete zunächst als Bibliothekar, später dann als Lehrer. Er nahm 1921 an der Gründungsversammlung der Kommunistischen Partei Chinas statt und organisierte in seiner Heimatprovinz Gewerkschaften und den ersten Regionalverband der Partei.

Nach dem Massaker der Kuomintang an den Kommunisten im Jahr 1927 war die antiimperialistische Einheitsfront begraben und Chiang Kai-Chek übernahm das Ruder. Mao formierte im Untergrund eine Armee, die auf der ›Langen Marsch‹ genannten Sammlung in Nordwestchina die Ausgangsbasis für eine künftige Revolution schuf. Nach dem Zweiten Weltkrieg gewannen die Kommunisten im Bürgerkrieg die Oberhand und riefen 1949 die Volksrepublik aus.

Nachdem zunächst der sowjetische Zentralismus in der Wirtschaft kopiert wurde und nicht den gewünschten Fortschritt brachte, überwarf sich Mao mit den Sowjets und setzte ab 1958 in den ›Volkskommunen‹ auf die Bauernschaft und Dezentralismus. Doch die proklamierte Politik des wirtschaftlichen ›Großen Sprunges‹ endete mit einer Hungersnot. Vor allem in der Intelligenz sah Mao die Saboteure seiner Politik, so dass er mit der Kulturrevolution als völliger Gleichschaltung die wohl größte Barbarei am chinesischen Volk einleitete. Bedingungsloser egalitärer Gehorsam, Verfolgung von Kunst und Kultur, Arbeitslager und Umerziehung – die berüchtigten ›Roten Garden‹ verbreiteten in der zweiten Hälfte der 1960er Jahre Zerstörung, Angst und Schrecken. China wurde zur Militärdiktatur der sogenannten Volksbefreiungsarmee. Der gesundheitlich bereits angeschlagene große Steuermann zog sich aber gezwungenermaßen aus der Öffentlichkeit zurück. In den letzten Lebensjahren fast paralysiert, starb Mao 1976. Sein zu Lebzeiten ungeliebter, liberaler Kontrahent Deng Xiaoping beerbte ihn als Steuermann der chinesischen Revolution, der in den Folgezeit allerdings wenig im Rampenlicht, sondern mehr im Hintergrund als graue Eminenz die Reformfortschritte einleitete. Doch ikonengleich hängt Maos Portrait nicht nur über dem Eingang zur verbotenen Stadt.

›Mao-Lokomotive‹ im Eisenbahnmuseum von Beijing

毛澤東號
请勿攀

»Nach langer Seefahrt in die Heimat zurückgekehrt haben Sie gemäß Meinen Befehlen am 19. Mai 1891 in Wladiwostok die Arbeiten an der Eisenbahnlinie eingeweiht, die gemäß Meinen Plänen quer durch Sibirien gebaut werden soll.«

Zar Alexander III. an seinen Sohn Nikolaj

Die Geschichte der Transsib

Die Große Sibirische Bahn

Die erste Bahnlinie Russlands wurde 1837 ihrer Bestimmung übergeben. Sie verband die damalige Hauptstadt St. Petersburg mit dem 23 Kilometer entfernt im Vorort Pavlovsk gelegenen Zarenschloss. Die beiden an der Neva und an der Moskva gelegenen größten Metropolen des Landes wurden 1851 nach achtjähriger Bauzeit durch den Schienenstrang miteinander verbunden. Doch der Eisenbahnboom, in dieser Zeit Motor der industriellen Revolution in Westeuropa und den USA, erreichte Russlands Weiten nur sehr schleppend. Um 1860 beispielsweise, als in den USA bereits 49 000 Schienenkilometer verlegt worden waren und auch in Deutschland die Länge des Bahnnetzes bereits 11 000 Kilometer überschritt, verfügte Russland nur über insgesamt knapp 2000 Kilometer lange Eisenbahnstrecken und erreichte die 50 000-Kilometer-Grenze erst zur Jahrhundertwende.

Die ersten Pläne für den Eisenbahnbau in Sibirien tauchten um 1850 auf. Durch eine von Amerikanern vorgeschlagene Zugverbindung zwischen dem Enisej und dem Amur sollte Sibirien für den amerikanischen Handel geöffnet werden. Vor allem der Irkutsker Generalgouverneur griff den Eisenbahngedanken auf, um im Interesse der Kaufleute und Fabrikanten Sibirien besser in die innerrussische Wirtschaft einzubinden.

Der Durchbruch kam allerdings mit der Thronbesteigung durch Alexander III. im Jahre 1881. Die seit 1869 bestehende Eisenbahnverbindung quer durch die Vereinigten Staaten von Amerika und die in vollem Gange befindliche Verlegung eines Kanada durchziehenden Schienenstranges ließen auch in Russland das Interesse an derartigen Projekten wachsen. Im Jahre 1887 begaben sich drei große Expeditionen auf den Weg, um die möglichen Varianten der Trassenführung zu untersuchen. Während man östlich des Enisej sehr schnell die Strecke festlegen konnte, wurde die Frage des Ausgangspunktes im Ural lange diskutiert, bevor man Čeljabinsk gegenüber Perm und Orenburg den Vorzug gab.

Postkarte aus den Anfangsjahren der Transsib

Mit dem Projekt der ›Großen Sibirischen Bahn‹ – so die offizielle Bezeichnung zur damaligen Zeit – wurden mehrere Ziele verfolgt. Besonders den strategisch wichtigen Fernen Osten galt es, besser in das Reich einzubinden. Durch eine großangelegte Umsiedlung von Bauern aus dem europäischen Teil Russlands wollte man östlich des Urals stärker Fuß fassen und auch den zum Ende des 19. Jahrhunderts an Popularität gewinnenden Seperatismusbestrebungen entschieden begegnen. Eine Verbesserung der Zugriffsmöglichkeiten auf den Rohstoffreichtum Sibiriens, die Schaffung neuer Freiräume für die expandierende russische Industrie, die Hoffnung, mit einem derartigen Transportkorridor auch stärker am Welthandel partizipieren zu können – all diese wirtschaftlichen Überlegungen stießen bei den Politikern und Militärs auf fruchtbaren Boden. Die Zeit in Russland war reif für diese das Land in seiner Ost-West-Ausdehnung durchziehende Eisenbahn. Im Gegensatz zu den Erfahrungen anderer Länder gab in Russland aber der Staat das Zepter nicht aus der Hand. Obwohl private Geldgeber aus dem In- und Ausland ihr Interesse nachdrücklich signalisierten, wurde der Bau staatlich koordiniert und finanziert. Historische Eisenbahnaktien zum Thema Transsib sucht man also vergebens.

Besonderes Engagement für das Projekt kam vom damaligen Finanzminister Sergej Witte (1849–1915). Der aus einer russisch-holländischen Ehe stammende Witte hatte seine Beamtenlaufbahn in der Eisenbahnverwaltung von Odessa begonnen. Später wurde er Verkehrsminister und führte als Finanzminister den Goldstandard für den Rubel ein. Auf sein Drängen wurde im Dezember 1892 in St. Petersburg unter dem Vorsitz des späteren Zaren Nikolaj II. das Komitee der Sibirischen Eisenbahn gegründet, das parallel zum Bahnbau die weitere Erschließung Sibiriens zu koordinieren hatte. Dieser Ausschuss hatte das Recht, »Mittel zu bewilligen, Kostenbudgets festzusetzen, Grund und Boden, Holz und Gebäude zu beschlagnahmen, Sträflinge und Soldaten zum Arbeitsdienst heranzuziehen, eine Eisenbahnpolizei aufzubauen, über Streckenführungen zu entscheiden.« Witte zog alle Fäden und gab eineinhalb Jahre nach dem ersten vorsichtigen Spatenstich mit der von ihm entwickelten und vom Zaren abgesegneten Aufteilung in die einzelnen Bauabschnitte das Tempo für den Bau der längsten Bahnstrecke der Welt vor. In Spitzenzeiten wurden an den verschiedenen Abschnitten zusammengenommen mehr als 100 000 Menschen beschäftigt.

Die Transsibirische Eisenbahn machte aus der zwar nicht durch Meere getrennten, aber doch zuvor weit entfernten Kolonie Sibirien einen Teil des Russischen Reiches. Die Industrialisierung schritt voran, die Ausbeutung der reichen Bodenschätze wurde in Angriff genommen, Landwirtschaft und der Handel boomten. Dank der Neusiedler verdoppelte Sibirien in den ersten zehn Jahren des 20. Jahrhunderts seine Einwohnerzahl, vor allem der prozentuale Anteil der Russen stieg erheblich. Probleme bereiteten allerdings die erheblichen Qualitätsmängel an der Strecke, die noch Nachbesserungen hinsichtlich des Austausches von Holzbrücken, der Verwendung besserer Schienen und der Optimierung der Streckenführung erforderten. Da vielerorts die Abstände zwischen den Bahnhöfen und den Ausweichstellen sehr groß waren, kam auch schnell der zweispurige Ausbau auf die Tagesordnung.

Der Zug ›Vostok‹ von Moskau nach Beijing

Doch die ingenieurtechnische Leistung und der wirtschaftliche Kraftakt, den Russland mit der Bau dieser Bahnlinie vollbracht hatte, steht außer Frage und brachte dem Land dank steigender Fahrgastzahlen sowohl die wirtschaftlichen als auch die erhofften politischen Dividenden. Während 1897 nur etwa 600 000 Reisende die bereits in Betrieb befindlichen Teile der Transsib nutzten, überstieg die jährliche Passagierzahl 1900 die Millionengrenze und erreichte 1910 bereits drei Millionen.

100 Jahre Transsib

Mancherorts sieht man auf den Bahnhöfen oder an den Zügen in Russland noch die Plakate und Schilder ›100 Jahre Transsib‹. Je nach Blickwinkel kamen mehrere Termine als Geburtstag in Betracht. Russland feierte zur Überraschung nicht weniger Historiker offiziell im Sommer 2001. Am 30. Juni stand der Moskauer Kreml-Palast ganz im Zeichen der Transsib. Tagsüber fand eine diesem Thema gewidmete große Konferenz statt, und abends gab es einen Staatsakt mit großem Festkonzert. Im Juli startete ein Jubiläumsexpress von Moskau über Ekaterinburg und Čeljabinsk nach Vladivostok. Nach zehn Tagen Fahrt traf der spektakuläre Sonderzug, dem unterwegs auf jedem Bahnhof auch der entsprechende Bahnhof bereitet wurde, am Pazifik ein. Alle Eisenbahnverwaltungen entlang der Strecke waren jeweils mit einem Waggon ihres Paradezuges vertreten. So war der aus Waggons so bekannter Züge wie ›Rossija‹, ›Bajkal‹, ›Sibirjak‹ und ›Enisej‹ zusammengestellte Sonderzug in beeindruckender farblicher Vielfalt schon eine Sehenswürdigkeit an sich.

Im Juni 1901 waren die Bauarbeiten am letzten fehlenden Teilabschnitt, der Ostchinesischen Eisenbahn, weitestgehend abgeschlossen. Man begann mit dem Probebetrieb. Noch nicht fertig gestellt waren nur zwei Brücken und ein Tunnel. Doch das damals geplante Datum der Inbetriebnahme, der 21. Oktober 2001, fiel wie auch ein Gros der erbauten Bahnanlagen den Auswirkungen des Boxeraufstandes zum Opfer, so dass von einer Aufnahme des Regelzugverkehrs auf absehbare Zeit keine Rede mehr sein konnte. Nach der Niederschlagung des Aufstandes und der Wiederherstellung der Bahnanlagen konnte der Probebetrieb im Frühjahr 1903 beginnen. Der normale Zugbetrieb zwischen St. Petersburg bzw. Moskau und Port Arthur und etwas später Vladivostok sollte zunächst am 14. Juni beginnen und startete dann nach dem alten Kalender am 1. Juli 1903. Da feierte in Russland niemand. Man sprach damals zwar bereits vom durchgehenden Regelzugverkehr, aber die Bahnlinie war 1903 noch durch die Fähre über den Baikalsee unterbrochen.

Auf der Baikalbahn fuhr erstmals am 1. Oktober 1904 ein Zug, für den Regelzugverkehr wurde dieser Streckenabschnitt dann am 29. Oktober 1905. Dieses Jubiläum – 100 Jahre Baikalbahn – wurde wiederum 2005 am Baikal einschließlich Pavillon und Gedenktafel am Kilometer 121 der alten Baikalbahn gefeiert. Der nächste runde Geburtstag steht 2016 auf dem Kalender. Dann jährt sich am 18. Oktober der Tag der Inbetriebnahme der Amurbrücke bei Chabarovsk und somit die Vollendung der Amur-Bahn zum 100. Male. Damit fuhr die Transsib zwischen Ural und Pazifik vollständig auf russischem Hoheitsgebiet, man darf also auf eine sicherlich sehr patriotische Geburtstagsfeier gespannt sein.

Historische Transsib-Führer

Das erste ›Transsib-Handbuch‹ erschien 1901 unter dem Titel ›Reiseführer auf der Großen Sibirischen Eisenbahn‹ unter der Redaktion von A. I. Dmitriev-Mamonov anlässlich der geplanten Inbetriebnahme der durchgängigen Zugbetriebes zwischen Moskau bzw. St. Petersburg und Vladivostok. Es umfasste

Schienenwartung am Baikalsee

sowohl die Ostchinesische Bahn als auch die Schiffsfahrt auf dem Amur. Zum damals stolzen Preis von 3,50 Rubel bot das Buch – flankiert von zwei Anzeigenblöcken von 130 und 144 Seiten – im eigentlichen, 396 Seiten starken Reiseteil umfangreiche Informationen über Land und Leute, die Streckenführung und alle Orte entlang der Bahnstrecke. Insgesamt 190 Fotos, alle Fahrpläne und mehrere Karten ergänzten die Ausführungen. Auch der Vermerk, dass alle Abbildungen von der Zensur genehmigt sind, fehlt nicht. So sah staatliche Tourismus-Förderung vor 100 Jahren aus. Das Buch erschien fast zeitgleich auch in englischer und deutscher Übersetzung und gilt heute, egal, in welcher Sprache, als bibliophile Kostbarkeit.
Gleichzeitig war mit der sich abzeichnenden neuen Verkehrsverbindung durch Sibirien und somit zwischen Europa und Südostasien das Interesse an der Region bereits in der Bauphase deutlich gestiegen. Nach der Fertigstellung der Bahn im Jahr 1903 inspizierte die Vorhut der Reiseschriftsteller mutig die neue Route, was verblüffend viele zeitgenössische Reisebeschreibungen aus dieser Zeit belegen. Einer der ersten Reisenden auf der soeben durchgängig fertig gestellten Bahnstrecke war der deutsche Reiseschriftsteller Eugen Zabel, dessen Buch ›Auf der sibirischen Bahn nach China‹ bereits 1904 erschien (→ S. 397).
Zu Zeiten der Sowjetunion editierte die staatliche Reiseagentur ›Intourist‹ 1923 und um 1930 kleine Reisebüchlein in den gängigen Fremdsprachen. Aber nicht nur der Umfang (nur noch 64 Seiten im Kleinformat), auch der Ton ist ein anderer. Zum Stop in Moskau heißt es etwa: »Hier hat der ausländische Reisende während des 5-stündigen Aufenthaltes die Möglichkeit, seinen Wagen zu verlassen und mit Hilfe der Führer des ausländischen Touristenvereins die Sehenswürdigkeiten der alten russischen Residenz, die jetzt Hauptstadt der Sowjetunion ist, in Augenschein zu nehmen.« Es folgten über 40 Jahre ohne Transsib-Reiseführer. Zwischenzeitlich waren die Zugverbindungen zwischen Moskau und Beijing eröffnet worden. Erst mit der Öffnung des Landes Mitte der 1980er Jahre kamen in Deutschland und Großbritannien wieder die ersten Transsib-Reiseführer auf den Markt. Es blieben Exoten, erst etwa ab 2000 hält die Normalität Einzug und in vielen Ländern erschienen Reiseführer zum Thema Transsib. Damals wie heute kommen aber verschiedene Autoren manchmal zu recht unterschiedlichen Urteilen. So schrieb der renommierte Baedeker-Reiseführer noch 1912: »In Ostsibirien und in der Mandschurei ist im Sommer ein Mückenschleier angenehm. Bei Reisen abseits der Bahn und in der Mandschurei trage man einen Revolver bei sich. Die Gasthäuser sind fast alle sehr mäßig, dabei teuer. Im allgemeinen ist das Reisen in Sibirien um ein Drittel kostspieliger als im europäischen Russland.« Zwei Jahre später liest man im sehr fundierten Reiseführer von Hendschel: »Was die sonstige Reiseausrüstung betrifft, so sei darauf hingewiesen, dass man sich nicht mit einem Revolver zu bewaffnen braucht. Wer Schießwaffen bei sich führt, kann in große Unannehmlichkeiten kommen, und es gibt auch beim besten Willen in den russischen Bahnen nichts zu schießen.« Dem ist eigentlich auch bis heute nichts hinzuzufügen.

Alte Baikalbahn: stillgelegte Brücke in Polovinnaja

Die ›Tschechische Legion‹

Zu Beginn des Ersten Weltkrieges waren etwa 10 000 in Russland lebende Tschechen und Slowaken auf der russischen Seite gegen Deutschland und vor allem die Habsburger Monarchie in den Krieg gezogen, da sie sich von einem Sieg der Entente auch die Unabhängigkeit ihrer Länder versprachen.

Nachdem Russland unter den Bolschewisten aus dem Krieg ausgeschieden war, kam die mittlerweile durch die Mobilisierung von Kriegsgefangenen auf eine Stärke von fast 60 000 Mann angewachsene ›tschechische Legion‹ im Rahmen der Entente unter französisches Kommando. Als kürzesten Weg zu den neuen Fronten nach Frankreich sah ein Abkommen zwischen den Sowjets auf der einen und der französischen Regierung sowie dem späteren ersten tschechoslowakischen Präsidenten Tomaš G. Masaryk auf der anderen Seite unter Umgehung der Mittelmächte die Transsibirische Eisenbahn nach Vladivostok mit nachfolgender Verschiffung nach Marseille vor.

Neben dieser Vereinbarung ließ vor allem der am 3. März 1918 zwischen Russland und Deutschland abgeschlossene Frieden von Brest-Litovsk die Tschechen schnellstmöglich das Weite suchen, da sie ihre Auslieferung an den Feind fürchteten. Ebenso misstrauten die Russen dieser großen Militärmacht im eigenen Land und überwachten sie mit großer Strenge. So bewegten sich im Frühjahr 1918 insgesamt über 70 Züge mit den Angehörigen der Legion auf der Transsibirischen Eisenbahn gen Osten nach Vladivostok, wo bereits etwa ein Fünftel der Truppe angekommen war. Die Lage war gespannt, die Nerven lagen blank, und ein Vorfall im Ural wurde zum Auslöser dramatischer Entwicklungen.

Ein mit Tschechen besetzter Zug gen Osten und ein in Gegenrichtung fahrender, mit heimkehrenden ungarischen und zur Entente haltenden Kriegsgefangenen besetzter Zug standen sich im langen Halt auf den Gleisen des Bahnhofs in Čeljabinsk gegenüber. Aus Sprüchen wurden schließlich Handgreiflichkeiten, und die brutale Auseinandersetzung kostete auf beiden Seiten Opfer. Der unbeholfene örtliche Sowjet forderte ein unverzügliches Machtwort aus Moskau. Als Trotzkij reagierte und die vollständige Entwaffnung der Legion verlangte, eskalierte die Situation. Die Tschechen revoltierten am 27. Mai 1918 gegen die Rote Armee und besetzten die wichtigsten Bahnhöfe, als erstes Čeljabinsk und Novonikolaevsk. Im Handumdrehen kontrollierte die kampferfahrene Truppe mit der Bahntrasse die Hauptschlagader allen öffentlichen Lebens in Sibirien.

Angehörige der Tschechischen Legion

Diesen innerrussischen Widerstand gegen die neue Regierung wollten die Alliierten, die von der bolschewistischen Revolution alles andere als begeistert waren, für ihre eigenen Ziele instrumentalisieren. Die Tschechen spielten mit und wollten nun die gesamte Strecke der Transsibirischen Eisenbahn erobern und somit einen Brückenkopf für eine künftige Invasion der Alliierten schaffen. Bereits Ende 1918 kämpften über 70 000 Japaner, 8000 Amerikaner, 2500 Briten sowie etwa je 1500 Franzosen und Italiener auf sibirischem Boden. Der Bürgerkrieg zwischen den roten Kommunisten und ihren mit der Farbe weiß titulierten Gegnern tobte entlang der Transsibirischen Eisenbahn mit erbitterter Grausamkeit.

Die Unterstützung der Weißen durch die mehr auf die roten Sowjets hoffende Bevölkerung hielt sich in Grenzen. Zwar hatte sich aus der antibolschewistischen Opposition in Omsk unter General Aleksandr Kolčak eine provisorische Gegenregierung gebildet, doch sie war bald zerstritten und wurde immer handlungsunfähiger. Gleichzeitig terrorisierten Banden unter Kosakenanführern wie Grigorij Semenov und Ivan Kalmykov mit Waffenunterstützung der Alliierten die Zivilbevölkerung auf brutalste Art und Weise. Angewidert vom unbeschreiblichen Chaos, zogen sich auch die tschechischen Legionäre zurück.

Mit der Ausrufung der unabhängigen Republik in Prag im Oktober 1918 sahen sie ihr Ziel nun in einer schnellstmöglichen Rückkehr in die Heimat. Die letzten Soldaten der Legion verließen Russland am 2. September 1920. Doch in Sibirien und vor allem im Fernen Osten tobte der Bürgerkrieg noch über zwei Jahre, bis sich die Sowjets 1922 überall als Sieger etablieren konnten.

Ein berühmter, seit 1915 in der tschechischen Legion kämpfender Tscheche wechselte 1918 bei der Ankündigung der Unterstellung unter französischen Befehl die Fronten und kämpfte die nächsten zweieinhalb Jahre auf der roten Seite der Barrikade, wo er bis zu seiner Rückkehr nach Prag im Dezember 1920 als Politkommissar und Zeitungsredakteur tätig war – Jaroslav Hašek, der Erfinder des braven Soldaten Schwejk. Gedenktafeln in Čeljabinsk (ul. Timirjaševa) und in Irkutsk (ul. Marksa) erinnern an sein Wirken in den beiden Städten.

Die Tschechische Legion bewacht die Transsibirische Eisenbahn. Die Inschrift lautet: Wenn jeder von uns ein Stein ist, wird die Nation zum Fels.

Die Bahnabschnitte der Transsib

In der Bauzeit der ›Großen Sibirischen Bahn‹‹ wurde die Strecke in sechs Abschnitte geteilt und entsprechenden Verwaltungen unterstellt. Der westliche Ausgangspunkt war Čeljabinsk. Später wurde Ekaterinburg zum wichtigsten Transsib-Knotenpunkt im Ural. Zwischen Moskau und dem Ural bestanden ebenfalls mehrere Alternativstrecken, wobei sich in der Geschichte mehrfach die Prioritäten änderten.

Die Westsibirische Bahn reichte mit einer Länge von 1418 Kilometern von Čeljabinsk bis zum Ob'.

Die Mittelsibirische Bahn führte über 1831 Kilometer vom Ob' bis nach Irkutsk.

Die Baikalbahn bestand aus der Strecke Irkutsk–Bajkal'sk und der später folgenden Baikal-Ringbahn. Mit einer Gesamtlänge von 328 Kilometern war sie zwar der kürzeste, aber der landschaftlich schönste und auch teuerste Abschnitt.

Die Transbaikal-Bahn mit einer Länge von 1105 Kilometern verband das Ostufer des Baikalsees mit dem Amur.

Die zunächst geplante, aber zu teure Amur-Bahn ersetzte man durch die Strecke durch die Mandschurei, die aber letztendlich dann ein Provisorium blieb. Besagte Ostchinesische Bahn verband zunächst als billigere Alternative die heutigen Orte Karymskoe und Ussurijsk über das Territorium der zu China gehörenden Mandschurei. Die Strecke ist fast genau 3000 Kilometer lang, wovon sich 2536 auf chinesischem Hoheitsgebiet befinden. Teile der Strecke werden heute auch als Transmandschurische Bahn bezeichnet.

Die 2236 Kilometer lange Amur-Bahn entstand dann als letzter Abschnitt und gewährleistete die durchgehende Streckenführung auf russischem Hoheitsgebiet.

Die Ussuri-Bahn verband mit einer 769 Kilometer langen Strecke die beiden Metropolen des Fernen Ostens, Vladivostok und Chabarovsk.

Die Transmongolische Bahn verbindet seit 1955 über das Territorium der Mongolei Russland und China. Diese Verbindung zwischen Moskau und Beijing ist heute unter Transsibreisenden die populärste.

Werbung für eine Fahrt im Luxuszug nach Peking

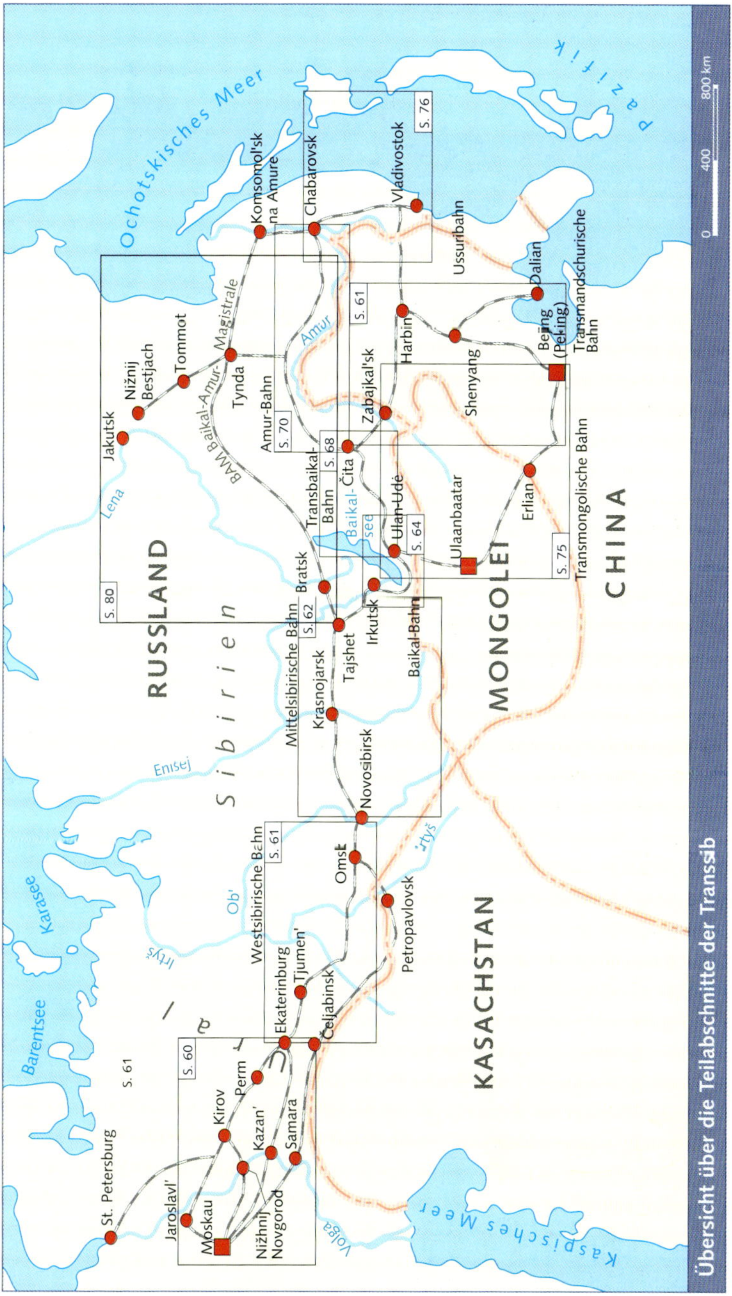

Übersicht über die Teilabschnitte der Transsib

Die Geschichte der Transsib

Typischer Holzbahnhof aus der Zeit des Transsib-Baus in Uk (Km 4649)

Auf nach Sibirien

Zur Zeit des Baus der Großen Sibirischen Bahn kamen die Züge aus der damaligen Hauptstadt St. Petersburg und aus Moskau über Penza, Samara und Ufa durch die damals einzige Uralüberquerung nach Čeljabinsk, wo dann das eigentliche sibirische Bahnabenteuer begann. Nachdem 1909 zwischen Perm und Ekaterinburg die zweite Strecke durch das Uralgebirge und 1913 die Strecke zwischen Tjumen' und Omsk fertiggestellt worden waren, hatte die Transsib ihre Anbindung an den sogenannten Nordbogen zwischen Moskau und dem Ural. Während sie zunächst die alte Linie entlastete, entwickelte sich die Strecke über Jaroslavl' und Kirov in den Folgejahren zur Haupttrasse in Richtung Sibirien. Später kam noch die Strecke über Kazan als Alternative hinzu. In den letzten Jahren fahren die meisten Züge auf dem Nordbogen nicht mehr über Jaroslavl', sondern über Nižnij Novgorod.

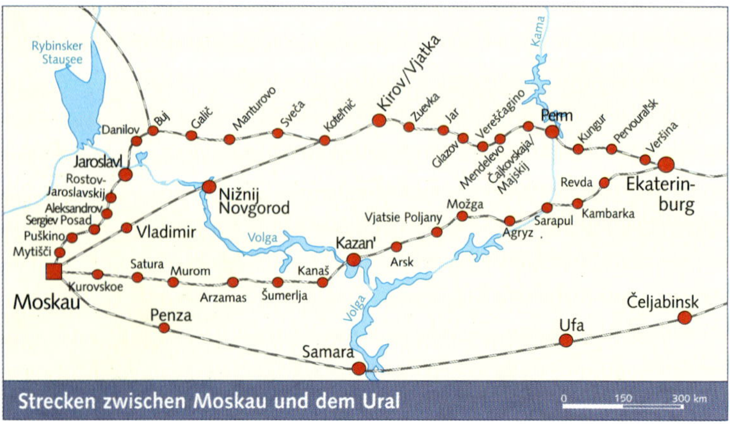

Strecken zwischen Moskau und dem Ural
0 150 300 km

Die Westsibirische Bahn

Am 19. Juni 1892 wurde in Čeljabinsk mit dem Bau der Westsibirischen Bahn begonnen. Die Anbindung an das im europäischen Teil Russlands bestehende Eisenbahnnetz erfolgte damals über die von Samara und Ufa den Ural überquerende Strecke. Parallel zu Čeljabinsk begann man am linken Ufer des gewaltigen Stromes Ob' mit der Suche nach einem geeigneten Ort für die künftige Brücke. Aus der damals gegründeten und nach dem künftigen Zaren Nikolaj Novonikolaevsk benannten Eisenbahnersiedlung hat sich dann die heute größte Metropole Sibiriens – Novosibirsk – entwickelt. Die Leitung oblag Konstantin Garin-Michailovskij, dessen Spuren heute vor allem in Novosibirsk noch vielerorts zu finden sind. Mit dem Bahnbau entstanden viele neue Siedlungen entlang des Schienenstranges. Der maximale Abstand zwischen zwei Siedlungspunkten wurde mit 50 Werst (knapp 60 km) festgelegt. Alle neuen Bahnhöfe und der Eisenbahn gehörenden Gebäude wurden nach standardisierten Vorlagen errichtet. Die Orte wurden nach ihrer künftigen Bedeutung in vier verschiedene Kategorien eingeordnet. Für jede Kategorie gab es entsprechende Architektenentwürfe, nach denen dann gebaut wurde. Die Strecke wurde zunächst eingleisig gebaut. Die Planung sah täglich jeweils drei Züge in beide Richtungen vor. Die Streckenführung durch die Steppen des Westsibirischen Tieflandes war zwar im Vergleich zu den ostwärts folgenden Abschnitten weniger anspruchsvoll, doch vor allem die Logistik für die aus dem europäischen Teil Russlands anzuwerbenden Arbeitskräfte und die heranzuschaffenden Baumaterialien bereitete Probleme, die mit dem weiteren Vorstoß in Richtung Osten noch zunahmen. Der Stahl kam aus dem

Im Bahnhof Novosibirsk

Ural, der Zement wurde aus Petersburg geliefert, und das vor Ort anzutreffende Baumholz war zu weich. Die Baumaterialen waren in Zügen untergebracht, die auf einem provisorischen Schienenstrang entsprechend dem Baufortschritt der Hauptstrecke vorrückten. Vier Eisenbrücken und über 250 Holzbrücken mussten aufgebaut werden. Vielerorts wurden artesische Brunnen gebohrt, da das Oberflächenwasser zu kalkhaltig für die Wasserversorgung der Lokomotiven war. Im Oktober 1896 wurde der 1415 Kilometer lange Abschnitt vollständig in Betrieb genommen, und auch die noch heute auf ihren Steinpfeilern stehende Stahlbrücke über den Ob' war vollendet. Die durchschnittliche Reisegeschwindigkeit erreichte aufgrund der auf diesem Abschnitt fehlenden Steigungen den Spitzenwert von 34 km/h.

Die Mittelsibirische Eisenbahn

Im Juli 1893 startete am rechten Ob'-Ufer der Bau der Mittelsibirischen Eisenbahn über Krasnojarsk in Richtung Irkutsk. Der Bauabschnitt stand unter der Leitung von Nikolaj Mešeninov. Im Vergleich zum westsibirischen Streckenabschnitt verlief hier ein Viertel der Strecke durch bergiges Gelände. Gleichzeitig fuhr man nach der Steppenlandschaft Westsibiriens erstmalig durch die wirkliche Taiga. Das erleichterte zwar einerseits den Zugang zu hartem Schwellen- und Brücken-

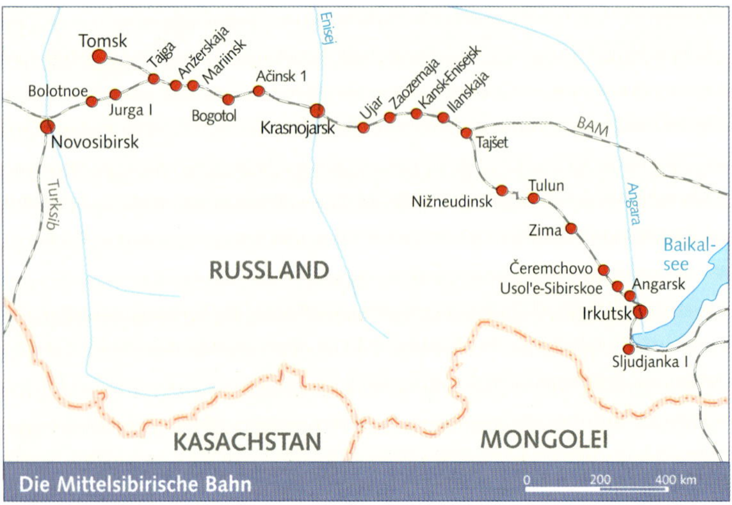

Die Mittelsibirische Bahn

Eisenbahnbrücke über den Ob' bei Novosibirsk

holz, machte aber andererseits auch umfangreiche Rodungen erforderlich. Wo es möglich war, folgte man der alten Postroute des sogenannten ›Sibirischen Traktes‹, gleichzeitig war aber der Druck groß, die Streckenführung möglichst gerade und mit so wenig Abweichungen wie möglich zu bauen.

Während man in Westsibirien noch viele Arbeiter unter den Bauern der Region anwerben konnte, musste die Bahn nun ihre eigenen Arbeiter mitbringen. Die Gleisbauer mussten im Niemandsland untergebracht und versorgt werden. Der Bau erfolgte unter primitivsten Bedingungen – Beil, Säge, Brecheisen, Schippe und Trage waren die einzigen Arbeitsmittel. Hier kamen auch erstmalig Sträflinge auf den Bau. Sie arbeiteten in Artel genannten Gruppen zu je 200 Arbeitern. »Der Einsatz von Arrestanten ist sinnvoll und nützlich, er beschleunigt den Bau der Großen Sibirischen Bahn und ist ein Segen für die Gefangenen, denn ihre Arbeit wird vergütet und ihre Strafen werden verkürzt«, schrieb der ›Sibirische Bote‹. Acht Monate beim Eisenbahnbau wurden gegen ein Jahr Zwangsarbeit aufgewogen. Es gab nur zwei Fluchtversuche.

Über 800 Brücken wurden errichtet, davon waren 21 aus Eisen. Die Verbindung wurde in zwei in Krasnojarsk getrennten Teilabschnitten errichtet. Die Schienen wurden aus England importiert und kamen über das Nordmeer den Enisej flussaufwärts nach Krasnojarsk. Der westliche Teil der Strecke wurde im Februar 1897 vollendet, der östliche Abschnitt folgte fast genau ein Jahr später, als auch die neue Brücke über den Enisej fertig war. Diese einzigartige Metallkonstruktion des russischen Ingenieurs Lavr Proskurjakov wurde auf der

Pariser Weltausstellung im Jahre 1900 mit einer Goldmedaille honoriert. Bei den ersten Zugverbindungen wurde eine durchschnittliche Reisegeschwindigkeit von 28 km/h erreicht. Im Jahr 1899 fusionierten die Verwaltungen der Westsibirischen und der Mittelsibirischen Bahn zur Sibirischen Bahn. Es wurde bereits klar, dass die Durchlassfähigkeit der Strecke den wachsenden Anforderungen nicht mehr Schritt hielt. Der zweigleisige Ausbau der Strecke begann 1904.

Die Baikalbahn

Die Baikalbahn ist ohne Zweifel einer der landschaftlich schönsten Abschnitte der gesamten Strecke vom Ural bis zum Pazifik. Gleichzeitig war es das ingenieurtechnisch anspruchsvollste und, auf die Baukosten pro Streckenkilometer zurückgerechnet, mit Abstand teuerste Teilstück der Großen Sibirischen Eisenbahn. Nicht von ungefähr kam die Bezeichnung ›Goldschnalle des russischen Stahlgürtels‹, die in zweierlei Hinsicht ihre Berechtigung hat. Vor ihrer Inbetriebnahme waren die beiden Baikalfähren die einzige aus Eisenbahnsicht offene Stelle des das russische Reich zusammenbindenden Stahlgürtels. Nun entstand die Schnalle, die die Teile verband, zu einem Preis, der die Metapher ›Goldschnalle‹ nahelegte. Auf Russisch heißt der Abschnitt ›Krugobajkalka‹, weshalb auch Bezeichnungen wie Baikal-Rundeisenbahn oder Circum-Baikalbahn anzutreffen sind.

Mit der Fähre über den Baikalsee

Nicht von ungefähr hatte man bei der ursprünglichen Streckenplanung die Variante, den Baikal mit Fähren zu überqueren, favorisiert. 1896 kam die Eisenbahn nach Irkutsk, der weitere Weg wurde jedoch vom Baikalsee versperrt. Es gab drei Planvarianten des Bahnbaus um den See: die erste führte am Fluss Irkut entlang, auf der zweiten verläuft die in den 50er Jahren gebaute heutige Haupttrasse und

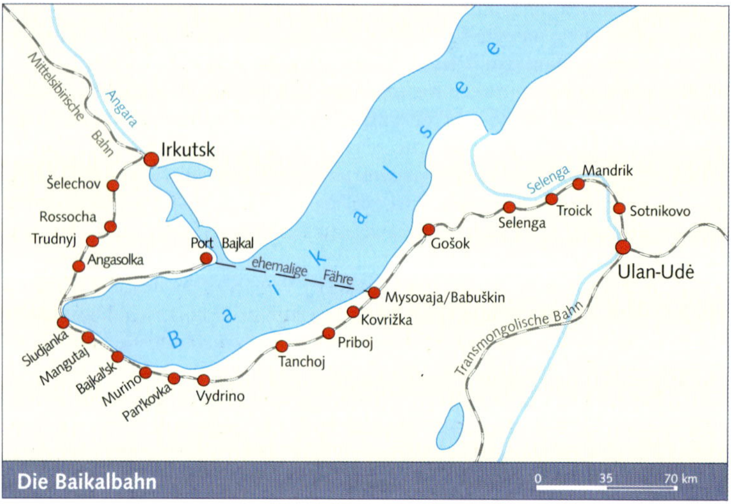

Die Baikalbahn

Blick über die Angara auf den Hafen von Port Bajkal

die dritte verlief am Ufer des Baikalsees entlang. Aufgrund des horizontalen Profils der Strecke wurde das am wenigsten effektive und das teuerste dritte Projekt gewählt. Man befürchtete, dass die Lokomotiven den Anstiegen an den östlichen Ausläufern des Sajan-Gebirges nicht gewachsen wären. Die Eisenbahn wurde zunächst entlang des Angaraufers von Irkutsk bis zum Baikalufer gebaut. Der Bau der Strecke um die südliche Hälfte des Sees wurde zugunsten der Fährüberquerung in die Zukunft vertagt. Im Hafen von Port Bajkal wurde eine spezielle Anlegestelle für die Eisenbahnwaggons errichtet. Die Züge, die in Port Bajkal ankamen, wurden auf eine in England georderte Fähre geladen und auf das gegenüber liegende Ufer gebracht, zur Station Mysovaja. Die Überfahrt über den Baikalsee wurde Ende April 1900 eröffnet und die Fahrtdauer in eine Richtung betrug bei gutem Wetter nicht länger als dreieinhalb Stunden.

Der als Mischung aus Eisbrecher und Fährschiff geforderte Dampfer erreichte 1896 über die Angara seinen künftigen Einsatzort. Vom Hersteller, der Werft ›Armstrong & Co. aus Newcastle in durchnummerierte Einzelteile zerlegt, wurde er auf der dafür speziell errichteten Werft im Dorf Listvjanka in ungefähr zwei Jahren wieder zusammengebaut. Im gleichen Jahr wurde zusätzlich ein zweiter, kleinerer Dampfer bestellt. Beide Schiffe erhielten mit ›Bajkal‹ und ›Angara‹ die passenden Namen.

Das Fährschiff ›Bajkal‹ hatte mit knapp 90 Metern Länge und 17,5 Metern Breite eindrucksvolle Maße. Drei Schiffsschrauben leisteten 3750 PS. Das Schiff konnte 300 Passagiere, 25 Eisenbahnwaggons und 500 Tonnen Fracht transportieren.

Doch der nächste Winter zeigte, dass man die Dicke des Baikaleises unterschätzt hatte. Die Hoffnung, dank der Eisbrecher die Navigationsperiode von acht auf neun oder zehn Monate verlängern zu können, blieb eine Hoffnung, so dass die Verbindung von Mitte Januar bis Mitte Mai in bewährter Manier mit Pferdeschlitten erfolgen musste. Fast dreitausend Pferde wurden im Winter gebraucht, um Passagiere und Gepäck in den Schlitten über den See zu transportieren. Für die Reisenden der 1. und 2. Klasse waren standesgemäß 100 russische Pferdetrojkas im Einsatz, Passagiere der dritten Klasse sowie Gepäck und Fracht wurden mit Einspännern befördert. Im Abstand von sechs Werst (etwa sechseinhalb Kilometer) wurden auf dem See mit Filz ausgekleidete Baracken errichtet, wo man sich bei Bedarf während der Überfahrt aufwärmen konnte.

Geschichten von jeden Winter über das Eis des Sees dampfenden Zügen sind Legenden. Nur einmal, im Winter 1904, wurde der gewagte Versuch unternommen, Gleise auf dem Eis zu verlegen. Ein aus der Not geborenes Risiko, denn Russland befand sich seit dem japanischen Angriff auf Port Arthur am 8. Februar im Krieg mit Japan, und die Fähren hatten zwei Wochen zuvor ihre Navigation eingestellt. Einerseits mussten schnellstmöglich Geschütze und Munition zum Pazifik befördert werden, andererseits benötigte die Bahn nun zusätzliches rollendes Material auf der Ostseite des Baikalsees, um den Nachschub für die Front zu gewährleisten. Die Strecke war vom 28. Februar bis zum 25. März 1904 in Betrieb. Dabei wurden aber sowohl die Waggons als auch die in Chassis und Oberteil zerlegten Lokomotiven von Pferden über das Eis gezogen. Die Rechnung ging auf: Nur eine Lok versank im See, aber über 60 Lokomotiven und über 2300 Waggons überquerten auf den auf dem Eis verlegten Schienen den Baikalsee. Der Krieg war aber trotz dieses logistischen Erfolges für Russland nicht zu gewinnen.

Nach der Inbetriebnahme der Baikalbahn wurde der direkte Fährbetrieb eingestellt, doch beide Schiffe verblieben auf dem See. Die größere ›Bajkal‹ stand in Spitzenzeiten für Güterzüge zur Verfügung. Sie sank in den Kämpfen des Bürgerkrieges, die ›Angara‹ fuhr noch lange Jahre als Fahrgastschiff, bevor sie nach ihrer Ausmusterung zum Museum für die Baikalschifffahrt umgebaut wurde und heute an der Irkutsker Staumauer ihre Besucher erwartet.

Die ›Goldschnalle‹

Als die Risiken der Fährverbindung offensichtlich wurden, kam man nicht umhin, dem Schienenstrang eine Trasse in die Felsen des Baikalufers zu sprengen. Anfang 1902 begann man nach umfangreichen geologischen Untersuchungen

Über das Eis des Baikalsees während des Russisch-Japanischen Krieges

Die Fähre ›Bajkal‹

mit dem Bau. Für einen Kilometer Strecke wurde etwa ein Waggon Sprengstoff verbraucht. Es wurde auch nach speziellen technischen Standards gebaut: Im Vergleich mit anderen Abschnitten der großen Transsibirischen Eisenbahn wurden schwerere Gleise sowie besondere Schwellen verwendet und die Anzahl der Schwellen erhöht. Ursprünglich plante man die erste, eingleisige Linie in etwas mehr als drei Jahren zu bauen. Aber die sich zuspitzende Lage im Fernen Osten und der Russisch-Japanische Krieg zwangen dazu, das Tempo der Bauarbeiten zu beschleunigen, so dass die Bahnstrecke in zwei Jahren und vier Monaten fertiggestellt wurde. Insbesondere während des im Februar 1904 begonnenen Krieges gegen Japan wurde der Baikalsee zum Nadelöhr und Russland bereute, seine Schnalle nicht schon früher zusammengebunden zu haben.

Die Gesamtlänge der Eisenbahnstrecke von Port Bajkal bis Sljudjanka beträgt 84 Kilometer. Auf diesem Abschnitt wurden 424 Ingenieurbauwerke errichtet. Die größte Sehenswürdigkeit der Bahn stellen die 39 Tunnel dar, deren Gesamtlänge sieben Kilometer beträgt. Der Tunnelbau geschah manuell mit einer Geschwindigkeit von 40 bis 50 Zentimetern pro Tag. Alle Tunnel wurden von innen mit einem speziellen Stein verkleidet. Für diese Arbeiten wurden Spezialisten aus Italien und Albanien eingeladen, die Elemente des zyklopischen Legens verwendeten, bei dem die Steine nicht behauen, sondern je nach Form zurechtgelegt wurden. Jeder Tunnel ist ein Unikat. Am 30. September 1904 fuhr im ersten Zug von Port Bajkal bis Kultuk der Eisenbahnminister Fürst Michajl Ivanovič Chilkov, am 15. Oktober 1905 wurde der permanente Zugverkehr eröffnet. Das zweite Gleis der Baikal-Eisenbahn wurde in den Jahren 1911 bis 1915 fertiggestellt.

Das Ende der alten Strecke

Der letzte durchgehende Zug fuhr am 30. Juni 1956 auf dieser Strecke. Ab 1950 begann man mit dem Bau der heutigen Bahntrasse zwischen Irkutsk und der südwestlichen Baikalspitze in Kultuk. Die neuen Diesel- und Elektroloks verkrafteten die Steigungen im Unterschied zu den Dampflokomotiven aus den Transsib-Gründerjahren ohne Probleme. Gleichzeitig entstand das Irkutsker Wasserkraftwerk, dessen Inbetriebnahme die Angara zwischen Irkutsk und dem Baikalsee aufstaute und die parallel zur Angara verlaufenden Gleise überflutete. Als Teil der Ostsibirischen Eisenbahn blieb nur die Strecke zwischen Kultuk und Mysovaja noch am Hauptstrang in Betrieb. Der größte Teil der legendären Goldschnalle des Russland zusammenhaltenden Stahlgurtes versank in der Bedeutungslosigkeit. Ab Juli 1956 verkehrten nur noch sporadisch Bummelzüge. Das zweite Gleis wurde demontiert und die Bahnanlagen vernachlässigt. Erst in den letzten Jahren wurden die kulturhistorische Bedeutung und die landschaftliche Schönheit wieder entdeckt, so dass aus dem Geheimtipp langsam eine Touristenattraktion wird.

Die Transbaikal-Bahn

Am Ostufer des Baikalsees begann der Bau der Bahn 1895. Die Strecke war zunächst über Čita bis Sretensk geplant, wo man ab 1900 dann auf die Flussschiffe umstieg, die auf der Šilka und dem Amur bis nach Chabarovsk verkehrten. Erst mit der Eröffnung der Ostchinesischen Bahn 1903 und der Amur-Bahn 1916 entstanden durchgehende Bahnverbindungen über die Mandschurei bzw. nördlich des Amurs. In den ersten Jahren sah die erste ganz

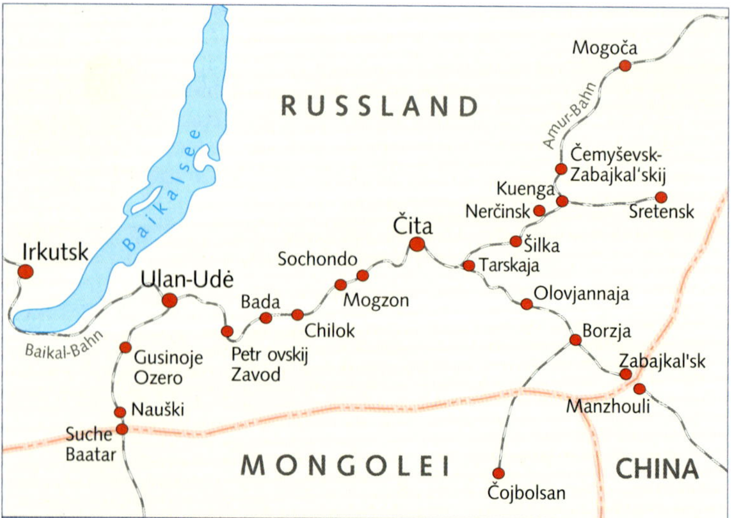

Die Transbaikal-Bahn

Russland durchziehende Route neben der Fährüberquerung des Baikalsees auch eine Dampferfahrt auf dem Amur vor – heute würde man von einer kombinierten Bahn- und Schiffsreise sprechen. Da die Strecke hier über weite Strecken durch die landschaftlich sehr schönen Täler der Selenga, Ingoda und der Šilka verläuft, waren umfangreiche Sprengarbeiten in den Felsen nötig. Hohe Steigungen und enge Kurven sorgten für zusätzliche Probleme. Im Tal des Flusses Ingoda zerstörten Erdrutsche und Überschwemmungen bereits fertige Abschnitte. Aufgrund der geringen Bevölkerungsdichte war auf diesem Bauabschnitt die Arbeitskräftesituation besonders angespannt, so dass man neben Sträflingen auch chinesische Arbeiter anwarb. Mit über einjähriger Verspätung wurde Mitte des Jahres 1900 der regelmäßige Zugverkehr aufgenommen. Die Durchschnittsgeschwindigkeit auf dem Transbaikalien durchziehenden Bahnabschnitt belief sich auf 19 km/h.

Elektrolok CS2

Die Amur-Bahn

Am schwierigsten gestalteten sich die Erschließungsarbeiten für die Amurbahn, die Transbaikalien und Chabarovsk miteinander verbinden sollte. Die Geologen eruierten drei mögliche Trassenführungen: eine in unmittelbarer Nähe des gewaltigen Stromes Amur, zwei weitere etwa 50 Kilometer und etwa 250 Kilometer nördlich des Flusses. Über weite Strecken stieß man auf die südlichen Ausläufer des Dauerfrostbodens, wo die Erdoberfläche im Sommer nur wenige Zentimeter auftaut und alles andere als eine akzeptable Basis für die Trassenführung liefert. Die härtesten Fröste im südsibirischen Winter, viele zu überwindende Flüsse, die im Frühjahr regelmäßig über ihre Ufer treten, absehbare Logistikprobleme während der zu kurzen Sommer und andere Probleme verursachten den Technikern und den die Kosten überwachenden Buchhaltern graue Haare. Da stießen Ideen hinsichtlich einer veränderten Trassenführung auf fruchtbaren Boden. So rückte auch die zu China gehörende Mandschurei in das Blickfeld der Transsib-Erbauer. Die Streckenführung durch dieses Gebiet verkürzte die Entfernung zwischen Čita und Vladivostok um fast 700 Kilometer und verlangte bedeutend weniger ingenieurtechnische Extremleistungen.

Doch die politischen Ereignisse zwangen Russland alsbald erneut, die schon ad acta gelegten Pläne für die Amurbahn erneut auf ihre Machbarkeit zu prüfen. Russlands verheerende Niederlage im Krieg gegen Japan schürte in Petersburg die Angst, dass im Falle einer japanischen Annexion der Man-

Die Amur-Bahn

dschurei samt der durch sie führenden russischen Eisenbahn Russlands Ferner Osten vom Rest des Reiches mit allen weiteren Konsequenzen abgeschnitten wäre. Also begannen die Arbeiten am Amur erneut und man entschied sich für die mittlere Variante, die eine Trassenführung zwischen 20 und 120 Kilometer nördlich des Amur vorsah.

Im Jahre 1908 begann man in drei Abschnitten mit den Bauarbeiten. In Spitzenzeiten wurden bis zu 20 000 Arbeitskräfte beim Bau der Bahn beschäftigt. In den großen Sumpfgebieten verlegte man auf dem Eis des Winters eine provisorische Strecke, auf der dann der Grund transportiert und neben der Strecke abgeworfen wurde, um ihn dann im Sommer entsprechend zu verfestigen und die eigentliche Bahnstrecke zu bauen. Die Amur-Bahn war einschließlich einer Sackbahn nach Blagoveščensk bis zum Amur im Februar 1914 fertiggestellt. Mit der Übergabe der nach dem Thronfolger Alexej benannten Amur-Brücke vor Chabarovsk stand das Jahrhundertprojekt vor seinem krönenden Abschluss.

Die 2590 Meter lange Brücke wurde von Lavr Proskurjakov, dessen Transsib-Brücke in Krasnojarsk auf der Pariser Weltausstellung mit einer Goldmedaille ausgezeichnet worden war, projektiert. Die wichtigsten Metallkonstruktionen dafür kamen aus Warschau mit der Bahn nach Odessa und dann auf dem Seeweg mit mehreren Schiffen nach Vladivostok. Doch der deutscher Kreuzer ›Emden‹ versenkte im Ersten Weltkrieg eines dieser Schiffe im Indischen Ozean, was die Fertigstellung der Brücke um über ein Jahr verzögerte, da man erst Ersatz in Kanada ordern musste. So konnte die Brücke erst im Oktober 1916 dem Verkehr übergeben werden. Doch Ende gut, alles gut, wenn auch nur für kurze Zeit. Im Bürgerkrieg, der auf die Russische Revolution folgte, war die Transsib als wichtigste Versorgungsader hart umkämpft. Im April 1920 sprengte man zwei Brückenbögen der Amurbrücke, um den Vormarsch der ausländischen Interventionstruppen gen Westen zu stoppen. Es dauerte danach fünf Jahre, bevor die Brücke wieder in Betrieb genommen wurde.

Die Ostchinesische Bahn

Als preiswerte Alternativstrecke entstanden, wurde die Streckenführung durch China zu einer Eskapade in der Geschichte der Transsibirischen Eisenbahn. Das Reich der Mitte hatte 1895 den Krieg um Korea gegen die Japaner verloren und war wirtschaftlich wie politisch stark angeschlagen. Russland sah seine Chance und nutzte sie. Man verhandelte über Konzessionen für einen Eisenbahnkorridor nach Vladivostok und den Zugang zu einem ganzjährig eisfreien Hafen. Zur Finanzierung wurde eine Russisch-Chinesische Bank gegründet, die dann eine de jure unabhängige, aber de facto mit der Staatsräson des Zaren die russischen Interessen durchsetzende ›Gesellschaft der chinesischen Ostbahn‹ finanzierte. Im Frühjahr 1896 wurde der Konzessionsvertrag als Geheimabkommen beider Länder während des Besuches des chinesischen Kanzlers anlässlich der Krönungsfeier-

Die Transmandschurische (Ostchinesische) Bahn
0 500 1000 m

lichkeiten für Nikolaj II. in Petersburg unterzeichnet. Drei Jahre später folgte ein weiterer Vertrag, der Russland für 25 Jahre die Pachthoheit für das sogenannte Kwantung-Gebiet zusicherte.

Russlands Bahnstrecken lagen wie ein großes ›T‹ auf der Mandschurei. Harbin bildete den Schnittpunkt. Die Horizontale war der Korridor nach Vladivostok, die auch Südmandschurische Eisenbahn genannte Vertikale führte zu den beiden Russland interessierenden Häfen. Die geschützte und ganzjährig eisfreie Bucht von Port Arthur sollte Russlands wichtigster Militärhafen an der Pazifikküste werden. Das in Dal'nij (russisch für weit weg) umbenannten Talienwan sollte ein großer Freihafen werden, die Stadtplaner klotzten und sprachen vom künftigen russischen San Francisco. Die Bahngesellschaft hatte das Betriebsrecht auf 80 Jahre erhalten, das aber durch eine nach 36 Jahren eintretende Kaufoption der Chinesen eingeschränkt war. Im Sommer 1898 begann unter der Leitung von Aleksandr Jugovič in Harbin der Bau der Bahnlinie.

Doch China brodelte, sein seinerzeitiger Verhandlungsführer mit Russland wurde zum Tode verurteilt. Die nationalistische und der körperlichen Ertüchtigung frönende Sekte Yihetuan (Faust im Namen des Friedens und der Gerechtigkeit) mobilisierte die Bevölkerung zum so genannten ›Boxeraufstand‹. Der bereits 1901 fertiggestellte Bahnbau wurde dadurch zwar erheblich in Mitleidenschaft gezogen, doch Russland verstärkte seine militärische Präsenz in der Mandschurei und eröffnete im Juli 1903 den normalen, durchgehenden Regelzugverkehr auf der Großen Sibirischen Bahn.

In dieser Zeit fungierten Port Arthur (heute Lüshun) bzw. Dal'nyj (Dalian) als Endpunkte der Sibirischen Bahn. In Folge des Russisch-Japanischen Krieges verlor Russland jedoch seine Pachtrechte für die chinesischen Häfen und die Südmandschurische Eisenbahn. Dank des Geschicks von Verhandlungsführer Witte verblieb aber bei der Ostchinesischen Eisenbahn alles wie gehabt. Die Bahn überstand die Wirren der Revolution und des anschließenden Bürgerkriegs. Jedoch Ende der 1920 Jahre eskalierten die Spannungen zwischen den Bahnpartnern bis hin zu militärischen Auseinandersetzungen. Die Sowjetunion baute ihre Grenzstation aus und nannte den Ort (das heutige Zabajkalsk) symbolträchtig ›Otpor‹ – Abwehr. Nachdem sich 1931 die drohende Vision von der japanischen Besetzung der Mandschurei bewahrheitete, verlor Russland die Bahn, um sie sich dann im Ergebnis der Kapitulationsverhandlungen 1945 wieder zurück zu holen. Erst 1954 wurden unter Stalin und Mao Zedong die Rechte an der Bahn dem damaligen sozialistisch wie brüderlich verbundenen chinesischen Volk zurückübertragen. Im selben Jahr fuhr auch erstmalig ein durchgängiger Express zwischen Moskau und Beijing. Heute ist das Gros der Strecke als Transmandschurische Bahn bekannt (→ Karte S. 71), die Streckenführung über Čita in Richtung Beijing folgt zunächst bis Harbin der Strecke der traditionellen Ostchinesischen Bahn und weiter in Richtung Süden bis Shenyang (früher: Mukden) der alten Strecke nach Port Arthur. Der ebenfalls zur alten Ostchinesischen Bahn gehörende Streckenabschnitt zwischen Harbin und Vladivostok besitzt heute nur noch regionale Bedeutung.

Chinesischer Junge in Beijing

Das Transsib-Fabergé-Ei

In der Sammlung der einzigartigen Prunkeier von Peter Carl Fabergé befindet sich auch ein der Transsibirischen Eisenbahn gewidmetes Kunstwerk. Das 1900 geschaffene Ei hat eine Höhe von 27,3 Zentimetern und steht auf einem Sockel aus Onyx. Die Spitze ziert der Zarenadler. Drei Greifvögel schützen das Ei. Zwischen den grün leuchtenden Rändern dominiert ein breites Silberband mit der Inschrift ›Die Große Sibirische Eisenbahn, 1900‹. Eine eingravierte Karte zeigt den Streckenverlauf von Moskau nach Vladivostok. Der dazugehörende Miniaturzug fährt, wenn er mit dem Schlüssel aus purem Gold aufgezogen wird. Er hat mit seiner Lokomotive aus Platin mit Rubin-Scheinwerfern und den fünf goldenen Waggons - ein Gepäckwagen, drei Personenwagen und der berühmt gewordene Kirchenwagen - eine Länge von 39,8 Zentimetern. Das Kunstwerk befindet sich heute in der Sammlung der Rüstkammer im Moskauer Kreml. Eine Kopie steht im Novosibirsker Eisenbahnmuseum.

Ostereier gelten auch in der russisch-orthodoxen Kirche als Symbol des Lebens und der Auferstehung und wurden vom Zaren in prunkvoller Gestaltung gern als Geschenke in Auftrag gegeben. Das erste Fabergé-Ei schenkte Alexander III. seiner Gattin im Jahre 1885. Es wurde für die nächsten 30 Jahre zur Tradition. Die thematische Gestaltung der Eier variierte und oblag allein Fabergé und wurde dann von seinen Werkmeistern umgesetzt. Die Schmuckkünstler ließen sich dabei auch nicht in die Karten schauen. »Majestät werden zufrieden sein« - so seine Standardantwort auf die Neugier des Zaren. Insgesamt entstanden 50 Eier, von denen heute acht als verschollen gelten. Dank des großen Interesses russischer Oligarchen an diesen Kunstwerken war die Hysterie um diese Eier noch nie so groß wie heute. Bei der letzten Auktion eines Eis bei Sotheby's wurde ein Preis von 14 Millionen Dollar erzielt.

Peter Carl Fabergé wurde 1846 in St. Petersburg als Sohn eines aus Frankreich eingewanderten Juweliers geboren. Mit seiner Verknüpfung des Gold- und Silberschmiedehandwerks und der Edelsteinschleiferei sowie der Kunst, durch verschiedene Legierungen von Edelmetallen unzählige Farbnuancen zu erreichen, gelangen seiner Werkstatt vor allem mit den Prunkeiern einzigartige Kunstwerke. Fabergé kümmerte sich vor allem um die Ideen, die Qualität und die Aufträge, die handwerkliche Umsetzung lang in den Händen der Werkmeister. Das Transsib-Ei stammte vom Werkmeister Michail Perchin (1860 – 1903). Mit der Oktoberrevolution kam die Enteignung. Peter Carl Fabergé floh ins Ausland und verstarb 1920 in der Schweiz. Seinen Söhnen war kein wirtschaftlicher Erfolg vergönnt und sie veräußerten die Namensrechte, zwischenzeitlich gehörte die Marke dem Unilever-Konzern. 2009 erwarb der Finanzinvestor Pullinghurst die Marke und bringt wieder neue Fabergé-Kollektionen auf den Markt. In diesem Zusammenhang verlor auch die Pforzheimer Schmuckmanufaktur Victor Meyer das Werkmeisterprivileg. In Baden-Baden eröffnete im selben Jahr der russische Oligarch Alexander Ivanov das erste Fabergé-Museum.

Das Transsib-Ei

Die Transmongolische Bahn

Die frühesten Projekte für eine Eisenbahn im Reiche Dschingis Khans und eine Anbindung der mongolischen Hauptstadt an die Transsib stammen aus den ersten Jahren nach dem Abdanken der chinesischen Monarchie im Jahre 1911. Es sollten aber noch 25 Jahre ins Land ziehen, bevor Moskau mit der Umsetzung begann. 1938 wurde der Abzweig von Ulan-Udė zur mongolischen Grenze errichtet. Im selben Jahr entstand auch ein Abzweig ab Čita in die Ostmongolei. Diese Bahnstrecke überschritt die Grenze bis ins heutige Čoybolsan und diente vor allem für Militärtransporte zur Garnison der Roten Armee an der Grenze zu Manchoukou.

Mit dem Bau der Transmongolischen Bahn begann die Sowjetunion ab 1947. Für den Betrieb wurde eine Aktiengesellschaft gegründet, die zu je 50 Prozent den beiden Verkehrsministerien gehörte. Nachdem die staatlichen Beziehungen zwischen der Sowjetunion und der Volksrepublik China mit dem gemeinsamen Ziel Kommunismus eine neue Qualität erlangt hatten, wurde neben der Anbin-

Die Transmongolische Bahn

Die Geschichte der Transsib

dung der Mongolei auch eine fast 1000 Kilometer umfassende Verkürzung der Eisenbahnverbindung zwischen Beijing und Russland interessant. Die der alten Teestraße folgende Streckenführung ab dem südlich des Baikalsees gelegenen Ulan-Udė quer durch die Mongolei über Datong nach Beijing gab der Strecke auch den Namen. 1950 erreichte der erste Zug Ulaanbaatar. Fünf Jahre später wurde die heute unter Transsib-Touristen populärste Verbindung zwischen Moskau und Beijing vollständig dem Verkehr übergeben. Der erste Passagier-Express fuhr 1959 auf dieser Route.

Die Ussuri-Bahn

Der erste Spatenstich oder besser gesagt die erste Schubkarre für die Trasse des Jahrhunderts wurde am 19. Mai 1891 um 10 Uhr Ortszeit in der Nähe des heutigen Vladivostoker Bahnhofs ›Vtoraja Rečka‹ durch den Zarenthronfolger Nikolaj ausgekippt. Nach der Rückkehr von einer ihn nach Ägypten, Indien und Japan führenden Weltreise hatte der Carevič gerade wieder russischen Boden unter den Füßen und durfte diese Zeremonie im Auftrage seines Vaters wahrnehmen. Die Vollmacht des Zaren an seinen Sohn lautete: »Ich befehle nun mit dem Bau einer durch ganz Sibirien gängigen Eisenbahnstrecke zu beginnen, die das Ziel hat, die reichhaltigen Naturschätze der sibirischen Gebiete mit dem inneren Schienenverkehrsnetz zu verbinden. Ich übertrage Euch die Aufgabe, diesen, meinen Willen nach Eurer Heimkehr auf russischen Boden von der Besichtigung der Länder des Ostens kund zu tun. In diesem Zusammenhang übertrage ich Euch in

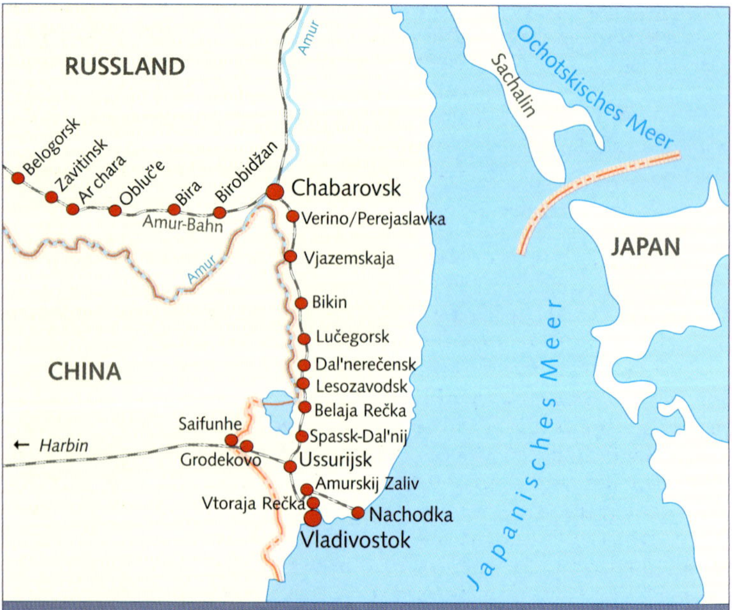

Die Ussuri-Bahn

Der Bahnhof von Vladivostok auf einer alten Postkarte

Vladivostok den Vollzug der Grundsteinlegung des zum Bau durch unmittelbare Regierungsverfügung auf Kosten der Staatskasse genehmigten Ussuri-Abschnitte des Großen Sibirischen Schienenstranges.« Hiermit begann der Thronfolger seine Schirmherrschaft für das Jahrhundertprojekt. Auch seine folgende, drei Monate dauernde Rückkehr nach Moskau war zugleich ein Novum für den Zarenhof und Zeichen dafür, dass der Stellenwert Sibiriens deutlich angestiegen war. Erstmalig bereiste ein Mitglied der Zarenfamilie und noch dazu der künftige Zar das russische Reich in seiner ganzen Ausdehnung von Ost nach West und machte sich mit den Zuständen in Sibirien vertraut.

Der Bau der Ussuri-Bahn stand unter der Leitung von Orest Vjazemskij, an den heute die Station bei Kilometer 8651 erinnert. Acht Schiffe verkehrten zwischen Odessa und Vladivostok, um den Bau mit Material zu versorgen. Arbeitskräfte waren knapp. Wegen der strategischen Bedeutung kommandierte die Russische Armee ein Bataillon ab, 1250 Bausoldaten leisteten hier ihren Wehrdienst. Viele davon blieben im Fernen Osten und wurden zu Eisenbahnern, denn die fertiggestellte Bahn benötigte ebenfalls Arbeitskräfte.

Die Einweihung der insgesamt 769 Kilometer langen Strecke erfolgte 1897. Am 26. Oktober nahm sie ihren Probebetrieb auf, zwei Wochen später begann der reguläre Zugbetrieb. Die durchschnittliche Geschwindigkeit schwankte aufgrund der unterschiedlichen Steigungen zwischen 22 km/h in Richtung Norden und 26 km/h in Richtung Süden. Doch wie so oft wurde auch dieser Bau deutlich teurer als geplant. Die realen Baukosten von etwa 43 Millionen Rubel hatten das vorgesehene Budget um das Doppelte überschritten und lieferten einen Vorgeschmack auf die Russland noch bevorstehenden Aufwendungen. Die Befürchtungen vom ›bis dahin teuersten Friedensunternehmen der modernen Geschichte‹ sollten sich sehr bald bewahrheiten.

Die Turkestan-Sibirische Bahn (Turksib)

Die Anfänge der Turksib gehen auf die Jahre des Baus der Transsib zurück. Die Fertigstellung erfolgte allerdings erst 1931. Sie stand und steht als ›kleiner Bruder‹ immer im Schatten des großen Bruders Transsib. Sie spielt natürlich nach Länge, Dimensionen, Passagier- und Frachtaufkommen sowie vor allem touristischem Interesse in einer anderen Liga, aber sie verdient doch größeres Interesse, als ihr heute zuteil wird.

Turksib steht für Eisenbahnverbindung zwischen Sibirien und Turkestan. Turkestan steht als Oberbegriff für die sich vom Kaspischen Meer bis zur Wüste Gobi erstreckenden Steppen- und Gebirgslandschaften Zentralasiens und kam im Ergebnis des kolonialen ›Great Game‹ zwischen Russland und England im 19. Jahrhundert vor allem unter das Zepter der russischen Krone. Mit dem Bau der Transsib kamen auch die Vorschläge, diese mit der Bahnlinie Moskau – Taschkent zu verbinden. Als erster Teilabschnitt entstand ab 1910 von Novosibirsk nach Süden die Altai-Bahn bis nach Semipalatinsk (Semej) im heutigen Kasachstan.

In Zentralasien wurde von Arys an der Taschkenter Eisenbahn noch zur Zarenzeit mit dem Bau der Bahn nach Verny (heute Almaty in Kasachstan) begonnen. Vor 1917 entstanden ca. 200 Kilometer Schienenstrang. Nach dem Bürgerkrieg wurde der Bau von den Sowjets über Lugovoe auf 350 Kilometern ins heutige Bishkek (damals Frunze) in Kirgistan fortgeführt. Die fehlende Verbindung zwischen Lugovoe und Semipalatinsk wurde dann ab 1927 im Rahmen des ersten Fünfjahrplans eines der propagandistischen Großprojekte der Stalinschen Industrialisierungspolitik. Die 1452 lange Strecke durch die kasachische Steppe wurde in vier Jahren errichtet. Die Bezeichnung Turksib wurde dann auf die gesamte Strecke zwischen Novosibirsk und Arys ausgeweitet und umfasste damit eine Strecke von 2351 Kilometern.

International bekannt wurde die Turksib durch den 1929 von Viktor Turin während des Bahnbaus gedrehten gleichnamigen Dokumentarfilm, der bis heute unter Cineasten als einer der wichtigsten sowjetischen Dokumentarfilme der Stummfilmzeit gilt. Im Jahre 1957 verschwand der Name Turksibirische Eisenbahn aus den Fahrplänen und wurde durch die Bezeichnung Kasachische Eisenbahn ersetzt.

Ein Turksib-Express ist heute ebenfalls eine Illusion. Es verkehren Regelzüge zwischen Novosibirsk und Almaty mit Kurswagen nach Bishkek und Taschkent. Die Route führt durch die Weiten der Steppen Kasachstans. Die touristische Attraktivität der Orte hält sich in Grenzen. Mit Ausnahme von Semipalatinsk/Semej kennt man sie kaum. 50 Kilometer vor Almaty passiert man den Kapčagai-Stausee und hat bei guten Sicht einen schönen Ausblick auf die schneebedeckten Gipfel des Tien-Shan-Gebirges. Ab Arygau gibt es seit 1990 einen Abzweig nach Urumchi in China. Es gibt aber von Russland keinen Regelzugverkehr auf dieser Strecke.

Speisewagen im russischen Regelzug

Die Baikal-Amur-Magistrale (BAM)

Am 27. Oktober 1984 verkündete die Moskauer Nachrichtenagentur ›TASS‹ die Verlegung des ›goldenen Gleises‹ bei Kilometer 877 in der Nähe der Siedlung Kuanda. Die sowjetische Propaganda lief auf Hochtouren, um den Abschluss des Jahrhundertbauwerkes Baikal-Amur-Magistrale als Erfolg der Industrie- und Verkehrspolitik der Partei zu verkünden. Doch auch wenn das goldene Gleis glänzte, befahren werden konnte es noch lange nicht. Im April 1985 befuhr ein sogenannter Wissenschaftsexpress erstmalig die gesamte Strecke, um ein Bild über den realen Zustand der Bahn zu bekommen. Es gab noch unzählige Provisorien, so dass die 3145 Kilometer lange Strecke von Ust'-Kut nach Komsomol'sk am Amur zunächst nur als eine Art ›Light-Version‹ in Betrieb genommen wurde. Die volle Betriebsbereitschaft besteht seit 1991.

Vom GULag zum BAMLag

Die ersten Projekte für den Bau dieser Bahnlinie gehen in die 1930er Jahre zurück, als ein Generalplan für die wirtschaftliche Entwicklung Sibiriens ausgearbeitet wurde. Der östlichste Streckenabschnitt zwischen der gerade am Amur gegründeten Stadt Komsomol'sk und dem 475 Kilometer entfernten Pazifikhafen Sovetskaja Gavan wurde zu Beginn der 1940er Jahre zügig in Angriff genommen und nach kriegsbedingter Unterbrechung Ende der 1940er Jahre übergeben. Planung und Umsetzung der Baikal-Amur-Magistrale übernahm das 1932 in der an der Transsib gelegenen Ortschaft Svobodny angesiedelte BAMLag. Dabei handelte es sich um eine von vielen Unterabteilungen des GULag, die 1934 bereits über 60 000 Häftlinge für den Bau des 180 Kilometer langen, künftigen Verbindungsstückes zwischen Bamovskaja an der Transsib und Tynda im Norden einsetzte. Parallel dazu begannen 1937 in Tajšet die Arbeiten am heutigen westlichen Ausgangspunkt der BAM in Richtung Bratsk und das am Strom Lena gelegene Ust'-Kut. Auch diese Strecke bauten in erster Linie Sträflinge. Doch während des Zweiten Weltkrieges wurde ein Teil der Schienen wieder herausgerissen, da man sie für die Reparatur der zerstörten Strecke Saratov–Stalingrad benötigte. Nach dem Ende des Zweiten Weltkrieges arbeiteten daneben viele japanische Kriegsgefangene beim Bahnbau. Nach Stalins Tod wurde das Projekt BAM auf Eis gelegt und die Bahnstrecke nicht weiter vorangetrieben.

Erst ab 1971 begannen erneut die Arbeiten am fehlenden Hauptstück zwischen den Strömen Lena und Amur, den Städten Ust'-Kut und Komsomol'sk. Es wurde der größte und der schwierigste Eisenbahnbau in der zweiten Hälfte des 20. Jahrhunderts. Wirtschaftlich sollte die Region mit ihren faktisch die gesamte Mendeleev-Tabelle abdeckenden Bodenschätzen für die Volkswirtschaft erschlossen werden, politisch waren in dieser Zeit die sowjetisch-chinesischen Beziehungen außerordentlich angespannt. Aus militärstrategischer Sicht wäre die Transsib-Strecke im Ernstfall daher aufgrund ihrer Nähe zur chinesischen Grenze über Nacht Frontgebiet, so dass die BAM zugleich als strategisch sichere Alternative im Hinterland geplant wurde. Die Trasse verläuft zwischen 400 und 700 Kilometern nördlich der Transsib.

Die eingleisige Streckenführung erfolgte auf kaum vorstellbar schwierigem Terrain. Mehr als 2000 Brücken über Flüsse und Schluchten sowie Tunnelbauten durch sieben im Permafrost befindliche Bergrücken waren nötig. Der längste bislang in Russland gebaute Tunnel durch das Stanovoygebirge erreicht eine Länge von über 15 Kilometern. Obwohl Stalins tödlicher GULag der Vergangenheit angehörte, kamen die Gleisbauer auch hier nicht ohne Strafgefangene aus. Ein populärer Witz jener Jahre beschreibt die Rede des bereits senilen Parteichefs Leonid Breschnew vor den Erbauern der BAM, die er mit den Worten: »Verehrte Genossen Komsomolzen, verehrte Genossen Matrosen« beginnt. Ein einhelliges

Der Bahnhof von Severobajkalsk an der Baikal-Amur-Magistrale (BAM)

Räuspern der ihn begleitenden Funktionäre lässt ihn innehalten. Doch auch der zweite Versuch dieser Anrede löst dieselbe Reaktion und Breschnews Unmut aus. Bevor er ein drittes Mal starten kann, flüstert ihm ein Apparatschik zu: »Aber Genosse Breschnew, Matrosen tragen doch quergestreifte Kleidung«.

Komsomol-Baustelle und Abenteuerromantik

Doch ungeachtet der hohen Häftlingsquote auf dieser Großbaustelle des Kommunismus folgten nicht wenige freiwillig dem Aufruf des Jugendverbandes Komsomol, den die Partei 1974 in Almaty auf einem Komsomol-Kongress proklamiert hatte. Abenteuergeist, Romantik, gute Verdienstmöglichkeiten und Wohnungsaussichten brachten viele Komsomolzen als stolze Erbauer und Neusiedler in die neu entlang des Schienenstrangs entstehenden Orte. Alljährlich im Sommer verdienten sich auch viele Studenten in sogenannten Studentenbrigaden auf den über das ganze Land verstreuten Großbaustellen ihre ersten Sporen und Rubel in der sozialistischen Produktion. Die Studenten erhielten eine uniformierte Arbeitskleidung und den jeweiligen Einsatz belegende Aufnäher. Die BAM wurde ein Schwerpunkt für solche Einsätze, doch das ist längst Geschichte.

Die BAM hat zunächst als Provisorium den Sprung in die Marktwirtschaft überlebt. Aufwand und Nutzen bilden für viele Beteiligte ein Fragezeichen. Die geologisch wie klimatisch extreme Region wird ihre Strukturschwäche nicht aus eigener Kraft überwinden können. Doch die wieder an Attraktivität gewinnende Erschließung der Rohstoffreichtümer im Dauerfrostboden Sibiriens einerseits und die verbesserten finanziellen Rahmenbedingungen andererseits ließen den Investitionsstrom entlang der BAM wieder stärker fließen. So konnte im Dezember 2003 mit der Betriebsbereitschaft des Severomyjsker Tunnels für den Regelzugverkehr das letzte große Nadelöhr im ursprünglichen Streckenplan beseitigt werden. Der Anspruch des ›goldenen Gleises‹ aus dem Oktober 1984 wurde somit mit knapp 20-jähriger Verspätung erfüllt. Heute bieten die ersten Reiseveranstalter Reisen auf der BAM von Bratsk bis Tynda oder bis Komsomolsk am Amur an.

Die Amur-Jakutische Magistrale (AJAM)

Die nächste eisenbahntechnische Herausforderung im Permafrost absolviert Russland aktuell an der BAM in Richtung Norden. Bei Bestuževo 27 Kilometer östlich der inoffiziellen BAM-Hauptstadt Tynda begann man bereits in den 1980 Jahren mit dem Bau der Eisenbahn ins südjakutische Nerjungi, um die dortigen riesigen Kohlevorkommen zu erschließen. Seit 2003 wird die Strecke nun weiter in Richtung der jakutischen Hauptstadt gebaut. Im November 2011 wurde in Nižnij Bestjach das sogenannten ›goldene Gleis‹ verlegt. Regelmäßiger Zugverkehr besteht bereits bis Tommot, auf dem Rest der Strecke läuft der Probebetrieb. Die letzte verbleibende Herausforderung ist die Überquerung des gigantischen Lena-Stroms. Etwa 20 Kilometer südlich von Jakutsk wird in der Nähe des Dorfes Tabaga eine über drei Kilometer lange Brücke entstehen, die dann Jakutiens Hauptstadt an die Bahntrasse anbindet.

Aussteigen auf der stillen Station Sima

Aussteigen auf der stillen Station Sima.
Doch vorher die Scheibe herunterlassen,
am Fenster stehen und sehn: die vertrauten Häuser der Jugend
mit ihrem uralten Zierrat, ockerfarben und rosa.

Dann vom Trittbrett springen, wie früher
den Damm runter über die Schlacke knirschen,
wo der Bahnhofsvorsteher den Gartenschlauch schwenkt
und die Schwüle verflucht nach allen Regeln,
wo die Enten die Köpfe kühlen im Bach,
wo die Hähne laut in den Morgen trompeten,
wo Sterne aus roten und weißen Ziegeln ausgelegt sind
unterm Rangierberg, dem Katzenbuckel

Die staubigen Platten des Fußwegs betreten,
wo die Uhr ist über der Treppe zum Kreiskomitee
und der alte Zaun, wo der Hafer raschelt,

Der Bahnhof von Zima, dem Geburtsort des Dichters Evgenij Evtušenko; das Gebäude wurde inzwischen durch einen Neubau ersetzt.

und der alte Markt, wo die Waage klirrt;
wo farbige Körbe, aus Rinden geflochten,
voll Blaubeeren stehn auf niedrigen Tischen,
wo Butterkugeln, hellgelb wie Flaum,
im Wasser der bunten Schüsseln schwimmen

Die Nester der Vögel wiedersehn
in der Nische des ausgeblichenen Torwegs,
und dieses Haus wiedersehn – nicht kleiner, nicht größer –
und den brettergeflickten Zaun,
und den Ofen, an dem wie vor Jahren
noch immer die Birkenrute lehnt,
und im Fenster den Steintopf mit Pilzen,
die wackligen Stufen und die Spalte darin,
durch die man im Keller die Champignons sieht

Wie in Kindertagen eine Schraube aufheben,
in der Faust sie pressen und glücklich sein,
hangabwärts springen und Geröll prasseln lassen
hinunter zur nebelbedeckten Oka,
und den Wald durchstreunen, Türkenbund suchen,
einen Dickichtweg gehen aus Frankraut und Moos,
einem sommersprossigen Bootsmädchen helfen,
ihr die Zugleine halten, ihr das Teertau aufwinden.

Am Bienenstand, nahe am Teich,
den Honig würdigen nach Gebühr,
auf einem Wagen sacht über Feldwege schaukeln,
mit einer Gerte streicheln das Pferd,
über Preiselbeersträucher gehn
mit einer Rotte Jungen
und unter den Brücken beim Angeln lauschen,
wie die Züge hindonnern hoch über uns

Im Gras liegen, lachen, das Hemd sich vom Leib ziehn,
vom schrägen Ufer ins Wasser sich stürzen
und plötzlich begreifen: Wie wenig hab ich im Leben getan,
wieviel kann ich im Leben noch tun.

Aus: Jewtuschenko, Jewgenij, Lyrik, Prosa, Dokumente, Nymphenburger Verlagshandlung 1972, S. 78.

Rollendes Material auf der Transsib

Dampfloks

Sowohl Russland als auch China haben große Traditionen in Bau und Nutzung von Dampflokomotiven. Vielerorts entlang der Strecke findet man als Denkmal oder in Museen konservierte Zeitzeugen aus der Zeit, als die Bahn noch unter Dampf stand. Die wichtigsten russischen Loktyps und Baureihen waren die hier kurz vorgestellten Reihen P 36, FD und IS. Aufgrund des breiteren Spurprofils sind die meisten russischen Loks höher als westeuropäische Modelle. Die Dampfloks für den Güterverkehr stammen aus der Baureihe FD. Der Prototyp der nach dem Gründer des sowjetischen Geheimdienstes Feliks Dzeržinskij benannten Reihe wurde 1931 in Vorošilovgrad (heute Lugansk/Ukraine) gebaut. Mit ihr begann eine grundlegende Erneuerung des sowjetischen Lokomotivparkes auf der Basis heimischer Produktionskapazitäten. Zwei Jahre später begann die bis in die 1950er Jahre dauernde Serienfertigung der 3000 PS starken Lok mit einer Achsfolge von 1E1.

Die Achsfolge wird in Russland nur mit Ziffern und Bindestrichen ohne Buchstaben beschrieben (Russisch: 1-4-2 bedeutet somit deutsch: 1D2). Die mittlere Ziffer bzw. die Nummer des Buchstabens im Alphabet bezeichnen die Zahl der großen Räder und Achsen der Lokomotive, beispielsweise 4 oder D als vierter Buchstabe des Alphabetes. Es gibt kein Apostroph zur Kennzeichnung nicht zum Hauptrahmen gehörender Achsen (etwa russisch: 1-3-2 = deutsch: 1'C2'). Das bedeutet, dass den drei Achsen des Hauptrahmens eine Achse vorgeschaltet und zwei Achsen nachgeschaltet sind. Einzelachsantrieb ist im Russischen ebenfalls durch eine allerdings kleinere o gekennzeichnet (russisch: 1-5o-1 = deutsch: 1Eo1). Ein Plus steht allerdings nicht nur für auch einzeln fahrbereite Lokeinheiten (z.B. russisch: 0-3-0+0-3-0 kann auf deutsch C'C' oder C'C oder C+C bedeuten).

Neben dem Güterverkehr wurde auch eine neue Lokreihe für den Personenverkehr konzipiert, die nach dem Plattformprinzip eine ganze Reihe von für beide Baureihen austauschbaren Teilen nutzen sollte. Ihr Prototyp mit der Achsfolge 1D2 verließ 1932 die Lokfabrik Kolomna und erhielt ›auf Wunsch des Kollektivs

Die Güterzuglok Feliks Dzeržinskij (FD)

Die Geschichte der Transsib

Eine Lok vom Typ P 36-002

der Arbeiter und Angestellten des Maschinenbaubetriebes Kolomna zu Ehren von Iosif Vissarionovič Stalin‹ die Bauartenbezeichnung IS. Die 3200 PS starke Lok ging zu Beginn des Jahres 1933 in Kolomna mit einem vierachsigen Tender und ab 1936 auch in Vorošilovgrad mit einem sechsachsigen Tender in Serie. Hier erfolgte auch die stromlinienförmige Verkleidung, mit der die Lok eine Höchstgeschwindigkeit von 155 km/h erreichte.

Die Reisezug-Dampflokomotive aus der Baureihe P36 wurde von 1947 bis 1950 mit einer Achsfolge 2D2 und einer Leistung von 2500 PS im Lokomotivenwerk Kolomna entwickelt Der vollständig geschweißte Kessel lag auf einem zweiteiligen Zylinderblock. Das Führerhaus war sehr geräumig. Die Lokomotiven mit einer Höchstgeschwindigkeit von 125 km/h wurden bis 1956 in Serie produziert und sind in ihren Dimensionen mit einer Länge von 30 Metern und einem Gewicht von 130 Tonnen beeindruckend. Dieses Modell fuhr bis 1970 auf der Transsib östlich von Irkutsk noch im Linienverkehr und ist heute, wie auch viele andere alte Dampfrösser, als Denkmal an mehreren Bahnhöfen entlang der Strecke zu bewundern.

Dampflokomotiven sind in Russland heute manchmal bei touristischen Sonderzügen noch im Einsatz. Es gab in den 1990er Jahren auf der Transsib mehrere Sonderreisen nach Vladivostok, die von Jaroslavl' bis zur Pazifikküste vollständig von historischen Dampfloks gezogen wurden. Auf der 9000 Kilometer langen Strecke kamen dabei über 70 verschiedene Loks zum Einsatz, die – zumeist im Doppelpack – den Zug über die einzelnen Streckenabschnitte zogen. Auf verschiedenen Lokfriedhöfen entlang der Strecke sind ebenfalls noch eine Vielzahl alter Dampfloks zu besichtigen. Sie bildeten lange Jahre eine strategische Transportreserve der Roten Armee, verrotteten jedoch größtenteils langsam aber sicher und werden in den letzten Jahren von den Eisenbahnmuseen wiederentdeckt. Darunter finden sich auch viele amerikanische Loks aus dem Hilfsprogramm während des Zweiten Weltkrieges sowie deutsche Loks aus den Reparationszahlungen nach diesem Krieg. Die russischen Loks tragen übrigens meistens einen grünen Anstrich, während es sich bei schwarzen Loks zumeist um Importe handelt.

China startete erst nach dem Zweiten Weltkrieg im Rahmen der sozialistischen Industrialisierung mit Moskaus Hilfe die Produktion eigener Dampflokomotiven. Zunächst wurden nochmals über 1000 gebrauchte Dampflokomotiven aus der Sowjetunion importiert. Die erste Güterdampflok HP (Heyping – Frieden) aus eigener Produktion und mit sowjetischer Technologie lief 1956 in Dalian vom Band. Im selben Jahr, in dem Moskau entschied, die Produktion von Dampflokomotiven einzustellen, begann China somit, diese Loks eigenständig zu fertigen. Das Nachfolgemodell QJ (Quanjin – Fortschritt) mit der Achsfolge 1Eo1 wurde dann ab 1964 in Datong hergestellt. Die letzte Dampflok dieser in China am weitesten verbreiteten Baureihe wurde 1988 produziert und war noch bis 2005 im Linienverkehr anzutreffen. In der Namensgebung für die Lok-Baureihen gab es zwar in China weniger Personenkult, aber der Geist der Revolution war doch allgegenwärtig: Neben Frieden und Fortschritt gab es die Baureihen SY für Shangyou (Hohes Ziel), JS für Jianshe (Aufbau), FD für Fandie (Antiimperialismus) und YJ für Yanjing (Vorwärtssprung).

Dieselloks

Diesellokomotiven begegnen dem Reisenden in Russland auf den in Richtung Mongolei und China führenden Abzweigungen von der Haupttrasse der Transsib. In der Mongolei läuft der gesamte Zugverkehr mit Diesellokomotiven, und auch in China fährt man von der Mongolei bis Beijing und in der Mandschurei bis Harbin mit Dieselkraft.

Die ersten Diesellokomotiven wurden in der Sowjetunion in den 1920er Jahren gebaut. Doch die vor allem in den Leningrader Putilov-Werken entwickelten Loks gingen nicht in Serie. Die Idee, sie vor allem im südlichen Mittelasien für die unter dem Wassermangel leidenden Dampfloks einzusetzen, ging aufgrund von damals nicht auszuräumenden Problemen mit der Kühlung nicht auf. Die Serienfertigung von Streckenlokomotiven auf Dieselbasis begann somit erst 1948 mit der Baureihe TE2 in der Lokomotivenfabrik Charkov (heute Charkiv/Ukraine).

Chinesische Diesellok im Eisenbahnmuseum Beijing

In der Benennung orientierte man sich diesmal nicht an den Parteigrößen, sondern an technischen Parametern: T steht dabei für Teplovoz (Diesellok) und E für elektrische Übertragung im Unterschied zu G für hydraulische Übertragung. Der in 500 Einheiten gebauten Doppellok mit der Achsfolge Bo'Bo'+Bo'Bo' und einer Leistung von zweimal 1200 PS folgte mit der

Baureihe TE3 eine neue leistungsstärkere Generation. Außer in Charkov begann ihre Produktion nach dem Aus für die Dampflokomotiven auch in Kolomna und Vorošilovgrad. Bis zum Jahr 1973 wurde sie in verschieden Folgeversionen und Modifikationen (TE 7, TE 10, TE 50, TEP 60 u.a.) in über 10 000 Exemplaren produziert und machte Russland zum größten Diesellokhersteller der Welt.

Alle diese Lokomotiven haben eine elektrische Kraftübertragung. Mit der gängigeren, hydraulischen Kraftübertragung, die das Gewicht einer Lok um etwa 30 Prozent verringert, wurden zwar Versuchsreihen (TG 16, TGM4) entwickelt, sie konnten sich aber vor allem unter den extremen klimatischen Bedingungen in Sibirien nicht durchsetzen. Auch die hierzulande unter dem Spitznamen ›Taigatrommel‹ bekannte Diesellok TE109, die die DDR aus der Sowjetunion importierte, trommelt heute noch in der Ussuri-Taiga im Fernen Osten. Die 1990 in Kolomna gebaute Lok TEP 80 hält übrigens aktuell mit einer bei Versuchsfahrten erreichten Höchstgeschwindigkeit von 271 km/h den Rekord der schnellsten Diesellok der Welt. Die Doppeldiesellok für den Güterverkehr mit der Typenbezeichnung TE3 mit einer Leistung von zweimal 2000 PS und einer Co'Co'+Co'Co'- Achsfolge brachte 1953 der Dieseltechnik bei der sowjetischen Bahn den Durchbruch. Mit ihrer Leistung existierte erstmalig eine Diesellok, die den leistungsstarken Dampfloks Paroli bieten konnte. Unter der Bezeichnung TE7 wurde ab 1957 eine Variante für den Schnellzugdienst produziert, die eine Höchstgeschwindigkeit von 140 km/h erreichte.

In China begann die Serienproduktion von Diesellokomotiven 1964 unter der Bezeichnung ›Ostwind‹ mit der Baureihe DF (Dong Feng). Die größte Verbreitung fand die DF4 mit Co-Co-Achsfolge. Es gibt fünf Varianten, die man an den zusätzlichen Buchstaben A – D bzw. DAC erkennt. Letztere fährt mit Drehstromtechnik. Die Loks haben eine Leistung von 3300 PS. Je nach Variante für Güter- oder Personenzüge variert die Höchstgeschwindigkeit zwischen 100, 120 bzw. 145 km/h. Die letzten Modelle sind DF 9 und DF 11 mit 4800 PS und einer Höchstgeschwindigkeit von 160 km/h. Die Loks werden in Dalian und in Sifang bei Tsingtao hergestellt.

Die Mongolei setzte lange Jahre nur aus der Sowjetunion importierte Dampf- und Diesellokomotiven ein. Seit 2002 sind dort aber auch amerikanische Loks im Steppeneinsatz.

Elektroloks

Die Strecke der Transsibirischen Eisenbahn von Moskau nach Vladivostok ist seit dem 25. Dezember 2002 durchgehend elektrifiziert. Die in Russland heute eingesetzten Elektroloks stammen aus russischer oder noch aus tschechischer Produktion. Die ersten E-Loks wurden in der Sowjetunion in den 1930er Jahren gebaut. Nach den positiven Erfahrungen mit dem 1929 elekrifizierten ersten Abschnitt von Moskau nach Mytišči beschloss die Partei 1931, alle wichtigen Strecken des Landes zu elektrifizieren. Parallel dazu wurde beschlossen, anstelle der Lokimporte eine eigene Produktion von Elektroloks aufzubauen. Die Baureihe wurde nach dem Führer der russischen Revolution benannt: VL für Vladimir Lenin. Stalin stand also für Dampf und Lenin stand für Strom.

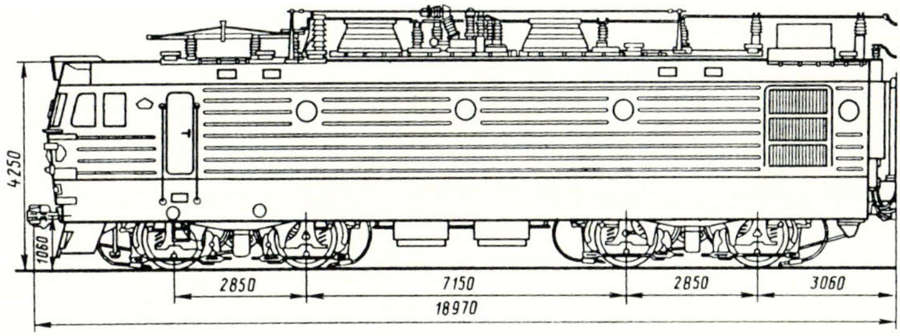

Eine Elektrolok vom Typ Vladimir Lenin (VL84)

Die ersten Elektroloks kamen Ende des Jahres 1932 unter der Bezeichnung VL19 mit einer Co'Co'-Achsstellung auf das Gleis, wobei die Zahl 19 für die Achslast von 19 Mp steht. Es folgten VL22 und VL22M mit einer Leistung von 2750 und 3200 PS, die bis 1955 produziert wurden. Von 1956 bis 1960 folgte die weniger in der Technik als vor allem im äußeren Erscheinungsbild modernisierte VL23.

Im Reisezugverkehr gelangten ab 1955 im Rahmen der COMECON-Zusammenarbeit auch importierte Škoda-Lokomotiven der Baureihen CS1 bis CS7 zum Einsatz. Nachdem ab 1960 Wechselstrom in der weiteren Elektrifizierung dominierte, kam auch die Lokindustrie mit einer neuen Lokreihe unter dem Namen VL60 auf die Schiene. Auf diese 5400 PS starke Co'Co'-Lok folgte zwei Jahre später mit der VL80 eine Bo'Bo'+Bo'Bo'-Doppellok mit einer Leistung von fast 8500 PS. Häufig anzutreffen ist auch die Škoda-Lok CS4, die mit ihrer Achsfolge Co'Co' eine Leistung von 7500 PS aufweist.

Mit den Baureihen VL62 und VL82 gab es auch bereits Universallokomotiven, die sowohl mit Gleich- als auch mit Wechselstrom fahren können und mit der VL85 nochmals weiterentwickelt wurden. Heute sieht man zunehmend rote Loks der neuen Modellreihe EP. Diese Abkürzung steht nun nicht mehr für politische Führer, sondern ganz banal für ›Elektrolok für Personenzüge‹. Das neue Modell für den Güterverkehr, das derzeit in Ostsibirien in der Erprobung heißt, trägt wieder einen stolzeren Namen – Ermak – und erinnert an den die Eroberung Sibiriens einleitenden Kosakenführer. China begann in den 1950er Jahren mit der Elektrifizierung seines Eisenbahnstreckennetzes und errichtete in der Provinz Hunan eine eigene Fabrik für Elektrolokomotiven. Sie produziert die Lokomotiven der Baureihe SS (Shau Shan), die vor allem als Einzellok SS3 und als Doppellok SS4 überall im Land anzutreffen sind. Das modernste, zumeist blaue Modell hat die Typenbezeichnung SS9.

Ėlektrička-Triebwagen

Viele Metropolen entlang der Transsibirischen Eisenbahn haben in ihrem Umland umfangreiche Nahverkehrssyteme. Dabei werden in Russland Strecken bewältigt, die in Mitteleuropa dem Fernverkehr schon alle Ehre machen würden – die Entfernungen sind in diesen Gefilden nun einmal etwas größer. Hier verkehren ›Ėlektrička‹ genannte Triebwagen, deren unterschiedlichen Ausfüh-

Ėlektrička-Triebwagen im Bahnhof von Bolotnaja

rungen der letzten 40 Jahre man entlang der Strecke in den verschiedenen Orten begutachten kann. Auf die Herstellung solcher Elektrotriebwagen für die gesamte Sowjetunion spezialisierte sich in den 1950er Jahren das Eisenbahnwerk Riga im heutigen Lettland, so dass der Nachschub mit dem Zerfall der Sowjetunion nachhaltig ins Stocken geriet. Heute produziert eine Fabrik in Toržok in der Nähe von Moskau diese Triebwagen. – der Prototyp der neuen Modellgeneration startete als Flughafen-Shuttle zwischen dem Moskauer Zentrum und dem Flughafen Domodedovo. Später kam der Airport-Express zum Flughafen Šeremet'evo dazu. Die dreigliedrigen Einheiten sind auf eine Höchstgeschwindigkeit von 130 km/h ausgerichtet und laufen zumeist im Verbund von zwei oder drei Einheiten (sechs beziehungsweise neun Wagen). Dank der russischen Breitspur haben die Bänke auf beiden Seiten des Mittelganges jeweils drei Sitze, so dass ein Wagen zwischen 105 und 108 Sitzplätze hat. Die älteren Züge haben noch Holzbänke, ab 1975 wurde gepolstert.

Hochgeschwindigkeitszüge

Auf der Transsib geht es in punkto Reisegeschwindigkeit relativ gemächlich zu. Aber sowohl in Russland als auch in China arbeitet man an der Einführung von Hochgeschwindigkeitszügen. Russlands Fortschritte sind dabei relativ bescheiden, China schließt zur Weltspitze auf. Russlands Super-Express wurde ›Sapsan‹ (Wanderfalke) genannt. Die Technik stammt größtenteils von Siemens. Die Züge verkehren zwischen Moskau und St. Petersburg sowie zwischen Moskau und Nižnyj Novgorod. In China verkehren die Züge bereits auf vielen Abschnitten. Im Transsib-Einzugsbereich verbinden sie Beijing und Tianjin, die Strecke bis Harbin ist im Bau.

Reisezugwagen

Die ersten russischen Personenwaggons wurden 1846 in St. Petersburg in verschiedenen Varianten produziert. Man orientierte sich zunächst sowohl an amerikanischen Mustern des Großraumwagens als auch an der europäischen Bauart der Abteilwagen, die jedoch beide den russischen Gegebenheiten nur bedingt gerecht wurden. Bereits 1869 wurden Richtlinien für den Waggonbau erlassen, die neben Vorschriften für Bremsen und Beleuchtung auch aufgrund der Entfernungen Liegemöglichkeiten und aufgrund der kalten Winter eine entsprechende Heizung vorsahen. Es entstand der Seitengangwagen mit schmalen Doppelfenstern und geschlossenen Endplattformen. Es gab drei, teilweise vier Wagenklassen und obligatorische Platzkarten. Nach der Revolution wurden aus den gepolsterten Klassen 1 und 2 die ›weiche‹ Klasse (›mjagkij vagon‹), die sich dann erst wieder in den 1950er Jahren in Kategorie 1 und 2 unterteilte, je nachdem ob sich zwei oder vier Schlafplätze im Coupé befanden. Diese bekamen jetzt mit zwei Schlafplätzen die Bezeichnung ›mjagkij vagon‹ und mit vier Schlafplätzen die Bezeichnung Coupé-Waggon (›kupejnyj vagon‹). Aus der zur Zarenzeit vom Material der Bänke zu Recht abgeleiteten ›Holzklasse‹ wurde nach der Revolution die ›harte Klasse‹ (›tverdyj vagon‹), die sich heute ›Platzkarten-Waggon‹ (›plackartnyj vagon‹) nennt und sich am besten mit Großraumliegewagen übersetzen lässt.

In der Zeit des Baus der transsibirischen Eisenbahn betrug die Normlänge eines Passagierwaggons 19,2 Meter. In den 1920er Jahren verlängerte sich die Standardlänge um einen Meter. Die Wagen gab es in folgenden Varianten: 28 ›weiche‹ Liegeplätze in sieben Abteilen, 32 ›harte‹ Liegeplätze in acht Abteilen, 56 ›harte‹ Liegeplätze im nachtfahrenden Fernverkehr oder 86 Sitzplätze im am Tage fahrenden Nahverkehr, wobei der Innenraum nicht in Coupés unterteilt war und sich neben den quer zur Fahrtrichtung befindlichen Liegen am seitlichen Gang in Längsrichtung zusätzliche Liegen befanden.

In den 1930er Jahren wurde das mit Stahlplatten verkleidete Holzgestell zunächst experimentell in Versuchsserien durch Stahlwaggons ersetzt. Der bis heute gültige Standard des Stahlwaggons mit geriffelten Wagenseiten und einer Kastenlänge von 23,95 Metern kam 1953 auf die Gleise. Ab 1962 wurden die Wagen nicht nur mit Heizung, sondern auch serienmäßig mit Klimaanlage ausgestattet.

Offener Großraum-Liegewagen

Aktuelle Waggons

Die meisten in Russland verkehrenden Reisezugwagen stammen mittlerweile aus dem Waggon Werk Tver, wo seit Mitte der 1990er Jahre diese Waggons hergestellt werden.

Damit geht langsam auch eine Ära der deutsch-russischen Kooperation zu Ende, denn die vielerorts noch anzutreffenden Semester älterer Schlafwagen stammen fast ausnahmslos aus Ostdeutschland. Der aus der 1823 gegründeten Wagenfabrik Gottfried Lindner hervorgegangene Waggonbau Ammendorf (Halle an der Saale) produzierte die Reisezugwagen zunächst im Rahmen der deutschen Reparationszahlungen und lieferte im Startjahr 1948 die ersten Waggons. Daraus entstand später eine Spezialisierung im Rahmen der COMECON-Arbeitsteilung. Jährlich wurden durchschnittlich 500 bis 600 Reisezugwagen für die Sowjetunion produziert und an den ›großen Bruder‹ ausgeliefert. Das in einem Vorort von Halle an der Saale ansässige Unternehmen besaß geradezu ein Monopol auf dem sowjetischen Markt. Von den in zwölf verschiedenen Ausfertigungen produzierten Waggons, die für eine Geschwindigkeit von 160 km/h und Temperaturen von +50 Grad bis –50 Grad oder sogar –60 Grad Celsius ausgelegt waren, wurden allein von 1948 bis 1990 exakt 26 437 Exemplare an die Sowjetische Eisenbahn übergeben. Das renommierte DDR-Unternehmen wurde nach der Wende an das kanadische Unternehmen Bombardier verkauft, das diese Waggons aber heute in Russland im ehemaligen Bahnausbesserungswerk Tver' produzieren und weiterentwickeln lässt.

Die heute in Russland verkehrenden Reisezugwagen sind in folgenden Varianten anzutreffen: 18 ›weiche‹ Liegeplätze in neun Abteilen (›weicher Waggon‹), 32 ›weiche‹ Doppelstock-Liegeplätze in acht Abteilen (›Coupé-Wagon‹), 36 ›weiche‹ Doppelstock-Liegeplätze in neun Abteilen (›Coupé-Wagon‹ in der am weitesten verbreiteten Ausführung), 38 ›harte‹ Liegeplätze in neun Abteilen (diese Variante wurde wieder eingestellt) und 58 ›harte‹ Liegeplätze oder 87 Sitzplätze im ungeteilten Innenraum.

Evrosib-Güterwaggons

Seit fünf Jahren kehrt nun auch der wahre Eisenbahnluxus auf Russlands Schienen zurück: ein neuer Schlafwagen mit nur 4 bzw. 5 geräumigen Luxusabteilen und eigener Dusche, die derzeit im neuen Grand-Express zwischen Moskau und St. Petersburg und seit 2006 als neue Luxus-Kategorie in den touristischen Sonderzügen auf der Transsib zum Einsatz kommen.

Bei der mongolischen Staatsbahn stammt fast der gesamte und mittlerweile teilweise schon arg in die Jahre gekommene Bestand noch aus den Lieferungen aus der DDR.

China investierte in den letzten Jahren immense Summen in den Ausbau seiner Eisenbahn. Das betrifft sowohl das Streckennetz als auch die Bahntechnik. Die heute in Richtung Mongolei und Russland zum Einsatz kommenden Waggons sind modern und stammen vorrangig aus der Stadt Changchung.

Frachtkorridor Transsib

Der Frachtverkehr auf der Transsibirischen Eisenbahn hat in der postsowjetischen Zeit erhebliche Einbrüche erlitten. Hohe und wohl auch überhöhte Preise für lange Transportzeiten, schlechter Service und hoher Schwund vertrieben in- und ausländische Kunden. Das hatte weitreichende Konsequenzen für die innerrussischen Wirtschaftsbeziehungen, insbesondere östlich des Baikalsees. Da hier bis heute zum Schienenstrang keine durchgehende Straße als Alternative existiert, zwangen die hohen Frachtkosten viele russische Unternehmen, ihre langjährigen innerrussischen Geschäftskontakte aufzugeben und sich Partner in China oder Japan zu suchen. Gleichzeitig sank die Rolle der Transsib im Frachtverkehr zwischen Europa und Südostasien. Die Konkurrenz schlief nicht, und vor allem die der alten Seidenstraße folgenden Bahntrassen über China und Kasachstan profilierten sich als Alternative. Doch beide Strecken entsprechen den heutigen Anforderungen an eine attraktive Bahntrasse nur mit Einschränkungen, und Russland möchte seine Marktführerschaft in diesem Bereich nicht verlieren. Seit 1999 steigen die Frachtvolumen. Man versucht durch garantierte Durchlaufzeiten von den Häfen Nachodka und Vostočnyj an der Pazifikküste bis zur russisch-finnischen Grenze Buslovskaja/Vainikkal, zur weißrussisch-polnischen Grenze Brest/Malaszewicze bzw. zur ukrainisch-slowakischen Grenze Užgorod/Košice und entsprechendes Marketing frühere Marktpositionen zurückzugewinnen. So wuchs der Containerverkehr in den letzten Jahren von etwa 100 000 auf über 150 000 Einheiten bei einer nach Angaben des russischen Eisenbahnministeriums auf 200 000 Einheiten gestiegenen Maximalkapazität.

Täglich gehen drei bis vier mit Transit Containern beladene, sogenannte ›Blockzüge‹ unter der Bezeichnung ›West- bzw. Ostwind‹ in die Schienenspur. Jeder Container kann über ein satellitengestütztes Informationssystem jederzeit auf der Strecke geortet werden. Die Container werden ›Tür an Tür‹ verladen, und jeder Blockzug wird von einer bewaffneten Wachmannschaft begleitet, so dass sich die Sicherheit der Transporte deutlich verbessert hat.

Seit 1993 existiert eine spezielle Organisation, die den Transitverkehr auf der Transsib koordiniert – CCTST (Coordination Council for Transsiberian Transport, www.cctst.msk.ru). Heute sind dort bereits über 30 Länder vertreten. Im Jahr 2002 rückte der Transitkorridor zusätzlich mit der Idee einer transkoreanischen Verlängerung der Transsib bis zum südkoreanischen Hafen Pusan in die Aufmerksamkeit der Weltöffentlichkeit. Im Zusammenhang mit der geplanten Wiederaufnahme des Zugverkehrs zwischen Nord- und Südkorea wurden auch entsprechende Verhandlungen mit Nordkorea aufgenommen. Nordkoreas inzwischen verstorbener Diktator Kim Jong Il, der Russland in den Jahren 2002 und 2011 mit seinem gepanzerten Sonderzug besuchte, soll seine Zustimmung gegeben haben. Was unter seinem Nachfolger Kim Jong Un daraus wird, bleibt abzuwarten.

www.transsib.ru

Unter dieser Adresse befindet sich die ultimative Internetsite in russischer Sprache für alle Transsib-Fans. Der Vater der Idee heißt Sergej Sigačov und lebt in St. Petersburg. Der studierte Betriebswirt wurde 1964 in Irkutsk geboren. Seine Liebe zur Eisenbahn entdeckte er als achtjähriger Knirps bei seiner ersten großen zweitägigen Bahnreise von Chabarovsk nach Petrovskij Zavod. Er begann, alles über die Bahn und ihre Strecken zu sammeln und hatte auf seinen Reisen auch Gelegenheit, Erfahrungen vor Ort zu machen, zumal er in seiner Familienchronik herausfand, dass sein Urgroßvater und sein Großvater in der Mandschurei und in Ostsibirien an dem Jahrhundertbau mitgewirkt hatten. Zwischen 1974 und 2007 befuhr er die gesamte Strecke Moskau– Vladivostok insgesamt elfmal. Nach seiner ersten Bekanntschaft mit dem Internet im Jahre 1997 kam ihm die Idee, eine entsprechende Seite zu gestalten. Das Ergebnis, das am 17. Juni 1998 erstmals im Netz stand und seither ständig aktualisiert und ergänzt wird, kann sich sehen lassen. Seinem Untertitel, ›Web-Enzyklopädie über die Transsibirische Eisenbahn‹, macht es alle Ehre und ist in seinen Dimensionen fast ein Kandidat für das Guinness-Buch der Rekorde. Ein Transsibregister, ein detaillierter Überblick über die Streckenführung, ausführliche Abrisse zur Geschichte der Transsib, umfangreiche Informationen über die Städte entlang der Strecke, eine Fotogalerie mit über 3300 Aufnahmen mit Transsibbezug, eine Linksammlung mit fast 500 Internetverweisen und anderes sind heute abrufbar. Mit allerdings deutlichen inhaltlichen Abstrichen gibt es jetzt auch eine englische und eine deutsche Version. Die deutsche Version www.trans-sib.de ist wirklich nur eine Kurzfassung des sich ständig erweiternden russischen Originals. Der Bindestrich war notwendig, da www.transsib.de bereits vergeben war. Nachdem lange Zeit hier nur der Link zu einem Berliner Reiseveranstalter auftauchte, gewinnt diese Seite seit einiger Zeit ebenfalls an Profil.

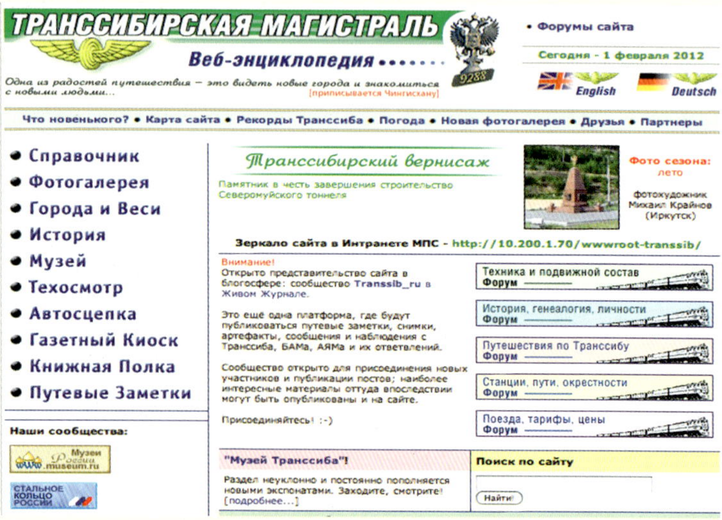

Das umfangreichste Internetangebot zum Thema Transsib

Die Transsib in der Kunst

Berühmte Routen und ihre Reisenden sind aus künstlerischer Sicht ja bekanntlich ein oft strapaziertes Thema für Romanciers und Filmemacher. Besinnlichkeit und nachdenkliche Reisebekanntschaften, herrliche Landschaftsschilderungen oder Vor- und Nachteile des technischen Bahnfortschritts, aber auch kriminalistische Kammerspiele und aktionsbetonte Verfolgungsjagden finden in Fernzügen bekanntlich eine dankbare Umgebung.
Doch auf der längsten Eisenbahnstrecke der Welt hält sich die – zumindestens uns bekannte – Ausbeute der Stoffe, aus dem sich die Transsib-Träume weben lassen, in vergleichsweise bescheidenen Grenzen. Die folgende kurze, international zusammengewürfelte Aufzählung aus den verschiedenen Bereichen der Kunst erhebt keinen Anspruch auf Vollständigkeit.

Literatur

Bereits 1913 machte ein auf einem zwei Meter langen Leporello veröffentlichtes Gedicht in Paris Furore: ›Die Prosa von der Transsibirischen Eisenbahn und der Kleinen Jehanne von Frankreich‹. Der experimentierfreudige Autor Blaise Cendrars verarbeitete seine Reiseerfahrungen zur Zeit des Russisch-Japanischen Krieges im Jahr 1904 in harten Bildern zu einer furiosen Metapher über das Leben in seiner zugähnlichen Dynamik – ein ungewöhnliches Transsibirienexpress(ionistisches) Gedicht.

Eine klassische und in Moskau Aufsehen erregende Erzählung aus dem der Revolution folgenden Bürgerkrieg wurde Vsevolod Ivanovs später fürs Theater dramatisierte Erzählung ›Panzerzug 14-69‹ aus dem Jahre 1927. Ein in den Händen der Weißgardisten befindlicher Panzerzug wird, sinnbildlich für den Bürgerkrieg, irgendwo auf der Amur-Bahn von den roten Aufständischen durch Brückensprengungen und Schienenzerstörungen in seinem Aktionsradius immer mehr eingeengt und schließlich erobert.

Viele bekannte russische Schriftsteller wie Boris Pasternak, Vasilij Šukšin, Aleksandr Vampilov oder Andrei Makine schildern in Episoden ihrer Werke Bahnfahrten auf dem Russland durchziehenden Schienenstrang, explizit sind diesem Thema aber keine ihrer Werke gewidmet.

Dafür griffen aber ausländische Autoren das dankbare Thema auf. So blieb auch die Transsibirische Eisenbahn von Heinz Konsaliks klischeetriefenden Russlandabenteuern nicht verschont. In seinem ›Transsibirienexpress‹ (1974) erlebt ein deutscher Ingenieur bei seiner Transsib-Fahrt von Gorkij (heute wieder Nižnij Novgorod) nach Vladivostok so-

Anna, es ist für Dich! – eine Anspielung auf Anna Karenina

Corto Maltese in Sibirien

wohl eine Art ›Schuld und Sühne light‹ als auch die russische Seele im weiblichen Körper. Etwas aktionsbetonter vermischen sich die Klischees im ›Trans-Siberian Express‹ (1977) von Warren Adler, der die Abenteuer eines russischstämmigen, amerikanischen Arztes beschreibt, der nach einer Leukämie-Behandlung des KP-Generalsekretärs mit der Transsib über Japan heimkehren soll.

Zwar auch nicht gerade eine klischeefreie Zone, aber doch schon lesenswerter ist Hans Herlins ›Sibirien Transfer‹ (1988). Ein englischer Geologe schlägt sich zwischen Rotgardisten, die den verschollenen Zug mit dem Zarengold suchen, den Weißen und der Tschechischen Legion zumeist auf der Transsib durch die Wirren des russischen Bürgerkriegs. Zur selben Zeit spielt auch ›Der goldene Zug‹ (2007) des Polen Miroslaw Bujko. Einerseits um historische Fakten bemüht, verblüfft andererseits seine sehr polnische Brille mit politischen und erotischen Eskapaden. Selbst der Comic-Held Corto Maltese aus der Feder des Italieners Hugo Pratt mischte in der Zeit des Bürgerkriegs auf der Transsibirischen Eisenbahn mit. Dank eines sehr fundierten zeitgeschichtlichen Einführungskapitels ist ›Corto Maltese in Sibirien‹ (1974) durchaus mehr als ein Kult-Comic und wurde 2002 als Trickfilm verfilmt.

Wirklich eindrucksvolle Schilderungen der Bahnreisen zwischen Tomsk, Vladivostok und Harbin in den Zeiten ihres Baus sowie der Revolution und des Bürgerkrieges finden sich auch bei Lothar Deeg in seiner halb dokumentarischen, halb belletristischen Geschichte des Vladivostoker Handelshauses Kunst & Albers (1996).

Zeitgeschichtlich interessant ist ebenfalls ›Der Blick durch den Spiegel‹ (1998) von Christa Hein, deren Romanheldin 1904 mit der Transsibirischen Eisenbahn von Riga nach Port Arthur reist und dort den russisch-japanischen Krieg erlebt. Lesenswert ist auch ›Die diamantene Kutsche‹ (2006) von Boris

Akunin. Russlands neuer Meisterdetektiv aus der Zarenzeit, Erast Fandorin, der auch in Deutschland bereits eine Fangemeinde hat, verhindert 1904 zwei terroristische Anschläge auf die Transsibirische Eisenbahn.

Reisebeschreibungen

Die Faszination der Route durch Sibirien zog im Laufe des letzten Jahrhunderts unzählige Reisende derart in ihren Bann, dass sie ihre Reiseerlebnisse geplant oder spontan niederschrieben. Ob Forschungsreisende oder Nobelpreisträger, professionelle Journalisten oder Laienschriftsteller, Eisenbahnfreaks oder Weltenbummler, Geschäftsleute oder Lehrer – die Liste derer, die ihre Reiseerinnerungen veröffentlichten, ist lang. Neben ansonsten unbekannt gebliebenen Autoren findet man auch so prominente Namen wie Eugen Zabel, Fridtjof Nansen, Emil Nolde, Egon Erwin Kisch, Sven Hedin, Alexandra David Neel, Sigrid Undset, Paul Theroux, Eric Newby, Ryszard Kapuczinski, Hugo Portisch, Hardy Krüger, Richard Christ, Klaus Bednarz, Bob Geldof, Terziano Terzini, Thomas Roth u.v.a. in der schreibenden Zunft der Transsib-Touristen. Eine Sammlung verschiedenster Reisebeschreibungen zu diesem Thema, das ›Transsib-Lesebuch‹, erschien 2002 ebenfalls beim Trescher Verlag Berlin.

Film

Das große (Rail-) Road-Movie über die Transsib wurde wohl bislang noch nicht gedreht. Der aktuellste Film ›Transsiberian‹ (2007) von Brad Andersen ist sowohl als Krimi als auch vor allem als Transsib-Anschauungsmaterial eine Enttäuschung. Ein von Beijing nach Moskau reisendes Paar wird in diesem Thriller in düstere Drogenmachenschaften hineingezogen. Ben Kingsley spielt einen dubiosen russischen Drogenfahnder. Das Rauschgift ist natürlich in Matrjoschkas versteckt. ›Transsib – authentisch‹ ist nur der Beijinger Hauptbahnhof zu Beginn des Films. Ansonsten wurde Sibirien in Litauen gedreht. Sein Vorläufer ›Beijing-Express‹ (Bullet to Beijing, 1995) ließ Michael Caine als in den Ruhestand geschickten MI5-Agenten Harry Palmer Massenvernichtungswaffen im Zug suchen. Wie unschwer zu erraten, war die entscheidende Ampulle in einer Matrjoschka versteckt. Zwar mehr Originalschauplätze, aber als Thriller ein B-Movie, dass nicht von ungefähr keinen Verleiher in Deutschland fand. Daneben finden sich noch einige weitere Streifen, die die ganze Bandbreite filmischer Erzählvarianten in einem sibirischen Zug abdecken.

Der renommierte sowjetische Regisseur Julij Raisman drehte 1946 ›Express nach Fernost‹ – eine musikalische Komödie über einen Armeeoffizier und eine Lehrerin, die von Moskau zu ihren neuen Arbeitsorten in Sibirien unterwegs sind. Ein romantischer Film, der doch erfrischend aus dem sowjetischen Zeitgeist ausbrach und nach seiner umjubelten Premiere auch für über zehn Jahre von der Leinwand in der Versenkung verschwand.

Das Thema Zarengold und Transsib wurde erstmal 1959 im Film ›Der Goldzug‹ von Ilja Gurin aufgegriffen. Russlands Prosa- und Schauspiellegende Vasilij Šukšin spielte hier seine erste Hauptrolle. Als Gruselkulisse diente die Transsibirische

Eisenbahn nicht nur im Zusammenhang mit dem Eisernen Vorhang. Zwar nicht an Originalschauplätzen, sondern in Spanien entstand 1972 beispielsweise der englisch-spanische ›Horror-Express‹ (als DVD seit 2007 auch unter dem Titel ›Der Tod fährt 1. Klasse‹). Ein archäologischer Fund wird um 1910 im Gepäckwagen des Transsibirien-Expresses lebendig und versetzt die u.a. von Christopher Lee und Telly Savallas gespielten Passagiere in Angst und Schrecken. Einen klassischen ›Eastern‹ drehte El'dor Urazbajev 1978 mit ›Transsibirienexpress‹. Die Handlung spielt 1927, als ein in der Mandschurei lebender exilrussischer Kaufmann vom Geheimdienst angeworben wird, im Zug von Harbin nach Moskau für einen geplanten Mord den Lockvogel zu spielen. Interessant an dem Film ist aber auch, dass das in Deutschland auch als Taschenbuch erschienene Drehbuch ein gemeinsames Frühwerk der heute so bekannten, wie verschiedenen Brüder Nikita Michalkov und Andrej Michalkov-Končalovskij ist. Beide genießen heute als Filmregisseure Weltruhm inclusive Oscar und Palmen aus Los Angeles und Cannes. Sie verarbeiteten später nochmals das Thema Sibirien in den meisterhaften Monumentalfilmen ›Sibiriade‹ (A. Michalkov-Končalovskij 1980) und ›Der Barbier von Sibirien‹ von Nikita Michalkov (1998).

Ein so ungewöhnlicher wie interessanter Film ist auch Ulrike Ottingers ›Johanna D'Arc of Mongolia‹ aus dem Jahr 1989. Vier Frauen, eine Studienrätin, eine Musical-Sängerin, eine Professorengattin und eine Rucksack-Touristin fahren in einem Salonwagen der Transsib in die Mongolei und diskutieren vor dem Hintergrund ihrer exotischen Grenzerfahrungen auf dieser Reise über Gott und die Welt.

Es gibt verschiedene Dokumentarfilme, die die Bahnlinie als Spiegelbild für die jeweils aktuellen Probleme des Riesenreiches thematisch aufgreifen. 2006 war das schweizerische Fernsehen mit Susanne Wille und der Sendung ›10 vor 10‹ in acht Reportagen die Transsib entlang gereist. Ebenfalls 2006 begleiteten unter der Regie von Harald Kirchner auch zwei Folgen der SWR-Reihe ›Eisenbahnromantik‹ (Folgen 587 und 588) eine Transsib-Sonderzugreise von Beijing nach Moskau. Die zweiteilige Reportage von Albrecht Reinhardt aus dem ARD-Weihnachtsprogramm 2007 war allerdings ein echter Langweiler. Stellvertretend für sehenswertere ältere Filme, die manchmal noch im Spätprogramm auftauchen und auch zeitgeschichtlich nicht uninteressant sind, seien hier ›Der stählerne Breitengrad‹ von Achim Roth (DDR-Fernsehen, 1988), die ›Reise nach Sibirien‹ von Peter Welz (Bayerischer Rundfunk, 1991) und ›Orient-Express: Moskau–Beijing‹ (Schweizer Fernsehen 1993) genannt.

›Transsibirienexpress‹

Google fährt Transsib

Wie schon an verschiedenen Stellen lobenswert vermerkt: dank Google Maps und Google Earth lässt sich die Transsib-Reise mit dem Finger auf der Landkarte in Vorbereitung bzw. Nachbearbeitung des wirklichen Lebens mit vielen Details, Informationen und Fotos schon deutlich aufwerten. Im Sommer 2009 ging man bei Google aber noch einen Schritt weiter und setzte in Zusammenarbeit mit der Russischen Bahn ein Team samt Kamera in den Zug von Moskau nach Vladivostok. Das Ergebnis ist heute auf einer eigenen Seite unter www.google.ru/intl/ru/landing/transsib/en.html (R/E) zu besichtigen. Über 150 Stunden Film in immer etwa 30-minütigen Portionen sind an die Karte des Streckenverlaufes angebunden, so dass man sich bei aufkommender Langeweile auch per Mausklick zwischen den interessantesten Passagen hin- und herzappen kann. Auf Nachtfahrten wurde verzichtet. Auf die Führerstandsmitfahrt leider auch, so dass immer nur eine Seite der Landschaft zu sehen ist. Als Zugabe gibt es noch kleine Filme zu den meisten interessanten Stop-Optionen wie Moskau, Perm', Ekaterinburg, Tjumen', Novosibirsk, Krasnojarsk, Tajšet, Irkutsk, Sljudjanka, Ulan-Udė, Erofej Pavlovič, Birobidžan, Chabarovsk und Vladivostok. Zur akustischen Untermalung kann man zwischen Balalajka-Musik oder dem Radiosender Russkoe Radio bzw. den Lesungen dreier Romanklassiker – ›Krieg und Frieden‹, ›Die toten Seelen‹ und ›Das goldene Kalb‹ – wählen. Standard ist eine Endlosschleife mit Zugrattern, das aber nach wenigen Minuten anscheinend von einem Hubschrauber übertönt wird.

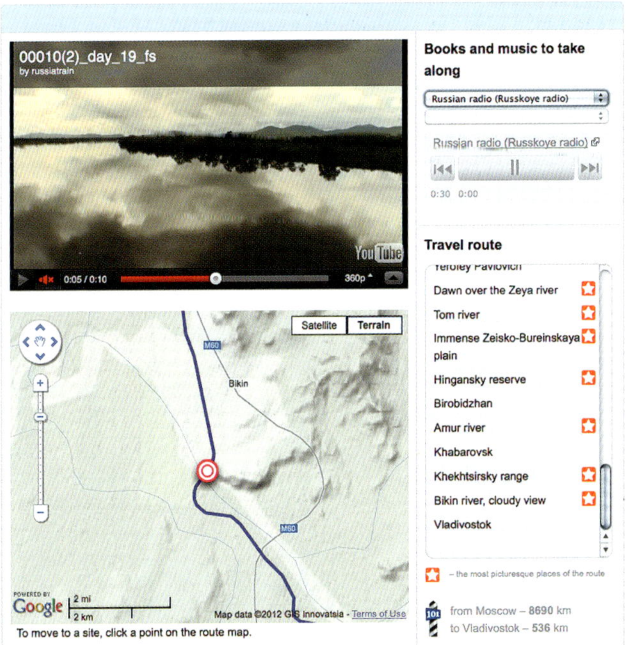

www.google.ru/intl/ru/landing/transsib/en.html

Musik

Die Radiobeschallung in den Zugabteilen hat ihre Penetranz aus sowjetischen Zeiten verloren. Je nach Laune und musikalischen Vorlieben des Zugchefs spielt ein Dudelprogramm, das man mit dem Drehknopf über dem Abteilfenster oder im Korridor zwischen ganz leise (Stille) und ganz laut variieren kann.

Es gibt bereits eine Vielzahl von Musikstücken mit dem Thema Transsib. An erster Stelle ist hier sicherlich die als Gesamtkunstwerk dem Thema gewidmete CD ›Trans-Siberia‹ der bekannten Berliner Gruppe ›Tangerine Dream‹ zu nennen. Sie erschien 1994 und ist mit gängigen Instrumentalstücken wie ›Jaroslavler Bahnhof‹, ›Sibirische Nächte‹ eine stimmungsvolle Untermalung für das Bahnrattern. Bereits aus dem Jahr 1980 stammt ›Trans Siberian Express‹ von Bardi Blaise – die etwas schrille Rockballade erreichte aber keinen größeren Bekanntheitsgrad. Ähnlich erging es der italienischen Gruppe ›Dirty Mind‹, die 1994 den Titel ›Transsiberiana‹ herausbrachte. Viel melancholischer dagegen fährt die Münchner Interpretin Michaela Dietl auf Ihrer CD ›Siebzehnmal Do it‹ (1996) instrumental sehr melodisch mit Violine und Kontrabass sechs Minuten ›Transsib‹.

Generell ist wohl in Deutschland das größte musikalische Interesse an der Transsib in Bayern zu konstatieren. Die ›Original Nachtfalter aus Bayern‹ kreierten für ihre CD ›Musik macht das Leben schön‹ sogar eine Polka mit dem Titel ›Trans-Sibirische Eisenbahn‹. Das Gesangsduo ›Die Ulmer‹ steuerten ebenfalls noch einen Transsib-Song bei. Obwohl ›Das Schienenband das Lied der Taiga singt‹ (angeblich) klingt es musikalisch mehr nach Transamerika-Express. Die Melodie stammt nämlich von Johnny Cash.

In Russland ist das Thema Reise und Bahn zwar vor allem bei Liedermachern und Chansonniers ein beliebtes Thema, aber die Transsib kommt selten darin vor. Nur der bekannte Petersburger Chansonnier Aleksandr Rozenbaum veröffentlichte 2001 eine CD unter dem Titel ›Transsibirische Magistrale‹, wobei sich auch Song Nummer 2 direkt dem Thema zuwendet. Viele Gitarrensongs wurden dagegen über die ›BAM‹ genannte Baikal-Amur-Magistrale geschrieben, als viele Enthusiasten ab 1975 unter der Ägide des kommunistischen Jugendverbandes durch den Schienenbau in der Taiga ihrer Abenteuerlust frönten.

Das Album-Booklet ›Transsiberia‹ von Tangerine Dream

Sammelleidenschaft

Der Mythos Transsib taucht als auch als Münz- oder Briefmarkenmotiv und selbst als Gesellschaftsspiel auf. Neben Russland, wo es sowohl Briefmarken als auch Motiv-Briefumschläge zum Thema Transsib gibt, brachten auch die Mongolei und Staaten wie Ungarn und Guyana Briefmarken heraus.

Unter Münzsammlern sind vor allem die drei russischen Gedenkmünzen begehrt. Aus der Mongolei gibt es ebenfalls eine Gedenkmünze zur Transsib. In Frankreich widmeten sich die Münzer 2004 dem Thema und veröffentlichten eine aus vier Münzen bestehende Serie über die verschiedenen Verkehrsmittel, mit denen man auf dem Weg nach Südostasien Sibirien durch- und überqueren kann. Die Transsibirien-Express-Münze in der deutschen Münzedition Eisenbahnlegenden ist dagegen eher der Rubrik Schnickschnack zuzuordnen.

Abzeichen sind in Russland ebenfalls ein populäres Souvenir und Sammelobjekt. Direkt zum Thema Transsib gibt es allerdings kaum Abzeichen. Der Bau der auch Transsib des 20. Jahrhunderts umschriebenen Baikal-Amur-Magistrale wurde aber in vielen Abzeichenserien verewigt. Daneben gibt es aber noch viele andere Bahnmotive mit mehr oder weniger direktem Bezug zur Transsib.

Häufig werden auch die bekannten russischen Teeglashalter aus Metall mit der russischen Eisenbahn und der Transsib assoziiert, denn die meisten Reisenden machen die Bekanntschaft damit vor allem in den Zügen durch Russland. Spezielle Teeglashalter aus vernickeltem Messing mit einem Eisenbahnmotiv und dem Aufdruck der damaligen russische Bahnverwaltung gab es in der Vergangenheit nur in den Jahren von etwa 1925 bis 1940. Jetzt lebt diese Tradition wieder auf, die Marktwirtschaft macht es möglich und die vor allem in den Sonderzügen geforderten Preise je nach Ausstattung von 30 bis 50 Euro beinhalten wohl auch satte Gewinnmargen. Aber auch die örtlichen Eisenbahngesellschaften entdecken die Tee trinkenden Passagiere als Zielgruppe und statten ihre Züge mit neuen Teeglashaltern mit Eisenbahnmotiven aus. Aktuell auf sollte man sich auf Preise zwischen 300 und 500 Rubel einstellen.

Für Spielernaturen unter den Transsib-Fans gibt es auch zwei Gesellschaftsspiele zum Thema. Aus Deutschland stammt das Brettspiel ›Transsib‹, das – vor etwa zehn Jahren entstanden – den Spielern die neuen Regeln des russischen Kapitalismus im Speisewagen des Expresszuges Irkutsk–Moskau zwischen Mangelwirtschaft, Schutzgelderpressung und viel Vodka erwürfeln lässt. Selbst für ausgewiesene Klischee-Fans ist es aber mittlerweile am ehesten ein zeithistorisches Spielzeug. Aus England kommt ›Murder by Mystery‹, eine Art Cluedo light mit klarem Ausgang, aber einschließlich CD, das seine Handlung in einem Transsibirien-Express um 1930 spielen lässt.

Beliebtes Souvenir: Teeglas aus der Transsib

Transsib von A bis Z

Anreise nach Russland mit der Bahn

Zugverbindungen, teilweise direkt, teilweise als durchgehende Kurswagen sind im deutschsprachigen Raum von Berlin, München, Wien, Basel oder Zürich aus möglich. Auf den Internetseiten der Deutschen Bahn ist das Eisenbahnnetz sowohl Russlands als auch der Mongolei und Chinas mit allen größeren Bahnhöfen (Fettdruck im Routenplan ab → S. 359, allerdings teilweise in abweichender Schreibweise) bei der Routenplanung und Fahrplaninformation abrufbar. Die dort ausgewiesenen Zugnummern unterscheiden sich aber von den lokalen Zugnummern, und auch Fahrpreisinformationen werden dort nicht angezeigt (www.bahn.de).

- **Berlin–Moskau**, Schlafwagenzug, 2x täglich, Fahrtdauer ca. 27 Stunden, Kurswagen ab München
- **Berlin–Saratov** (umfährt Moskau) Schlafwagenzug, 1x wöchentlich im Sommer, Fahrtdauer: ca. 65 Stunden; mit Kurswagen nach Omsk (81 Stunden), Novosibirsk (90 Stunden) und Irkutsk (120 Stunden)
- **Wien/Südbhf. (Ost)–Moskau**, Schlafwagenzug, täglich, Fahrtdauer: ca. 32 Stunden;
- **Basel SBB–Moskau**, Schlafwagenzug, täglich, Fahrtdauer: ca. 39 Stunden; Kurswagen

Anreise nach Russland, China und die Mongolei mit dem Flugzeug

- **Berlin–Moskau**, mehrmals täglich
- **Frankfurt/M.–Moskau**, mehrmals täglich
- **München–Moskau**
- **Düsseldorf–Moskau**
- **Hamburg–Moskau**
- **Nürnberg–Moskau**
- **Dresden–Moskau**
- **Moskau–München**
- **Moskau–Düsseldorf**
- **Moskau–Hamburg**
- **Moskau–Nürnberg**
- **Moskau–Dresden**
- **Frankfurt/M.–Beijing**, täglich
- **Berlin–Beijing**
- **München–Beijing**
- **Beijing–Frankfurt/M.**, täglich
- **Beijing–Berlin**
- **Beijing–München**
- **Berlin–Ulaanbaatar,** Direktflug 2x wöchentlich
- **Moskau–Ulaanbaatar**
- **Beijing–Ulaanbaatar**
- **Ulaanbaatar–Berlin, Direktflug** 2x wöchentlich
- **Ulaanbaatar–Moskau**
- **Ulaanbaatar–Beijing**
- **Wien–Moskau**, täglich.
- **Wien–Beijing**, mehrmals wöchentlich
- **Beijing–Wien**, mehrmals wöchentlich
- **Zürich–Moskau**, täglich.
- **Moskau–Zürich**, täglich.
- **Beijing–Zürich**, mehrmals wöchentlich
- **Zürich–Beijing**, mehrmals wöchentlich

Desweiteren gibt es noch Flugverbindungen in **andere Städte entlang der Transsib**, in der Regel über Frankfurt oder Moskau:

- Frankfurt–Perm, mehrmals wöchentlich
- Frankfurt–Omsk, wöchentlich
- München–Irkutsk, wöchentlich
- Wien–Ekaterinburg, täglich
- Zürich–Ekaterinburg, täglich

Tägliche Flugverbindungen mit Transsib-Bezug bestehen zudem **innerhalb Russlands** zwischen Moskau und Kazan, Perm', Ekaterinburg, Tjumen', Omsk, Novosibirsk, Krasnojarsk, Irkutsk, Ulan-Udė, Čita, Vladivostok sowie Chabarovsk.

Zwischen **Russland und China** gibt es neben den beide Hauptstädte verbindenden Flügen noch Verbindungen von Novosibirsk, Irkutsk, Chabarovsk und Vladivostok nach Beijing sowie von Chabarovsk und Vladivostok nach Harbin.

Die **mongolische Hauptstadt** ist neben Moskau und Beijing noch mit Ulan-Udė verbunden.

Bei den meisten Transsibreisen sind aufgrund der unterschiedlichen An- und Abreiseorte (Moskau, Irkutsk, Vladivostok, Beijing bzw. andere) Gabelflüge einer Fluggesellschaft die preislich interessanteste Variante. Hier bieten sich in erster Linie Aeroflot und Lufthansa an. In Abhängigkeit von den konkreten Orten können auch andere russischen Gesellschaften wie S7 oder Transaero oder andere internationale Anbieter wie z.B. Turkish Airlines eine Möglichkeit sein. Air China ist in Russland kaum vertreten und kommt daher kaum in Frage.

Die in diesem Buch (→ S. 486) genannten Reiseveranstalter helfen auch Individualreisenden bei der Organisation von Anschlüssen und der Buchung von Tickets.

Abfahrt des Zuges in Russland

Am Abfahrtsbahnhof wird der Zug in der Regel 30 Minuten vor Abfahrt bereitgestellt. An Bahnhöfen, die der Zug auf der Durchreise passiert, schwankt der fahrplanmäßige Aufenthalt je nach Bedeutung und Passagieraufkommen zwischen 2 und 30 Minuten. Der Zugang zu den Bahnsteigen ist frei. An den Eingängen halten vielerorts Metallschleusen Einzug. Man sollte sich in jedem Fall **rechtzeitig** am Bahnhof einfinden, empfehlenswert ist eine halbe Stunde, um sich entsprechend orientieren zu können. So hat man Zeit, die fast durchweg interessante Atmosphäre zu schnuppern und auch, falls nötig, noch

Gepäckträgerdienste

Reisebedarf einzukaufen. Im Umfeld der Bahnhöfe gibt es zahlreiche Kioske und fliegende Händler. Das Bahnpersonal und auch Passanten können weiterhelfen, wenn großes Gepäck in der Gepäckaufbewahrung deponiert werden soll.

Lassen Sie sich nicht durch die **unterschiedlichen Uhrzeiten** auf dem Bahnhofsgelände irritieren: Die Uhren zum Bahnhofsvorplatz zeigen in der Regel **Ortszeit**, die zum Bahnsteig hin zeigen allesamt **Moskauer Zeit**, die auch für alle Fahrpläne maßgeblich ist.

Wagenstandsanzeiger sind nicht üblich. Die Nummerierung erfolgt in nahezu allen Fällen aufsteigend. Die **Ansagen** erfolgen nur in russischer Sprache. Dabei verlautet auch, ob die Nummerierung aufsteigend oder – selten – absteigend ist. Häufig trifft man auf russische Reisende mit viel Routine, die ungefähr abschätzen können, wo etwa welcher Wagen halten wird, so dass man durchaus fragen kann.

Da die Fernzüge der Transsib bis zu 500 Meter lang sind, empfiehlt es sich, seine Mobilität samt Gepäck einzuschätzen oder einen der **Gepäckträger** zu mieten, die man auf allen großen Bahnhöfen findet. In Moskau und St. Petersburg sind es seit Zarenzeiten Tataren, die das Monopol auf die Gepäckträgerdienste haben. Bei Sonderzugreisen sind diese Dienstleistungen bereits meistens im Preis enthalten.

Häufig stehen Bahnpolizisten am Aufgang des Bahnsteiges und schicken Reisende mit **Großgepäck** (über 36 Kilo) unweigerlich zurück – Übergepäck darf nicht in die Reisewaggons, sondern wird gegen Zusatzberechnung im Gepäckwaggon transportiert.

Bevor jemand an Bord gelangen kann, gilt es den Schaffner zu passieren. Schaffner stehen vor der Waggontür auf und prüfen sehr sorgfältig die **Fahrkarten**. Nur wer exakt für diesen Waggon eine Reservierung vorweisen kann, darf einsteigen. Auch für alle Bahnhöfe unterwegs gilt, dass niemand ohne Reservierung an Bord darf. Begleiter werden spätestens fünf Minuten vor Abfahrt nachdrücklich aufgefordert, den Zug zu verlassen.

Die Schaffner achten auf allen Bahnhöfen unterwegs, manchmal eher übervorsichtig darauf, dass sich niemand allzu weit vom Zug entfernt.

Überschreiten der Gleise verboten

Abfahrt des Zuges in China

Am Abfahrtsbahnhof wird der Zug in der Regel 30 Minuten vor Abfahrt bereitgestellt. An Bahnhöfen, die der Zug auf der Durchreise passiert, schwankt der fahrplanmäßige Aufenthalt je nach Bedeutung und Passagieraufkommen zwischen 2 und 15 Minuten.

An den Bahnhofseingängen hat man die Sicherheitskontrollen der Flughäfen mit Metalldetektoren übernommen. Der **Zugang vom Bahnhofsgebäude zum Bahnsteig** ist streng reglementiert. Es gibt im Bahnhofsgebäude Warteräume und der Zugang zum Bahnsteig wird erst mit Einfahrt des Zuges freigegeben. Begleiter dürfen nicht mit auf den Bahnsteig. Man sollte sich in jedem Fall **rechtzeitig** am Bahnhof einfinden, empfehlenswert ist eine knappe Stunde, um sich entsprechend orientieren zu können.

Die **Ansagen** erfolgen zumeist in chinesischer Sprache, nur auf großen Bahnhöfen in Beijing erfolgt noch eine Ansage in Englisch. Die Schaffner haben aber ihre ›Langnasen‹ (ausländischen Touristen) meistens sicher im Blick und weisen mit Händen und Füßen darauf hin, dass es Zeit ist, einzusteigen.

Abfallentsorgung

An demjenigen Waggonende, das dem Dienstabteil entgegengesetzt liegt, befindet sich entweder rechts ein Abfalleimer mit Holzdeckel oder links in der Wand eine Müllklappe. Mülltrennung ist nicht erforderlich.

Bettwäsche

Die Bettwäsche umfasst ein Laken, einen Kopfkissenbezug und einen Bettbezug (zumeist Couvert, manchmal aber auch nur ein zweites Laken) und ein kleines Handtuch. Die in Plastik eingeschweißte Bettwäsche kostet **in Russland** je nach Zug 95 bis 230 Rubel und wird beim Schaffner üblicherweise bar bezahlt. **In China** sind die Betten bereits gemacht und im Ticketpreis inbegriffen. Wer frische Bettwäsche wünscht, kann diese jederzeit gegen erneute Bezahlung bekommen.

Auf **Sonderzug- und Gruppenreisen** ist die Bettwäsche generell bereits bezahlt und wird etwa alle drei Tage gewechselt. Im Regelzug muss man sein Bett in der Regel allein machen, im Sonderzug kann man sich zumeist ins gemachte Bett legen.

Bezahlung an Bord

In den Waggons bieten die Schaffner neben dem obligatorischen Tee aus dem waggoneigenen Samowar auch Kaffee (Instant), Mineralwasser, Gebäck und andere Kleinigkeiten zum Verkauf an.

Je nach Land, in dem sich der Zug gerade befindet, gelten dabei unterschiedliche **Regeln beim Bezahlen an Bord**: Auf Regelzügen in Russland wird ausnahmslos in Rubeln bezahlt, in China mit Yuan und in mongolischen Zügen mit Tugrik. Zumeist ist auch eine Zahlung in US-Dollar oder Euro möglich, aber aufwendig, da die Schaffner dann selbst tauschen müssen und sich diesen Aufwand entsprechend honorieren lassen. Wechselgeld gibt es aber dann zumeist nur in Landeswährung, so dass man **kleine Scheine parat haben sollte**.

Auf Sonderzugreisen ist es einfacher, hier bestimmt der Reiseveranstalter die Bordwährung und richtet sich meist nach dem Herkunftsland der Gäste. Hier

Fliegende Händler auf dem Bahnhof von Sljudjanka

ist das Zugpersonal auch im Umgang mit Touristen aus verschiedenen Ländern und den jeweiligen Fremdwährungen erfahrener und kann bei diskreten Anfragen weiterhelfen oder entsprechende Empfehlungen geben. Rechnen Sie Ihren Verzehr rechtzeitig bei Ihren Schaffnern vor Verlassen des Zuges ab.

Etikette an Bord

Ein Lächeln und ein freundliches ›Guten Tag‹, in welcher Sprache auch immer, beim Einsteigen zu Schaffnern und Mitreisenden ist der erste Beitrag zu angenehmer Bordatmosphäre. Russen und Ausländer werden genauso wie bislang Frauen und Männer in den Regelzügen im Abteil so zusammengewürfelt, wie der Computer die Bettplätze zugeteilt hat. Erst seit Sommer 2007 wird erstmalig bei einigen Zügen – zunächst als Experiment – die Möglichkeit offeriert, beim Ticketkauf zwischen einer gleichgeschlechtlichen und gemischtgeschlechtlichen Belegung zu wählen. Es wird aber auf absehbare Zeit die Aus-

Reiseleiterin mit Passagier

nahme bleiben, daher einige Anmerkungen zu den **ungeschriebenen Regeln in gemischt belegten Abteilen**: Beim Aufstehen und zur Schlafenszeit verabschieden sich die Herren der Schöpfung mit der deutlichen Ansage aus dem Abteil, dass sie erst in 15 Minuten zurückkehren.

Fahrkartenkauf

Viele Reisebüros und Bahnagenturen (→ S. 486) bieten in Deutschland Tickets für die Transsib an, sowohl durchgängig als auch für Teilabschnitte mit entsprechenden Zwischenstopps. Dabei ist zu beachten, dass neben der Fahrkarte auch eine Platzkarte erworben wird, was in den Transsib-Ländern ansonsten nicht üblich ist. Die Preise sind dabei teurer als beim Kauf vor Ort, die Gebühr ist aber in der Regel die vor Ort notwendige Zeit und Nerven wert, da die Agenturen einen besseren Zugriff auf die verschiedenen Kontingente haben und dann erst der Rest in **Russland 45 Tage und in China 21 Tage vor Abfahrt** in den freien Verkauf kommt. Generell ist diese 45- bzw. 21-Tage-Frist sehr wichtig. Alle definitiven Bestätigungen bekommt man erst nach dem Beginn dieser Frist. Bei längeren Fristen gibt es immer nur unverbindliche Bestellungen oder abschlägige Antworten, da die Termine im Buchungssystem noch nicht freigegeben sind.

Die bei hiesigen Reisebüros bestellten Bahnfahrkarten sind dann in den jeweiligen Orten bei einem lokalen Reisebüro abzuholen oder werden bei Hotelbuchungen dort hinterlegt. Wer bereits ab Deutschland eine durchgehende Fahrkarte bis weit nach Sibirien kauft, bekommt diese natürlich ausgehändigt und konnte in der Vergangenheit von den günstigeren Kilometerpreisen auf internationalen Strecken profitieren. Als Geheimtipp gilt dabei der Fahrkartenkauf in der Slowakei, von wo man dann über die Ukraine (visafrei) auf die Transsib-Spur kommt. Nachdem Russland Ende 2008 die Preise für die innerrussischen Platzkarten deutlich erhöht hat, bleibt von diesem Preisvorteil aber nicht mehr viel übrig.

Fahrkartenkauf in Russland

In Russland gibt es bei Fernzügen mit Schlaf- bzw. Liegewagen keine getrennten Fahr- und Platzkarten, sondern nur eine Fahrkarte zu einem einheitlichen Preis entsprechend der Waggonkategorie. Bei **durchgängigen Tickets von Moskau nach Beijing oder Vladivostok** ist der Vorortkauf durchaus eine Alternative, wenn man rechtzeitig kaufen kann. Bei Ticketwünschen mit Zwischenstopps und Anschlussfahrkarten ist das vor Ort verfügbare Ticketkontingent allerdings oft gering und auf die örtlichen Züge beschränkt. An den Fahrkartenschaltern kann es großen Andrang geben. Beim

Ticketkauf muss der **Reisepass** vorgelegt werden. Alle Fahrkarten sind personalisiert. Der Name des Reisenden wird auf dem Fahrschein vermerkt und beim Einsteigen auch bei Inlandsreisen durch Pass-Vorlage kontrolliert.

In den großen Städten gibt es neuerdings auf den Bahnhöfen spezielle **Servicebüros**, wo man gegen ein Aufgeld von 150 Rubel in einer deutlich kürzeren Schlange komfortabel im Sitzen zur Fahrkarte oder zum Schulterzucken (›Keine freien Plätze!‹) kommt. Einige russische Reisebüros bieten günstigere Transsib-Fahrkarten an, was aber meist preislich nur bei Programmbuchungen sinnvoll ist, da der Preisvorteil ansonsten durch den teuren DHL-Versand aus Russland aufgehoben wird. Einen Preishit für Schnäppchenjäger brachte Ende 2003 der Beitritt Russlands zum Euro-Domino-System. Der Knackpunkt, an dem aber viele scheiterten, war hierbei die Verbindung des Tickets mit der Reservierung für die Platzkarte. Da jedoch im April 2007 ›Euro-Domino‹ im Rahmen einer ›Interrail‹-Reform und der künftigen Zweiteilung in ›Global Pass‹ und ›One-Country-Pass‹ abgeschafft wurde, sind diese häufig noch als Insidertipp kursierende Erfahrungen Geschichte. Seitdem gab es keine Verlautbarungen über eine evtl. Teilnahme Russlands an dem neuen Programm (www.interrailnet.com). Im Gegenteil, durch eine deutliche Erhöhung der Preise für russische Platzkarten bei Reservierungen aus dem Ausland gleichen sich die Preise im In- oder Ausland zunehmend an.

Eine Schaffnerin serviert Tee

Fahrkartenverkauf in der Mongolei

Im Bahnhof Ulaanbataar gibt es besondere Service-Schalter für Reisende nach Russland oder China.

Fahrkartenkauf in China

In den Beijinger Bahnhöfen gibt es ebenfalls **gesonderte Kassen für Ausländer**, in der Provinz sieht es schwieriger aus. Da alle Fahrscheine personalisiert sind, muss beim Kauf der **Pass** vorgelegt werden. An den Bahnhofsschaltern beginnt der Vorverkauf zwischen 10 und 21 Tagen vor dem Reisetermin. Längere Vorlaufzeiten sind nur per Internet oder über Reisebüros verfügbar. An den Fahrkartenschaltern kann es großen Andrang geben. Vom Schaffner werden dann zwar die Fahrkarten beim Zugang zum Bahnsteig kontrolliert, der Pass wird aber beim Einsteigen in den Zug nur bei grenzüberschreitenden Zügen kontrolliert.

Fahrkartenkauf im Internet

Es gibt in Russland zwar bereits sogenannte elektronische Tickets, so dass man Fahrkarten auch im Internet kaufen. Der **Ausdruck ist aber nur der Beleg**, mit dem man dann an jeder Eisenbahnkasse in Russland die eigentliche

Fahrkarte bekommt. Die einzige Ausnahme sind bislang die Airport-Shuttle-Züge in Moskau, wo der Ausdruck als Fahrschein gilt.

Für den Transsib-Fahrkartenkauf kommen Portale wie www.rusrailtravel.ru (E) oder www.transport.marshruty.ru (R) in Frage. Das erste Portal ist in Englisch, stabil und teurer. Das zweite Portale ist billiger, aber nur in Russisch und manchmal instabil, so dass man für den Kauf evtl. mehrere Versuche braucht.

Das Berliner Reisebüro Pulexpress (→ S. 486) hat eine Generalvertretung für die russische Staatsbahn und vertreibt sowohl im Büro als auch über seine deutschsprachige Internetseite www.pulexpress.de (D/R) in der Rubrik Bahn/Russische Bahn innerrussische Eisenbahntickets, die sowohl als elektronische Tickets als auch in Papierform (Versand per Einschreiben) gekauft werden können. Der dafür berechnete Aufschlag schwankt zwischen 25 und 30 € pro Ticket.

In China ist die Situation ähnlich. Es gibt zwar noch keine sogenannten elektronischen Tickets, aber die Möglichkeit, innerchinesische Eisenbahnfahrkarten im Internet zu kaufen, besteht über Portale wie www.chinatraintickets.net (E) oder www.travelchinaguide.com/china-trains (E) bereits. Die Fahrkarten werden dann per Kurier an Adressen in China versandt, so dass man die genaue Adresse seiner ersten Unterkunft angeben muss.

Fahrplan

In der Mitte des Waggons hängt im Korridor der Fahrplan des Zuges mit allen **Haltebahnhöfen nach Moskauer Zeit** (→ S. 359). Rechts vom Stationsnamen steht die Ankunftszeit, daneben die Abfahrtszeit. Die ein- und zweistelligen Zahlen zwischen eins und dreißig geben die jeweilige Aufenthaltsdauer in Minuten an, so dass man vorab entscheiden kann, wo man sich ein wenig umsehen möchte und wie weit man sich vom Waggon entfernen kann. Man sollte die pünktliche Ankunft prüfen, denn bei Verspätung wird der Halt zumeist verkürzt.

Fahrpreise

In den letzten Jahren wurden sowohl in Russland als auch in China vielfältige Anstrengungen unternommen, das Leistungsangebot und den Service der Bahn zu verbessern. Allerdings verteuerten sich auch die Fahrkarten drastisch, obwohl sie auf Kilometer zurückgerechnet im Vergleich zu Europa immer noch sehr preiswert sind. Generelle Ermäßigungen à la Bahncard gibt es in den Transsib-Ländern nicht. Allerdings gibt es durchaus Unterschiede, so dass sich der Vergleich zwischen den verschiedenen Anbietern sowohl bei Reisebüros als auch im Internet lohnt. Neben den jeweiligen Service-Gebühren gibt es Preisunterschiede hinsichtlich der **Reisezeit**, der **Zugkategorie** und der **Waggonkategorie**. Ein weiterer Preisfaktor sind **Währungsschwankungen**, da sich unterschiedliche Anbieter entweder am US-Dollar, am Euro, am britischen Pfund oder am Schweizer Franken orientieren und die in letzter Zeit ja nicht unüblichen deutlichen Schwankungen sich auf den Endpreis in Euro auswirken können.

Für eine durchgängige innerrussische **Fahrkarte Moskau–Vladivostok** musste man Anfang 2012 als Grundpreis im Vierbettabteil zwischen 360 und 700 Euro und im Zweibettabteil 750 bis 1150 Euro veranschlagen. Im allerdings nur von einigen Anbietern offerierten Großraumliegewagen liegt der Preis zwischen 170 und 190 Euro.

Für die internationale Strecke **Moskau–Beijing**, die in beiden Varianten durch

Wechsel der Zuguntergestelle in Grodekovo

die Mongolei oder die Mandschurei kilometermäßig kürzer ist, kosten die durchgängigen Fahrkarten im Vierbettabteil durch die Mongolei zwischen 420 und 700 Euro und durch die Mandschurei zwischen 460 und 750 Euro. Im Zweibettabteil schwanken die Preise über Ulaanbaatar zwischen 830 und 1080 Euro und über Harbin zwischen 700 und 1150 Euro. Tickets ab Beijing nach Moskau sind zumeist günstiger als Tickets von Moskau nach Beijing.

Seit 2003 versucht man in **Russland**, die Kundenströme aus der Hauptsaison in die Nebensaison zu steuern. Es wurden **saisonale Preiskoeffizienten** in Abhängigkeit von der Reisezeit eingeführt. Dazu wurde das Kalenderjahr in verschiedene Zeiträume unterteilt, in denen nun je nach durchschnittlicher Nachfrage das Angebot billiger oder teurer wird. Nachdem es 2011 sogar differenzierte Koeffizienten für 2/4-Bett-Abteile und Großraumliegewagen gab, hat man das aber 2012 wieder vereinheitlicht. In vielen, aber nicht in allen Zügen sind im Sommer die oberen Schlafplätze 30% günstiger als die unteren. Vor allem vor russischen Feiertagen sind die Fahrkarten deutlich teurer. Die Ausnahme ist der 9. Mai, wo man den Kriegsveteranen nicht so tief in die Tasche greift. In der Mongolei oder in China kennt man solche Differenzierungen bislang nicht.

Fahrpreiskoeffizienten Russland 2012

Aktualisierung unter: www.pass.rzd.ru/wps/portal/pass

Zeitraum	Fahrpreiskoeffizient
01.01.-06.01.	minus 10% (0,9)
07.01.-09.01.	plus 10 % (1,1)
10.01.-06.03.	minus 20 %
07.03.-10.03.	plus 10 %
11.03.-27.04.	minus 10 %
28.04.-29.04.	plus 20 %
30.04.-07.05.	1,0
08.05.-09.05.	minus 50 %
10.05.-07.06.	1,0
08.06.-12.06.	plus 20 %
13.06.-28.06.	plus 10 %
29.06.-12.07.	plus 15 %
13.07.-02.09.	plus 20 %
03.09.-30.09.	1,0
01.10.-01.11.	minus 10 %
02.11.-05.11.	plus 15 %
06.11.-20.12.	minus 20 %
21.12.-26.12.	plus 10 %
27.12.-28.12.	plus 15 %
29.12.-30.12	plus 20 %
31.12	1,0

Fotografieren

Entlang der längsten Bahnstrecke der Welt gibt es unzählige interessante Motive. Im Zug und vor allem auch auf den Bahnhöfen wurden die Fotobeschränkungen aus der Zeit des Eisernen Vorhangs aufgehoben. Damals galten alle Bahnhöfe als strategische Objekte ersten Ranges, die man nicht ablichten durfte. Bei **militärischen Objekten** und an den **Grenzübergängen** einschließlich der Grenzbahnhöfe ist aber nach wie vor **Zurückhaltung** angesagt. Aber auch auf den Bahnhöfen werden mancherorts mit dem Hinweis auf den Kampf gegen den Terrorismus die Uhren wieder zurückgedreht und das Fotografieren eingeschränkt. Gleiches gilt für die U-Bahn. Während es in Moskau, Novosibirsk und Beijing kein Thema ist, ist **Fotografieren in den U-Bahnen** von St. Petersburg und Ekaterinburg ausdrücklich verboten.

Das Fotografieren aus dem Zug hat aber auch seine Tücken. Wer sich damit begnügt, durch die Scheibe zu fotografieren, sollte ein **Fensterputzgerät** und im Winter einen **Eiskratzer** im Gepäck haben. Um auch von außen an die Fensterfläche zu gelangen, ist dabei ein ausziehbarer Teleskopgriff zu empfehlen.

Die Hoffnung, seine Schnappschüsse aus dem offenen Zugfenster machen zu können, wird häufig enttäuscht. Die **Fenster in den Abteilen lassen sich nicht öffnen**. Auf der Korridorseite lassen sich im Prinzip zumeist drei bis vier Fenster öffnen, wovon viele Schaffner wegen der Klimaanlage bzw. Heizung nur selten begeistert sind und häufig die Fenster geschlossen halten. Während man bei den älteren Waggons das obere Fenster-Viertel runterklappen und gut fotografieren kann, lassen sich bei den neuen Waggons die Fenster nur noch einen Spalt abklappen. Man kann also entweder die Schaffner bitten, zumindest ein Fenster zu öffnen oder sein Glück am Speisewagen probieren, wo das Küchenpersonal häufig aus Lüftungsgründen eine gittergesicherte Tür offen hält. In den Sonderzügen treffen fotoverrückte Touristen auf mehr Verständnis. Auf der alten Baikalbahn ist häufig sogar eine Mitfahrt auf dem Seitengang der hier zum Einsatz kommenden Rangierlok möglich.

Gepäckablagen

Über der Tür ist Stauraum für drei bis vier Koffer oder Reisetaschen (ca. 160 cm x 35 cm x 65 cm). Unter den Betten ist weiterer Stauraum für nochmal zwei weitere Gepäckstücke. Wenn man das untere Bett anhebt, steht ein Container für ein bis zwei mittelgroße Reisetaschen zur Verfügung (jeweils ca. 85 x 40 x 35 cm in den älteren Ammendorf-Waggons und 125 x 43 x 43 - 48 trapezförmig in den neueren Tver-Waggons) sowie weiterer nicht durch eine Wand abgetrennter Stauraum unter dem Bett bis zur unter dem Fenster befindlichen Heizung. Wer um Wertgegenstände besorgt ist, legt diese nachts in das Gepäck im abgetrennten Container und schläft dann anschließend beruhigt darauf. Mit sperrigen, großen Gepäckstücken wird es schwierig, diese werden dann nachts meist im Abteilkorridor, wo sie aber die Beinfreiheit einschränken und tagsüber auf einem der oberen Betten deponiert.

Kleidung im Zug

Erfahrungen, wie es ist, wenn man mehrere Tage hintereinander im Zug reist, kann man in Europa schwerlich sammeln, in Russland oder in China sind solche Reisen nichts ungewöhnliches und es gibt dort auch kaum jemanden, der damit keine praktischen Erfahrungen hat. Dementsprechend richtet man sich im Zugabteil häuslich ein. **Bequeme Kleidung** ist vor allem bei Regelzugreisen und auch bei Sonderzugreisen angesagt: Trainingsanzug oder Jeans und T-Shirt sowie bequeme Hausschuhe, Sandalen oder Badelatschen (manchmal nasser Fußboden in der Kabine mit Waschbecken und WC). Vergleichen Sie, wie Ihnen die russischen oder chinesischen Mitreisenden im Regelzug beim Einsteigen auf dem Bahnhof ent-

Haltepunkt bei Ulan-Udė

Links geht es nach Osten (vostok), rechts nach Westen (zapad)

gegenkamen und wie sie Ihnen nun im Waggonkorridor begegnen.

Bei Sonderzugreisen gibt es im Zug den einen oder anderen Programmhöhepunkt, wo man vielleicht für einige Stunden wiederum ein formelleres Outfit favorisiert, aber generell gilt auch hier ›casual‹ als Kleidergrundsatz.

Nützliche Dinge

Im Reisegepäck sollten sich Tasse, Teller, Besteck (Löffel, Messer, Gabel) befinden. Metall ist besser als Plastik. Ein Dosenöffner, feuchte Hygienetücher und mehrere Tüten als Ordnungssystem und/oder Müllbeutel sind sinnvoll. Mit einem 3- oder 4-Kantschlüssel kann man im Notfall ein Fenster oder die Toilettentür öffnen, darf sich dann aber auch der Rage des Schaffners gewiss sein. Augenmaß ist auch bei der Reiselektüre angesagt, denn trotz mehrtägiger Bahnfahrt schafft außer dem Reise-Handbuch kaum jemand mehr als ein Buch.

Raucher/Nichtraucher

Die Diskussionen über die Risiken des Passivrauchens und daraus abgeleitete Rauchverbote etc. sind bislang weder in Russland, der Mongolei noch in China angekommen. In den Abteilen und auf dem Gang besteht aber in der Transsib schon immer Rauchverbot. Für alle, die aber auch im Zug nicht ohne einen Zug an der Zigarette auskommen, gibt es in jedem Waggon eine rettende **Raucherinsel** – den Durchgang am dem Schaffnerabteil entgegengesetzten Ende des Waggons, wo es auch einen Aschenbecher gibt. Der zwangsläufig häufig stark verqualmte Durchgang ist zwar für die Reisenden, die ihn durchqueren müssen, zumeist ein ›atemraubender‹ Graus, aber für die Solidargemeinschaft der Raucher auch ein idealer Treff für erste Kontakte.

Reiserichtung

Eine wichtige Entscheidung bei jeder Transsib-Reise ist die Frage, ob man gen Osten oder gen Westen reisen möchte. Da die allerwenigsten sowohl Hin- als auch Rückfahrt mit der Bahn machen, ist hier vor allem ausschlaggebend, ob man den großen Jetlag lieber am Anfang oder am Ende der Reise haben möchte. Mitteleuropa –Moskau bedeutet zwei bzw. drei Stunden Zeitunterschied, den man ziemlich problemlos verkraftet. Am anderen Ende bedeuten aber Mitteleuropa–Baikalsee sieben Stunden, Mitteleuropa–Beijing je nach Sommer- oder Winterzeit sieben bzw. sechs Stunden und Mitteleuropa–Vladivostok neun Stunden, was schon eine gewisse Umstellung bedeutet. Je nachdem, wann man diese Zeitenreise verkraften möchte, sollte man seine Reiserichtung wählen: entweder nach der Urlaubsrückkehr (dann von Moskau in Richtung Osten reisen) oder in den ersten Reisetagen (dann von Beijing oder

Vladivostok in Richtung Westen nach Moskau reisen). **Richtung Westen** sind die Fahrkarten meist etwas günstiger.

Schaffner(in)

Pro Waggon sind zwei Schaffner(innen) – russisch: Provodnik (männlich) bzw. Provodniza (weiblich) – abwechselnd rund um die Uhr im Einsatz und haben am Waggonende ein Dienstabteil, daneben ein eigenes Schlafabteil. Sie sind verantwortlich für die Sicherheit, die Sauberkeit und das Wohlbefinden der Passagiere einschließlich Heizung, Kühlung, Versorgung etc. Für Ihre Eindrücke von der Reise kann das Verhältnis zu Ihren beiden Schaffner(inne)n ziemlich entscheidend sein. Der erste Schritt für ein freundliches Betriebsklima schadet also nie. Richten Sie sich vor allem zu Beginn der Reise nach den Hinweisen des Waggonpersonals.

Selbstversorgung

Das Gros der Reisenden setzt in den Regelzügen auf Selbstversorgung und hat häufig Proviant bis Vladivostok und zurück im Gepäck. Daneben gibt es an den Bahnhöfen eine Vielzahl von kleinen Geschäften und Kiosken, die sich auf die Versorgung der Reisenden spezialisiert haben. Auf den kleineren Bahnhöfen in Russland steht das Angebot in Form vieler ›Tante-Babuschka-Läden‹ Spalier und bietet häufig bei Ankunft der Züge selbstgemachte Hausmannskost an. In der Mongolei ist der Bahnhofsverkauf nur in Ulaanbaatar anzutreffen, und auch China trifft man auf den Bahnsteigen nur offizielle Verkäufer. Im Hochsommer ist bei den russischen Babuschkas hinsichtlich der Hygiene Vorsicht geboten, aber ansonsten kann man sich hier ebenfalls eindecken und sollte im Zweifelsfalle dort kaufen, wo auch die einheimischen Passagiere kaufen.

Speisewagen

Speisewagen verlassen ihr Heimatland nicht – auf dem internationalen Zug Nr. 4 Moskau–Beijing fährt von Moskau bis zur russisch/mongolischen Grenze ein russisches ›Waggon-Restaurant‹ mit, auf mongolischem Territorium ein mongolischer, in China ein chinesischer Speisewagen. Falls die Öffnungszeiten nicht

Im Speisewagen

Zugschaffnerin

angeschlagen sind, sollte man danach fragen. Speisekarten sind neben der Landessprache in den Regelzügen manchmal in Englisch vorhanden. Kellner mit Fremdsprachenkenntnissen sind eher die Ausnahme, vor allem in China, wo dafür aber zumeist eine englische Speisekarte mit entsprechenden Nummern zu den Gerichten vorhanden ist. In den Speisewagen ist man zumeist um den Kunden bemüht. Man hat keine Probleme, einen Platz zu bekommen, eher weil mangels Gästen die Öffnungszeiten verkürzt wurden. Das Preisniveau liegt zumeist über dem Landesdurchschnitt, so dass neben ausländischen Touristen meist nur die örtlichen ›Besserverdienenden‹ die Angebote nutzen.

Speisewagen in Russland

Jeder Speisewagen hat mindestens fünf Mitarbeiter: einen Koch, einen Kochgehilfen, zwei Kellner und einen Direktor. Sie bereiten fast alles frisch zu, angefangen vom Schälen der Kartoffeln. Frische Ware wird per Zugfunk bestellt und täglich zugeladen.

Ein Speisewagen der Standardkategorie hat 48 Plätze und einen kleinen Kiosk mit Keksen, Schokolade, Getränken und manchmal auch Kaviar. Sollte etwas nicht erhältlich sein, wird es auf Anfrage für den nächsten Bahnhof bestellt.

Bei langen Standard-Speisekarten sind nur die Gerichte, hinter denen ein Preis notiert ist, erhältlich. Die Gliederung jeder **Speisekarte** umfasst landeseinheitlich folgende Rubriken: kalte Vorspeisen, warme Vorspeisen, Suppen, Hauptgerichte, Nachtisch, Zigaretten, Getränke (→ S. 430).

Individualreisende wählen ihr Menü selbst. Bei Gruppenreisen in Regelzügen bestellt die Reiseleitung vorab.

Ein typisches **Frühstück** umfasst einen Brei, Omelett oder Spiegelei, dazu Schwarz- und Weißbrot mit Wurst und Käse, selten auch Marmelade. Kaffee oder Tee werden landesüblich erst nach dem Frühstück gebracht; wünscht man die Getränke zu den Speisen, muss man darauf hinweisen. Milch zum Kaffee ist nicht immer vorhanden. Das Frühstück wird zwischen 8 Uhr und 10 Uhr (manchmal auch 11 Uhr) Ortszeit serviert.

Ein **Mittagessen** umfasst als übliches Menü für Gruppenreisende zunächst eine kalte Vorspeise, Brot, eine Suppe, schließlich ein Hauptgericht (Fleisch mit Kartoffeln oder Reis und einer Gemüsebeilage, oft Dosenerbsen) und zum Nachtisch Kuchen oder Obst und Kaffee oder Tee.

Das **Abendessen** für Gruppenreisende entspricht dem Mittagessen, nur fehlen die Suppe und die Butter zum Brot.

Nach dem Abendessen sitzt man gern noch bei Bier oder Vodka beisammen; solange die Gäste sympathisch sind oder der Umsatz stimmt (in dieser Reihenfolge), bleibt geöffnet – wenn Sie den Speisewagen regelmäßig besuchen wollen, ist es sinnvoll, die Mitarbeiter am ersten oder zweiten Abend auf ein Getränk einzuladen. Auf den Sonderzugreisen ist die gastronomische Versorgung hervorragend. Eine entsprechende Speisekarte mit dem kulinarischem Programm der gesamten Reise liegt auf jedem Tisch. Hier fährt in der Regel noch ein zusätzlicher Bar-Waggon mit.

Speisewagen in der Mongolei

Es gibt pro Fernzug einen Speisewagen mit 32 Plätzen, egal, wie viele Reisende oder Touristen sich an Bord befinden. Mongolische Speisewagen haben zumeist nur drei Mitarbeiter und sind auf ausländische Touristen eingestellt, da sich Mongolen sehr selten im Speisewagen verpflegen. Bei größeren Gruppen braucht man meist entsprechend länger für die Bestellungen. Manchmal musste auch schon der Reiseleiter kurzerhand vom Servieren bis zum Spülen selbst Hand anlegen, um die ihm Anvertrauten satt zu bekommen. Je weiter der Zug sich von Ulaanbaatar entfernt, desto karger wird das Angebot. Wenn eine englische Speisekarte vorhanden ist, sind die Preise dort meistens höher. Außerdem befindet sich im Speisewagen obligatorisch ein Tisch als Verkaufskiosk mit nationaltypischen Souvenirs und Briefmarken sowie Spirituosen.

Wer sich auf den mongolischen Speisewagen verlässt, sollte ihn ab Ulaanbaatar **frühestmöglich besuchen**. Wer unabhängig sein möchte, kauft in Ulaanbaatar den Reiseproviant selbst ein, auf den Bahnhöfen in der Steppe und der Wüste Gobi gibt es auch aufgrund der geringen Zugfrequenz, anders als in Russland, **keine mobilen Versorgungsmöglichkeiten**.

Auf den **Sonderzugreisen** fährt der russische Speisewagen bis zur mongolisch-chinesischen Grenze mit.

Speisewagen in China

Im Chinesischen Speisewagen gibt es 44 bis 48 Sitzplätze. Meistens schließt der Speisewagen **abends um 20 Uhr**, so dass die aus Russland gewohnten abendlichen Runden hier nicht möglich sind. Das Personal (vier bis fünf Personen pro Speisewagen) arbeitet sehr flink. Zwischen Bestellung und Lieferung vergehen meist keine fünf Minuten. Messer und Gabel sind nicht immer vorhanden. Erstaunlicherweise wird aber jeder Hungrige, der zuvor beteuerte, er habe noch nie mit Stäbchen gegessen, gut satt. Als **Frühstück** gibt es in den chinesischen Zügen aus Richtung Russland sowohl eine chinesische Variante – Nudelsuppe, Reis und Gemüse – als auch eine ›westliche‹ – Brot, Butter, Marmelade und eine Eierspeise.

Die Hauptgerichte zum **Mittag- und Abendessen** werden frisch zubereitet und bestehen aus Fleisch, Gemüse und

Imbiss im Abteil

Reis. Passen Sie sich einfach der chinesischen Essensweise an und nehmen von allen Gerichten. Da die Suppe in China den Abschluss des Mahles bedeutet, muss man ansagen, wenn man keine ›Nachsuppe‹, sondern eine ›Vorsuppe‹ haben möchte.

Stromversorgung im Zug

In den Abteilen gibt es keinen Stromanschluss, im Waschraum und davor aber je eine Steckdose mit 110 oder 220 Volt Spannung für Elektrorasierer und ähnliche kleine Stromverbraucher. In manchen Waggons gibt es noch weitere zwei Steckdosen im Korridor. Es empfiehlt sich, eine **Verteilersteckdose** im Gepäck zu haben, da die Stromnachfrage mit immer mehr Akkus für Handy, Fotoapparat, Filmkamera und weiteres elektronisches Gerät das Angebot übersteigt und das Netz ursprünglich einmal nur für Kleinverbraucher konzipiert wurde und bei zu viel angeschlossenen Geräten auch die Spannung abfällt. Für Notfälle befinden sich weitere Stromquellen beim Schaffner, im Speisewagen oder beim Zugchef, wobei ein kleines Trinkgeld sicherlich jeden Fall zum Notfall werden lässt.

Temperaturen an Bord

Jeder Zug hat zwei unabhängige Heizsysteme: das von der Oberleitung gespeiste elektrische, das den ganzen Zug versorgt, und ein mit Kohle betriebenes, das nur den jeweiligen Waggon und zumeist auch den Teekocher versorgt. Sollte es im Sommer einmal unerwartet frisch werden, wird die Heizung angeworfen (sie lässt sich im Abteil nicht regulieren). In den russischen Waggons ist die Klimaanlage nur während der Fahrt in Betrieb, bei den chinesischen Waggons funktioniert sie auch im Standbetrieb.

Im Winter sind die Waggons in Russland und der Mongolei oft sehr gut geheizt, 22 bis 25 Grad sind durchaus üblich. Rechts neben dem Dienstabteil hängt ein Thermometer. Im Winter ist die Temperatur in Thermometerhöhe drei bis vier Grad wärmer als an den Füßen. Gerade wenn Gäste aus Westeuropa an Bord sind, die man verwöhnen möchte, setzt das Personal seinen Ehrgeiz daran, es möglichst warm an Bord zu halten.

In den chinesischen Zügen orientiert man sich eher an der normalen Zimmertemperatur von ca. 20 Grad. Hier ist man aber offensichtlich sehr stolz auf die Klimaanlagen, die vor allem im Sommer auf vollen Touren laufen und das andere Extrem bedeuten. Beim sich im Laufe des Tages andeutenden Hang zu den beschriebenen Extremen, ist es ratsam, rechtzeitig vor dem Schlafengehen den Schaffner zu bitten, die Heizung/Klimaanlage in Richtung der von den Passagieren gewünschten Temperaturen zu regulieren.

Toiletten

Alle Toiletten werden kurz vor Erreichen eines Bahnhofs **abgeschlossen** und kurz nach Abfahrt wieder aufgeschlossen, da sie nach wie vor ›im freien Fall‹ entleert werden. In Russland und in der Mongolei hat man Toilettenbecken, in chinesischen Zügen wird man zumeist auf Stehtoiletten treffen. Im Einzugsbereich großer Städte gibt es sanitäre Zonen, die in Russland einschließlich der Haltezeit am Bahnhof schon mal zu einer **Schließzeit** von zwei Stunden und länger führen können. In China beschränkt man sich auf die Haltezeit im Bahnhof. Meistens informiert eine Tabelle an der Toilettentür über die planmäßigen ›Schließzeiten‹. Gleiches gilt für die Bahnhöfe an den Grenzübergängen, wo man dann zwar

meist Zugang zu den Bahnhofstoiletten hat, die aber zumeist als Stehklos die Zugtoiletten hinsichtlich Hygiene selten toppen.
In den touristischen Sonderzügen geht es deutlich komfortabler zu, hier gibt es immer mehrere Biotoiletten, die evtl. Probleme lindern helfen.

Trinkgeld

Im Regelzug freut sich der Schaffner über ein Trinkgeld. Wenn Sonderwünsche bestehen, kann dies im Vorfeld auch die Realisierungschancen erhöhen. In den Sonderzügen, wo der Servicestandard des Zugpersonals schon deutlich höher als im Regelzug ist, geben die Reiseveranstalter als Trinkgeldempfehlung 1–2 Euro pro Reisetag pro Reisenden an.

Trinkwasser

Gegenüber dem Dienstabteil steht der Samowar, das typisch russische Heißwassergerät, das die ganze Reise über heißes Wasser für Tee, Kaffee, Tütensuppen und ähnliches liefert. Teegläser gibt es beim Schaffner. Links neben dem Dienstabteil ist ein Hahn, und nur dort können Sie Trinkwasser zapfen, ansonsten empfiehlt sich der Kauf von Mineralwasser.

Waschgelegenheiten

›Katzenwäsche‹ ist die Regel, Duschen im Zug die Ausnahme, und in Einzelfällen macht Not erfinderisch. In jedem russischen Waggon der 1.–3. Klasse gibt es ein Abteil, wo sich neben der Toilette auch ein Waschbecken befindet. Kaltes Wasser gibt es immer, manchmal auch heißes. Manche Reisende haben ein Stück Schlauch dabei und machen somit aus dem Wasserhahn eine Dusche oder improvisieren mit Tasse und Plastiktüten. In den chinesischen Waggons gibt es häufig noch ein kleines Abteil mit 2–3 Waschbecken.

Hier geht es zur Toilette

Duschen gibt es bislang nur in den Zügen 3/4 zwischen Moskau und Beijing sowie 9/10 zwischen St. Petersburg und Irkutsk. 30 Minuten kosten 50 Rubel. Da das Angebot noch relativ neu ist, hält sich die Nachfrage bislang in Grenzen.
Bei den **Sonderzugreisen** gibt es extra von den Reiseveranstaltern eingebaute Duschen für jeweils 2–3 Waggons. Hier ist die Nachfrage unter den Touristen deutlich größer. Man kann sich in den **Duschplan** eintragen, jedem Reisenden steht somit die Dusche mit Kalt- und Warmwasser etwa 15 Minuten pro Tag zur Verfügung. Somit ist beim Transsib-Sonderzug-Urlaub die frühestmögliche Eintragung im Duschplan das, was beim Strandurlaub das rechtzeitig platzierte Handtuch auf der Liege ist. Berichte über regelrechte Duschkriege beschreiben aber weniger einen Notstand, sondern pflegen mehr das Klischee der Handtuchkriege in neuer exotischer Umgebung.

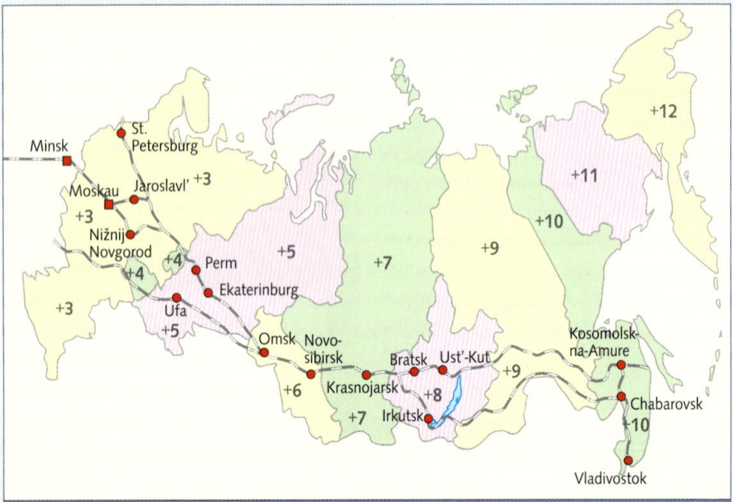

Zeitzonen Russlands (bezogen auf MEZ)

Zeitzonen

Es ist sinnvoll für die Transsibreise, **zwei Uhren** mitzunehmen. Eine Uhr lässt man auf **Moskauer Zeit** und die zweite Uhr stellt man auf die **jeweilige Ortszeit** um. Wer es nicht tut, gerät erfahrungsgemäß in Verwirrung: Im russischen Fernen Osten hat man zur Moskauer Frühstückszeit bereits sein Mittagessen hinter sich bzw. steht zur Schlafenszeit schon wieder auf.

Züge in Russland **verkehren alle nach Moskauer Zeit**. Die Bahnhofsuhr zum Bahnsteig hin zeigt Moskauer Zeit, die Bahnhofsuhr zum Vorplatz hin die jeweilige Ortszeit. In der Mongolei und in China ist es weniger aufregend, da man sich dort innerhalb einer Zeitzone bewegt.

Züge

Auf der Transsib fährt man meistens in Schlaf- oder manchmal in Liegewagen. Jeder Zug umfasst in Russland maximal 21 und in China maximal 18 Waggons, darunter immer einen Gepäck- und einen Speisewagen. Die Mindestlänge eines Zuges beträgt aus bremstechnischen Gründen sieben Waggons. Kürzere Züge trifft man manchmal auf Nebenstrecken, wie z.B. der alten Baikalbahn, wo sie dann aber nur deutlich langsamer fahren. In der Zugmitte, meist im Waggon Nr. 9, hat der Zugchef sein Abteil. Er verfügt über das Bordradio und hat Funkkontakt zu den Bahnhöfen.

Die Regelzüge auf der Route der Transsib führen mehrheitlich, also deutlich mehr als die Hälfte, Waggons mit Vier-Bett-Abteilen. 1–2 Waggons im Zug haben Zwei-Bett-Abteile. Der Rest, meist ca. ein Drittel der Waggons, sind die offenen Großraumliegewagen. Bei der Nostalgie-Klasse und der neuen Luxus-Klasse handelt es sich um Waggons, von denen es nur eine relativ geringe Anzahl gibt und die vor allem bei touristischen Sonderzügen zur Anwendung kommen, sie können aber auch an Regelzüge angehängt werden.

Die verschiedenen Waggon-Klassen unterscheiden sich nach Komfort und Preis recht deutlich voneinander. Auch wenn Sie weder in Russland noch China mit den hier üblichen Zahlen beschrieben werden, lassen sie sich wie folgt unterteilen:

■ 4-Bett-Standard-Abteil

Die am weitesten verbreitete Kategorie ist der Schlafwagen mit 4-Bett-Abteilen, es entspricht etwa unserer 2. Klasse.

Jedes Abteil hat eine Nummerierung in römischen Zahlen (I bis IX), dazu die auf dem Fahrschein vermerkten Bettplätze von Nr. 1 bis Nr. 36. Die unteren Betten haben ungerade Zahlen, die oberen Betten haben gerade Zahlen. Die Betten sind ca. 70 cm breit und haben zwei Längenmaße. Die eigentliche Liegefläche ist ca. 180 cm lang. Mit dem Luftraum an den Rändern kommt man zwischen den Wänden auf 196 cm Ausstreckpotential. Das untere Bett hat eine Höhe von knapp 50 cm. Das obere Bett folgt in der Höhe von 160 cm vom Fußboden. Bis zur Abteildecke sind es dann noch gut 100 cm. Neben der gut 50 cm breiten Abteiltür befindet sich eine abklappbare Leiter, die das ›Erklimmen‹ des oberen Bettes erleichtert. Die beiden metallverstärkten Einlagen an der Kante des oberen Bettes dienen als Einschub für einen beim Schaffner erhältlichen Sicherheitsgurt, mit dem man seinen Schlaf in der Höhe zusätzlich sichern kann. Es macht aber so gut wie niemand. Das obere Bett kann am Tage hochgeklappt werden, so dass der Raum des Abteils dann höher wirkt. Die unteren Betten lassen sich außerdem einige Zentimeter zur Abteilmitte hin herausziehen. Zu jedem Bett gehört eine halbwegs lichtstarke Bettlampe, die individuell an- und ausgeschaltet werden kann. Die umfassende Abteilbeleuchtung hat zwei Helligkeitsstufen.

Waschraum im Zug

In China lauten diese bzw. vergleichbare Waggons chinesischer Produktion als ›Soft Sleeper‹ (peng wuo che).

■ Das 2-Bett-Abteil

Eine sogenannte 1. Klasse gibt es nicht; in russischer Bahnterminologie heißen die Waggons mit Zwei-Bett-Abteilen ›ės-wė‹ (oder auch ›ljuks‹). SW steht einfach für ›Spalnyj Wagon‹ (Schlafwagen) und wird bei deutschen Reisebüros auch als ›gehobener Standard‹ beschrieben. Die Betten sind ebenfalls 190 cm lang und 70 cm breit. Hinsichtlich der Gepäckablagemöglichkeiten sieht es genauso wie im 4-Bett-Abteil aus. Da aber nur 2 und nicht 4 Personen ihr Gepäck unterbringen müssen, ist der Stauraum mehr als ausreichend. Zumeist sind auch wirklich nur zwei Betten im Abteil, manchmal werden aber auch nur Vier-Bett-Abteile mit jeweils 2 Personen belegt und somit aufgewertet. Für das Raumgefühl sind zwei Betten angenehmer, in der anderen Variante hat man

Im chinesischen Regelzug

aber die Wahl, ob man oben oder unten ruht und auch mehr Stauraum. In China gehört diese Kategorie in die Rubrik ›De Luxe‹ (shechi wuo che).

Duschen gibt es in den Regelzügen nicht. Die diese Regel bestätigende Ausnahme bilden der chinesische Zug Nr. 3/4 sowie der russische Zug Nr. 9/10. In den touristischen Sonderzügen gibt es zumeist eine Dusche für drei Waggons dieser Kategorie.

■ Nostalgie-Komfort

Die touristischen Sonderzüge bieten in der Kategorie ›Nostalgie‹ Zwei-Bett-Abteile mit gehobenem Nomenklatura-Komfort. Mit viel Plüsch und Messing ausgestattet, bietet er neben dem Doppelstockbett, das im Vergleich zu den normalen Waggons mit 185 cm etwas kürzer und mit 80 cm breiter ist, noch einen zusätzlichen Sessel.

Je zwei nebeneinander liegende Abteile teilen sich ein **kleines Bad** mit Handdusche. Hier reist man in den Waggons des alten sowjetischen Regierungszuges, die seit 1990 gern und intensiv von westlichen Reiseveranstaltern für Sonderzugreisen angemietet werden. Die Waggons stammen aus den 1950er Jahren und waren damals von Nikita Chruschtschow in Auftrag gegeben worden. Mittlerweile nagt aber der Zahn der Zeit sehr stark an diesen Waggons, und die Verlängerung der Betriebsgenehmigung kommt jedes Jahr neu auf die Tagesordnung. Möglicherweise wird die Kategorie ›Nostalgie-Komfort‹ dementsprechend bald ausgemustert. China produzierte vor 20 Jahren einen Satz ähnlich aufgemachte Waggons, die heute als 1. Klasse bzw. Soft Sleeper zwischen Ulaanbaatar und Beijing verkehren.

■ Der neue Luxus

Seit 2006 hält der neue Luxus auch auf der Transsib Einkehr. Mit nur 5 bzw. 6 entsprechend großen Abteilen pro Waggon wird die Reise komfortabler, was aber auch seinen Preis hat. Jedes Abteil hat eine extra Sitzgelegenheit, einen Tisch und einen Kleiderschrank und verfügt über ein eigenes Bad mit Toilette und richtiger Dusche. Das obere Bett ist 190 cm lang und 70 cm breit. Das untere Bett hat mit 190 cm Länge und 110 cm Breite schon fast Doppelbettqualität. Derzeit fahren in jedem touristischen Sonderzug 1–2 Waggons dieser Luxusklasse, und die Nachfrage nach dieser Kategorie ist nach Aussage der Reiseveranstalter gut.

Im Sommer 2007 bot die Russische Eisenbahn auch erstmalig einen ganzen Sonderzug nur mit Waggons der Luxusklasse an. Man will mit diesem ›Golden Eagle Trans-Siberian Express‹ offensichtlich künftig auch stärker selbst als Reiseveranstalter am Markt in Erscheinung treten.

Großraumliegewagen

Im Gegensatz zum neuen Luxus gibt es aber auch die alte Schlichtheit. Die einfachste Waggonklasse ist der offene Großraumliegewagen mit 54 Betten, wo allerdings die Privatsphäre auf der Strecke bleibt. Die Abteilwände sind hier zum Korridor hin offen. Es gibt, wie in den anderen Schlafwagen Matratzen und Bettwäsche, und die deutlich spürbarere Präsenz der Mitreisenden hindert auch die meisten Passagiere nicht am Schlaf. In den russischen und mongolischen Waggons hat man zwei Liegen übereinander, in den chinesischen Waggons sind es drei Liegen. Dank der eingesparten Trennwand ist der Durchgang etwas weiter in der Mitte, was in Russland/Mongolei an der anderen Fensterreihe Platz für weitere offene Schlafplätze schafft. Diese sind parallel zum Gang angeordnet. Das Mittelteil der unteren Liege lässt sich dabei so umklappen, dass es am Tage als Tisch zwischen den beiden Sitzplätzen dienen kann. Diese auch ›Randplätze‹ (bokovye mesta) genannten Schlafmöglichkeiten erfreuen

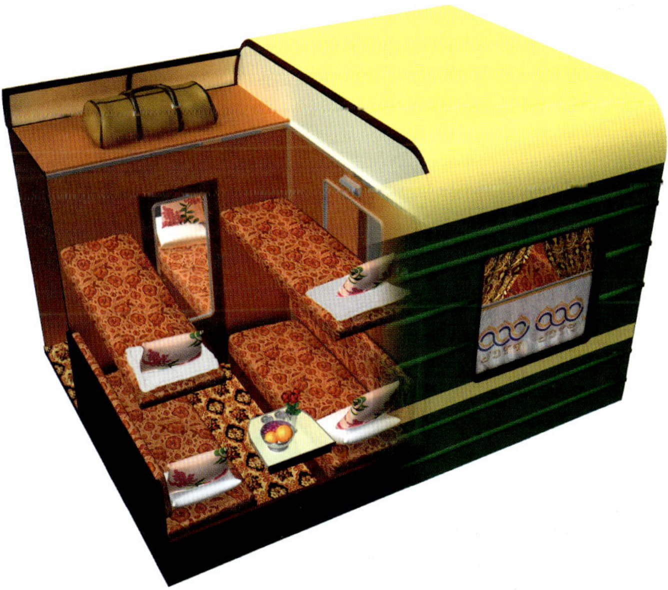

Querschnitt durch einen Luxuswaggon

sich bei gleichem Preis der geringsten Nachfrage und werden in der Regel zuletzt verkauft. In den chinesischen Waggons nutzt man den Raum der ›Randplätze‹ für eine Reihe von Klappsitzen.
Diese einfache und preisgünstigste Klasse wird zwar von westlichen Touristen in der Regel nicht gebucht, hat aber mittlerweile durchaus auch unter Backpackern und preisbewussten Reisenden eine Fangemeinde. Für viele Einheimische ist es jedenfalls die einzige Kategorie, für die sie sich die Fahrkarten leisten können. Wer also das ›einfache‹ Russland resp. China bzw. Mongolei kennenlernen möchte, hat in dieser, in Russland ›Platzkartnyj‹ und in China und der Mongolei ›Hard Sleeper‹ (ying wuo che) genannten Kategorie mit eingeschränktem Komfort die besten Voraussetzungen dafür.

Zugnummern

Jeder Eisenbahnwaggon hat an jeder Seite gut sichtbar seine eigene Nummer, die in Russland seine Zuordnung zur jeweiligen Eisenbahnverwaltung und den Waggontyp beschreibt. Unter einem in Mode kommenden Symbol in Form eines Wappens oder Logos befinden sich eine Zahl aus drei Ziffern sowie eine Zahl aus fünf Ziffern. Die dreistellige Zahl zeigt die Zuordnung zu den regionalen Einheiten der Russischen Staatsbahnen. Entlang der Transsib sind folgende Kennzeichnungen anzutreffen:

001–004 Oktober-Bahnverwaltung (Moskau–St. Petersburg)
017–022 Moskauer Bahnverwaltung
024–026 Gor'kij-Bahnverwaltung (Nižnij Novgorod entsprechend dem sowjetischen Namen der Stadt)
028–031 Nördliche Eisenbahnverwaltung (Jaroslavl')
076–078 Sverdlovsker Eisenbahnverwaltung (Ekaterinburg entsprechend dem sowjetischen Namen der Stadt)
083–087 Westsibirische Eisenbahnverwaltung (Novosibirsk)
088 Krasnojarsker Eisenbahnverwaltung
092–093 Ostsibirische Eisenbahnverwaltung (Irkutsk)
094 Transbaikalische Eisenbahnverwaltung (Čita)

Der Express ›Vostok‹ im Bahnhof von Manzhouli

Blick aus dem Zugfenster

096–097 Fernöstliche Eisenbahnverwaltung (Chabarovsk).

Die fünfstellige Zahl darunter zeigt an der 1. Stelle den Waggontyp, an der 2. bis 4. Stelle die eigentliche Waggonnummer und an der 5. Stelle eine Kontrollziffer.

Bei den Waggontypen unterscheidet man folgende Ziffern:

0 Schlafwagen (CB) mit 2 Plätzen je Coupé
1 Schlafwagen (KP) mit 4 Plätzen je Coupé
2 Liegewagen (Plackartnyj)
3 Personenwaggon mit Sitzplätzen
4 Postwaggon
5 Gepäckwagen
6 Speisewagen
7 Spezialwaggon
8 Spezialwaggon, der nicht dem Eisenbahnministerium untersteht, das bedeutet in den meisten Fällen Gefängniswaggon, der dem Innenministerium untersteht.

Zugqualitäten

Das sowjetische staatliche Eisenbahnmonopol ist insofern aufgebrochen, als es inzwischen konkurrierende Bahnverwaltungen gibt. In Russland gilt die Faustregel: je niedriger die Zugnummer, umso besser die Zugqualität. Daneben haben aber verschiedene Bahnverwaltungen viel Ehrgeiz darauf gerichtet, gute Zugqualitäten (Waggons, Personal) anzubieten, vor allem auf der jeweiligen Verbindung mit Moskau.

Strahlender Sieger im Urteil der Reisenden ist in den letzten Jahren der **Zug Nr. 10 ›Bajkal‹**, der in der Vergangenheit zwischen Moskau und Irkutsk im Einsatz war und seit Juni 2010 zwischen St. Petersburg und Irkutsk verkehrt (in umgekehrter Richtung lautet seine Bezeichnung **Nr. 9**). Er läuft unter Regie der Irkutsker ›Ostsibirischen Eisenbahn‹, fährt alle zwei Tage in jede Richtung und verfügt auch über Duschen.

Der zur Sowjetzeit immer als beste Verbindung gerühmte **Zug Nr. 2 ›Rossija‹**

中拥·珑墅
俯瞰万千 山海之巅
300-800㎡ 温泉 高尔夫 山海别墅
8635-3333
双兴商品城
全面招商
39601811 39601812
女人衣橱
正 经

auf der Strecke Moskau–Vladivostok (umgekehrte Richtung Zug Nr. 1) hat sich in der letzten Zeit im Urteil der Reisenden wieder hochgearbeitet und fährt heute mit den neuesten Waggon, die im äußeren Erscheinungsbild seit 2007 neben den Nationalfarben Russlands auch noch viel PR und Eigenreklame zeigen.

Der chinesische **Zug Nr. 4 Moskau–Beijing** bzw. **Nr. 3 Beijing–Moskau** wird vielfach als sauberster und stilvollster Regelzug gelobt, hat aber ein großes Manko: Die meist stimmungsvolle Herzlichkeit russischer Schaffner fehlt völlig. Manche Reisende kritisieren, dass die chinesischen Schaffner viel mit sich selbst beschäftigt sind. Die Alternative auf der Strecke Moskau–Beijing bietet der russische **Zug Nr. 20 ›Vostok‹** (in umgekehrter Richtung **Nr. 19**), der zwar via Mandschurei länger, aber dafür mit freundlicherem russischen Personal unterwegs ist.

Beim Zug zwischen Ulaanbaatar und Beijing muss man Abstriche machen.

Zugtypen in Russland

Es gibt in Russland im Personenverkehr vier Typen von Fernzügen. Die neue Oberklasse sind die, im internationalen Vergleich aber immer noch gemächlichen **Hochgeschwindigkeitszüge** (skorostnoj poezd). Russlands erste Schwalbe in dieser Kategorie ist der seit 2010 zum Einsatz kommende Sapsan-Express. Mit 240 km/h Höchstgeschwindigkeit verkehren die Wanderfalken (Übersetzung für Sapsan) derzeit zwischen Moskau, St. Petersburg und Nižnij Novgorod. Die Pläne der russischen Bahn für weitere Trassen gehen Richtung Süden und Osten, enden hier aber im Ural (Ekaterinburg).

Im sibirischen Osten bleibt es also bis auf weiteres bei den klassischen Eisenbahnzügen und dem etwas gemächlicheren Tempo. Hier unterscheidet man zwischen **Schnellzügen** (Skoryj poezd) und **Personenzügen** (Passažirskij poezd). Manche Schnellzüge werden als ›Marke‹ aufgewertet und erlangen dann den Status ›Firmennyj poezd‹.

Zugtypen in China

In China unterscheidet man die Züge nach Buchstaben.

Die hier bereits mit Höchstgeschwindigkeit 350 km/h verkehrende Oberklasse der **Hochgeschwindigkeitszüge** verkehrt auf vier Strecken (Beijing–Shanghai, Shanghai–Nanjing, Wuhan–Gangzhou, Zhengzhou–Xian) belegt den Buchstaben ›G‹ (Gaotie). Die gleichen Züge verkehren auf Kurzstrecken (z.B. 130 km Beijing-Tianjin) als ›C‹ (Chengji). Die erste Generation der Hochgeschwindigkeitszüge heißt auch Hexiehao (Harmonie) und ist in den Fahrplänen am Buchstaben ›D‹ (Dongche) zu erkennen.

Bei den klassischen, aus Waggons zusammengestellten **Schnellzügen** gibt es dann nochmals drei Varianten: Z, T und K. ›Z‹ (Zhida) – Schnellzüge haben nur 1.-Klasse-Waggons und fahren mit Spitze 160 km/h zumeist ohne Zwischenstopp zwischen großen Metropolen. Die Schnellzüge ›T‹ (Tekuai) und ›K‹ (Kuaiche) bieten die ganze Waggonpalette und unterscheiden sich nach Anzahl der Stopps und Höchstgeschwindigkeit 140 bzw. 120 km/h.

Daneben verkehren noch einfache **Passagierzüge** (Puke), die aber schon keinen Buchstaben mehr vor der Zugnummer haben.

Einkaufszentrum auf der Nordseite des Bahnhofs in Dalian

»Aber das Thema, in wenigen Wochen durch zwei Drittel Europas sowie ganz Asien zu rollen (...), hatte auch für andere, wie ich mich überzeugen konnte, etwas Hypnotisierendes und phantastisch Aufregendes.«

Eugen Zabel, Auf der sibirischen Bahn nach China, 1904

Städte entlang der Transsib

Moskau/Москва

Russlands Hauptstadt ist mit gut 11,5 Millionen Einwohnern (Zensus 2010) und einer Fläche von 900 Quadratkilometern das Herz des unendlichen russischen Reiches. 1147 erstmalig urkundlich erwähnt, fristete es über Jahrhunderte ein bescheidenes Dasein. Stadtgründer Jurij Dolgorukij ließ die erste, Kreml genannte Burganlage bereits 1158 anlegen. Doch 1238 fiel die Stadt unter das Joch der Mongolen und Tataren. Erst zu Beginn des 14. Jahrhunderts setzte sich Moskau gegen Tver' als Hauptstadt des nun gleichnamigen Fürstentums durch. Wenige Jahre später brannten die Tataren die Stadt aber wieder vollkommen nieder. In seiner Geschichte war Moskau oft heiß umkämpft. Beim Anmarsch Napoleons zündeten die Moskowiter ihre Stadt selbst an. Hitlers Armeen konnten kurz vor der Stadt gestoppt werden. Man sieht das Denkmal der symbolischen letzten Panzersperre auf dem Weg vom Flughafen Šeremet'evo in die Stadt, vor dem neuen IKEA-Markt.

Imperiale Ansprüche haben ebenfalls Tradition. Nachdem die meisten russischen Fürstentümer unter Moskaus Führung geeint worden waren, sah man sich im 15. Jahrhundert als Mittelpunkt der Welt und des Christentums und Moskau nach Rom und Konstantinopel in der Rolle des ›Dritten Roms‹. Später avancierte es zum ›Rom der Tataren‹. Der unter dem roten Stern stehende Führungsanspruch Mos-

▲ Karte vordere Umschlagklappe

Die Basiliuskathedrale am Roten Platz

kaus im 20. Jahrhundert war zwar atheistisch, aber ebenfalls nicht von Erfolg gekrönt.
Insbesondere unter Ivan dem Schrecklichen entwickelte sich die Stadt. Der Kreml nahm seine heute bekannte Größe an, und auch die weltberühmte Basilius-Kathedrale entstand in dieser Zeit. Zu Beginn des 17. Jahrhunderts zählte Moskau bereits über 200 000 Einwohner und entwickelte sich auch wirtschaftlich zur wichtigsten Handelsmetropole des Reiches. Doch 1703 gründete Peter der Große seine neue Hauptstadt an der Neva – St. Petersburg – Moskau verlor seine politisch führende Rolle. Über 200 Jahre lag die politische Macht in St. Petersburg, doch Moskau blieb das wirtschaftliche Zentrum und mentale Herz Russlands. Die Macht kam zwar aus Petrograd und Leningrad an die Moskva zurück, doch die Rivalität beider Städte ist bis heute ungebrochen. Russlands neue Führer Vladimir Putin und Dmitrij Medvedev kommen beide aus Petersburg, was sicherlich dem einen oder anderen Moskowiter Kopfzerbrechen bereitet hat.

Stadtrundgang

Die Empfehlungen zu Moskau beschränken sich in diesem Buch auf einige Höhepunkte, denn im Unterschied zu Russlands Provinz und zur Transsibirischen Eisenbahn gibt es viele Reiseführer, die Moskau detailliert vorstellen.

Der Rote Platz

Die größte Anziehungskraft üben ohne Zweifel der Rote Platz und der angrenzende Kreml aus. Nach dem Brand im Jahre 1493 befahl Zar Ivan III., einen Landstreifen an der Kremlmauer nicht zu bebauen. Aus dem Brandplatz wurde ein Marktplatz, der seit dem 17. Jahrhundert zum Roten Platz, Krasnaja Ploščad' wurde. Das ursprüngliche Attribut schön (eine alte Bedeutung des Adjektivs ›krasnaja‹) beschrieb einen Platz, dessen Gebäude einschließlich der Kremlmauer noch weiß waren. Daraus wurde wegen des verwendeten roten Backsteins das Attribut rot, später noch durch den roten Oktober und die gleichnamige Revolution politisch untermauert. Eingerahmt wird der Platz vom **Historischen Museum**, dem majestätischen **Kaufhaus GUM**, dem **Leninmausoleum** und der aus neun Zwiebelturm-Kirchen bestehenden **Basiliuskathedrale**, die 1561 zur Erinnerung an den Sieg über die Tataren bei Kazan' geweiht wurde.

Die Erzengel-Michael-Kathedrale im Kreml

Der Kreml

Der Kreml ist ein von einer 2235 Meter langen Mauer umgebenes, dreieckiges Areal. Er ist heute der Amtssitz des russischen Präsidenten und teilweise auf einer Route zwischen dem **Borovickij-Turm** und dem **Dreifaltigkeitstor** zu besichtigen. Sehenswert sind vor allem die **Erzengel-Michael-Kathedrale**, die **Maria-Entschlafenskathedrale**, der Glockenturm

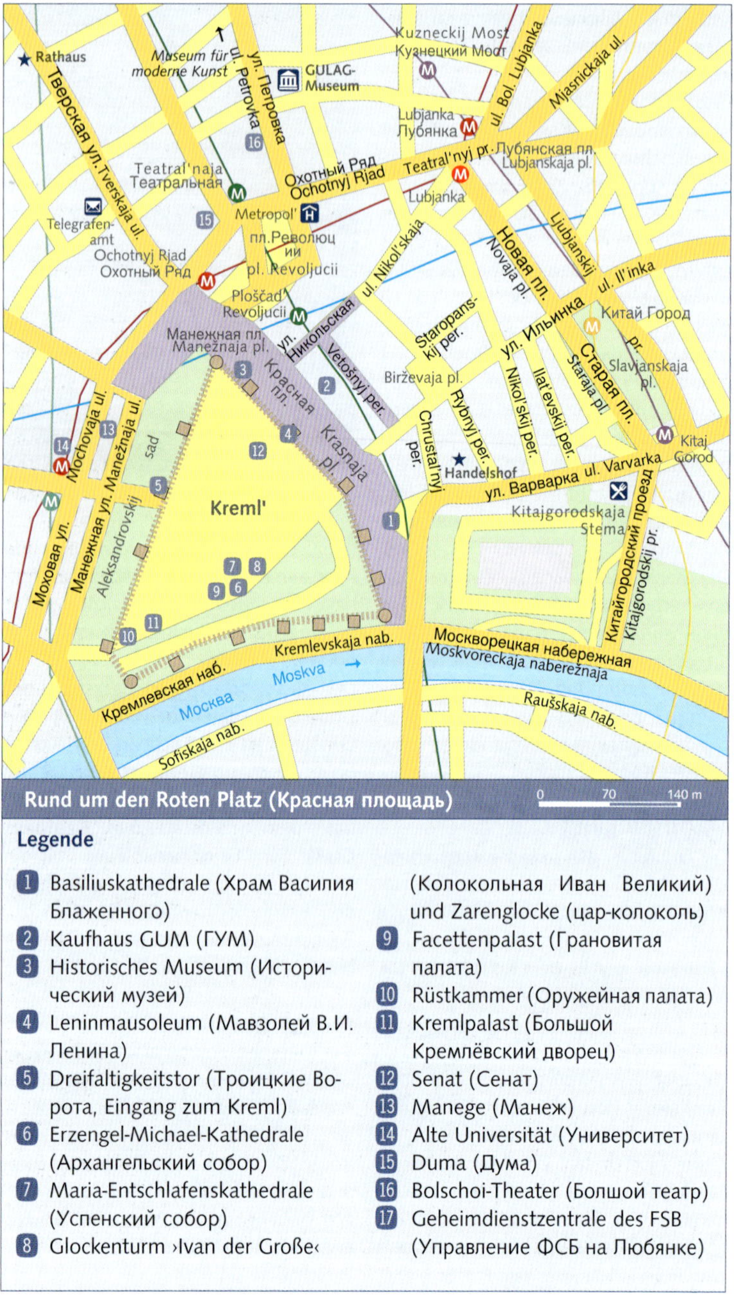

Rund um den Roten Platz (Красная площадь)

Legende

1 Basiliuskathedrale (Храм Василия Блаженного)
2 Kaufhaus GUM (ГУМ)
3 Historisches Museum (Исторический музей)
4 Leninmausoleum (Мавзолей В.И. Ленина)
5 Dreifaltigkeitstor (Троицкие Ворота, Eingang zum Kreml)
6 Erzengel-Michael-Kathedrale (Архангельский собор)
7 Maria-Entschlafenskathedrale (Успенский собор)
8 Glockenturm ›Ivan der Große‹ (Колокольная Иван Великий) und Zarenglocke (цар-колоколь)
9 Facettenpalast (Грановитая палата)
10 Rüstkammer (Оружейная палата)
11 Kremlpalast (Большой Кремлёвский дворец)
12 Senat (Сенат)
13 Manege (Манеж)
14 Alte Universität (Университет)
15 Duma (Дума)
16 Bolschoi-Theater (Болшой театр)
17 Geheimdienstzentrale des FSB (Управление ФСБ на Любянке)

›Ivan der Große‹, die Zarenglocke, der Facettenpalast, und die **Rüstkammer**, wo in Saal 3 auch das der Transsibirischen Eisenbahn gewidmete Fabergé-Ei zu besichtigen ist. Im **Kremlpalast**, der für kommunistische Parteitage erbaut wurde, finden häufig Theatervorstellungen statt. Im **Senatsgebäude** im Norden des Gebäudes hat der russische Präsident seinen Amtssitz.

Südwestlich des Kreml erhebt sich am Flussufer die neue prächtige **Christus-Erlöserkathedrale**. Ihre Vorgängerin wurde von den Bolschewisten gesprengt, der Neubau gilt als Symbol eines wieder erstarkten Russland.

Manegenplatz und Bolschoi-Theater

Am Nordende des Roten Platzes gelangt man zum Manegenplatz, der von einem auf mehrere Ebenen unter und über der Erde verteilten 1997 eröffneten **Einkaufszentrum** beherrscht wird, wo sich alles trifft, was Rang und Namen hat. Linker Hand erhebt sich das alte Gebäude der **Moskauer Universität** und der ›**Manege**‹ genannte größte Ausstellungssaal Moskaus. Rechter Hand liegt die Baustelle der vor dem Abschluss stehenden Rekonstruktion des ursprünglich 1935 errichteten **Hotels ›Moskva‹**.

Dahinter führt die breite Straße Ochotnyj Rjad am russischen Parlament, der Duma, vorbei zum **Theaterplatz**, dessen bedeutendste Attraktion ohne Zweifel das 1824 erbaute Bolschoi-Theater (Russisch: Bol'šoj Teatr, Großes Theater) mit 2300 Plätzen ist. Das Gebäude wurde im Oktober 2011 nach einer sechsjährigen umfassenden Rekonstruktion pompös wiedereröffnet. Die extra für die Bauzeit errichtete und linker Hand angrenzende Ersatzbühne bleibt als zweite Spielstätte mit Filialstatus erhalten. Karten kann man bereits von Deutschland aus unter www.bolshoi.ru (R/E) erwerben.

Das Bolschoi-Theater

Die Straße führt weiter zum Ljubjanka-Platz mit der berühmt-berüchtigten **Zentrale des russischen Geheimdienstes** FSB, einst unter dem Namen KGB gefürchtet.

Die Tverskaja-Straße

Vom Manegenplatz zweigt ebenfalls Moskaus wichtigste Magistrale ab, die ul. Tverskaja. Sie führt fast geradlinig in Richtung des internationalen Flughafens Šeremet'evo sowie über Tver' nach St. Petersburg. Zu Fuß lohnt sich ein Spaziergang bis zum **Puschkin-Platz** (Puškinskaja pl.) oder weiter bis zum **Majakovskij-Platz** (Majakovskaja pl.). Das **Moskauer Rathaus**, gegenüber dem Reiterdenkmal für den Stadtgründer Jurij Dolgorukij, Moskaus beliebtester Rendezvous-Platz am Puschkin-Denkmal und viele bekannte geschichtsträchtige wie auch neue Geschäfte (›Elizeevskij‹) und Theater (›Stanislavskij-Theater‹), Hotels, Restaurants und Bars befinden sich am Puschkinplatz.

Am Puschkin-Platz kreuzt die Tverskaja den **Boulevardring**. Mit ausladenden Bäumen und einer breiten Fußgängerallee in der Mitte der beiden vielbefahrenen Fahrbahnen bietet der Boulevard mit Spielplätzen und Parkbänken eine kleine grüne Lunge im Zentrum der Metropole.

Der Arbat

In Richtung Süden gelangt man nach etwa zwei Kilometern zu einem Verkehrsknotenpunkt, dem Arbat-Platz. Nach links gelangt man über die ul. Vozdviženka geradewegs zurück zum Dreifaltigkeitstor des Kremls. Rechter Hand hat man die Wahl zwischen der das alte Moskau symbolisierenden Fußgängerzone ›Arbat‹ und dem auch ›neuer Arbat‹ genannten Kalinin-Prospekt.

Ein Spaziergang auf dem **Arbat** gestaltet sich beschaulich. Die traditionsreiche Straße war die erste Fußgängerzone der Stadt und lockt mit ihren Läden, Cafés, Ausstellungen und Geschäften Touristen wie auch Straßenmusikanten sowie fliegende Händler und Künstler an.

Der **Neue Arbat** (Novij Arbat) ist dagegen eine durch die Altstadt geschlagene Schneise, die sich heute mit sechs

Karte S. 131

Blick über die Moskva

Spuren und den dazugehörigen Hochhäusern als Inbegriff des für die 1970er Jahre typischen Verständnisses von moderner sowjetischer Architektur präsentiert.

Geschäfte und Restaurants geleiten den Spaziergänger bis zum Moskva-Fluss, wo sich am anderen Ufer das **Hotel Ukraina** erhebt. Es ist neben der Lomonosov-Universität und dem Außenministerium eines der sieben Hochhäuser, die nach dem Zweiten Weltkrieg im sogenannten ›Stalinschen Zuckerbäckerstil‹ erbaut wurden und seither das Antlitz der Stadt prägen. Diese Turm-und-Türmchen-Tradition wird heute wieder in vielen Neubauprojekten weiter geführt. Rechts eröffnet sich der Blick auf das Weiße Haus der russischen Regierung.

Die Moskauer Metro

Eine Fahrt mit Moskaus Untergrundbahn ist sehr zu empfehlen. Insbesondere innerhalb der Ringlinie ist jeder Bahnhof des zwischen 1935 und 1955 gebauten Metronetzes ein einzigartiges Schmuckstück. Die aus Marmor erbauten Paläste unter der Erde beeindrucken mit ihren sowjetisch angehauchten Kunstwerken: Mosaike, Glasmalereien und Skulpturen. Besonders zum Aussteigen und Betrachten geeignet sind die folgenden Stationen:

Auf der Ringlinie (Braune Linie): **Komsomol'skaja** (Комсомольская), **Novoslobodskaja** (Новослободская), **Kievskaja** (Киевская), **Belorusskaja** (Белорусская).

Auf der Linie 1 (Rote Linie): **Kropotkinskaja** (Кропоткинская).

Auf der Linie 2 (Grüne Linie): **Majakovskaja** (Маяковская).

Auf der Linie 3 (Dunkelblaue Linie): **Ploščad' Revoljucii** (Площадь Революции).

Am Platz der drei Bahnhöfe

Der Platz der drei Bahnhöfe

Der Platz am Abfahrtsbahnhof der Transsibirischen Eisenbahn ist in Moskau als ›Platz der drei Bahnhöfe‹ bekannt. Hier, nordöstlich der Innenstadt, befinden sich drei nach den hier beginnenden Strecken benannte Sackbahnhöfe: der seit 2009 wieder seinen historischen Namen tragende Nikolaever Bahnhof (vorher Leningrader Bahnhof) sowie der Jaroslavler Bahnhof auf der Nordseite und gegenüber der Kazaner Bahnhof. Der Verkehr ist hier immer sehr lebhaft, und vor allem im Berufsverkehr sind die Vorortzüge auf allen drei Bahnhöfen sehr stark frequentiert. Lange Jahre war der Platz nach dem Kommunistischen Jugendverband Komsomol' benannt (Komsomol'skaja pl.). Seit 2005 trägt er wieder seinen alten Namen, die Metrostation heißt nach wie vor Komsomol'skaja. Von hier kommt man mit der U-Bahn bequem ins Zentrum (Rote Linie 1 bis Ochotnyj Rjad/ Охотный Ряд).

Der erste Bahnhof am Platz war der 1851 eröffnete Petersburger beziehungsweise Leningrader Bahnhof, der im Moskauer Bahnhof in St. Petersburg ursprünglich seinen architektonischen Zwilling hatte. Zu Beginn des 20. Jahrhunderts folgten in unmittelbarer Nachbarschaft der an ein Märchenschloss erinnernde, 1904 eingeweihte Jaroslavler Bahnhof und gegenüber auf der Südseite des Platzes der orientalisch angehauchte, von 1912 bis 1926 erbaute Kazaner Bahnhof, dessen Turm an den Sjüjümbike-Turm in Kazan' erinnert. Im Gebäude des Bahnhofs befindet sich seit 2006 auch das Eisenbahnmuseum der Moskauer Eisenbahn. Hinter der Überführung der Ringbahn erhebt sich das 1954 eröffnete Hotel ›Leningrad‹. Es ist mit seinen 25 Etagen das kleinste der bekannten sieben Hochhäuser aus den 1950er Jahren. Links dahinter erkennt man die Silhouette eines weiteren Gebäudes dieser Serie, das am Gartenring mehrere Verwaltungseinrichtungen und Wohnungen beherbergt. Am gegenüberliegenden Rand des Platzes befindet sich das nach dem GUM und dem Kaufhaus ›Kinderwelt‹ (Detskij Mir) drittgrößte Kaufhaus der Stadt.

Museen

Die Moskauer Museumslandschaft ist sehr vielfältig, neben den großen Museen und Galerien gibt es zahlreiche kleine Literatur- und Kunstmuseen. An dieser Stelle seien nur einige wenige genannt. Viele russische und auch die Moskauer Museen findet man im Internet unter www.museum.ru, die Informationen sind auch in Englisch verfügbar. Schließtage sind wie international üblich meist Montag oder Dienstag.

Historische Museen

Es gibt in Moskau zwei große Geschichtsmuseen. Wer sich für das ›alte‹ Russland interessiert, wird an der Nordseite des Roten Platzes im auch architektonisch bemerkenswerten **Historischen Museum** fündig, Krasnaja pl. 1, Tel. 6924019, www.shm.ru (R/E).

Die ›neuere‹ Geschichte ab Mitte des 19. Jahrhunderts wird im **Historischen Museum für neue Geschichte Russlands** präsentiert, ul. Tverskaja 21, Tel. 699 6724, www.sovr.ru (R/E).

Daneben gibt es noch viele weitere Museen zur Geschichte. Einem der dunkelsten Kapitel ist das **Gulag-Museum** gewidmet, ul. Petrovka 16, Tel. 6217310, www.grnig.ru (R/E). In die Dunkelheit, nämlich 65 Meter unter die Erdoberfläche führt auch das **Museum des Kalten Krieges**. Im Bunker 42 befand sich Moskaus Kommandozentrale für den Fall eines Atomkrieges, 5-yj Kotel'ničeskij per. 11, Tel. 5000554.

Tret'jakov-Galerie

Wer sich für Malerei interessiert, sollte in erster Linie der national ausgerichteten Tret'jakov-Galerie südlich der Moskva einen Besuch abstatten. Sie bietet eine phantastische Sammlung russischer Malerei und basiert auf der Sammlung des Mäzenaten Pavel Tret'jakov, Lavrušinskij per. 12, Tel. 2307788, www.tretyakovgallery.ru (R/E).

Puschkinmuseum für Bildende Kunst

Das international ausgerichtete Museum verfügt über eine eindrucksvolle Sammlung bildender Kunst aus aller Welt und allen Jahrhunderten. 770 bedeutende Werke wechselten 1927 aus der Leningrader Eremitage in das Moskauer Puschkinmuseum, ul. Volchonka 12, Tel. 2039578, www.museum.ru/gmii (R/E).

Alexander-Puschkin-Museum

Nicht zu verwechseln mit dem Museum für Bildende Kunst ist das Alexander-Puschkin-Museum. Es befindet sich wenige hundert Meter südlich in einem alten Adelspalais und ist Leben und Werk des Poeten gewidmet, ul.

▲ Karte vordere Umschlagklappe

Prečistenka 12, Tel. 6375674. Es gibt noch ein zweites dem Dichter gewidmetes Museum, dass sich in einer Wohnung befindet, die er 1831 vier Monate bewohnte, ul. Arbat 53, Tel. 2419295, www.pushkinmuseum.ru (R).

Neujungfrauenkloster

Berühmt ist das Neujungfrauenkloster am Lužnezkij pr. im Süden der Stadt, eines der ehemaligen Wehrklöster Moskaus, mit seiner aus dem 16. Jahrhundert stammenden Kathedrale. Der Friedhof des Klosters ist ein Freilichtmuseum mit Gräbern zahlreicher Berühmtheiten, unter anderem sind Anton Čechov, Michail Bulgakov, Nikita Chruščov und Boris Jelzin hier begraben.

Museum für altrussische Malerei

Wer sich für altrussische Malerei und Ikonenmalerei begeistern kann, sollte das Andrej-Rublëv-Museum im Andronikov-Kloster besuchen, Andron'evskaja pl. 10, Tel. 6781467, www.rublev-museum.ru (R).

Eisenbahnmuseum

Ebenfalls erwähnt sei das neue Moskauer Eisenbahnmuseum, das seit 2004 sein Domizil auf einem Freigelände am **Rigaer Bahnhof** im Norden der Stadt gefunden hat. Über 50 historische Loks und Waggons kann man hier besichtigen.

Im Bahnhofsgebäude gibt es zusätzlich noch einen Ausstellungskomplex mit einer **Modellbahnanlage** und vielen Modellen russischer Eisenbahntechnik, Rižskaja pl. 3, Tel. 2629542. An ausgewählten Tagen werden vom Rigaer Bahnhof Fahrten mit einem historischen Sonderzug unter Dampflok sowohl innerhalb des Moskauer Stadtgebietes (Dauer ab 2,5 Stunden) als auch Tagesausflüge in die Umgebung Moskaus angeboten, Tel. 6080158, www.retropoezd.ru/tours (R).

Im Gebäude des Kazaner Bahnhofs am Platz der drei Bahnhöfe (→ S. 133) befindet sich außerdem ein **Museum der Moskauer Eisenbahnverwaltung**, Tel. 2661368.

Moskau

Zeitunterschied: MEZ +2 h im Sommer, + 3 h im Winter.

PLZ: 100000 – 129000.

Vorwahl: 007/495, falls die Vorwahl abweicht (007/499), wird sie in der Regel extra angegeben.

Hauptpostamt: ul. Mjasnizkaja 26, Tel. 6240250.

Bank: ul. Kalančevskaja 15, nicht weit vom Platz der drei Bahnhöfe, Tel. 6073850.

Geldautomaten: am Flughafen, in vielen Bankfilialen.

Taxi: Tel. 9270000.

Moskau hat neun Bahnhöfe. Für Transsib-Reisende ist vor allem der **Platz der drei Bahnhöfe** von Interesse. Die beiden Metro-Stationen am Platz der drei Bahnhöfe heißen ›Komsomol'skaja‹ (Ringlinie und Radiallinie). Fast alle regulären Linienzüge Richtung Sibirien fahren vom Jaroslavler Bahnhof ab.

GPS: Jaroslavler Bahnhof, 55°46'36''N/ 37°39'26''O.

Die meisten die Transsib angehenden Sonderzüge starten allerdings vom **Kazaner Bahnhof**. Alle Züge in Richtung Polen, Deutschland, Tschechien, Österreich und Westeuropa starten vom **Smolensker (Weißrussischen) Bahnhof** (Tverskaja Zastava pl. 1, Ringlinie der Metro, Station Belorusskaja). Die Züge in die Ukraine, in die Slowakei, nach Ungarn und Südosteuropa verkehren vom **Kiever Bahnhof** (pl. Kievskogo vokzala, Ringlinie der Metro, Station Kievskaja).

Moskau hat fünf Flughäfen.

Das wichtigste Tor zur Welt ist der 1959 erbaute und 1980 erweiterte, nordwestlich der Stadt liegende internationale **Flughafen Šeremet'evo** www.svo.aero (R/E). Aus früher zwei Terminals (I - national und II - international) wurden bis heute fünf Terminals (B - F). B und C liegen nördlich der Landebahnen, D bis F südlich davon. Der Buchstabe A ist für das Terminal der Business-Jets reserviert. Es verkehrt alle 30 Minuten ein sehr bequemer und aufgrund des Dauerstaus auf der Zubringerstraße in die Stadt auch sehr empfehlenswerter knallroter **Airport-Express zum Belorussischen Bahnhof** mit Metroanschluss an der Ringlinie.

Šeremet'evo ist der Heimatflughafen der wichtigsten russischen Airline Aeroflot. Hier starten und landen nach wie vor auch die meisten internationalen Fluggesellschaften.

Lufthansa wechselte allerdings Mitte 2008 zum anderen großen, südöstlich Moskaus gelegenen **Flughafen Domodedovo** www.domodedovo.ru (R/E), wo ebenfalls Austrian Airlines, Swiss und Air Berlin starten und landen. Der hiesige hellgraue **Expresszug** fährt ebenfalls im 30-Minuten-Takt zum Pavelecker Bahnhof mit Zugang zur Ringlinie der Metro. Es gibt täglich Flüge nach Frankfurt, Düsseldorf, München, Hamburg, Berlin sowie Zürich, Genf, Wien und mehrmals wöchentlich nach Nürnberg und Dresden.

Hotels in Moskau sind teuer, die Stadt hält einen Spitzenplatz in Europa. Es empfiehlt sich, auch wenn man keine Pauschalreise machen möchte, Zimmer vorab über einen Reiseveranstalter zu buchen (→ S. 486). Im Internet kann man z.B. über www.russia-hotels.de oder www.moscow-hotels-russia.com buchen.

Metropol, Teatral'nyj proezd 1. Renoviertes Luxushotel im Jugendstil mit entsprechenden Preisen; DZ 11 000 Rbl., Tel. 499/5017800, www.metropol-moscow.ru.

Hotel Renaissance, Olimpijskij Prospekt 18/1, Tel. 9319000, www.marriott.com. Zur Marriott-Kette gehörendes Hotel etwa 3 km nördlich des Stadtzentrums; DZ ab 200 Euro.

Hotel **Kosmos**, prosp. Mira 150, Tel. 2341206, www.hotelcosmos.ru. Ein riesiges Gebäude im Norden der Stadt; DZ ab 5200 Rbl.

Hotel Sovietsky, Leningradskij prosp. 32, Tel. 9602000, www.sovietsky.ru. Hotel im sowjetischen Retrostil mit gutem Restaurant; DZ ab 200 Euro.

Ukraina, Kutuzovskij Prospekt 2, Tel. 2215555, www.ukraina-hotel.ru. Imposanter, 2010 rekonstruierter Stalinbau am Ufer der Moskva in der Nähe des Kiever Bahnhofs.

Die **Hostel-Szene** als günstige Alternative entwächst langsam den Kinderschuhen. Stilecht zur Reise ist natürlich das **Trans-Siberian Hostel**, Baraševskij per. 12 (kein Außenschild), Tel. 9162030, www.tshostel.com; DZ ab 2200 Rbl., Schlafplatz ab 650 Rb. Metro Kurskaja (Ringlinie).

Sehr zentral gelegene Alternativen sind das **Fabrika**, Bersenevskij per. 5/3, Tel. 5061091; DZ 2900 Rbl., Schlafplatz ab 600 Rbl. www.fabrika-hostel.ru oder das **Red Square Hostel**, ul. Bolšaja Dmitrovka 20/1, Tel. 6418293; DZ 250 Rbl., Schlafplatz 750 Rbl.

Einen Mix zwischen Hotel und Hostel mit sowohl Doppel- als auch Mehrbett-

▶ Karte vordere Umschlagklappe

zimmern bei Dusche/WC auf dem Korridor bietet im Zentrum das **Versal'** mit seinen bislang zwei Filialen, ul. Tverskaja 12/7; DZ 3500, Schlafplatz 900 Rbl. und pl. Pobedy 1E; DZ 2800 Rbl., Schlafplatz 650 Rbl., Tel. 6503474, www.hotel-versali.ru.

Transsiberian, Olympijskij pr. 18, Tel. 9310000. Anfang 2007 im Keller des Hotels Renaissance eröffnet, nicht gerade preiswert, aber stilvoll um zugechtes Ambiente bemüht.

Fischrestaurant Sirena, Bol'šaja Spasskaja ul. 15, Tel. 2081412. Ein exzellentes Fischrestaurant in der Nähe des Platzes der drei Bahnhöfe, wo neben der guten Küche der Fußboden als riesiges Aquarium mit lebenden Stören beeindruckt.

Eine sehr gute und teure Wahl ist das **Puškin,** Tverskoj bul. 26a, Tel. 2044280. Stilvolles Café und Restaurant südlich des Puškinplatzes.

Molekularküche auf Russisch gibt es im alles andere als barbarischen **Varvary**, Strastnoj bul. 81a, Tel. 2292800.

Rustikaler ist dagegen das **Ėkspedicia**, Pevčeskij per. 6, Tel. 7756075.

Die größte Auswahl verschiedener Vodka-Sorten zur guten russischen Küche findet man im **Petrov-Vodkin**, ul. Pokrovka 3/7, Tel. 6235350.

Kitajgorodskaja Stena, Varvarka ul. 14. Russische und tatarische Küche östlich des Roten Platzes.

Am Rande des Geschäftsviertels Moscow City ist das **Oblomov na Presne** eine gute Wahl, ul. 1905 goda, Tel. 2559290, www.oblomovnapresne.ru.

Lokale Fastfood-Hits gibt es in der **Imbisskette Russkoe Bistro**, Tverskaja ul. 23, ul. Varvarka 14, Novy Arbat 21, Zemljanoy Val 37/2 u.a.

Wer das **Kaufhaus GUM** besucht, findet in der 3. Etage in einer gelungenen **Retro-Selbstbedienungsgaststätte** im Stil der 1950er Jahre einen Mittagstisch mit einem exzellenten Preis-Leistungs-Verhältnis.

Den besten Kaffee gibt es bei **Coffee-Mania**, u.a. Bolšaja Nikitskaja 13, Tel. 7754310, ul. Roždestvenskaja 6/9, Tel. 6240075, Trubnaja pl. 2, Tel. 2298459.

Für Kuchen oder Dresdner Stollen dazu ist noch das **Stolle** zu erwähnen, Malaja Pirogovskaja 16, Tel. 2460589.

Das bekannteste Moskauer Kaufhaus ist das **GUM** auf dem Roten Platz, sowohl als architektonische Sehenswürdigkeit als auch als – allerdings teure – Einkaufsgelegenheit.

Das drittgrößte Kaufhaus der Stadt mit Namen **Moskovskij** steht am östlichen Rand des Platzes der drei Bahnhöfe.

Wochentags gibt es einen **Flohmarkt am Gorki-Park**, südlich der Krymskij-Brücke über die Moskva, Metro ›Park Kultury‹.

Russisches Kunsthandwerk bekommt im sogenannten **Ismailover Kreml** einem Einkaufs- und Vergnügungszentrum im Stil eines altrussischen Disneylands am westlichen Stadtrand (Metro Izmailovskij Park).

www.moscow-guide.ru (R/E).
all-moscow.ru/moscow.ru.html (R/E).
www.ivan.ru (R/E).
www.mos.ru (R).
www.in.msk.ru (R).
www.moscow.media.ru (R).

Die neuen Russen

Das Phänomen der so genannten ›neuen Russen‹ ist mittlerweile auch über die Grenzen Russlands hinaus bekannt. Im Wandel von der sozialistischen Planwirtschaft zur am Westen orientierten Marktwirtschaft bildete sich eine neue Schicht, die es je nach der Situation verstanden hat, über Beziehungen und Posten, mit Cleverness und Rücksichtslosigkeit, unternehmerischem Denken und halblegalen Machenschaften, Riesenglück und krimineller Energie in sehr kurzer Zeit zu sehr großen Reichtümern zu gelangen. Sie wurden zum Inbegriff der Ungerechtigkeiten des russischen ›Transformationsprozesses‹ und verblüfften Ivan Normalverbraucher im eigenen Lande genauso wie beispielsweise Otto Normalverbraucher hierzulande. Für diese Schicht spielt Geld offenbar keine Rolle mehr, aber nicht im kommunistischen Sinne der geldlosen Gleichheit aller, sondern im Sinne der Maßlosigkeit der eigenen Ansprüche. Humor ist bekanntlich, wenn man trotzdem lacht, und das tut man in Russland zu diesem Thema zur Genüge:

Es treffen sich zwei ›neue Russen‹. Der eine weist stolz auf sein neues Jackett, das er soeben in einer Boutique an der nächsten Straßenecke für 1200 Dollar erworben hat. Darauf antwortet der andere entnervt: »Du hast dich schon wieder über den Tisch ziehen lassen. Zwei Straßenecken weiter kostet genau das gleiche Jackett 1400 Dollar«.

Ein ›neuer Russe‹ kommt zum Zahnarzt. Er zeigt ihm sein Gebiss, das nur aus Goldbrücken, Platin-Inlays und Diamanten besteht. Der Zahnarzt schaut sich die Zähne sorgfältig an und sagt: »Ich weiß gar nicht, welchen Zahn ich behandeln soll!« Darauf der Patient: »Wer redet denn hier von Behandeln, ich brauche eine Alarmanlage!«

Ein ›neuer Russe‹ hatte mit seinem 600er Mercedes einen schweren Verkehrsunfall. Passanten ziehen den Schwerverletzten aus dem Wagen. Mit letzter Kraft tritt er vor sein demoliertes Auto und jammert: »Oh, mein Mercedes, oh mein Mercedes!« Die verblüfften Passanten weisen ihn vorsichtig darauf hin, dass der Totalschaden des Autos doch halb so schlimm wäre, ihm aber bei dem Unfall der linke Arm abgerissen worden sei, worauf der neue Russe entsetzt aufschreit: «Oh, meine Rolex, oh meine Rolex!«

Der Steuerinspektor fragt den ›neuen Russen‹: »Sind sie wirklich sicher, dass Sie Ihre Villa, die Wohnungen und Autos mit ehrlich erworbenem Geld bezahlt haben?« »Mit was für Geld denn sonst!« »Ich habe den Eindruck, dass das alles mit dem Geld des Volkes bezahlt wurde!« »Wo soll das Volk denn solche Summen herhaben?«

Ein ›neuer Russe‹ und ein alter Jude fahren zusammen im Zug. »Wie kommt es, dass die Juden immer so clever sind?« fragt der Russe. »Weil wir Heringsköpfe essen. Die enthalten viel Phosphor, und das regt die Gehirntätigkeit an.« »Dann verkaufen Sie mir den Salzhering, den sie dabei haben.« »Kann ich nicht, das ist mein ganzes Abendbrot.« »Ich biete 300 Dollar.« »Einverstanden. Bitteschön. Guten Appetit!« Der ›neue Russe‹ nimmt den Salzhering und beißt zufrieden den Kopf ab. Beim nächsten Halt des Zuges trinkt er auf dem Bahnsteig ein Bier. Nach der Rückkehr in das Zug-

abteil sagt er zu dem Juden: »Ich bin doch bescheuert. Im Bahnhofsbuffet kostet der Salzhering fünf Rubel und ich hab' Ihnen 300 Dollar dafür gegeben.« »Sehen sie, das Phosphor fängt schon an zu wirken.«

Ein ›neuer Russe‹ erzählt seinem Freund: »Weißt du, ich bin wirklich ein kluges Kerlchen!« »Wieso denn?« »Ich habe meinem Sohn einen LEGO-Baukasten gekauft und ihn in nur drei Tagen zusammengebaut.« »Na und?« »Auf der Packung stand 3–5 Jahre!«

Ein ›neuer Russe‹ beklagt sich bei seinem Freund, dass man doch heutzutage wirklich überall über's Ohr gehauen wird: »Ich habe bei ›Sotheby's‹ für 50 000 Dollar eine Vase aus der Ming-Dynastie gekauft und jetzt stell Dir mal vor – die wurde in China hergestellt.«

Ein neuer Russe erzählt seinen Kumpels, dass er jetzt unter die Intellektuellen geht. »Wie das?« fragen die Freunde. »Ich hab' den Baseballschläger jetzt gegen einen Golfschläger getauscht!«

Ein ›neuer Russe‹ erfährt, dass er schwer krank ist und nur noch ein Jahr zu leben hat. Niedergeschlagen sucht er Trost bei einem Pfarrer und bittet in der Hoffnung auf ein längeres Leben innig um Verzeihung für seine Sünden. Der Pfarrer lauscht verständnisvoll und gibt ihm folgenden Ratschlag: »Mein Sohn, verkauf deinen 600er Mercedes und kauf dir einen Lada, lass dich scheiden und heirate eine Obdachlose aus dem Bahnhofsviertel, verkauf deine Villa im Stadtzentrum und kauf dir eine Hütte auf dem Lande.« »Und dann werde ich länger leben?« fragt der neue Russe den Pfarrer. »Das nicht, aber das eine Jahr wird dir wie die Ewigkeit vorkommen.«

Ein neuer Russe erzählt seinem Freund, dass er den ›Grünen‹ beitreten wollte. »Was zieht dich denn so zur Natur?« »Ach, Du weißt Bescheid? Ich dachte, dass die für den Dollar kämpfen.«

Ein neuer Russe saß beim Angeln. Da versank die Angel ganz tief hinunter auf den Grund, und als er sie heraufholte, hatte er einen großen Butt am Haken. Da sprach der Butt zu ihm: »Hör mal, Angler, ich bitte dich! Lass mich am Leben, ich bin in Wirklichkeit ein verwunschener Prinz!« Worauf der neue Russe, der sich natürlich an das Märchen erinnerte, herablassend antwortete: »Geht schon in Ordnung, und du hast jetzt noch drei Wünsche frei!«

Witzebuch zum Thema ›neue Russen‹

St. Petersburg/Ст. Петербург

Russlands ›heimliche‹ Hauptstadt im Norden kann erst auf eine gut 300-jährige Geschichte zurückblicken. Das Zarenreich brauchte den Zugang zum Meer und wollte mit dem berühmten ›Fenster nach Europa‹ an der Ostsee ein Zeichen setzen. So gründete Peter der Große 1703 seine neue Hauptstadt am Mündungsdelta der aus dem Ladoga-See in den Finnischen Meerbusen fließenden Neva. Man setzte von Anfang an auf Stein als Baumaterial und Architekten aus Italien. Barock und später Klassizismus prägen die Bauten im dank seiner vielen Kanäle auch ›Venedig des Nordens‹ genannten Petersburg. Diese imperiale Pracht prägt bis heute das Stadtzentrum.

Über 200 Jahre blieb die politische Macht im nordöstlichen Zipfel des riesigen Zarenreiches. Während des ersten Weltkrieges klang Petersburg zu sehr nach der Sprache des Kriegsgegners, und die Stadt wurde in Petrograd umbenannt. Zehn Jahre später wurde aus Petrograd zum Gedenken an Russlands 1924 verstorbenen Revolutionsführer Leningrad. Lenin war im April 1917 aus der Emigration zurückgekehrt und leitete im November des selben Jahres den Sturz der nach der Abdankung des Zaren angetretenen Regierung. Die sich als Diktatur des Proletariats deklarierende Macht der Sowjets erklärte die Stadt in der Folgezeit zur Wiege der Revolution. Ansonsten zogen es aber die Sowjets genannten Räte vor, die Hauptstadt wieder nach Moskau zu verlegen. 1934 ließ Stalin in Leningrad den damaligen Parteichef Sergej Kirov ermorden und nutzte diesen Mord als Vorwand für seinen eigenen Terror im eigenen Machtapparat.

Der Zweite Weltkrieg war eine grausame Zeit für die Bewohner Leningrads. Die Stadt war während einer über 900 Tage dauernden Blockade von der deutschen Wehrmacht umzingelt. Am 27. Januar 1944 sprengte die Rote Armee den Belagerungsring. In der zweiten Hälfte des 20. Jahrhunderts wuchs die Stadt dank vieler Plattenbau-Satelliten am Stadtrand auf über 3,5 Millionen Einwohner an. Die Pracht des Zentrums wurde weitestgehend unter Denkmalschutz gestellt.

Blick über die Newa zum Börsenplatz

▲ Karte S. 142

In der Wendezeit setzte der neue Bürgermeister eine Abstimmung über den künftigen Namen der Stadt an. Die Mehrheit entschied sich für die Rückkehr zum historischen Namen St. Petersburg. Im Volksmund spricht man sowieso zumeist nur abgekürzt von ›Piter‹. Im neuen Bürgermeisteramt begann damals ein ehemaliger Geheimdienstler als Leiter für Außenwirtschaftsbeziehungen seine Karriere. Das war aber nur der Anfang. Keine zehn Jahre später war Vladimir Putin Präsident Russlands und zog auch viele weitere Kader, wie zum Beispiel Dmitrij Medvedev aus der heimlichen in die wirkliche Hauptstadt nach.

Wettermäßig hat die Stadt viel mit ihrer deutschen Partnerstadt Hamburg gemein. Da sie aber deutlich weiter nördlich gelegen ist, gibt es von Ende Mai bis Anfang Juli die ›Weißen Nächte‹, die meist vom Wetter hier für das sonstige Schmuddelwetter entschädigen. Zudem locken dann unzählige Kulturveranstaltungen. Für die Transsibirische Eisenbahn ist Petersburg ein geschichtsträchtiger Ort. Zur Zeit des Baus der Großen Sibirischen Bahn war es bekanntlich die Hauptstadt des Zarenreiches, so dass alle wichtigen Entscheidungen damals an der Neva fielen. St. Petersburg unterhält Städtepartnerschaften mit Hamburg und Dresden.

Stadtrundgang

Unsere Empfehlungen zu St. Petersburg beschränken sich hier auf einige Höhepunkte, denn im Unterschied zu Russlands Provinz und zur Transsibirischen Eisenbahn gibt es viele Reiseführer, die Petersburg detailliert vorstellen.

■ Nevskij Prospekt

Die zentrale Magistrale der Stadt ist der Nevskij Prospekt. Am Moskauer Bahnhof folgt man ihm am besten in Richtung

Das Winterpalais beherbergt die Eremitage, eine der berühmtesten Gemäldegalerien der Welt

Westen zur Neva hin. Die rechte, nördliche Seite gilt als die Sonnenseite, auf der linken Seite sind Sonnenstrahlen sehr rar. Vorbei an Palästen und Mietshäusern aus der Gründerzeit kreuzt man Richtung Neva drei Kanäle.

Die **Aničkov-Brücke** zieren vier Skulpturen. Die Pferdebändiger symbolisieren die Unterwerfung der Natur durch den Menschen. Sie überquert die Fontanka, die die meisten Springbrunnen (Fontan) der Stadt mit Wasser versorgt. Auf der Schattenseite sieht man schon das **Kaufhaus Handelshof** (Gostinnyj Dvor), das als Rechteck ein ganzes Karree einnimmt. Weiter sieht man schon die **Kazaner Kathedrale**. Zuvor überquert man den **Griboedov-Kanal**, benannt nach dem Diplomaten und Dichter Alexander Griboedov. Rechter Hand ist am Ufer die **Auferstehungskathedrale** (auch Bluterlöserkirche) zu sehen. Sie erinnert mit ihren neuen Zwiebeltürmchen etwas an die Moskauer Basilius-Kathedrale und steht an dem Ort, wo Zar Alexander II 1881 einem Attentat zum Opfer fiel. Hinter dem nächsten Kanal, der **Mojka**, der bei der Stadtgründung die Grenze bildete, ge-

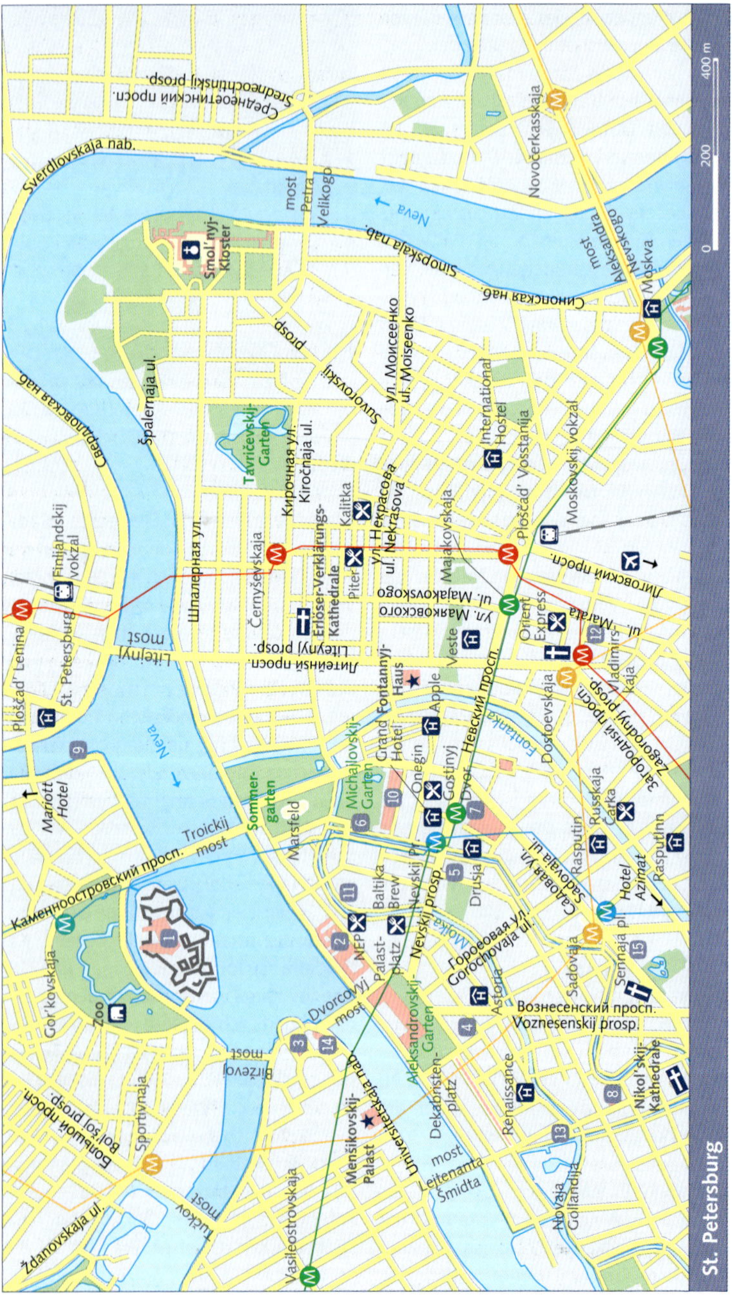
St. Petersburg
0
200
400 m
Sverdlovskaja nab.
Среднеотинский просп.
Srednеochtinskij prosp.
Свердловская наб.
Neva
Smol'nyj-Kloster
most Petra Velikogo
Sinopskaja nab.
Синопская наб.
Novočerkasskaja
most Aleksandra Nevskogo
Moskva
Špalernaja ul.
Suvorovskij prosp.
ул. Моисеенко
ul. Moiseenko
International Hostel
Tavričеvskij-Garten
Кирочная ул.
Kiročnaja ul.
ул. Некрасова
ul. Nekrasova
Kalitka
Piter
Erlöser-Verklärungs-Kathedrale
Černyševskaja
Шпалерная ул.
Finljandskij vokzal
Ploščad' Lenina
St. Petersburg
Liteynyj most
Литейный просп.
Litejnyj prosp.
Majakovskaja
Ploščad' Vosstanija
Moskovskij vokzal
Лиговский просп.
ул. Маяковского
ul. Majakovskogo
Orient Express
ul. Marata
Vladimirskaja
Dostoevskaja
Загородный просп.
Zagorodnyj prosp.
Fontanka
Невский просп.
Fontannyj-Haus
Apple
Veste
Grand Hotel
Onegin
Michajlovskij-Garten
Sommergarten
Marsfeld
Gostinyj Dvor
Mariott Hotel
Troickij most
Каменноостровский просп.
Gor'kovskaja
Zoo
Baltika Brew
NEP
Palast-platz
Nevskij Pr.
Nevskij prosp.
Drusja
Moika
Гороховая ул.
Gorochovaja ul.
Садовая ул.
Sadovaja ul.
Rasputin
Russkaja Čarka
Rasputinn
Hotel Azimat
Sennaja pl.
Sadovaja
Astoria
Вознесенский просп.
Voznesenskij prosp.
Dvorcovyj most
Birževoj most
Aleksandrovskij-Garten
Dekabristen-platz
Universitetskaja nab.
Menšikovskij-Palast
Renaissance
Nikol'skij-Kathedrale
Novaja Gollandija
most Lejtenanta Šmidta
Sportivnaja
Большой просп.
Bol'šoj prosp.
Tučkov most
Ždanovskaja ul.
Vasileostrovskaja
1
2
3
4
5
6
7
8
9
10
11
12
13
14
15

langt man zum Alexandergarten und zum Winterpalais.

Admiralität und Winterpalais

Im **Alexandergarten** dominiert die **Admiralität**. Sie hatte ihre Grundsteinlegung bereits 1704 und diente ursprünglich auch als Werftstandort. Das heutige Gebäude stammt aus dem Jahr 1823. Den Turm des Gebäude krönt ein vergoldetes Segelschiffchen, das auch zum Symbol der Stadt wurde.

Auf der anderen Seite des Nevskij Prospektes öffnet sich der riesige **Schlossplatz** mit dem Winterpalais an der Neva. Im Zentrum des Platzes befindet sich die 48 Meter hohe **Alexandersäule**. Der Engel mit dem Kreuz trägt die Züge des Zaren Alexanders I., der Russland im Krieg gegen Napoleon anführte. Auf der Südseite des Platzes befindet sich der **Generalstab** mit dem berühmten Torbogen.

Das erste **Winterpalais** entstand als saisonales Pendant zu den Sommerresidenzen bereits 1711. Aufgrund der Zarinnenwünsche nach mehr Prunk wurde es noch im 18. Jahrhundert zweimal wieder abgerissen und neu aufgebaut. Seine heutige Gestalt bekam das Schloss zwischen 1754 und 1762 unter der Leitung des Hofarchitekten Bartolomeo Rastrelli. Heute beherbergt das Palais große Teile der Sammlung der **Eremitage**. Vorbei am Winterpalais gelangt man über die Schlossbrücke zur **Vasilev-Insel** mit Börse, Universität und Museen. Von der Brücke hat man einen schönen Blick auf die Peter-Pauls-Festung.

Peter-und-Pauls-Festung

Auf der Haseninsel (Zajačij ostrov) begann mit dem am 27. Mai 1703 von Zar Peter gegebenen Befehl zum Bau einer Festung die Geschichte der Stadt. Noch im 18. Jahrhundert wurde aus der hölzernen Bastion eine steinerne Anlage, die in ihrer Geschichte aber nie einen Angriff abwehren musste und im 19. Jahrhundert in Teilen zum Gefängnis umfunktioniert wurde.

Die zur Festung gehörende **Peter-und-Pauls-Kathedrale** wurde zwischen 1712 und 1733 errichtet. Sie wurde zur Grabkirche der Zarenfamilie. Elf russische Zaren und ihre Gemahlinnen liegen hier

Legende

1. Peter-und-Pauls-Festung (Петропавловская крепость)
2. Winterpalais/Eremitage (Зимний дворец/Эрмитаж)
3. Börse (Биржа)
4. Isaak-Kathedrale (Исаакиевский собор)
5. Kazaner Kathedrale (Казанский собор)
6. Auferstehungskirche (Воскресенская церковь)
7. Kaufhaus Gostinnyj Dvor (Гостиный Двор)
8. Mariinskij-Theater (Мариинский театр)
9. Panzerkreuzer Aurora (Крейсер Аврора)
10. Russisches Museum (Русский музей)
11. Puschkin-Museum (Музей квартира А. С. Пушкина)
12. Dostojewski-Museum (Музей Ф. М. Достоевского)
13. Flottenmuseum, neues Gebäude (Военно-морской музей)
14. Kunstkamera (Кунсткамера)
15. Eisenbahnmuseum (Музей железной дороги)

Die Peter-und-Pauls-Festung

begraben. Die letzte Beisetzung fand am 17. Juli 1998 statt, als die Überreste des 1918 in Ekaterinburg ermordeten und verscharrten Zaren Nikolaj II. und seiner Familie hier ihre letzte würdige Ruhestätte fanden.

Auf dem Gelände der Festung befindet sich Russlands **Münzhof**, wo seit 1724 bis heute Münzen und Medaillen geprägt werden. In den Kasematten wurde aus dem Gefängnis ein Museum. Im ehemaligen Kommandantenhaus befindet sich das **Museum für Stadtgeschichte**.

Isaak-Kathedrale

Wenn man am Winterpalais durch den Alexandergarten nach Süden geht, gelangt man vorbei an der Admiralität zur Isaak-Kathedrale. Der Geburtstag von Zar Peter fiel auf den Namenstag des heilige Isaak von Dalmatien, so dass 1707 hier mit dem Bau einer Holzkirche begonnen wurde. Die heutige Kathedrale wurde in knapp 100-jähriger Bauzeit zwischen 1764 bis 1858 errichtet. Sie ist einer der größten sakralen Kuppelbauten der Welt und kann über 12 000 Besucher aufnehmen. Die vergoldete Kuppel hat einen Durchmesser von 26 Metern. Hier gibt es eine **Aussichtsplattform**, die einen phantastischen Blick auf das Zentrum der Metropole bietet, Isaakovskaja pl. 4, Tel. 3159732.

▲ Karte S. 142

In Richtung Neva befindet sich der **Senatsplatz**. Hier steht der **Eherne Reiter** (eigentlich der kupferne Reiter), das berühmte Reiterdenkmal für Peter den Großen mit der Inschrift »Für Peter I. von Katharina II. 1782«. Auf diesem Platz vollzogen sich 1825 die Ereignisse des gescheiterten Dekabristen-Aufstandes. Die Spuren der dann damals vom Zaren Verbannten findet man heute vielerorts in Sibirien (→ S. 274).

Museen

Die Petersburger Museumslandschaft ist sehr vielfältig, neben den großen Galerien gibt es zahlreiche kleine Literatur- und Kunstmuseen. An dieser Stelle seien nur einige wenige genannt.

■ Russisches Museum

Was für Malerei-Liebhaber in Moskau die Tret'jakov-Galerie ist, ist in der nördlichen Hauptstadt das Russische Museum. Es bietet im ehemaligen Michajlovs-

Die Isaak-Kathedrale

kij-Palais die größte Sammlung russischer Malerei und Kunst weltweit und sollte in keinem Besuchsprogramm fehlen, Inženernaja ul. 2, Tel. 3148368, www.rusmuseum.ru (R/E).

Eremitage

Die erste Galerie entstand als Refugium für die Zarin, wenn sie sich wie ein Eremit in ihre Bildersammlung zurückziehen wollte und bekam daher den Namen Eremitage. Den Grundstock der Sammlung legten 225 Gemälde, die Katharina die Große 1764 von dem Berliner Kunsthändler Johann E. Gotzkowsky gekauft hatte. Dieser hatte die Bilder eigentlich für Friedrich II. erworben, der jedoch nach dem Siebenjährigen Krieg knapp bei Kasse war. Heute ist die Eremitage eine der größten Kunstsammlungen der Welt. In über 350 Sälen in vier Gebäuden werden ungefähr 60 000 Exponate gezeigt, am berühmtesten ist die Sammlung der europäischen Malerei, nab. Dvorzovaja 34, Tel. 5713465, www.hermitagemuseum.org (R/E).

Puschkin-Museum

Die letzte Wohnung des größten russischen Dichters Alexander Puschkin beherbergt heute ein Museum, das vor allem seinen letzten Monaten und Stunden gewidmet ist. Er starb am 29. Januar 1837 an den Folgen eines Duells. Nachdem die Nachricht über seine schwere Verwundung die Petersburger Gesellschaft erreicht hatte, besuchten ihn noch viele Freunde und Weggefährten, um Abschied zu nehmen. Heute finden hier häufig Lesungen und Konzerte statt. Im Nebenflügel gibt es eine große Ausstellung zu Leben und Werk Puschkins, Nab. Mojki 12, Telefon 5706511, www.museumpushkin.ru (R/E).

Im Treppenhaus der Eremitage

Dostojewski-Museum

Zu den größten Schriftstellern Russlands gehört ohne Zweifel auch Fëdor Dostojewski. Die meisten seiner Romane zeigen das wirkliche St. Petersburg in der Mitte des 19. Jahrhunderts, und manche Adresse ist heute noch auszumachen. Seine letzte Wohnung beherbergt heute ebenfalls ein Literaturmuseum, Kuznečnyj per. 5/2, Tel. 7642144, www.md.spb.ru (R/E).

Anthropologie- und Ethnographie Museum

Das auch unter dem Namen Kunstkamera bekannte Museum wurde auf Ukas von Peter dem Großen bereits 1714 eröffnet und ist das Hausmuseum der Akademie der Wissenschaften für Anthropologie und Ethnographie mit einer eindrucksvollen Sammlung aus allen Kontinenten. Der bekanntere Museumsname Kunstkamera steht für anatomische Kuriositäten. Zar Peter hatte einem holländischen Apotheker eine solche

Sammlung abgekauft, die auch – zwischenzeitlich entsprechend erweitert – ein Hauptmagnet für die Besucher ist, nab. Universitetskaja 3, Tel. 3280712, www.kunstkamera.ru (R/E).

Flottenmuseum

Das Flottenmuseum (Voenno-morskoj Muzej), das insbesondere für seine einzigartige Sammlung von ca. 2000 Schiffsmodellen bekannt ist, befand bis vor kurzem im Gebäude der ehemaligen Börse und wurde wegen des bevorstehenden Umzugs 2011 geschlossen. Der Termin für die Wiedereröffnung in den früheren Krjukov-Kasernen steht noch nicht fest. Pl. Truda 5, Tel. 3282502, www.navalmuseum.org (R/E).
Dafür ist aber nach wie vor der **Panzerkreuzer Aurora** zu besichtigen. Das im Jahr 1900 getaufte Schlachtschiff gab seinen bedeutendsten Schuss am Abend des 07. November 1917 ab. Der Blindschuss war das Zeichen für Sturm des Winterpalais – die Oktoberrevolution (es war der 25. Oktober nach dem damals in Russland noch gültigen julianischen Kalender) nahm ihren Lauf, Petrogradskaja nab., Tel. 2308440.

Eisenbahnmuseum

Das Zentrale Russische Eisenbahnmuseum, in dem sich auch das Gros der Archivmaterialien zum Thema ›Große Sibirische Bahn‹ befindet, findet man nicht in Moskau, sondern in Petersburg, ul. Sadovaja 50, Tel. 1688005, www.railroads.ru/cmrt (R). Das dazu gehörende und ebenfalls sehenswerte Freiluftmuseum mit knapp 100 Eisenbahn-Oldtimern befindet sich am Warschauer Bahnhof südlich des Stadtzentrums, Tel. 1682063.

▲ Karte S. 142

Peterhof und Carskoe Selo

Mit der Gründung der Stadt begann auch der Bau von Sommerresidenzen in der Umgebung. Unter diesen in große Parkanlagen eingebetteten Palästen sind insbesondere Peterhof und Carskoe Selo ein lohnenswertes Ausflugsziel.

Peterhof/Петергоф

Der majestätische **Palast** mit vielen weiteren Gebäuden, der Park am Hochufer des Finnischen Meerbusens und die mannigfaltigen Springbrunnen machen Peterhof neben Sanssouci und Versailles zu einer der schönsten Schlossparkanlagen Europas. Da es im Russischen den Buchstaben ›H‹ nicht gibt, wird Peterhof auch Petergof oder Petrodvorez genannt. Der Prunk des Großen Peterhofer Palastes ist legendär und wurde nach starker Zerstörung im Zweiten Weltkrieg in jahrzehntelanger Restauration wieder hergestellt.
Hinter dem Schloss eröffnet sich der Blick auf den **Unteren Park** mit einem Kanal zur Ostsee. Er endet vor dem ›**Große Kaskade**‹ genannten Springbrunnen, wo ein vergoldeter Samson einem wilden Löwen das Maul aufreißt. Es ist ein Symbol für Zar Peters ersten Sieg gegen Schweden am 27. Juni 1709, dem Tag des heiligen Samson.
Von St. Petersburg gibt es verschiedene Möglichkeiten, nach Peterhof zu gelangen. Mit dem Vorortzug vom Baltischen Bahnhof ist man bis zum historischen und 1857 erbauten Bahnhof Novyj Petergof ca. 45 Minuten unterwegs. Ab der Metrostation ›Avtovo‹ verkehren Routentaxen (Nr. 424); im Sommer verkehren zwischen Peterhof und dem Nevaufer in Höhe des Winterpalais Tragflächenboote, www.peterhof.ru (R).

Die ›Große Kaskade‹ im Park von Peterhof

Der prächtige Katharinenpalast

Carskoe Selo/Царское Село

Das Zarendorf entstand einige Jahre später als Peterhof. Der dazu gehörige Ort heißt heute Puškin. Russlands großer Dichter besuchte nämlich das der Residenz angeschlossene Imperiale Lyzeum.

Die Hauptsehenswürdigkeit ist der **Katharinenpalast**. Zarin Elisabeth, die Tochter von Peter dem Großen, war die erste Bewohnerin der nach ihrer Mutter benannten Anlage. Katharina die Große verbrachte dann hier ihre ersten Jahre nach ihrer Übersiedlung nach Russland. Der genau so wie der Große Peterhofer Palast vom italienischen Architekten Bartolomeo Rastrelli (1700–1771) entworfene Katharinenpalast hat zwei besondere Schmuckstücke aufzuweisen: den großen verspiegelten **Ballsaal** und das als Geschenk des preußischen Königs 1716 nach Russland gekommene **Bernsteinzimmer**. Anstelle des im Zweiten Weltkrieg verschollenen Originals ist seit 2003 ein aus einer halben Million Bernsteinteilen wiederhergestelltes neues Original zu besichtigen.

Man gelangt mit dem Vorortzug in ca. 30 Minuten vom Vitebsker Bahnhof nach Carskoe Selo. Außerdem verkehren Routentaxen ab der Metrostation Moskovskaja (Nr. 545), www.tzar.ru (R/E).

i St. Petersburg

Zeitunterschied: MEZ +2 h im Sommer, + 3 h im Winter.

PLZ: 190000–199000.

Vorwahl: 007/812.

Hauptpostamt: ul. Počtamtskaja 9, Tel. 3263474.

Bank, Geldautomat: Sberbank, Nevskij pr. 99–101, Tel. 3263474.

Geldautomat: ebenda.

Reisebüro: Nevsky Piligrim, Grečeskyj per. 15-17, Tel. 2746180.

Taxi: Tel. 4610000.

Konsulate: Neben Deutschland und der Schweiz (→ S. 452) unterhalten die meisten europäischen Staaten in Petersburg Konsulate. Außerdem: USA: ul. Furštatskaja 15, Tel. 3312600, China: kanal Griboedova 134, Tel. 7147670; Kasachstan: Vilenskij per. 15, Tel. 3352547; Japan: nab. Mojki 29, Tel. 3141434, Südkorea: ul. Nekrasova 32a, Tel. 4481909.

St. Petersburg hat neun Bahnhöfe. Für Transsib-Reisende sind vor allem zwei Bahnhöfe von Interesse. Wer sich über Moskau Richtung Sibirien aufmacht, startet am **Moskauer Bahnhof**, pl. Vostanija, Metro-Station Pl. Vostanija, **GPS**: 59°55'47''N/30°21'43''O.

Wer Moskau umfahren möchte und direkt auf die Nordroute Richtung Ural reisen möchte, beginnt sein Bahnabenteuer am **Ladoga-Bahnhof** östlich des Stadtzentrums, Zanevskij pr., Metro-Station Ladožskaja.

GPS: 59°55'55''N/30°26'27''O.

Die Züge nach Berlin verkehren vom **Vitebsker Bahnhof**.

St. Petersburg hat heute zwei nebeneinander liegende Flughäfen: Pulkovo I national und Pulkovo II international. Derzeit laufen Ausbau und Rekonstruktion auf Hochtouren. 2013 soll der neue Flughafen fertig sein,Tel. 7043444, www.pulkovoairport.ru (R/E).

Das Hotelspektrum in St. Petersburg ist von Luxus bis Doppelstockbett gut aufgestellt. Zur Hochsaison der Weißen Nächte berechnen viele Unterkünfte drastische Aufschläge bis zu 50 Prozent.

Als erste Adresse bietet das **Grand Hotel Europe** zum Luxus noch große Geschichte, Michajlovskaja ul. 1; DZ 8000 Rbl., Tel. 3296000, www.grandhoteleurope.com (R/E). Zwei weitere Klassiker sind die nebeneinander liegenden **Astoria** und das **Angleterre**, Bolšaja Morskaja ul. 39, Tel. 3135757 bzw. 3135666.

Sehr gute Wahl in der Oberklasse sind auch das **Renaissance Hotel**, ul. Počtamtskaja 4; DZ 6800 Rbl., Tel. 3804000, oder das am Neva-Ufer gelegene **Marriott Courtyard**, 2aja Linija Vassilevskogo ostrova 61/30; DZ 6000 Rbl., Tel. 3804011.

Ein sehr gutes Preis-Leistungs-Verhältnis bieten das **Hotel Vesta**, Nevskij pr. 90; DZ 3600 Rbl., Tel. 2721322, www.vesta-hotel.ru (R/E/D), oder das **Hotel Azimut**, Lermantovskij pr. 43/1; DZ 3200 Rbl., Tel. 7402640.

Eine günstigere Alternative mit mehreren Orten im Stadtzentrum ist die neue **Hostelkette Drusja** (Freunde), u.a. Nab. Kanala Griboedova 20 oder Bankovskij per. 3; DZ 2100, Schlafplätze 650 Rbl., Tel. 3104950, www.friendsplace.ru (R/E).

Weitere Hostels im Zentrum mit Schlafplätzen für 600–700 Rbl. sind das **Apple Hostel**, ul. Ital'janskaja 12, Tel. 4588830, oder das **RasputInn**, ul. Gorochovaja 79, Tel. 5753937, www.rasputinn.ru (R/E).

Sehr gute russische Restaurants sind das **Onegin**, ul. Sadovaja 11, Tel. 5718384, oder **Russkaja Čarka**, nab. Fontanki 92, Tel. 6666666.

Nostalgie-Küche gibt es samt Show-Programm im den 1920ern gewidmeten **NEP** (Neue Ökonomische Politik), nab. Reki Mojki 37, Tel. 5717591.

Es gibt zwar kein spezielles Transsib-Restaurant in der Stadt, aber Bahnfans sollten sowohl wegen des Ambientes als auch der Küche dem **Orient-Express** einen Besuch abstatten, ul. Marata 21,

Tel. 3145096, www.orient-express.spb.ru (R).
Weitere empfehlenswerte Gaststätten sind das **Piter**, ul. Majakovskogo 34, Tel. 7196087, das **Allegro**, nab. Kanala Griboedova 55, Tel. 3159445, oder das **Kalitka**, ul. Nekrasova 34, Tel. 9237751.
Nette Bierkneipen sind **Baltika-Brew**, Bolšaja Morskaja ul. 3/5, Tel. 9210912, oder **Bier-König**, Nevskij pr. 170, Tel. 7171706.
Den besten Kaffee aus allen Ecken der Welt bekommt man im **Mir Espresso**, ul. Dekabristov 12/10, Tel. 3151370.

Das bekannteste Petersburger Kaufhaus ist natürlich der **Gostinnyj Dvor** am Nevskij Prospekt.
Die berühmte **Petersburger Porzellanmanufaktur** hat für alle Freunde von Kobaltblau einen Werksverkauf, pr. Obuchovskoj oborony 151, Tel. 5608544, www.ipm.ru (R).

www.saint-petersburg.com (E)
www.visit-petersburg.ru (R/E)
www.ilovepetersburg.ru (R)
www.gov.spb.ru (R)
www.mirpeterburga.ru (R)

Sergiev Posad/Сергиев Посад

Sergiev Posad ist die Hauptstadt der russisch-orthodoxen Kirche. Hier befindet sich das bedeutendste Kloster der russischen Orthodoxie, das dem heiligen Sergej von Radonež (1314–1392, Heiligsprechung 1422) gewidmete Sergej-Dreifaltigkeitskloster (Troice-Sergieva Lavra). Das Kloster wurde im 14. Jahrhundert gegründet und spielte eine große Rolle bei der Christianisierung des Landes. Hier ließ sich 1380 Moskaus Großfürst Dmitrij Donskoj segnen, bevor er mit einem Herr gegen die Mongolen zog und diese am 8. September 1380 südöstlich von Tula auf dem Schnepfenfeld (Schlacht von Kulikovo) vernichtend schlug. Nach der Heiligsprechung wurde das Kloster zur Wallfahrtsstätte. Nach dem Überfall durch die Tataren wurde es im 16. Jahrhundert durch eine Mauer befestigt, 1749 eröffnete das Priester-Seminar. In dieser Zeit wurden die um das Kloster herum entstandenen Siedlungen zur Vorstadt vereinigt, die eben diesen Namen bekam, denn ›Posad‹ bedeutet Vorstadt. Nach der Revolution wurde das Kloster zunächst geschlossen. Mit der Verleihung des Stadtrechtes 1919 sollte auch der Charakter einer Klostervorstadt ausgehebelt werden. Gleichzeitig wurde Sergiev Posad zunächst in Sergiev und später in Sagorsk umbenannt. 1940 wurde das Ensemble unter Denkmalschutz gestellt, und ab 1946 gab es hier wieder ein Kloster. Während heute das Oberhaupt der russischen Kirche seinen Sitz im Moskauer Danilov-Kloster hat, befand sich der Sitz des Patriarchen bis 1988 im Sergej-Dreifaltigkeitskloster. Die Klosteranlage gehört heute zum UNESCO-Weltkulturerbe. Seit 1991 trägt die heute 105 000 Einwohner zählende Stadt wieder ihren ursprünglichen Namen. Sergiev Posad wird kaum zum ersten Halt der großen Transsib-Reise, ist aber ein empfehlenswerter Ausflug aus Moskau.

Dreifaltigkeitskloster

Die auf einem Hügel gelegene Anlage ist bereits vom Bahnhofsvorplatz gut zu erkennen. Man hält sich rechts auf der ul.

Sergievskaja bis zum pr. Krasnoj Armii und gelangt hier den Hügel hinauf zum in neuer Pracht erscheinenden Kloster. Das Denkmal auf dem Bahnhofsvorplatz ist Savva Mamontov (1841–1918) gewidmet. Der Industrielle und berühmte Kunstmäzen der Zarenzeit ließ einst die Eisenbahnlinie von Sergiev Posad nach Jaroslavl' bauen.

Wenn man vom Krasnogorsker Platz aus die Klosteranlage betritt, befindet sich über dem Eingang die Johannes dem Täufer gewidmete **Kirche über dem Tor**. Hier erhebt sich die einem Vorbild aus dem Moskauer Kreml nachempfundene, zwischen 1559 und 1585 gebaute **Maria-Entschlafenskathedrale** mit ihren mit goldenen Sternen versetzten blauen Kuppeln. Rechts dahinter steht der Mitte des 18. Jahrhunderts errichtete **Glockenturm** mit 5 Etagen und heute 25 Glocken. Er ist mit 88 Metern Höhe bis heute der höchste Glockenturm Russlands.

Linker Hand gelangt man zum **Speisesaal** des Klosters mit einem der schönsten Barockgewölbe Russlands. Dazwischen steht die Pfingstkirche mit einem kleinen Glockenturm.

Weiter lohnt der Besuch der **Dreifaltigkeitskirche** mit den Reliquien des heiligen Sergej von Radonež. Die von Andrej Rubljov gestaltete Ikonenwand ist aber nur eine Kopie, das Original befindet sich in der Moskauer Tretjakov-Galerie. Rechter Hand der Hauptkirche und für Touristen nicht zugänglich liegt der Zarenpalast, in dem sich die Orthodoxe Akademie befindet, Tel. 5405334, www.stsl.ru (R/E/D/F).

Das Dreifaltigkeitskloster in Sergiev Posad

Museen

Das Heimatmuseum von Sergiev Posad verteilt sich auf vier verschiedene Orte. Im Hauptgebäude befindet sich eine **Kunstgalerie** mit Wechselausstellungen, pr. Krasnoj Armii 144, Tel. 5406358.

Auf dem Klostergelände befindet sich in der Sakristei neben der Pfingstkirche eine **Ausstellung von Sakralkunst**. Exponate zur **Klostergeschichte** werden im ehemaligen Pferdestall gezeigt, ul. 1-oj Udarnoj Armii 2, **Stadtgeschichte** ist in einer alten Kaufmannsvilla zu besichtigen, Ovrazhnyj per. 9.

Daneben gibt es noch ein wirklich sehenswertes **Spielzeugmuseum**, pr. Krasnoj Armii 123, Tel. 5402581.

i Sergiev Posad

Zeitunterschied: MEZ + 2 h im Sommer, + 3 h im Winter.

PLZ: 141315.

Vorwahl: 007/496. Manchmal wird als Vorwahl auch 49654 angegeben, dann ist die ›54‹ am Anfang aller örtlichen Telefonnummern wegzulassen.

Hauptpostamt: pr. Krasnoj Armii 2a, Tel. 5404038.

Bank, Geldautomat: Sberbank, ul. Centralnaja 60, Tel. 5473615.

Reisebüro: Tur-Posad, ul. Karla Marksa 7, of. 307, Tel. 5474343.

Fernzüge halten hier nicht. Die Vorortzüge verkehren vom Jaroslavler Bahnhof in Moskau in Intervallen zwischen 20 und 30 Minuten. Die Fahrtzeit beträgt ca. 90 Minuten. Es gibt auch eine Express-Verbindung (ca. 60 Minuten), ab Moskau 8.20 Uhr, zurück ab Sergiev Posad 19.15 Uhr, Tel. 5405878.
GPS: 56°18'6"N/38°8'11"O.

Es gibt auch eine Busverbindung zwischen Sergiev Posad und Moskau, der Bus hält an der Metrostation VDNCH.

Das beste Hotel in der Stadt ist das **Central'naja**; DZ 2400 Rbl., Ovražnyj per. 2a, Tel. 5478088, www.spcentral.ru (R/E).

Die besten und doch preiswerten Restaurants sind **Valentino**, ul. Druzhby 2, Tel. 5492293 und **Venskij Sad**, pr. Krasnoj Armii 130.
Guten Kaffee gibt es in der **Kofejnaja**, pr. Krasnoj Armii 143, Tel. 5429082.

www.stsl.ru (R/D/E/I/F).
www.sergiev-posad.ru (R).

Jaroslavl'/Ярославль

▲ Karte S. 154

Jaroslavl' tauchte 1071 erstmals in den Chroniken auf. Der Kiever Fürst Jaroslav der Weise soll 1010 hier am Zufluss des Kotorosl' in die Wolga in der Bärenecke genannten Gegend einen Bären erlegt und sich aus diesem Grund für diesen Standort entschieden haben. Ab 1218 befand sich hier ein eigenständiges Fürstentum, und Jaroslavl' entwickelte sich zu einem wichtigen geistlichen und kulturellen Zentrum. Das bekannteste Werk altrussischer Dichtkunst – das ›Lied von der Heerfahrt Igors‹ – wurde am Ende des 18. Jahrhunderts in der örtlichen Bibliothek entdeckt. Im Jahre 1463 wurde das Reich um Jaroslavl' dem Moskauer Fürstentum angegliedert. Der Handel florierte, Jaroslavl' wurde zum wichtigsten Hafen für Moskau und avancierte nach Moskau und Kazan' zur drittwichtigsten Handelsmetropole Russlands. 1612 war Jaroslavl' für kurze Zeit Russlands Hauptstadt. Hier brachen Minin und Požarskij auf, um Moskau von der polnisch-litauischen Herrschaft zu befreien.

Das selbstbewusste Bürgertum und die reichen Kaufleute prägten mit ihren Aufträgen das Antlitz der Stadt, in der sich eine eigenwillige Architektur entwickelte. Nachdem die Stadt durch einen Großbrand im Jahre 1658 fast vollständig vernichtet wurde, setzte man konsequent auf Stein als Baumaterial. In Jaroslavl' fanden farbenfreudige Fresken und Muster sowie glasierte Kacheln eine weite Verbreitung; sie verleihen dem Stadtbild sein typisches Flair. Als sich mit dem Umzug der Hauptstadt nach St. Petersburg auch die Handelsströme verlagerten, reagierte man mit der Ansiedlung von Textilmanufakturen, die die Basis für spätere Industrieansiedlungen legten. Die Funktion des Moskauer Fernhafens behielt Jaroslavl' noch bis zur Eröffnung des Wolga-Moskva-Kanals im Jahre 1937.
Heute ist Jaroslavl' zwar ein Industriezentrum, in dem vor allem die chemische Industrie einen bedeutenden Faktor darstellt, doch umfangreiche Grün-

anlagen im Zentrum und die malerische Lage an der Wolga lassen den Besucher nicht viel davon spüren. Die Stadt hat ein eigenes Kolorit und beeindruckt den Besucher durch ihre wachen Kirchen- und Kulturtraditionen. Als erster Stop entlang der noch so langen Transsibirischen Eisenbahn und als lohnenswerter Wochenendausflug von Moskau ist Jaroslavl' auf jeden Fall sehr zu empfehlen. Heute hat die Stadt 592 000 Einwohner. Es besteht eine Städtepartnerschaft mit Kassel. Seit 2005 gehört das historische Stadtzentrum von Jaroslavl' zum UNESCO-Weltkulturerbe. Motive aus Jaroslavl' zieren den 1000-Rubel-Schein: das Denkmal für Jaroslav, den Weisen, das Christi-Verklärungs-Kloster und die Johannes dem Täufer gewidmete Kirche.

Stadtrundgang

Vom Bahnhof gelangt der Besucher über die ul. Svobody in das etwa zweienhalb Kilometer entfernte Stadtzentrum. Vorbei an der örtlichen Kunsthalle (ul. Svobody 15, Tel. 328383) und am neuen

Blick über Jaroslavl'

Jugendtheater kommt man zum Volkov-Platz. Hier steht das nach dem Schauspieler Fëdor Volkov benannte örtliche **Schauspielhaus** (Tel. 309188). Volkov (1729–1763) gründete in Jaroslavl' 1750 die in Russland erste Schauspielbühne, die einem breiten Publikum zugänglich war und eine feste Spielstätte aufwies.

■ Bogojavlenskij-Platz

In Richtung Süden gelangt man entlang der alten Handelsreihen zum Bogojavlenskij-Platz, wo sich neben einem dem Stadtgründer gewidmeten Denkmal sowohl die backsteinrote **Christi-Erscheinungs-Kirche** als auch das aus dem ursprünglichen Kreml hervorgegangene weiße **Erlöser-Kloster** befinden (Bogojavlenskaja pl. 25, Tel. 303869). Die umfangreiche Museumsanlage mit mehreren Ausstellungen ist von der dem Fluss zugekehrten Seite aus zu erreichen. Vom Glockenturm hat man eine sehr schöne Sicht auf die Stadt.

In Richtung Wolga erheben sich drei weitere Kirchen, die 1680 geweihte **Garnisons-Kirche**, die **Stadtkirche des Erlösers** aus dem Jahre 1672 und die 1695 erbaute **Nikolaj Rublennyj-Kirche**. Hier lohnt ein Spaziergang zum Ufer der Wolga. An der Strelka genannten Landspitze hat die Stadt ihren Ursprung.

■ Korovniki-Vorstadt

Am anderen Ufer des Kotorosl' befindet sich Korovniki, die frühere Vorstadt der Rinderzüchter (korova – Rind), wo ein herrliches **Kirchenensemble** die Blicke anzieht. Das Gesamtkunstwerk besteht aus zwei einander gegenüberstehenden und durch das zur Wolga gewandte Tor verbundene Kirchen und einem schlanken 37 Meter hohen Glockenturm. Mitte des 17. Jahrhunderts durch Altgläubige erbaut, sind die Kir-

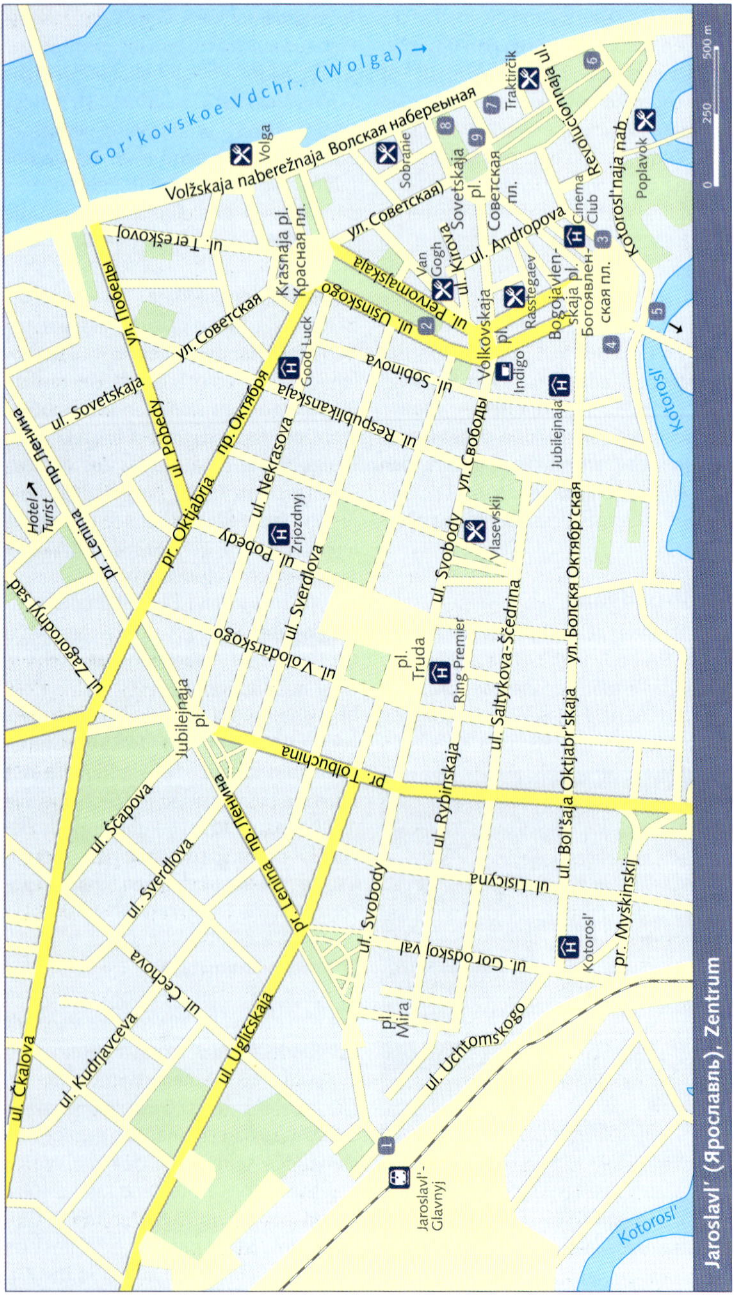
Gor'kovskoe Vdchr. (Wolga)
Volga
Volžskaja naberežnaja Волская набереыная
Sobranie
Traktirčik
Revoljucionnaja ul.
Kotorosl'naja nab.
Poplavok
0 250 500 m
ul. Tereškovoj
ul. Победы
Krasnaja pl.
Красная пл.
ул. Советская)
Sovetskaja pl.
Советская пл.
ul. Kirova
Van Gogh
ul. Andropova
Cinema Club
ul. Pervomajskaja
ul. Ušinskogo
Rasstegaev
Volkovskaja pl.
Bogojavlen-skaja pl.
Богоявлен-ская пл.
Indigo
ul. Sobinova
Good Luck
ул. Советская
ul. Sovetskaja
пр. Ленина
ul. Pobedy
пр. Октября
ul. Respublikanskaja
Jubilejnaja
Kotorosl'
Hotel Turist
pr. Lenina
pr. Oktjabrja
ul. Nekrasova
ул. Свободы
ul. Pobedy
Zrjozdnyj
ul. Svobody
Vlasevskij
ul. Sverdlova
ul. Zagorodnyj sad
ul. Volodarskogo
pl. Truda
Ring Premier
ul. Saltykova-Ščedrina
ул. Болская Октябр'ская
Jubilejnaja pl.
pr. Tolbuchina
ul. Rybinskaja
ul. Bol'šaja Oktjabr'skaja
ul. Ščapova
пр. Ленина
pr. Lenina
ul. Svobody
ul. Lisicyna
pr. Myškinskij
ul. Sverdlova
ul. Gorodskoj val
Kotorosl'
ul. Čechova
pl. Mira
ul. Uchtomskogo
ul. Kudrjavceva
ul. Ugličskaja
ul. Čkalova
Jaroslavl'-Glavnyj
Kotorosl'
Jaroslavl' (Ярославль), Zentrum

chen auch heute selten für die Öffentlichkeit zu besichtigen (nab. Portovaja 2). Auf dieser Seite des Flusses ist weiterhin die in der Vorstadt der Gerber gelegene, Johannes dem Täufer gewidmete Kirche mit ihren 15 Kuppeln sehenswert (pr. Tolbuchina).

Uferstraße

An der Uferstraße an der Wolga befindet sich in den Mitropolit-Kammern das **Museum für altrussische Kunst** (Volžskaja nab. 1, Tel. 729287). Vorbei am Wolga- bzw. Arsenalturm sowie am **Museum für Stadtgeschichte** (Volžskaja nab. 17/1, Tel. 304175) kann man durch den Sovetskij pereulok zum zentralen Platz der Stadt, dem Sovetskaja pl. gelangen. Es lohnt aber auch ein Spaziergang entlang der Uferstraße zum Passagierhafen. Zwischen dem Sovetskij per. und dem Narodnyj per. befindet sich im 1822 erbauten Gebäude des ehemaligen Gouverneurs-Palastes das eindrucksvolle **Kunstmuseum** (Volžskaja nab. 23, Tel. 303504). Es folgt – von der 1620 erbauten Nikolaj-Nadcin-Kirche und der 1644 vollendeten Christi-Geburts-Kirche eingerahmt – das von Dimitrij Mostoslavskij begründete private **Museum ›Musik und Zeit‹** (Volžskaja nab. 33a, Tel. 328637). Am modernen Passagierhafen erinnert ein Denkmal an den Dichter Nikolaj Nekrasov (1821–1878), der aus der Umgebung stammte und in der Stadt seine Jugend verbrachte. Westlich des Hafens liegt der sogenannte Rote Platz (Krasnaja pl.), der aber im Gegensatz zu seinem Moskauer Pendant außer der örtlichen Universität nicht mit besonderen Sehenswürdigkeiten aufwarten kann.

Sovetskaja-Platz

Vom Roten Platz führt die ul. Pervomajskaja zum bereits bekannten Volkov-Platz, und über die ul. Sovetskaja kommt man zum gleichnamigen zentralen Platz der Stadt, wo sich mit Gebietsadministration und Duma das Verwaltungszentrum befindet. Auf der anderen Seite des Platzes steht die **Elias-Kirche**. Sie wurde 1650 geweiht und ist vor allem für ihre einzigartigen Kachelfresken bekannt.

Kindereisenbahn

Am östlichen Wolgaufer verkehrt eine Kindereisenbahn. Die ursprünglich 1946 in unmittelbarer Nähe des Wolga-Stromes errichtete Bahn fiel 1958 einer Überschwemmung zum Opfer. 1970 wurde dann die neue, weiter entfernte Strecke dem Verkehr übergeben. Mit der Erweiterung aus 2008 gibt es heute fünf Bahnhöfe auf knapp sechs Kilometern, ul. Jakovlevskaja 54, Tel. 245883, www.yazd.org (R).

Legende

1. Bahnhof (Вокзал)
2. Schauspielhaus (Драматический театр им. Ф.Г. Волкова)
3. Erlöser-Kloster (Спасо-Преопбаженский монастырь)
4. Christi-Erscheinungskirche (Церковь Богоявления)
5. Korovniki-Vorstadt (Коровницкая слобода)
6. Metropolitenpalast (Митрополичьи Палаты)
7. Museum für Stadtgeschichte (Краеведческий музей)
8. Kunstmuseum (Художественный музей)
9. Prophet-Elias-Kirche (церков Ильи Пророка)

Jaroslavl'

Zeitunterschied: MEZ + 2 h im Sommer, + 3 h im Winter.
PLZ: 150000.
Vorwahl: 007/4852.
Hauptpostamt: ul. Komsomolskaja 22, Tel. 728531.
Bank: Sberbank, pr. Oktjabrja 8, Tel. 407811.
Geldautomat: ul. Pjatnickaja 6.
Reisebüro: Inturist, Bol'šaja Oktjabr'skaja ul. 87 (im Hotel ›Kotorosl'‹), Tel. 224594.

Der Hauptbahnhof von Jaroslavl' befindet sich in der nördlichen Hälfte der Stadt am westlichen Rand des Stadtzentrums, ul. Svobody, Tel. 792111. Der ursprünglich erste Bahnhof der Stadt ist der heutige – architektonisch weitgehend erhaltene – Moskauer Bahnhof. Der heutige Standort des Hauptbahnhofs gewann erst mit der Fertigstellung der Wolga-Brücke im Jahr 1913 an Bedeutung. Das Empfangsgebäude stammt aus dem Jahr 1952.
GPS: 57°37'33"N/39°50'7"O.

Moskovskij pr. 80, Tel. 441837.

Die Stadt hat in Richtung Norden einen kleinen Flughafen. Es gibt in Tunošna zwar Linienflüge nach Moskau-Domodedovo und St. Petersburg, aber aufgrund der Nähe zu Moskau ist der Flughafen vollkommen unbedeutend, Tel. 431809, www.tunoshna.com (R).

Cinema Klub Hotel, ul. Revoljucionnaja 34; DZ 4600 Rbl., Tel. 670760, www.ivyar.ru (R). Das interessanteste Hotel der Stadt, in dem vor allem Mosfilm-Fans auf ihre Kosten kommen werden. Jedes Zimmer ist einem Film gewidmet, der (zumindest teilweise) in Jaroslavl' oder Umgebung gedreht wurde. Restaurant und Bierbar erinnern an zwei sowjetische Komödienklassiker aus den Jahren 1973 und 1975: ›Ivan Vasil'evič wechselt den Beruf‹ (Restaurant) und ›Lass das mal Afonja machen‹ (Bierbar).
Ansonsten ist das **Ring Premier Hotel** der Spitzenreiter, ul. Svobody 55; DZ 3900 Rbl., Tel. 581158.
Gut und günstiger ist das **Hotel Zvjozdnyj**, ul. Pobedy 37; DZ 3000 Rbl., Tel. 585884, www.yarstars.ru (R/E).
Ebenfalls empfehlenswert, aber etwas außerhalb ist das **Hotel Sport**, ul. Majorova 8; DZ 2500 Rbl., Tel. 447285.
Ein schlichtes günstiges Hotel ohne Restaurant ist das **Turist**, pr. Lenina 2; DZ 1400 Rbl., Tel. 728615.
Am preiswertesten ist es im **Hostel Good Luck**, wo der Schlafplatz 500 Rbl. kostet, pr. Oktjabrja 11, Tel. (mobil) 0920/6511999.

Die besten Restaurant für russische Küche sind das **Sobranie** (Versammlung), Volžkaja nab. 33, Tel. 303132 und das **Vlasevskij**, ul. Svobody 43, Tel. 250914.
Den besten Wolga-Fisch gibt es im **Bootsrestaurant Poplavok**, am Kotorosl, Tel. 314343.
Weiterhin zu empfehlen sind das **Van Gogh**, ul. Kirova 10/25, Tel. 729438, oder das **Rasstegaev**, ul. Pervomajskaja 33, Tel. 303953.
Für russische Küche ist auch das **Traktirčik** an der Uferstraße eine gute Wahl, Volžskaja nab. 17, Tel. 302347, www.tractirchik.ru (R/E).
Guten Kaffee gibt es im **Indigo**, ul. Svobody 19, Tel. 731776.

▶ Karte S. 154

Die größte **Einkaufszentrum Altair** befindet sich nordwestlich vom Stadtzentrum, Leningradskij pr. 123.
Jaroslavl ist bekannt für seine Leinenstoffe. Der Laden dazu heißt **Russkij Ljon**, ul. Pervomajskaja 51, Tel. 305670.

Ein Internetcafé im Zentrum ist das Coffein, ul. Trefoljeva 16, Tel. 308019.
www.jaroslawl.ru (D).
www.city-yar.ru (R/E).
www.yyarportal.ru (R).
www.yarland.ru (R).

Kirov/Киров

Die Stadt zieht sich fast 20 Kilometer am linken, hohen Ufer des Flusses Vjatka entlang. Ursprünglich hieß der 1374 gegründete Ort Chlynov. Dank seiner Lage am Hochufer einer Furt avancierte der Ort schnell zu einem Zentrum des Pelzhandels. Am Sibirischen Trakt gelegen, wurde die Stadt zu Beginn des 19. Jahrhunderts zum wohl westlichsten Verbannungsort auf der Strecke gen Osten. Russlands liberaler Philosoph Aleksandr I. Gercen (1812–1870), der satirische Schriftsteller Michail Saltykov-Ščedrin (1826–1889) und auch der spätere Begründer des sowjetischen Geheimdienstes KGB, Feliks E. Dzeržinskij (1877–1926), durchlebten hier Jahre ihrer Verbannung.
Mitte der 1930er Jahre wurde die Stadt dann nach dem ermordeten Leningrader Parteiführer Sergej Kirov benannt. Viele Jahre später erst kam die Wahrheit ans Licht, dass dieser den Vorwand für die großen Repressionswellen Stalins liefernde Mord von Stalin selbst veranlasst war, der damit einen in der Bevölkerung sehr populären Konkurrenten ausschaltete. Die heute 473 000 Einwohner zählende Stadt sollte zwar in den 1990er Jahren wieder zurückbenannt werden, aber der neue ›alte‹ Name konnte sich in der Bevölkerung nicht durchsetzen, und so blieb es bei Kirov. Es ist eine typische russische Provinzstadt, die aber durchaus ihre Reize hat.

Alljährlich am 3. Juni ist Kirov Ausgangspunkt der mit 170 Kilometer längsten Pilgerprozession Russlands. Hinter der Ikone von Nikolaj dem Wundertäter zieht der Pilgerzug in drei Tagen zum Dorf Velikoreckaja.

Stadtrundgang

Vom 2001 umfassend renovierten Bahnhof nach rechts gelangt man auf der ul. Komsomol'skaja zur **ul. Marksa**, der zentralen Nord-Süd-Magistrale der Stadt.
Eine zweite Hauptstraße, die **ul. Lenina**, verläuft drei Straßen weiter östlich parallel. Hier befinden sich die **Philharmonie** (ul. Lenina 102b) und das **Saltykov-Ščedrin-Museum**. In dem grünen Holzhaus lebte der verbannte Michail Saltykov, der unter dem Pseudonym Ščedrin schrieb, von 1848 bis 1855 (ul. Lenina 93, Tel. 625378).

Trifonov-Kloster und Volkskunstmuseum

Auf der ul. Gorbačeva, die aber weder wegen Michail noch wegen des Vodkas so heißt, gelangt man in der Altstadt in Richtung des Flusses zum **Uspenskij-Trifonov-Kloster** aus dem 17. Jahrhundert, das neben der von 1684 bis 1689 errichteten und für ihre riesige Ikonenwand bekannten Erlöser-Kathedrale noch drei weiteren Kirchen aufweist (ul. Bol'ševikov 50, Tel. 692519).

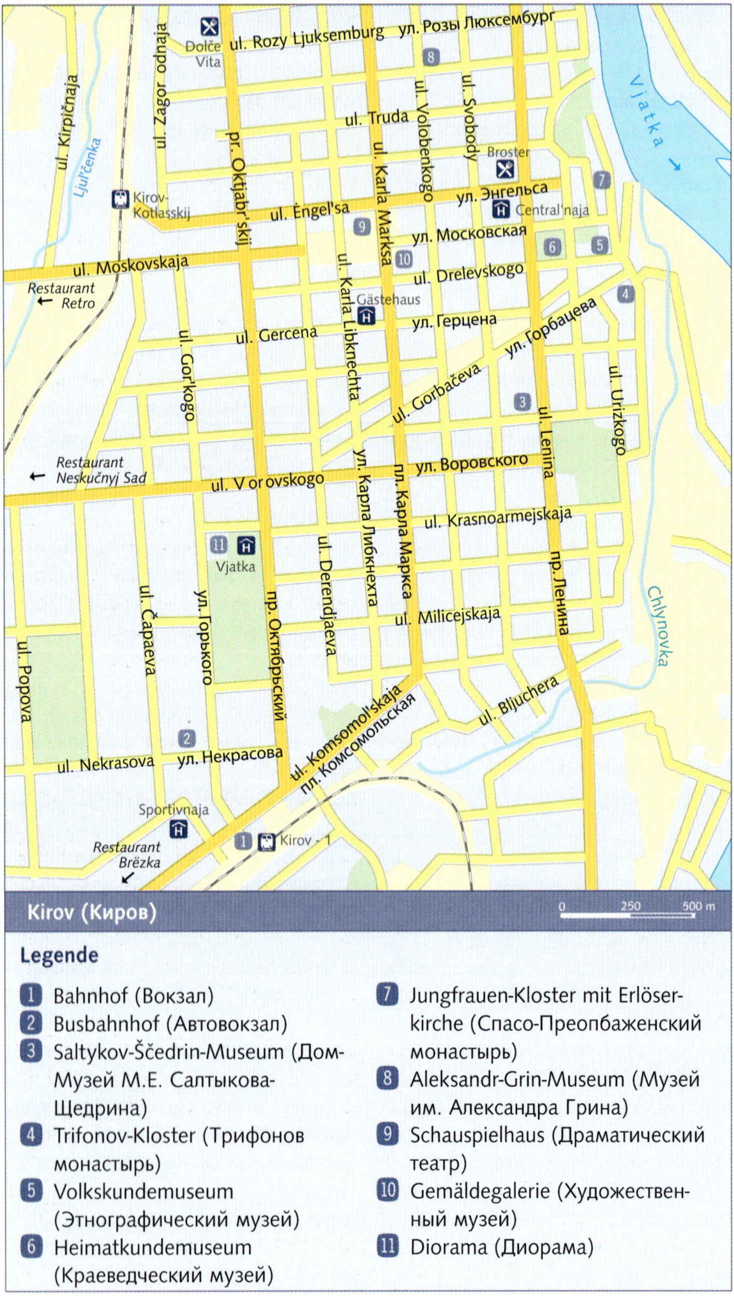

Kirov (Киров) 0 250 500 m

Legende

1 Bahnhof (Вокзал)
2 Busbahnhof (Автовокзал)
3 Saltykov-Ščedrin-Museum (Дом-Музей М.Е. Салтыкова-Щедрина)
4 Trifonov-Kloster (Трифонов монастырь)
5 Volkskundemuseum (Этнографический музей)
6 Heimatkundemuseum (Краеведческий музей)
7 Jungfrauen-Kloster mit Erlöserkirche (Спасо-Преопбаженский монастырь)
8 Aleksandr-Grin-Museum (Музей им. Александра Грина)
9 Schauspielhaus (Драматический театр)
10 Gemäldegalerie (Художественный музей)
11 Diorama (Диорама)

Gegenüber liegt das **Volkskunstmuseum** mit einer Auswahl ortstypischer Souvenirs und Vjatkaer Spitzen (ul. Drelevskogo 4b, Tel. 622250). Bekannt ist Vjatka vor allem für die ›Dymkover Spielsachen‹. Am anderen Ufer der Kirov befindet sich der eingemeindete Stadtteil Dymkovo, der den bekannten Tonfiguren den Namen gibt. Die Spielsachen sind kleine handgeformte Tonfiguren und Pfeifen mit Trachtenfiguren, Husaren, Musikanten oder Tieren als Motiven.

Ein Stück weiter westlich befindet sich das **Heimatkundemuseum** (ul. Lenina 82).

Jungfrauenkloster und Grin-Museum

Nördlich davon, in Richtung Uferpromenade, befand sich die den Ursprung der Stadt bildende Festung. Dahinter liegt das **Jungfrauen-Kloster** mit der Erlöserkirche und der Johannes dem Täufer gewidmeten Kirche. Hier gelangt man auch zum **Grin-Museum**. Der Schriftsteller Aleksandr Grin (eigentlich Grinevskij, 1880–1932) stammte aus einem Dorf in der Umgebung. Aus seinem von der Romantik geprägten Schaffen ist vor allem die märchenhafte Erzählung ›Das purpurrote Segel‹ (Alye parusa) bekannt (ul. Volodarskogo 44, Tel. 690777).

Gemäldegalerie und Diorama

Entlang der ul. Kommuny kommt man am Jugendtheater vorbei zu einem Platz, der die ul. Marksa kreuzt. Hier befinden sich neben der örtlichen Hochschule auch das 1877 gegründete Schauspielhaus (ul. Moskovskaja 37, Tel. 623252) und die über die Grenzen der Stadt hinaus bekannte **Gemäldegalerie** (ul. K. Marksa 70, Tel. 627848).

Auf dem Rückweg zum Bahnhof kann man sich In einem ›**Diorama**‹ genannten Museumszentrum in einem Park auf einer gigantischen Leinwand die revolutionären Ereignisse des 1. Dezember 1917 anschauen (ul. Gor'kogo 32, Tel. 640455).

Kirov/Vjatka

Zeitunterschied: MEZ + 2 h im Sommer, + 3 h im Winter.

PLZ: 610000.

Vorwahl: 007/8332.

Hauptpostamt: ul. Drelevskogo 43, Tel. 646449.

Bank: Sberbank, ul. Derendjaeva 25, Tel. 653366.

Reisebüro: Inturist, ul. Volodarskogo 127, Tel. 90949.

Der Hauptbahnhof Kirov I liegt am südlichen Stadtrand in der Komsomol'skaja ul. 42, Tel. 373701. Hier kreuzt die Transsib auch die Nord-Südverbindung von Nižnij Novgorod nach Kotlas, an der sich der für Transsib-Reisende uninteressante Kotlasser Bahnhof (ul. Ėngel'sa) befindet,

Kirov I GPS: 58°34'42"N/49°39'7"O.

Der Busbahnhof befindet sich nördlich des Bahnhofs in Richtung Stadtzentrum. Es gibt 4 x pro Woche eine Busverbindung nach Kazan', ul. Gorkogo 57, Tel. 544942.

Der Flughafen Pobedilovo liegt gut 20 Kilometer südwestlich des Zentrums. Aeroflot unterhält ein Büro in der ul. Gor'kogo 56, Tel. 551580.

Die besten Unterkünfte der Stadt sind das wuchtige **Hotel Central'naja**, ul.

Lenina 80; DZ 2800 Rbl., Tel. 383050, www.hotel.kirov.ru, und das auch öffentlich zugängliche **Gästehaus der Gebietsadministration**, das nur zwei DZ und ansonsten nur EZ für 1900 Rbl. hat, ul. Gercena 49, Tel. 381016.

Eine Alternative ist das **Hotel Vjatka**, pr. Oktjabr'skij 145; DZ 2000 Rbl., Tel. 544503.

Direkt neben dem Bahnhof befindet sich das **Hotel Sportivnaja**, ul. Čapaeva 67, Tel. 547411; neben Zimmern gibt es auch Schlafplätze im DZ für 400 Rbl.

Als beste Restaurants der Stadt gelten das **Retro**, russische Küche, ul. Mendeleeva 21, Tel. 258865, und der Italiener **Dolče Vita**, Oktjabrskij pr. 89, Tel. 363535.

Alternativen sind **Neskučnyj Sad**, ul. Vorovskogo 112, Tel. 512698, oder die Bierkneipe **Bočka 110**.

Günstiger kann man im **Café Berëzka**, ul. Komsomolskaja 54, Tel. 540509, oder im **Café Broster**, ul. Lenina 59, Tel. 384955, essen.

www.nashavyatka.ru (R).
www.vkirove.ru (R).

Nižnij Novgorod/Нижний Новгород

Nižnij Novgorod, das ›untere‹ Novgorod – in Unterscheidung zu Novgorod oder Velikij Novgorod in der Nähe von St. Petersburg –, wird häufig auch nur einfach ›Nižnij‹ genannt. Von 1932 bis 1990 trug die heute gut 1,25 Millionen Einwohner zählende Stadt den Namen des hier geborenen Schriftstellers Maksim Gor'kij.

▲ Karte S. 162

Der Ort wurde 1221 von Jurij Vsevolodič, einem Fürsten aus Vladimir, gegründet. Der Handel florierte an den östlich der Mündung des Flusses Oka in die Wolga gelegenen Hügeln und ließ die Ansiedlung schnell wachsen und zu Beginn des 14. Jahrhundert sogar für zwei Generationen ein selbständiges Fürstentum entstehen. Doch die Streitigkeiten unter den russischen Fürsten sowie die Bedrohung durch die Tataren und Mongolen stoppten die Entwicklung und ließen Nižnij Novgorod zweimal in Schutt und Asche versinken. Erst im 16. Jahrhundert gab unter Moskauer Herrschaft die Vollendung der steinernen Kremlfestung die in den Auseinandersetzungen mit den Tataren notwendige Sicherheit. Die Stadt expandierte an das westliche Oka-Ufer und umfasst bis heute im Ortsteil ›Nagornaja‹ (auf dem Berg) um den Kreml herum das Stadtzentrum und den Ortsteil ›Zarečnaja‹ (hinter dem Fluss) mit den Gewerbeansiedlungen und den dazugehörenden Wohnbezirken.

Nižnij Novgorod wurde eine der bedeutendsten Handels- und Industriestädte Russlands und ist es bis heute geblieben. Neben der in den letzten Jahren wiederbelebten Messe dominieren der Maschinenbau, die Werftindustrie und der Fahrzeugbau. In der hier 1932 mit Hilfe von Ford errichteten Autofabrik GAZ (Gorkovskij AvtoZavod) wurden die Autos der sowjetischen Premiummarke ›Volga‹ hergestellt. Heute sind Kleintransporter der Marke GAZelle der Verkaufshit. Daneben werden auch Mercedes-Sprinter gebaut, und in Zukunft sollen VW Jetta und Škoda Octavia dazukommen. Aus der Sormos-Werft kommen die Tragflächenboote der Marke

Raketa. Daneben war die Stadt eine bedeutende Waffenschmiede Russlands, weshalb sie auch zu Sowjetzeiten für Ausländer nicht zugänglich war. Im Stadtbild finden sich viele architektonische Belege für den Reichtum der örtlichen Kaufleute. Heute werden diese Traditionen wieder neu belebt. Es besteht eine Städtepartnerschaft mit Essen.

Stadtrundgang

Nižnij Novgorod liegt an beiden Seiten der Oka-Mündung in die Wolga. Der **Hauptbahnhof** befindet sich ›hinter dem Fluss‹. Auf dieser Seite der Oka sind die 1817 eröffneten **Messehallen** und die beiden Messe-Kathedralen sehenswert, vor allem die **Alexander-Nevskij-Kathedrale** an der ›Strelka‹ genannten Landspitze am Zusammenfluss von Wolga und Oka. Die einzige Metrolinie der Stadt bleibt in dieser Stadthälfte. Mit der Straßenbahnlinie 1 gelangt man über die Kanavinskij-Brücke zum Kreml und ins Stadtzentrum. Von der Brücke über die Oka bietet sich auch ein herrlicher Blick auf die Mündung in die majestätische Wolga.

Der Kreml von Nižnij Novgorod

Das Wohnhaus Maksim Gor'kijs

■ Kreml

Man gelangt über die Uferpromenade am Flusshafen vorbei oder parallel über die mit ihren im Jugendstil und im Klassizismus gehaltenen **Kaufmannshäusern** beeindruckende ul. Roždestvenskaja hinauf zum Kreml, dessen Eckpunkte fünf dicke, quadratische Türme und sechs kleinere runde Türme bilden. Die Kremlmauer ist fast zwei Kilometer lang und über zehn Meter hoch. Durch den Ivan-Turm von der Wolga kommend oder durch den Dimitrij-Turm vom Stadtzentrum her, gelangt man in das Innere des Kremls. Hier findet man den Sitz des Gouverneurs, die 1631 erbaute Erzengel-Michael-Kathedrale, die Philharmonie (Tel. 4391187) und die städtische Gemäldegalerie (Tel. 4390855). Die größtenteils überdachte Mauer ist als **Museum** (Tel. 4391888) teilweise ebenfalls begehbar und bietet einen schönen Blick auf die Stadt und die Wolga.

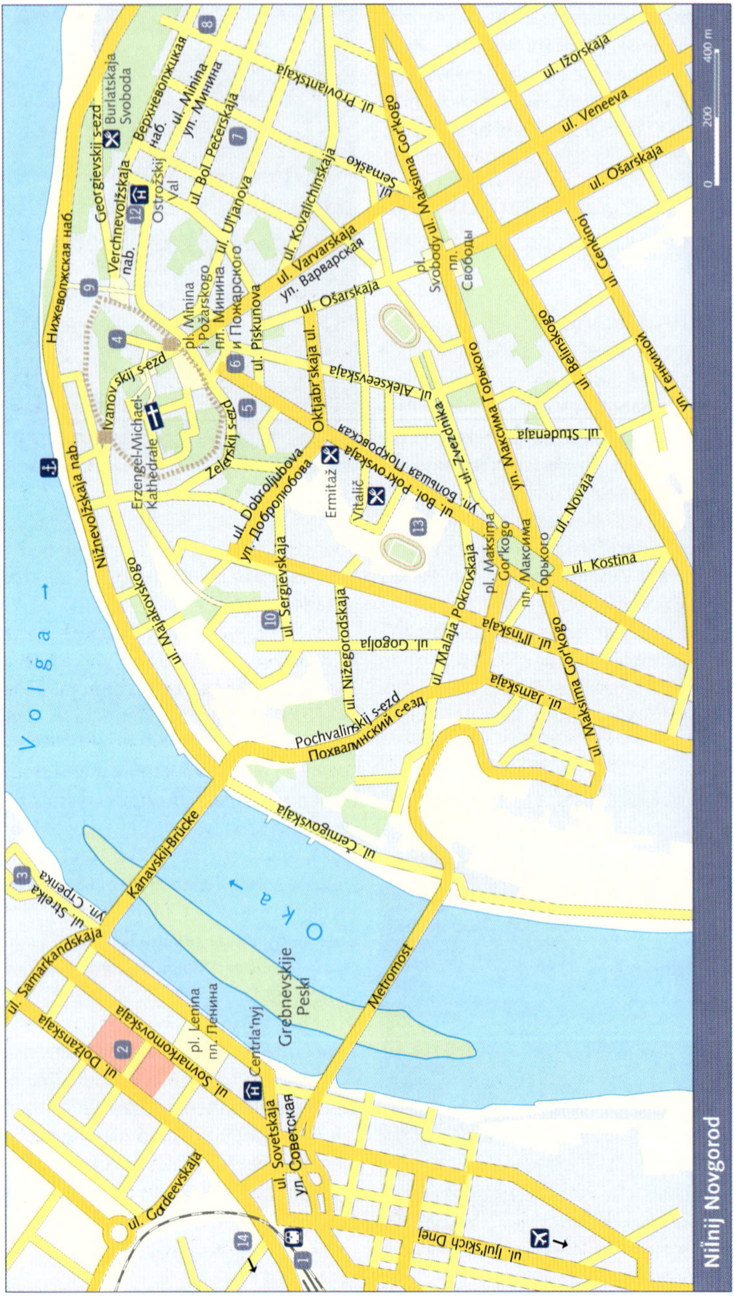
Nižnij Novgorod
Volga
Oka
0
200
400 m
ul. Proviantskaja
ul. Ižorskaja
ul. Veneeva
ul. Ošarskaja
ul. Semaško
ul. Maksima Gor'kogo
ul. Minina
ул. Минина
Верхневолжская наб.
Burlatskaja Svoboda
Georgievskij s-ezd
Verchnevolžskaja nab.
Ostrožskij Val
ul. Bol. Pečerskaja
ul. Ul'janova
ul. Kovalichinskaja
ul. Varvarskaja
ул. Варварская
pl. Svobody
пл. Свободы
ul. Genkinoj
ul. Belinskogo
pl. Minina i Požarskogo
пл. Минина и Пожарского
ul. Piskunova
Нижневолжская наб.
Ivanovskij s-ezd
ul. Alekseevskaja
Oktjabr'skaja ul.
Erzengel-Michael-Kathedrale
Zelenskij s-ezd
ul. Bol. Pokrovskaja
ул. Большая Покровская
ul. Zvezdinka
ul. Studenaja
ул. Максима Горького
Ermitaž
Vitalič
ul. Dobroljubova
ул. Добролюбова
ul. Novaja
pl. Maksima Gor'kogo
пл. Максима Горького
ul. Kostina
Nižnevolžskaja nab.
ul. Majakovskogo
ul. Sergievskaja
ul. Malaja Pokrovskaja
ul. Il'inskaja
ul. Gogolja
ul. Nižegorodskaja
ul. Jamskaja
Pochvalinskij s-ezd
Похвалинский с-езд
ul. Černigovskaja
Kanavskij-Brücke
ul. Strelka
ул. Стрелка
ul. Samarkandskaja
Grebnevskije Peski
Metromost
pl. Lenina
пл. Ленина
Centrla'nyj
ul. Sovnarkomovskaja
ul. Dol'žanskaja
ul. Sovetskaja
ул. Советская
ul. Gordeevskaja
ul. Ijul'skich Dnej

Fußgängerzone

Durch den Dimitrij-Turm gelangt man auf den nach **Kuzma Minin** und **Dimitrij Požarskij** benannten Platz. Beide kamen aus Nižnij Novgorod, organisierten in der sogenannten ›Zeit der Wirren‹ den Sieg über die polnischen Interventen und legten somit entscheidende Grundlagen für den Beginn der Romanov-Dynastie, was auch auf Moskaus Rotem Platz mit einem Denkmal gewürdigt wird. Seit 2005 steht auf dem Platz in Nižnyj eine Kopie des Moskauer Denkmals.

Hier beginnt die ul. Bol'šaja Pokrovskaja – als **Fußgängerzone** bis zum Gor'kij-Platz die wichtigste Flaniermeile der Stadt. Rechts erhebt sich ein Kaufhaus, kurz dahinter folgt das **Schauspielhaus** (ul. Pokrovskaja 13, Tel. 4305855). Das **Operntheater** befindet sich in der ul. Belinskogo 39 (Tel. 4351640).

Allen Hobby-Fotografen sei das **Fotografie-Museum** empfohlen, das in einer Nebenstraße an die beiden auch international bekannten Fotografen des alten Russland Andrej Karelin (1837–1906) und Maksim Dmitrev (1848–1948) erinnert, ul. Piskunova 9, Tel. 4342523, www.fotomuseum.nnov.ru (R).

Märchenschlossartig erhebt sich an der nächsten Ecke die örtliche Filiale der Zentralbank. Es folgen die Universität, das Puppentheater (B. Pokrovskaja 39, Tel. 4390721) und viele Geschäfte, Cafés und Restaurants.

Museen

Am Gor'kij-Platz erinnert ein Denkmal an den großen Sohn der Stadt. **Maksim Gor'kij** (1868–1936) hieß eigentlich Aleksej Maksimovič Peškov, sein Pseudonym ›Gor'kij‹ bedeutet ›der Bittere‹. Seine bekanntesten Werke sind ›Nachtasyl‹ und ›Die Mutter‹. Ihm sind **drei Museen** gewidmet: das Haus, in dem er einen Teil seine Kindheit verbrachte (Počtovyj s'ezd 21, Tel. 4338589), die Wohnung, in der er nach 1902 lebte (ul. Semaško 19, Tel. 4361651), und ein Literaturmuseum (ul. Minina 26, Tel. 4366583).

Vom Minin-Požarskij-Platz lohnt auch ein Spaziergang hinunter zur Wolga. Hier stößt man auf die vielfotografierte **Wolga-Treppe** und das Denkmal für den russischen Polarflieger **Valery Čkalov** (1904–1938). Čkalov flog 1937 von Moskau über den Nordpol ins kanadische Vancouver.

Legende

1. Bahnhof (Вокзал)
2. Messegelände (Нижегородская Ярмарка)
3. Alexander-Nevskij-Kirche (собор Александра Невского)
4. Kreml' (Кремль)
5. Schauspielhaus (Театр драмы им. М. Горького)
6. Fotografiemuseum (Музей фотографии)
7. Maksim-Gor'kij-Museum (Wohnhaus) (Дом-музей М. Горького)
8. Maksim-Gor'kij-Literaturmuseum (Музей Горького)
9. Čkalov-Denkmal (памятник Чкалову)
10. Gor'kij-Museum (Музей Горького)
11. Andrej-Sacharov-Museum (Музей-квартира А. М. Сахарова)
12. Heimatkundemuseum (Музей истории и архитектуры)
13. Volkskunstmuseum (Музей истории художественных промыслов Нижегородской области)
14. Museum im Automobilwerk (Музей истории ОАО ›ГАЗ‹)

Die Uferpromenade ist ein beliebter Ort für Spaziergänge und bietet einen phantastischen Blick über die Wolga. Hier hat das **Heimatkundemuseum** (offiziell: Museum für Geschichte und Architektur) seinen Hauptsitz, Verchne-Volžskaja nab. 7, Tel. 4196406. Im Nebenhaus befindet sich das **Radio-Museum**, Verchne-Volžskaja nab. 5, Tel. 4194755. Zum Heimatmuseum gehören noch das **Volkskunstmuseum**, ul. Bol'šaja Pokrovskaja 43, Tel. 4533427, www.ngiamz.ru (R), und das **Holzarchitekturmuseum**, ul. Gorbatovskaja 41, Tel. 4651598.

Einige Kilometer südlich des Zentrums lohnt das **Andrej-Sacharov-Museum** einen Besuch. Der Kernphysiker Sacharov (1921–1989) war wohl der bekannteste sowjetische Dissident der Breschnew-Ära und von 1980 bis 1986, bis ihm im Rahmen der Perestroika Michail Gorbatschow die Rückkehr nach Moskau erlaubte, nach Gor'kij verbannt worden. Seine damalige Neubau-Wohnung beherbergt heute ein ihm und seiner Verbannung gewidmetes Museum (pr. Gagarina 214, Tel. 668623).

Für Fans der legendären sowjetischen Volga- und Čajka-Karossen lohnt sich ein Besuch des mit vielen Oldtimern bestückten **Automobil-Werksmuseums** am anderen Oka-Ufer, pr. Lenina 95, Tel. 2561225.

Für Dampflok-Freaks gibt es am Vorortbahnhof Sortirovočnaja noch ein kleines **Eisenbahnmuseum**, ul. Klubnaja 5, und eine Freiluftexposition von 13 russischen Dampflokomotiven, ul. Gorochvezkaja, Tel. 2487254

Nižnij Novgorod

Zeitunterschied: MEZ + 2 h im Sommer, + 3 h im Winter.

PLZ: 603000.

Vorwahl: 007/831 Die Vorwahl wurde kürzlich von 8312 auf 831 umgestellt. Bei alten 6-stelligen Telefonnummern ist nun eine 2 oder eine 4 voranzustellen.

Hauptpostamt: ul. Bol'šaja Pokrovskaja 56, Tel. 4331764.

Bank: Sberbank, ul. Oktjabrskaja 35, Tel. 4171717

Geldautomat: ul. Gor'kogo 4.

Reisebüro: VIPTravel, ul. Poltavskaja 22, Tel. 4210331.

Der Bahnhof befindet sich vom Kreml aus am anderen Oka-Ufer, Tel. 442724. **GPS**: 56°19'19''N/43°56'45''O.

Der Flughafen Strigino befindet sich 18 km südwestlich des Stadtzentrums. Das Aeroflot-Büro in der Innenstadt liegt am pl. Lenina, Tel. 4443976. Tgl. 6 Flüge nach Moskau (2 x Šeremet'evo, 2 x Domodedovo, 2 x Vnukovo) und 2 Flüge nach Petersburg sowie 5 wöchentliche Flüge nach Ekaterinburg. International gibt es u.a. wöchentlich vier Lufthansa-Verbindungen aus Frankfurt/M, die nach der Zwischenlandung in Nižnyj weiter nach Perm' führen, Tel. 2567436, www.airportnn.ru (R/E).

Das besten Hotels der Stadt sind das **Grandhotel Oka**, pr. Gagarina 27; DZ 4000 Rbl., Tel. 4259449, www.hoteloka.ru (R/E), und das am Messegelände gelegene **Kongress-Hotel Central'nyj**, ul. Sovetskaja 12; DZ 3900 Rbl., Tel. 2775858, www.hotel-central.ru (R/E).

Ein kleines, nettes Hotel im Zentrum ist das **Ostrožskij Val**, ul. Minina 12; DZ 3500 Rbl., Tel. 4320861. Eine günstige

▲ Karte S. 162

Übernachtungsmöglichkeit bietet das **Hotel der Gewerkschaftsschule**, pr. Gagarina 25b; DZ 1500 Rbl., Schlafplatz 500 Rbl., Tel. 2120956.

In der Fußgängerzone sind die Gaststätten **Ermitaž**, Bolšaja Pokrovskaja 21, Tel. 334779, und **Vitalič**, B. Pokrovskaja 35, Tel. 331691, zu empfehlen.

Gute Küche findet man auch am Wolga-Ufer im **Burlatskaja Svoboda**, Georgievskij s'ezd 1, Tel. 361907.

www.admgor.nnov.ru (R/E/D).
www.unn.runnet.ru/nn (E,R).
www.nnovcity.ru (R),
www.nn.ru (R).

Kazan'/Казань

Das 1177 als Bulgar-Dzadid gegründete Kazan' ist heute die Hauptstadt der Republik Tatarstan und einerseits der Inbegriff für die maximal erreichbare Autonomie eines Föderationssubjektes und andererseits das Zentrum des Islams in Russland. Die moslemischen Tataren machen etwa 48 Prozent der Bevölkerung aus. Kazan' selbst zählt heute 1,15 Millionen. Einwohner. Die ursprünglich hier ansässigen Wolga-Bulgaren wurden im 13. Jahrhundert durch die Mongolen und Tataren vertrieben. Als die Goldene Horde sich auflöste, wurde Kazan' zur Hauptstadt des gleichnamigen, Khanat genannten, Fürstentums.

Im Jahre 1552 wurde die Stadt unter Ivan dem Schrecklichem erobert und an Russland angegliedert. Die berühmte Moskauer Basilius-Kathedrale wurde übrigens zu Ehren dieser siegreichen Schlacht errichtet. Auch in Kazan' hielt das Kreuz Einzug. Der islamische Halbmond wurde unterdrückt und erst Ende des 18. Jahrhunderts unter Katharina der Großen wieder toleriert.

Während die Russen sich in Richtung Kreml im Zentrum niederließen, siedelten sich die Tataren in den Vorstädten an. Daher finden sich viele Kirchen im Zentrum, die Moscheen zumeist außerhalb davon. Heute sind Russisch und Tatarisch gleichberechtigte Amtssprachen. Bis heute prägen sowohl russische Kirchen als auch tatarische Moscheen die Stadtsilhouette. Im 19. Jahrhundert wurde Kazan' zu einer prosperierenden Handels- und Industriemetropole, was sich auch in der städtebaulichen Entwicklung niederschlug. Mit den ersten Ölfunden Ende des 19. Jahrhunderts kam ein neuer Boom. Heute ist der bedeutende Industriestandort vor allem durch die petrochemische Verarbeitung des in Tatarstan geförderten Erdöls und Erdgases, die Luftfahrttechnik, insbeson-

Blick vom Bahnhof zur Kul-Scharif-Moschee

Kazanka
Wolga
Kreml'
Kremlevskaja
ul. Dekabristov
ul. Baturina
ul. Fedoseevskaja
ul. Nagornaja
ul. Kasatkina
ul. Japeeva
ul. Tel'mana
ul. Bol'šaja Krasnaja
ул. Большая Красная
ul. Karla Marksa
ул. Карла Маркса
ul. Dzeržinskogo
ул. Дзержинского
ul. Lobočevskogo
Hotel Mikado,
ул. Пушкина
ul. Baumana
proezd Šejnkmana
ul. Jarmaročnaja
ul. Tašajak
ул. Ташаяк
ul. Levo Bulačnaja
ul. Pravo Bulačnaja
ul. Profsojuznaja
ул. Баумана
ul. Kremlevskaja
ул. Кремлевская
ул. Профсоюзная
Kaufhaus GUM
ul. Korotčenko
ul. Said-Galieva
ул. Саид-Галиева
ul. Moskovskaja
ул. Чернышевского
ul. Musy Džalilija
ul. Astronommičeskaja
Tatarskoj kulinarii
ul. R. Jachina
ул. Р. Яхина
ul. Ostrovskogo
Ibis
Bulak
Shalyapin Palace
Art
ul. Universitetskaja
ул. Университетская
ul. Puškina
Tatarstan
Kol'co
ul. Peterburgskaja
Bulgarin
Fleur
Ploščod' Tukaja
ul. Černyševskogo
ul. Tazi Gisata
ул. Московская
Gurchana Sachidi
ul. Narimanova
ul. Kamala
Zentral-markt
ul. Gabdully Tukaja
ul. Tatarstan
ul. Jamskaja
ul. Mežlauka
ul. Parižskoj Kommuny
ул. Татарстан
ul. Šigabutdina Mardžani
oz. Nižnij Kaban
ul. Fatycha Karima
ул. Габдуллы Тукая
Tataren-Vorstadt
ul. Graždanskaja
ul. Tatarstan
ul. Achtjamova
U Ozera
ul. Sary Sadykovoy
Fluss-hafen
ul. Devjateva
1
2
3
4
5
6
7
8
9
10
11
Kazan
0
250
500 m

Der Kazaner Kreml bei Nacht

dere die Herstellung von Flugzeugen und Hubschraubern, und die optische Industrie (Ferngläser, Nachtsichtgeräte) geprägt.

Kazan' ist die Heimatstadt des Sängers Fëdor Šaljapin (1873–1938) und des Balletttänzers Rudolf Nurejew (1938–1993). Die erste islamische Universität Russlands eröffnete 1999 ihre Pforten. Es besteht eine Städtefreundschaft mit Braunschweig.

Obwohl nicht an der klassischen Transsib-Route gelegen, wird Kazan' von einigen Regelzügen und den meisten Sonderzügen angefahren und deshalb hier beschrieben.

Stadtrundgang

Kazan' liegt heute an der Wolga. Früher lag der Ort nur am Fluss Kazanka, sechs Kilometer vom Wolgaufer entfernt. Doch seit an der Wolga eine Staudamm-Kaskade errichtet wurde und sich von dort ein Rückstau gebildet hat, ist Kazan' eine Hafenstadt, und der Bahndamm liegt jetzt genau am Ufer des Stromes zwischen dem Fluss und dem Zentrum der tatarischen Hauptstadt. Vom Bahnhof gelangt man am besten nach links über die ul. Said-Galieva zum Wolganebenfluss Kazanka. In die ul. Tašajak einbiegend, findet man linker Hand einen Sportkomplex, ul. Moskovs-

Legende

1 Bahnhof (Вокзал)
2 Stadion (Стадион)
3 Zirkus (Цирк)
4 Kreml' (Кремль)
5 Nationalmuseum Tatarstans (Национальный музей Республики Татарстан)
6 Nikolai-Kirche (Николо-Низская церковь)
7 Peter-und-Pauls-Kathedrale (Петропавловский собор)
8 Universität (Университет)
9 Gemäldegalerie (Картинная галерея)
10 Gor'kij-Museum (Литературно-мемориальный музей им. М. Горького)
11 Tatarisches Nationaltheater (Татарский национальный театр)

Der Bahnhof Družinino kurz vor Kazan'

kaja 1, das Kaufhaus CUM, das Freizeitzentrum Pyramide, das moderne Fußballstadion, ul. Tašajak 2a, und den auf 2400 Zuschauer ausgelegten Kuppelzirkus (pl. Tysjačiletuja 2, Tel. 324854).

In der Tatneft-Eisarena jagt das auch international bekannte Kazaner Eishockey-Team ›Ak Bars‹ den im Russischen ›Schaiba‹ genannten Puck und gewann 2006 seinen letzten Meistertitel. Nicht nur im Eishockey, auch im Fußball ist die Stadt Spitze. In 2008 und 2009 gewann Rubin Kazan die russische Fußballmeisterschaft. 2013 ist die sportliche Metropole Gastgeber der Universiade.

Kreml

Von weitem sieht man bereits am Ufer der Kazanka den gewaltigen, schneeweißen Kreml, dessen Mauer eine Länge von 1,7 Kilometern erreicht. Er gehört zum UNESCO-Weltkulturerbe. Neben den orthodoxen Kirchen fällt der Blick sofort auf die Kuppel und die sie umgebenden vier Minarette der 2005 eingeweihten **Kul-Scharif-Moschee**. Die markante Sehenswürdigkeit, eine Mischung aus Gotteshaus, Gedenkstätte und Museum soll die größte Moschee außerhalb des unmittelbaren islamischen Einzugsgebietes sein. Sie ist Ausdruck eines neuen, teilweise auch durch nationalistische Züge geprägten Selbstbewusstseins der Tataren.

▲ Karte S. 166

Durch den 45 Meter hohen **Erlöser-Turm** gelangt man in das Innere des Kremls. Er stammt wie die **Maria-Verkündigungs-Kathedrale** (Blagoveščenskij sobor) aus der Mitte des 16. Jahrhunderts. 100 Jahre später folgten die **Palast-Kirche** (Dvorcovaja cerkov') und der **Gouverneurs-Palast**, der heutige Sitz des Präsidenten Tatarstans.

Die Silhouette des Kremls wird daneben durch den 57 Meter hohen und sich um eineinhalb Meter zur Seite neigenden **Sjüjümbike-Turm** bestimmt. Er ist nach der angeblich von Ivan dem Schrecklichen angebeteten und patriotisch wie tragisch im Freitod endenden Tatarenfürstin Sjüjümbike benannt.

Auf dem Gelände des Kremls befinden sich **mehrere Museen**: ein dem nationalen Erbe gewidmetes Museum, ein Islam-Museum, ein dem Andenken an die Opfer des Zweiten Weltkriegs gewidmetes Museum, ein Naturkundemuseum und eine Galerie, Tel. 5678140, www.kazan-kremlin.ru (R).

Zentrum

Vom Kreml gelangt man über die gleichnamige Straße (Kremlevskaja ul.) ins Zentrum von Kazan. Am Beginn erinnert ein Denkmal an den tatarischen Nationaldichter **Musa Džalilja**. Er geriet im Zweiten Weltkrieg in deutsche Gefangenschaft und wurde 1944 im Gefängnis Berlin-Moabit hingerichtet. Innerhalb seines Schaffens sind die aus dem Gefängnis geschmuggelten und später als ›Moabiter Hefte‹ erschienenen Gedichte sehr eindrucksvoll. Auch das Kazaner Opern- und Balletttheater trägt den Namen des Dichters. Gegenüber befindet sich das eindrucksvolle **Nationalmuse-**

um Tatarstans, ul. Kremlevskaja 2, Tel. 2927162, www.tatar.museum.ru (R/E). Aus der zentralen Straße Kazans, der ul. Baumana, wurde in den letzten Jahren eine beschauliche Fußgängerzone mit vielen Cafés und Geschäften. Ein Denkmal und der Name eines neuen Nobelhotels erinnern an Russlands aus Kazan stammenden, großen Opernsänger Fëdor Šaljapin (1873–1938).
Neben der **Nikolaj-Kirche** befindet sich die farbenfreudig gemusterte **Peter-und-Paul-Kathedrale**, eine der schönsten Barockkirchen Russlands. Hier befand sich zu sowjetischer Zeit, als auch das örtliche Parteiarchiv in dieser Kirche untergebracht war, die heute als ›verschollen‹ geltende wundertätige Ikone der Kazaner Gottesmutter – eines der bedeutendsten Meisterwerke russischer Ikonenkunst.
Bekannt ist die 1804 gegründete **Universität**, die auch mit einem eigenen Museum aufwarten kann (ul. Profsojuznaja). Hier begann auch Lenin sein Studium, wurde dann aber exmatrikuliert. Seine literarisch auch entsprechend verewigte ›Universität des Lebens‹ fand hier auch **Maksim Gor'kij** (1868–1936). Er arbeitete damals in einer Kellerbäckerei, die heute ein Museum ist (ul. Gor'kogo 10, Tel. 2384778). Zwei Ecken weiter lohnt das eindrucksvolle **Kunstmuseum** ebenfalls einen Besuch (ul. Marksa 64, Tel. 2366921).

Wildschweinsee und Tatarenvorstadt

Über die ul. Puškina, die dann zur ul. Tatarstan wird, gelangt man am gleichnamigen Hotelhochhaus vorbei zum Wildschweinsee (Kabanskoe ozero). Auf dem Boden des Sees sollen sich noch Schätze der Goldenen Horde befinden. An seinem nördlichen Ufer steht das moderne **Tatarische Nationaltheater** ›Galiasgara Kamala‹ (ul. Tatarstan 1, Tel. 2329374). Der See galt ursprünglich als eine Trennlinie zwischen den russischen und tatarischen Quartieren der Stadt. Im Viertel westlich des Sees finden sich besonders viele **Moscheen**.
Vom Wildschweinsee kehrt man in Richtung Norden auf einer der beiden Uferstraßen, die den früher schiffbaren Stadtkanal ›Bulak‹ säumten und daher ihren Namen tragen (ul. Pravobulačnaja und ul. Levobulačnaja), ins Zentrum zurück.

Kindereisenbahn

Kazan' kann sich heute der modernsten Kindereisenbahn Russlands rühmen. Seit 2007 verkehren die Züge am nordwestlichen Stadtrand in der Siedlung Zalesnyj, Tel. 2942764, Bus 48 oder 72 ab Hbf.

Kazan'

Zeitunterschied: MEZ + 2 h im Sommer, + 3 h im Winter.
PLZ: 420000.
Vorwahl: 007/843.
Hauptpostamt: ul. Kremlovskaja 8, Tel. 2926290.
Bank: Bank Ak Bars, ul. Dekabristov 1, Tel. 2303303.
Geldautomat: im Hotel Tatarstan.
Reisebüro: Intur, ul. Profsojuznaja 46, Tel. 2382902.

Das rote Backsteingebäude des Bahnhofs liegt am westlichen Rand des Zentrums, unmittelbar am Ufer der hier aufgestauten Wolga. Die wichtigsten über Kazan verkehrenden Regelzüge sind Nr. 35/36 und 95/96 Moskau–Barnaul, 63/64 Minsk–Irkutsk (umfährt Moskau), 75/76 Moskau–Tynda, 117/118 Moskau–Novokuzneck, ul. Černyševskovo 36/14, Tel. 2926807.
GPS: 55°74'17''N/49°60'1''O.

Der Flughafen liegt nördlich von Kazan'. Das Stadtbüro befindet sich in der ul. Puškina 4 im Hotel Tatarstan, Tel. 2386530. Es gibt 8 tgl. Flüge nach Moskau (4 x Domodedovo, je 2 Šeremet'evo und Vnukovo). Daneben gibt es 4 wöchentliche Flüge nach Petersburg, 2 Flüge nach Novosibirsk. Dreimal pro Woche fliegt die Lufthansa von Frankfurt über Kazan weiter nach Perm'. Daneben gibt es noch einen Flug pro Woche nach Prag und seit Herbst 2011 auch nach München, ul. Aeroportovskaja Tel. 2678812, www.airport.kazan.ru.

Die besten Hotels der Stadt sind heute das **Shalyapin Palace Hote**l, ul. Universitetskaja 7; DZ 5500 Rbl., Tel. 2382800, www.shalyapin-hotel.ru (R/E/D), und das **Hotel Art**, ul. Ostrovskogo 33; DZ 4500 Rbl., Tel. 5673003, www.hotelart-kazan.ru (R). Reisegruppen werden häufig im noch recht sowjetischen **Hotel Tatarstan** untergebracht, ul. Puškina 4, Tel. 2646005.

Eine Alternative ist das neue **Ibis-Hotel**, ul. Pravo-Bulačnaja 43/1; DZ 2400 Rbl. Die günstigsten Übernachtungsmöglichkeiten sind die **Hostels Mikado**, ul. Gor'kogo 6a kv. 11, Schlafplatz 600 Rbl., Tel. 2542293, www.mikadootel.com (R), und **Bulgarin**, ul. Universitetskaja 4/34 kv. 8, Schlafplatz 550 Rbl., Tel. 2671880.

Als bestes landestypisches Restaurant der Stadt gilt das **Dom tatarskoj kulinarii** (Haus der tatarischen Kulinarik), ul. Baumana 31, Tel. 2927070, www.domtk.ru (R).

Gut und teuer ist auch das **Tango** mit Restaurant, Café und Irish Pub, ul. Brat'ev Kasimovych 38, Tel. 2242242. Es liegt weit im Süden der Stadt.

Nette Gaststätten sind das **Fleur**, ul. Universitetskaja 2/53, Tel. 2923988, **U Ozera**, ul. Šigabutdina Mardžani 42, Tel. 2317413, oder das Halal-Café **Dastarchan**, ul. Čistopolskaja 20b, nördlich der Kazanka.

Günstige Einkehrorte sind die **IQ-Bar**, ul. Baumana 60, Tel. 2921939 oder die Teestube **Ašane**, ul. Baumana 64, Tel. 2925654.

Das größte klassische Kaufhaus **CUM** befindet sich in der Nähe des Kremls neben dem Zirkus, ul. Moskovskaja 2, Tel. 2921138.

Im Zentrum gibt es auch die moderne **Shopping Mall Kol'co** (Ring) mit guten Fastfood-Einrichtungen, ul. Peterburgskaja 1, Tel. 2382828, Metrostation Pl. Tukaja.

Die beste Souvenir-Auswahl findet man im **Kazanskij Suvenir**, ul. Kremlevskaja 15/25, Tel. 2929809.

Der **Zentralmarkt** liegt unweit südöstlich des Bahnhofs, ul. Martyna Mežlauka 13.

www.kzn.ru (R)
www.kazan-portal.com (R)
www.kazan2013.com (R/E)
www.e-kazan.ru (R).

▶ Karte S. 166

Perm'/Пермь

Perm' erstreckt sich am Fuße des Urals entlang der in die Wolga fließenden Kama auf knapp 60 Kilometer Länge. Der Stadtname stammt aus dem Finno-Ugrischen und bedeutet fernes Land. Perms Geschichte begann im Jahr 1723, als man unweit des Dorfes Egošicha Kupfererz entdeckte. Der Bergbauingenieur V. N. Tatiščev, der auch als Gründer von Ekaterinburg gilt, plante hier ebenfalls den Bau einer Kupferhütte. Um sie herum entstand eine neue Siedlung, die 1796 das Stadtrecht erhielt. Insbesondere dank seines Hafens an der Kama, Nebenfluss der Wolga, wurde Perm' zu einem regen Handelsplatz und zum Tor in ein noch ferneres Land – Sibirien.

Aufgrund der Erzlagerstätten entwickelte sich auch die Schwerindustrie, unter anderem entstand hier Mitte des 19. Jahrhunderts die größte Kanonenfabrik Russlands. Perm' galt damals bereits als Zentrum des russischen Motorenbaus. 1878 erreichte die Eisenbahn die Stadt. Die Transsib fuhr in den ersten Jahren von Moskau weiter südlich zum Ural, erst seit Ende der 1920er Jahre verkehren die meisten Züge der Transsib über Perm'.

Doch nicht nur Industrie und Handel, auch kulturelle Traditionen sind in Perm' erwähnenswert. Das die Grundlage des heutigen Heimatmuseums bildende Industriemuseum war bei seiner Gründung 1890 das erste seiner Art in Russland. Kurz zuvor hatte das Operntheater seinen Spielbetrieb aufgenommen, 1916 wurde die Universität gegründet. Heute ist die Stadt wirtschaftlich vor allem als Zentrum des Maschinenbaus und für die hier produzierten Flugzeugturbinen und Fahrräder bekannt. Aber auch die Theaterszene genießt einen guten Ruf. Von 1940 bis 1957 hieß die Stadt nach Stalins Außenminister Molotov, beschrieben wird sie auch als Jurjatino. Literatur-Nobelpreisträger Boris Pasternak war häufiger Gast in Perm' und verewigte die Stadt unter dem Namen Juratino in seinem Roman ›Dr. Schiwago‹.

Zu Beginn der 1980er Jahre überschritt die Einwohnerzahl die Millionengrenze, heute ›kämpft‹ Perm' um den Status einer Millionenstadt. Zum Zensus 2010 fehlten dazu knapp 8000 Einwohner. Zu Zeiten der Sowjetunion war der Ort wie alle Uralmetropolen eine geschlossene Stadt und für Ausländer nicht zugänglich. Eine Ausnahme bildete nur die DDR, die in den 1980er Jahren mit großem Baukontingent und vielen Arbeitskräften im Rahmen der Comecon-Kooperation einen Teilabschnitt der Erdgaspipeline Westsibirien–Mitteleuropa in der Umgebung von Perm' und Kungur errichtete.

Blick über den Fluss auf die Stadt

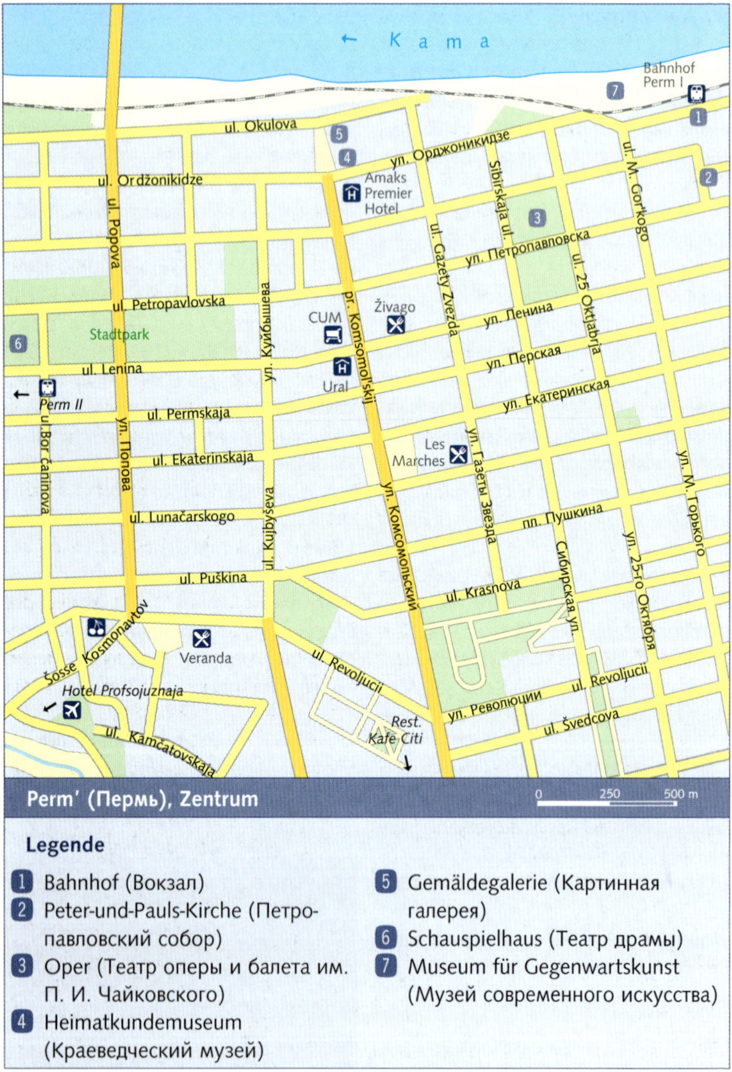

Perm' (Пермь), Zentrum

Legende

- 1 Bahnhof (Вокзал)
- 2 Peter-und-Pauls-Kirche (Петропавловский собор)
- 3 Oper (Театр оперы и балета им. П. И. Чайковского)
- 4 Heimatkundemuseum (Краеведческий музей)
- 5 Gemäldegalerie (Картинная галерея)
- 6 Schauspielhaus (Театр драмы)
- 7 Museum für Gegenwartskunst (Музей современного искусства)

Das bislang einzige **GULag-Museum** Russlands in einem ehemaligen Arbeitslager befindet sich im Dorf Kučino. Das Lager ›Perm-36‹ wurde bis 1987 genutzt, das Museum wurde 1994 eröffnet und lässt sich in einem Tagesausflug von Perm besuchen (www.gulagmuseum.ru).

Stadtrundgang

Der **Bahnhof Perm' I** befindet sich heute unmittelbar an der Stelle am südlichen Ufer der Kama, wo der kleine Fluss Egošicha in die Kama mündet und sich ursprünglich das gleichnamige Dorf befand. Hier befindet sich das alte Perm' mit vielen interessanten **Holzhäusern** und der 1765 errichteten und Petrus und Paulus gewidmeten **Barock-Kathedrale**. Im historischen Stadtkern wurde 2006 der an den Stadtgründer Vasilyj Tatiščev erinnernde Platz mit einem Denkmal neu gestaltet. Das heutige Stadtzentrum von Perm' liegt weiter westlich vom Kamafluss in Richtung Süden. Das weit gestreckte Stadtgebiet zieht sich über verschiedene Hügel und Täler.

Zur Hauptgeschäftsstraße der Stadt gelangt man vom Bahnhof am besten über die ul. Ordžonikidze oder die ul. Sovetskaja. Weiter südlich verläuft mit der ul. Lenina parallel zu ihnen eine der bedeutenden Geschäftsstraßen der Stadt. In einer kleinen Parkanlage zwischen beiden Straßen befindet sich das nach Peter Tschaikowsky benannte **Permer Operntheater** (ul. Petropavlovskaja 25a, Tel. 2123087, www.theatre.perm.ru (R/E). Bis 2010 stand die Oper in der Kommunistischen Straße, aber im vergangenen Jahr wurde mehrere Straßen umbenannt. So wurde auch aus der Karl-Marx-Straße wieder die Sibirische Straße. Möglicherweise folgen noch weitere Namensänderungen.

Heimatkundemuseum und Kunstgalerien

Auf allen diesen Straßen gelangt man zur wichtigsten Geschäftsstraße der Stadt, dem **Komsomol'skij prospekt**, der das Zentrum Perms als Nord-Süd-Magistrale auf etwa zweieinhalb Kilometern durchzieht. Hier befinden sich neben vielen wichtigen Einrichtungen der Stadt auch das größte Hotel, verschiedene Restaurants, Geschäfte und das größte Kaufhaus. Interessant wird es vor allem in Richtung des Flusses. Auf der rechten Seite erwartet den Touristen zunächst der **Ausstellungssaal des örtlichen Künstlerverbandes** (Komsomol'skij pr. 10).

Nach der nächsten Kreuzung folgt das **Heimatkundemuseum** mit umfangreichen Expositionen zu den Bereichen Natur, Geschichte, Technik (Komsomol'skij pr. 6, Tel. 2122807).

Unmittelbar daneben befindet sich im beeindruckenden Gebäude der von

Das Operntheater in Perm'

1793 bis 1798 erbauten Erlöserkirche die **Permer Kunstgalerie**. Es wurde eine zweite Decke eingezogen, so dass die Galerie neben der durchgehenden Ikonenwand auf zwei Etagen die einzigartigen Stroganov-Ikonen und viele Werke bekannter russischer Maler zeigt. Die Galerie ist eine der größten Kunstsammlungen Russlands und auf jeden Fall einen Besuch wert (Komsomol'skij pr. 4, Tel. 2122250).

Am Ufer der Kama lohnt sich an der ul. Okulova ein Blick auf den Flusslauf. Im ehemaligen Hafengebäude gegenüber des alten Bahnhofes Perm'I hat 2009 das neue Permer **Museum für Gegenwartskunst** Einzug gehalten. Direktor Marat Gelman, einer der bekanntesten Moskauer Galeristen macht Perm' mit sehenswerten Ausstellungen zu einem überregionalen Anlaufpunkt für moderne Kunst, ul. Ordžonikidze 2, Tel. 2199172, www.permm.ru (R).

Esplanade und Bahnhof Perm' II

An der Kreuzung des Komsomol'skij pr. und der ul. Lenina bietet sich ein Spaziergang auf der ul. Lenina in Richtung Westen an. Eine gigantische Parkanlage mit vielen Springbrunnen und einem Kriegsmemorial wird hier von der Gebietsadministration und dem modernen Schauspielhaus (ul. Lenina 53, Tel. 2017626) eingerahmt. Im Volksmund wird sie ›Esplanade‹ genannt. Am Theater vorbei gelangt man zum Bahnhof Perm' II. Perm' ist auch Ausgangspunkt für Flusskreuzfahrten über den Wolga-Nebenfluss Kama zur Mutter aller russischen Flüsse.

Flusslandschaft bei Perm'

Karte S. 172

Perm'

Zeitunterschied: MEZ + 4 h im Sommer, + 5 h im Winter.
PLZ: 614000.
Vorwahl: 007/342
Hauptpostamt: ul. Lenina 28, Tel. 2124121.
Bank: Alfa Bank, ul. Bol'ševistskaja 120, Tel. 2904076.
Geldautomat: ul. Bol'ševistskaja 120.
Reisebüro: Permtourist, ul. Lenina 58, Tel. 2127843, www.permtourist.ru.

Perm' hat mit Perm' I im Osten der Stadt und mit Perm' II im Westen der Stadt zwei Bahnhöfe. Heute ist der ursprünglich 1899 errichtete und 1962 umgebaute Bahnhof **Perm' II** der Hauptbahnhof. Am alten 1878 erbauten Bahnhof **Perm' I** halten nur Vorortzüge. Die Transsib-Strecke verläuft nach der Brücke über die Kama parallel zum Fluss, so dass sich beide Bahnhöfe fast am Kama-Ufer befinden, ul. Lenina 89, Tel. 2302957.
GPS: Perm II, 58°00'24"N/56°10'54"O.

Der Flughafen Bol'šoe Savino ist etwa 15 Kilometer vom Stadtzentrum entfernt. Er wird auch zweimal wöchentlich aus Frankfurt/M. mit Zwischenlandung in Kazan' von der Lufthansa angeflogen. Ins Stadtzentrum fährt die Buslinie 42. Stadtbüro: ul. Krisanova 19, Tel. 2334668.

Das größte Hotel der Stadt ist das 1984 erbaute, achtstöckige **Hotel Ural**, ul. Lenina 58, Tel. 2344417.
Eine ebenfalls zentral gelegene Alternative ist das **Amaks Premium Hotel**, ul. Ordžonikidze 43, Tel. 2206060, www.amaks-hotels.ru.
Die günstigste Übernachtungsmöglichkeit ist das **Gewerkschaftshotel Profsojuznaja**, das neben EZ für 1200 Rbl. Schlafplätze für 550 Rbl. anbietet, ul. 9. Maja 21, Tel. 278402.

Als bestes Restaurant der Stadt gilt das neue **Schiwago** (Živago), ul. Lenina 37, Tel. 2351716.
Eine Alternative für europäische Küche ist **Les Marches**, ul. Gazety Zvezda 27, Tel. 2181235.
Nette Gaststätten sind **Le Bouquiniste**, ul. Borčaninova 12, Tel. 2449582, oder **Ochotničij**, ul. Kirova 200, Tel. 2360608.
Günstig und gut ist das **Veranda**, ul. Revoljucii 60/1, Tel. 2333941, oder das Selbstbedienungsrestaurant **Kafe Citi**, Komsomol'skij pr. 68, Tel. 2442991.
Guten Kaffee gibt es in der **Kofejnaja Čaška** (Kaffeetasse), ul. Lenina 64.

Das größte klassische **Kaufhaus** der Stadt – CUM – befindet sich an der Ecke der ul. Lenina 45 und des Komsomol'skij pr. 21, Tel. 2122001.
Der Glaspalast **Almaz** (Diamant) ist die moderne Mall-Alternative im Zentrum, ul. Kujbyševa 37, Tel. 2364449.
Der zentrale **Markt** befindet sich in der ul. Puškina 104, Tel. 2392910.

www.perm.ru (R).
www.gorodperm.ru (R/E/D).
www.museum.psu.ru (R).

Dr. Schiwago

Das Ehepaar Antipov hatte sich über Erwarten gut in Jurjatino eingelebt. Die Guichards waren überall in bester Erinnerung. Das verringerte ihre Schwierigkeiten, die mit der Umsiedlung an einen neuen Ort immer verbunden sind.

Lara war über und über beschäftigt. Sie hatte für das Haus zu sorgen und für ihre Tochter Katjenka, die jetzt drei Jahre alt war. Sosehr sich auch die rothaarige Marfutka, die bei Antipovs Bedienerin war, bemühte, ihre Hilfe reichte nicht aus. Larissa Fjodorowna nahm an allen Anliegen Pawel Pawlowitschs Anteil. Sie selber unterrichtete am Mädchengymnasium. Sie arbeitete unermüdlich und war glücklich. Eben das war das Leben, das sie sich erträumt hatte.

Es gefiel ihr in Jurjatino. Es war ihre Heimat. Die Stadt lag am Ufer der Rynjwa, die bis zum Oberlauf schiffbar war. Eine Ural-Bahnlinie durchquerte die Stadt.

In Jurjatino kündigte sich das Nahen des Winters dadurch an, dass die Kähne in Bauernwagen in die Stadt hinaufgefahren wurden, wo man sie auf den Höfen ihrer Besitzer ablud. Hier überwinterten sie unter freiem Himmel. Die umgekippten Kähne, die sich im Innern der Höfe als weiße Flecke vom Boden abhoben, bedeuteten für Jurjatino das gleiche wie anderswo der herbstliche Flug der Kraniche oder der erste Schnee.

Katjenka spielte in solch einem umgekippten Boot wie unter dem bauchigen Dach eines Gartenpavillons. Der weißgestrichene Kahn lag im Hof des Hauses, das vom Ehepaar Antipov bewohnt wurde. Das Leben in diesem weltfernen Winkel entsprach vollkommen der Seelenhaltung Larissa Fjodorownas. Die Intellektuellen dieser Stadt – man sprach von der ›Ortsintelligenz‹ – sprachen das ›O‹ wie die Nordrussen aus. Alle trugen Filzstiefel und pelzverbrämte Jacken aus grauem Flanell. Die Vertrauensseligkeit der Bewohner war rührend naiv. Lara fühlte sich zur Erde und zum einfachen Volk hingezogen.

Dagegen entdeckte Pawel Pawlowitsch, obgleich er der Sohn eines Eisenbahners war, seine Liebe zum Leben in den Hauptstädten. Er beurteilte die Bewohner von Jurjatino, deren Wildheit und Kulturlosigkeit ihn immer wieder reizten, viel strenger und unnachsichtiger als seine Frau. ()

Das Haus, in dem Antipov wohnte, befand sich in einem dem Hafen entgegengesetzten Stadtteil. Es war das letzte der Straße. Hinter ihm begannen die Felder, die von der Bahnlinie überquert wurden. In der Nähe der Bahn befand sich ein Wärterhäuschen. Über die Schienen führte ein Fahrweg.

Aus: Boris Pasternak, Doktor Schiwago, Frankfurt/M. 1967

Zugpersonal

Kungur/Кунгур

Die 1648 als Ostrog gegründete Stadt ist vor allem wegen ihrer Eishöhle bekannt. Gleichzeitig ist es aber mit heute etwa 66 000 sich Kungurjaken nennenden Einwohnern eine vielleicht nicht ganz typische, aber doch interessante russische Provinzstadt, die durchaus einen Stop lohnt. Neben der Natur des Urals und der Eishöhle hat die Kreisstadt eine reiche Kaufmanns- und Kirchentradition, die im Stadtbild nach wie vor präsent ist. Aus diesem Grund ist die Stadt auch eine beliebte Filmkulisse für das provinzielle Russland des 19. Jahrhunderts. Kungur liegt malerisch am Zusammenfluss der beiden Flüsse Sylva und Iren'. Kungur ist heute eines der Zentren für Ballonfahren. Alljährlich findet hier Ende Juni unter dem Titel ›Himmelsjahrmarkt‹ ein großes Treffen für Heißluftballons statt.

Stadtrundgang

Das Stadtzentrum liegt nordöstlich des Bahnhofs. Aus Richtung Perm hat man vor dem Stop einen guten Blick auf die Silhouette der Stadt. Das Stadtzentrum wird vom Fluss Sylva und ihrem Nebenfluss Iren' umrahmt. Die meisten Sehenswürdigkeiten befinden sich zwischen der ul. Lenina und der ul. Gogolja südlich der den Sylva-Bogen überspannenden Eisenbrücke. Die Hauptstraße ist die ul. Lenina.

Am zentralen Platz des Sieges beeindruckt der quadratische **klassizistische Handelshof**. Er stammt aus den Jahren 1865 bis 1876 und steht, wie viele alte Kaufmannshäuser, für die Blüte der Stadt im 19. Jahrhundert. Heute spielt sich das Gros des Handels allerdings in den Marktbuden auf dem Platz davor ab. Das nette Heimatmuseum ist in der ehemaligen Militärverwaltung gleich hinter dem Handelshof untergebracht (ul. Gogolja 36, Tel. 24394).

Von den 14 Kirchen, die Kungur einst hatte, sind noch fünf erhalten, worunter die **Verklärungskirche** am rechten Flussufer aus dem Jahre 1782 die wohl bedeutendste ist. Bemerkenswert ist die im in Russland selten anzutreffenden Backsteinstil erbaute **Tichvin-Kirche** aus dem Jahre 1765 (ul. Sitnikova 52). Makabere Assoziationen weckt der Weg zur **Nikolaikirche**, die lange Jahre als Gefängniswerkstatt missbraucht wurde und noch heute an die Stacheldrahtmauer des örtlichen Gefängnisses grenzt, hinter der sich noch eine weitere Kirche erhebt.

■ Die Eishöhle

Die bekannteste Sehenswürdigkeit von Kungur liegt jedoch etwa zwei Kilometer in Richtung Nordosten außerhalb und unter der Erde. Die bereits seit 1914 für

Ortseinfahrt von Kungur

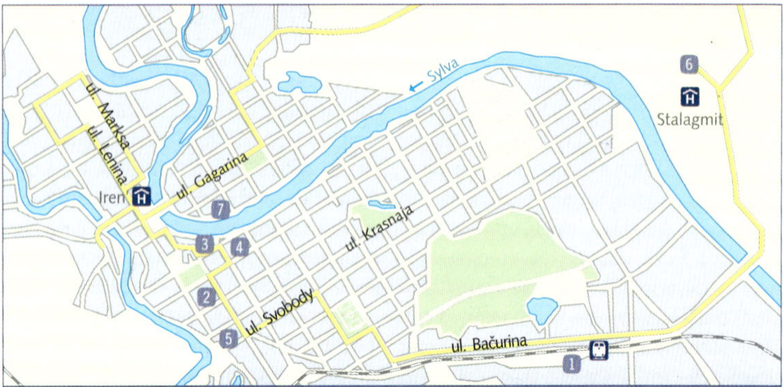

Kungur (Кунгур), Zentrum

Legende

1 Bahnhof (Вокзал)
2 Handelshof (Торговый двор)
3 Heimatmuseum (Краеведческий музей)
4 Tichvin-Kirche (Тихвинская церковь)
5 Nikolaikirche (Никольская церковь)
6 Eishöhle (Ледяная пещера)
7 Verklärungskirche (Преображенская церковь)

Besucher zugängliche Eishöhle in den Karstausläufern des Urals präsentiert sich auf knapp sechs Kilometern in 58 ›Sälen‹ mit über 50 unterirdischen Seen als einzigartiges Naturspektakel. Touristisch erschlossen sind bis heute etwa zwei Kilometer, die jährlich ungefähr 150 000 Besucher anziehen. Die Führung dauert etwa 1,5 Stunden. Die Temperatur in der Höhle bleibt ganzjährig um 0 Grad, die Seen selbst gefrieren nicht. Der Dauerfrost ist nur in den ersten Sälen in bizarren Formen zu bewundern. Vor allem in den Monaten Februar bis April lohnt der Besuch, denn danach schmilzt durch die Luftzirkulation des Besucherstroms in den Grotten mit den Namen ›Polar‹ und ›Brilliant‹ doch einiges ab. Die Höhle wurde bereits 1703 erstmalig auf Ukas Peters des Großen vom bekannten sibirischen Kartographen Semën Remizov vermessen.

Die Buslinie 9 fährt vom Zentrum zur Höhle (kein Ruhetag, Tel. 39720, www.kungurcave.ru (R).

Der Bahnhof von Kungur

Kungur

Zeitunterschied: MEZ + 4 h im Sommer, + 5 h im Winter.
PLZ: 617470.
Vorwahl: 007/34271.
Hauptpostamt: ul. Krasnaja 15, Tel. 22179.
Bank: Sberbank, ul. Gogolja 13, Tel. 62200.

Der Bahnhof von Kungur wurde 2006 rekonstruiert und liegt auf halber Strecke zwischen dem Stadtzentrum und der Eishöhle, ul. Bačurina 56, Tel. 6632
GPS: 57°25'11"N/56°10'54"O.

Im Stadtzentrum befindet sich das einfache **Hotel Iren'**; DZ 2100 Rbl., Schlafplatz 500 Rbl., ul. Lenina 30, Tel. 32270, www.hotel.kungur.ru (R).

Unweit der Eishöhle liegt der Touristenkomplex **Stalagmit** mit 111 Zimmern; DZ 1800 Rbl., Schlafplatz 350 Rbl., Tel. 39723.

Als bestes Restaurant der Stadt gilt das **Sylva**, ul. Gogolja 19, Tel. 23666. Preiswerte Alternativen sind eine **Stolovaja** (öffentliche Kantine) mit Bedienung, ul. Lenina 51, und eine **Blinnaja** (Pfannkuchen), ul. Gogolja 22.

Ein gut sortierter Souvenir- und Kunstgewerbeladen ist der **Gončarnaja lavka**, ul. Lenina 16a, Tel. 23634.

www.kungur.ru (R).
www.splyusn.chat.ru (R/E).

Ekaterinburg/Екатеринбург

Ekaterinburg bildet eine Schnittstelle zwischen Europa und Asien. Die Metropole am Ural ist ein Symbol der ewigen russischen Frage, ob man sich nun als Eurasien oder Asiopa fühlt. Bei diesem vielzitierten Wortspiel sollte man aber wissen, dass sich Asiopa auf die Vulgärvariante für Hinterteil reimt und es jeder sogleich mit dem ›A der Welt‹ assoziiert.

Ekaterinburg entstand 1721 im Rahmen der unter Peter I. forcierten Erschließung der Naturreichtümer des Urals. Der Bergbauingenieur Vasilyj N. Tatiščev wählte den Ort aus, weil er optimal zwischen den geplanten Eisenfabriken gelegen war. Als offizielles Gründungsjahr gilt 1723, als die erste Fabrik – offiziell genehmigt und in Rekordtempo errichtet – in Betrieb ging und parallel dazu der Bau des Siedlung begann.

Der Name des Ortes wurde nicht, wie häufig zu lesen ist, zu Ehren der erst 1729 in Stettin geborenen späteren Zarin Katharina der Großen gewählt. Er bezieht sich vielmehr auf die heilige Ekaterina, die Schutzpatronin der zweiten Frau von Peter dem Großem, Martha Skawronska (1684–1727). Diese übernahm nach Peters Tod den Zarenthron und nannte sich fortan Zarin Ekaterina I.

Ab 1763 verlief der Sibirische Trakt durch Ekaterinburg. Das Stadtrecht wurde dem fortan als ›Fenster nach Asien‹ bezeichneten Ort 1783 verliehen. Zunächst dominierten die Erzgewinnung und die Eisenproduktion. Später folgten der Metallurgie der Schwermaschinenbau und auch die chemische Industrie. Später wurden gigantische Industriebauten, mit Stalins forcierter Industrialisie-

Hochhäuser am Stadtteich

rung entstanden, und die während des Zweiten Weltkrieges hierher evakuierten Fabriken stadt- und stadtbildprägend. Daneben entwickelte sich auf der Basis von Gold- und vor allem Mineralfunden im Ural noch eine angesehene Juwelierindustrie, die insbesondere durch ihre ortstypische Verarbeitung verschiedener Halbedelsteine bekannt wurde. Ekaterinburg war und ist somit heute einer der wichtigsten Standorte der klassischen Schwerindustrie Russlands.

Heute leben hier knapp 1 350 000 Menschen. Es gibt viele neue Hochhäuser, fast Wolkenkratzer und viel moderne Architektur. Keine russische Stadt außer Moskau wächst derzeit in solchem Umfang in die Höhe. Der Boom nach der Wende wurde maßgeblich vom deutschstämmigen Gouverneur Eduard Rossel geprägt, der von 1995 bis 2009 an der Spitze der Region stand. Von 1924 bis 1991 war die Stadt nach dem ersten bolschewistischen Ministerpräsidenten Jakov M. Sverdlov (1885–1919) benannt und hieß Sverdlovsk. Er war hier in den Jahren 1905 bis 1907 einer der revolutionären Arbeiterführer.

Traurige Berühmtheit erlangte die Stadt im Jahre 1918, als auf einen Ukas Sverdlovs hin in der Stadt die Zarenfamilie ermordet und ihre Leichen an einem geheimgehaltenen Platz verscharrt wurden. Mit der Perestrojka und der Wende begann die 1991 erfolgreiche Suche nach den sterblichen Überresten, deren Identifizierung auf der Basis von DNA-Analysen entfernter Nachfahren der Romanov-Dynastie gelang. Nichtsdestotrotz sind die Streitigkeiten damit noch nicht aus der Welt, da einige Wissenschaftler das Ergebnis aufgrund der sehr weiten verwandtschaftlichen Bindung anzweifeln. Außerdem fiel ein DNA-Vergleich mit einem in Japan befindlichen Tuch mit dem Blut von Nikolai II. negativ aus. Das Tuch wurde dort als Reliquie aufbewahrt, da man damit 1891 nach einem Anschlag auf den russischen Thronfolger während seiner Japan-Reise seine Wunde versorgt hatte. Unmittelbar nach dieser Japanreise legte er in Vladivostok den Grundstein für den Bau der Transsibirischen Eisenbahn. Nach langwierigen Verhandlungen zwischen Staat, Kirche und den Romanov-Nachfahren wurden die gefundenen sterblichen Überreste der Zarenfamilie 1998 in der Petersburger Peter-und-Pauls-Kathedrale (→ S. 143) in allen

Eisenbahnmuseum im alten Bahnhof

▲ Karte S. 182

Ehren bestattet und die Familienmitglieder später durch die russisch-orthodoxe Kirche heiliggesprochen. Die Stadt ist auch eng mit Russlands erstem Präsidenten Boris Jelzin (1931–2007) verbunden, der aus dem Ural stammte und von 1976 bis 1985 Parteichef in Sverdlovsk war.

Stadtrundgang

Der Bahnhof befindet sich nördlich des Stadtzentrums. Von ihm aus gelangt man in Richtung Süden über die ul. Sverdlova und die ul. Libknechta zu den beiden die Stadt in Ost-West-Richtung durchziehenden Hauptstraßen pr. Lenina und ul. Malyševa. Das Zentrum kann man auch mit der U-Bahn erreichen. Die Stadt hat eine Metrolinie, die das Stadtzentrum (Station: ›Pl. 1905 goda‹) über den Bahnhof (Station ›Uralskaja‹) mit den im Norden liegenden Industriegebieten verbindet. Für Eisenbahnfans lohnt sich am Bahnhof ein Besuch des 2007 im alten und sehr schön rekonstruierten Bahnhofsgebäude eröffneten **Bahnmuseums**. Allein das Gebäude ist eine architektonische Augenweide, ul. Vokzalnaja 14, Tel. 3584222.

Zarengedenkstätte

Fast am Anfang der ul. Libknechta befindet sich der Komsomol'skaja pl. mit einem entsprechenden Denkmal und der Auferstehungskirche im Hintergrund.

Gegenüber stand die Stadtvilla des Bergbauingenieurs Nikolaj Ipat'ev, in der Zar Nikolaj II., Zarin Aleksandra und ihre Kinder Aleksej, Ol'ga, Tat'jana, Marija und Anastasija im Mai 1918 von den Bolschewiken untergebracht wurden. Im Keller des Hauses wurde die Zarenfamilie in der Nacht vom 16. zum 17. Juli 1918 heimtückisch ermordet. Die Leichen wurden an dem damals geheim gehaltenen Ort Ganins Loch (Ganina

›Stalinbarock‹: das Rathaus

Jama) etwa 40 Kilometer außerhalb der Stadt vergraben, wieder ausgegraben und einige Kilometer weiter mit Säure übergossen und erneut verscharrt. Beide Orte am Stadtrand von Ekaterinburg sind heute museale Wallfahrtsorte. Im Wald von Ganina Jama entstand in den letzten Jahren ein Kloster mit mehreren Holzkirchen, das Anfang 2012 durch einen Brand beschädigt wurde. Das Ipat'ev-Haus im Stadtzentrum, das zwischenzeitlich in der bekannten Tradition als Revolutionsmuseum fungierte, blieb der Partei zu Sowjetzeiten als Pilgerort für Monarchisten ein Dorn im Auge. Deshalb ließ es der Boris Jelzin 1977 auf Moskauer Weisung in einer später von ihm bereuten Nacht- und Nebelaktion abreißen. Heute erinnert ein weißes russisch-orthodoxes Kreuz mit der Inschrift ›Falle, Russland, auf die Knie am Fuß des Zarenkreuzes‹ an die Opfer. Dahinter steht seit 1998 eine Holzkapelle zur Erinnerung an die als Märtyrerin der Zarenfamilie in den Tod gefolgten Schwester der Zarin die St. Elisabeth-Kapelle. Der Ort der Trauer wird aber heute durch den weit sichtbaren Neubau der ›**Kirche auf dem Blute**‹ geprägt.

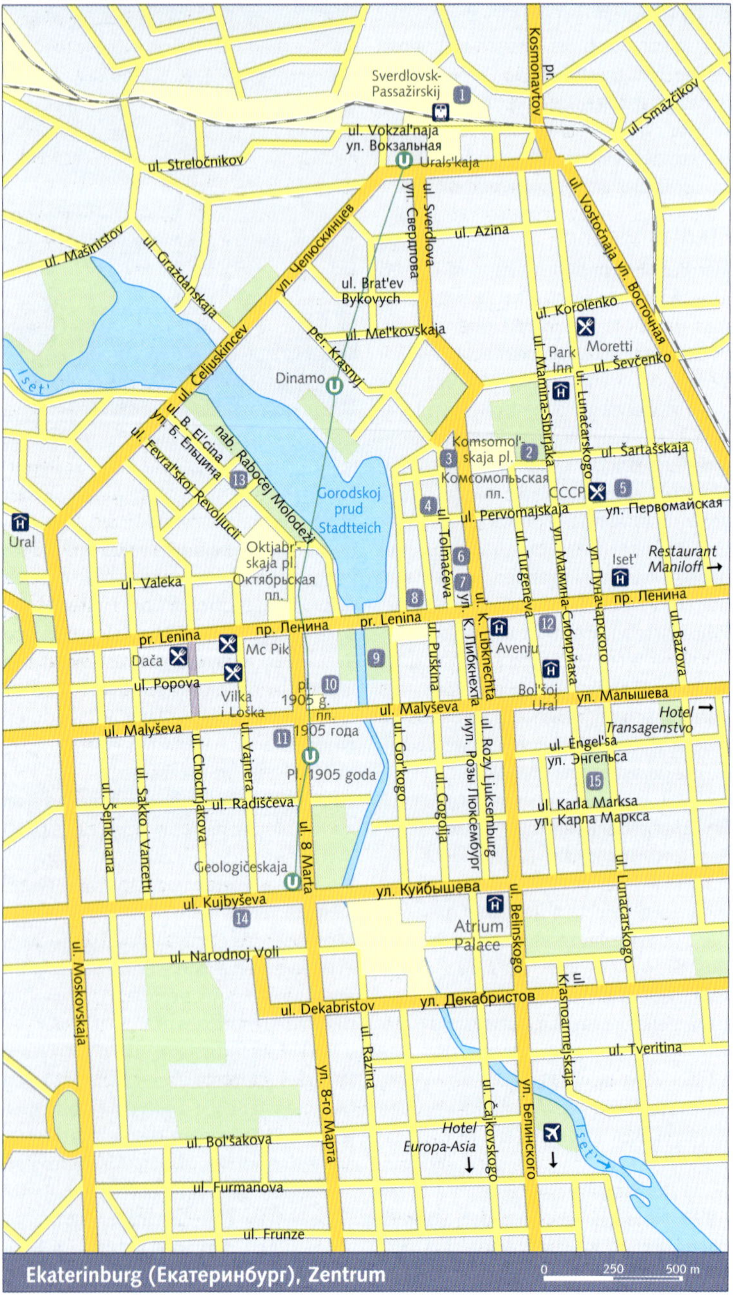

Ekaterinburg (Екатеринбург), Zentrum

Museen

Wenn man weiter südlich von der ul. Libknechta nach rechts in die ul. Pervomajskaja abbiegt, gelangt man auf dem Weg zum Stadtteich in das **Literaturviertel** von Ekaterinburg, wo vier kleine Museen an die Größen der örtlichen Literaturszene, insbesondere an Dimitrij N. Mamin-Sibirjak (1852–1912) erinnern (ul. Puškina 27, Tel. 3713576 und ul. Tolmačeva 41, Tel. 3517281). Im Garten des letzteren Museums finden im Sommer häufig Konzerte statt.

Wenn man hingegen nach links in die ul. Pervomajskaja abbiegt, kommt man zum **Militärmuseum**. Neben viel Militärtechnik sind hier auch die Überreste des 1960 über dem Ural abgeschossenen amerikanischen Spionageflugzeuges U2 zu besichtigen (nach Voranmeldung geöffnet, ul. Pervomajskaja 27, Tel. 3501742).

Weiter auf der ul. Libknechta in Richtung Leninprospekt liegt das interessante **Museum für Stadtgeschichte**, das auch ein Wachsfigurenkabinett aufweist. Es ging aus dem 1940 begründeten Museum für den sowjetischen Namensgeber der Stadt, Sverdlov, hervor (Mo Ruhetag, ul. Libknechta 26, Tel. 3712111). Nicht weit davon entfernt befindet sich das Museum für Fotografie (ul. Libknechta 36, Tel. 3513814).

Am Leninprospekt gelangt man zum 1821 erbauten Gebäude der früheren Bergapotheke. Heute befindet sich hier das in Russland einzigartige, 1992 gegründete **Museum für Stein- und Juwelierkunst** (pr. Lenina 37, Tel. 3510082).

Hinter dem daneben gelegenen Gouverneurssitz eröffnet sich rechter Hand der Blick zum Stadtteich. Seinerzeit wurde hier der die Stadt durchziehende Tobol'-Nebenfluss Iset durch einen Damm gestaut, um den Wasserbedarf der Industrie zu befriedigen. Heute lockern Damm und Stadtteich die Stadtkulisse angenehm auf. Vor allem die südlich des Dammes am Fluss entstandenen Parkanlagen sind mit ihren Fußgängerbrücken heute ein beliebter Treffpunkt.

Legende

1. Bahnhof (Вокзал) und Eisenbahn museum (Музей ЖД)
2. Auferstehungskirche (Храм Вознесения Господня)
3. Zarengedenkstätte/ehem. Ipat'ev-Haus (Храм во имя всех святых и быв. Ипатьевский дом)
4. Literaturmuseen (Литературные музеи)
5. Kriegsmuseum (Военный музей)
6. Museum für Stadtgeschichte (Музей Истории Екатеринбурга)
7. Museum für Fotografie (Музей Фотогрфии)
8. Museum für Stein- und Juwelier kunst (Музей истории камнерезногои и ювелирного искусства)
9. Gemäldegalerie (Картинная галерея)
10. Naturkundemuseum (Музей природы)
11. Heimatkundemuseum (Краеведческий музей)
12. Oper (Театр оперы и балета)
13. Schauspielhaus (Драматический театр)
14. Geologiemuseum (Музей Геологии)
15. Zoo (Зоопарк)

Auf der rechten Seite vom Flüsschen beeindruckt in der **Gemäldegalerie** neben den Sammlungen russischer und westeuropäischer Malerei ein einzigartiger Pavillon aus Gusseisen, den Russland auf der Weltausstellung 1900 in Paris präsentiert hatte (ul. Voevodina 5, Tel. 3710626) und der kürzlich in die Liste des UNESCO-Weltkulturerbes aufgenommen wurde. Bilder der russischen Avantgarde werden in einem gesonderten Ausstellungsgebäude in der ul. Vajnera 11 (Tel. 3763045) gezeigt.

Linker Hand ist die Naturkundeabteilung des **Heimatmuseums** (ul. Gor'kogo 4, Tel. 3712113) zu finden. Die Hauptausstellung des 1871 gegründeten Heimatkundemuseums befindet sich schräg gegenüber (ul. Malyševa 46, Tel. 3718013).

Stadtzentrum

Über die wegen ihrer alten Kaufmannsvillen interessante ul. 8 Marta gelangt man an der Metrostation vorbei zum zentralen, nach den revolutionären Ereignissen des Jahres 1905 benannten Platz. Während das Sverdlov-Denkmal am weiter östlich gelegenen Platz der Pariser Kommune vor der Ekaterinburger Oper (pr. Lenina 46a, Tel. 3758101) steht, erhebt sich auf dem zentralen Platz – natürlich – ein Denkmal für Vladimir Il'ič Lenin.

Im an der Südseite des Platzes stehenden **Hotel Bolšoj Ural** befindet sich im ehemaligen Hotel-Restaurant heute ein sehenswertes **privates Mineralogie-Museum**, ul. Krasnoarmejskaja 1, Tel. 3556019, www.pelepenko-va.ru (R).

Dahinter ist das mit 48 Stockwerken derzeit höchste Gebäude der Stadt, der zum Business-Center Antej gehörende **Wolkenkratzer Vysockij**, nicht zu übersehen. Diese Widmung für Russlands wohl beliebtesten und unvergessenen Barden Vladimir Vysockij (1938–1980) bekam das Hochhaus 2010 im Ergebnis eines Wettbewerbes. Sicherlich hat dabei das 2006 auf dem Vorplatz eröffnete Denkmal für Vladimir Vysockij und seine Frau, die französische Schauspielerin mit russischen Wurzeln, Marina Vlady, den Ausschlag gegeben.

▲ Karte S. 182

Insgesamt sind im Zentrum entlang der beiden Hauptstraßen viele architektonisch interessante Gebäude aus den letzten beiden Jahrhunderten zu finden.

Weitere Sehenswürdigkeiten

Hochhaus-Konkurrenz entsteht derzeit am westlichen Ufer des Stadtteichs am Oktober-Platz, wo sich das örtliche Schauspielhaus (pl. Oktjabr'skaja 2, Tel. 3716421) befindet und 2011 ein Denkmal für Boris Jelzin an der nach ihm bereits 2009 benannten Straße eingeweiht wurde (ul. Borisa El'cina). Der Jelzin-Straße gen Süden folgend gelangt man wieder zum zentralen Platz vor dem Rathaus, pl. 1905 goda. Westlich des Platzes wurde die ul. Vajnera gen Süden zur Fußgängerzone umgestaltet. Südlich der ul. Malyševa befinden sich in den Querstraßen viele alte Holzhäuser.

Auch zwei Museen sind hier noch von Interesse. Das **Geologiemuseum** ist mit der mineralischen Fundgrube Ural vor der Tür natürlich ein Museum der Extraklasse. Es befindet sich im Hauptgebäude der Bergbau-Universität (Gornyj Universitet), ul. Chochrjakova 85, Tel. 2223109.

Ein zweites kleines Museum erinnert an Russlands Radio-Pionier, den Physiker **Aleksandr S. Popov** (1859–1905), der lange Jahre in Ekatarinburg lebte und hier 1895 sein Radio präsentierte (ul. Rozy Ljuksemburg 9, Tel. 518560).

Der örtliche **Tierpark** wurde in den letzten Jahren grundlegend rekonstruiert

und hebt sich positiv von der insgesamt recht trostlosen russischen Zoolandschaft ab (ul. Mamina-Sibirjaka 189, Tel. 3555469).
Zu einer makabren und in den Medien bereits viel zitierten Attraktion des neuen Russland hat sich der örtliche Friedhof entwickelt, wo die lokale Mafia mit bombastischen Grabkreationen der – häufig eines unnatürlichen Todes gestorbenen – Opfer aus ihren Reihen gedenkt.

Ekaterinburg

Zeitunterschied: MEZ + 4 h im Sommer, + 5 h im Winter.
PLZ: 620000.
Vorwahl: 007/343.
Hauptpostamt: pr. Lenina 39, Tel. 3711005.
Bank: Alfa Bank, ul. Malyševa 33a, Tel. 3598325.
Geldautomat: pr. Lenina 27.
Reisebüro: Inturist, pr. Lenina 40, Tel. 3713868, Ekaterinburg Travel, ul. Kuybiševa 48b, Tel. 2531689, www.ekaterinburg.tv (R/E/D/F).

Am Hauptbahnhof steht immer noch der Schriftzug ›Sverdlovsk‹. Das Gebäude befindet sich am Nordrand des Stadtzentrums.
GPS: 56°51'30"N/60°36'24"O.

Der Busbahnhof dagegen liegt am Südrand des Zentrums in der ul. 8. Marta 145, Tel. 2519518.

Der Flughafen Kol'covo liegt etwa 15 Kilometer südöstlich vom Zentrum der Stadt. Es gibt 3 Lufthansa-Flüge pro Woche nach Frankfurt/M., 5 Flüge pro Woche nach Prag. Daneben gibt es Flugverbindungen in alle wichtigen Metropolen Russlands: Moskau 10 x tgl. (5 x Domodedovo, 4 x Šeremet'evo, 1 x Vnukovo), St. Petersburg tgl., Kazan, Omsk, Novosibirsk, Krasnojarsk, Irkutsk, Chabarovsk, Vladivostok sowie auch Beijing mehrmals pro Woche, ul. Sputnikova 22, Tel. 2644202, www.koltsovo.ru (R/E). Das Flughafenbüro in der Stadt findet man in der ul. Bol'šakova 99a, Tel. 3299998.

Als bestes großes Hotel gilt das **Grand Avenue** (Avenju), ul. Lenina 40; DZ 5000 Rbl.,Tel. 3783434, www.avenue-hotel.ru (R/E).
Unter den kleineren Hotels lohnt das **Ural-Hotel**, ul. Chomjakova 23; DZ 4200 Rbl., Tel. 3711333.
Empfehlenswert ist auch das **Hotel Iset'**, ul. Lenina 69/1; DZ 3800 Rbl., Tel. 3500110, www.hoteliset.ru (R/E).
Eine günstige Option im Zentrum ist das **Hotel Bolšoj Ural**, ul. Krasnoarmejskaja 1; DZ 1750 Rbl., Tel. 3430043, www.b-ural.ru (R/E).
Noch günstigere Übernachtungen bieten das **Hotel Transagenstvo**; DZ 1000 Rbl., ul. Vostočnaja 68, Tel. 3500068, oder das **Europe-Asia Hostel**, ul. Čajkovskogo 75 kv. 216, Schlafplatz 800 Rbl., Tel. 2102884, www.eayh.ucoz.ru (R/E).

Das beste Restaurant der Stadt ist das **Maniloff**, ul. Gagarina 18, Tel. 3758793, www.maniloff.ru (R).
Der beste Italiener ist das **Moretti**, ul. Korolenko 8, Tel. 3533612.
Ein neues Kult-Restaurant mit sehr guter Küche nicht nur für Ostalgiker ist das **CCCP** (UdSSR), ul. Pervomajskaja 27, Tel. 3505246, www.cccp-r.ru (R/E).

Russisch-ländlich geht es im **Dača** (Datsche) zu, pr. Lenina 20a, Tel. 3793569.
Einen Hauch von McDonalds verbreitet die Ural-Kopie **McPik**, wo es aber außer Hamburgern auch Pel'meni und Pizza gibt, pr. Lenina 24/8 und ul. Vajnera 10, Tel. 3793355.
Gleich daneben gibt es auch die überregionale Kette **Vilka i Ložka** (Gabel & Löffel), ul. Vajnera 10.

Das klassische **Kaufhaus CUM** befindet sich am pl. 1905 goda. Das größte neue Einkaufszentrum in der Stadtmitte ist das **Grinvič**, ul. 8. Marta 46.
Der **Zentralmarkt** befindet sich südwestlich des Zentrums, ul. Šejnkmana 57a.

www.ekaterinburg.com (E)
www.e-reliz.ru (R/E).
www.e1.ru (R/E).
Internetcafé, ul. 8. Marta, im Einkaufszentrum ›Mytnyj Dvor‹.

Romanov-Denkmal vor der Blutkirche in Ekaterinburg

Karte S. 182

Rasputin

»Ra-, Ra-, Rasputin – lover of the Russian Queen«. Die Gründe für ein breites Interesse an einzelnen Personen der russischen Geschichte sind manchmal zwar unergründlich, liegen hier aber offensichtlich im seinerzeitigen, übrigens auch in der damaligen Sowjetunion sehr populären Hit von Boney M. mit seinem klassischen Schlusssatz »Oh – those Russians« begründet.

Wer war Grigorij Rasputin, der als sibirischer Wunderheiler das Vertrauen der Zarenfamilie genoss? Mit seinem exzessiven Leben zwischen Kirche, Sex und Suff, das mit seiner Ermordung endete, avancierte er zum fragwürdigen Sinnbild für die Agonie und das Ende der Romanov-Dynastie auf Russlands Zarenthron. Doch nach wie vor ranken sich viele Rätsel und Legenden um sein Leben und seinen Tod.

Als Bauernsohn wurde Grigorij Efimovič Novych 1869 im westsibirischen Dorf Pokrovskoe geboren, das sich etwa auf halber Höhe zwischen Tjumen' und Tobol'sk am Fluss Tura befindet. Er heiratete früh, hatte drei eheliche Kinder und war den Freuden des Lebens sehr zugetan. Nachdem ihm bei der Feldarbeit die Jungfrau Maria erschienen war, zog er auf der Suche nach der Erleuchtung in die Ferne. Seine Philosophie war ein Bekenntnis zur Sinneslust. Den Menschen gelüstet und er ist ein Ergebnis dieser Gelüste. Sie seien somit die Grundlage des Lebens und jeder Religion. So eilte ihm bald der aufregende Ruf sowohl des Wunderheilers und Potenzwunders als auch des Frauenhelden und Ganoven voraus, den er in allen Facetten auslebte und der ihm auch schnell den Spitznamen Rasputin einbrachte, denn das Wort Rasputstvo bedeutet in etwa Ausschweifung und Unzucht.

Nach Jahren der Wanderschaft durch die Provinz Russlands und einer Pilgertour nach Jerusalem kam der zerlumpte Sonderling, der damals Augenzeugen zufolge »einem Stück Schafsfell glich, dem man ein Gesicht angeklebt hatte«, 1903 mit einem Empfehlungsschreiben vom Kazaner Bischoff für den Abt des Petersburger Priesterseminars in die Hauptstadt. Die Kirche hatte um die Jahrhundertwende an Einfluss verloren, Spiritismus, Sekten und selbsternannte Gurus hatten Konjunktur, so dass ihn die Kirchenleute als Erneuerer der Kirche hofierten. Rasputin verkörperte eine Synthese aus russischer Ursprünglichkeit und Mystik, so dass er als ›Vater Grigorij‹ dem Zeitgeist entsprach und Eingang in die Petersburger Gesellschaft fand. Auf einem Empfang traf er im Oktober 1905 den Zaren, der diese »Bekanntschaft eines Gottesmannes namens Grigorij aus dem Gouvernement Tobol'sk« immerhin in seinem Tagebuch vermerkte.

Zwei Jahre später erinnerte sich die Zarenfamilie an den Wunderheiler. Der 1904 nach vier Töchtern geborene Sohn und Thronfolger Zarewitsch Aleksej litt an der Bluterkrankheit, die vor der Öffentlichkeit geheimgehalten wurde. Nach einer Verletzung am Knie verschlechterte sich der Zustand des dreijährigen Kindes dramatisch, man rief als letzte Hoffnung nach Vater Grigorij. Nach seiner Sitzung mit dem Jungen stoppte dank der übernatürlichen Heilkräfte Rasputins, einer Hypnose oder schlicht aus Zufall die Blutung. Der Junge wurde wieder gesund, und Rasputin hatte von diesem Zeitpunkt an das volle Vertrauen der Zarenfamilie. Zarin Aleksandra nannte ihn bald in einem Brief ihren »verehrten und unvergesslichen Lehrer, Erlöser und Mentor«. Nach der Überlieferung rettete er im Oktober 1912 mit einer ›Fernheilung‹ aus dem sibirischen Pokrovskoe dem in Polen befindlichen Zarevič ein weiteres Mal das Leben. So lange er – Vater Grigorij – lebe, werde dem Zarevič nichts zustoßen. Der Zar glaubte daran.

Mit seiner Rückendeckung wuchs Rasputins Einfluss auf die Petersburger Gesellschaft, den er selbstherrlich ausnutzte. Die Intrigen, Eskapaden und Orgien waren Stadtgespräch und brachten seine Gegner auf den Plan. Sie sahen die Monarchie in Gefahr und beschworen vor allem nach Beginn des Ersten Weltkrieges eine gegen Russland gerichtete Allianz zwischen der deutschstämmigen Zarin Aleksandra und Rasputin.

Nach einem fehlgeschlagenen Attentatsversuch 1914 schmiedete im Herbst des Jahres 1916 eine Gruppe um den Fürsten Feliks Jussupov einen neuen Plan zur Ermordung des sibirischen Wunderheilers. In der Nacht vom 16. zum 17. Dezember 1916 lockten die Verschwörer Rasputin in eine Falle. Sie wollten ihn vergiften und die Leiche unter dem Eis der Neva versenken, damit ihr Opfer bis zum Frühjahr verschwunden bliebe. Doch das Gift schwächte ihn nur, und auch zwei Pistolenkugeln töteten ihn noch nicht. Jussupov und seine Schergen versenkten den leblosen Körper in der Neva am Rande der Stadt. Doch sie hinterließen Blutspuren, so dass die Leiche bereits zwei Tage später geborgen wurde. Die Obduktion ergab, das Rasputin Zyankali und Kugeln überlebt hatte und erst durch Ertrinken im eiskalten Wasser des Flusses zu Tode gekommen war. Die Zarenfamilie war bestürzt. Die Mörder wurden bald gefunden, in den Wirren des Krieges jedoch weder angeklagt noch verurteilt. In Pokrovskoe auf halber Höhe zwischen Tjumen' und Tobolsk gibt es seit 1991 ein kleines, privates Rasputin-Museum (ul. Sovetskaja 79, Tel. 3452/228164).

Grigorij Rasputin

Der Ural

Der Gebirgszug des Ural erstreckt sich gleich einem Meridian über 2500 Kilometer von der kalten Tundra im Norden über Taiga und Waldsteppe bis zur Wüstensteppe im Süden und trennt den europäischen Teil Russlands vom asiatischen. Das Ural-Gebirge hat sich vor etwa 300 Millionen Jahren gebildet. Die Zeit hat ihr Werk der Verwitterung getan und wertvolle Bodenschätze zutage gefördert. Etwa die Hälfte aller Erze und Minerale, die man überhaupt auf der Welt kennt, kommen hier vor. Sie bilden sowohl die Grundlage für viele russische Märchen rund um die ›Steinerne Blumen‹ als auch für die Entwicklung der Metallurgie von der Erzmine bis zum Panzerwerk. Nichtsdestotrotz erfüllt die Fahrt durch den Ural die Erwartungen hinsichtlich eines gewaltigen Gebirgsmassives am Rande Europas nicht. Diese Erwartungen sind im wahrsten Sinne des Wortes etwas ›überhöht‹. Seine höchsten Erhebungen erreicht das Gebirge jedoch im Norden mit dem Narodnajaberg (1894 Meter Höhe) und im Süden mit dem Jamantau (1638 Meter über NN). Der Mittelabschnitt des Kamms, den die Streckenführung der Transsib heute überquert, bewegt sich auf einer Höhe zwischen 400 und 500 Metern über dem Meeresspiegel. Wenn man heutige Reiseeindrücke mit historischen Reisebeschreibungen aus den frühen Transsib-Jahren vergleicht, muss man berücksichtigen, dass die Strecke damals weiter südlich von Samara über Ufa nach Čeljabinsk durch höhere und landschaftlich schönere Berglagen führte.

Eroberung einer Landschaft

Die Erstbesiedlung des Urals erfolgte wohl in der frühen Altsteinzeit, etwa 75 000 Jahre vor unserer Zeitrechnung. Seit dem 11. Jahrhundert kolonisierten Russen den Ural. Im 14. Jahrhundert beherrschten die Novgoroder die Gebiete bis zur Pečora und zu den Nordhängen des Ural. Sie holten sich hier Pelze, Honig, Wachs, Steine, Teer und Salz aus den Gebieten von Vjatka und Perm', Flussperlen aus der Pečora und Dvina, Walrosszähne und Tran aus dem Weißen Meer. Mitte des 14. Jahrhunderts kam der erste koloniale Großunternehmer ins Permer Land; er hieß Svoezemcev, errichtete die ersten Salzsiedereien des Ural und war gegen Ende des Jahrhunderts der reichste Mann Russlands und Novgorods. Nach den Niederlagen Novgorods 1471/78 war der Weg Moskaus zum Weißen Meer und zum Ural frei. Vorausblickende Novgoroder Kaufleute setzten aber bereits zu dieser Zeit auf die ›Moskauer Karte‹: ein gewisser Luka Stroganov schenkte dem Moskauer Staat eine gewaltige Summe Geld, um den Zaren Vasilij aus der Gefangenschaft der Tataren auslösen zu können. Im Jahr 1558, also rund 150 Jahre später – inzwischen hatte Moskau das Khanat von Kazan' sowie die baschkirischen und udmurtischen Gebiete erobert – stellte Zar Ivan IV. den Nachkommen des Luka eine Urkunde aus, gemäß der alles unbebaute Land an den Nebenflüssen der Kama auf die Zeit von 20 Jahren in den Besitz der Stroganovs fallen sollte; das waren immerhin 22 000 Quadratkilometer. Zusätzlich verlieh der Zar 1574 den Stroganovs auf weitere 20 Jahre auch die ›sibirische Ukraine‹: das Land ›hinter dem großen Fels‹. Die Grundlage für die erste Sibirienexpedition des Kosaken-Atamans Ermak 1580 war damit gelegt.
Die Ausbeutung der Bodenschätze im Ural wurde seit dem 17. Jahrhundert

An der Grenze Europa–Asien

systematisch unter der Kontrolle des Moskauer Staates betrieben. Im 18. Jahrhundert wurden metallurgische Staatsbetriebe errichtet, daneben fanden tüchtige Privatunternehmer genügend Möglichkeiten, sich zu engagieren. Einer davon war der Tulaer Schmied Nikita Demidov. Im Jahre 1702 hatte ihm Peter I. eine Eisenhütte geschenkt, 120 Jahre später gehörte seinen Nachkommen der Ort Nižnij Tagil, eine Stadt mit 3000 Häusern, 17000 Einwohnern und nochmals 11000 Einwohnern in der näheren Umgebung. »Es gibt auch wohl kaum einen Ort in der Welt, der in seinen nächsten Umgebungen einen solchen Reichtum an Erzen einschließt«, berichtet Alexander von Humboldt 1829 über die Besitzungen der Demidovs.

Ab 1876 wurde der Ural durch Eisenbahnlinien erschlossen: Samara–Orenburg (1876), die Gornozavodskaja-Linie (1878), Ekaterinburg–Tjumen' (1885), Samara–Ufa–Zlatoust–Čeljabinsk (1892), wo bis in die 1930er Jahre die transsibirischen Züge den Ural durchfuhren sowie Ekaterinburg–Čeljabinsk (1896).

In der Zeit des Zweiten Weltkrieges spielte der Ural eine entscheidende Rolle bei der Organisation der sowjetischen Kriegswirtschaft. Während der ersten fünf Monate nach dem Überfall Deutschlands auf die Sowjetunion wurden 667 Unternehmen in das Uralgebiet verlegt. Insgesamt produzierte der Ural 40 Prozent der gesamten sowjetischen Kriegswirtschaft. Dieser erzwungene industrielle Schub bestimmte auch in den Folgejahren – und bis heute – die weitere wirtschaftliche Entwicklung der Region mit ihren im Westen fast unbekannten Millionen-Metropolen Ekaterinburg, Perm und Čeljabinsk.

Der wirtschaftliche Boom hat allerdings seinen ökologischen Preis. Neben fast unberührter Natur und eremitischen Erholungsmöglichkeiten im Uralgebirge weisen andere Gegenden sehr hohe Umweltbelastungen durch ungefilterte Rauchemission der Schwerindustrie und erhöhte Strahlenwerte durch die Atomwirtschaft auf.

Der Name Ural ist in Baschkirien bis heute auch als Vorname anzutreffen und geht auf die Legende vom Recken Ural-Batyr zurück, der seine besiegten Gegner in Berge verwandelte.

Industrie und Wirtschaft heute

Die Uralregion ist eine der bedeutendsten Wirtschaftsstandorte Russlands. Etwa 1000 Kilometer südlich des Polarkreises beginnt das Industriegebiet Ural in der Stadt Krasnovišersk mit Holzverarbeitung und Papierproduktion. Unweit liegt Solikamsk, das historisch eine wichtigste Rolle in der russischen Salzproduktion spielte. Die Stadt liegt jetzt an dem Stausee, der durch den Bau des Kama-Kraftwerkes entstanden ist. Hier kann man noch die hohen hölzernen Stollen der alten Salzbergwerke sehen.

Von der Stadt Kisel führt eine elektrifizierte Eisenbahnlinie durch eine der schönsten Gegenden des Urals nach Süden. Der Zug fährt auf der halben Höhe der Hänge durch Bergwälder, an tiefen Abgründen vorbei, durch eine Reihe von Tunnels. In der Nähe der Stadt Čusovoj kreuzt der Schienenweg die Čusovaja, einen Nebenfluss der Kama, deren Lauf vor mehr als vier Jahrhunderten die ersten Kosakentrupps folgten, als sie nach Sibirien vordrangen. Östlich von Čusovoj, auf der asiatischen Seite des Urals, also schon zur Region von Ekaterinburg gehörig, führt eine Eisenbahnstrecke weit nach Norden bis zu den von Wäldern umgebenen Stadt Serov. Die Eisenbahnstation liegt an der Stelle einer alten Fabrik, die Schienen erzeugte, mit denen viele der alten Eisenbahnstrecken Russlands gebaut wurden (Nadeždinskij zavod). Heute – völlig erneuert – produziert sie Stahl und Walzeisen bester Qualität.

Im mittleren Ural, um Ekaterinburg herum, folgt eine Industriestadt auf die andere, so dass sie sich beinahe berühren: Nižnij Tagil, Krasnoural'sk, Verchnjaja Salda, Revda, Pervoural'sk, Kirovograd, Asbest, Kamensk-Ural'skij. Die Stadt Nižnij Tagil ist besonders exemplarisch für die Region. Der am Fuße des Berges Vysokaja (›der Hohe‹) gewachsene Ort ist Legende, aber der eisenerzhaltige Berg existiert in Wirklichkeit gar nicht mehr, an seine Stelle ist eine tiefe Senke getreten, ganz durchfurcht von den Abbau-Terrassen. Einst war das Eisen von Nižnij Tagil mit der Marke ›Alter Zobel‹ in ganz Europa bekannt. Die Spitzsäule der Admiralität in St. Petersburg war mit Kupferblech aus dieser Stadt bedeckt, das berühmte Malachit-Zimmer des Winterpalastes ist mit Steinen aus dieser Gegend ausgelegt. Im Museum von Nižnij Tagil sind das erste in Russland von einem Leibeigenen der Gegend namens Artamonov hergestellte Pedalfahrrad und das Modell der ersten russischen Lokomotive ausgestellt, die ebenfalls von Leibeigenen, Vater und Sohn Čerepanov, gebaut wurden.

Birken säumen die Strecke

Die Taiga

Die sibirische Taiga ist der weltweit größte Wald mit einem Viertel aller Holzreserven der Erde. ›Taiga‹ heißt vor allem Nadelwald: Kiefer, Fichte und Tanne dominieren in Westsibirien, die Lärche in Ostsibirien. Die Birke als Laubbaum macht ein Fünftel der westsibirischen Taiga aus, in Ostsibirien hat sie einen weitaus geringeren Anteil.

Die zahlreichen Birkenwälder, die man auf einer Transsib-Reise sieht, sind nur typisch als Südbegrenzung der Taiga. Unterschieden werden weiterhin die ›dunkle Taiga‹ (Fichten- und Tannenwälder, eher nördlich zu finden und typisch für eine Reise auf der Baikal-Amur-Magistrale) und die ›helle Taiga‹ aus Kiefern und Lärchen.

Von Norden nach Süden erstreckt sich die Taiga im Schnitt über 1300 Kilometer, im Norden begrenzt von der Tundra, im Süden von der Steppe. Taigabäume werden nicht höher als 20 Meter und bleiben damit deutlich kleiner als die der westeuropäischen Nadelwälder. Nur zwischen Enisej und Lena herrschen weitgehend geschlossene Wälder vor; in den übrigen Gebieten nehmen Sümpfe und Steppeninseln nicht selten 50 Prozent der Gesamtfläche ein.

Die Wurzeln der Taigabäume verlaufen sehr flach bis in eine Tiefe von nur 30 Zentimetern. Darunter herrscht der Dauerfrostboden, der jedoch – paradox – im Winter den Pflanzen mit einer Frostbodentemperatur von konstanten –10 Grad Kälteschutz bietet, während die Lufttemperaturen regelmäßig unter –30 Grad fallen.

Kunsthandwerk aus Birkenrinde

Die Nadelstreu in der Taiga zersetzt sich in rund 350 Jahren (in deutschen Laubwäldern benötigt das Laub hierfür nur drei Jahre). In den Fällen von Waldsterben durch Industrieemissionen folgt meist kein natürlicher Bewuchs durch Nadelbäume, fast immer wachsen Birken zuerst nach. Im Gegensatz zu westeuropäischen Birken ist die Rinde der Sibirischen Birke weich und diente früher den Einheimischen zur Herstellung von Schuhen und Behältern aller Art. In Ostsibirien und im russischen Fernen Osten sind vor allem japanische und chinesische Unternehmen mit dem Holzeinkauf befasst. Die Wirtschaft in Asien boomt und allein die Einwegstäbchen-Esskultur fordert den Gegenwert von 25 Fußballfeldern Wald – täglich. So sieht man vor allem im Osten Sibiriens sehr viele mit Holz beladene Güterzüge auf der Transsib. Bei Transsib-Kilometer 3565 wird der Wald zur Stadt – Zugstopp in Taiga, einer typischen Provinzstadt mit 27 000 Einwohnern.

Čeljabinsk/Челябинск

Im Jahre 1736 wurde Čeljabinsk als Kosakenfestung am Fluss Miass gegründet. 1770 diente die Ansiedlung sechs Monate lang als Ausgangspunkt für die von der Russischen Akademie organisierte Expedition zur Erforschung des Urals und Westsibiriens. Der Bauernaufstand um Emiljan Pugačov besetzte die Festung 1774 für zwei Monate. Das Stadtrecht besitzt Čeljabinsk seit 1791. Die Eisenbahn kam 1892 über Samara nach Čeljabinsk, vier Jahre später wurde die nördliche Strecke nach Ekaterinburg eröffnet.

Mit dem Beschluss zum Bau der Transsibirischen Eisenbahn avancierte die Stadt zum wichtigsten Eisenbahnknotenpunkt zwischen dem europäischen und dem asiatischen Teil Russlands. Es entstanden große Auffanglager für die Übersiedler nach Sibirien. Der Ort selbst zählte damals ungefähr 20 000 Einwohner und wurde zu einem wichtigen Handelsplatz für die im Südural erwirtschafteten landwirtschaftlichen Überschüsse. Nach der Revolution tobte eineinhalb Jahre der Bürgerkrieg in der Stadt. Als Angehöriger der Roten Armee arbeitete der tschechische Schriftsteller Jaroslav Hašek, der durch seinen Romanhelden Schwejk berühmt wurde, im Jahre 1919 mehrere Monate in Čeljabinsk.

Im Rahmen der sowjetischen Elektrifizierung unter dem Goelro-Plan (»Kommunismus ist gleich Sowjetmacht plus Elektrifizierung«, Lenin) wurde 1930 der Staudamm gebaut, Grundlage für die Ansiedlung der Schwerindustrie. Neben dem 1930 eröffneten Stahlwerk bestimmt die Traktorenfabrik, die 1933 die Produktion aufnahm, das Antlitz der Stadt. Im Zweiten Weltkrieg wurde das Werk ab August 1942 durch den legendären Panzer T 34 zur wichtigsten Panzerschmiede des Landes. Die nicht weniger bekannten Raketenwerfer ›Katjuša‹ wurden ebenfalls hier hergestellt. Über 60 Industriebetriebe wurden nach Čeljabinsk verlagert, um sie dem Zugriff der deutschen Armeen zu entziehen, was der Stadt den Spitznamen ›Tankograd‹ einbrachte (Tank bedeutet auf russisch Panzer).

Gleichzeitig wurde die Stadt auch eines der Zentren der sowjetischen Kernforschung und war daher für Ausländer zu Sowjetzeiten tabu. In ihrer Umgebung sind nach wie vor mehrere Orte militärisches Sperrgebiet. Čeljabinsk selbst ist bis heute eine typische Industriestadt, deren touristischer Charme sich, obwohl in den letzten Jahren viel im Stadtzentrum erneuert wurde, in Grenzen hält. 1976 erreichte die Einwohnerzahl der Uralmetropole die Millionengrenze, heute leben ca. 1 130 000 Menschen in Hauptstadt des Südurals.

Stadtrundgang

Vom 1965 neu errichteten und 2005 rekonstruierten **Bahnhof** gelangt man über die rechts abzweigende ul. Cvillinga in das Stadtzentrum. Das 14 Meter hohe Monument eines Schmiedes auf dem Bahnhofsvorplatz aus dem Jahre 1967 symbolisiert unter dem Titel ›Die Urallegende‹ die Stärken dieses Landstriches. In der rechts abzweigenden ul. Svobody steht an der nächsten Gabelung ein den revolutionären Eisenbahnern gewidmetes Weichensteller-Denkmal.

Am Denkmal für die erste russische Čerepanov-Dampflok erkennt man das örtliche **Eisenbahnmuseum**, ul. Cvillinga 63, Tel. 2683321. Nach dem Kulturpalast der Eisenbahner ist noch eine knallrote Dampflok amerikanischer Bauart zu

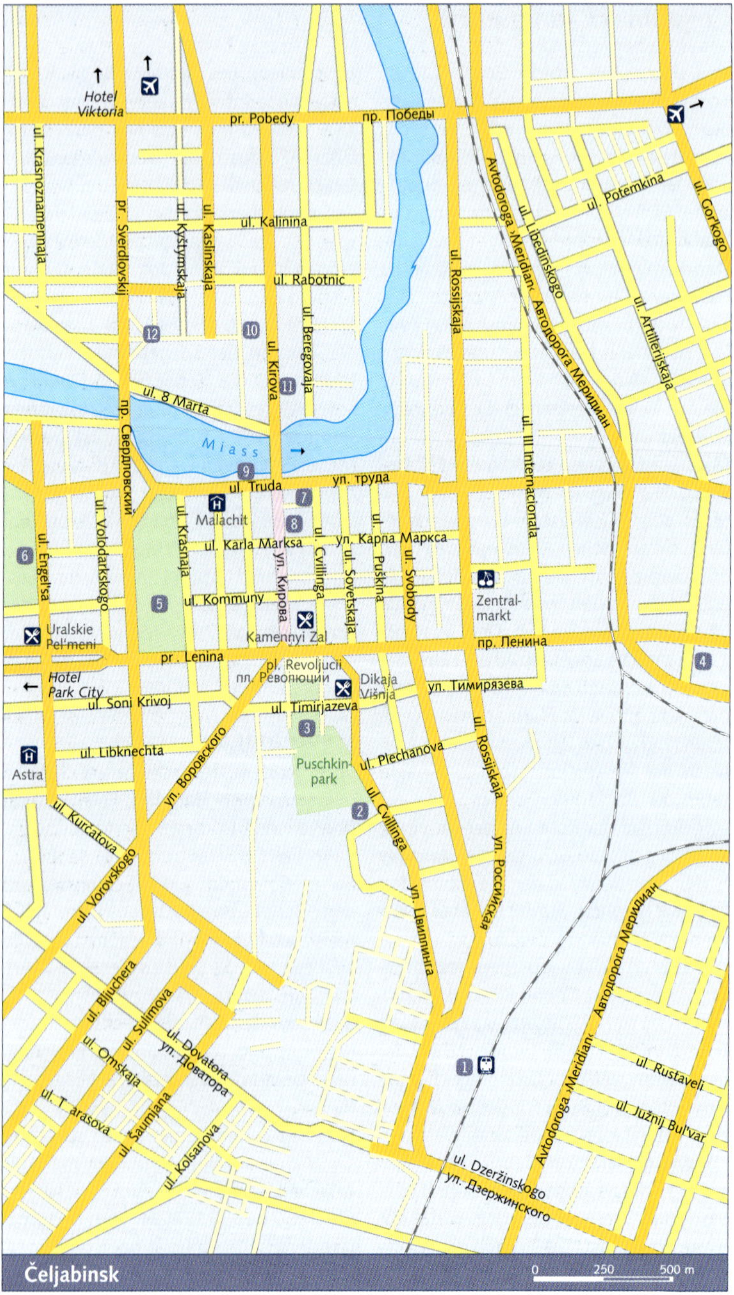
Hotel Viktoria
pr. Pobedy
пр. Победы
ul. Krasnoznamennaja
pr. Sverdlovskij
ul. Kyštymskaja
ul. Kaslinskaja
ul. Kalinina
ul. Rabotnic
ul. Beregovaja
ul. Kirova
ul. 8 Marta
пр. Свердловский
Miass
ul. Rossijskaja
Avtodoroga ›Meridian‹
Автодорога Меридиан
ul. Libedinskogo
ul. Potemkina
ul. Gor'kogo
ul. Artillerijskaja
ul. III Internacionala
ul. Truda
ул. труда
Malachit
ul. Karla Marksa
ул. Карла Маркса
ul. Ėngel'sa
ul. Volodarskogo
ul. Krasnaja
ул. Кирова
ul. Cvillinga
ul. Sovetskaja
ul. Puškina
ul. Svobody
ul. Kommuny
Zentral-markt
Uralskie Pel'meni
Kamennyi Zal
pr . Lenina
пр. Ленина
pl. Revoljucii
пл. Революции
Dikaja Višnja
ул. Тимирязева
Hotel Park City
ul. Soni Krivoj
ul. Timirjazeva
ul. Libknechta
Astra
ул. Воровского
Puschkin-park
ul. Plechanova
ul. Cvillinga
ul. Rossijskaja
ul. Kurčatova
ul. Vorovskogo
ул. Российская
ул. Цвиллинга
Автодорога Меридиан
ul. Bljuchera
ul. Sulimova
ul. Dovatora
ул. Доватора
ul. Omskaja
ul. T arasova
ul. Šaumjana
ul. Kolsanova
Avtodoroga ›Meridian‹
ul. Rustaveli
ul. Južnij Bul'var
ul. Dzeržinskogo
ул. Дзержинского
1
2
3
4
5
6
7
8
9
10
11
12
Čeljabinsk
0
250
500 m

besichtigen, die im Bürgerkrieg 1920 Lebensmittelzüge nach Moskau brachte, ul. Cvillinga 54.

Hinter der Grünanlage des am Fernsehturm zu erkennenden Puschkinparks eröffnet sich vom Hügel der Blick auf den abfallenden pl. Revoljucii (Revolutionsplatz) und auf das Stadtzentrum bis zum die Stadt durchziehenden Fluss Miass. An der Spitze des Hügels erhebt sich das 1981 erbaute moderne **Schauspielhaus** (pl. Revoljucii 6, Tel. 2638763), das ebenfalls nach dem örtlichen Revolutionär Sergej Cvilling benannt ist. Am linken unteren Ende des Platzes befindet sich das **Jugendtheater** (ul. Kirova 116, Tel. 2632203), gegenüber auf der rechten Seite das **Volkskunstmuseum** (pl. Revoljucii 1, Tel. 2662706). In der Mitte steht das obligatorische Lenindenkmal.

Am unteren Ende kreuzt die Hauptstraße der Stadt, der pr. Lenina, den Platz. In östliche Richtung führt die Hauptgeschäftsstraße in die Gewerbegebiete. Hinter der Bahnunterführung beginnt auf der rechten Seite das Gelände des **Traktoren- bzw. Panzerwerkes**. Zwei Denkmäler erinnern an den T 34 und die Katjuša genannten Granatwerfer. Sie stehen am Werkseingang (Komsomol'skaja pl.) und unweit des Bahnhofs in der ul. Dovatora.

In westliche Richtung führt der pr. Lenina zum Stadtpark. Davor lockert auf der rechten Seite ein Park mit dem Namen ›**Purpurrotes Feld**‹ (Aloe pole) die Stadtlandschaft auf. Der Name des Parks (aloe bedeutet purpur- oder blutrot) erinnert an tragische Ereignisse aus dem Jahre 1905, als hier, wie in vielen anderen Orten Russlands, eine Demonstration von den zaristischen Truppen blutig niedergeschlagen wurde. Die im Park zwischen 1910 und 1915 errichteten Backsteinkirche ist seit 1987 ein Konzertsaal mit der wohl besten Orgel im Ural (Tel. 2361746).

Der eigentliche **Stadtpark** liegt inmitten eines Waldgebiets und ist nach Jurij Gagarin benannt. Am Eingang erinnert ein die Kernspaltung symbolisierendes Denkmal an den Kernforscher Igor Kurčatov. Im Park selbst gibt es neben dem örtlichen Zoo seit 1949 eine knapp sechs Kilometer lange und mit sechs Bahnhöfen bestückte Kindereisenbahn, Tel. 2683081.

Die zweite Hauptstraße von Čeljabinsk ist die am pl. Revoljucii in Richtung Norden zum Fluss führende **ul. Kirova**. Sie wurde in den letzten Jahren in eine Fußgängerzone umgestaltet und ist heute im Volksmund als Kirovka oder kleiner Arbat (nach der Moskauer Fußgängerzone benannt) der ganze Stolz der Čeljabinsker. Eine Vielzahl kurioser Figuren von Puschkin über Moskaus ehemaligen Bürgermeister Lužkov und vom ›Bittsteller vor

Legende

1. Bahnhof (Вокзал)
2. Eisenbahnmuseum (Музей железной дороги)
3. Schauspielhaus (Драматический театр)
4. Traktorenwerk (Челябинский тракторный завод)
5. Purpurrotes Feld (Алое поле)
6. Stadtpark (Парк культуры и отдыха)
7. Kunstgalerie (Картинная галерея)
8. Glinka-Oper (Театр оперы и балета им. М. Глинки)
9. Heimatkundemuseum (Краеведческий музей)
10. Pfingstkirche (Свято-Троицкая церковь)
11. Zirkus (Цирк)
12. Busbahnhof (Автовокзал)

Denkmal für den Panzer T 34

dem Amt‹ bis zum ›Feuerwehrmann‹ lockern die Flaniermeile auf.

Kurz vor der Brücke über den Miass befinden sich auf der rechten Seite in einer alten Kaufmannsvilla die **Städtische Kunstgalerie** (ul. Truda, 92a, Tel. 2630934, www.chelmusart.ru (R) und die **Philharmonie** (ul. Truda 92a, Tel. 2632293). Schräg gegenüber steht die **Michail-Glinka-Oper** (pl. Jaroslavskogo 1, Tel. 2638763). Auf der anderen Seite befindet sich der monumentale Neubau des sehenswerten **Heimatmuseums** (Leninprospekt 49, Tel. 263-08-32, www.chelmuseum.ru).

Am Ufer folgen in westlicher Richtung ein kleiner Park sowie der Sportpalast und ein Freizeitzentrum. Wenn man auf der ul. Kirova über die Miass-Brücke das nördliche Ufer erreicht, gelangt man links zu zwei neuen Einkaufszentren und rechts zum Zirkusgebäude (ul. Kirova 25, Tel. 2647345). Hinter der Kreuzung steht die Heilige Pfingstkirche seit 1994 wieder den Gläubigen offen (ul. Kirova 60a).

Čeljabinsk

Zeitunterschied: MEZ + 4 h im Sommer, + 5 h im Winter.

Vorwahl: 007/351.

PLZ: 454000.

Hauptpostamt: ul. Kirova 161, Tel. 2647532.

Bank: Sberbank, ul. Kirova 7, Tel. 7913674, mit Geldautomat.

Reisebüro: Inturist, ul. Krasnoarmejskaja 116, Tel. 7786250.

Der Bahnhof liegt zentral am westlichen Rand des Stadtzentrums, Privokzalnaja pl., Tel. 7750000. Die Freiluft-Exposition des örtlichen Eisenbahnmuseums befindet sich am Bahnsteig 19.

GPS: 55°8'29"N/61°24'59"O.

Der Busbahnhof befindet sich neben dem Sportpalast Junost', unweit des Flusses Miass. Es gibt täglich mehrere Busverbindungen nach Ekaterinburg und Perm'. ul. Sverdlovskij pr. 51, Tel. 7786242.

Der Flughafen liegt am nordöstlichen Stadtrand. Es gibt tägliche Flüge nach Moskau (3 x Šeremet'evo, 3 x Domodedovo, 1 x Vnukovo) und St. Petersburg, je 2 wöchentliche Flüge nach Kazan, Novosibirsk und Irkutsk. Im Sommer gibt es pro Woche einen Flug nach Düsseldorf, Tel. 7783325, www.

▶ Karte S. 194

aeroport-74.ru (R). Man unterhält ein Stadtbüro am pr. Lenina 28, Tel. 2639774. Buslinie 1 und Routentaxi 82 verbinden Flughafen und Bahnhof.

Das beste Hotel ist das ruhig und zentral gelegene **Park City Hotel**, ul. Lesoparkovaja 6; DZ 4700 Rbl., Tel. 2654455, www.parkcityhotel.ru (R/E). Alternativen sind das **Hotel Viktorija** am nördlichen Stadtrand, ul. Molodogvardejcev 34; DZ 3800 Rbl., Tel. 7989820, www.victoria.ru (R/E), und der zentral gelegene Hotelklassiker **Malachit**; DZ 4000 Rbl., ul. Truda 153, Tel. 2635478.

Eine günstige Option unweit vom Zentrum ist das **Hotel Astra**, ul. Entuziastov 11, dass DZ für 1200 Rbl. und Schlafplätze für 600 Rbl. bietet, Tel. 2321919.

Das beste russische Restaurant ist das **Patriot** im Norden der Stadt, pr. Komsomolskij 11, Tel. 7946279.

Alternativen mit internationaler Küche sind **Dikaja Višnja** (Wildkirsche), ul. Cvillinga 40, Tel. 2651601, oder **Kamennyj Zal** (Der steinerne Saal), ul. Cvillinga 34, Tel. 2664682.

Die örtliche Fastfood-Ketten sind **Uralskie Pel'meni**, pr. Lenina 66a, pl. Revoljucii 7 oder ul. Soni Krivoj 7, Tel. 2659591, und **Grill Master**, pr. Lenina 71 oder pr. Pobedy 166.

Guten Kaffee gibt es bei **Dve Čaški** (2 Tassen), ul. Kirova 102, Sverdlovskij pr. 51 und ul. Ėntuziastov 16, Tel. 7780839.

Die wichtigsten Geschäfte der Stadt findet man auf dem pr. Lenina und in der Kirovka oder Arbat genannten Fußgängerzone ul. Kirova.

Das neue **Einkaufszentrum Evropa-Azia** befindet sich ebenfalls in der ul. Kirova, allerdings gleich hinter der Brücke am Nordufer.

Der **Zentralmarkt** befindet sich am pl. Mopra 3.

www.chelyabinsk.ru (R).
www.74.ru (R).

Der Bahnhof Čeljabinsk ist der westliche Ausgangspunkt der Transsib

Die Kosaken

Die Kosaken haben an der Entwicklung Sibiriens entscheidenden Anteil, und ihre Traditionen, die lange Jahre unterdrückt wurden, gewinnen heute wieder an Bedeutung. Das Wort Kosake ist türkischen Ursprungs und meint in seiner ursprünglichen Bedeutung ›freier Krieger‹ oder ›Vagabund‹ zunächst die russischen und ukrainischen Bauern, die die Freiheit in den russischen Randgebieten an Dnepr, Don und Wolga suchten und sich dort in eigenständigen Gemeinschaften niederließen. Die Kosakendörfer hießen Stanica, der gewählte Führer nannte sich Ataman, und ihre Truppen wurden als Vojsko bezeichnet. Sie waren nicht zimperlich und lebten eher von Raub als von der Landwirtschaft. Ihr Verhältnis zum Zaren und zu den örtlichen Machthabern gestaltete sich sehr unterschiedlich. Häufig arrangierte man sich, und die Kosaken agierten als Söldnertruppe im Staatsauftrag – ein Verhältnis, das vor allem bei der russischen Eroberung Sibiriens immense Bedeutung hatte. Andererseits kamen viele Kosaken nach Sibirien, weil sie aufgrund ihrer Rolle in den Bauernaufständen vom Zaren zwangsweise in die neuen Gebiete umgesiedelt wurden.

Seit der gesetzlichen Verankerung der Leibeigenschaft im Jahre 1647 hatten die Kosaken viel Zulauf. Seit 1720 kam den Kosakentruppen bei der weiteren Eroberung Sibiriens und der Befestigung der verschiedenen Verteidigungslinien vom Ural bis zum Pazifik eine entscheidende Rolle zu.

Im zaristischen Russland waren die Kosaken mit Sonderrechten und Traditionen, eigenen Uniformen und Waffenordnungen ein entscheidender Garant der russischen Identität sowie der inneren und äußeren Sicherheit Sibiriens. Die Sowjetmacht hingegen lehnten die Kosaken fast ausnahmslos ab und schlossen sich im Bürgerkrieg den Weißgardisten an. Folgerichtig wurden alle Organisationsstrukturen durch die Sowjets aufgelöst. Doch die romantische Vorstellung von kämpferischen und freiheitsliebenden Kosaken blieb im Bewusstsein der Menschen bestehen – vor allem in der Südukraine, im Don- oder Kubangebiet in Südrussland und, wenn auch deutlich schwächer ausgeprägt, in Sibirien. Mit der Perestrojka wurden auch die alten Kosakentraditionen sehr schnell wiederbelebt, da die Sorge um die Verteidigung der nationalen Identität und die Frage der inneren Sicherheit insbesondere in Südrussland wieder aktuell wurde. Aber auch in Sibirien lebten die Traditionen schnell wieder auf, und man stößt heute fast in allen Städten auf neue Zentren des Kosakentums, deren Anspruch und Einfluss jedoch nicht unumstritten sind.

Der Kosakenhauptmann Ermak, der Eroberer Sibiriens

Tjumen'/Тюмень

Die erste Großstadt hinter dem Ural ist Tjumen', die auch die ›Mutter der sibirischen Städte‹ genannt wird. Nachdem der Kosakenführer Ermak 1581 die tatarische Festung Tschingi Tura erobert hatte, kamen fünf Jahre später die ersten 300 Kosaken und Schützen, um am Fluss Tura die erste russische Stadt und zugleich Hauptstadt Sibiriens zu gründen. Hauptstadt war Tjumen' aber nur vier Jahre, dann wurde Tobol'sk zum administrativen Zentrum der neuen Eroberungen. Zunächst brachte der Handel die Stadt zur Blüte, bald folgten das Handwerk und die sich entwickelnde Industrie. Vor allem der Schiffbau prägte Tjumen' im 19. Jahrhundert.

Das Rathaus von Tjumen'

Obwohl Tjumen' bereits 1885 durch die Inbetriebnahme der Eisenbahnstrecke nach Ekaterinburg den Anschluss nach Europa fand, lag die Stadt nicht an der ursprünglichen Streckenführung der Transsibirischen Eisenbahn, die in diesem Gebiet von Čeljabinsk nach Omsk führte. Die Anbindung erfolgte erste 1916, als auch der Zugverkehr zwischen Tjumen' und Omsk aufgenommen wurde. Die Melodien von ›God bless America‹ und ›White Christmas‹ gehören zu den unlängst geöffneten Seiten der Stadtgeschichte. Amerikas berühmter Komponist Irving Berlin wurde 1888 als Israel Balin in Tjumen' geboren. Jedoch emigrierte die Familie bereits, als er gerade fünf Jahre alt war.

Der heutige Boom der westsibirischen Tiefebene setzte in den 1960er Jahren des 20. Jahrhunderts ein. Als zunächst die Erschließung der Ölfelder um Nižnevartovsk und später der Gasvorkommen bei Novyj Urengoj begann, wurde Tjumen' als Zentrum der Verwaltung und des Güterumschlages zum Inbegriff für Russlands schwarzes Gold und blaue Flamme. Die Bevölkerungszahl verdreifachte sich in 15 Jahren. Lohnzuschläge und Versorgungsprivilegien lockten die notwendigen Arbeitskräfte für Russlands Exporte und die wichtigen Petro-Dollars in die Kälte. Heute leben 582 000 Menschen in der Stadt, obwohl sich die eigentlichen Förderzentren noch hunderte von Kilometern weiter nördlich befinden. Die touristisch zumeist unterschätzte Stadt präsentiert sich dem Besucher aber keineswegs als öde Industriemetropole, sondern als durchaus unerwartete Mischung geschichtsträchtiger Holz- und Steingebäude mit sowjetischen Neubaublöcken und modernen Architekturlösungen aus der Nachwendezeit. Seit 1994 besteht eine Städtepartnerschaft mit Celle.

Stadtrundgang

Das **Bahnhofsgebäude** schmückt sich seit 2008 mit einer neuen Außenverglasung. An der Südseite des etwas trostlosen Bahnhofsvorplatzes zeigt ein Denkmal die Öl-Geographie der Re-

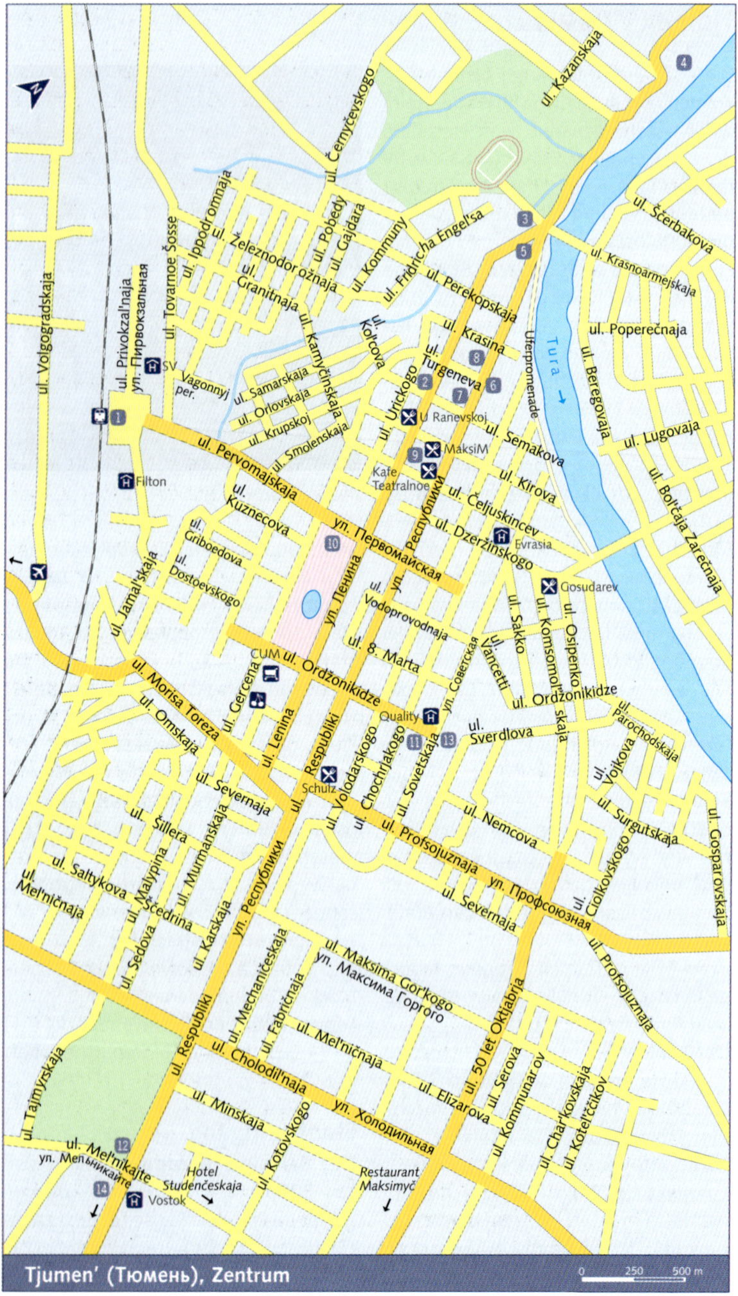
ul. Kazanskaja
ul. Černyčevskogo
ul. Ščerbakova
ul. Krasnoarmejskaja
ul. Poperečnaja
ul. Ippodromnaja
ul. Železnodorožnaja
ul. Pobedy
ul. Gajdara
ul. Kommuny
ul. Fridricha Ėngel'sa
ul. Perekopskaja
ul. Tovarnoe Šosse
ul. Granitnaja
ul. Kamyšinskaja
ul. Kol'cova
ul. Krasina
ul. Turgeneva
ul. Volgogradskaja
ul. Privokzal'naja
ул. Привокзальная
SV
Vagonnyj per.
ul. Samarskaja
ul. Orlovskaja
ul. Krupskoj
ul. Smolenskaja
ul. Urickogo
U Ranevskoj
Uferpromenade
Tura
ul. Beregovaja
ul. Lugovaja
ul. Semakova
MaksiM
Kafe Teatralnoe
ul. Pervomajskaja
Filton
ul. Kirova
ul. Čeljuskincev
ul. Dzeržinskogo
Evrasia
ul. Kuznecova
ul. Griboedova
ul. Dostoevskogo
ул. Первомайская
ул. Ленина
ул. Республики
ul. Vodoprovodnaja
Gosudarev
ul. Bol'šaja Zarečnaja
ul. Jamal'skaja
ul. 8. Marta
ul. Sakko
ul. Vancetti
ul. Komsomol'skaja
ul. Osipenko
CUM
ul. Ordžonikidze
ul. Morisa Toreza
ul. Gercena
ul. Omskaja
ul. Lenina
Quality
ул. Советская
ul. Sverdlova
ul. Parochodskaja
ul. Vojkova
ul. Respubliki
Schulz
ul. Volodarskogo
ul. Chochrjakogo
ul. Sovetskaja
ul. Severnaja
ul. Šillera
ul. Murmanskaja
ul. Nemcova
ul. Surgutskaja
ul. Gosparovskaja
ul. Profsojuznaja
ул. Республики
ul. Saltykova Ščedrina
ul. Malypina
ul. Mel'ničnaja
ul. Ciolkovskogo
ул. Профсоюзная
ul. Karskaja
ul. Sedova
ul. Mechaničeskaja
ul. Maksima Gor'kogo
ул. Максима Горгого
ul. Fabričnaja
ul. 50 let Oktjabrja
ul. Cholodil'naja
ul. Tajmyrskaja
ul. Minskaja
ул. Холодильная
ul. Elizarova
ul. Serova
ul. Kommunarov
ul. Char'kovskaja
ul. Kotel'čikov
ul. Kotovskogo
ul. Mel'nikajte
ул. Мельникайте
Hotel Studenčeskaja
Restaurant Maksimyč
Vostok
1
2
3
4
5
6
7
8
9
10
11
12
13
14
0 250 500 m
Tjumen' (Тюмень), Zentrum

gion. Man gelangt am bläulichen **Eisenbahnerkulturpalast** mit der obligatorischen alten und hier blauen Dampflok davor über die ul. Pervomajskaja in das Stadtzentrum.

Am neuen **Zirkusgebäude** beginnt die **Fußgängerzone** Tjumens mit Rummelplatz samt Riesenrad, vielfältiger Gastromie und dem Ende 2007 eröffneten, ersten McDonalds-Restaurant östlich des Urals. Das Denkmal mit den drei lustigen Gestalten ist Russlands wohl beliebtesten Komikern gewidmet: Juri Nikulin, Oleg Popov und Karandasch, dem Zirkusclown mit dem Künstlernamen ›Bleistift‹. Parallel zur Fußgängerzone folgen die ul. Lenina und die ul. Respubliki, die beide gemeinsam als Einbahnstraßen die wichtigste Nord-Süd-Magistrale der Stadt bilden.

Wenn man Richtung Norden der ul. Lenina folgt, gelangt man zum Ursprung der Stadt. Vorbei am **Mašarov-Haus**, das seit 1996 als Museum an den berühmten Kaufmann der Stadt erinnert (ul. Lenina 24, Tel. 261310). Rechter Hand erhebt sich die wunderschön rekonstruierte schneeweiße **Erlöserkirche** (ul. Lenina 43), linker Hand folgt die **Michaelskirche** (ul. Lenina 22). Nach einer Biegung gelangt man zum Zusammenschluss mit der ul. Respubliki. Hier erhebt sich das **Gebäude der alten Stadtduma**, in dem sich heute übergangsweise das örtliche Heimatkundemuseum mit all seinen Sammlungen präsentiert, ul. Respubliki 2, Tel. 461159. Der stadtgeschichtliche Teil des Museums befand sich bis 2006 in der Peter-und-Pauls-Kirche des bereits im Norden sichtbaren Klosters und sollte bei Rückgabe an die Kirche in einen pompösen Neubau (ul. Sovetskaja 63) umziehen, dessen Fertigstellung sich aber verzögert.

Neben der alten Stadtduma erinnert eine Stele mit einem ewigen Feuer an die Opfer des Zweiten Weltkrieges. Näher zum Flusshang an der Tjumen'ka erinnert ein **Gründungsstein** mit einer Inschrift an die Gründung der Stadt. Von hier aus hat man einen wunderschönen Ausblick auf den Tjumen' in einem weitläufigen Bogen durchziehenden Fluss Tura. Eine Fußgängerbrücke verbindet beide Seiten miteinander. Sie hat den Spitznamen ›Brücke der Verliebten‹ und die Geländer sind mit unzähligen Liebesschlössern dekoriert.

Legende

1 Bahnhof (Вокзал)
2 Mašarov-Haus (Дом Машарова)
3 Alte Stadtduma/Heimatkunde museum (Краеведческий музей)
4 Kloster mit Pfingstkathedrale und Peter-und-Pauls-Kirche (Петропавловская церковь Троицкого мужского монастыря)
5 Alte Handelsreihen (Торговые ряды)
6 Landwirtschaftsakademie (Сельскохозяйственная академия)
7 Museum der Geschichte eines Hauses (Музей истории одного дома)
8 Kreuzkathedrale (Знаменский собор)
9 Erlöserkirche (Спасская церковь)
10 Zirkus (Цирк)
11 Gemäldegalerie (Музей изобразительных искусств)
12 Museum für Geologie, Öl und Gas (Музей геологии, нефти и газа)
13 Heimatkundemuseum – Neubau
14 Kindereisenbahn (Детская Железная Дорога)

Holzfenster in Tjumen'

In den letzten Jahren hat man eine nette Uferpromenade gestaltet. Drei Skulpturen erinnern dort an den Sibirien-Kartographen Semën Remizov, an die Großen Sibirischen Expeditionen im 18. Jahrhundert und den Beginn des Tjumen'er Schiffbaus.

Gen Norden führt eine Brücke am linken Flussufer über den Zufluss Tjumen'ka an der Kreuzerhöhungskirche vorbei zum berühmten **Tjumener Männerkloster**, das den Beginn seiner Geschichte im Jahre 1618 nimmt und heute zu neuem Leben erwacht. Zum von Anbeginn aus Stein errichteten sehenswerten Klosterensemble gehören die Pfingstkathedrale und die Peter-und-Pauls-Kirche.

Zurück in Richtung Zentrum eröffnen die 1836 erbauten **Handelsreihen** die ul. Respubliki. Auf der linken Seite steht das Landwirtschaftsinstitut (ul. Respubliki 7). In diesem Gebäude befand sich zu Beginn des Jahrhunderts das Heimatmuseum und zwischen 1941 und 1945 diente es unter größter, bis zur Perestrojka währenden Geheimhaltung als Heimstatt für den aus dem Moskauer Mausoleum ausgelagerten, einbalsamierten Leichnam Lenins.

Einen Besuch lohnt das **Museum der Geschichte eines Hauses** im 19. und 20. Jahrhundert. Das ehemalige Bljucher-Haus zeigt in kleinen Expositionen, wie in verschiedenen Zeiten verschiedene Besitzer das Haus auf sehr verschiedene Art und Weise nutzten (ul. Respubliki 18, Tel. 461310). Im Nebenhaus präsentiert sich ebenfalls museal das historische Ladengeschäft ›I. P. Kolokolnikov & Erben‹ aus der Zarenzeit (Tel. 462767).

An der nächsten Ecke gelangt man linker Hand zum 1786 erbauten Ensemble der **Kreuzkathedrale**. Nach erfolgter Rekonstruktion wird es wieder in seiner barocken Schönheit erstrahlen. Auf der ul. Respubliki gelangt man an vielen Geschäften vorbei zu einem großen Platz, wo linker Hand im Schatten Lenins in einem wuchtigen Gebäude die Gebietsadministration ihren Sitz hat.

An der nächsten Kreuzung führt die ul. Ordžonikidze nach links zu den besten Hotels der Stadt. Daneben liegt die Baustelle des neuen imposanten **Gebäudes für das Heimatkundemuseum**, und im unscheinbaren Gebäude der juristischen Fakultät der Universität findet man die erstaunlich gut bestückte örtliche **Gemäldegalerie** (ul. Ordžonikidze 47, Tel. 361766).

Südöstlich des Stadtzentrums folgen auf der ul. Respubliki links das neue **Einkaufszentrum Kalinka** und das neue **Schauspielhaus**. Das bereits 1858 gegründete Theater bezog 2009 hier sein neues Domzil, ul. Respubliki 129, Tel. 409833. Weiter folgt auf der rechten

▶ Karte S. 200

Seite das **Museum für Geologie, Öl und Gas**, welches auf vier Etagen die Erschließung der westsibirischen Naturreichtümer zeigt(ul. Respubliki 142, Tel. 227426).

In dieser Richtung befindet sich auch 15 Kilometer außerhalb am Andreev-See die 1969 eröffnete Tjumener **Kindereisenbahn**. Auf knapp vier Kilometern gibt es vier Haltepunkte, Tel. 523679.

Tjumen'

Zeitunterschied: MEZ + 4 h im Sommer, + 5 h im Winter.
PLZ: 720000.
Vorwahl: 007/3452.
Hauptpostamt: ul. 8. Marta 7, Tel. 262030.
Bank: Sberbank, ul. Mel'nikajte 54, Tel. 412153
Geldautomat: u.a. ul. Respubliki 44.
Reisebüro: Tyumenzarubezhtur, ul. Respubliki 55, Tel. 451441, www.tztour.ru.

Der Bahnhof befindet sich südostlich des Stadtzentrums, ul. Privokzal'naja 1, Tel. 461870. Hier besteht eine Umsteigemöglichkeit zur Kopfbahn in die nördlichen Öl- und Gasgebiete um Surgut und Novyj Urengoj. Vom Bahnhofsvorplatz fahren alle Buslinien über das Stadtzentrum.
GPS: 57°8'45"N/65°31'22"O.

Der Busbahnhof befindet sich am südlichen Stadtrand, ul. Permjakova 9; Tel. 365035.

Der teilweise neue Flughafen ›Rošino‹ liegt westlich der Stadt. Es gibt täglich 4 Flüge nach Moskau (2 x Domodedovo, 1 Šeremet'evo, 1 x Vnukovo) und mehrere Flüge pro Woche nach Petersburg und Ekaterinburg. In verschiedenen Jahren gab es im Sommer auch einen wöchentlichen Charterflug nach Hannover oder München, Tel. 496560, www.tjm.aero (R). Ins Stadtzentrum gelangt man mit der Buslinie Nr. 10 oder dem Routentaxi Nr. 35.

Direkt am Bahnhof hat 2007 das passable **Hotel Filton** neu eröffnet, ul. Privokzalnaja 30; DZ 4200 Rbl., Tel. 522405.
Die besten und auch richtig teuren Hotels der Stadt sind das **Eurasia**, ul. Sovetskaja 20; DZ 8000 Rbl., Tel. 222000, www.eurasiahotel.ru (R/E), und das **Quality Hotel Tjumen'**, ul. Ordžonikidze 46; DZ 8500 Rbl., Tel. 494040.
Günstigere Preise bietet das passable, 2009 renovierte **Hotel Vostok** (Osten), ul. Respubliki 159; DZ 2500 Rbl., Tel. 686686.
Die günstigste Unterkunft findet man am Bahnhof im **Hotel SV** (kyrillisch CB), ul. Pervomajskaja 58a, Tel. 451328, Schlafplatz 650 Rbl.

Als das beste Restaurant gilt das **MaksiM**, ul. Respubliki 34, Tel. 455363. Der Besitzer betreibt noch mehrere weitere Restaurants und Cafés in der Stadt, www.maxim-rest.ru (R).
Für russische Küche lohnen **Gosudarev'**, ul. Komsomol'skaja 19, Tel. 631496, und **Maksimyč**, ul. 50 let Oktjabrja, Tel. 413130, einen Besuch.
Wer deutsche Gemütlichkeit in Tjumen' sucht, ist bei **Schulz** richtig, ul. Respubliki 81, Tel. 241483.
Der erste und bislang **einzige McDonalds Sibiriens** steht in der ul. Lenina

34. Empfehlenswert ist auch das ›Café mit Charakter‹ (Eigenwerbung) **U Ranevskoj**, ul. Lenina 46, Tel. 452565. Einfacher ist das **Kafe Teatralnoe**, ul. Respubliki 36/1, Tel. 246833, oder die **Pelmennaja**, ul. Lenina 61.

Das größte **Kaufhaus** der Stadt – CUM – befindet sich zentral in der ul. Ordžonikidze 63 auf Höhe der Fußgängerzone. Unmittelbar daneben befindet sich der **zentrale Markt** der Stadt, ul. Gerzena 95.

Eine moderne Shopping-Mall in relativ zentraler Lage ist das **Gudwin**, ul. Maksima Gorkogo 70.

Für Souvenirs kann man noch einen Blick in den Laden **Kunst für Sie** (Chudožestvenyj Salon), werfen, ul. Mel'nikajte 116, Tel. 755320.

www.tyumen-city.ru (R/E).
www.72.ru (R).
www.gorod72.info (R)

Omsk/Омск

Im Frühjahr 1716 wählte der Gardeoffizier Ivan Buchgol'c (Buchholz) im Auftrag von Peter dem Großen den Ort an der Mündung des Flüsschens Om' in den mächtigen Irtyš als Festungsplatz aus. Damals wurden hier Russlands südliche Grenzen befestigt. Heute ist das Zentrum der Millionenstadt Omsk noch ein ganzes Stück von der Mitte der West-Ost-Trasse Russlands entfernt. Ungeachtet eines schnellen Aufstiegs der Stadt durch den Handel blieb Omsk in erster Linie ein Ort des Militärs und der Verwaltung, der aber bereits 1782 mit 4000 Einwohnern das Stadtrecht erhielt. 1838 löste Omsk Tobol'sk als Hauptstadt des westsibirischen Generalgouvernements ab. Im 19. Jahrhundert

Legende

1. Bahnhof (Вокзал)
2. Verkehrshochschule (Омский государственный университет путей сообщения)
3. Kondratij-Belov-Museum (Музей им. Кондратия Белова)
4. Kosaken-Nikolaj-Kirche (Казачья-Никольская церковь)
5. Heimatkundemuseum (Краеведческий музей)
6. a/b Michail-Vrubel'-Gemäldegalerie (Картинная галерея им. Михаила Врубеля)
7. Musiktheater (Музыкальный театр)
8. Passagierhafen (Речной вокзал)
9. Serafimo-Aleksej-Kapelle (Серафимо-Алексеевская часовня)
10. Neue Festung (Новая крепость)
11. Dostojewski-Museum (Музей им. Фёдра Достоевского)
12. Militärmuseum (Областный музей воинской славы омичей)
13. Schauspielhaus (Драматический театр)
14. Bibliothek (Библиотека им. А. Пушкина)
15. Maria-Himmelfahrts-Kathedrale (Успенский кафедральный собор)
16. Feuerwehrturm (Пожарная башня)
17. Kreuzigungskathedrale (Крестовоздвиженский кафедральный собор)

▶ Karte S. 205

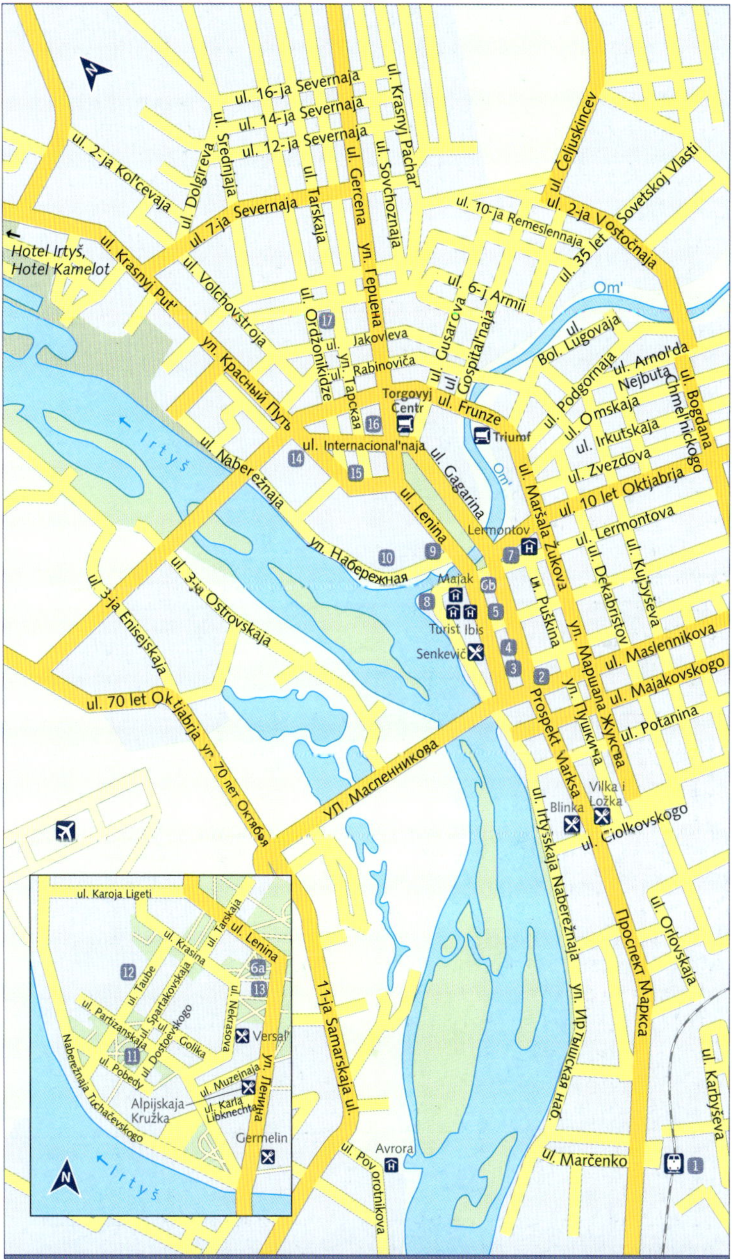

Omsk (Омск), Zentrum

erlangte der Ort als Etappenort der zaristischen Verbannung traurigen Ruhm. Fëdor Dostojewski beschrieb seine Omsker Verbannung in den ›Aufzeichnungen aus dem Totenhaus‹. In der zweiten Hälfte des 19. Jahrhunderts entwickelte sich Omsk zur größten Stadt Sibiriens und zu einem der industriellen Zentren. Der Bau der Transsibirischen Eisenbahn verband 1894 Omsk mit dem Ural und dem europäischen Teil Russlands. Im Bürgerkrieg nach der Oktoberrevolution befand sich in Omsk die bürgerliche ›Allrussische Provisorische Regierung‹, die unter der Regentschaft des Zarenadmirals Aleksandr Kolčak ab November 1918 bis zu seiner Ermordung in Irkutsk Geschichte machte. Nach dem Zweiten Weltkrieg wurde Omsk, wie viele andere Zentren des russischen militärisch-industriellen Komplexes, zur ›geschlossenen Stadt‹. Ausländer durften die Stadt bis Anfang der 1990er Jahre nicht besuchen. Omsk ist heute mit 1 154 000 Einwohnern, die man Omiči nennt, nach Novosibirsk die zweitgrößte Stadt in Sibirien und fühlt sich mit Blick auf die Hauptstadtrolle im Bürgerkrieg als ›heimliche‹ Hauptstadt Sibiriens.

Stadtrundgang

Der sehr schön rekonstruierte Omsker **Bahnhof** befindet sich südlich des Stadtzentrums. Vor dem benachbarten Vorortbahnhof steht eine lustige Eisenbahnerskulptur. Rechts vom Bahnhofsgebäude steht eine rekonstruierte alte ungarische Dampflok mit Waggon. Der Bahnhof liegt am Prospekt Marksa, der Omsk in Nord-Süd-Richtung durchziehenden Magistrale.

Am **Zirkus** und am auffälligen neuen **Harlekino-Theater** (offiziell Theater für Puppen, Masken und Schauspieler, ul. Marksa 41a, Tel. 244648) vorbei gelangt man zur Kreuzung mit der zur Irtyš-Brücke führenden ul. Maslenikova, wo in etwa das Stadtzentrum beginnt. Das gewaltige Gebäude an der Ecke beherbergt heute die örtliche **Verkehrshochschule** und bildet den Nachwuchs für die Transsib aus. Das Haus ist geschichtsträchtig – 1913 als Westsibirische Eisenbahnverwaltung eingeweiht, diente es zur Zeit des Bürgerkriegs als Regierungssitz der Provisorischen Regierung unter Admiral Kolčak.

Kurz hinter der Kreuzung befindet sich in einer Nebenstraße das **Kondratij-Belov-Museum** – ein sehr empfehlenswertes Kleinod sibirischer Kultur und Malerei (ul. Valichanova 8, Tel. 319322). Weiter verlaufen in trauter sozialistischer Eintracht Marx-prospekt und Leninstraße in Richtung des Flusses Om', dem die Stadt ihren Namen zu verdanken hat und der hier in den Irtyš mündet.

Zwischen beiden Straßen befinden sich die **Philharmonie** (ul. Lenina 27, Tel. 310093) und die 1833 erbaute **Kosaken-Nikolaj-Kirche** (Kazač'ja Nikol'skaja cerkov'). Ab 1883 befand sich hier die Standarte des Kosakenatamans und Sibirien-Eroberers Ermak, die allerdings in den Wirren des Bürgerkrieges verloren ging (ul. Lenina 27a).

In unmittelbarer Nachbarschaft befindet sich das **Heimatkundemuseum** (Vereintes Geschichts- und Literaturmuseum). Es ist mit seiner neu gestalteten Ausstellung eines der interessantesten seiner Art in Sibirien (ul. Lenina 23a, Tel. 312286).

In der **Michail-Vrubel'-Gemäldegalerie** befindet sich eine der umfangreichsten

Die Maria-Himmelfahrtskathedrale in Omsk

Das Omsker Schauspielhaus

Sammlungen von Ikonen, russischer und westeuropäischer Malerei aus dem 19. und 20. Jahrhundert sowie anderer bildender Künste. Neben Arbeiten des berühmten aus Omsk stammenden Malers Michail Vrubel' finden sich Werke vieler bekannter Maler wieder. Das Museum residiert in zwei Gebäuden (ul. Lenina 23, Tel. 310017 und ul. Lenina 3, Tel. 241564).

Am Om' stand hier früher die größte Kirche der Stadt. Die Proroko-Il'inskaja cerkov' aus dem Jahre 1789 war Ende des 19. Jahrhunderts erweitert und dann aber Mitte der 1930er Jahre abgerissen worden. Zunächst entstand zum 100. Todestage Alexander Puschkins ein Denkmal des Dichters, das jedoch 20 Jahre später durch das obligatorische **Lenin-Denkmal** abgelöst wurde. Lenin steht heute noch dreimal sichtbar in Omsk: am Bahnhof gewohnt richtungsweisend, an der Leninstraße standhaft und am Musiktheater eher ungewohnt zurückhaltend. Im Hintergrund sieht man das originelle Musiktheater, das von den Omskern wegen seiner eigenwilligen Form scherzhaft ›Die Sprungschanze‹ (für bis zu 15 Skispringer gleichzeitig!) genannt wird (ul. 10 let Oktjabrja 2, Tel. 318127).

Am Fluss Om' in Richtung Irtyš befand sich die Holzfestung, die 1716 den Ursprung der Stadt Omsk begründete. Heute liegt hier der Passagierhafen, und auf dem nach dem Begründer Ivan Buchgol'c benannten Vorplatz erinnert ein Memorial aus einer Kugel und mehrerer Fresken an die Gründung der Stadt.

▲ Karte S. 205

Neue Festung

Am Nordufer des Om' wurde die 1908 errichtete und 1928 zerstörte Serafimo-Aleksej-Kapelle 1995 wieder zu einer kleinen Perle im Stadtbild. Linker Hand geht es zur Parkanlage der Neuen Festung. Nördlich der Om'-Mündung sind in einem Park einige Spuren dieser ab 1768 errichteten Befestigungsanlage zu finden. Neben dem einzigen direkt am Ufer des Irtyš erhalten gebliebenen Festungstor in Richtung Tobol'sk wurde das 1792 erbaute Taraer Stadttor zu seinem 200-jährigen Jubiläum originalgetreu wiederaufgebaut. Die beiden anderen Tore zu den Flüssen Irtyš und Om' sind nicht erhalten geblieben.

In der ehemaligen, aus dem Jahre 1781 stammenden Hauptwache befindet sich heute das örtliche Wehrkreiskommando. Im Haus des Festungskommandanten wurde 1982 das **Dostojewski-Museum** eröffnet. Es erinnert an die Jahre 1850 bis 1854, die der Schriftsteller in der Omsker Festung zugebracht und dann in seinen ›Aufzeichnungen aus dem Totenhaus‹ geschildert hatte. (ul. Dostoevskogo 1, Tel. 242965).

Während die orthodoxe Auferstehungskirche neben der Hauptwache heute nur noch Erinnerung ist, wurde die protestantische **Festungskirche** (Baujahr 1791) Anfang der 1970er Jahre nach Rekonstruktion in den Bau eines Kulturhauses der örtlichen Polizei integriert. Am Parkrand gibt es noch ein Museum für die militärischen Heldentaten der Omsker von Revolution und Bürgerkrieg bis Afghanistan und Tschetschenien (Oblastnyj Muzej Vojnskoj Slavy Omičej, ul. Taube 7, Montag Ruhetag, Tel. 256791).

Die Flaniermeile von Omsk

Zurück zur kleinen Kapelle an der Brücke, nimmt hier auch auf etwa einem Kilometer Länge leicht ansteigend die alte Prachtstraße von Omsk – vormals Ljubinskij pr. und heute Teil der Leninstraße – ihren Anfang. Sie verdient auch heute bereits wieder diese Bezeichnung. Die Ende des vergangenen Jahrhunderts errichteten Gebäude sind gut erhalten, und gemäß dem Zug der Zeit halten noble Geschäfte und Gaststätten wieder Einzug. Das breite Trottoir lädt, vorbei an Figuren von Prinzessin Ljubascha und dem Kanalarbeiter Stepan, zum Flanieren.

Hinter dem imposanten, grünen Gebäude des 1905 eröffneten **Schauspielhaus**, das als eine der besten Bühnen Sibiriens gilt, ul. Lenina 8a, Tel. 244065, www.omskdrama.ru (R), und der **Gemäldegalerie** auf der gegenüberliegenden Seite erstreckt sich ein **Stadtpark** mit vielen Springbrunnen und Blumen. Links an der ul. Lenina erhebt sich das Gebäude der Gebietsadministration. Dahinter beginnt die ul. Krasnyj put' (übersetzt: ›Roter Pfad‹) in Richtung Norden zu den Wohn- und Gewerbegebieten von Omsk.

Am Beginn der ul. Krasnyj put' steht in einen kleinen Park eingebettet ein imposanter Neubau: Sibiriens modernste **Bibliothek**, die den Namen Alexander Puschkins trägt. Die Fassade schmücken acht Statuen berühmter russischer Schriftsteller.

Hier entsteht auch der zentrumsnächste Bahnhof der Omsker Metro. Die Untergrundbahn wird das Zentrum mit den Schlafstädten am anderen Ufer des Irtyš verbinden. Endstation ist der Busbahnhof. Ursprünglich war die Eröffnung schon für Ende 2009 geplant, jetzt ist von 2016, zum 300-jährigen Stadtjubiläum, die Rede.

Lenin vor dem Omsker Bahnhof

Auf dem Platz vor der Gebietsadministration weist ein kleines unscheinbares Denkmal auf den **Omsk-Marathon** hin und ehrt mit kleinen Tafeln seine Sieger. Der Omsker Wintermarathon ist mittlerweile legendär. Es ist zwar nur ein Halbmarathon, aber aufgrund der sibirischen Temperaturen gab es schon Jahre, wo nur ein Zehntel der Starter bis zum Ziel kamen.

Der Platz wird aber vor allem von der seit 2007 im wiedererbauten Glanz erstrahlenden **Maria-Himmelfahrts-Kathedrale** (Uspenskyj kafedral'nyj sobor) geprägt. Mit ihren türkisfarbenen Zwiebeltürmen bildet sie heute das prunkvolle Herzstück der Stadt und ist wohl heute die schönste Kirche in Sibirien.

Am anderen Ende des Parks schließt das **Rathaus** in der ul. Gagarina sozusagen die Nordhälfte des Stadtzentrums ab. Auf halber Höhe zwischen Gouverneur und Bürgermeister befindet sich der etwa 1913 errichtete **Feuerwehrturm**, der heute auf vielen Fotos als Sinnbild für Omsk auftaucht. Damals wurde er am Stadtrand gebaut, heute begrenzt er gerade das Stadtzentrum.

Links davon beginnt in der ul. Tarskaja eine Fußgängerzone, die zwischen liebevoll restaurierten alten Holzhäusern und anderen – zumeist weniger liebevoll errichteten Neubauten – zur im Jahre 1870 erbauten **Kreuzigungskathedrale** (Krestovozdviženskij kafedral'nyj sobor) führt.

Omsk

Zeitunterschied: MEZ + 5 h im Sommer, + 6 h im Winter.

PLZ: 644000.

Vorwahl: 007/3812.

Hauptpostamt: ul. Gercena 1, Tel. 253338.

Banken: Sberbank, ul. 22. Aprelja 19/1, Tel. 367961.

Geldautomaten: u.a. im Kaufhaus CUM, ul. Gercena 2.

Reisebüro: Sibtours, www.sibtours.com, Tel. 242786.

Konsulate: Deutschland hat einen Honorarkonsul in Omsk, 1. Voennaja ul. 7 Korp. 2, Tel. 323833 (keine Visa-Angelegenheiten).

Daneben gibt es noch ein Konsulat Kasachstans, ul. Valichanova 9, Tel. 325213.

Omsk liegt an der Transsibirischen Eisenbahn und hat ein sehr schönes Bahnhofsgebäude, ul. Lekonta 1, Tel. 442101. Die Fahrtzeit nach Moskau beträgt etwa 42 Stunden.

Richtung Westen zweigt hier die ursprüngliche Strecke nach Petropavlovsk ab, das heute in Kasachstan (Visum erforderlich) liegt. Zwischen beiden Orten verkehrt täglich eine Električka, die 3,5 Stunden unterwegs ist.

GPS: 54°56'22"/73°23'10"O.

Omsk hat einen vergleichsweise zentral gelegenen Flughafen, der nach umfassender Rekonstruktion seit 2010 in neuem Glanz erstrahlt und auch mehrere internationale Flüge bietet. In Deutschland wird derzeit von der Fluggesellschaft S7 wöchentlich einmal Frankfurt/Main angeflogen.

Es gibt täglich sechs Flüge nach Moskau (4 x Domodedovo, 2 x Šeremet'evo) sowie einen Flug nach Irkutsk. Mehrmals pro Woche gibt es zudem Verbindungen nach St. Petersburg, Ekaterinburg und Chabarovsk, ul. Inženernaja 1, 556911, www.aeroomsk.ru (R).

▶ Karte S. 205

Der Flusshafen liegt am pl. Buchgol'ca 1, Tel. 311493. Im Sommer kann man mit dem Schiff den Irtyš entlang bis nach Tara, Tobol'sk und, nach seiner Einmündung in den Ob', bis zum Eismeer nach Salechard reisen.

Ibis Sibir-Omsk, ul. Lenina 22; DZ 3000 Rbl. ,Tel. 311551. Die Ibis-Kette hat 2009 hier ihr erstes Hotel in Sibirien eröffnet und bietet heute mit deutschem Management im Stadtzentrum das beste Preis-Leistungsverhältnis.

Majak (Leuchtturm), ul. Lermantova 1; DZ 3200 Rbl., Tel. 315431, www.hotel-mayak.ru (R/E/D). Am Flusshafen bietet das architektonisch interessante Hotel auf drei Etagen eine gute Unterkunft.

Turist, ul. Broz Tito 2; DZ 2500 Rbl., Tel. 316414, www.tourist-omsk.ru (R/E). Das Hochhaus in Sichtweite des Flusshafens ist das größte Hotel der Stadt.

Lermontov, ul. Lermontova 27; DZ 3000 Rbl. ,Tel. 372211. Ein mit 19 Zimmern kleines, aber feines Hotel.

Avrora, ul. Povorotnikova 6; DZ 1000 Rbl., Tel. 557352. Eine preiswerte Alternative ist dieses noch etwas sowjetische Hotel am anderen Ufer des Flusses, zwei Zimmer teilen sich Dusche/WC.

Vojaž-Servis, am Busbahnhof, pr. Komarova 4, Übernachtungsplatz für 700 Rbl., Tel. 745892. Die günstigste Übernachtungsmöglichkeit der Stadt.

Das beste Restaurant der Stadt ist heute das **Senkievič** direkt am Irtyš-Ufer, ul. S'ezdovskaja 1, Tel. 510981. Es bietet wirklich internationale Küche und ist nach Juri Senkievič, dem einzigen russischen Teilnehmer von Thor Heyerdahls Atlantiküberquerung im Schilfboot. benannt.

Es gibt mehrere nette rustikale Restaurants, wie z.B. das **Germelin**, ul. Lenina 21, Tel. 234516, das **Alpijskaja Kružka** (Alpenkrug), ul. Libknechta 11, Tel. 249292, oder die nach der lokalen Biermarke ›**Sibirskaja Korona**‹ benannten Bierkneipen, pr. Marksa 5a, Tel. 313642 u.a.

Eine preiswerte, neue Selbstbedienungsrestaurantkette, die man auch in anderen Städten Sibiriens finden kann, ist **Vilka i Loška** (Gabel und Löffel), ul. Lenina 21 und pr. Marksa 38.

Typisch Omsk ist auch **Blinka** mit Schwerpunkt Bliny, u.a. an folgenden Standorten zu finden: pr. Marksa 24, ul. Puschkina 59, ul. Komarova 2.

Wirklich guten Kaffee gibt es bei **Tinto**, ul. Tarskoj 14/10, Tel. 249955 und pr. Marksa 24, Tel. 371610.

Torgovyj Centr, ul. Internacional'naja 43. Das früher größte Kaufhaus der Stadt unweit des Feuerwehrturms bekommt Konkurrenz, wie z.B. die Mall ›**Triumf**‹ (ul. Frunze).

Torgovyj Gorod, ul. 70let Oktjabrja 25. Der **Zentralmarkt** von Omsk befindet sich am nördlichen Rand des Stadtzentrums, ul. Gusarova 3, Tel. 255280.

Zwei Internetcafés auf halber Strecke zwischen Bahnhof und Stadtzentrum sind das **Avis**, ul. Serova 16, Tel.313687, und das **X-Zona**, ul. Ciolkovskogo 6, Tel. 408408.

www.netzwerk-omsk.net (D).
www.club.eomsk.ru (R/E/D).
www.omsk.infomsk.ru (R).
www.omsk.net.ru (R).

Novosibirsk/Новосибирск

Novosibirsk ist die Hauptstadt Sibiriens. Mit 1,47 Millionen Einwohnern und einer Ausdehnung von 475 Quadratkilometern belegt sie nach der Fläche Platz drei sowie nach der Einwohnerzahl Platz vier unter allen Städten Russlands. Die Stadtgeschichte nahm im Jahre 1893 ihren Anfang. Damals suchte man beim Bau der Transsibirischen Eisenbahn den günstigsten Platz für die Überquerung des mächtigen Flusses Ob'. Dank geringer Flussbreite und felsiger Ufer entstand während des 1897 abgeschlossenen Brückenbaus am rechten Flussufer die Siedlung Novo-Nikolaevsk mit über 7000 Einwohnern. Mit dem neuen Stadtnamen wollte man den damaligen Zaren Nikolaj II. ehren. Als Verkehrsknotenpunkt wuchs die Stadt stürmisch und erhielt Spitznamen wie ›amerikanische Stadt‹ oder ›Chicago Sibiriens‹. Ab 1925 wuchs die Bedeutung des Verwaltungszentrums, ein Jahr später wurde der Ort in Novosibirsk umbenannt. Im Gegensatz zu den anderen Metropolen ist Novosibirsk die jüngste Stadt, so dass sie sich auch städtebaulich unterscheidet, denn sie erhielt ihre architektonische Prägung zu sowjetischen Zeiten. Anfang der 1960er Jahre überschritt die Einwohnerzahl erstmalig in Sibirien die magische Grenze von einer Million.

Heute ist Novosibirsk ein Zentrum der Industrie, aber auch ein zentraler Verkehrsknotenpunkt und ein bedeutendes Handels-, Finanz- und Messezentrum für die umliegenden Regionen. Es gibt drei Universitäten, mehrere Akademie-Institute und weitere 15 Hochschulen in der Stadt und ihrem berühmten Vorort Akademgorodok. Die Stadt erstreckt sich heute zu beiden Seiten des Ob', die beiden Stadthälften sind durch mehrere gigantische Brücken miteinander verbunden. Der historische Kern und das Stadtzentrum mit allen Sehenswürdigkeiten liegen im Osten auf der rechten Seite. Am linken Ufer befinden sich überwiegend Gewerbegebiete und Schlafstädte. Seit 1994 besteht in Novosibirsk auch wieder ein Deutsches Generalkonsulat, dessen Zuständigkeitsbereich von Omsk bis Vladivostok reicht.

Der Bahnhof von Novosibirsk hat die Form einer Lokomotive

Karte S. 214

Stadtrundgang

In Novosibirsk befindet sich das größte **Bahnhofsgebäude** entlang der Transsibirischen Eisenbahn. Das grün-weiße Bauwerk wurde von 1930 bis 1941 in Anlehnung an die Silhouette einer gigantischen Lokomotive errichtet und beeindruckt durch seine Dimensionen. Täglich nutzen es durchschnittlich 70000 Passagiere. Novosibirsk ist ein wichtiger Eisenbahnknotenpunkt, der die Turksibirische Eisenbahn (Mittelasien–Sibirien) an die transrussische Hauptstrecke anbindet. Wer Sibirien ohne Transsib besucht, kann sich hier einen Überblick über das Leben am Schienenstrang verschaffen (pl. Garina-Michajlovskogo).

Auf dem Bahnhofsvorplatz fällt auch mehrmals das berühmte große ›M‹ für **Metro** auf. Novosibirsk ist bislang die einzige sibirische Stadt mit einer wie überall in Russland Metro genannten Untergrundbahn. Mit dem Bau begann man im Jahre 1979, und sechs Jahre später wurde die erste Linie übergeben. Das Streckennetz umfasst heute elf Stationen auf zwei Linien. Als schönste Stationen gelten ›Sibirskaja‹ und ›Rečnoj Vokzal‹ mit sehenswerten Marmorgemälden bzw. Glasmosaiken.

Eisenbahnfans sollten vor dem Stadtrundgang zunächst ihre Schritte vom Bahnhof aus 300 Meter nach rechts lenken. Hier befindet sich das neue **Museum der örtlichen Eisenbahnverwaltung**, u.a. auch mit einer autorisierten Kopie vom der Transsib gewidmeten Faberge-Ei, ul. Šamšurina 39, Tel. 2292033.

Leninplatz

Vom zentral gelegenen Bahnhof kommt man am besten über die rechts vom Hotelneubau ›Novosibirsk‹ beginnende Vokzal'naja magistral' zum zentralen

Die Alexander-Nevskij-Kathedrale

Platz der Stadt, über den auch die Hauptstraße von Novosibirsk – der Krasnyj prospekt – verläuft.

Auf dem riesigen Leninplatz ist heute das **Staatliche Theater für Oper und Ballett** das markanteste Wahrzeichen der Hauptstadt Sibiriens. Mit dem Bau des sibirischen ›Bol'šoj‹ wurde noch in den 1930er Jahren begonnen. Die erste Premiere fand aber erst 1945 statt, denn während des Zweiten Weltkrieges diente das weitgehend fertiggestellte Gebäude zur Aufbewahrung aus Moskau ausgelagerter Kunstschätze, zum Beispiel aus der berühmten Tret'jakov-Galerie. Die Kuppel beeindruckt mit einer Höhe von 35 Metern und einer Spannweite von 60 Metern. Es ist das größte Theatergebäude Russlands und für Oper und Ballett eine erstklassige Adresse.(Krasnyj pr. 36, Tel. 2225990, www.opera-novosibirsk.ru (R).).

Das vor dem Theater stehende, 1970 errichtete monumentale **Lenindenkmal** soll ursprünglich für den Ostberliner Le-

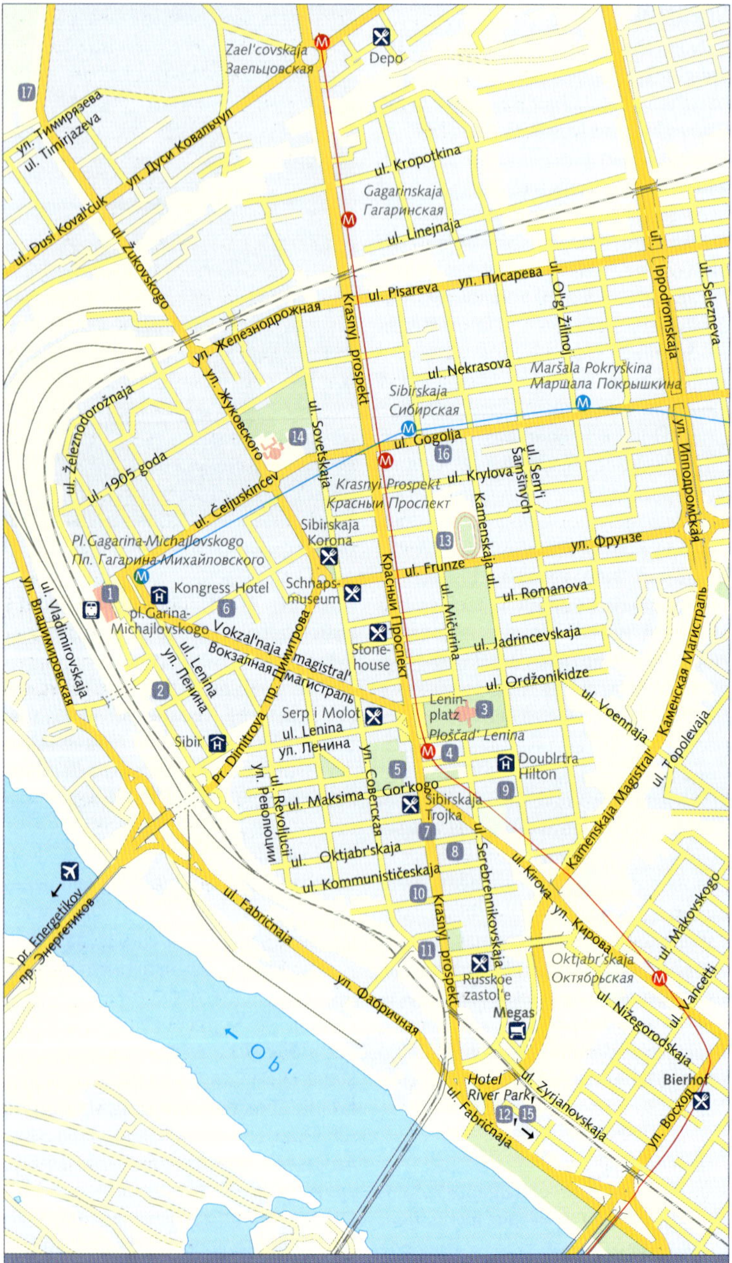

Novosibirsk (Новосибирск), Zentrum

ninplatz (heute Platz der Vereinten Nationen) konzipiert worden sein. Dort fand man es aber wohl etwas zu monumental, so dass die Umsetzung des Entwurfes dann in Novosibirsk landete.

Am Krasnyj prospekt

Vom Leninplatz in Richtung Süden gelangt man zum Ob' und zum historischen Kern der Stadt. Links hat das Bürgermeisteramt seinen Sitz. Daneben steht das ehemalige Lenin-Haus, das heute der **Philharmonie** eine Heimstatt bietet, die ansonsten noch in der ul. Spartaka 11 (Tel. 2221511) spielt. Etwas versetzt fristet dahinter ein kleiner, den sibirischen Revolutionshelden gewidmeter Park in der Verwilderung des Vergessens sein Dasein. Gegenüber dem Rathaus befindet sich in der ehemaligen Handelsreihe das **Heimatkundemuseum** mit zwei netten Kunstgewerbegeschäften. Nach dem sich anschließenden kleinen Park gabelt sich die Straße. Links führt die ul. Kirova zum Jugendtheater ›Globus‹ (ul. Kamenskaja 1, Tel. 2238841). Die **Theaterlandschaft** der Stadt genießt generell einen guten Ruf. Unter den Schauspielhäusern sind noch die Bühne des ›Staryj Dom‹ (Altes Haus, ul. Bol'ševistskaja 45, Tel. 2662592) und das Theater ›Krasnyj Fakel‹ (›Rote Fackel‹, ul. Lenina 19, Tel. 2100428) erwähnenswert.

Nach einer langgezogenen Talbrücke erhebt sich links das Gebäude des ehemaligen Parteihauptquartiers, in dem heute die **Gebietsduma** ihren Sitz hat. Das Gebäude gegenüber sollte ursprünglich ein neuer Pionierpalast werden. Als aber nach dem Rohbau kein Geld mehr vorhanden war, kaufte eine Novosibirsker Bank das Objekt und machte eine Bank daraus.

Zurück an der Gabelung fällt auf der Straßenmitte eine kleine **Kapelle** mit Glockenturm ins Auge. Die ursprünglich 1915 zu Ehren der Romanov-Dynastie gebaute Kapelle wurde zum 100-jährigen Stadtjubiläum originalgetreu wiederhergerichtet. Das Original war in den 1930er Jahren durch ein Stalindenkmal ersetzt worden, das dann in den 1950er

Legende

1. Bahnhof (Вокзал)
2. Eisenbahnmuseum (Музей Западно-сибирской железной дороги)
3. Staatliches Theater für Oper und Ballett (Государственный театр оперы и балета)
4. Philharmonie (Филармония)
5. Heimatkundemuseum (Краеведческий музей)
6. Naturkundemuseum (Краеведческий музей, отд. природы и экологии)
7. Kapelle (Часовня)
8. Deutsches Generalkonsulat (Немецкое Генеральное консульство)
9. Verklärungskathedrale (кафедральнуый собор Преображения Господня)
10. Gemäldegalerie (Картинная галерея)
11. Alexander-Nevskij-Kathedrale (Собор Александра Невского)
12. Flusshafen (Речной вокзал)
13. Kulturpark (Парк културы)
14. Himmelfahrtskathedrale (Вознесенский собор)
15. Richtung Akademgorodok (Академгородок)
16. Zentralmarkt (Центральный Рынок)
17. Tierpark (Зоопарк) und Kindereisenbahn (Детская железная дорога)

Die Oper bei Nacht

Jahren wieder abgerissen wurde. Angeblich soll hier der geographisch vermessene **Mittelpunkt Russlands** liegen, dem auch das in der Nachbarschaft befindliche, gleichnamige Hotel ›Centr Rossii‹ seinen Namen verdankt.

Wenn man am ›Mittelpunkt‹ nach rechts abbiegt, gelangt man in das alte Novosibirsk der Jahrhundertwende und der 1930er Jahre, wo sich **interessante Holzhäuser**, wie zum Beispiel der Sitz der Novosibirsker Messegesellschaft, und wuchtige verschnörkelte Blocks aus der Stalinzeit abwechseln. Sozusagen direkt und indirekt im ›Zentrum Russlands‹ (im am Krasnyj Prospekt 28 stehenden Hotel ›Centr Rossii‹) befindet sich seit 1994 auch das **Deutsche Generalkonsulat**. Seit Ende 1997 gibt es noch ein Deutsch-Russisches Haus mit umfangreichen Kulturangeboten für Russlanddeutsche und an Deutschland interessierte Sibirjaken (ul. Jadrincevskaja 68, Tel. 2180313). Last but not least besteht seit mehreren Jahren die wohl flächenmäßig weltweit größte katholische Kirchengemeinde, deren neue Kirche, die **Christi-Verklärungs-Kathedrale** (kafedral'nyj sobor Preobraženija Gospodnja, ul. Gor'kogo 100, Telefon 2181430) heute auch schon fast zu den Sehenswürdigkeiten der Stadt gehört.

Gegenüber dem Hotel ›Centr Rossii‹ befindet sich das größte und modernste Kino von Novosibirsk. Es folgen das Gebäude der Gebietsadministration und einige modernistische Bauten aus den 1930er Jahren wie beispielsweise das auch über die Grenzen der Stadt hinaus berühmte **100-Wohnungen-Haus**. Überragt wird alles von der Doppelspitze des neuen Bürozentrums ›Fanat‹ – dem ersten Novosibirsker Hochhaus aus der Nachwendezeit. Gegenüber befindet sich die Novosibirsker **Gemäldegalerie**. Fast schon am Fluss erhebt sich majestätisch der rote Backsteinbau der **Alexander-Nevskij-Kathedrale** (sobor Aleksandra Nevskogo). Sie wurde 1894 mit der Entstehung der Ortschaft Novo-Nikolaevsk als erstes Steingebäude errichtet und ist heute die größte russisch-orthodoxe Kirche der Stadt, deren goldene Kuppeln auch vom anderen Ob'-Ufer gut sichtbar sind. Wenn auch aufgrund laufender Rekonstruktion das Umfeld derzeit etwas von einer Baustelle hat, lohnt sich ein Besuch (Krasnyj prospekt 2).

Am Ob' bieten sich angelegte Promenaden zum Spaziergang bis zur Metro-Brücke mit der Station ›Rečnoj Vokzal‹ (Flussbahnhof) vor dem Hintergrund des Hotels ›Ob'‹ an. Vom **Flusshafen** fahren neben den Linienschiffen auch kleine Dampfer, die zu ein- oder mehrstündigen Rundfahrten auf dem Ob' einladen.

Zurückgekehrt zum Leninplatz, bildet der **Krasnyj prospekt** in Richtung Norden mit seinen Neben- und Parallelstraßen das Zentrum von Novosibirsk. Hier entstanden in der letzten Zeit viele neue Geschäfte und Restaurants, so dass diese Ecke der Stadt boomt. Die ul. Mičurina grenzt an den zentralen **Kul-**

▲ Karte S. 214

turpark der Stadt, in dem sich neben Rummel, Estrade, Spielplätzen auch das Operettentheater befindet (ul. Kamenskaja 43, Tel. 2246481). Es folgen Sportstadion und der Zentralmarkt. Von hier gelangt man über die ul. Čeljuskincev wieder zum Bahnhof. Dabei kommt man nach verschiedenen neuen Geschäften und am in einem massiven Rundgebäude untergebrachten Zirkus vorbei, ul. Čeljuskincev 21, Tel. 2044270, www.circus-nsk.ru (R).

Vom Zirkus aus ist bereits die zweite reizvolle russisch-orthodoxe Kirche der Stadt zu sehen. Es ist die **Himmelfahrtskathedrale** (Voznesenskij sobor). Sie ist bereits zu Beginn der 1990er Jahre sehr schön und aufwendig restauriert worden. Die blauen Zwiebeltürmchen wurden unlängst vergoldet und machen sie zur schönsten Kirche der Stadt (ul. Sovetskaja).

Der **Tierpark** hat vor einigen Jahren am nördlichen Stadtrand im Park ›Zaelzovskij Bor‹ ein neues Domizil bekommen und gehört mit den weitflächigen Parkanlagen heute zu den besten Zoos Russlands, ul. Timirjazeva 71/1, Tel. 2209779, www.zoonovosib.ru (R).

Im selben Park wurde 2006 auch eine neue **Kindereisenbahn** eröffnet, Tel. 3311376, www.mzs-dgd.ru (R).

Museen

Es gibt zwei **Heimatkundemuseen** in Novosibirsk. Die **Geschichtssparte** befindet sich zentral im Gebäude der ehemaligen Handelspassage, dem seinerzeit zweiten in der Stadt errichteten Steingebäude, Krasnyj prospekt 23, Tel. 2271543, www.museum.nsk.ru (R). Die **Naturkunde-Sparte** befindet sich etwas unscheinbar im Erdgeschoss eines Wohnhochhauses hinter dem Kaufhaus CUM (Vokzal'naja magistral' 11, Tel. 2217031).

In der örtlichen **Gemäldegalerie** befindet sich eine reiche Sammlung russischer Malerei aus dem 19. und 20. Jahrhundert, die eine ganze Reihe Bilder bekannter Maler (Ajvasovskij, Šiškin u.a.) umfasst, Krasnyj prospekt 5, Tel. 2222267. Bekannt wurde die Galerie auch durch ihre Sammlung von über 60 Gemälden des mystischen russischen Malers und Indien- und Tibetforschers Nikolaj Rerich (1874–1947), dem die Stadt seit 2007 auch ein eigenes Veranstaltungs- und Austellungszentrum widmet, ul. Kommunističeskaja 38, Tel. 2803455.

Das **Ausstellungszentrum des örtlichen Künstlerverbandes** befindet sich in der ul. Sverdlova 13, Tel. 2233816, www.nsartmuseum.ru (R).

Daneben sind in den letzten Jahren im Zentrum der Stadt noch einige interessante, neue Museen eröffnet worden. So lohnt das 2008 in einem alten Holzhaus eröffnete **Sibirische Birkenleder-Museum** einen Besuch. Das auch ›Tujes‹ genannte Material Birkenrinde (Beresta) wird im Kunstgewerbe Sibiriens gern für die Herstellung von Gefäßen und Souvenirs verwendet, ul. Sverdlova 21, Tel. 2101880, www.museum-beresta.ru (R).

Sowjetnostalgie hat seit 2009 ebenfalls ein alten Holzhaus ein eigenes Museum. Das **Museum der UdSSR** zeigt das Alltagsleben des Homo sovieticus, ul. Gorkogo 16, Tel. 2100811.

Seit März 2010 gibt es noch ein eigenes **Stadtmuseum**, das mit sehr schönen Fotoaustellungen vor allem die sowjetische Geschichte der Stadt dokumentiert. Das Museum belegt nun das Erdgeschoss des **Juri-Kondratjuk-Museums**, das sich nach der Rekonstruktion des Gebäudes auf das Obergeschoss beschränkt. Der Raumfahrttheoretiker Juri Kondratjuk (1897-1942) gilt als einer der Väter der russischen Raumfahrt und lebte lange Jahre in Novosibirsk.

Novosibirsk

Zeitunterschied: MEZ + 5 h im Sommer, + 6 h im Winter.
PLZ: 630000.
Vorwahl: 007/383.
Hauptpostamt: ul. Sovetskaja 33, Tel. 2223690.
Bank: Sberbank, ul Serebrjanikovskaja 20, Tel. 2122003.
Geldautomat: Krasnyj pr. 184/1.
Reisebüro: Olympia-Reisen-Sibir, ul. Gogolja 3, Tel. 2211743, www.olympia-reisen.ru.

Novosibirsk ist mit einem eindrucksvollen Bahnhofsgebäude am pl. Garina-Michajlovskogo einer der wichtigsten Standorte an der Transsibirischen Eisenbahn. Auf der Transsib benötigt man für die Strecke Moskau–Novosibirsk (3041 Kilometer) etwa 52 Stunden, ul. Šamšurina 43, Tel. 2293027.
GPS: 55°2'7''N/82°53'46''O.

Der Busbahnhof liegt am südlichen Ende der Hauptstraße der Stadt am Ob', Krasnyj prospekt, Tel. 2234368.

Die Stadt hat zwei Flughäfen: Tolmačëvo und Severnyj. Der größere, ins internationale Flugnetz eingebundene Airport Tolmačëvo liegt westlich der Stadt und wurde von 1994 bis 1998 auch von der Lufthansa angeflogen. Dann wurde die Linie allerdings eingefroren und endet seitdem in Ekatarinburg. Direktflüge von und nach Deutschland bietet der lokale Aeroflot-Ableger ›S7‹ (vormals Sibir') derzeit einmal pro Woche nach Frankfurt und München an. Im Sommer kommt noch ein Flug pro Woche nach Hannover und Prag dazu. Auf der Strecke Moskau–Novosibirsk gibt es täglich 10 Flüge nach Moskau (5x Domodedovo, 3x Šeret'metevo, 2 Vnukovo). Mehrmals wöchentlich gibt es Flüge (teilweise mit Zwischenlandung) nach St. Petersburg, Kazan', Ekaterinburg, Krasnojarsk, Irkutsk, Ulan-Udė, Čita, Chabarovsk und Vladivostok sowie nach Beijing und Harbin in China, Tel. 2169771, www.tolmachevo.ru (R/E).

Am Flussbahnhof von Novosibirsk gibt es neben verschiedenen Ausflugsfahrten und Vorortlinien in der Sommersaison von Anfang Juni bis Anfang September interessante Schiffsverbindungen auf dem Ob' bis nach Nižnevartovsk sowie den Ob' bis zur Einmündung hinunter und dann den Nebenfluss Tom' hinauf bis zur Stadt Tomsk, ul. Dobroljubova, Tel. 2660027.

Das beste Hotel der Stadt ist das neue **Doubletree Hilton Hotel**, ul. Kamenskaja 7/1; DZ 7200 Rbl., Tel. 2230100. Gute Hotels sind das **River Park Ob'** mit schönem Blick auf den Fluss , ul. Dobroljubova 2; DZ 4000 Rbl., Tel. 2667400, www.riverpark.ru (R/E), oder das **Hotel Sibir'**, ul. Lenina 21; DZ 3700 Rbl., Tel. 2230203.
Das Hochhaus gegenüber dem Bahnhof beherbergt das ebenfalls akzeptable **Hotel Novosibirsk**; DZ 3800 Rbl., Vokzalnaja Magistral 1, Tel. 2201120.
Preiswerte Übernachtungsmöglichkeiten bietet das **Universitätshotel Studenčeskaja**, ul. Bljuchera 32/1, Schlafplatz 900 Rbl., Tel. 3462798.
Eine ebenfalls günstige Alternative ist das neu eröffnete Hostel mit dem hochtrabenden Namen **Dostoevskij** an der U-Bahn-Station ›Rečnoj Vokzal‹, ul.

▶ Karte S. 214

Inskaja 56/8, Mobiltel. 913/0027189, Schlafplatz 600 Rbl.
Eine Alternative ist die tageweise Anmietung einer **Wohnung** über das Vermietungsbüro ›Otdych‹ (Erholung), wobei die Preise zwischen 1300 Rbl. und 3000 Rbl. schwanken, Tel. 2146268, www.kvartirusdam.ru (R/E/D).

Das beste russische Restaurant im Stadtzentrum ist das **Sibirskaja Trojka**, Krasnyj pr. 17,Tel. 2236919, www.sibtroika.ru (R).
Alternativen sind das **Russkoe zastol'e** (Russisches Tischgelage), ul. Serebrjannikovskaja 9, Tel. 2182199, das **Sibirskaja Korona**, ul. Frunze 5, Tel. 2270813, oder das einfachere **Samovar**, pr. Dzeržinskogo 18, Tel. 2793020.
Wer noch einen Hauch Sowjetunion sucht, sollte das **Serp i Molot** (Hammer und Sichel) aufsuchen, ul. Sovetskaja 35, Tel. 2222296.
Nicht museal, wie der Name vermuten lässt, sondern eine nette Bar ist das **Schnaps-Museum** (Original-Eigenwerbung ›Das Originell Bierstube‹), ul. Frunze 4, Tel. 2221999.
Europäische Küche bieten beispielsweise der **Balkan-Grill**, ul. Frunze 3, Tel. 2172285, das **Shamrock**, ul. Narymskaja 23, Tel. 2106409, oder das **Pepperoni**, ul. Košurnikova 5, Tel. 2785303.
Die Szenekneipe für Eisenbahnfans heißt wie der Lokschuppen **Depo**, ul. Dusi Kovalčuk 266, Tel. 2266845.
Das sehr beliebte **Stone House**, Krasnyj pr. 37, Tel. 2270921, präsentiert sich auf drei Etagen als Café ›Šanson‹ , Bierkneipe, Restaurant ›Safari‹, Sushi-Bar ›Sushi-Jama‹ und Bar ›Rock-City.
Bei Fastfood kann man vor allem zwischen Russisch und Italoamerikanisch wählen. **Vilka i Ložka** findet man an folgenden Standorten: ul. Lenina 1, Tel. 2271363, ul. Frunze 2, Tel. 2221710, und ul. Bolševistskaja 12, Tel. 3599447.
New York Pizza gibt es pr. Dimitrova 4, Tel. 2297504, ul. Gorkogo 53/1, Tel. 2184015 und auf dem Krasnyj pr. (Nr. 15 bzw. 186).
Guten Kaffee und die Bliny genannten russischen Pfannkuchen gibt es im **Bliss** (ul. Lenina 20, neben dem Puppentheater).

Einen Besuch wert ist der für russische Verhältnisse sehr ordentliche und saubere **Zentralmarkt**, auf dem Bauern und Händler aus der Umgebung und vor allem auch aus Mittelasien täglich ihre Produkte feilbieten, ul. Mičurina 12.
Das **Kaufhaus CUM** (Zentralkaufhaus, Vokzal'naja Magistral') wurde nach einem verheerenden Brand 2001 schnell wieder aufgebaut und präsentiert sich heute als Passage edler Nobelboutiqen.
Das **GUM** (Staatliches Kaufhaus) ist eher klassisch und befindet sich am linken Ob'-Ufer an der Metrostation ›Ploščad' Karla Marksa‹.
Das größte moderne Einkaufszentrum im Zentrum ist die 2008 eröffnete **Sibirskij Moll**, ul. Frunze 238, unweit der Metrostation Berozovaja Rošča.

Zentral gelegene Internetcafés sind der **E-Point**, ul. Lenina 3, Tel. 2090488, oder das Arena, ul. Lenina 71,Tel. 2202110.
www.deutsche-nowosibirsk.de (D).
www.novosibirsk.ru (R)
www.novo-sibirsk.ru (R)

Akademgorodok/Академгородок

Das Akademikerstädtchen Akademgorodok – Inbegriff für Hochtechnologie aus der sibirischen Kälte und als Silicon Taiga Pendant zum Silicon Valley in warmen Kalifornien – lohnt einen Abstecher. Es liegt 25 Kilometer südlich von Novosibirsk an der rechten Seite des Ob' und ist bequem mit der Električka zu erreichen. Die Bahnstrecke war bei ihrem Bau 1910 der Beginn der sogenannten Altai-Bahn, die bis 1915 über Barnaul nach Semipalatinsk (heute Semej in Kasachstan) gebaut wurde und ab 1927 als Turksib weiter nach Zentralasien geführt wurde. Akademgorodok entstand ab 1957 durch die Sibirische Abteilung der Akademie der Wissenschaften der UdSSR. Dabei ging es aber nicht darum, Wissenschaftler nach Sibirien zu verbannen, sondern jungen und motivierten Wissenschaftlern in einer neuen, auf dem Campus-Prinzip basierenden Siedlung

Das Informationszentrum der Akademie der Wissenschaften

▲ Karte S. 221

optimale Arbeits- und vergleichsweise gute Lebensbedingungen zu bieten. Viele Forscher kamen und machten Novosibirsk bis heute zu einem führenden Wissenschaftsstandort. Zunächst wurden 14 wissenschaftliche Institute von Kernphysik bis Wirtschaftswissenschaften angesiedelt. Später folgten weitere, und auch die Novosibirsker Universität zog nach Akademgorodok um und plant derzeit bis 2012 einen gigantischen Neubau. Es entstand eine großzügig angelegte, ruhige und sehr grüne Siedlung mit Ein- und Zweifamilienhäusern für die Topwissenschaftler und vielen Plattenbauten für das akademische Fußvolk. In Akademgorodok leben heute etwa 70 000 Einwohner. Auf 2000 Hektar bebaute Fläche kommen fast 10 000 Hektar Wald und Grün-flächen.

Obwohl in den ersten 15 Jahren nach der Wende die staatliche Förderung für die Wissenschaft drastisch zurückging und viele Wissenschaftler lukrativere Angebote im Ausland angenommen haben, blieben einige Institute nach wie vor Weltspitze und der Ort aufgrund seiner guten Ökologie als Wohngegend nach wie vor beliebt. Derzeit boomt Akademgorodok, da einerseits wieder Geld für die Forschung da ist und man sich andererseits erfolgreich den neuen wirtschaftlichen Herausforderungen stellt und im In- und Ausland Aufträge aus der Wirtschaft generiert.

Stadtrundgang

Vom Bahnhof Sejatel aus (10. Halt ab Hauptbahnhof Novosibirsk) sieht man bereits auf der anderen Seite der Gleise die Lokomotiven und Waggons des **Eisenbahnmuseums**. Das Museum für Eisenbahntechnik öffnete im Jahr 2000

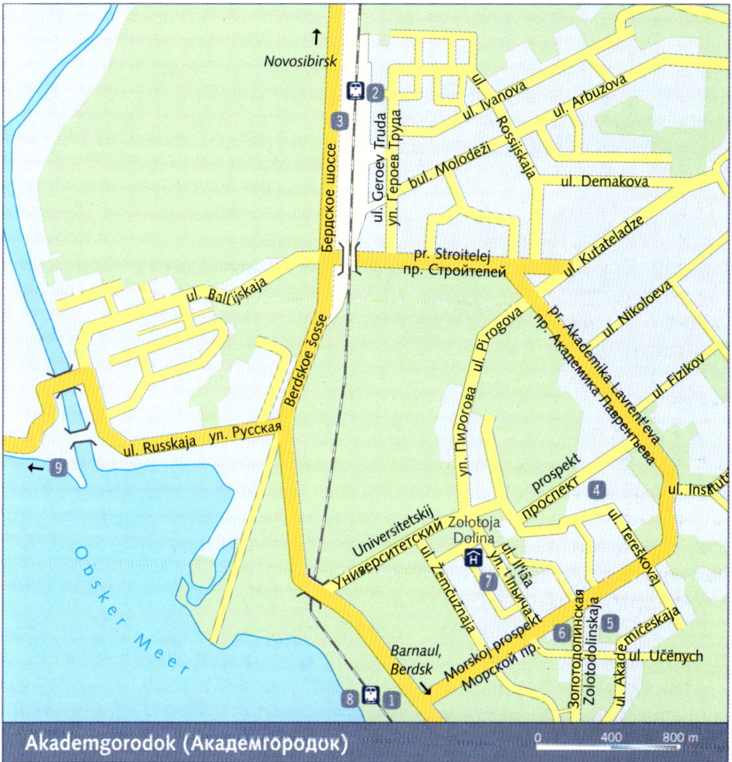

Akademgorodok (Академгородок)

Legende

1. Bahnhof Obskoe More (Вокзал Обское море)
2. Bahnhof Sejatel' (Вокзал Сеятель)
3. Eisenbahnmuseum (Музей железной дороги)
4. Geologiemuseum (Музей геологии)
5. Info-Zentrum der Akademie der Wissenschaften (Выставочный Центр СО РАН)
6. Haus der Wissenschafter (Дом ученых СО РАН)
7. Einkaufszentrum (Торговый Центр)
8. Strand (Пляж)
9. Staudamm (Платина)

seine Pforten. Die eindrucksvolle Sammlung unter freiem Himmel umfasst über 60 Exponate, darunter acht Dampfloks, zwölf Dieselloks und zehn Elektroloks sowie Personen- und Güterwaggons, Draisinen, Schneeräumer u.a., ul. Raz'ezdnaja 54/1, Tel. 3379622, www.zap-sib-rail.narod.ru/Article/seyatel.html (R).

Vom Bahnhof gelangt man rechter Hand über die ul. Geroev Truda (Helden der Arbei) zum **Bauarbeiter-Prospekt**, der in

Hafen am Ob'-Stausee im Winter

großem Bogen mit drei verschiedenen Bezeichnungen – Pr. Stroitelej, Pr. Akademika Lavrent'eva (der Gründer des Städtchens) und Morskoj Prospekt – die Hauptstraße des Ortes bildet. Hier befinden sich die meisten Forschungsinstitute, das Rathaus und vor allem im Bereich des Morskoj pr. das Zentrum des Städtchens. Dem Bogen folgend kommt zunächst links das berühmte **Lomonosov-Zitat**, dass der Reichtum Sibiriens Russlands Macht stärken wird. Das Schild wurde vergrößert und wird jetzt auch nachts angestrahlt.

Sehr sehenswert ist das **Geologiemuseum** in einer Nebenstraße (Prospekt Kpotjuga 3, Tel. 3354937).

Zum 50-jährigen Jubiläum von Akademgorodok eröffnete ein neues **Informations- und Austellungszentrum**, wo man sich über die wichtigsten Forschungsleistungen informieren kann (ul. Zolotodolinskaja 10).

Auf Höhe des Hauses der Wissenschaftler (Morskoj Pr. 23) zweigt die ul. Il'iča ab. Hier befinden sich neben dem Kulturpalast Kaufhaus, Kino, Hotel und mehrere Restaurants.

Das Obsker Meer

Im Süden von Akademgorodok schließt sich das größte Naherholungsgebiet der Novosibirsker an. Das sogenannte Obsker Meer ist ein gigantischer Stausee, der den Ob' auf über 200 Kilometern Länge staut. Der 1957 errichtete Staudamm verbindet Akademgorodok mit den auf der westlichen Seite des Ob' liegenden Vororten. Eine parallel gebaute Schleuse gewährleistet die Schiffbarkeit des Stausees. Der große **Badestrand** am Ostufer, der von Novosibirsk durch einen eigenen Haltepunkt des Vorortzuges zu erreichen ist, erfreut sich im zwar kurzen, aber heißen kontinentalen Sommer großer Beliebtheit.

Akademgorodok

Zeitunterschied: MEZ + 5 h im Sommer, + 6 h im Winter.
PLZ: 630090.
Vorwahl: 007/ 383.
Hauptpostamt: ul. Il'iča 8, Tel. 3303748
Bank: Sberbank, ul. Il'iča á 8, Tel. 3305529.
Geldautomat: Im Torgovy Centr, ul. Il'iča 8,

Akademgorodok liegt an der Strecke in Richtung Barnaul und Kasachstan. Von Novosibirsk dauert die Fahrt mit dem 8 x pro Tag verkehrenden Vorortzug ca. 45 Minuten. Die beiden Bahnhöfe **Sejatel'** und **Obskoe More**, zwischen denen sich Akademgorodok auf der Ostseite der Bahnlinie erstreckt, sind Nr. 10 bzw. 11 ab Novosibirsk Hbf.
GPS Sejatel': 54°49'52"N/83°04'25"O.

▶ Karte S. 221

GPS Obskoe More:
54°52'8''N/83°4'40''O.

Die Endhaltestelle der Busse und Routentaxis liegt hinter dem Hotel Zolotaja Dolina. Die Straße heißt Zvetnoj proezd. In Richtung Novosibirsk fahren alle bis Metrostation ›Rečnoj Vokzal‹, manche noch weiter zum Hauptbahnhof.

Das 1969 gebaute **Hotel Zolotaja Dolina** (Goldenes Tal) ist das einzige nennenswerte Hotel, ul. Il'iča 10, Tel. 3304240. Es bietet annehmbaren Komfort.

Im **Haus der Wissenschaftler** gibt es ein gutes preiswertes Restaurant, Morskoj pr. 23, Tel. 3303982.

Etwas nobler und teurer wird es im **Lounge** im Info-Zentrum der Akademie, ul. Zolotodolinskaj 11, Tel. 3303748.
Alternativen sind **Žili-Byli** oder preiswerte Selbstbedienung im **Vilka i Ložka** – beide befinden sich im selben Gebäude neben dem Einkaufszentrum in der ul. Il'iča.

Das örtliche Einkaufszentrum befindet sich auf zwei versetzten Etagen ebenfalls in der ul. Il'iča.

Ein Internetcafé ist das Arena, Morskoj pr. 54, Tel. 3306550.
www.academgorodok.ru (R)

Tajga/Тайга

Der Ortsname ist Programm in Sibirien. Mitten in der Taiga entstand mit dem Bau der Eisenbahn dieser Ort. Hier zweigt die Linie in die alte sibirische Stadt Tomsk ab, die etwa 80 Kilometer nördlich des Transsibstranges liegt. Zur Zeit des Baus war Tomsk eine der bedeutendsten Städte Sibiriens und der Ort mit dem Bahnanschluss hieß zunächst auch Tajga-Tomsk (Tomsk Tajožnyj). Der Ort um das Bahnausbesserungswerk boomte und bald blieb nur Tajga und bereits 1911 gab es das Stadtrecht. Neben Petrovsk-Zabajkal'skij ist Tajga der einzige Ort, der das Thema Transsib auch in seinem Stadtwappen verewigt hat. Die Stadt ist ein typischer Provinzort in Sibirien. Wichtigste Arbeitgeber sind die Eisenbahn und eine Textilfabrik.

Südlich der Bahnstrecke taucht man in das alte Bilderbuch-Sibirien mit vielen einstöckigen Holzhäusern ab. Östlich des Bahnhofs sieht man eine schöne **Backsteinkirche**. Sie galt seinerzeit als eine der schönsten Kirchenneubauten im Zusammenhang mit dem Bau der Transsib und ist dem Heiligen Märtyrer von Kreta gewidmet. In Tajga befindet sich in der Stadtbibliothek eine kleine **Heimatstube** (ul. Počtovaja 99, Tel. 22293, die Leiterin Olga Kovrova spricht Deutsch).
Nördlich der Eisenbahntrasse dominiert sowjetische Plattenbauarchitektur. Über die ul. Privokzalnaja gelangt man zur parallel zur Bahnstrecke verlaufenden **Geschäftsstraße** mit dem zentralen Platz mit Rathaus und Lenin-Denkmal. Eisenbahnfans finden nicht vom schö-

Wasserturm am Bahnhof Tajga

nen Bahnhofsgebäude entfernt eine grüne alte Schnellzugdampflok vom Typ P 36. Dahinter befindet sich das Lokdepot, das im zweiten Stock ein kleines Museum zur Eisenbahngeschichte des Ortes beherbergt.

Tajga

Zeitunterschied: MEZ + 5 h im Sommer, + 6 h im Winter.
Postleitzahl: 652400.
Vorwahl: +7/38448, Auskunft: 09.
Postamt: ul. Privokzalnaja 23, Tel. 22282.
Bank: Sberbank, ul. Počtovaja 103, Tel. 22410.
Durchschnittstemperatur: Januar -21 Grad, Juli 18 Grad.

Tajga liegt an der Transsibirischen Eisenbahn. Hier zweigt die Strecke nach Tomsk ab.

GPS: 56°3'45.08"N/85°37'30.51"E.

Tajga (Тайга), ul. Privokzalnaja 9, Tel. 21804. Das einzige Hotel liegt am Bahnhof.

Im Hotel **Tajga** gibt es ein Café.
Pivnoj Raj (Bierparadies, Пивной Рай), ul. Stroiteli. Eine schlichte Bierstube.

Krasnojarsk/Красноярск

Krasnojarsk ist aufgrund der Entfernungen bis zur Grenze in alle vier Himmelsrichtungen Russlands strategisch zentralste Metropole, was der Stadt in der Sowjetzeit die Ansiedlung von viel Atom- und Rüstungsindustrie sowie Hochtechnologie und die russische Goldbarrenherstellung bescherte. Als ›geschlossene Stadt‹ war sie für Ausländer tabu.

Die im malerischen Flusstal des gewaltigen, hier fast zwei Kilometer breiten Stromes Enisej gelegene Metropole ist ohne Zweifel eines der beeindruckendsten Zentren Sibiriens. Heute leben 974 000 Menschen in Krasnojarsk und machen sie damit zur drittgrößten Stadt Sibiriens. Die Einwohnerzahl überstieg auch schon mal die Millionengrenze, was ihr das Recht einbrachte, mit dem Bau einer U-Bahn zu beginnen. Zwar besitzt Krasnojarsk mit der weltweit zweitgrößten Aluminiumhütte und vielen anderen die Umwelt belastenden Werken den Charakter einer Industriestadt, aber dennoch bildet das Panorama der Stadt einen einzigartigen Reiz durch die Mischung aus interessantem Stadtbild vor dem Hintergrund der einrahmenden Hügel und dem für eine Großstadt so ungewöhnlichen Gefühl unendlicher Weite. Die ökologische Situation der Stadt ist sehr windabhängig und insbesondere im Sommer oft problematisch.

Der Kosakenführer Andrej Dubenskij gründete 1628 am linken Enisejufer das Fort ›Krasnyj Jar‹, was soviel wie ›roter Abhang‹ bedeutet. Die felsigen Hügel am Enisejufer weisen hier eine rötliche Färbung auf. Der Aufschwung der Stadt begann im 18. Jahrhundert mit der Eisenindustrie. Die Eröffnung der Transsibirischen Eisenbahn im Jahre 1895 verlieh der Entwicklung dem damals 27 000 Einwohner zählenden Krasnojarsk neue Impulse. Nach dem Zweiten Weltkrieg wurde die Stadt eines der wichtigsten Zentren der sowjetischen Militärforschung und -produktion, was sie auch zu einem der Zentren der russischen Atomwirtschaft werden ließ. Die in der Umgebung befindlichen Siedlungen Krasnojarsk 26 und Krasnojarsk

Čechov-Denkmal in Krasnojarsk

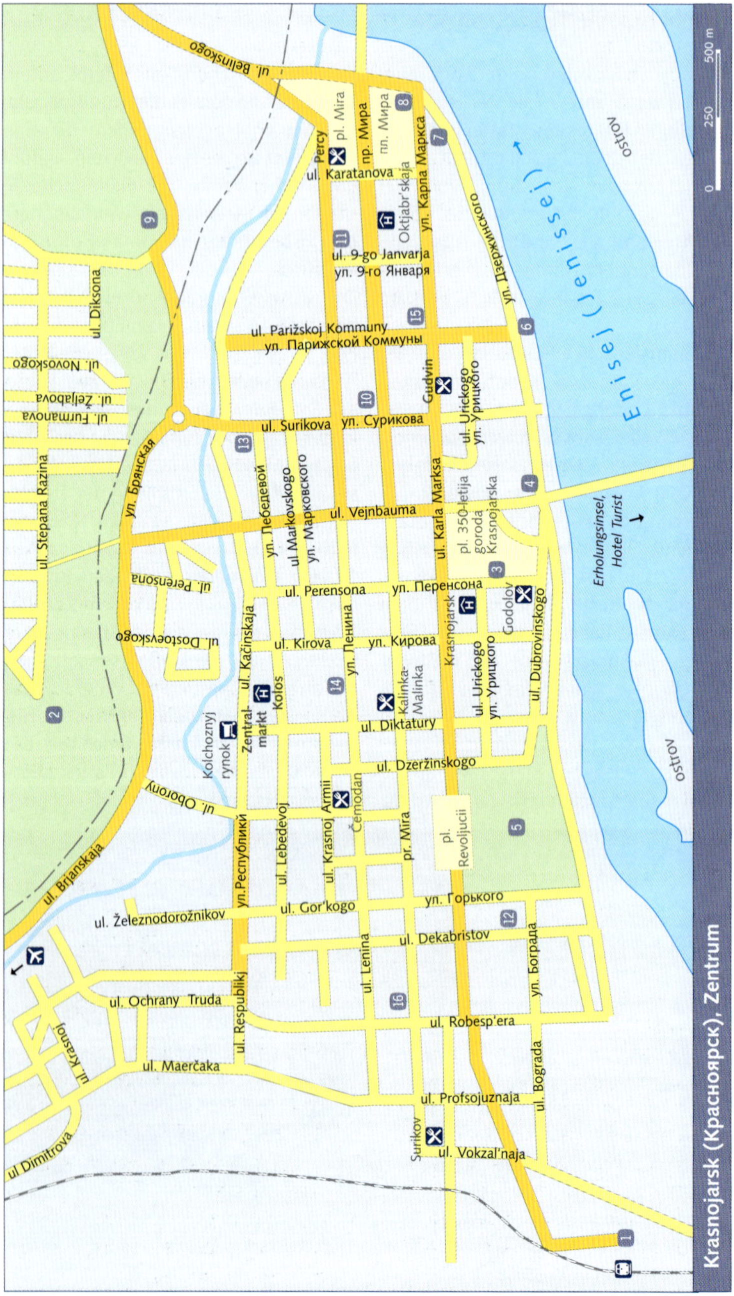

Krasnojarsk (Красноярск), Zentrum

45 unterliegen nach wie vor besonderer Geheimhaltung.

Insbesondere dank der letzten beiden Gouverneure Alexander Lebed' (1950 – 2002, charismatischer Ex-General, der bei einem Hubschrauberabsturz ums Leben kam) und Alexander Chloponin (*1965, Nickel-Oligarch, der 2010 von Putin zum Generalgouverneur für den Nordkaukasus ernannt wurde) trat Krasnojarsk aus dem Schatten der sibirischen Provinz.

Die Stadt ist der Ausgangspunkt für Flusskreuzfahrten auf dem gewaltigen Strom Enisej in Richtung Norden bis zum Eismeer sowie für Touren in Richtung Süden nach Chakassien und Tuva.

Stadtrundgang

Der 2004 sehr schön rekonstruierte **Bahnhof** liegt westlich außerhalb des Stadtzentrums. Das Zentrum von Krasnojarsk liegt am Westufer des Enisej. Über die ul. Vokzal'naja gelangt man zum **Prospekt des Friedens** (pr. Mira), der Hauptgeschäftsstraße von Krasnojarsk, die in sowjetischer Dreieinigkeit links und rechts durch die beiden nach Lenin und Marx benannten parallelen Straßen flankiert wird. Vertikal dazu lässt sich das Zentrum etwa zwischen der Mündung des Nebenflusses Kača in den Enisej am ploščad' Mira (Friedensplatz) im Norden und der ul. Gor'kogo im Süden eingrenzen. Er bietet neben entsprechender Geschäftigkeit eine angenehme Mischung aus alter Holzarchitektur und Steingebäuden aus der Blütezeit der Stadt im vergangenen Jahrhundert und mehr oder weniger passenden Gebäuden modernerer Bauart.

Ein Wahrzeichen der Stadt ist die – auch vom 10-Rubel-Schein her bekannte – kleine **Paraskeva-Kapelle**, die von vielen Orten im Zentrum aus am Berg zu sehen ist. Die 1845 auf dem nordwestlichen Hügel errichtete Kapelle ist ein exzellenter Aussichtspunkt und eröffnet einen phantastischen Blick auf die Stadt und das Enisej-Tal. Da der 10-Rubel-Schein künftig durch Münzen ersetzt werden soll und somit die Stadt wie auch ganz Zentralsibirien aus dem Rubel-›Schein‹-Geschäft verschwindet, wurde jetzt in Krasnojarsk ein Wettbewerb für ein Denkmal zu Ehren dieses Geldscheins ins Leben gerufen.

Legende

1. Bahnhof (Вокзал)
2. Paraskeva-Kapelle (Часовня Параскевы)
3. Operntheater (Театр оперы и балета)
4. Heimatkundemuseum (Краеведческий музей)
5. Erholungs- und Vergnügungspark (Парк отдыха)
6. Passagierhafen (Речной вокзал)
7. Kulturzentrum an der Gabelung (Культурный центр на стрелке)
8. Philharmonie (Филармония)
9. Pfingstkirche (Троицкая церковь)
10. Maria-Gewandniederlegungs-Kathedrale (Покровская церковь)
11. Maria-Verkündigungskirche (Благовещенская церковь)
12. Katholische Kirche (Польский костёл)
13. Synagoge (Синагога)
14. Surikov-Museum (Музей-усадьба В.И. Сурикова)
15. Surikov-Gemäldegalerie (Художественный музей им. В.И. Сурикова)
16. Eisenbahnmuseum (Музей истории Красноярской железной дороги)

Brücke über den Enisej bei Krasnojarsk

Rund um den Zentralplatz

Der zentrale Platz von Krasnojarsk wurde nach dem 350-jährigen Stadtjubiläum benannt (pl. 350-letija goroda Krasnojarska). Auf dem kürzlich neu gestalteten Platz am Ufer des Enisej befinden sich das Hotel Krasnojarsk, das **Operntheater**, ul. Perensona 2, Tel. 2278697, www.opera.krasnoyarsk.ru (R), eine Springbrunnenkaskade und ein **Anton-Čechov-Denkmal**. Das dem berühmten russischen Dramatiker gewidmete Denkmal ist sicherlich auch ein Dankeschön für seine oft zitierte, ziemlich euphorische Beschreibung des Enisej in seiner ›Reise nach Sachalin‹. Die Springbrunnenkaskade wird von Statuen umrahmt, die neben Apollo die verschiedenen Flüsse Sibiriens verkörpern.

Östlich der angrenzenden Brückenauffahrt zum Enisej sieht man einen großen Neubau, in dem die Krasnojarsker Stadtverwaltung ihren Sitz hat. Der Uhrenturm hat den Spitznamen Big Ben. Daneben befindet sich zum Fluss hin ein orientalisch-ägyptisch anmutendes Gebäude – das nach langen Jahren der Rekonstruktion wieder eröffnete **Heimatkundemuseum**, das neben Naturgeschichte, Ethnographie und Regionalgeschichte auch eine interessante Show zum Thema Tunguska-Meteroit bietet, ul. Dubrovinskogo 84, Tel. 2272757, www.kkkm.ru (R).

Eine Filiale des Museum zu Ethnographie und Stadtgeschichte findet man im **Krasikov-Museum**, ul. Lenina 124, Tel. 2212074.

Das **stadtgeschichtliche Museum** in der früheren Villa des Kaufmanns Genadij Judin (1840-1912) ist derzeit geschlossen, ul. Mel'kombinatskaja 2. Judins aus ca. 100 000 Büchern bestehende Bibliothek fand 1906 in Russland keinen Käufer und ging in die USA, wo sie den Grundstock der Russischen Sammlung der Kongress-Bibliothek bildete. Möglicherweise muss der Standort einer Zufahrt für die vierte Enisej-Brücke weichen.

▶ Karte S. 226

Westlich (stromaufwärts) des Platzes kommt man nach etwa einem Kilometer zum **Zentralen Erholungs- und Vergnügungspark**. Hier dreht seit 1936 im Sommer die Krasnojarsker **Kindereisenbahn** ihren Kreis. Sie hat auch ein eigenes kleines **Museum**, ul. Robesp'era 26,Tel. 2482160

Nördlich der Oper, an der ul. Karla Marksa, weist das obligatorische Leninkmal der Krasnojarsker Gebietsverwaltung den Weg. Die große Baugrube mit dem Buchstaben ›M‹ belegt hier und auf dem Bahnhofsvorplatz den Beginn der geplanten Krasnojarsker Untergrundbahn.

Auf der südlich gelegenen **Erholungsinsel** (Ostrov Otdycha) befinden sich ein großes Stadion und der Sportpalast. Östlich des Opernplatzes (flussabwärts) gelangt man über die Uferstraße (ul. Dubrovinskogo) zum Flussbahnhof genannten Passagierhafen, wo auch die Enisej-Kreuzfahrten ihren Ausgangspunkt haben.

Rund um den Platz des Friedens

Wenn man die Promenade in Richtung Osten weiterläuft, gelangt man zum Platz des Friedens (ploščad' Mira), dessen Antlitz vor allem durch das ›**Kulturzentrum an der Gabelung**‹ bestimmt wird. ›An der Gabelung‹ bzw. ›Na strelke‹ wird die Einmündung des Enisej-Nebenflusses Kača in den Hauptstrom genannt. Ursprünglich war das Haus ein als örtliches Lenin-Museum konzipierter gigantischer Monumentalbau. Heute ist es ein Kultur- und Ausstellungszentrum mit verschiedenen Expositionen, wo aber eine halbe Etage unter dem Titel ›Vor nicht allzu langer Zeit‹ einer nachdenklichen Vergangenheitsbewältigung gewidmet ist, pl. Mira 1, Tel. 2124663, www.mira1.ru (R). Eine kleine Dauerausstellung im Erdgeschoss ist auch dem Thema ›Russlanddeutsche‹ gewidmet. Ein neues Denkmal erinnert an den Schriftsteller Viktor Astavjev (1924–2001), der unweit von Krasnojarsk lebte.

Neben dem Zentrum liegt das alte **Dampfschiff ›St. Nikolaj**‹, das 1891 den künftigen Zaren Nikolai II. über den Enisej und sechs Jahre später Lenin den Enisej flussaufwärts zu seinem Verbannungsort brachte. Nachdem das Schiff während einer Überschwemmung 2006 erheblich in Mitleidenschaft gezogen wurde, öffnete es im Sommer 2010 nach umfassender Rekonstruktion wieder seine Pforten, pl. Mira 1, Tel. 2653484.

Die **Theaterlandschaft** der Stadt bietet etwas für jeden Geschmack. Neben dem Operntheater und der Philharmonie ist vor allem das Puschkin-Schauspielhaus (pr. Mira 73, Tel. 2273501) bekannt und beliebt. Daneben gibt es auch ein Musiktheater (pr. Mira 129, Tel. 2215242), ein Jugendtheater, eine Puppenbühne und einen Zirkus.

Auf der anderen Seite des pl. Mira befindet sich der Große Saal der Krasnojarsker **Philharmonie** (pl. Mira 2 b, Tel. 2278686). Der Platz an der Philharmonie wurde 2007 neu gestaltet. Richtung Zentrum entstand der an den Zarenbesuch erinnernde **Triumphbogen** neu. Das Denkmal erinnert an Nikolaj Rezanov (1764–1807). Er gründete die Russisch-Amerikanische Handelsgesellschaft, bereiste Alaska und Kalifornien und starb tragisch früh in Krasnojarsk. Seine unerfüllte Beziehung zur Tochter des spanischen Gouverneurs von Los Angeles lieferte 1983 den Stoff für die bis heute sehr populäre erste sowjetische Rockoper ›Junona & Avos‹.

Eine Fußgängerbrücke führt zur vom Enisej eingebetteten **Tatyšev-Insel**, wo seit 2005 ein exotischer Park errichtet wird.

Kirchen

Nördlich des Friedensplatzes befindet sich das 1997 eingeweihte Denkmal für den Stadtgründer Andrej Dubenskij. In Richtung Norden eröffnet sich hier – vorbei am teilweise vollendeten Kinder- und Jugendpalast – der Blick zur **Pfingstkirche** (Troickaja cerkov'). Sie wurde von 1836 bis 1842 errichtet und war die einzige Kirche, die auch zu Sowjetzeiten den Gläubigen offenstand. Die Pfingstkirche wird von einem gleichnamigen Friedhof, dem größten im Krasnojarsker Stadtgebiet, umgeben. Nach dem Zweiten Weltkrieg entstand in unmittelbarer Nachbarschaft der **Park des Sieges** (ul. Enisejskaja) mit dem ewigen Feuer zum Gedenken an die Opfer und einem Museum.

Krasnojarsk hat eine reiche Kirchentradition, die heute langsam wieder auflebt. Die größte Kirche am Ort ist die **Maria-Gewandniederlegungs-Kathedrale** (Pokrovskij sobor, ul. Surikova 26, Tel. 2279274). Die blau-weiße Kirche wurde Ende des 18. Jahrhunderts an der damaligen Ortsausfahrt zum Sibirischen Trakt anstelle einer kleinen Holzkirche errichtet.

Die Paraskeva-Kapelle

▲ Karte S. 226

Unweit davon steht die zwischen 1804 und 1822 gebaute **Maria-Verkündigungs-Kirche** (Blagoveščenskaja cerkov', ul. Lenina 15, Tel. 2276974), die vor kurzem der orthodoxen Gemeinde zurückgegeben wurde. Zu sowjetischen Zeiten befand sich hier ein Pelzlager. Der Kirche ist auch ein Frauenkloster angeschlossen (ul. 9. Janvarja 30).

Ein im Jahre 1911 von der polnischen Gemeinde als **katholische Kirche** errichteter neugotischer Backsteinbau war zu Sowjetzeiten nur als Orgelkonzertsaal zugelassen (ul. Dekabristov 20, Tel. 2211204).

Die **Synagoge** der Stadt – ein kleines quadratisches Gebäude mit Metallkuppel – wurde unlängst rekonstruiert und steht der jüdischen Gemeinde von Krasnojarsk wieder offen (ul. Surikova 65, Tel. 2121258).

Surikov-Museum und Galerie

Ein Muss in Krasnojarsk ist die Surikov-Ausstellung. Der bekannte russische Maler Vasilij Surikov (1846–1916) wurde in Krasnojarsk geboren und verbrachte in dem Haus des heutigen Surikov-Museums in der ul. Lenina seine Jugend (ul. Lenina 98, Tel. 2112478). Anlässlich seines 100. Geburtstages wurde das Haus in ein Museum umgewandelt. Seine bekanntesten Monumentalbilder (z.B. ›Die Fürstin Morozova‹, ›Ermak erobert Sibirien‹) hängen heute zwar in Moskau (→ S. 134) und St. Petersburg (→ S. 144), aber neben einer soliden Sammlung in der Krasnojarsker Surikov-Gemäldegalerie gibt es im Surikov-Museum viele kleinere Arbeiten und interessante Skizzen zu sehen. Die Krasnojarsker Gemäldegalerie selbst befindet sich heute in zwei Gebäuden. In einer herrlichen Jugendstil-Villa befinden sich die alten Meister, ul. Parižskoj Kommuny 20, Tel. 2652881. Die Ausstellung zeitgenössischer Kunst befindet sich in einem neuen Gebäude, ul. Mira 12, Tel. 2277693.

Ausflüge

Von Krasnojarsk aus lohnen sich zwei Ausflüge in die südliche Umgebung zum Nationalpark ›Stolby‹ und zum Wasserkraftwerk Divnogorsk.

Auf einer Fläche von über 47000 Hektar liegt am rechten Ufer des Enisej zwischen seinen Nebenflüssen Mana und Basaicha der 1925 geschaffene **Nationalpark ›Stolby‹**, wovon etwa 1400 Hektar touristisch erschlossen und für Besucher zugänglich sind. ›Stolby‹ bedeutet Pfähle und bezieht sich auf über 80 rötlichen Granitfelsen, die mit ihren bizarren Formen und einer Höhe von bis zu 100 Metern der Bergtaiga hier in den Ausläufen des Sajangebirges einen zusätzlichen, einzigartigen Reiz verleihen. Anfahrt u.a. mit der Buslinie 7 oder 50 bis zur vorletzten Haltestelle ›Turbaza Enisej‹.

Dieselbe Ausfallstraße führt durch das landschaftlich wunderschöne Tal des Enisej weiter zum 35 Kilometer entfernten **Wasserkraftwerk Divnogorsk,** das 1967 als Meilenstein in der industriellen Erschließung Sibiriens ans Netz ging. Es ist ebenfalls auf dem 10-Rubel-Schein verewigt. Divnogorsk ist nach Sajano-Šušenskoe das zweitgrößte Wasserkraftwerk Russlands und belegt beim realen Stromausstoß sogar Platz eins. Die Staumauer ist 1072 Meter lang, Betreten ist aber leider nicht möglich. Während die Mauer an der Spitze 24 Meter breit ist, beträgt die Breite auf dem Flussbett 140 Meter. Der entstandene Stausee zieht sich auf knapp 400 Kilometern Länge bis Abakan hin. Die augenfällige schräge Rampe rechts neben dem Damm ist ein Schiffshebewerk. Die Fahrt mit dem Tragflächenboot zwischen Krasnojarsk und dem fünf Kilometer entfernten Ort Divnogorsk dauert ca. 45 Minuten. Busse und Vorortzüge brauchen etwas länger, wobei man fast unentwegt am Enisej-Ufer entlang fährt. Lokale Taxis haben sich auf die Touristen zwischen Ort und Staudamm spezialisiert. Im Ort gibt es ein kleines Heimatmuseum, ul. Komsomolskaja 2, Tel. 39144/35883. Samstags fährt neuerdings um 13 Uhr ein touristischer Retrozug (Tel. 568046) ab Krasnojarsk nach Divnogorsk, allerdings nicht ab Hauptbahnhof, sondern ab dem Bahnhof Enisej am anderen Ufer des Flusses.

Krasnojarsk

Zeitunterschied: MEZ + 6 h im Sommer, + 7 h im Winter.

PLZ: 660000.

Vorwahl: 007/ 391. Früher war die Vorwahl 3912. Die örtlichen Telefonnummern sind nun 7-stellig. Bei 6-stelligen Telefonnummern ist noch eine 2 voranzustellen.

Hauptpostamt: ul. Lenina 62, Tel. 2270848

Banken: Sberbank, ul. Marksa 21, Tel. 2598841.

Geldautomaten: u.a. pr. Mira 88.

Reisebüro: Sayan Ring, ul. 3. Krasnodarskaja 14a, Tel. 2524972, www.sayanring.com (R/E).

Krasnojarsk ist einer der wichtigsten Standorte an der Transsibirischen Eisenbahn. Die Fahrtzeit nach Moskau be-

trägt 65 Stunden. Von Interesse sind Zugverbindungen nach Novosibirsk (13 Stunden), Irkutsk (19 Stunden) sowie der BAM-Abzweig (Baikal-Amur-Magistrale) in Richtung Bratsk (13 Stunden) und nach Süden in Richtung Abakan (12 Stunden). Der Bahnhof liegt südlich vom Stadtzentrum, ul. 30. Ijulja 6, Tel. 2594149.
GPS: 56°0'21"N/92°49'47"O.

Der Busbahnhof liegt im Norden der Stadt, ul. Aėrovokzal'naja 22, Tel. 2520975.

Der Flughafen der Stadt heißt Emel'janovo und ist 30 Kilometer entfernt. Seit 2009 nutzt auch Lufthansa Cargo Krasnojarsk als Hub in Richtung Südostasien. Heute gibt es täglich 7 Flüge nach Moskau (3x Šeremetèvo, 3x Domodedovo, 1x Vnukovo) und einen nach St. Petersburg. Mehrmals pro Woche geht es u.a. nach Ekaterinburg, Novosibirsk, Irkutsk, Chabarovsk, Vladivostok und Beijing. Bus 135 braucht ca. 50 min. bis ins Stadtzentrum, Tel. 2904637 www.airport-krasnoyarsk.ru (R).

Am Flussbahnhof von Krasnojarsk, ul. Dubrovinskogo 1, Tel. 2274446, gibt es verschiedene Ausflugsfahrten und Vorortlinien, beispielsweise in der Sommersaison dreimal täglich zum Wasserkraftwerk Divnogorsk. Hier starten auch die Linienschiffe in Richtung Polarmeer und die Enisejkreuzfahrten, die heute aber nur noch bis Dudinka fahren.

Oktjabr'skaja, pr. Mira 15; DZ 3800 Rbl., Tel. 2273780, www.hoteloctober.ru (R/E).
Krasnojarsk, ul. Urickogo 94; DZ 3800 Rbl., Tel. 2749400, www.hotelkrs.ru (R/E).
Die beiden besten Hotels im Zentrum sind seit eh und je das **Oktjabr'skaja** und das **Krasnojarsk**. Sie bieten – inzwischen rekonstruiert – ein ähnliches Preis-Leistungs-Verhältnis und werden traditionell von Ausländern favorisiert. Das Oktjabr'skaja ist etwas persönlicher. Im am zentralen Platz gelegenen ›Krasnojarsk‹ hat man in den oberen Etagen einen schöneren Ausblick auf den Enisej.
Günstigere Übernachtungen gibt es im **Hotel Turist**; DZ 2200 Rbl., ul. Matrosova 2, pr. Mira 15, Tel. 2361470.
Eine Alternative zum Hotel ist das Anmieten einer Wohnung, was in Krasnojarsk die **Agentur Bajkal** anbietet, ul. Lenina 35, of. 423, 1-Zimmer-Wohnungen ab 1200 Rbl., Tel. 2785090, www.baikal-kras.ru (R).
Die günstigste Übernachtung findet man im **Hotel Kolos** am Zentralmarkt, ul. Kačinskaja 65, Schlafplatz 600 Rbl., Tel. 2113197.

Es gibt viele gute Gaststätten in Krasnojarsk.
Das beste russische Restaurant ist das **Surikov**, pr. Mira 129, Tel. 2236708.
Klein, fein und nicht ganz billig ist das **Čemodan** (Koffer) mit sowjetischem NÖP-Ambiente aus den 1920er Jahren, ul. Oborony 2a, Tel. 2270259.
Alternativen sind das Restaurant **Godolov**, ul. Dubrovinskogo 100, Tel. 2661560, und das **Gudvin**, ul. Urickogo 52, Tel. 2681405.
Der beste sibirische Italiener ist das Restaurant **Percy**, pr. Mira 10, Tel. 2527360.
Gute solide Küche gibt es preiswert in der Restaurant-Kette **Kalinka-Malinka**, z.B. pr. Mira 91a, Tel. 2650323.

▶ Karte S. 226

Filialen von **Vilka i Ložka** gibt es ebenfalls, u.a. pr. Mira 31.
Die PIKRA-Bierstube heißt jetzt **Medvežonok** (Bärchen), pr. Mira 23.
Guten Kaffee und Kuchen gibt es im **Kofemolka** (Kaffeemühle), pr. Mira 114, Tel. 2221308.

Die größte Einkaufspassage im Zentrum ist das **Kvant**, ul. Krasnoj Armii 10.

Der **Zentralmarkt** befindet sich in der ul. Kačinskaja 64.

Ein Internetcafé findet man im ›Tekken‹, ul. Dekabristov 36, Tel. 2511115.
www.krasnoyarsk.ru (R).
www.admkrsk.ru (R).
www.krasair.ru (R).

Tajšet/Тайшет

Tajšet ist einer der bedeutendsten Eisenbahnknotenpunkte an der Transsib. In Richtung Osten beginnt hier die Baikal-Amur-Magistrale. Nach Westen beginnt außerdem eine 1965 fertiggestellte Bahnstrecke in Richtung Abakan. Während die BAM bei Eisenbahnfans recht bekannt ist, ist die am Sajangebirge verlaufende einspurige Strecke nach Abakan landschaftlich ebenfalls sehr reizvoll, aber touristisch überhaupt nicht erschlossen.
Die Siedlung Tajšet entstand 1893 mit den Vorarbeiten zum Bau der Großen Sibirischen Bahn. Sie bekam ihren Namen vom Fluss Tajšetka. Das ursprüngliche alte hölzerne Bahnhofsgebäude ist noch neben dem neuen Bahnhof von Tajšet zu sehen. Bereits ab 1904 befand sich im Ort ein Lokomotivendepot, an das auch der alte Wasserturm aus dem Jahr 1906 erinnert.
Mit den ersten Bauplänen für die BAM erlangte der Ort vor allem in der Stalinära eine traurige Berühmtheit. In den 1930er Jahren lag hier einer der größten Umschlagplätze für die nach Sibirien und in den Fernen Osten deportierten Häftlinge. Hier hatten mit BAMLag und OzerLag zwei Lagerverwaltungen des

Das Bahnhofsgebäude

Tajšet (Тайшет), Zentrum

Legende

1 Bahnhof (Вокзал)
2 Museum (Музей)
3 Dampflok (Паровоз)
4 Ehemalige Lagerverwaltung
5 Kirche (Церковь)
6 Moschee (Мечеть)

GuLag-Systems mit in Spitzenzeiten 35 000 Gefangenen ihren Sitz. Die den beiden Tajšeter Verwaltungen unterstellten Häftlinge kamen vor allem bei zwei Bahnbauten zum Einsatz: dem ersten Bauabschnitt der künftigen Baikal-Amur-Magistrale in Richtung Bratsk und dem zweigleisigen Ausbau der Transsib-Haupttrasse östlich von Čita. Das BAM-Lag-Hauptgebäude befand sich an der Ecke ul. Lenina/ul. Čapaeva. Damit wuchs auch die Einwohnerzahl, was dem Ort 1938 das Stadtrecht einbrachte. Heute leben ungefähr 42 000 Menschen in der Stadt.

Stadtrundgang

Vom Platz vor dem **Bahnhof** gelangt man ins von sowjetischen Plattenbauten geprägte Zentrum des Ortes, wo ein kleines Denkmal an das 100-jährige Jubiläum der Ostsibirischen Eisenbahn und eine alte Dampflok der L-Serie an die Leistungen der Eisenbahner im Zweiten Weltkrieg erinnert.

Die Spuren des alten Tajšet und seine **Holzhäuser** findet man auf der anderen Seite der Bahntrasse. In der heutigen ul. Kirova verlief vor dem Bahnbau der Moskauer Trakt. Die Kirche aus dem Jahr 1906 wurde 1935 zerstört. Da viele Tataren in der Stadt leben, gibt es eine kleine **Moschee** in der ul. Kirova 128. Bislang gibt es nur ein Gebäude für das künftige **Heimatmuseum** der Stadt, das derzeit rekonstruiert wird (ul. Komsomol'skaja). Ein interessantes **Eisenbahnmuseum** gibt es bereits seit vielen Jahren im örtlichen Lokdepot (ul. Lazo, nach telefonischer Voranmeldung über Tel. 24375, Igor Šalygin). Im 20 Kilometer entfernten Birjusinsk am Angaranebenfluss Birjusa gibt es ein kleines Museum, das sich ab 1965 aus einer Expedition zum Ort des **Tungusska-Meteoriten** entwickelte und neben Geologie auch Ethnographie und Bahngeschichte zeigt.

Tajšet

Zeitunterschied: MEZ+ 7 h im Sommer, + 8 h im Winter.
Vorwahl: 007/ 39563.
PLZ: 665000.
Hauptpostamt: ul. Partizanskaja 119, Tel. 23850.
Bank: Sberbank, ul. Gagarina 94, Tel. 20349.

In Tajšet halten alle Fernzüge auf der Transsib. Es gibt täglich Züge zwischen Irkutsk und Severobajkal'sk bzw. Ust'-Ilimsk sowie einen Zug in Richtung Abakan.

GPS: 55°56'21"N/98°0'3"O.

Das einzige Hotel in der Stadt ist das **Hotel Birjusa**, ul. Transportnaja 13a,Tel. 20347.

Die beste Lokalität ist das **Ogni Tajšeta**, ul. Suvorova 7, Tel. 23514.

www.taishet.ru (R).

Irkutsk/Иркутск

Die heute ungefähr 587 000 Einwohner zählende Stadt Irkutsk gehört ohne Zweifel zu den interessantesten und schönsten Städten Sibiriens. Das ›Paris‹ Sibiriens wird die Metropole auch genannt. Aufgrund der Nähe zum weltberühmten Baikalsee genießt Irkutsk auch unter allen Metropolen entlang der Transsib das größte touristische Interesse. Erstmals 1652 als Winterlager erwähnt, entstand am Angara-Ufer 1661 eine Festung im Kampf gegen die Burjaten. 1686 erhielt sie das Stadtrecht. Schnell wurde der Ort ein wichtiger Handelsplatz. Sibirische Pelze, chinesischer Tee und Seide mehrten den Reichtum der Kaufleute. Irkutsk wurde Zentrum der wirtschaftlichen, diplomatischen und wissenschaftlichen Aktivitäten Russlands in Richtung Mongolei und China sowie Ausgangspunkt der Eroberung des Fernen Ostens bis nach Alaska. So wie Petersburg zum Fenster nach Westen, wurde Irkutsk zum Fenster nach Osten. Als Russland 1761 die Beringstraße überquerte, stammte diese Expedition und auch die ersten nachfolgenden Kaufleute und Siedler aus Irkutsk. Alaska, die Aléuten und damals zu Russland gehörende Teile Kaliforniens waren administrativ dem Irkutsker Generalgouverneur unterstellt. Im 19. Jahrhundert war Irkutsk mit Abstand die größte Stadt Sibiriens.
Bekannt wurde Irkutsk auch durch die Dekabristen, unter denen sich viele nach Jahren der Zwangsarbeit in Bergwerken und Festungen in Transbaikalien in Irkutsk niederließen und die geistig-kulturelle Entwicklung der Stadt nachhaltig beeinflussten. Die wohl schwärzesten Tage in der Geschichte der Stadt waren vom 22. bis 24. Juli 1879, als ein Großbrand etwa zwei Drittel der Stadt zerstörte. Über 100 Steingebäude und mehr als 3000 Holzhäuser wurden ein

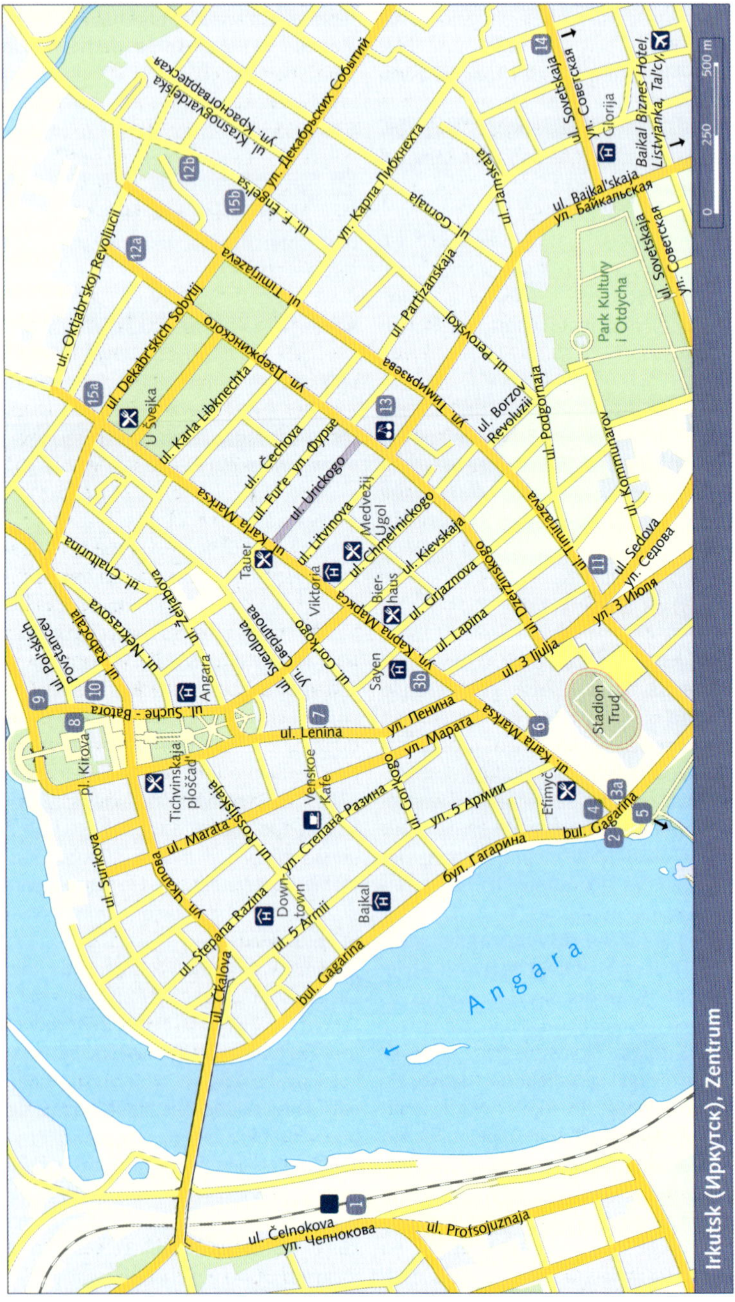
Angara
Irkutsk (Иркутск), Zentrum
Park Kultury i Otdycha
Stadion Trud
Tichvinskaja ploščad'
ul. Lenina
ул. Ленина
ul. Karla Marksa
ул. Карла Маркса
ul. Dekabr'skich Sobytij
ул. Декабрьских Событий
ul. Karla Libknechta
ул. Карла Либкнехта
ul. Timirjazeva
ул. Тимирязева
ul. Dzerzinskogo
ул. Дзержинского
ul. Oktjabr'skoj Revoljucii
ul. Krasnogvardejskaja
ул. Красногвардейская
ul. F. Engel'sa
ul. Gornaja
ul. Partizanskaja
ul. Perovskoj
ul. Borzov Revoljucii
ul. Podgornaja
ul. Jamskaja
ul. Sovetskaja
ул. Советская
ul. Bajkal'skaja
ул. Байкальская
ul. Kommunarov
ul. Sedova
ул. Седова
ul. 3 Ijulja
ул. 3 Июля
ul. Lapina
ul. Grjaznova
ul. Kievskaja
ul. Chmel'nickogo
ul. Litvinova
ul. Urickogo
ul. Fure
ул. Фурье
ul. Čechova
ul. Gor'kogo
ul. Sverdlova
ул. Свердлова
ul. Chalturina
ul. Željabova
ul. Nekrasova
ul. Rabočaja
ul. Povstancev
ul. Pol'skich
ul. Suche - Batora
pl. Kirova
ul. Marata
ул. Марата
ul. Rossijskaja
ul. Surikova
ul. Čkalova
ул. Чкалова
ul. Stepana Razina
ул. Степана Разина
ul. 5 Armii
ул. 5 Армии
bul. Gagarina
бул. Гагарина
ul. Čelnokova
ул. Челнокова
ul. Profsojuznaja
U Švejka
Tauer
Viktorija
Medvežij Ugol
Bier-haus
Sayen
Angara
Venskoe Kafe
Down-town
Bajkal
Efimyč
Glorija
Baikal Biznes Hotel, Listvjanka, Tal'cy
0
250
500 m

Raub der Flammen, 15 000 Menschen verloren ihr Obdach. Aber nach 1880 entstand das gesamte Stadtzentrum neu aus Stein. Da zur gleichen Zeit Goldfunde der Stadt einen wahren Boom bescherten, erfolgte der Wiederaufbau in den letzten Jahren des 19. Jahrhunderts in einem unglaublichen Tempo.

Nachhaltige Impulse kamen durch die 1898 erfolgte Anbindung an die Transsibirische Eisenbahn. Irkutsk war im Bürgerkrieg, der auf die Oktoberrevolution folgte, sehr hart umkämpft. Der Heerführer der Weißen, der zaristische General Kolčak, wurde hier 1920 hingerichtet. Die Jahre der stalinistischen Herrschaft hinterließen durch ihre Kirchenbarbarei deutliche Spuren im Stadtbild. Die wirtschaftliche Entwicklung wurde durch den in den 1950er Jahren begonnenen Bau der Kraftwerkskaskade an der Angara beeinflusst. Er zog entsprechende Industrieansiedlungen sowohl in der Stadt als auch in der Umgebung nach sich. Nirgendwo wurde und wird in Russland so billig Strom produziert. Irkutsk ist eine interessante Metropole, deren Besuch in jedem Fall mit einer Fahrt zum Baikalsee verbunden werden sollte. Vielerorts findet man Spuren der wohl seinerzeit sehr aktiven Städtepartnerschaft zwischen Irkutsk und Chemnitz. Heute besteht eine Städtepartnerschaft mit Pforzheim. Seit Herbst 2010 erscheint vierteljährlich eine Irkutsker Deutsche Zeitung: www.irkutsker-deutsche-zeitung.ru (D/R)

Stadtrundgang

Der **Hauptbahnhof** befindet sich auf der linken Seite der Angara. Zwar zieht sich die Stadt mittlerweile auf beiden Seiten des Flusses hin, das Stadtzentrum und das alte Irkutsk liegen aber genau auf der gegenüberliegenden Seite der Angara in Höhe des Bahnhofs. Sehenswert auf der Bahnhofseite der Angara ist das zur Irkutsker Technischen Universität gehörende **Mineralogie-Museum**. Zunächst gelangt man nördlich des Bahnhofs über die Brücke der ul. Čkalova ins Stadtzentrum. Geradeaus kommt man zum Kirov-Platz (pl. Kirova) oder man wählt die Uferpromenade, den bul. Gagarina, vorbei am Hotel ›Baikal‹ (vormals ›Inturist‹) bis zum Zarendenkmal Hier beginnt die Hauptstraße der Stadt – die **Karl-Marx-Straße** (ul. Marksa), die

Legende

- 1 Bahnhof (Вокзал)
- 2 Zarendenkmal (Памятник императору Александру III.)
- 3 a/b Heimatkundemuseum (Краеведческий музей)
- 4 Weißes Haus (Белый дом)
- 5 Insel der Jugend (Остров юности)
- 6 Schauspielhaus (Областной драматический театр им. Н.П. Охлопкова)
- 7 Gemäldegalerie (Картинная галерея)
- 8 Erlöserkirche (Спасская церковь)
- 9 Gotteserscheinungskathedrale (Собор Богоявления)
- 10 Katholische Kirche (Польский костёл)
- 11 Kreuzkirche (Крестовоздвиженская церковь)
- 12 a Museumshaus des Dekabristen S.P. Trubeckoj (Дом-музей декабриста С.П. Трубецкого)
- 12 b Museumshaus des Dekabristen S.G. Volkonskij (Дом-музей декабриста С.Г. Волконского)
- 13 Markt (Рынок)
- 14 Eisbrecher ›Angara‹ (Ледокол ›Ангара‹)
- 15 a/b Museum für Stadtgeschichte (Музей истории города)

Das Schauspielhaus in Irkutsk

früher und evtl. auch wieder künftig die ›Große Straße‹ (Bol'šaja ul.) hieß bzw. heißt. Die Magistrale verläuft an der Stelle der alten Festungspalisade und ist – am Zarendenkmal an der Angara beginnend – einerseits die Hauptgeschäftsstraße und andererseits auch mit einer Vielzahl historisch interessanter Gebäude aus dem Ende des vergangenen Jahrhunderts bebaut.

Entlang der ul. Karla Marksa

Wenn man mit dem Rücken zum Denkmal in Richtung Stadtzentrum schaut, erhebt sich rechts das Irkutsker **Heimatkundemuseum** (siehe unten). Mit dem Gründungsjahr 1782 ist es das älteste Museum Sibiriens. Die derzeitige Heimstatt wurde nach dem großen Brand zwischen 1882 und 1891 im mauretanischen Stil aus Spenden der Irkutsker errichtet. Unter den an der Außenwand verewigten 22 Sibirienforschern sind auch mehrere Deutsche. Das Museum hat in der selben Straße noch eine **Filiale für Naturkunde**.

Linker Hand an der Uferpromenade steht das geschichtsträchtige **Weiße Haus**. In den Jahren 1800 bis 1804 von dem bekannten Irkutsker Kaufmann K. Sibirjakov im Stil des Klassizismus errichtet, wurde es von 1837 bis 1917 die Residenz des Generalgouverneurs von Ostsibirien. Hier gingen die Dekabristen und viele bekannte Persönlichkeiten wie Bakunin, Gončarov oder Radiščev ein und aus. Heute ist hier die Universitätsbibliothek mit über drei Millionen Bänden untergebracht. Dem Begriff ›Weißes Haus‹ kann man in Russland oft begegnen. In Anlehnung an das Washingtoner Zentrum der politischen Macht erhielten die örtlichen ›Machtzentren‹ – die zumeist in weiß gehaltenen und in den 1960/70er Jahren landesweit errichteten Neubauten – im Volksmund jeweils schnell den Spitznamen ›Weißes Haus‹ (Belyj Dom). Heute hat in den Räumlichkeiten in der Regel die Gebietsadministration ihren Sitz. Irkutsk ist hier eine Ausnahme, denn die heutige Gebietsadministration und frühere Parteizentrale befindet sich im ›Grauen Haus‹, da der Begriff des ›Weißen Hauses‹ an der Angara schon belegt war. Erstaunlicherweise erscheint dieses nun aber seit seiner

▲ Karte S. 236

letzten Renovierung 2006 in einem eher gelblichen Farbton.
Auf der ul. Marksa, kommt man recht schnell zum nach dem Irkutsker Theaterrevolutionär Nikolaj Ochlopkov benannten **Schauspielhaus** (ul. Karla Marksa 14). Daneben existiert das nach dem auch über die Grenzen seiner Heimatstadt bekannt gewordenen Dramatiker Aleksandr Vampilov benannte Jugendtheater (ul. Lenina 13), die Philharmonie (ul. Dzeržinskogo 2) ein Musiktheater (ul. Sedova 17), ein Puppentheater (ul. Bajkal'skaja 32) sowie ein Zirkus (ul. Proletarskaja 13).
Die ul. Marksa kreuzt in Höhe des Gebäudes der **Russisch-Asiatischen Bank** die Leninstraße. Dieses ehemalige Bankgebäude ist nicht nur architektonisch interessant. Die Russisch-Asiatische Bank war um die Jahrhundertwende die bedeutendste Bank Sibiriens und hinterließ in der wirtschaftlichen Entwicklung dieser Zeit nachhaltige Spuren. Der Versuch, diese Traditionen nach der Wende 1990 zu neuem Leben zu erwecken, scheiterte allerdings. In dem Gebaude befindet sich heute ein Krankenhaus.

Kunstmuseum und Kirov-Platz

An dieser Kreuzung führt die ul. Lenina in Richtung Norden zum Irkutsker **Kunstmuseum**. Mit über 14 000 Exponaten ist es die umfangreichste Gemäldegalerie Sibiriens und nach der Moskauer Tret'jakov-Galerie und dem Petersburger Russischen Museum auch die drittgrößte Sammlung russischer Kunst in Russland (u. a. Polenov, Repin, Vasnecov). Daneben findet man aber auch westeuropäische Kunst (z.B. Schinkel). Die Galerie nahm ihren Ursprung in der Sammlung des berühmten Irkutsker Mäzens Vladimir Sukačov (1849–1920), ul. Lenina 5, Tel. 340146, www.museum.irk.ru (R/E).
Vom Kunstmuseum kommt man durch Grünanlagen mit Springbrunnen zum **Kirov-Platz** (pl. Kirova) und weiter zur Angara. Kirov war in den 1930er Jahren als Parteichef von Leningrad die Alternative zu Stalin. Seine Ermordung durch Stalin im Dezember 1934 war der Beginn der Schauprozesse und massenhaften Repressalien. Die Namensgebung des Platzes erinnert an seine ersten revolutionären Sporen, die er sich in Irkutsk verdiente. Der 2007 neu gestaltete Platz ist heute das administrative Zentrum der Stadt. Anstelle der von den Bolschewiken gesprengten Kazaner Kathedrale steht heute das besagte ›Graue Haus‹, das früher Sitz der örtlichen KPdSU-Zentrale war und heute die Gebietsadministration beherbergt.

Weitere Museen

Im **Heimatkundemuseum** kann man im Erdgeschoss eine aufschlussreiche Sammlung über die Traditionen und Bräuche der örtlichen Ureinwohner (Evenken, Burjaten, Karagassen) sowie Exponate zur Stadtgeschichte besichtigen. Im ersten Stock schließt sich dann die Geschichte ab 1917 an, die wohl aus

Das Heimatmuseum

ihrer sowjetischen Urfassung heraus nur minimale Korrekturen erfuhr (ul. Marksa 2, Tel. 333449, www.museum.irkutsk.ru (R/E). In der **Naturkundeabteilung** gibt es einen Überblick über die hiesigen Pelztiere und – nach Petersburger Vorbild – eine kleine ›Kunstkamera‹, eine Ausstellung pathologischer Anomalitäten, ul. Marksa 11, Tel. 342832.

Das **Heimatmuseum für Stadtgeschichte** konnte vor kurzem neue Räumlichkeiten beziehen, ul. Frank-Kameneckogo 16a, Tel. 710161, www.history.irk.ru (R). Daneben wurden noch zwei Filialen neu eröffnet. Ein **Handwerksmuseum** im Nebengebäude, Mittwoch Ruhetag, ul. Frank-Kameneckogo 16b, Tel. 201610, und ein historisches **Alltagsmuseum** in einem alten Irkutsker Holzhaus, ul. Oktjabrskich Sobytii 77, Tel. 204884. Die bisherige Heimstatt am Stadtrand widmet sich jetzt der **Militärgeschichte**, ul. Čajkovskogo 5, Tel. 381020.

Militaria-Fans kommen sicherlich auch im **Museum des örtlichen Hauses der Offiziere** auf ihre Kosten, ul. K. Marksa 47, Tel. 342992.

Bekannt ist Irkutsk für seine beiden **Dekabristen-Museen**. Der Einfluss der nach Irkutsk verbannten Adligen (→ S. 274) auf das geistig-kulturelle Leben der Stadt war enorm, so dass ihr Andenken in hohen Ehren gehalten wird. Zuerst wurde 1970 das **Trubeckoj-Haus** eröffnet. Die Exposition berichtet über den Dezembeaufstand in St. Petersburg und die Zwangsarbeit vorrangig in der Umgebung von Čita. Des weiteren bemüht man sich mit verschiedenen Originalen aus dem Besitz der Trubeckoj-Familie die Atmosphäre der damaligen Zeit wieder herzustellen, ul. Glavnaja Arsenal'skaja 64, Tel. 275773. Fünfzehn Jahre später kam das in der Nachbarschaft gelegene **Volkonskij-Haus** dazu, Montag Ruhetag, per. Volkonskogo 10, Tel. 207532.

Am anderen Angaraufer befindet sich in der TU das **Mineralogie-Museum**. Neben einer ausführlichen allgemeinen Abteilung für das Geologie-Studium gibt es viel Interessantes über die Minerale Sibiriens zu sehen. Besonderes Augenmerk verdient der Čaroit, ein lila Halbedelstein, der erst Anfang der 70er Jahre entdeckt und bis heute auch nur an einem Platz in der Welt gefunden wurde – dem schwer zugänglichen Tal des Lena-Nebenflusses Čara im Dreiländereck zwischen den Gebieten Irkutsk, Čita und der Republik Jakutien (ul. Lermontova 83, Gebäude ›E‹ der TU, Tel. 430353).

Die Parkeisenbahn auf der Insel der Jugend

▲ Karte S. 236

Insel der Jugend

In der Mitte des Flusses Angara erhebt sich die ›Insel der Jugend‹, die unweit des Zarendenkmals über eine Brücke zu erreichen ist. Dieser beliebte Erholungsort der Irkutsker hat für alle Eisenbahnfans und solche, die es werden wollen, eine besondere Anziehungskraft. Hier fährt eine **Parkeisenbahn**, die als ›Spielzeug‹ und Nachwuchsförderung unter der Aufsicht der örtlichen Eisenbahnverwaltung allein von Kindern und Jugendlichen betrieben wird. Auf einem 20-minütigen Rundkurs drehen Schmalspurvarianten der Expresszüge ›Bajkal‹

und ›Sibirjak‹ gemäß aushängendem Fahrplan ihre Runden.
Im ersten Stock des 2003 aufwendig rekonstruierten Bahnhofsgebäudes der Parkeisenbahn wurde auch ein neues **Eisenbahnmuseum** zur Geschichte der Eisenbahn im Irkutsker Gebiet und rund um den Baikal eröffnet, Tel. 644322.

Kirchen

Das Schicksal der Irkutsker Kirchenlandschaft verdient besondere Beachtung. Im Buch ihrer Geschichte dominieren allerdings die tragischen Seiten. Zur Jahrhundertwende wurde die Silhouette der Stadt von über zwanzig Kirchen bestimmt. Außerdem gab es über fünfzig Gebetshäuser. Heute sind von den größeren Kirchen sieben übrig geblieben, die teilweise nach wie vor zweckentfremdet sind. Das Stadtbild des alten Irkutsk bestimmte vor allem die 1892 errichtete Kazaner Kathedrale. Sie war die viertgrößte Kirche in ganz Russland und stand nur vierzig Jahre. Anfang der 30er Jahre wurde sie – analog zu der derzeit wiedererrichteten Moskauer Kathedrale – gesprengt. Heute existiert noch die Kazaner Kirche (ul. Barrikad).
Am Kirov-Platz sieht man heute die **Erlöserkirche** (Spasskaja cerkov') sowie die daneben befindliche, von 1718 bis 1746 errichtete **Gotteserscheinungskathedrale** (sobor Bogojavlenija). Die zwischen 1706 und 1710 erbaute Erlöserkirche war bis vor kurzem noch ein Museum. Die Kirche war eines der ersten steinernen Gebäude in Irkutsk. Ihre vom Beginn des 19. Jahrhunderts stammenden Außenfresken sind zwischen dem Ural und dem Pazifik einzigartig. Das gewaltige Tryptichon zeigt links die Christianisierung der burjatischen Ureinwohner, im Zentrum die Kreuzigung Christi und rechts die Heiligsprechung des ersten Irkutsker Bischofs Innokentij

Holzschnitzereien in Irkutsk

Kulčickij. Der Glockenturm wurde um 1860 angebaut. Zur Sowjetzeit zunächst dem Verfall preisgegeben, begann um 1970 die Rekonstruktion und ab 1982 die Nutzung durch das örtliche Heimatmuseum. Die Gotteserscheinungskathedrale beherbergte lange Zeit als Filiale der örtlichen Gemäldegalerie die Ikonen-Sammlung des Museums. Sie wurde bereits vor mehreren Jahren der Kirchengemeinde zurückgegeben und viele Innenfresken wurden bereits neu gestaltet. Bemerkenswert ist in ihrer Architektur die Mischung von Elementen des europäischen Barock mit altrussischen Motiven, die man auch unter dem Begriff ›sibirischer Barock‹ zusammenfasst (ul. Suchė-Batora 2).
Die **katholische Kirche**, die 1986 aus Spenden der über 20 000 nach Irkutsk verbannten Polen errichtet wurde, dient nach wie vor als Orgel- und Konzertsaal. Orgelkonzerte finden jeden Donnerstag um 14 Uhr statt (pl. Kirova).

Das Museumschiff ›Angara‹

Die eng mit den Dekabristen verbundene **Erlösererscheinungskirche** (Spaso-Preobraženskaja cerkov') ist die Heimstatt des Universitätsarchives (ul. Timirjazeva). Die **Pfingstkirche** (Troickaja cerkov') beherbergte lange Jahre ein Planetarium (ul. 5. Armii) und wurde 2005 wieder neu geweiht. Das bedeutendste russisch-orthodoxe Gotteshaus der Stadt, das die Sowjetzeit überdauert hat, ist die **Kreuzkirche** (Krestovozdviženskaja cerkov', ul. Timirjazeva, Tel. 203277). Bezüglich anderer Konfessionen existieren interessanterweise in der selben Straße eine **Moschee** (ul. Karla Libknechta 86, Tel. 277796) und eine **Synagoge** (ul. Karla Libknechta 23, Tel. 275367).

Holzhäuser

Sehenswert ist in Irkutsk auch die Holzhausarchitektur. Unter allen Städten Sibiriens weist die Stadt neben Tomsk die größte Ansammlung von reich verzierten, zumeist aus dem 19. Jahrhundert stammenden Holzhäusern auf. Der Brauch, die Holzbalken anstelle einer Bretterverkleidung mit verschiedenen Ornamenten zu verzieren, ist heidnischen Ursprungs. Die vielfältigen Motive galten als magische Zeichen, die das Böse vom Haus fernhalten sollten. Die meisten Holzhäuser befinden sich im Quartal zwischen den südlich zur ul. Marksa verlaufenden Straßen **ul. Dzeržinskogo** und **ul. Timirjazeva**, insbesondere in der Nähe der beiden Dekabristen-Museen.

Irkutsk ist bemüht die Tradition der Holzhausarchitektur zu neuem Leben zu erwecken. Zwischen der Kreuzkirche und der neuen Brücke über die Angara entsteht derzeit ein ganzes **Viertel neuer Holzhäuser**, ul. 3ego Ijulja.

Fußgängerzone

Von der ul. Marksa zweigt die interessante ul. Urickogo ab. Sie ist die einzige Fußgängerzone der Stadt und war in dieser Art die erste Flaniermeile Sibiriens. Das Phänomen der Fußgängerzone zum Bummeln und Einkaufen ist bis jetzt in Russland noch kaum verbreitet. Interessant ist, das man mancherorts Beklei-

▸ Karte S. 236

dungshäuser mit deutschen Städtenamen findet. Hier heißt der Herrenausstatter ›Köln‹, ul. Urizkogo 8. Die Fußgängerzone führt zum größten Irkutsker **Kaufhaus** sowie zum **Markt**. Dieser ist heute eine interessante Symbiose aus der alten Markthalle aus den 1950er Jahren und einem funktionalen, hypermodernen Anbau aus dem Jahre 1997.

Staudamm

Der ruhige Lauf der als stürmisch bekannten Angara im Stadtgebiet von Irkutsk ist dem im Süden gelegenen **Irkutsker Wasserkraftwerk** zu verdanken. Mit diesem von 1950 bis 1958 errichteten Staudamm begann die Erschließung der Wasserressourcen Sibiriens. Deren Nutzung zur Energiegewinnung führte zum Bau von Kraftwerkskaskaden an der Angara und in noch größeren Dimensionen am Enisej. Der Bau hatte nachhaltige Auswirkungen auf das Ökosystem des Baikalsees. Der Wasserspiegel der Angara stieg um 30 Meter, der Wasserspiegel des gesamten Baikalsees stieg um durchschnittlich einen Meter. Mehrere Dörfer und auch die alte Transsibstrecke von Irkutsk nach Port Bajkal wurden dabei geflutet. Die neue Streckenführung der Transsib verläuft von Irkutsk direkt nach Süden.

Unweit des Damms im Stausee liegt die ›**Angara**‹ vor Anker. Das in England gefertigte Schiff ist der kleinere der beiden Eisbrecher, mit denen in der Anfangsphase der Transsib der Baikalsee überquert wurde. In Einzelteilen angeliefert, wurde es in der Schiffswerft von Listvjanka in 18 Monaten zusammengebaut. Nach der Fertigstellung der Bajkal-Bahn fuhr die ›Angara‹ als Frachtschiff und Eisbrecher auf dem Baikalsee. Das größere Schwesterschiff ›Bajkal‹ wurde 1920 in den Kämpfen des Bürgerkrieges schwer beschädigt und sank. Die ›Angara‹ drohte nach der Außerdienststellung ebenfalls zu verrotten. Von 1977 bis 1991 rekonstruiert, beherbergt es heute das Museum ›Die Geschichte der Schifffahrt auf dem Baikalsee‹, ul. Maršala Žukova 36, Tel. 358551.

Irkutsk

Zeitunterschied: MEZ + 7 h im Sommer, + 8 h im Winter.
PLZ: 664000.
Vorwahl: 007/ 3952.
Hauptpostamt: ul. Stepana Razina 23, Tel. 242826.
Banken: Vneštorgbank Irkutsk, ul. Sverdlova 40, Tel. 334788.
Geldautomaten: in den Foyers der Hotels ›Bajkal‹, ›Angara‹ und ›Rus'‹.
Reisebüros: Bajkal Travel (früher Intutrist), ul. Gagarina 44, Tel. 200134, www.irkutsk-baikal.com (R/E); Sibtimes, ul. Engelsa 2/12 , Tel. 666785; Cross Siberia (Lernidee-Vertretung), Tel. 343965.
Konsulate: Als einziges EU-Land unterhält Polen ein Konsulat in Irkutsk, ul. Suchė-Batora 18, Tel. 288010. Außerdem gibt es ein mongolisches Konsulat: ul. Lapina 4, Tel. 342447.

Irkutsk liegt an der Transsibirischen Eisenbahn und hat ein sehr schönes, neu rekonstruiertes Bahnhofsgebäude. Im Bahnhofsgebäude befindet sich ein kleines Museum über die Geschichte des örtlichen Bahndepots, Tel. 632621. Von Moskau oder Novosibirsk aus ist man knapp 90 bzw. 35 Stunden unterwegs. Weiter in Richtung Osten gehört die am Baikalsee vorbeiführende Strecke Novosibirsk–Ulan Udė (9 Std.) zu den landschaftlich reizvollsten Abschnitten der Transsib, vor allem zwischen den Orten Kultuk und Tulbažicha am Baikalufer und weiter nach Ulan-Udė durch das Tal des Flusses Selenga. Der Bahnhof befindet sich außerhalb des Stadtzentrums auf der gegenüberliegenden Seite der Angara, ul. Čelnokova 1, Tel. 394747. **GPS**: 52°17'0''N/104°15'34''O.

Der Busbahnhof befindet sich in der Nähe der Dekabristenmuseen in der ul. Timirjazeva, Tel. 272411.

Die Stadt hat einen eigenen Flughafen. Die Strecke Moskau–Irkutsk wird täglich 3–4 x beflogen. Im Sommer 2011 gab erstmalig einen wöchentlichen Direktflug zwischen Irkutsk und Deutschland (München, Fluggesellschaft ›Yakutiya‹) Neben Moskau und St. Petersburg gibt es noch viele weitere Flugverbindungen entlang der Transsib, mehrmals pro Woche u.a. nach Omsk, Novosibirsk, Chabarovsk und Vladivostok sowie nach Ulaanbaatar, Beijing und Shenyang. Trolleybus 4 verbindet Zentrum und Flughafen, ul. Širjamova 13, Tel. 266222, www.iktport.ru (R).

Das beste Hotel der Stadt ist das **Sayen**, ul. Karla Marksa 13b; DZ 6500 Rbl., Tel. 500000.

Das Hotel des **Baikal Business Zentrums** liegt außerhalb an der Ausfallstraße Richtung Baikalsee, ul. Baikalskaja 279; DZ 5800 Rbl., Tel. 350922, www.bbc.ru (R/E).

Das **Hotel Bajkal** (vormals Inturist) bietet akzeptable Zimmer und eine gute Gastronomie, direkt am Ufer der Angara, bul. Gagarina 44; DZ 3500 Rbl., Tel. 290167.

Alternativ gibt es das **Hotel Angara**, im Zentrum, ul. Suchė-Batora 7; DZ 3500 Rbl., Tel. 346901.

Neuerbaute Mittelklassehotels sind **Viktoria**, ul. B. Chmel'nickogo 1; DZ 3600 Rbl., Tel. 550464, und das **Glorija**, ul. Sovetskaja 58; DZ 4200 Rbl., Tel. 540664.

Es gibt bereits mehrere Backpacker-Hostels:

Downtown-Hostel, ul. Stepana Razina 12, App. 12, Tel. 334597. Zentral gelegen.

Baikalhostel, ul. Lermontova 136, Tel. 525742. Liegt südlich des Staudamms.

Vostok-Zapad, ul. Puškina 14, Tel. 642122. Auf der Bahnhofsseite.

Alle drei kosten ab 550 Rbl. pro Person.

Als das beste Restaurant der Stadt gilt das **Tauer** (Tower), ul. Karla Marksa 29, Tel. 200131.

Für traditionelle russische Küche in angenehmer Atmosphäre sind das **Savoj**, ul. Čkalova, Tel. 340522, oder das **Tichvinskaja ploščad'**, ul. Lenina 146, Tel. 293651 eine gute Wahl.

Das Restaurant **Seoul**, ul. Dekabr'skych Sobytij 57, Tel. 243824. Koreanisch-chinesische Spezialitäten.

Empfehlenswert sind die Bierkneipen samt Sommerbiergarten: Das **Efimyč** steht in der Tradition der ersten Pils-Brauerei von Irkutsk, ul. Karla Marksa 3, Tel. 200170.

Das **Bierhaus** setzt ganz auf deutsches Flair und Brautradition, Ecke ul. Karla Marksa/ul. Grjasnova, Tel. 550555, www.bier-haus.ru (R).

U Švejka, ul. Karla Marksa 34, Tel. 242687, würdigt das Pilsner Bier in Verbindung mit dem Helden aus Jaroslav Hašeks Roman. Der Autor arbeitete einige Zeit in Irkutsk als Redakteur.

Beliebt ist auch die Teestube **Russkaja Čajnaja**, ul. Karla Marksa 3, Tel. 201676.

Karte S. 236

Das **Venskoje Kafe,** ul. Stepana Razina 19, Tel. 202116, verbreitet durchaus Wiener Charme in Sibirien.

Das klassische große **Kaufhaus** (Torgovyj Kompleks) liegt in der ul. Dzeržinskogo in Höhe der Fußgängerzone – ul. Urickogo
Unmittelbar daneben befindet sich der aus zwei Pavillons bestehende **Markt**. Eine aus den drei Einkaufszentren Prestiž, Irkutskij und Triumf bestehende neue **Shopping Mall** befindet sich vier Straßen weiter in Richtung Süden an der Ecke ul. Bajkal'skaja/ul. Sovetskaja.

Internetcafé Epicentr, ul. Suchė-Batora 18 (www.epicentre.ru).
www.irkutsk.com (R/E).
www.baikal.irkutsk.ru (R/E).
www.1irkutsk.ru (R)

Junger Schaffner in der Parkeisenbahn

Das Zarendenkmal

Die Geschichte des Zarendenkmals gegenüber dem Weißen Haus an der Angara in Irkutsk reflektiert die Paradoxe der russischen Geschichte im 20. Jahrhundert. Nach der Eröffnung der Transsibirischen Eisenbahn wurden in St. Petersburg, in Moskau und in Irkutsk drei Denkmäler zu Ehren des 1894 verstorbenen Zaren errichtet, denn in seiner Regentschaft waren die Entscheidungen über den Bahnbau gefallen und mit dem Bau begonnen worden. In den Wirren der Oktoberrevolution und des Bürgerkrieges wurde die Bronzestatue aber demontiert und vermutlich eingeschmolzen, denn es gibt keine Informationen über ihren Verbleib. Erhalten blieb nur der Sockel mit den vier Bronzereliefs. Im Jahre 1960 wurde anstelle des Zaren zur Erinnerung an die Erbauer der Transsib ein schmuckloser Obelisk auf das Podest gehievt. Seit Oktober 2003 steht nun aber wieder Alexander III. als originalgetreuer Nachguss des ursprünglich 1908 errichteten Denkmals an seinem angestammten Platz.

Die Ostseite des Bronzereliefs zeigt den Doppeladler mit dem Zarenerlass über den Bau der Eisenbahnlinie. An der Nordseite wird an den Kosakenhauptmann Ermak, der Ende des 16. Jahrhunderts die russische Eroberung Sibiriens einleitete, erinnert. Die West- und Südseite zeigen die Porträts zweier bedeutender, in Irkutsk ansässiger Generalgouverneure Ostsibiriens: Michail Speranskij (1772–1839) und Nikolaj Murav'ëv-Amurskij (1809–1881).

Der Priestersohn Speranskij hatte es in Petersburg bis zum persönlichen Adjutanten des Zaren gebracht, den er 1808 in seinen Gesprächen mit Napoleon begleitete. Mit dem Einfall des Korsen nach Russland fiel Speranskij jedoch in Ungnade und wurde in die Provinz geschickt . Mehrere Jahre Gouverneur in Penza, wurde er 1819 Generalgouverneur in Irkutsk. Nach einer umfangreichen Rundreise leitete er vielfältige Reformen ein. Als Verfechter der Rechtsstaatlichkeit für Russland krönte er sein Lebenswerk mit der ersten Herausgabe der ›Vollständigen Sammlung der Gesetze des Russischen Reiches‹ (1830).

Der liberale Offizierssohn Murav'ëv war nach einer militärischer Laufbahn bereits Gouverneur in Tula, als im das Irkutsker Amt übertragen wurde. Er sicherte mit Hilfe der Kosaken durch neue Vorposten und verstärkte Militärpräsenz den Fernen Osten für den Zaren. Besondere Bedeutung kam dabei dem Amurgebiet zu, wo es ihm 1858 mit dem Abschluss des Vertrages von Aigun (heute Heihe) gelang, die russischen Ansprüche auf alles Land nördlich des Amurs gegen China durchzusetzen. Für diese Verdienste wurde er in den Adelsstand erhoben und erhielt den Beinamen Amurskij. Drei Jahre später kehrte er in die Hauptstadt zurück und lebte danach in St. Petersburg und Paris.

Die Verdienste beider bildeten genau wie die Schlachten Ermaks Voraussetzungen für die russische Machtentfaltung in Sibirien und somit auch für die Entstehung der Transsibirischen Eisenbahn.

Das Transsib-Denkmal mit der Zarenstatue

Der Baikalsee

Die ›Perle Sibiriens‹ – wie man den Baikalsee auch nennt – ist nicht nur für Sibirien, sondern für unsere Erde ein unvergleichliches Stück Natur. So wie die Galápagosinseln ein einmaliges Eiland im Ozean sind, ist der Baikalsee ein weltweit einzigartiges Gewässer auf dem Festland. Der See, den viele auch ein Meer nennen, ist das **größte Süßwasserreservoir der Erde**. Sein Alter wird auf 25 Millionen Jahre geschätzt, und jedes Jahr verbreitert er sich um ein Bruchstück von etwa zwei Zentimetern, was die Wissenschaft zu der Vermutung veranlasst, dass hier ein neuer Ozean im Entstehen begriffen ist. Die Länge des Baikalsees beträgt 636 Kilometer, seine Breite schwankt zwischen 27 und 80 Kilometern. Die Oberfläche des Sees entspricht mit 31500 Quadratkilometern in etwa der Fläche Belgiens. Damit ist er zwar nur auf dem siebten Platz unter den Binnengewässern dieser Welt. Da er aber mit einer Wassertiefe von maximal 1637 Metern den absoluten Weltrekord hält, enthalt der Baikal mehr Wasser als alle fünf großen nordamerikanischen Seen zusammen. Hier liegen etwa 20 Prozent der Süßwasserreserven der Erde.

Über die Herkunft das Namens ›Baikal‹ streiten sich nach wie vor die Gemüter. Vom Klang des Wortes her überzeugt die Turkfassung, die (›bai‹ – reich und ›kul‹ – See) für reicher See steht. Die burjatischen Ureinwohner nannten ihn ›Baigaal dalai‹, was sich mit ›großes Gewässer‹ übersetzen lässt. In alten chinesischen Dokumenten findet sich auch die Bezeichnung ›Baichay‹, was ›nördliches Meer‹ bedeutet.

Das Wasser des Sees ist außergewöhnlich rein und klar, die **Sichttiefe** beträgt bis zu 43 Meter. Die Mineralanteile machen etwa nur ein Viertel der sonst in vergleichbaren Binnengewässern gemessenen Werte aus. Heute ist der Baikalsee das einzige offene Trinkwassergebiet der Welt. Seit 1992 erfolgt auch eine wirtschaftliche Vermarktung. Das in Plasteflaschen zum Verkauf abgefüllte Wasser wird aus einer Tiefe von etwa 400 Metern gepumpt und nur durch einen rein mechanischen Filter gereinigt.

Der See fasziniert zu jeder Jahreszeit: majestätische Meeresstille vor den schneebedeckten Gipfeln am Horizont im Sommer, buntes Blätterspiel und manchmal unberechenbare Winde und stürmischer Wellengang im Herbst. Unter den knapp **30 spezifischen Winden** ist der nach dem gleichnamigen Zufluss ›Sarma‹ genannte Nord-West-Wind besonders gefürchtet. Dabei sind in der Seemitte Wellen von fünf bis sechs Metern Höhe keine Seltenheit. Berühmt wurde auch der – allerdings besseres Wetter verheißende – Barguzin-Wind, der aus dem gleichnamigen Tal in den Baikalsee bläst und Eingang in den Text des bekannten Volksliedes ›Glorreicher See – heiliger Baikal‹ fand.

Im Spätherbst friert der See zu und beeindruckt im Winter durch das manchmal auf der Oberfläche bizarre Eisgebilde schaffende Packeis. An bestimmten Stellen existieren warme Quellen, die vor allem bei winterlichen Überquerungen Vorsicht anmahnen. Der Frühling kommt mit Tauwetter und urwüchsigem Eisbruch. Die flachen Buchten gefrieren Ende Oktober, die Seemitte Anfang Januar. Die **Dicke des Eises** schwankt zwischen 70 und 110 Zentimetern, so dass man den See im Winter nicht nur auf Skiern, sondern auch im Auto überqueren kann. Auch Eisangeln ist in Russland allgemein und insbesondere hier sehr beliebt.

Der Baikalsee (озеро Байкал)

Fauna und Flora des Sees sind einzigartig. Von den im See und in seiner Umgebung lebenden 1500 Tierarten und über 2000 Pflanzenarten kommt mehr als die Hälfte nur hier vor. Am bekanntesten ist die hier ›Nerpa‹ genannte Baikalrobbe. Die Artverwandtschaft zu den nördlich des Polarkreises lebenden Eismeerrobben ist unverkennbar. Der vermutete Umzug vom Eismeer über die sibirischen Ströme Enisej und Angara zum Baikalsee und insbesondere die Umstellung von Salzwasser auf Süßwasser sind aber bis heute für die Wissenschaft ein Rätsel. Es gibt heute im Nord- und Mittelteil des Baikalsees schätzungsweise 60 000 Baikalrobben. Die besten Aussichten für eine Beobachtung der Tiere bieten sich in der ersten Junihälfte im **Uškan'i-Archipelag**. Unter den für den Baikal typischen Fischen dominiert der zur Gattung der Lachse gehörende und in vier Arten auftretende **Omul'**. Er wird etwa 25 bis 35 Zentimeter lang und erreicht ein Gewicht von bis zu 400 Gramm. Nachdem man Anfang der 1970er Jahre eine dramatische Bestandsreduzierung beobachtet hatte, gab es ein mehrjähriges Fangverbot. Heute werden jährlich wieder etwa 1000 bis 1200 Tonnen Omul' gefangen. Neben der Grundlage der Kaviargewinnung ist er generell der typische Speisefisch der Region und wird in allen Restaurants und im Straßenverkauf feilgeboten. Auf der Speisekarte findet man daneben noch häufig den **Charius**, einen forellenartigen Fisch, den es ebenfalls nur im Baikalsee gibt. Von Interesse – wenn auch nicht für den Fischkoch – ist daneben noch die **Golomjanka**, auch Fettfisch genannt. Die rosafarbenen, halbdurchsichtigen Fische werden bis zu 25 Zentimeter lang und bevorzugen Wassertemperaturen unter 6 °C. Sie bestehen zur Hälfte aus Fett und bringen ihren Nachwuchs an der Wasseroberfläche im Frühling oder im Herbst als Larven zur Welt.

Freiluftmuseum Tal'cy

Für einen ein- oder mehrtägigen Kurzausflug an den Baikalsee eignet sich am besten eine Tour in das nahegelegene Dorf Listvjanka , wo der Strom Angara dem Baikalsee entspringt. Die Entfernung zwischen Irkutsk und Listvjanka beträgt 65 Kilometer. Die Fernverkehrsstraße wurde 1960 im Eiltempo für ein geplantes Treffen zwischen Chruschtschow und Eisenhower am Baikalsee gebaut, welches dann aber wegen der Affäre um das über dem Ural abgeschossene Spionageflugzeug U2 platzte. Heute fahren täglich sechs Linienbusse in beide Richtungen. Alternativ besteht die Möglichkeit, die Strecke mit dem Tragflächenboot auf dem landschaftlich sehr schönen Angara-Stausee zurückzulegen (ebenfalls sechs Verbindungen täglich). Für eine Strecke muss man eine Stunde einplanen.

Wer die Straße nimmt, findet am Kilometer 47 das einen Halt lohnenden und auch aus dem Boot auf der Angara sichtbare Freiluftmuseum von Tal'cy. Hier findet man am Uferhang des Flusses Angara hölzerne Architekturdenkmale aus ganz Ostsibirien. Viele wurden wegen der Flutungen von Dörfern im Zusammenhang mit dem Bau von Staudämmen (insbesondere Ust'-Ilimsk) abgetragen und hier wieder originalgetreu aufgebaut. Besondere Beachtung verdienen der Erlöserturm (Spasskaja bašnja), einer von acht Türmen der ersten ostsibirischen Festung in Ilimsk sowie die ebenfalls von dort stammende Kazaner Kapelle. Beide wurden vor über 400 Jahren ohne einen einzigen Nagel erbaut. Interessant sind auch die Jurten der burjatischen Ureinwohner und vor allem aus dem Gebiet Bratsk stammende Bauerngehöfte und Grabstätten. Wenn man den Besuch des Museums mit dem Ausflug nach Listvjanka verbindet, sollte man mindestens eineinhalb Stunden für das Museum einplanen (Öffnungszeiten im Winter von 10 bis 16 Uhr, im Sommer von 10 bis 17 Uhr, Tel. 334705).

Am Baikalsee oberhalb von Port Bajkal

Die Baikal-Hymne

Herrliches Meer, o heil'ger Baikal,
Herrliches Schiff, gleich einer Omultonne.
He, Bargusin, blas die Wogen noch mal,
Bald ist das rettende Ufer gewonnen.
Klirrende Ketten hab lang ich verflucht,
vorsichtig bin durchs Gebirg' ich geschlichen.
Ein alter Gefährte verhalf mir zur Flucht;
Schließlich bin so ich ins Freie entwichen.
Schilka und Nertschinsk stehen wohl noch da,
Keiner der Wachposten hat mich gefangen,
Kein Raubtier im Dickicht kam mir zu nah,
Des Schützen Kugel ist vorbeigegangen.
Bin dann gewandert bei Tag und bei Nacht,
In Städte mied ich mit Vorsicht zu geh'n.
Die Bauersfrauen haben Brot mir gebracht,
Burschen oft auch den Tabak zum Dreh'n.
Herrliches Meer, o heil'ger Baikal!
Das löchrige Hemd ward zum Segel am Mast.
He, Bargusin, blas die Wogen noch mal!
Der nahende Sturm gewährt keine Rast.

Dmitrij Davydov

Auf dem Eis des Baikalsees

Listvjanka/Листвянка

Listvjanka bietet dörfliche Romantik am Ufer des Baikalsees und ist eine Domäne der Tagesausflügler. Der Ort wurde als Poststelle und Fährplatz 1773 erstmalig erwähnt. Die Siedlung erstreckt sich mit etwa 1500 Einwohnern auf etwa fünf Kilometern entlang der Buchten des Sees und des ersten Stückes des Flusses Angara. Die Hauptstraße ist die asphaltierte Uferstraße, von der in den Tälern die Dorfstraßen in Richtung der nahen Berge abzweigen.

Hier befindet sich der Ursprung des 1779 Kilometer langen Flusses Angara, der den einzigen **Abfluss des Baikalsees** darstellt. Mit einer Breite von 863 Metern, einer maximalen Tiefe von vier bis sechs Metern und einer enormen Fließgeschwindigkeit ist dieser ›Abfluss‹ in seinen Dimensionen von durchschnittlich 2000 Kubikmetern pro Sekunde weltweit einzigartig und insbesondere im Winter ein beeindruckendes Naturschauspiel, da das aus der Tiefe des Sees abfließende Wasser auch bei stärkstem Frost erst nach etwa 15 Kilometern gefriert. In der Mitte des Flusses sieht man noch die Spitze des aus der Legende von Vater Baikal und seiner Tochter Angara bekannten Schamanensteines (mys Šamanskij), von dem aber durch die Entstehung des Irkutsker Stausees heute wirklich nur noch die Spitze aus dem Wasser ragt.

Wenn man am Angaraabfluss aus dem Baikalsee auf das andere Ufer schaut, erblickt man die Siedlung und den Hafen von **Port Bajkal**. Heute endet dort die Baikalbahn. In den ersten Jahren nach dem Bau der Transsib stachen aus Port Bajkal die beiden Fährschiffe ›Bajkal‹ und ›Angara‹ in See, nachdem sie das rollende Material und die Reisenden in sich aufgenommen hatten. Später, nach der Fertigstellung im Jahr 1904, rollten dann die Züge auf den Gleisen der auch Krugobajkalka genannten Baikalbahn am felsigen Ufer des Sees entlang.

Auf der Höhe des Baikalabflusses steht ein **Denkmal für den Schriftsteller Aleksandr Vampilov**, einen der erfolgreichsten russischen Dramatiker vor allem der 1960er Jahre. Er lebte in Irkutsk und Port Bajkal und wurde besonders durch – auch ins Deutsche übersetzte – Stücke wie ›Entenjagd‹ und ›Provinzanekdoten‹ bekannt. Er kam hier 1972 bei einem Bootsunfall im Alter von nur 35 Jahren tragisch ums Leben. Hier erhebt sich auch **Čerskij-Fels** (kamen' Čerskogo, 757 Meter), den man über einen asphaltierten Wanderweg von 2,5 Kilometern Länge vom Sanatorium ›Bajkal‹ zu einem kleinen Pavillon auf der Spitze erreichen kann. Seit 2006 kann man den größten Teil des Aufstiegs auch mit einem Sessellift zurücklegen. Die herrliche Aussicht auf das Angara-Tal und den Baikalsee ist sehr beeindruckend. Der Berg ist nach dem Geographen Jan Čerskij (1845–1891) benannt. Als Teilnehmer am Polenaufstand 1863 nach Sibirien verbannt, erwarb er sich zwischen 1871 und seiner Amnestierung 1885 mit umfangreichen Forschungen über den Baikalsee und das Sajangebirge großes Ansehen.

Das **Baikalsee-Museum** befindet sich im Erdgeschoss des Limnologischen Institutes der Russischen Akademie der Wissenschaften. Limnologie (Limne – griech.: See) ist die Wissenschaft von den Gewässern. Eine Forschungsstation zur Untersuchung des einzigartigen Sees war bereits 1928 entstanden. 1961 erfolgte die Umwandlung in ein Institut. Von Anfang an existierte eine kleine Ausstellung, seit 1993 hat sie den Status eines Museums. Es vermittelt einen Überblick über die unikale Fauna und Flora der Region sowie einen Eindruck über die Dimensio-

nen des Baikalsees und die Geschichte seiner Erforschung. (ul. Akademičeskaja 1, Tel. 112155, 290551).

Im Krestovka-Tal befindet sich heute die **Nikolaj-Kirche**, die Mitte des letzten Jahrhunderts gebaut wurde. Sie wurde 1957 im Zusammenhang mit dem steigenden Wasserpegel des Baikalsees hierher umgesetzt. Den Bau der Kirche am Ufer des Baikalsees hatte der angesehene Irkutsker Kaufmann Ksenofont Serebrjakov als Zeichen des Dankes veranlasst, nachdem er – auf dem Baikalsee in Seenot geraten – in seinem Gebet zum Schutzpatron, dem Seefahrer Nikolaj, erhört und gerettet worden war.

Beliebte Anlaufpunkte für Touristen sind die **Kunstgalerie** und das **Liedertheater**. Der Liedermacher Evgenij Krankl veranstaltet in seinem Liedertheater immer samstags und sonntags Konzerte mit Liedermachern und Musikern aus Irkutsk und Umgebung (ul. Ostrovskogo 45, Tel. 112361). Die von Vladimir Plamenevskij begründete private Kunstgalerie erwacht zu neuem Leben. Nach dem Tod des Gründers und einem verheerenden Brand im Januar 2004 haben seine Geschwister die Galerie mit Unterstützung vieler örtlicher Künstler wieder aufgebaut und wollen sie weiterführen (ul. Čapaeva 76, Tel. 112752).

Listvjanka

Die Unterkünfte in Listvjanka weisen mittlerweile ein breites Spektrum auf.

Am Hang hinter dem Baikalmuseum befindet sich das zum **Bajkal-Hotel** in Irkutsk gehörende gleichnamige, 1981 gebaute Hotel mit 112 Betten (vormals Inturist), Tel. 290391.

Die beste Adresse ist heute allerdings das Hotel **Bajkalskie Terema**, ul. Gornaja 16, Tel. 112599.

Ein komfortabler ›Stilbruch‹ ist das neue **Hotel Majak** direkt am Hafen, ul. Gorkovo 79, Tel. 550464.

Daneben gibt es auch einfachere Unterkünfte und zumeist über Irkutsker Agenturen zu mietende Privatzimmer, z.B über **Baikal Chalet**, www.baikalchalet.com

Kulinarisch finden sich neben den unzähligen Omul'-Räuchereien auch eine Reihe empfehlenswerter Restaurants wie zum Beispiel das Proslyj vek, ul. Lazo 1, Tel. 112554, entlang der Uferstraße.

Sljudjanka/Слюдянка

Am südlichen Ende des Baikals liegt die Stadt Sljudjanka. Der Ortsname, der zugleich auch der Name des hier in den Baikal mündenden Flusses ist, leitet sich vom Wort ›Sljuda‹/Glimmer ab. Früher wurde hier nämlich Glimmer, ein durchsichtiges Mineral, abgebaut.

Die Geschichte der Stadt begann mit dem Bau der Baikalbahn. Im Jahr 1901 wird Sljudjanka erstmalig erwähnt. Das Stadtrecht erhielt der heute 21 000 Einwohner zählende Ort im Jahr 1936. Das 1905 entstandene Lokdepot ist bis heute der größte Arbeitgeber im Ort. Die industrielle Marmor- und Mineralförderung in der Umgebung wurde nach der Wende eingestellt, aber die Gegend ist bei Mineralogen nach wie vor bekannt und beliebt.

Die bekannteste Sehenswürdigkeit ist der **Bahnhof**. Sljudjanka ist wohl der

In Listvjanka am Baikalsee

Der Bahnhof von Sljudjanka

einzige Ort in der Welt mit einem Bahnhof aus reinem Marmor. Da sich der Steinbruch nur knapp zehn Kilometer entfernt befand, wäre jeder andere Baustoff teurer gewesen. Eine schöne **Holzkirche** befindet sich am Bahnhofsvorplatz.

Das Museum des örtlichen Eisenbahndepots ist seit 2010 das städtische **Heimatmuseum**. Die Ausstellung beginnt mit einer ausführlichen Dokumentation des Baus der Baikalbahn. Darüber hinaus bietet das liebevoll gestaltete Museum viele Details aus der über 100-jährigen Geschichte des Bahnstandortes Sljudjanka. Das Museum erreicht man vom Bahnhof aus, genau wie das eigentliche Zentrum des Ortes, über eine Fußgängerbrücke über die Gleise. Das Museum befindet sich etwa 300 Meter entfernt an der Straße am anderen Ende der Brücke (ul. Železnedorožnaja 22, Tel. 22351).

Sljudjanka

Zeitunterschied: MEZ + 7 h im Sommer, + 8 h im Winter.
Vorwahl: 39544.
PLZ: 665900.
Postamt: ul. Ržanova 4, Tel. 23850.
Bank: Sberbank, ul. Parižskoj Kommuny 9, Tel. 21152.
Geldautomat: ul. Lenina 116.

Sljudjanka liegt an der Transsibirischen Eisenbahn. Hier halten alle Fernzüge. Hier startet der auf der alten Baikalbahn fahrende Regelzug.
GPS: 51°39'44"N/103°43'9"O.

Es gibt ein ordentliches Hotel in Sljudjanka: **Na Zarečnoj,** ul. Zarečnaja 8, Tel. 24153.
Außerdem gibt es zwei sehr einfache Herbergen: **Hotel Čaika**, ul. Frunze 8a, Tel. 54073, und **Hostel Sljudjanka**, ul. Školnaja 10, Tel. 23071.

Die beste Lokalität im Ort ist das **Kafe Kristal**l, ul. Lenina 75. Die **Kantine der Eisenbahner** ist auch für Externe geöffnet, ul. Železne-dorožnaja 26.

www.sludyanka.ru (R)

Entlang der Baikalbahn

Die alte Baikalbahn zwischen Sljudjanka und Port Bajkal entwickelt sich langsam zu einem der touristischen Höhepunkte am Baikalsee. Als Mischung aus einzigartiger Landschaft, Architektur- und Technikdenkmal hat sie auch Chancen, in gewisser Weise stellvertretend für die gesamte Transsibirische Eisenbahn, in das Weltkulturerbe der UNESCO aufgenommen zu werden. Über die damit verbundenen Anforderungen und Konsequenzen wird seit 2003 verhandelt. In den letzten Jahren wurden bereits um-

▶ Karte S. 248

fangreiche Anstrengungen unternommen, die Strecke zu neuem, touristischen Leben zu erwecken. Einige Gebäude wie zum Beispiel der alte Bahnhof von Port Bajkal wurden originalgetreu wieder aufgebaut, aber auch einige mit Sicherheit den Denkmalschutzvorgaben der UNESCO widersprechende Bausünden wie zum Beispiel das Erholungsheim am alten Bahnhof ›Šaryžalgaj‹ sind zu besichtigen. Als touristische Herausforderung lockt die alte Bahnstrecke eine zunehmende Besucherzahl an. Insbesondere in den letzten Jahren beginnt man sich auch etwas darauf einzustellen. Die Touristenherbergen entlang der Strecke wurden renoviert, zwei sind allerdings auch abgebrannt. Einige alte Bahnhöfe wurden bereits rekonstruiert, und man beginnt, für Krugobajkalka-Ausflüge Werbung zu machen.

Es gibt heute verschiedene Möglichkeiten, die Krugobajkalka zu erkunden. **Fahrplanmäßig** gibt es nur einen Zug, der auf Strecke zwischen Sljudjanka und Port Bajkal verkehrt. Er nimmt es aber mit dem Fahrplan nicht sehr genau. Eine Diesellok mit einem Güterwagen sowie zumeist drei Personenwagen (Typ Plackartnyj) startet zwei bis dreimal wöchentlich gegen 14 Uhr ab Sljudjanka und erreicht ihr Ziel Port Bajkal (GPS: 51°52'13"N/104°48'33"O) gemäß Fahrplan um 19 Uhr, real jedoch selten vor 21 Uhr. Am kommenden Morgen startet der Zug um 4 Uhr seine Rückreise, die er zumeist mit größerer Pünktlichkeit absolviert. Man sollte bedenken, dass es **abends keine Fährverbindung** mehr von Port Bajkal nach Listvjanka gibt und die Übernachtungsmöglichkeiten in Port Bajkal begrenzt sind. Der Güterwaggon ist neben Gepäck- und Postwagen ein mobiler Einkaufsladen und zugleich bei vielen Erzeugnissen die einzige Einkaufsmöglichkeit für die an der Strecke gelegenen Siedlungen, denn eine Straße gibt es in dieser Gegend nicht. Auch in der Frage der Haltepunkte erweist sich der im Volksmund auch ›Rumtreiber‹ (Motanja) genannte Bummelzug als flexibel und reagiert auf Sonderwünsche mit Extrastops.

Im Sommer bietet die Irkutsker Eisenbahnverwaltung einen besonderen **Ausflugszug** für die Strecke an. Der mit Schlaf- und Platzkartenwagen ausgestattete sogenannte ›Gesundheitszug‹ (Poezd zdorovja) fährt mit Anschluss an den Irkutsker Vorortzug in Sljudjanka sowie die Angara-Fähre nach Listvjanka in Port Bajkal zwei Tage mit vielen Stops an den interessantesten Punkten der Strecke und einer Zugübernachtung. Außerdem verkehrt noch eine umgebaute Elektritschka

Birkenbucht bei Km 99

unter der Bezeichnung ›Bajkalskij Kruiz‹ (Tel. Irkutsk 645907).

Neben den zugfahrenden Rucksacktouristen, die im Sommer zum Zelten in eines der Dörfer oder an eine Baikalbucht fahren, wird die Strecke auch bei Wanderern immer populärer. Je nach Lust und Laune, Wetter, Kondition und Gründlichkeit bei der Besichtigung der verschiedenen Baudenkmäler kann man die Strecke in zwei bis fünf **Tageswanderungen** entlang des Schienenstranges ablaufen. Übernachtungen im Zelt oder mit Vorplanung oder etwas Glück in einer der Herbergen runden das Abenteuer ab. Auf einigen Streckenabschnitten gibt es unmittelbar neben den Gleisen einen Pfad, vielerorts hat man aber nur einen Marsch auf den Eisenbahnschwellen zur Auswahl. Aufgrund der vielen Tunnel sollte in jedem Fall eine Taschenlampe im Gepäck nicht fehlen.

Während die Regelzüge der Transsibirischen Eisenbahn die alte Strecke zwangsläufig ignorieren, steht sie bei allen **Transsib-Sonderzugreisen** als einer der Höhepunkte fest im Programm. Die Züge fahren von Sljudjanka bis Marituj, Polovinnaja oder bis Port Bajkal, wo dann meist ein Picknick oder Folkloreabend am Seeufer stattfindet und man oft auch mit einer Übernachtung auf der Strecke zurückfährt, um sich in Sljudjanka dann wieder in den Regelfahrplan auf der Hauptstrecke einzuschieben.

Sehenswürdigkeiten

Die markantesten Sehenswürdigkeiten entlang der alten Baikalbahn lassen sich anhand der Kilometerschilder sowohl aus dem Zugfenster als auch auf einer entsprechenden Wanderung entlang des Schienenstranges ausmachen. Ab Sljudjanka beginnen die Kilometerangaben rückwärts. Sie beziehen sich auf die alte Strecke von Irkutsk nach Sljudjanka. Heute ist dann in Port Bajkal aber bei Kilometer 72 Schluss.

Km 149: Nur auf diesem Abschnitt sieht man noch Überreste der zugeschütteten **Ufermauer** der ersten Eisenbahn. Die jetzige Bahntrasse verläuft auf dem breiteren Damm.

Der Steinviadukt überquert den Fluss Angasolka.

Km 148: Die Brücke über die Bucht Upornaja ist der einzige **Bogenviadukt** über den Baikalsee.

Km 147: Hier ist die einzige **Eisenbahnbrücke** ohne Portale auf der Strecke.

Km 144: Auf der Landzunge Šabartuj erhebt sich ein malerisches **Felsenkap**.

Ein neuer Schienenbus auf der alten Baikalbahn

▲ Karte S. 248

Km 141: Über den Fluss mit dem Namen ›Große gebogene‹ Lippe (Bolšaja Krutaja Guba) führt ein malerischer **Steinviadukt**.

Km 138: Um den **Bahnhof Šaryžalgaj** herum befinden sich ein Sommersportlager und ein elitäres Erholungsheim der Irkutsker Eisenbahngesellschaft.

Km 131: Die steile **Klippe** auf der Landzunge trägt den Namen ›Pfähle ‹(Stolby).

Km 130: Der pittoreske **Bogenviadukt** überquert den Fluss Šabartuj. Bei Kilometer 120 überquert ein ähnlicher Viadukt den Fluss Marituj.

Km 128: Am Tunnel ›Baklanij‹ erhebt sich ein **Fels** in Form eines Pilzes.

Km 126: Hier folgt ein riesiger **Steinblock**, der an eine Glocke erinnert.

Km 123: Hier musste das Baikalufer durch unterstützende ›italienische‹ **Ufermauern** zusätzlich befestigt werden. Uferbefestigungen dieser Art folgen noch bei Kilometer 102 und Kilometer 96.

Km 121: Ein 2005 neu gestalteter **Pavillon** erinnert an das 100-jährige Jubiläum der Inbetriebnahme der Baikalbahn.

Km 119: Das sich weit ins Tal ziehende **Dorf Marituj** ist die größte Siedlung entlang der Strecke. Östlich davon machen die touristischen Sonderzüge meist einen Picknick-Stop

Km 110: Über den Fluss Polovinnaja führt ein weiterer malerischer **Bogenviadukt**. Die gleichnamige Siedlung ist ebenfalls ein beliebter Stop für Sonderzüge. Es folgt der mit knapp 800 Metern längste Tunnel des Streckenabschnittes.

Km 105: In der sogenannten ›Weißen Senke‹ kann man im Uferbereich des Sees den **Austritt von Marmor** in einer seltenen Kombination mit Gesteinen und Mineralien beobachten.

Km 100: Die **Brückenruine**, die abrupt am Wasser endet, war ursprünglich eine temporäre Brücke über die Bucht, die später abgerissen wurde.

Der Gesundheitszug auf der Baikalbahn

Km 92: Die **Osinovskaja-Eisenbahnbrücke** ist die einzige zweigleisige Eisenbahnbrücke, die heute aber nicht mehr benutzt wird.

Km 73: Hier ist der **Marmor-Austritt** noch besser zu begutachten. Der Ort ist ein beliebtes Ausflugsziel für Geologen.

Km 72: Endstation am **Bahnhof Port Baijkal** am Austritt der Angara aus dem Baikalsee. Die einzige vorstehende Klippe an der Angara-Stromschnelle ist der Schamanenstein, der dank der schönen Legende von der Angara berühmt geworden ist.

Am Endpunkt Port Bajkal hat sich in den letzten Jahren einiges getan. Der alte **Holzbahnhof** wurde originalgetreu rekonstruiert und beherbergt heute ein kleines **Museum** zur Krugobajkalka sowie ein kleines Hotel. Auch eine alte Dampflok aus der L-Serie fand hier ihre neue museale Heimstatt (51°52'13''N/104°48'34''O).

Baikalsee und Baikalbahn

www.baikalinfo.ru (R/E/D).
www.baikalplan.de (D).
www.irk.ru (R).
www.baikal.irkutsk.ru (R).

Ulan-Udė/Улан–Удэ

Ulan-Udė ist die heutige Hauptstadt der Republik Burjatien. Etwa ein Viertel der Bevölkerung sind Burjaten, ein mit den Mongolen verwandtes Volk. Hier hat der Reisende auch zum ersten Mal den Eindruck, in Asien angekommen zu sein. Der Ort wurde 1666 erstmals unter dem Namen Udinsk erwähnt. Es handelte sich um eine Winterbefestigung der ostwärts strebenden russischen Kosaken am Fluss Uda. 23 Jahre später entstand an der Mündung der Uda in die Selenga, die wiederum in den Baikalsee mündet, die Festung Verchneudinsk, was soviel wie Ober-Udinsk heißt. Ihren heutigen Namen Ulan-Udė, was auf burjatisch ›rotes Tor‹ bedeutet, erhielt die Stadt erst zu sowjetischen Zeiten im Jahre 1934. Fast zur gleichen Zeit wie Irkutsk wurde auch Verchneudinsk von einem Großbrand heimgesucht, der am 10. Juli 1878 über die Hälfte der Stadt zerstörte. Danach hielt im Stadtzentrum die Steinbauweise Einzug. Heute ist Ulan-Udė eine interessante und ein bisschen exotische Großstadt mit etwa 404 000 Einwohnern, die trotz umfangreicher Industrie in ihrer leicht hügeligen Lage am Fluss mit interessanter Architektur und vielen Grünanlagen gefallen kann. Erwähnenswert sind vor allem folgende Feste, die man nur in Burjatien feiert: das Reiterfest Sucharban am ersten Juli-Wochenende, das buddhistische Tsagaalgan-Fest am Vorabend des neuen Jahres nach dem Mondkalender sowie das dem künftigen Buddha gewidmete Maidari-Fest im Sommer.

Stadtrundgang

Der Bahnstrecke tangiert nördlich das Stadtzentrum von Ulan-Udė. Das **Bahnhofsgebäude** befindet sich aber auf der dem Zentrum abgewandten Seite der Bahntrasse. Es gibt eine Fußgängerbrücke über die Gleise oder weiter südlich die Unterführung am Prospekt 50letija Oktjabrja, die zum zentralen Platz der Stadt führt.

Die burjatische Nationaloper

▲ Karte S. 260

Der Sowjet-Platz

Das Zentrum Ulan-Udės bestimmt der sehr sowjetisch geprägte Platz gleichen Namens. Der Sovetskaja pl. wird durch einen bombastischen, fünf Meter hohen **Leninkopf** aus Granit geprägt. Die bizarre Meisterleistung stammt aus dem Jahre 1971 und ist den Bildhauern G. und J. Neroda (Vater und Sohn) zuzuschreiben. Seinerzeit war die Skulptur Bestandteil des sowjetischen Pavillons auf der Weltausstellung in Kanada. Da sich nach dem Ende der Ausstellung keine Interessenten für das Kunstwerk fanden, landete es in Transbaikalien. Heute stellt man ironisch fest, dass in Burjatien ja schon immer die abgeschlagenen Köpfe der besiegten Feinde öffentlich zur Schau gestellt wurden.

Hinter Lenin steht das **Regierungsgebäude** der Republik Burjatien, über dem die russische und die burjatische Flagge wehen. Die blau-weiß-gelbe Fahne symbolisiert Himmel, Reinheit und Sonne bzw. den hier weit verbreiteten gelben Lamaismus. Auf dem blauen Untergrund sind noch Sonne, Mond und Sterne dargestellt. Linker Hand befindet sich der Sitz des Präsidenten, das ›Großer Churval‹ genannte Parlament, sowie das Gebäude des Geheimdienstes. Auf der rechten Seite bilden die **Philharmonie** und das neu rekonstruierte Hotel ›Bajkal‹ den Rahmen. In der Philharmonie hat das Nationale Tanz- und Gesangsensemble ›Bajkal‹ sein Domizil. Die farbenprächtige Showprogramme wie z.B. ›Der Glanz Asiens‹ sind sehr eindrucksvoll, Tel. 217896, www.theatre-baikal.ru (R/E).

Ebenfalls am Rande des Sovetskaja pl. gelegen, beeindruckt das 1947 bis 1952 errichtete **Gebäude der Burjatischen Nationaloper**, ul.Lenina 51, Tel. 214454, www.uuopera.ru (R), das originell europäische, orientalische und

Überlebensgroß: Lenin

fernöstliche Elemente verbindet. Seit 2011 ist das Theater nach sechsjähriger aufwendiger Rekonstruktion wieder geöffnet. Ein Besuch der Oper ist sowohl bei Aufführungen italienischer Opern als auch bei burjatischen Komponisten dank guter Stimmen und farbenprächtig-exotischer Inszenierungen ein Erlebnis.

Daneben gibt es in der Stadt noch das **Burjatische Schauspielhaus** (ul. Kujbyševa 38, Tel. 223546), in dem manchmal auch der Burjatische Nationalzirkus auftritt, sowie das pompös rekonstruierte **Russische Schauspielhaus** (ul. Tereškovoj 9a, Tel. 235010) und das **Puppentheater Ulger** (ul. Lenina 46, Tel. 213764).

Entlang der ul. Lenina

Am Platz beginnt – leicht abfallend zur Altstadt – die ehemalige ul. Bol'šaja, die heute – wie sollte es anders sein – ul. Lenina heißt. Man durchquert den wiedererrichteten **Triumphbogen** zum Besuch von Nikolai II. im Jahr 1891. Parallel dazu verlaufen die ul. Kommunističeskaja und etwas höher am Hügel versetzt der pr. Pobedy. Zwischen diesen beiden Straßen und der Mündung der Uda in die Selenga, wo ein Gedenkstein an den Ursprung der Stadt erinnert, befindet sich das Stadtzentrum.

Das **Naturkundemuseum** vermittelt mit vielen ausgestopften Modellen und Panoramabildern einen sehr anschaulichen Eindruck von der Fauna der Region bis zum Baikalsee (ul. Lenina 46, Telefon 214149). Einen Besuch lohnt auch das neue **Museum zur Geschichte Burjatiens**. Auf drei Etagen findet man interessante Ausstellungen zu Ur- und Frühgeschichte, zur Ethnographie, zur Geschichte der Teestrasse und eine prunkvolle Exposition zur Geschichte des Buddhismus in Burjatien (ul. Profsojuznaja 29, Tel. 214488, www.muzeyrb.ru (R)). Das Geologie-Museum hingegen nimmt sich bescheiden aus (ul. Lenina 57, Tel. 218264).

Ulan-Udė (Улан-Удэ), Zentrum

Weiter auf der ul. Lenina sieht man rechts das auffällige lila **Gebäude des mongolischen Konsulates**. Früher stand hier die Skulptur Mutter Burjatiens. Sie wurde 2008 umgesetzt und begrüßt jetzt an der Selenga-Brücke die aus Richtung Flughafen kommenden Besucher.

Die Hauptstraße wird nun weiter zur Fußgängerzone und ist vor allem durch alte, ein- bis zweistöckige **Kaufmannshäuser** aus dem vergangenen Jahrhundert geprägt.

Der ul. Lenina folgend, kommt man am **Stadtmuseum** vorbei (ul. Lenina 26, Tel. 212522) zum pl. Revoljucii (Revolutionsplatz), wo sich linker Hand die alten **Handelsreihen** erheben. Sie entstanden von 1803 bis 1838, beherbergten damals zwei große Handelsmessen jährlich und zeugen noch heute vom Reichtum der Kaufmannsschaft zu jener Zeit. Heute gibt es hier das zentrale **Kaufhaus** von Ulan-Udė sowie eine Vielzahl kleiner Geschäfte, die wiederum von unzähligen Kiosken und Zelten umgeben sind. Im Zentrum des Revolutionsplatzes steht ein in den 20er Jahren zu Ehren der Revolutionsopfer errichteter Obelisk.

Am Ende der Straße erhebt sich die **Kathedrale der Gottesmutter Hodigitreja**. Die 1745 erbaute Kathedrale gilt als eine der schönsten Barockkirchen Ostsibiriens und erwacht gegenwärtig zu neuem Glanz und Leben. Lange Jahre befand sich hier der Lagerbestand des Burjatischen Nationalmuseums. Im Jahr 2003 wurden die Bestände überführt und die Glaubensstätte an die Kirche zurückgegeben. Nach der erneuten Weihe begannen die Gottesdienste sowie eine umfangreiche Rekonstruktion.

Östlich des Zentrums

Hinter den Handelsreihen nach links abbiegend, führt die ul. Kujbyševa zum Zentralmarkt. In dieser Straße befindet sich die **Sampilov-Gemäldegalerie**, wo eine umfangreiche Sammlung burjatischer und russischer Malerei (u.a. Kuindži, Šiškin, Ajvasovskij) zu betrachten ist (ul. Kujbyševa 29, Tel. 212909). Wenn man am **Zentralmarkt** die Straßenbahngleise überquert, die durch die

Legende

1. Bahnhof (Вокзал)
2. Lenin-Denkmal (Памятник Ленину)
3. Burjatische Nationaloper (Бурятский театр оперы и балета)
4. Naturkundemuseum (Музей природы)
5. Museum zur Geschichte Burjatiens (Музей истории Бурятии)
6. Alte Handelsreihen (Торговые ряды)
7. Hodigitreja-Kathedrale (Одигитриевский собор)
8. Sampilov-Gemäldegalerie (Картинная Галерея)
9. Markt (Рынок)
10. Burjatisches Schauspielhaus (Бурятский драматический театр)
11. Pfingstkirche (Троицкая церковь)
12. Auferstehungskiche (Воскресенская церковь)
13. Bahnausbesserungswerk (Вагонно-ремонтный завод)
14. Ethnographisches Freilichtmuseum (Этнографический музей)
15. Dazan (Дацан)
16. Kloster Ivolginsk (Иволгинский дацан)

Dazan in Ulan-Udė

ul. Baltachinova führen, und am Burjatischen Schauspielhaus vorbei geht, gelangt man zur 1798 erbauten **Pfingstkirche** mit ihren grünen Kuppeln (cerkov' Troicy). Der angrenzende **Kulturpark** diente einst als Friedhof, was man auf alten Fotos noch erkennen kann.

Wenn man hier in Richtung des Flusses Uda läuft, kommt man zum **Gründungsort der Stadt**. Hier hat man einen schönen Ausblick auf die Altstadt und die am anderen Ufer gelegenen Stadtteile Ulan-Udės, wo sich rechts der Uda-Brücke noch viele alte Holzhäuser und die zu Sowjetzeiten einzige geöffnete **Auferstehungskirche** (cerkov' Voskresenija) befinden.

■ Bahnausbesserungswerk

Wenn man vom Stadtzentrum an der ul. Ėrbanova durch die Eisenbahnunterführung dem Prospekt des 50 -jährigen Oktoberjubiläums in Richtung Stadtpark folgt, gelangt man in einen Stadtteil, der seine Entstehung der Eisenbahn zu verdanken hat. Hier beginnt das Gelände des größten Bahnausbesserungswerkes entlang der gesamten Strecke der Transsib. Hier wird das rollende Material an Loks und Waggons gewartet und repariert. Am Eingang des mit heute wieder über 8000 Beschäftigten größten Arbeitgebers der Stadt steht eine alte Dampflok aus der Baureihe ›Sergo Ordžonikidze‹. Der gesamte nördliche Wohnbezirk wurde mit dem Bau des Werkes 1932 begonnen und entsprechend der Expansion des Werkes erweitert. Heute werden hier vor allem E-Loks der Baureihe VL und Waggons modernisiert. Seit 1970 gibt es ein **Museum zur Geschichte des Werkes**, in dem nach Voranmeldung auch Gruppenführungen möglich sind (ul. Limonova 2, Tel. 445610).

▲ Karte S. 260

Ausflüge

Vom Stadtzentrum Ulan-Udės lohnen sich drei Ausflüge. Am nördlichen Stadtrand befindet sich die erste Empfehlung – das 1972 eröffnete **Ethnographische Freilichtmuseum**. Der Park gliedert sich in einen kleinen Tierpark und sieben Komplexe, die den verschiedenen in Transbaikalien ansässigen ethnischen Gruppen gewidmet sind. Hunnengräber, die ›Čum‹ genannten Spitzjurten der Ewenken, burjatische Sommer- und Winterjurten sowie ein buddhistisches, ›Dugan‹ genanntes Gebetshaus, russische Holzhausarchitektur unter dem Einfluss der Kosaken und der verbannten Altgläubigen – all das kann man hier besichtigen (ul. Verchnjaja Berezovka, Tel. 332510, Buslinie 8).

Auf dem Weg zum Museum lohnt ein Stop am **neuen Dazan** von Ulan-Udė (ul. Verchnjaja Berëzovka). Im Zeichen des roten Sterns wurden nicht nur die orthodoxen Kirchen der Russen, sondern auch die buddhistischen Betstätten der Burjaten Ziel von Verfolgung und Zerstörung. Die Dazan genannten Gebetstempel, deren Zahl in Ulan-Udė zwei Dutzend überstieg, fielen nach 1930 ausnahmslos dem atheistischen Terror zum Opfer. In den letzten Jahren erleben sie mit der Wiedergeburt des Buddhismus in Burjatien eine entsprechende Resonanz. Vielerorts entstehen neue Tempel. Auf dem die Stadt überragenden Kahlen Berg steht ein weiterer 2007 geweihter buddhistischer Tempel, der in sich sowohl die Funktion eines Dazan als auch eines lamaistischen Informationszentrums beherbergt. Der Ausflug lohnt auch wegen des phantastischen Blicks vom Kahlen Berg auf die gesamte Stadt (Lysaja Gora, Tel. 485272, Endstation Routentaxi 97).

Der dritte empfehlenswerte Ausflug führt zum etwa 40 Kilometer westlich von Ulan-Udė gelegenen, 1949 errichteten **Lamakloster Ivolginsk**. Im zentralen Heiligtum des Buddhismus in Burjatien und Russland leben derzeit etwa 60 Mönche und 150 Studenten der Buddhistischen Universität sowie der Hambo-Lama, der oberste Lama für ganz Russland. Der Dalai Lama besuchte Ivolginsk 1991 und 1993. Bei der Besichtigung des Klostergeländes sollte man sich, dem buddhistischen Glauben gemäß, im Uhrzeigersinn bewegen. Zwischen den Gebäuden stehen mehrere Gebetsmühlen unterschiedlicher Größen, die ebenfalls im Uhrzeigersinn zu drehen sind. Daneben gibt es noch weißgetünchte, pyramidenartige Kultstätten, die die Gläubigen durch Verbeugungen würdigen und mit Stirn, Lippen oder Händen berühren.

Im Jahr 2007 wurde ein neuer Tempelpalast wurde zu Ehren des 12. Pandido Hambo Lamas Dorzho Itigelov (1852-1927) errichtet. Itegelovs Existenz nach dem Tode bewegt heute nicht nur in Burjatien die Gemüter. Bevor er sich in der Lotos-Position meditierend aus dem Leben verabschiedete, wies er seine Jünger an, seinen Körper 30 Jahre nach seiner Beerdigung erneut in Augenschein zu nehmen. Wenige Einge-

Das Lamakloster Ivolginsk

weihte fanden 1955 und 1972 zu Sowjetzeiten unter strengster Geheimhaltung einen vollständig erhaltenen Körper ohne Verwesungserscheinungen vor. Bei der nächsten Öffnung des Sarges nach weiteren 30 Jahren wurde 2002 entschieden, den Körper des Lamas nun im Ivolginsker Kloster aufzubahren. Seit 2008 werden nun an acht Terminen im Jahr die Türen für die Gläubigen zur Besichtigung und Ehrerbietung geöffnet. Von Ulan-Udė erreicht man das Kloster vom Busbahnhof mit den Buslinien 104 nach Koljanovo oder 130 nach Ivolga (ca. 30 Minuten), von wo aus etwa fünf Kilometer Fußmarsch verbleiben. Das Kloster unterhält ein **Informationszentrum**, das B&B –Übernachtungen im Dorf anbietet, Tel. +7/30140/23377, www.datsan.buryatia.ru (R/E).

Ulan-Udė

Zeitunterschied: MEZ + 7 h im Sommer, + 8 h im Winter.
PLZ: 670000.
Vorwahl: 007/ 3012.
Hauptpostamt: ul. Lenina 61, Tel. 212211.
Bank: Sberbank, ul. Tereškovoj 36, Tel. 285100. Geldautomaten befinden sich in den Foyers der Hotels ›Bajikal Plaza‹ und ›Burjatija‹.
Reisebüro: ›Morin Tur‹, ul. Gagarina 25 (Hotel ›Sagaan Morin), Tel. 443647, www.morintour.ru (R/E/D); ›Inturist‹, ul. Ranžurova 12 (Hotel ›Gezer‹), Tel. 216954.
Konsulat der Mongolei: ul. Profsojuznaja 6, Tel. 220499.

Im Osten der Stadt gabelt sich die Transsib in den Strang Richtung Čita–Vladivostok und die Transmongolische Bahn in Richtung Ulaanbaatar–Beijing. Die durch das Tal des Flusses Selenga und am Südufer des Baikalsee verlaufende Strecke zwischen Ulan-Udė und Irkutsk ist einer der schönsten Abschnitte der Transsibirischen Eisenbahn. Der Bahnhof liegt zentral, ul. Revoljuzii 1905 goda 35, Tel. 282025.
GPS: 51°50'21''N/107°35'13''O.

Die Stadt hat einen Flughafen, der sich etwa 20 Kilometer westlich befindet. Es gibt eine tägliche Flugverbindung von und nach Moskau (Domodedovo), allerdings an verschiedenen Wochentagen zu unterschiedlichen Zeiten. Daneben bestehen mehrmals pro Woche Flugverbindungen nach Irkutsk, Krasnojarsk, Novosibirsk und nach Ulaanbaatar in die Mongolei, Tel. 227141, www.airportbaikal.ru (R/E).

Die besten Unterkünfte am Platze sind das nach dem gleichnamigen burjatischen Nationalhelden benannte **Hotel Gezer**, ul. Ranzurova 11; DZ 3200 Rbl., Tel. 216151, und das **Hotel Sagaan Morin** nordöstlich des Zentrums, ul. Gagarina 25; DZ 3200 Rbl., Tel. 444019. In beiden Hotels sitzen auf ausländische Touristen spezialisierte Reisebüros.
Nach langjähriger Rekonstruktion ist das am zentralen Platz gelegene **Bajkal Plaza** wieder geöffnet, ul. Erbanova 12; DZ 3500 Rbl., Tel. 210070, www.baikalplaza.ru (R/E).
Eine weitere Alternative ist das mit zwölf Stockwerken im Zentrum nicht zu übersehende **Hotel Burjatija**; DZ 3000 Rbl. ul. Kommunističeskaja 47a, Tel. 211835.
Günstige Übernachtungsmöglichkeiten bieten das **Hotel Relax**, ul. Frunze 5; DZ 1300 Rbl., Tel. 221250, und das **Hotel Zolotoj Kolos**, ul. Sverdlova 34; DZ 1000 Rbl., Tel. 213454.
Ab ca. 1200 Rbl. kann man auch tageweise **Wohnungen** mieten, ul. Kommunističeskaja 47, Tel. 753108, http://sutki.ulan-ude.ru (R).

▶ Karte S. 260

Die Restaurantlandschaft Ulan-Udės entwickelt sich. Neben dem auch hier verbreiteten Baikalfisch Omul' sind die sogenannten ›Pozy‹ das burjatische Nationalgericht. Dabei handelt es sich um in Teig gedünstete Frikadellen, eine Art Riesenpelmeni, die in der Mongolei Buuz heißen.

Empfehlenswerte Gaststätten sind das **Restaurant Staryj Gorod**, ul. Limonova 4, Tel. 261177, oder das **Na Naberežnoj**, ul. Naberežnaja 14, Tel. 217690.

Burjatische Küche gibt es im **Modern Nomads**, ul. Ranžurova 1, Tel. 214509, und im stilechten **Jurtenrestaurant Baatarai Urgoo**, am Stadtrand ein Stück hinter dem Abzweig zum Ethnographiemuseum gelegen, ul. Verchnjaja Berëzovka, Tel. 447492.

Guten Kaffee gibt es im **Silk Road**, ul. Lenina 21, Tel. 212210, und im **Marco Polo**, ul. Kommunističeskaja 46, Tel. 212212.

Das zentrale **Kaufhaus** der Stadt und viele Geschäfte gruppieren sich um die alten Handelsreihen, pl. Revoljuzii 5, Tel. 216506. Daneben gibt es das moderne **Einkaufszentrum Sibir'**, ul. Počtamtskaja 1.

Der **Zentralmarkt** befindet sich in der ul. Baltachinova 9/Ecke ul. Kujbiševa.

Internetcafé im Gebäude von Burnet, ul. Borsoeva 16, Tel. 212886.

www.moy-ulan-ude.ru (R)

www.uutravel.ru (R), www.uumoda.ru (R)

Im Ethnographischen Freilichtmuseum

Petrovskij Zavod/Петровский Завод

Der Name bedeutet etwa ›Peters Werk‹ und nimmt seinen Ursprung in der Würdigung Peters des Großen. Mit der Wahl des Ortsnamens im Jahre 1788, als hier nach einem Ukas von Zarin Ekaterina I. eine der ersten Eisenschmelzen Sibiriens errichtet wurde, wollte man natürlich besonders seiner Verdienste um die künftige russische Schwerindustrie gedenken. ›Peters Werk‹ war auch knapp 200 Jahre lang eine große Eisenschmelze, die in all den Jahren das Werkzeug für den sibirischen Bergbau herstellte. Von 1830 bis 1839 kamen viele der zunächst nach Čita deportierten Teilnehmer am Aufstand gegen den Zaren zur Zwangsarbeit hierher. Bedeutungsvoll für die Entwicklung des Ortes waren die Jahre der sowjetischen Industrialisierung unter Stalin, als der Ort 1926 das Stadtrecht und seinen neuen Namen erhielt: Petrovsk-Zabajkal'skij. Der Anhang ›Zabaijkal'skij‹ wurde notwendig, da es in der Nähe von Saratov an der Wolga bereits ein Petrovsk gab. In den nächsten 15 Jahren entstand ein neues Metallurgiekombinat mitsamt Kleinstadt für die Belegschaft. Heute leben etwa 24 000 Einwohner in Petrovsk-Zabajkal'skij und man gedenkt vor allem der Dekabristen und besserer Zeiten, denn das einstige Metallurgiekombinat ist, aus dem Zugfenster gut sichtbar, wohl heute die größte Investruine entlang der Transsib. Petrovsk-Zabajkal'skij und die Stadt Taiga sind die einzigen Orte an der gesamten Transsib-Strecke, der das Thema Eisenbahn auch im Stadtwappen verewigt haben. In der Mitte durch die Dekabristen-Stele getrennt, zeigt es in der linken Hälfte auf rotem Untergrund eine Bessemerbirne zur Stahlproduktion und in der rechten Hälfte auf blauem Grund eine entgegenkommende Diesellok.

Dekabristen und Lenin vor dem Bahnhof

Stadtrundgang

Petrovsk-Zabajkal'skijs **Bahnhof** gehört zu den originellsten Bahnhofsgebäuden entlang der Transsib. In den 1980ern mit kleinem Turm erbaut, kann er sich auch neben den aktuellen Neubauten sehen lassen. Daneben gibt es an der Außenfront ein großes Mosaik, das an die Dekabristen erinnert. Am Bahnsteig sind noch Porträtreliefe der hierher verbannten Dekabristen zu besichtigen. Sie werden vom Lenindenkmal überragt und dokumentieren damit eine zur Sowjetzeit sehr viel propagierte Traditionslinie. Die Stadt zieht sich weitflächig durch zwei Täler und umfasst drei Ortsteile: Das Bahnhofsviertel liegt ebenso wie Sozgorod westlich der Bahnstrecke, das Zentrum östlich der Bahn.

Im alten Zentrum des Ortes befindet sich seit 1980 im ehemaligen Wohnhaus von Ekaterina Trubeckaja das örtliche **Dekabristenmuseum** (ul. Dekabris-

Blick auf den Bahnhof von Petrovsk-Zabajkal'skij

tov 19, Ecke ul. Damskaja, Tel. 22200). Während die zur Zwangsarbeit verurteilten Ehemänner im Gefängnis lebten, ließen sich die ihren Männern gefolgten Ehefrauen im Ort nieder – zumeist in der Damenstraße (Дамская ул.), die diesen Namen bis heute trägt. An der Bahnunterführung gelangt man zum **örtlichen Friedhof**, wo die Dekabristen Ivan Gorbačevskij und Alexandra Murav'eva ihre letzte Ruhestätte fanden. Vom Friedhofshügel sieht man die Ruinen des Metallurgiekombinates.

Etwa drei Kilometer entfernt befindet sich auf der anderen Bahnseite der **Stadtteil Sozgorod** – Sozialistische Stadt. Hier kann man vergleichsweise kompakt sowjetische Architekturgeschichte mit Bauten aus den 1930er, 1950er und 1970er Jahren besichtigen. Das eindrucksvollste Gebäude ist der monumentale ›Palast der Metallurgen‹.

Petrovskij Zavod

Zeitunterschied: MEZ + 8 h im Sommer, + 9 h im Winter.

PLZ: 673000.

Vorwahl: 007/ 30236.

Hauptpostamt: ul. Gorbačovskovo 12, Tel. 21109.

Bank: Sberbank, ul. Sportivnaja 25, Tel. 21625.

Geldautomat: ul. Damskaja 7.

Der Bahnhof gehört zu den originellen Neubauten an der Transsib. Der Bahnhof Dekabristy befindet sich ebenfalls im Stadtgebiet.

GPS: 51°17'28"N/108°51'28"O.

Es gibt mit **Planeta** und **U Saši** zwei sehr einfache Cafés am Markt.

Der zentrale Markt befindet sich in der ul. Damskaj.

www.petrovsk.com (R).
www.petrovsk.net (R).

Čita/Чита

Auf dem Weg vom Baikalsee zum Amur errichteten Kosaken unter Führung von Petr Beketov 1653 auf dem Gebiet der heutigen Stadt Čita ein Winterlager am Fluss Ingoda. Hundert Jahre später lebten hier knapp 100 Einwohner, und die einzige bedeutende Veränderung war die Einrichtung eines Zollamtes. Eine größere, aber traurige Berühmtheit erlangte Čita dann erst im 19. Jahrhundert als Verbannungsort vieler Dekabristen. Der Einfluss der Dekabristen auf die Stadtentwicklung war enorm. Der netzartige Stadtentwicklungsplan wurde nach Petersburger Muster umgesetzt. Insbesondere Bildung und Kultur profitierten vom Einfluss der aus der Hauptstadt verbannten Intellektuellen. Im Rahmen der Verwaltungsreform von 1851 wurde der östlich des Baikalsees gelegene Landstrich aus dem Gouvernement von Irkutsk herausgelöst und Čita als zentral gelegener Ort zur Hauptstadt gemacht. In den nächsten zehn Jahren verfünffachte sich durch den Zuzug von Kosaken und Beamten die Einwohnerzahl auf allerdings immer noch bescheidene 4000.

Entscheidenden Einfluss auf die weitere Entwicklung hatte im Jahre 1899 der Anschluss an die durch die Stadt verlaufende Transsibirische Eisenbahn. Um die Jahrhundertwende lebten etwa 11 000 Menschen hier. Čita bekam eine der ersten Telefonstationen in Sibirien.

Die Wirren der Oktoberrevolution und des Bürgerkrieges brachten der Stadt einen ungewöhnlichen Sonderstatus. Bereits 1905 hatten revolutionäre Arbeiter für zwei Monate die Macht in der Stadt übernommen, bevor am 27. Juni 1905 die Republik Čita fiel. 15 Jahre später wurde sie dann Hauptstadt einer anderen Republik: nachdem die Rote Armee sie im Oktober 1918 endgültig erobert hatte, wurde Čita 1920 zur Hauptstadt

Karte S. 270

Das moderne Schauspielhaus

eines eigenständigen, wenn auch künstlich gebildeten Staates. Die ›Demokratische Fernöstliche Republik‹ war als Pufferstaat ein Kompromiss zwischen Sowjetrussland und Japan im Zusammenhang mit dem bilateralen Abkommen über den Abzug der japanischen Truppen aus dem Fernen Osten. Nach dem Abzug des letzten japanischen Soldaten schloss sich die Republik 1922 auch unverzüglich Sowjetrussland an.

Als Zentrum des Transbaikalischen Militärkommandos war die Stadt wegen der Grenznähe zu China bis Ende der 1980er Jahre für Ausländer gesperrt. Auch heute sieht man viel Militär in der Stadt, die aus der geplanten Zusammenlegung der beiden sibirischen Militärverwaltungen in Novosibirsk und Čita als Gewinnerin hervorging und somit künftig das Zentrum der Militärverwaltung Sibiriens ist. Heute zählt die Stadt etwa 324 000 Einwohner. In Čita und in der Umgebung wächst sehr viel Rhododendron (Bagul'nik), der zur Blütezeit wie ein rosa Rahmen um die Stadt wirkt, weshalb die Rhododendronblüte hier gern als fünfte Jahreszeit angesehen wird.

Stadtrundgang

Am Bahnhofsvorplatz erhebt sich seit 2004 der größte Kathedralenneubau Ostsibiriens – die **Kathedrale der Kazaner Gottesmutter**. Wenn man rechts daran auf der ul. Leningradskaja vorbeigeht, kreuzt man mit der ul. Amurskaja und der darauffolgenden ul. Anochina die beiden interessantesten Geschäftsstraßen Čitas, wo viele Gebäude aus der Zeit vom Beginn des 20. Jahrhunderts stammen.

Weiter geradeaus breitet sich an der zweiten Kreuzung der **zentrale Platz** der Stadt aus, der nach wie vor den Namen Lenins trägt und durch sein Denkmal

Auf dem Bahnhof

und das dahinter befindliche Gebäude der Gebietsadministration geprägt wird. Ansonsten rahmen ihn die Transbaikalische Eisenbahnverwaltung, die Militärverwaltung Sibiriens und das städtische Rathaus ein. Das Zentrum des Platzes bildete früher die um 1900 im russisch-orientalischen Stil errichtete Alexander-Nevskij-Kathedrale. Nach der Revolution wurde sie 1924 zunächst in ein Kino mit dem bezeichnenden Namen ›Ateist (Atheist)‹ umfunktioniert, um dann 1935 gänzlich abgerissen zu werden. Den Platz kreuzt nun die ebenfalls noch nach Lenin benannte und hier für den Autoverkehr gesperrte Paradestraße der Stadt. Am Rand des Platzes stehen vier Obelisken, die auf insgesamt 16 Reliefs die entscheidenden Ereignisse der Stadtgeschichte darstellen.

Da die Straßen des Stadtzentrums noch seinerzeit von den Dekabristen gitter-

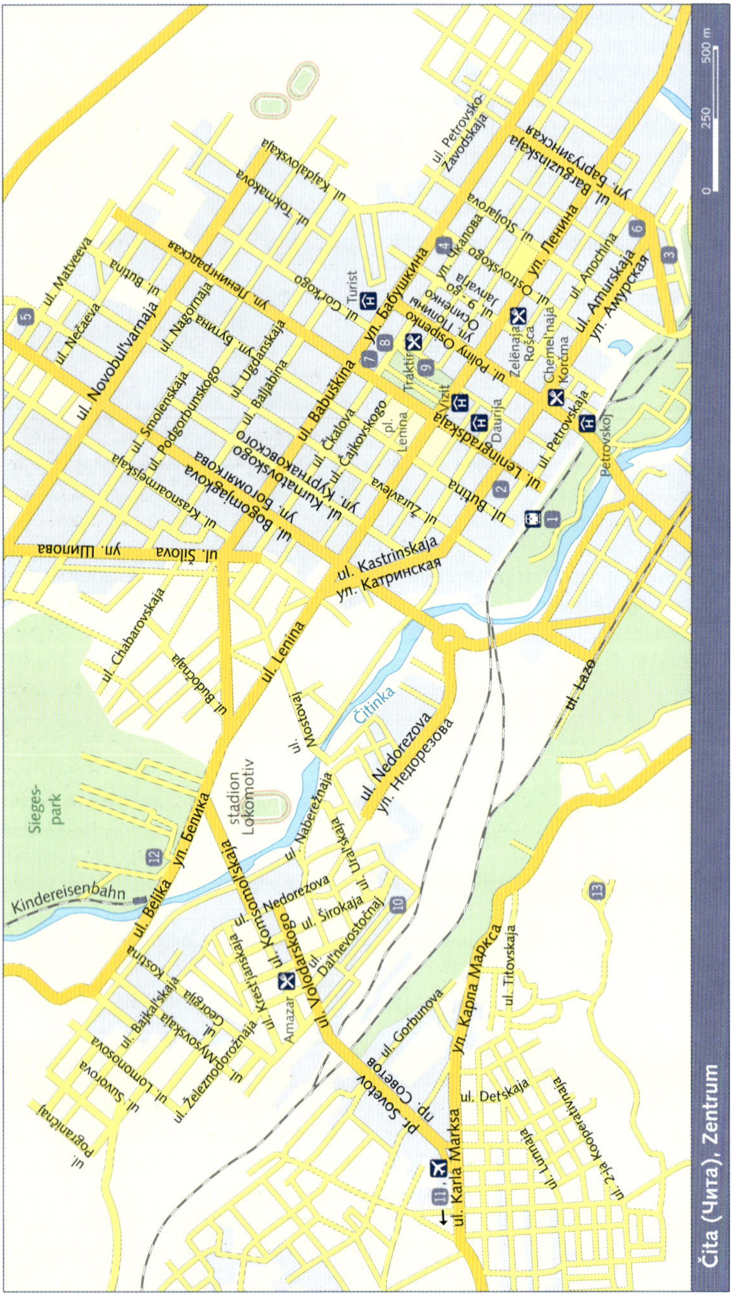
Čita (Чита), Zentrum
0
250
500 m
ul. Barguzinskaja
ул. Баргузинская
ul. Petrovsko-Zavodskaja
ul. Tokmakova
ul. Kajdalovskaja
ul. Stoljarova
ul. Ostrovskogo
ul. Čkanova
ul. 9-go Janvarja
ул. 9-го Января
ul. Poliny Osipenko
ул. Полины Осипенко
ул. Ленина
ul. Amurskaja
ул. Амурская
ul. Anochina
ul. Leningradskaja
ул. Ленинградская
ul. Gor'kogo
ul. Babuškina
ул. Бабушкина
Turist
Traktir
Vizit
Daurija
Zelënaja Rošča
Chemel'naja Korčma
pl. Lenina
ul. Petrovskaja
Petrovskoj
ul. Matveeva
ul. Nečaeva
ul. Butina
ул. Бутина
ul. Novobul'varnaja
ul. Nagornaja
ul. Ugdanskaja
ul. Balabina
ul. Smolenskaja
ul. Podgorbunskogo
ul. Čkalova
ul. Čajkovskogo
ul. Krasnoarmejskaja
ul. Bogomjagkova
ул. Богомягкова
ul. Kurnatovskogo
ул. Курнатовского
ul. Žuravleva
ul. Šilova
ул. Шилова
ul. Kastrinskaja
ул. Кастринская
ul. Chabarovskaja
ul. Budočnaja
ul. Lenina
ul. Mostovaja
Čitinka
ul. Lazo
ul. Nedorezova
ул. Недорезова
Sieges-park
stadion Lokomotiv
ul. Belika
ул. Белика
Kindereisenbahn
ul. Komsomol'skaja
ul. Naberežnaja
ul. Ural'skaja
ul. Nedorezova
ul. Širokaja
ul. Dal'nevostočnaja
ul. Volodarskogo
ul. Krest'janskaja
Amazar
ul. Kostina
ul. Bajkal'skaja
ul. Georgija
ul. Mysovskaja
ul. Železnodorožnaja
ul. Lomonosova
ul. Suvorova
ul. Pograničnaja
ul. Karla Marksa
ул. Карла Маркса
ul. Titovskaja
ul. Gorbunova
pr. Sovetov
пр. Советов
ul. Detskaja
ul. Lunnaja
ul. 2-ja Kooperativnaja
1
2
3
4
5
6
7
8
9
10
11
12
13

netzartig geplant wurden, kann man sich also nur schwer verlaufen. Wenn man der ul. Lenina gen. Osten folgt, gelangt man an der Kreuzung ul. Stoljarova in Richtung Süden über die ul. Dekabristov zum **Dekabristenmuseum** in der ehemaligen Michailo-Archangelsker Kirche. Die 1771 errichtete Holzkirche wurde den Dekabristen zur zweiten Heimstatt, da sie hier beim Gebet ihre Fesseln abnehmen durften (ul. Selenginskaja 17, Tel. 300214).

Ein weiteres russisch-orthodoxes Gotteshaus, das ursprünglich 1851 als römisch-katholische Kirche erbaut und nach dem Zweiten Weltkrieg orthodox umgebaut wurde, ist die **Kirche der Auferstehung Christi** (Chram Voskresenija Christova, ul. 9. Janvarja 54a).

Im Sommer 2010 wurde eine **buddhistische Tempelanlage** eröffnet, , ul. Bogomjagkova 72. Die **Moschee** der Stadt wurde 1909 erbaut (ul. Anochina 3). In der Nähe entsteht eine neue baptistische Kirche (ul. Selenginskaja 5).

Als Gebietshauptstadt hat Čita ein modernes Schauspielhaus (ul. Profsojuznaja 26, Tel. 351866), eine Philharmonie (ul. Bogomjagkova 23, Tel. 324694) und ein Puppentheater (ul. Vercholenskaja 2, Tel. 301314).

Museen

Das neu rekonstruierte **Heimatkundemuseum** ist sehenswert und bietet auch vergleichsweise viel zum Thema Eisenbahn: je eine Vitrine zu den Themen Transbaikalische Bahn, Amurbahn, Ostchinesische Eisenbahn und BAM (ul. Babuschkina 113, Tel. 235530).

Gegenüber dem Heimatkundemuseum gibt es noch ein interessantes **Geologie-Museum** (Sa, So Ruhetage, ul. Gor'kogo 28, Tel. 355856).

Die **Gemäldegalerie** zeigt vor allem Wechselausstellungen (ul. Čkalova 120, Tel. 355142).

Das im örtlichen Offiziers-Casino untergebrachte **Militärmuseum** mit dem offiziellen Namen ›Museum des kämpferischen Ruhmes des Transbaikalischen Militärbezirkes‹ belegt mit mehreren Ausstellungen von den ersten Kosaken bis zum Zweiten Weltkrieg einschließlich der Opfer des stalinistischen Terrors und allerlei Militärtechnik die exponierte Stellung Čitas für die Armee (ul. Lenina 86, Tel. 224132).

Daneben verfügt die Eisenbahnverwaltung in Čita noch über zwei eigene Museen, wobei vor allem das **Museum zur Bahngeschichte** einen Besuch lohnt (Sa, So Ruhetage, ul. Magistral'naja 15a, Tel.

Legende

1 Bahnhof (Вокзал)
2 Kathedrale (Кафедральный собор)
3 Dekabristenmuseum (Музей декабристов)
4 Christi-Auferstehungs-Kirche (Храм Воскресения Христова)
5 Buddhistischer Tempel Damba Braibunling (Дацан Дамба Брайбунлинг)
6 Moschee (Мечеть)
7 Heimatkundemuseum (Краеведческий музей)
8 Gemäldegalerie (Картинная Галерея)
9 Militärmuseum (Музей истории Забайкальского Военного округа)
10 Eisenbahnmuseum im Lokdepot (Музей локомотивного депо)
11 Museum zur Bahngeschichte (Музей Забайкальской железной дороги)
12 Park des Sieges (Парк победы)
13 Titov-Hügel (Титовская сопка)

Kindereisenbahn im Park des Sieges

243788). Das zweite Eisenbahnmuseum befindet sich im Gebäude des örtlichen Lokomotivendepots (Sa, So Ruhetage, ul. Depovskaja 1, Tel. 243081).

Ausflüge

Ein beliebtes Ausflugsziel ist der in den 1970er Jahren entstandene **Park des Sieges** (park Pobedy), der eine ansonsten eher ungewöhnliche Mischung aus Vergnügungspark und Gedenkstätte darstellt.

Die Alexander-Nevskij-Kapelle auf dem Titov-Hügel

Westlich des Parks fährt die auf etwa fünf Kilometern Schmalspur betriebene ›**Kleine Transbaikalische Eisenbahn**‹ mit vier Haltepunkten. Die Pioniereisenbahn verfügt über zwei Züge und wird als Nachwuchsförderung fast ausschließlich von Kindern betreut.

Im Süden Čitas grenzen die Ausläufer des Mittelgebirges Chrebet Čerskogo an die Stadt. Der nächstgelegene, 944 Meter hohe Berg heißt Titovskaja. Ein Hügel an seinem Anstieg ist als **Titov-Hügel** (Titovskaja sopka) bekannt und bietet einen sehr schönen Blick auf die gesamte Stadt. Hier steht seit 2002 eine kleine Kapelle, die mit ihrer Widmung für Alexander Nevskij auch an den Namensgeber der zerstörten Kathedrale im Zentrum erinnert.

Der die Stadt vielerorts symbolisierende **Bronze-Hirsch**, der früher auf dem Hügel seinen Platz hatte, steht heute an der östlichen Ortsausfahrt in Richtung Darasun.

▲ Karte S. 270

Čita

Zeitunterschied: MEZ + 8 h im Sommer, + 9 h im Winter.
PLZ: 672000.
Vorwahl: 007/3022.
Hauptpostamt: ul. Butina 37, Tel. 236000.
Bank: Sberbank, ul. Poliny Osipenko 40, Tel. 336000
Reisebüro: Inturist, ul. Lenina 56, Tel. 231246.

Es gibt zwei Bahnhöfe in der Stadt, von denen der Hauptbahnhof Čita II wiederum aus zwei Bahnhofsgebäuden besteht. Er befindet sich am südlichen Rand des Stadtzentrums. Der Zug Moskau–Čita fährt jeden zweiten Tag und ist 106 Std. unterwegs, Tel. 975111.
GPS: 52°1'42''N/113°29'43''O.

Direkt am Bahnhof befindet sich auch der Busbahnhof, Tel. 236897.

Der Flughafen Kadapa befindet sich knapp 15 Kilometer entfernt südwestlich des Kenon-Sees. Es gibt täglich 2 Flüge von und nach Moskau, teilweise mit Zwischenlandung in Novosibirsk oder Ekaterinburg. Daneben bestehen noch mehrere Flüge pro Woche nach Irkutsk, Chabarovsk sowie Hailar in China, Stadtbüro ul. Zvjosdnaja 13, Tel. 400168, www.aerochita.ru (R).

Das wohl beste Hotel ist derzeit das 2007 eröffnete **Hotel Vizit**, das die vier oberen Etagen eines neuen Geschäftszentrums belegt, ul. Lenina 93; DZ 5300 Rbl., Tel. 356945, www.visit-hotel.ru (R).

Eine Alternative ist das traditionelle **Hotel Daurija**, ul. Profsojuznaja 17; DZ 4200 Rbl., Tel. 262365.

Das **Turist** ist ein günstigeres, im Norden der Stadt gelegenes Hotel, ul. Babuškina 42; DZ 1600 Rbl., Tel. 265270.

Die günstigste Unterkunft findet man **Na Petrovskoj**, wo der Schlafplatz 550 Rbl. kostet, ul. Petrovskaja 15, Tel. 350748.

Es gibt eine ganze Reihe empfehlenswerter Gaststätten in Čita.

Das **Amazar** gilt als das beste Restaurant für russische Küche, ul. Komsomolskaja 42, Tel. 214703.

Empfehlenswert sind außerdem das **Zelënaja Rošča**, ul. Lenina 65, Tel. 322714, oder das **Chmel'naja Korčma**, ul. Poliny Osipenko 10, Tel. 167721.

Eine nette Kneipe mit Biergarten bietet das **Traktir**, ul. Čkalova 93, Tel. 352229.

Für guten Kaffee und Kuchen ist das Café **Šokoladniza** die erste Wahl, ul. Leningradskaja 36, Tel. 357824.

Das größte Kaufhaus der Stadt ist das **CUM**, wobei das C für ›Zentrales‹ (central'nyj) steht, ul. Lenina 62.

Daneben gibt es noch ein auch für Zivilisten offenes – VUM genanntes – **Militärkaufhaus** wobei das V für ›Militär‹ (voennyj) steht, ul. Lenina 111.

Der **Zentralmarkt** liegt westlich vom Leninplatz in der ul. Čkalova.

Den früher sehr beliebten **Chinesenmarkt** vor dem Park des Sieges gibt es noch, aber seine Bedeutung und Beliebtheit nimmt ab.

www.chita.ru (R).

Die Dekabristen

Der Name des Monats Dezember (dekabr') steht hinter diesem in Sibirien häufig anzutreffenden Begriff. Im November 1825 war Zar Alexander I. unerwartet verstorben. Bis zur Krönung des neuen Zaren Nikolaj I. war aufgrund des Thronverzichtes seines älteren Bruders zunächst ein Machtvakuum entstanden, das mehrere Gruppen junger Adliger zum Sturz der Zarenherrschaft nutzen wollten. Russlands Erfolg über Napoleon und der russische Feldzug nach Europa brachten viele Adlige und Offiziere nach Frankreich, wo sie an den Ideen der Französischen Revolution Gefallen fanden und mit ansahen, wie Länder wie Frankreich und Polen Verfassungen annahmen. Als sich ihre Erwartungen in der Heimat nicht erfüllten, gründeten viele der vom ›Geist von 1812‹ Besessenen verschiedene Geheimbünde mit dem Ziel, den Zaren zu stürzen. Als sich am 14. Dezember 1825 im Morgengrauen etwa 2000 unter dem Kommando der rebellierenden Offiziere stehende Soldaten auf dem Petersburger Senatsplatz sammelten, war der neue Zar durch Verrat bereits informiert, und seine Garde stand zur Umzingelung der Aufständischen bereit. Am Nachmittag war der Aufstand niedergeschlagen. Am Abend begannen die Verhaftungen.

Dem militärischen Scheitern folgten dramatische Konsequenzen. Die Rebellion in der eigenen Elite erschien dem neuen Zaren verständlicherweise besonders verwerflich und sollte durch eine gnadenlose Vergeltung bestraft werden. 579 Personen wurden als ›Angehörige der übelgesinnten Gesellschaft‹ zur Verantwortung gezogen, 131 von ihnen kamen vor das Petersburger Strafgericht. Fünf führende Köpfe der Bewegung (K. Ryleev, P. Pestel', S. Murav'ëv-Apostol, M. Bestužev-Rjumin und P. Kachovskij) wurden im Juli 1826 hingerichtet. 121 Mitstreiter wurden zur Zwangsarbeit nach Sibirien verbannt. Das Urteil lautete lebenslänglich, und die meisten verbrachten den Rest ihres Lebens hinter dem Ural, wo sich noch heute in Tobol'sk, Irkutsk, Nerčinsk und anderswo die Gräber und Gedenkstätten befinden. Nach 30 Jahren kam 1856 die Begnadigung, die noch 19 der damals Verurteilten erlebten und wovon wiederum 16 in den europäischen Teil Russlands zurückkehrten.

Freiwillig folgten den Dekabristen auch elf ihrer Ehefrauen, bevor der Zar es verbot.

Das Museum im Volkonskij-Haus in Irkutsk

Darunter befanden sich Ekatarina Trubeckaja, Tochter eines vom Zaren geadelten französischen Offiziers, die Urenkelin Lomonosovs, Maria Volkonskaja, und auch zwei Französinnen, die alles in Russlands blendender Metropole St. Petersburg aufgaben, um das Schicksal ihrer Männer in den Weiten Sibiriens zu teilen. »Welchen Mut man benötigt, um in diesem Land zu leben. Es ist ein Glück, dass wir Euch keine freimütigen Briefe darüber schicken dürfen«, umschrieb Maria Volkonskaja ihre Lage.

Die Silberbergwerke von Nerčinsk und Akataj hinter dem Baikalsee waren die ersten Bestimmungsorte der Dekabristen. Im darauf folgenden Jahr wurden sie in das Gefängnis der damals noch kleinen Festung Čita verlegt, wo sie erheblichen Einfluss auf die Planung der Stadtentwicklung hatten. Die nächste Station war das 500 Kilometer weiter südöstlich gelegene Petrovskij Zavod.

Mit unzähligen Petitionen und wegen guter Führung konnten nach der Umwandlung der Katorga in die Ssylka (Zwangsansiedlung) viele Dekabristen Einfluss auf die Wahl und Gestaltung ihres Verbannungsortes nehmen. Zumeist fiel die Wahl auf die damalige Hauptstadt – das ›Paris Sibiriens‹. Irkutsk wurde – wenn auch notgedrungenen – zur zweiten Heimat für viele Dekabristen, so zum Beispiel für den Zarenoffizier Sergej Volkonskij und den Diplomaten Sergej Trubeckoj, deren Häuser durch Bälle, Konzerte, Lesungen schnell zu kulturellen Zentren des Irkutsker Geistesleben wurden und die heute als Museen Zeugnis über diese Zeit ablegen. Der Aufklärer Vladimir Raevskij, der Philosoph Michail Lunin, der Verwaltungsexperte Aleksandr Murav'ëv und viele andere brachten » die wahre Aufklärung dadurch, dass sie sich nicht mit ihrer Herkunft oder ihrer Bildung brüsteten, sondern bemüht waren, sich eng und ehrlich an ihre provinzielle Umgebung zu binden und das Licht der Erkenntnis einzubringen.« So ihr Schüler Nikolaj Belogolovoj, der später ein berühmter Arzt werden sollte.

›Vivos voco‹ (Aufruf an die Lebenden) nannten sie in Anlehnung an Schillers ›Glocke‹ ihre Ketten. Der Aufruf wurde erhört und später immer wieder von allen liberalen, sozialdemokratischen und bolschewistischen Gegnern des Zarismus aufgegriffen. Die Dekabristen wurden in Russland zum Inbegriff für den Geist der Freiheit gegen den zaristischen Absolutismus. In Sibirien gedenkt man ihrer bis heute und dankt ihnen den geistig-kulturellen Schub, den sie der Elite Sibiriens brachten.

Das Trubeckoj-Haus in Irkutsk

Sretensk/Сретенск

Sretensk kann auf eine lange Geschichte zurückschauen. Bereits 1689 wurde der Ort erstmalig als Winterlager erwähnt. Seine Blüte erlebte es in den Jahren des Baus der Transsibirischen Eisenbahn. Etwa sechs Jahre lang befand sich hier am Fluss Šilka der Endpunkt der Eisenbahnlinie. In den Jahren von 1897 bis 1903 war eine Transsibreise sozusagen eine kombinierte Bahn- und Schiffsreise und Sretensk der wichtigste Umsteigebahnhof. Von hier ging es im Sommer mit dem Schiff oder im Winter mit Schlittengespannen weiter auf den Flüssen Šilka und Amur bis nach Chabarovsk, von wo aus man dann wieder mit dem Zug bis Vladivostok weiterfuhr.

Über 100 Handelsfirmen, Banken, ein Zollamt, eine Brauerei und vieles mehr bestimmten den Lebensrhythmus der Stadt. Nach der Inbetriebnahme der Ostchinesischen Eisenbahn verlor Sretensk schnell seine Bedeutung und auch die später eröffnete Amurbahn zweigte im 50 Kilometer entfernten Kuenga gen Osten ab und besiegelte die Bedeutungslosigkeit. Zu Sowjetzeiten noch prägende Arbeitgeber wie die örtliche Schiffswerft sind heute Investruinen. Der geschichtsträchtige Ort mit heute etwa 10 000 Einwohnern dient eher als Anschauungsmaterial für Russlands gewaltige Probleme in der sibirischen Provinz.

Stadtrundgang

Das Ortszentrum befindet sich auf der dem Bahnhof gegenüberliegenden Seite des Flusses Šilka. Hinter dem Flusshafen befindet sich der zentrale Platz mit einigen historischen Gebäuden, wo heute das Standesamt und das örtliche Kaufhaus ihren Sitz haben. Etwa ein Dutzend historische Gebäude sind vor allem in der ul. Naberežnaja und der parallelen ul. Lunačarskovo noch zu erkennen. Die große Kirche auf dem Marktplatz hat die Sowjetära nicht überlebt. Dort findet man heute Lenin und ein Kriegsdenkmal. Am Berg befindet sich am

Fähre über den Fluss Šilka

Friedhof eine kleine Kirche. Es gibt ein Heimatkundemuseum, dessen Ausstellung sich aber in die allgemeine Trostlosigkeit des Ortes einordnet (ul. Lunačarskovo 233, Tel. 21368). Nur ein Bruchteil des Ortes verfügt heute über einen Anschluss an die Kanalisation, so dass man ständig Wasserwagen sieht, die das Wasser in der Šilka auftanken und dann ausfahren.

Sretensk

Zeitunterschied: MEZ + 8 h im Sommer, + 9 h im Winter.

PLZ: 673500.

Vorwahl: 007/30246.

Postamt: ul. Lunačarskovo 202, Tel. 21261.

Bank: Sberbank, ul. Lunačarskovo 190, Tel. 21673.

Geldautomat: ul. Lunačarskovo 190.

Der alte Bahnhof bildet die Endstation am nördlichen Šilka-Ufer. Einige Meter weiter enden die Gleise an einer Felswand. Die 1986 gebaute Brücke über die Šilka befindet sich auf Höhe der vorherigen Bahnstation Matakan, von wo auch Busse ins Zentrum fahren. Es gibt tgl. eine Zugverbindung von und nach Čita. Fahrtzeit 12 Stunden mit längerem Aufenthalt in Kuenga, ab Kuenga 2,5 Stunden.

GPS: 52°15'13"N/117°41'50"O.

Es gibt nur eine Herberge an der Uferstraße, ul. Naberežnaja 44, Tel. 21773.

Das Café Nadežda befindet sich im selben Gebäude wie die Herberge.

Birobidžan/Биробиджан

Birobidžan ist vor allem als Hauptstadt des ›Jüdischen Autonomen Gebietes der Russischen Föderation‹ bekannt. Doch man sollte die Erwartungen an Klein-Israel im Fernen Osten nicht zu hoch schrauben. Der größte Ort dieses Stalin zu verdankenden Kuriosums der Weltgeschichte ist heute eine kleine Provinzstadt mit 83000 Einwohnern. Birobidžan entstand 1931 an der Stelle der alten Halbetappe Tichonka. Den Namen erhielt der 172 Kilometer westlich von Chabarovsk liegende Ort von den beiden Flüssen Bira und Bidžan, die in der Nähe zusammenfließen. Im Jahr 1934 wurde die unwirtliche Gegend zum ›Jüdischen Autonomen Gebiet der UdSSR‹ proklamiert, und Birobidžan erhielt als Hauptstadt drei Jahre später das Stadtrecht.

Dabei ging es, obwohl manchmal vermutet, keineswegs um ein Deportationsgebiet. Zur Zarenzeit waren Pogrome in Russland keine Ausnahme. Viele Juden hatten sich auch von Anfang in der bolschewistischen Bewegung engagiert. In der Hoffnung auf soziale wie nationale Emanzipation übte der Sowjetstern mit seiner Ideologie eine starke Anziehungskraft aus. Stalin griff für die Juden die Idee des Neubeginns auf und wollte mit seiner damals weltweit einzigartigen Initiative der staatlichen Unterstützung für die Autonomie eine Alternative zum von vielen erträumten, aber damals doch unrealistischen Neubeginn in Palästina schaffen. Über 40 000 freiwillige Siedler brachen in den folgenden Jahren auf, um den dünn besiedelten Raum unter der Fahne einheitlicher jüdischer Nationalität zu füllen.

Aber die Umsiedler fanden beklagenswerte Lebensbedingungen vor. Für Landwirtschaft waren Boden und Klima deutlich ungeeignet. Dem Handel fehlte es in der Umgebung an Kunden. Fünf Jahre später hatten über zwei Drittel der Neusiedler bereits wieder aufgegeben. Von den für die letzten Lebensjahre Stalins charakteristischen antisemitischen Repressalien blieb das Gebiet ebenfalls nicht verschont, die gesamte Führungsriege verschwand im GULag. Heute leben in diesem Gebiet etwa 200 000 Einwohner, wovon sich aber nur acht Prozent zum Judentum bekennen. Mit der beginnenden Liberalisierung Ende der 1980er Jahre wagten viele Juden nochmals den besagten Neuanfang nun im richtigen Israel.

Ein Stadtrundgang

Birobidžan ist ein sehr beschauliches und ruhiges Städtchen. Die im Stadtzentrum parallel auf halber Höhe zwischen der Bahnlinie und dem Amur-

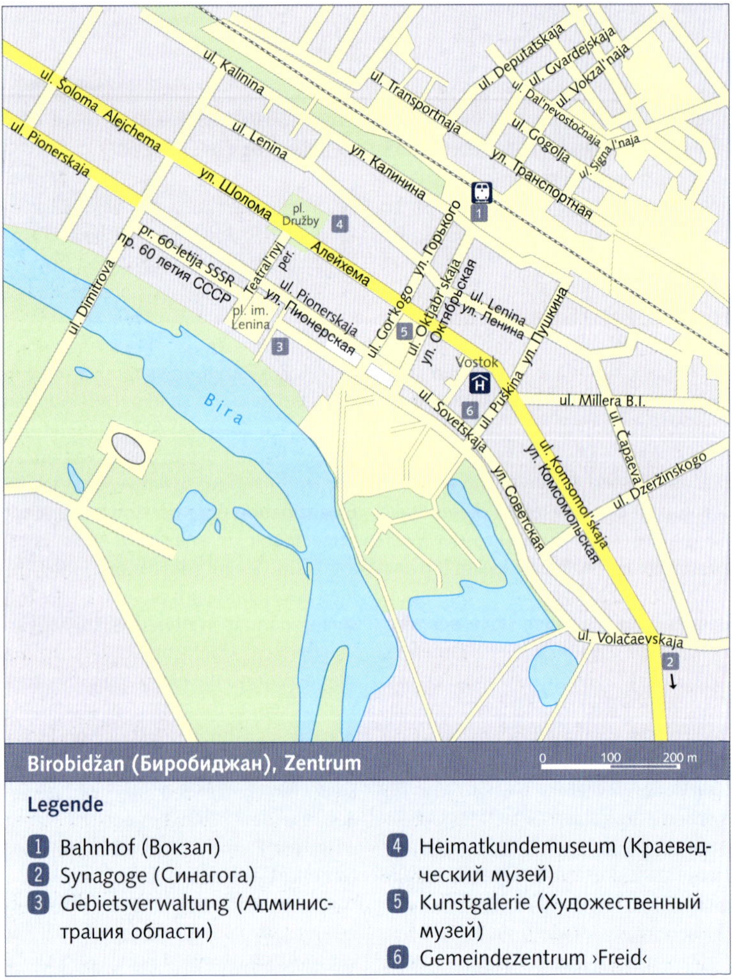

Birobidžan (Биробиджан), Zentrum

0 100 200 m

Legende

1. Bahnhof (Вокзал)
2. Synagoge (Синагога)
3. Gebietsverwaltung (Администрация области)
4. Heimatkundemuseum (Краеведческий музей)
5. Kunstgalerie (Художественный музей)
6. Gemeindezentrum ›Freid‹

Nebenfluss Bira verlaufende Hauptstraße von Birobidžan ist nach dem russisch-jüdischen Schriftsteller Scholem-Alechjem (›Der Fiedler auf dem Dach‹ bzw. ›Anatevka‹) benannt.

Vor dem Bahnhofsgebäude beginnt die ul. Oktjabr'skaja, die die Hauptstraße an der zweiten Ecke kreuzt, wo sich gegenüber auch die **Gemäldegalerie** (ul. Šoloma-Alejchema 8) befindet. An der ersten Ecke gelangt man rechter Hand zum **Heimatkundemuseum** (ul. Lenina 25, Tel. 68321). Unweit davon entstand das neue **jüdische Gemeindezentrum** ›Freid‹ mit einer neuen Synagoge (Tel. 41529).

Am dahinter stehenden Rathaus abbiegend, kommt man über die Theatergasse zum **Lenin-Platz**, wo sich auch das Verwaltungszentrum des Autonomen Gebietes befindet. Ein Schauspielhaus gibt es nicht mehr, nur noch ein Puppentheater (Švejnyj per. 5). Vom Lenin-Platz sieht man schon den Fluss und gelangt an der für die Stadt wohl etwas zu groß geratenen **Philharmonie** (pr. 60letija

Auf dem Bahnhofsvorplatz

Oktjabrja 14, Tel. 66773) vorbei zum am Ufer gelegenen **Kulturpark**.

Zur **alten Synagoge** (ul. Majakovskogo, Tel. 63100) gelangt man auf der Hauptstraße in Richtung Osten, die hinter dem Markt dann ul. Komsomol'skaja und zwei Kreuzungen später ul. Sovetskaja heißt.

Birobidžan

Zeitunterschied: MEZ + 9 h im Sommer, + 10 h im Winter.

PLZ: 682200.

Vorwahl: 007/42622.

Hauptpostamt: pr. 60-letija SSSR 16, Tel. 33633.

Bank: ul. Šoloma-Alejchema 16, Tel. 40435.

Reisebüro: Birobidžan-Intur, ul. Šoloma-Alejchema 55, Tel. 61573.

Der kyrillisch und hebräisch beschriftete Bahnhof liegt am nördlichen Rand des Stadtzentrums. Dank der kürzlich neu eröffneten Amur-Brücke bei Chabarovsk hat sich die Verkehrsanbindung der Stadt deutlich verbessert. Vom nebenan gelegenen Busbahnhof gibt es tägliche Verbindungen nach Chabarovsk, wo sich auch der nächstgelegene Flughafen befindet, ul. Kalinina, Tel. 67042.

GPS: 48°47'35"N/132°56'3"O.

Es gibt nur ein Hotel aus den 1980er Jahren mit 140 Zimmern und einem Restaurant namens **Vostok**, ul. Šoloma-Alejchema 1, Tel. 65330.

Unter den Restaurants sind das **Èlita**, ul. pr. 60-letija SSSR 14, Tel. 69718, und das und das **Lechaim**, ul. Gor'kogo 10, Tel. 68419, zu empfehlen.

www.jar.ru (R).

Dauerfrostboden

Entlang der Route der Transsibirischen Eisenbahn tritt der Dauerfrostboden nur inselhaft zwischen Krasnojarsk und Chabarovsk auf. Die oberen 0,5 bis 5 Meter Erdoberfläche tauen im Sommer auf, darunter erstreckt sich eine ständig gefrorene Schicht von 60 bis 100 Metern Tiefe (auf Russisch ›ewige Gefrornis‹ genannt).

Weiter nördlich, zum Beispiel in der Tundrazone, erreicht der Dauerfrostboden eine Tiefe von 400 Metern, so dass die Wasserversorgung größerer Orte nur gesichert werden kann, indem der Frostboden durchbohrt wird und die darunter liegenden Wasservorräte angezapft werden.

Beim Hausbau direkt auf Dauerfrostboden würde die Wärme des Hauses den Boden unweigerlich destabilisieren und die Häuser versinken lassen. Daher finden sich heute im Norden große Wohnblocks einen Meter über der Erde auf Stelzen, die zehn Meter oder tiefer in den Frostboden gerammt wurden.

Beim Bahnbau östlich des Baikalsees sowie fast überall auf der Baikal-Amur-Eisenbahn mussten aufwendige Dämme aufgeschüttet werden. Versorgungsleitungen wie Gas, Fernwärme und Wasser müssen in der Zone des Dauerfrostbodens überirdisch verlegt und gut isoliert werden.

Von den 17 Millionen Quadratkilometern russischen Territoriums enthält über die Hälfte Dauerfrostboden. Unter anderem ist er Speicher für Mammutreste. Auch heute noch werden immer wieder Stoßzähne bei Bergbauarbeiten entdeckt.

Den zahlreichen Nachteilen des Dauerfrostbodens steht ein großer Vorteil gegenüber: Jedes Haus konnte sich immer schon leicht einen Kühlschrank zulegen: man musste nur neben dem Haus ein wenig graben bis zur Dauerfrostschicht – fertig.

Sibirischer Winter in Listvjanka am Baikalsee

Chabarovsk/Хабаровск

Der Ort wurde 1858 als Festung Chabarovka gegründet und sollte die Region am Amur für Russland sichern. Die vormals zur Mandschurei gehörenden Landstriche waren nach dem russisch-chinesischen Friedensschluss von Aigun an Russland gegangen. 1880 erhielt der Ort das Stadtrecht, seit 1893 heißt er zu Ehren des Eroberers Erofej Pavolovič Chabarov Chabarovsk. 1897 wurde nach sechsjähriger Bauzeit mit der Ussuri-Bahn zwischen Chabarovsk und Vladivostok das erste Teilstück der Transsibirischen Eisenbahn übergeben. Da die Transsib in ihren Anfangsjahren aber durch die Mandschurei verlief, dauerte es noch knapp 20 Jahre, bis mit der Übergabe der gewaltigen Amurbrücke Chabarovsk an die durchgehende Zugverbindung zwischen Moskau und Vladivostok angeschlossen wurde.

Im Jahre 1924 wurde die Stadt zur administrativen Hauptstadt des Fernen Ostens, der dann 1938 in die Gebiete Chabarovsk und Primor'e mit der Hauptstadt Vladivostok aufgeteilt wurde. Die Stadt, in der heute 578 000 Einwohner leben, zieht sich auf einer Länge von knapp 40 Kilometern am Amur entlang. Sie ist heute eine bedeutende Industriestadt. Mit der Verwaltungsreform im Jahr 2001 wurde Chabarovsk zur Hauptstadt eines der sieben Föderalbezirke, nämlich des fernöstlichen. Dank dieser Entscheidung und der Wiederentdeckung des Fernen Ostens als Schwerpunkt russischer Regionalpolitik flossen seitdem erhebliche Mittel in die Stadt, was man ihr auch ansieht.

Der derzeit, seit 2006, größte in Russland im Umlauf befindliche Geldschein – 5000 Rubel – zeigt Chabarovsker Motive: das Murav'ëv-Amurskij-Denkmal und die große Amurbrücke.

Stadtrundgang

Der mit Zuckerbäckerstilelementen verfeinerte, rekonstruierte **Bahnhof** liegt nordöstlich des Stadtzentrums. Auf dem Bahnhofsvorplatz erhebt sich ein Denkmal für Erofej Chabarov. Hier am Bahnhof beginnt der Amurskij bul'var, ein grüner Boulevard im wahrsten Sinne des Wortes, der über knapp drei Kilometer zum Amurufer führt. In einer Nebenstraße unweit des Bahnhofs befindet sich ein kleines interessantes **Eisenbahnmuseum**, das man aber nur nach telefonischer Terminabsprache besuchen kann (ul. Vladivostokskaja 40, Tel. 389513).

■ Amurskij-Boulevard

Chabarovsk wurde am Amur auf drei Hügeln und zwei Tälern erbaut und der Amurskij-Boulevard bildet das eine und der südlich parallel dazu verlaufende Ussurijskij-Boulevard bildet das andere Tal. Beide schließen sozusagen das auf dem mittleren Stadthügel liegende Stadtzentrum ab. Zwischen beiden verläuft die Hauptstraße (ul. Murav'ëva-Amurskogo, s.u.), die in ihrer Geschichte schon viele Namen trug: zunächst Chabarovskaja, dann Bol'šaja; zur Jahrhundertwende wurde sie nach dem Gouverneur Ostsibiriens Murav'ëv-Amurskij und nach der Oktoberrevolution nach Karl Marx benannt. Jetzt fand man hier im vielerorts geführten Disput über die Rückkehr zu den alten Straßenbezeichnungen einen Kompromiss. Eine Hälfte der langen Straße heißt jetzt wieder nach Murav'ëv-Amurskij, für die andere Hälfte östlich des Leninplatzes blieb Karl Marx erhalten.

Man kann dem Amurskij-Boulevard vorbei am **Zentralmarkt** bis zum Hotel Inturist am Ufer folgen oder aber über die Querstraße zur Hauptstraße gelangen.

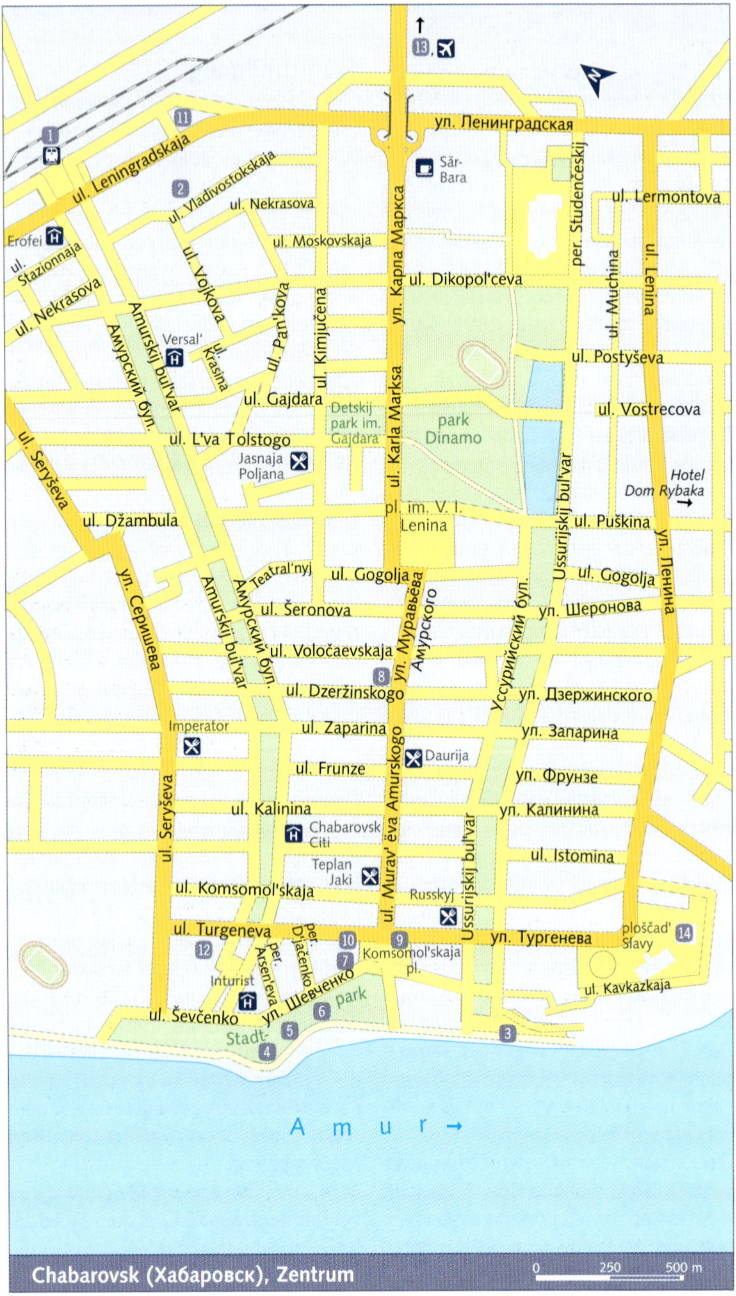

Chabarovsk (Хабаровск), Zentrum

Hier hat man einen schönen Blick auf den Amur. In Blickrichtung Sportstadion ist in der Ferne auch die große Amurbrücke zu sehen.

Rund um den Stadtpark

Am Flussufer liegt der sehr schön am Steilhang zwischen Fluss und Stadt angelegte Stadtpark. Auf der Strandpromenade gelangt man zum Passagierhafen, zum städtischen Badestrand und zum **Klippenturm**, einer der bekanntesten Sehenswürdigkeiten der Stadt. An der Klippe schlugen russische Soldaten am 31. Mai 1858 ihr Lager auf und legten somit den Grundstein für das heutige Chabarovsk, woran ein Obelisk und ein Felsrelief erinnern. Auf der Klippe befindet sich das im Jahr 1992 wiedererrichtete **Denkmal für Nikolaj Murav'ëv-Amurskij**. Parallel zum Fluss verläuft die ul. Ševčenko, in der sich die wichtigsten Museen der Stadt befinden: Das **Heimatkundemuseum** lohnt auf jeden Fall einen Besuch (ul. Ševčenko 11, Telefon 312054). Daneben befindet sich die umfangreiche **Gemäldegalerie** (ul. Ševčenko 7, Telefon 399312). Schräg gegenüber liegt das **Militärmuseum** (ul. Ševčenko 20, Tel. 336350).

Gottesmutter-Himmelfahrts-Kathedrale

Auch die **Theaterlandschaft** der Stadt kann sich sehen lassen. Das Schauspielhaus trägt den Namen Maksim Gor'kijs (ul. Dzeržinskogo 44, Tel. 303531). Es gibt ein Kinder- und Jugendtheater (ul. Murav'ëva-Amurskogo 10/12, Telefon 226169), ein Operettentheater (ul. Karla Marksa 64, Tel. 227021) und ein Pantomime-Theater (ul. Lenina 27, Tel. 515902).

Legende

1. Bahnhof (вокзал)
2. Eisenbahnmuseum (Музей дальневосточной железной дороги)
3. Passagierhafen (Речной вокзал)
4. Klippenturm (Башня на скале)
5. Heimatkundemuseum (Краеведческий музей)
6. Gemäldegalerie (Картинная галерея)
7. Militärmuseum (Военный музей)
8. Schauspielhaus (Драматический театр)
9. Bürgerkriegs-Denkmal (Памятник жертвам Гражданской войны)
10. Gottesmutter-Himmelfahrts-Kathedrale (Соборь успения божьей матери)
11. Christi-Geburts-Kirche (Христорождественская церковь)
12. Innokenti-Kirche (Церковь св. Иннокентия)
13. Kindereisenbahn (Детская железная дорога)
14. Verklärungskathedrale (Свято-Преображенский Собор)

Komsomolplatz

Auf der Museumsstraße kommt man zum Komsomolplatz, von dem einst auch die Besiedlung der Stadt ausging. In seiner Mitte erhebt sich ein **Denkmal für die Opfer des Bürgerkriegs im Fernen Osten**. Ursprünglich stand hier die größte Kirche der Stadt, die Maria-Entschlafenskathedrale (Uspenskij sobor), die 1886 errichtet wurde und wie so viele andere Kirchen auch dem Sowjetatheismus in den 1930er Jahren des 20. Jahrhunderts zum Opfer fiel. Einige Meter versetzt wurde in den vergangenen Jahren eine **neue Kathedrale** erbaut, deren blau glänzendes Dach samt der turmartigen Form etwas untypisch bis kitschig wirkt.

Die ul. Murav'ëva-Amurskogo

Am Komsomolplatz beginnt die ebenfalls nach Nikolaj Murav'ëv-Amurskij benannte Hauptstraße. Hier finden sich viele interessante Gebäude aus der Gründerzeit, Cafés, zwei Theater, zwei Kinos und die wichtigsten Geschäfte der Stadt. Interessant ist der schönste Lebensmittelladen der Stadt samt seinem kleinen Café im ›**Gastronom Merkur**‹ mit Jugendstil-Spielereien und Glasmosaiken – zu Beginn des Jahrhunderts als Filiale von ›Kunst & Albers‹ errichtet (ul. Murav'ëva-Amurskogo 9). Ein Stück weiter befindet sich die 1886 errichtete **ehemalige Stadtduma,** die später als örtlicher Pionierpalast diente und seit einigen Jahren neben einem Jugendzentrum im Erdgeschoss sehr nette Läden beherbergt (ul. Murav'ëva-Amurskogo 17). Die Straße mündet auf einen großen Platz, den sie leicht versetzt tangiert und von dem aus sie dann als ul. Karla Marksa weiterläuft. Den heute noch nach Lenin benannten zentralen Platz zieren vor dem gewaltigen weißen Gebäude der **Gebietsadministration** (ul. Marksa 66) ein Lenindenkmal und ein Springbrunnen.

Wenn man auf der Karl-Marx-Straße Richtung Flughafen fährt und sich an der nächsten Kurve nach dem großen Straßenkreuz am Zentrumsrand nördlich hält, gelangt man zur Chabarovsker **Kindereisenbahn**. Sie wurde 1958 eröffnet, es gibt auf einer Strecke von 2,5 Kilometern neben den beiden Bahnhöfen noch zwei Haltepunkte, ul. Karla Marksa 109b, Tel. 273079.

Bahndepot

▲ Karte S. 282

Weitere Kirchen

Chabarovsks schönster Kirchenneubau befindet sich am Platz des Ruhmes (pl. Slavy). Die 2004 geweihte **Verklärungskathedrale** (Svjato-preobraženskij kafedralnyj Sobor) ist für 3000 Kirchenbesucher ausgelegt. Der höchste Punkt der Kuppel erreicht eine Höhe von 95 Metern. Sie ist damit die drittgrößte Kirche Russlands, ul. Lenina 4.

Zwei kleine Kirchen sind bei den Chabarovskern besonders beliebt: die kleine Innokenti-Kirche am Stadion (ul. Turgeneva 73b, Tel. 340575) und das einzige auch zur Sowjetzeit geöffnete Gotteshaus der Stadt – die hölzerne Christi-Geburt-Kirche in der Nähe des Bahnhofs (ul. Leningradskaja 65, Tel. 380671).

Chabarovsk

Zeitunterschied: MEZ + 9 h im Sommer, + 10 h im Winter.
Vorwahl: 007/4212.
PLZ: 680000.
Hauptpostamt: ul. Murav'ëva-Amurskogo 28, Tel. 225199.
Banken: Vneštorgbank, ul. Moskovskaja 7, Tel. 328634.
Reisebüro: Welcome, ul. Dzeržinskovo 24,, Tel. 735990.
Konsulate: Japan: ul. Puškina 38a, Telefon 327212; China: Nord-West-Ecke des Lenin-Stadions, Tel. 302432.

Es gibt zwei Bahnhöfe. Der Hauptbahnhof befindet sich in der ul. Leningradskaja 11, Tel. 382222. Von und bis Moskau und Irkutsk dauert die Reise etwa 130 bzw. 36 Stunden. Neben den durchgehenden Zügen gibt es von Chabarovsk aus bequeme Nachtzugverbindungen nach Vladivostok (12 Stunden), Nachodka (15 Stunden) und Komsomol'sk am Amur (14 Stunden), zweimal pro Woche Kurswagen nach Harbin.
GPS: 48°29'48''N/135°4'22''O.

Der Flughafen von Chabarovsk liegt etwa zehn Kilometer von der Stadt entfernt. Er wurde 2009 zum besten Flughafen in der GUS gekürt. Es gibt 3 tägliche Flugverbindungen nach Moskau (Domodedovo, Vnukovo, Šeremet'evo) und tägliche Verbindungen nach Irkutsk, Vladivostok, Magadan, Petropavlovsk-Kamčatka und Južno-Sachalinsk. International gibt es Flüge in die Transsib-Orte Harbin und Beijing (China) sowie nach Niigata (Japan), Seoul (Südkorea), Anchorage und Seattle (USA), Matveevskoe Ch. 286, Tel. 263530, www.airkhv.ru (R).

Der Passagierhafen liegt zentral, südlich vom Stadtstrand. Er befindet sich in einem fest verankerten alten Raddampfer. Es gibt Schiffsverbindungen den Amur herunter nach Komsomol'sk am Amur und nach Nikolaevsk. Schiffsausflüge nach Fuyuan in China sind möglich (Visum für China sowie für die Rückkehr Mehrfachvisum für Russland erforderlich), Ussurijskij bul., Tel. 468832.

Das traditionsreichste Hotel ist das **Inturist**, das schon zu sowjetischen Zeiten ausländische Touristen betreute. Es ist auch heute mit seinem schönen Amur-Blick eine gute Wahl, wenn auch mit einer gehörigen Portion Sowjetcharme; DZ 3700 Rbl., Amurskij bul. 2, Tel. 326507.
Als das beste Hotel der Stadt gilt derzeit das **Chabarovsk-Citi**, ul. Istomina 64; DZ 6000 Rbl., Tel. 767676.
Gute Varianten für kleinere Budgets sind das **Versal'** (steht für Versailles) DZ 3300 Rbl., Amurskij bul. 46a, Tel. 659222, und in Bahnhofsnähe das bzgl. Preis/Leistung sehr empfehlenswerte **Erofej**, DZ 2600 Rbl., ul. Stanzionnaja 2, Tel. 568855.
Die günstigste Unterkunft ist das **Dom Rybaka**, ul. Gamarnika 9, Tel. 213312, Schlafplatz 650 Rbl.

Für russische Küche ist das **Russkyj Restaurant** zu empfehlen, Ussuriskyj bul. 9, Tel. 306587.

Alternativen sind **Daurija**, ul. Murav'ëva-Amurskogo 28, Tel. 323972, oder **Jasnaja Poljana**, ul. Lva Tolstogo 5a, Tel. 227600. Das Restaurant **Imperator** serviert chinesische Gerichte., ul. Seryševa 22, Tel. 348802. **Teplan Jaki** ist ein japanisches Restaurant, ul. Murav'ëva-Amurskogo 5.

Eine gute Fischgaststätte ist das **Okean**, ul. Lenina 45, Tel. 331611.

Einen herrlichen Ausblick auf den Amur genießt, wer das **Klippen-Café** (Kafe Utes) an der Uferpromenade besucht, Tel. 389352.

In den Filialen des **Šara-Bara** findet man guten Kaffee, ul. Marksa 76 oder ul. Lenina 40, Tel. 216323.

Das größte Kaufhaus der Stadt, **CUM**, befindet sich in der ul. Murav'ëva-Amurskogo 23, Tel. 226017.

Der **Zentralmarkt** liegt sich in Bahnhofsnähe, ul. Tolstogo 11, Tel. 338658. Das beste Souvenirangebot bietet **Tainy remesla**, ul. Murav'ëva-Amurskogo 17, Tel. 327385.

Ein Internetcafé gibt es in der ul. Murav'ëva-Amurskogo 30.

www.khb.ru (R)

www.adm.khv.ru (R/E).

Am Amur bei Chabarovsk

Karte S. 282

Die Liebe am Fluss Amur

Der Zug war eine gespenstische Erscheinung, ein Traumgebilde wie von einem anderen Stern. Er kam jeden Abend am Bahnwärterhäuschen vorbei und gab mit seiner schnellen Durchfahrt den Takt der Zeit, die bei uns ganz geruhsam verging.

Die kleine Isba, in der meine Tante ihren vierundzwanzigstündigen Dienst versah, kauerte sich neben den Gleisen in die Taiga, die das Dach überragte. Zu Fuß brauchte man gut drei Stunden, um vom Dorf hierherzukommen. Doch meine Tante hatte ein Abkommen mit den Fahrern der Holztransporter, die im Morgengrauen durch unser Dorf fuhren. Sie nahmen sie bis zur Teufelskurve mit, wo sich die Straße gabelte. Das war schon ein gutes Stück des Weges. Für die restliche Strecke brauchte sie nur noch eine Stunde.

Die Einrichtung der kleinen Behausung hatte jenen unbeschreiblichen provisorischen Charakter, den man in Wohnungen findet, in denen niemand wirklich zu Hause ist.

Eine schmale Eisenpritsche. Über dem Tisch ein Wachstuch mit längst verblichenem Muster. Ein Kanonenofen. An der Wand über dem Bett Ansichtskarten, die wie eine Ikonostase angeordnet waren.

Der wichtigste Gegenstand in dem schmalen Zimmer war eine runde Wanduhr. Ihr von kleinen Strichen eingefasstes Zifferblatt hatte sich längst zum sprechenden Gegenüber gewandelt. Diesem vertrauten Gesicht konnten wir alle Abfahrtszeiten und Verspätungen entnehmen, indem wir jeder Stunde und jedem Zug einen anderen Ausdruck zuschrieben. In seinem Mienenspiel spiegelte sich etwas wieder, was ich an den Abenden, die ich bei meiner Tante verbrachte, besonders mochte. (...)

Ich ging ins Haus. Ich hörte das leise Pfeifen des großen Kessels auf dem Ofen und sah meine Tante das Abendessen zubereiten: Kartoffeln und gefrorenen Speck, den sie aus einem kleinen Verschlag holte, der an die Isba gebaut war und uns als Kühlschrank diente. Dazu gab es Tee und Mohngebäck. Das Blau hinter den Arabesken der Eisblumen an dem kleinen Fenster wurde allmählich violett und schließlich schwarz.

Mit der letzten Tasse Tee begannen wir, kurze Blicke auf das Gesicht der Uhr zu werfen. Wir ahnten schon den Zug, der sich auf seinem Weg zu uns irgendwo durch die schlafende Taiga schlängelte.

Wir gingen vor seiner Ankunft hinaus. In der abendlichen Stille hörten wir ihn kommen. Zuerst ein fernes Dröhnen, das aus dem Erdinnern aufzusteigen schien. Dann ein dumpfes Krachen, als würde eine Schneehaube von einer Tanne rutschen. Schließlich ein Trommeln, das immer lauter, immer durchdringender wurde.

Wenn er in Sicht kam, hatte ich nur noch Augen für den Lichtertanz der Waggons. Und für die Lokomotive – eine echte, uralte Dampflokomotive mit riesigen, rotlackierten Rädern und blitzenden Schubstangen! Sie sah aus wie ein schwarzes, mit flockigem Reif bedecktes Ungeheuer. Und auf ihrer Brust prangte ein großer roter Stern! Der nächtliche Bolid schnaubte wild, seine Atemstöße ließen uns einige Schritte zurückweichen. Meine Tante schwenkte ihre Laterne, und ich riß die Augen auf, so weit ich konnte.

Ich stellte mir vor, wie behaglich es die Fahrgäste in den warmen Abteilen hinter den erleuchteten Fenstern hatten, und kam aus dem Staunen nicht mehr heraus. Was waren das für geheimnisvolle Wesen, die darin saßen? Hin und wieder konnte ich die Umrisse einer Frau erkennen oder ein Paar hinter einem kleinen Tisch ausmachen, auf dem zwei Teegläser standen. Manchmal sah ich sogar eine Gestalt in der Dunkelheit

Eine sympathische Provodniza

eines Liegewagens. Doch solche Blitzaufnahmen gelangen mir nur selten. Eine dicke Eisschicht oder ein zugezogener Vorhang versperrten mir die Sicht. Dabei gab ich mich schon mit dem Anblick eines Schattens zufrieden.

Ich wusste, dass es in diesem Zug einen besonderen Waggon gab, der mit Aufschriften in drei fremden Sprachen versehen war: Wagon-lit – Schlafwagen – Vagoniletti. Darin reisten Menschen aus dem Westen durch das Reich. Für uns waren sie Wesen von einem anderen Stern.

Ich stellte mir eine Frau in dem Abteil vor: Sie war schon einen Tag unterwegs und würde noch eine ganze Woche darin verbringen! Im Kopf ging ich ihre Reiseroute durch: Baikal, Ural, Wolga, Moskau Wie gerne hätte ich diese fremde Reisende begleitet! Wie gerne hätte ich in diesem kleinen, warmen Abteil Platz genommen, wo man so dicht beisammen saß, dass aus jedem Handgriff, jedem Blick eine Liebeserklärung werden musste, besonders wenn es dunkel wurde. Und unter dem rhythmischen Stampfen der Waggons war die Nacht lang, sehr lang.

Schon legte sich das Schneegestöber, das der märchenhafte Zug aufgewirbelt hatte, und die beiden roten Rücklichter verschwanden immer mehr im eisigen Nebel über den Schienen.

Aus: Andrei Makine, Die Liebe am Fluss Amur, München 2000, S. 52ff.

Vladivostok/Владивосток

Vladivostok – die Übersetzung des aus russischer Sicht programmatischen Stadtnamens lautet ›beherrsche den Osten‹. Die Stadt ist Moskaus Tor zum Pazifik und ohne Zweifel einer der interessantesten Orte Russlands. Die Stadt liegt an der Südspitze der nach dem Gouverneur Nikolaj Murav'ëv benannten Halbinsel und ist im Westen von der Amur-Bucht und im Osten von der Ussuri-Bucht umgeben. Als wichtigster Stützpunkt der Pazifik-Flotte war Vladivostok zu sowjetischen Zeiten nicht nur für Ausländer, sondern auch für Bürger der Sowjetunion geschlossen. Ohne Sondergenehmigung kam man hier auch besuchsweise nicht her.

Im Jahr 1860 setzte der Flottentransporter ›Man'čžur‹ die ersten 40 Soldaten in der ›Goldenes Horn‹ genannten Bucht ab, um im zwischen Russland und China umstrittenen Gelände die russische Flagge zu hissen und ein kleines Fort zu befestigen. Der Handel und vor allem das Militär werteten den Ort schnell auf. Als die Pläne zum Bau der Transsibirischen Eisenbahn Realität wurden und der Zarewitsch Nikolaj 1891 in Vladivostok das Jahrhundertprojekt symbolisch mit einer vollgeschaufelten Schubkarre eröffnete, begann die Euphorie, die allerdings zunächst nur sechs Jahre währte. Nachdem die Entscheidung zugunsten der Ostchinesischen Eisenbahn fiel und Russland sich mit einem zunächst auf 25 Jahre befristeten Pachtvertrag im chinesischen Port Arthur einmietete, verlagerten sich die militärischen Interessen des Zarenreiches auf die ganzjährig eisfreie Spitze der Halbinsel Liaotung, und Vladivostok drohte die Bedeutungslosigkeit. Durch die Niederlage Russlands im Krieg gegen Japan und den Verlust von Port Arthur erlangte Vladivostok aber nur wenige Jahre später seine exponierte Stellung für Russland zurück.

Mit dem beginnenden Bürgerkrieg schickten Japan und andere Staaten Truppen nach Vladivostok, um hier im Fernen Osten eine zweite Front gegen die neue Macht zu eröffnen. Nach dem Sieg der Bolschewiki und langwierigen Verhandlungen, die zur Etablierung der Fernöstlichen Republik mit der Hauptstadt Čita als Pufferstaat führten, verließen die letzten japanischen Soldaten die Stadt im Oktober 1922. Zu Sowjetzeiten boomte die Stadt als strategisch wichtiger Standort, was insbesondere in den 1940er und 1960er Jahren forciert wurde. Heute hat Vladivostok 592 000 Einwohner und fühlte sich wie die ganze Region in den letzten 20 Jahren etwas auf verlorenem Posten. Vor allem die hohen Bahnpreise lockerten die wirtschaftlichen Bindungen innerhalb Russlands. Die Lieferungen vom Pazifik zum Ural verteuerten sich in beide Richtungen ins Unermessliche. Angesichts der Öffnung des Fernen Ostens gegenüber China und dem Pazifikraum erhoben sich schon Stimmen, die Russland vor dem Verlust dieser strategischen Region durch wirtschaftliche Aushöhlung warnten. Der russisch-chinesische Grenzhandel blüht. Die Stadt ist von japanischen Gebrauchtwagen überflutet, so dass ein russisches Fabrikat so selten wie in Deutschland anzutreffen ist und man sich über die aus dem Linksverkehr in Japan resultierende Rechtssteuerung nicht wundern darf.

In den letzten Jahren besann sich Moskau wieder stärker auf seine Bastionen im Fernen Osten und investiert vor allem in Vladivostok derzeit erhebliche Mittel in die Infrastruktur. Schwerpunkt

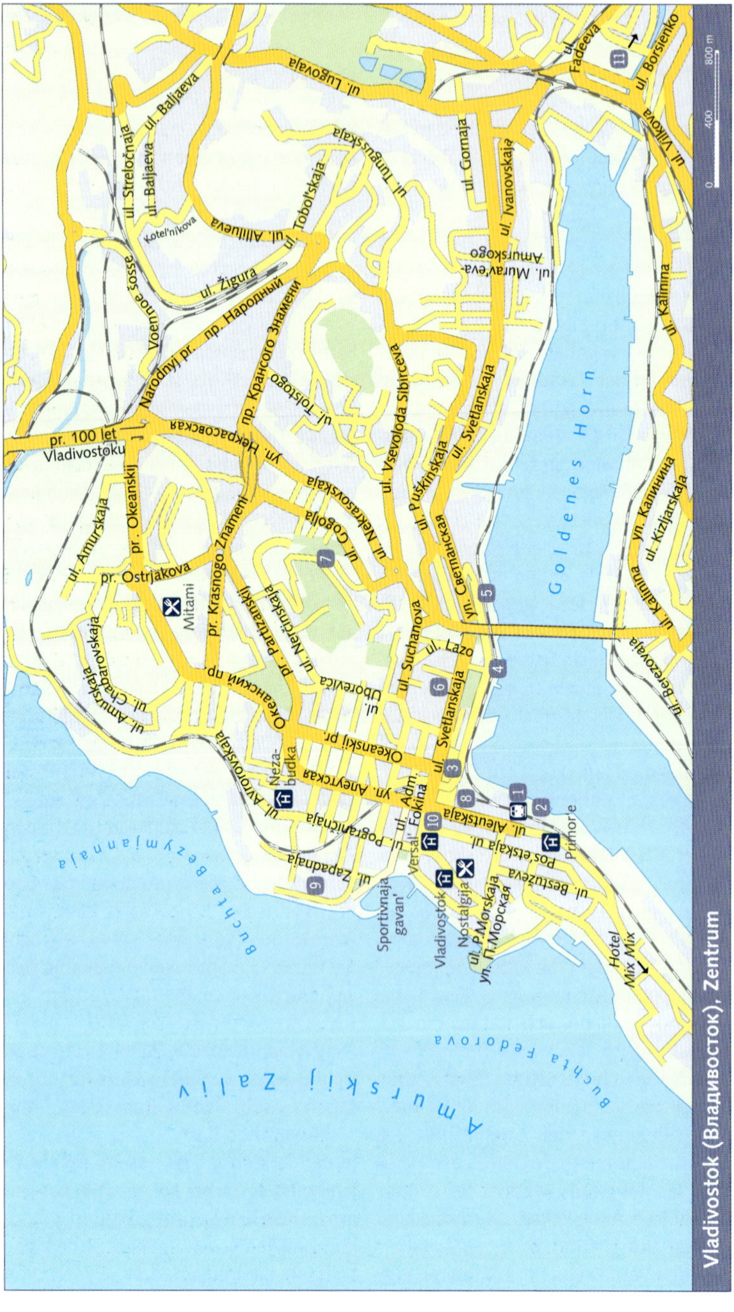
Vladivostok (Владивосток), Zentrum
0
400
800 m
Amurskij Zaliv
Buchta Bezymjannaja
Buchta Fedorova
Goldenes Horn
Sportivnaja gavan'
ul. Lugovaja
ul. Fadeeva
ul. Borisenko
ul. Vilkova
ul. Streločnaja
ul. Baljaeva
ul. Alilueva
Kotel'nikova
ul. Tobol'skaja
ul. Tungusskaja
ul. Gornaja
ul. Ivanovskaja
ul. Murav'eva-Amurskogo
Voennoe šosse
ul. Žigura
пр. Народный
Narodnyj pr.
пр. Красного Знамени
pr. 100 let Vladivostoku
ул. Некрасовская
ul. Tolstogo
ul. Vsevoloda Sibirceva
ul. Svetlanskaja
ul. Puškinskaja
ул. Светланская
ul. Kalinina
ул. Калинина
ul. Kizljarskaja
ul. Berezovaja
ul. Amurskaja
pr. Okeanskij
pr. Ostrjakova
pr. Krasnogo Znameni
ul. Nekrasovskaja
ul. Gogolja
Mitami
ul. Chabarovskaja
ul. Amurskaja
Океанский пр.
pr. Partizanskij
ul. Nerčinskaja
ul. Uborevica
ul. Suchanova
ul. Lazo
ul. Svetlanskaja
Okeanskij pr.
ул. Алеутская
ul. Adm. Fokina
ul. Avtorovskaja
Neza-budka
ul. Pograničnaja
ul. Zapadnaja
Versal'
ul. Aleutskaja
Pos'etskaja ul.
ul. Bestuževa
Primor'e
Vladivostok
Nostalgija
ul. P. Morskaja
ул. П.Морская
Hotel Mix Mix
1
2
3
4
5
6
7
8
9
10
11

sind zwei gigantische Brücken, die ca. 2 Milliarden US-Dollar kosten. Im Jahr 2012 wird die Stadt der Gastgeber des Asiatisch-Pazifischen Wirtschaftsforums sein und wurde entsprechend herausgeputzt, wovon dann in den nächsten Jahren auch die touristische Infrastruktur profitieren dürfte.

Stadtrundgang

Der Vladivostoker **Bahnhof** liegt direkt neben dem Hafengebäude an der Goldenes Horn (Zolotoj Rog) genannten Bucht. Kurz zuvor fahren die Züge im letzten Tunnel sozusagen unter dem zentralen Platz der Stadt durch. Das Bahnhofsgebäude stammt aus den Jahren 1908 bis 1912 und besticht durch seinen verspielten Jugendstil. Es ist genauso wie der dem Anfang der Transsib gewidmete Obelisk ein Muss für jeden Besucher. Daneben steht eine alte amerikanische Dampflokomotive, die die Sowjetunion in den 1940er Jahren im Landlease von den USA bekam. Aus dem Bahnhofsgebäude gelangt man auf die ul. Aleutskaja. Nach links geht es auf die Landzunge, wo die Besiedlung 1860 ihren Anfang nahm. Nach rechts kommt man über einen der kleinen Hügel, die in unterschiedlicher Höhe das gesamte Stadtbild prägen, ins Zentrum der Stadt. Der Blickfang in Richtung Bucht ist dabei die derzeit noch im Bau befindliche gigantische neue Brücke über das Goldene Horn.

Rund um den Zentralplatz

Weiter in Richtung Norden gelangt man zum Zentralplatz der Stadt. Hier erhebt sich das wiederum mit dem Attribut ›weiß‹ zu versehende Hochhaus der **Gebietsadministration**, das hier noch den Spitznamen ›Weisheitszahn‹ (zub mudrosti) hat (ul. Svetlanskaja 22). Daneben fällt ein Denkmal ins Auge, das den Kämpfen für die Sowjetmacht im Fernen Osten (1917–1922) gewidmet ist. Es gibt dem Platz auch nach wie vor seinen Namen. Der Kämpfer mit Budjonny-Mütze, Flagge und Trompete symbolisiert in den unterschiedlichsten Veröffentlichungen noch oft die Stadt.

Am Platz kreuzen sich die vom Bahnhof kommende **ul. Aleutskaja** (früher ul. 25 Oktjabrja) und die Hauptstraße von Vladivostok namens **Svetlanskaja**. Sie war auch die erste Straße der Stadt und trug zu Sowjetzeiten von 1924 bis 1992 – wie sollte es anders sein – den Namen Lenins. Ihr ursprünglicher und jetziger Name erinnert an die Fregatte ›Svetlana‹, mit der Großfürst Aleksej 1873 im Zarenauftrag die neuen Eroberungen inspizierte. Die Straße durchzieht in Ost-West-Richtung am Nordufer des Golde-

Legende

1. Bahnhof (Вокзал)
2. Passagierhafen (Морской вокзал)
3. Denkmal für die Kämpfer für die Sowjetmacht im Fernen Osten (Памятник »Борцам за власть Советов«)
4. U-Boot (Подводная лодка)
5. Fährhafen (Вокзал прибрежных морских сообщений)
6. GUM, ehem. ›Kunst & Albers‹ (ГУМ, быв. Торговый дом Кунста и Альберса)
7. Adlernest (Орлиное гнездо)
8. Gemäldegalerie (Картинная галерея)
9. Ozeanarium (Океанариум)
10. Heimatkundemuseum (Краеведческий музей)
11. Oldtimer Museum (Музей автомотостарины)

Der Bahnhof von Vladivostok

nen Horns die Stadt, vom Jachthafen an der Amurbucht bis zu den Gewerbegebieten. Entlang der Hauptstraße und in den umliegenden Straßen befinden sich noch viele **Gebäude aus der Gründerzeit**. Auf der Höhe des Denkmals zweigt parallel zur ul. Aleutskaja der Okeanskij prospekt – eine weitere bedeutende Geschäftsstraße – von der Hauptstraße ab. Wieder zurückgekehrt zum Zentralplatz, gelangt man am Ufer zum **Hauptquartier der russischen Pazifikflotte** und zu einem als Museum ausgebauten **Unterseeboot**. Das U-Boot mit der Typenbezeichnung C-56 ist schon allein aufgrund seiner Dimensionen zur Besichtigung empfohlen. Es bietet neben einer Ausstellung zur Geschichte des russischen U-Boot-Baus einen Eindruck von den Lebensbedingungen unter Wasser (ul. Korabel'naja Naberežnaja, Tel. 216757). Daneben liegt der **Kreuzer ›Roter Wimpel‹** (Krasnyj Vympel). In Anlehnung an den bekannten Petersburger Kreuzer, dessen berühmter Schuss den Sturm auf das Winterpalais und somit die Oktoberrevolution einleitete, wird der Kreuzer auch die Aurora von Vladivostok genannt. Eine ›ewige Flamme‹ erinnert an die Opfer der Seekriege. Das ganze nennt sich zusammen ›Museumskomplex Kampfesruhm der pazifischen Rotbannerorden-Flotte‹. Weiter unten am Ufer gibt es noch ein Denkmal für im Zweiten Weltkrieg gefallenen Seeleute der Handelsflotte, ein gewaltiges dem Flottenadmiral Gennadij Nevel'skij (1813–1876) gewidmetes Denkmal sowie einen an das 125-jährige Stadtjubiläum erinnernden Obelisken.

Etwas weiter östlich gelangt man zum **Fährhafen**, von dem aus derzeit noch im 20-Minuten-Takt eine Fähre an das Čurkin-Kap am anderen Ufer des Goldenen Horns verkehrt und auch der Fährverkehr zu den Inseln, die der Stadt vorgelagert sind, beginnt.

Die ul. Svetlanskaja

Zurück auf der ul. Svetlanskaja, erhebt sich das heute größte **Kaufhaus** von Vladivostok, das von Gustav Kunst und Gustav Albers in einer Mischung aus Jugendstil und russischer Türmchenarchitektur zwischen 1902 und 1906 erbaut worden war und den Vergleich mit europäischen Metropolen nicht zu scheuen brauchte. Die etwas versetzten und für Vladivostok exotisch anmutenden Holzhäuser waren Ende des vergangenen Jahrhunderts von Kunst & Albers mit Namen wie ›Fernsicht‹, ›Sibir‹ und ›Karlsruhe‹ erbaut worden. Letzteres stand aber nicht für die gleichnamige Stadt, sondern für Karls Ruhestätte (ul. Svetlanskaja 39).

In der kleinen Parkanlage steht hinter dem Denkmal für den Revolutionär Sergej Lazo auf der Anhöhe das **Maksim-Gor'kij-Theater** (ul. Svetlanskaja 49, Tel. 260520). Außerdem gibt es – ebenfalls in der Svetlanskaja – noch die **Philharmonie** (ul. Svetlanskaja 15, Tel. 264022), ein **Kammertheater** (ul. Svetlanskaja 15a, Tel. 225217) und den

▲ Karte S. 290

Zirkus (ul. Svetlanskaja 103, Tel. 265650).
Die ul. Svetlanskaja endet am Ende des Goldenen Horns. Die südlich der Bucht verlaufenden Straße heißt ul. Kalinina. Direkt in südlicher Richtung, etwas außerhalb der Stadt auf dem Čurkin-Berg, befindet sich der sehenswerte **Marinefriedhof** von Vladivostok. Hier sind auf einem von vielen Bäumen überschatteten Gelände viele interessante und geschichtsträchtige Grabstätten zu besichtigen. Gemeinschaftsgräber untergegangener Schiffe, wie beispielsweise des im russisch-japanischen Kriegs versenkten Kreuzers ›Varjag‹ oder das Grab des vor allem durch den Roman ›Dersu Uzala‹ bekannt gewordenen Erforschers des Fernen Ostens Vladimir Arsen'ev.

Die ul. Puškina

Parallel zur ul. Svetlanskaja verläuft die ul. Puškina, in der sich eine ganze Reihe eindrucksvoller **Gründerzeitvillen** befinden. An der Abzweigung der ul. Puškina stand früher die 1935 gesprengte Kathedrale der Stadt. Hier gelangt man durch auch zum schönsten Aussichtsplatz der Stadt. Diese phantastische Aussicht über die Stadt und die Bucht bietet das **Adlernest** (Orlinoe gnezdo) auf dem gleichnamigen 214 Meter hohen Hügel, den man mit einer **Drahtseilbahn** erreichen kann. Die Talstation des Funikulars befindet sich in der ul. Puškina, die Seilbahn fährt hinauf zur ul. Suchanova, in der sich linker Hand das **Suchanov-Museum** befindet. Es erinnert an Aleksandr Suchanov (1863–1921) und seinen Sohn Konstantin (1894–1921). Während der Vater um die Jahrhundertwende angesehener Bürgermeister der Stadt war, folgte der Sohn der Revolution und wurde als Innenminister des Primore ermordet (ul. Suchanova 9, Tel. 228854).
Abseits des Zentrums liegt weiter westlich die heute einzige russisch-orthodoxe Kirche der Stadt. Die **St.-Nikolaj-Kirche** wurde seinerzeit aus der für die Opfer des russisch-japanischen Krieges errichteten Kirche der trauernden Gottesmut-

Das ehemalige Kaufhaus von Kunst & Albers und heutige GUM

Badestrand am Pazifik

ter (cerkov' Skorbjaščej Bogomateri) umgebaut (ul. Machalina 30, Tel. 264653).

Museen

Auf einer kleinen Anhöhe in der Nähe des Bahnhofes befindet sich in einem alten Bankgebäude die 1966 eröffnete **Gemäldegalerie**, die neben einer reichen Sammlung russischer Malerei (Ajvasovskij, Repin, Kandinskij) auch Werke westeuropäischer Maler zeigt (ul. Aleutskaja 12, Tel. 227295).

Gegenüber befindet sich das gelbe **Brynner-Haus**. Der Familie Brynner gehörte zu Beginn des Jahrhunderts eines der größten Handelshäuser im Fernen Osten. Berühmt wurde der Name dann aber vor allem durch den Sohn, Yul Brynner, der später in Hollywood Karriere machte.

Das 1991 in russisch-japanischer Kooperation errichtete **Ozeanarium** am Jachthafen zeigt in Aquarien, Dioramen und Einzelexponaten sowie einem riesigen, kreisförmigen Becken die Meereswelt des Pazifiks. Besonders sehenswert sind die Schwertfische und die Kamčatkakrabben (Montag Ruhetag, ul. Batarejnaja 4, Tel. 255965). Im Jachthafen gibt es auch ein enges Delphinbecken, wo mehrmals täglich eine kleine Vorstellung geboten wird.

Das nach Vladimir Arsen'ev benannte **Heimatkundemuseum** bietet sehr umfangreiche Ausstellungen zur örtlichen Tier- und Pflanzenwelt, zur Geschichte der Stadt und zu den Ureinwohnern des Fernen Ostens (Montag Ruhetag, ul. Svetlanskaja 20, Tel. 227313).

Dem Forscher **Vladimir Arsen'ev** selbst widmet die Stadt auch ein eigenes Museum (ul. Arsen'eva 7b, Tel. 515853).

Das **Museum der Grenztruppen** zeigt auf drei Etagen die militärischen Erfolge von den Ussuri-Kosaken bis zum russisch-chinesischen Grenzkrieg 1969 (ul. Semenovskaja 17/19, Tel. 218074).

Das **Museum der Pazifikflotte** befand sich lange Jahre in der protestantischen St.-Pauls-Kirche (ul. Puškinskaja 14) und sucht nach der Rückgabe der Kirche einen neuen Standort.

Derzeit vermittelt nur das in der **alten Festung** Vladivostok befindliche Museum einen Eindruck von vergangenen Seeschlachten. Die rekonstruierten Befestigungsanlagen an der frischen Luft

▶ Karte S. 290

und eine Ausstellung in den Kasematten zeigen die Entwicklung der städtischen Seeverteidigung am Steilufer der Amurbucht (ul. Batarejnaja 4a, Tel. 258996). Neu ist das **Oldtimer-Museum** für sowjetische Autos und Motorräder, dass angesichts der fast vollständigen Verdrängung der einheimischen Autoproduktion durch japanische Gebrauchtwagen sicher auch bald die aktuellen Lada-Modelle ausstellen wird (ul. Sachalinskaja 2a, Tel. 212477).

Die bekannte **Vladivostoker Säule** mit dem Segelschiff auf der Spitze und dem wohl einzigen, aber programmatischen Lenin-Zitat über die Stadt – ›Vladivostok ist weit weg, aber es gehört uns!‹ – steht zwischen Vladivostok und dem Flughafen Artem. Kurz vor der Säule befindet sich rechter Hand der 1948 begründete Botanische Garten, wo man einen kompakten Eindruck von der Fauna der Ussuri-Taiga bekommen kann (ul. Makovskogo 142, Tel. 330715).

Vladivostok

Zeitunterschied: MEZ + 9 h im Sommer, +10 h im Winter.
Postleitzahl: 690000.
Vorwahl: 007/4232.
Hauptpostamt: ul. Verchneportovaja 2a, Tel. 260029.
Banken: Sberbank, ul. Semënovskaja 22, Tel. 224415.
Geldautomat: ul. Svetlanskaja 69.
Reisebüros: Dalinturist‹, ul. Fokina 8, Tel. 410903.
Konsulate: USA: ul. Puškina 32, Tel. 300091; Südkorea: pr. Krasnogo Znameni 42, Tel. 436469; Australien: pr. Krasnogo Znameni 42, Tel. 427464; Japan: ul. Verchneportovaja 46, Tel. 267558; Kanada ul. Verchneportovaja 46, 491188; China: ul. Krygina 3 (Hotel Gavan'), Tel. 497459; Neuseeland: ul. Stanjukoviča 48/2, Tel. 512365; Indien: ul. Aleutskaja 14, Tel. 228110; Vietnam: ul. Puškina 107/1, Tel. 226948, Ukraine: ul. Svetlanskaja 11/25, Tel. 269662.

Der Bahnhof liegt im Stadtzentrum, fast unmittelbar am Ufer der Goldenes Horn genannten Meeresbucht. Die Grundsteinlegung für die Transsibirische Eisenbahn erfolgte aber 1891 nicht hier im Zentrum, sondern am Stadtrand, ul. Aleutskaja 2, Tel. 210440.

GPS: 43°6'43"N/131°52'60"O.

Der Busbahnhof befindet sich am drei Stationen vom Hauptbahnhof entfernten Vorortbahnhof ›Vtoraja Rečka‹, ul. Russkaja 2a, Tel. 323378.

Der Flughafen befindet sich etwa 50 Kilometer nördlich von Vladivostok in der Stadt Artem, Tel. 222581 (direkt aus Vladivostok Tel. 237/97339). Es gibt vier tägliche Flugverbindungen von und nach Moskau (2 x Šeremet'evo, je 1 x Domodedovo und Vnukovo). Man kann auch täglich nach Novosibirsk, Irkutsk, Chabarovsk oder Petropavlovsk-Kamčatskij fliegen. Pro Woche gibt es mehrere Verbindungen nach Korea (tgl. Seoul), China (2 x Beijing und Harbin), Japan (2 x Niigata und Osaka).

Der als Meeresbahnhof (Morvokzal) bezeichnete Passagierhafen liegt direkt hinter dem Bahnhof. Von Anfang März bis Ende Oktober gibt es eine wöchentliche Fährverbindung (2011 mittwochs) nach Donghoe (Korea) und Sakaiminato (Japan). Die Überfahrt nach Korea dauert 22 Stunden, nach 10 Stunden Aufenthalt sind es dann Richtung Japan nochmals 14 Stunden, Preis nach Donghoe 200–260 USD, nach Sakaiminito 260–360 USD, Tel. Hafen 497393, Tel. der koreanischen Fährgesellschaft DBS Ferry Cruises +52-2-5485502, www.dbsferry.com (R/K/J).

Eine Querstraße vom Bahnhof entfernt befindet sich das empfehlenswerte **Hotel Primor'e**; DZ 3400 Rbl., ul. Pos'etskaja 20, Tel. 411422.

Das sehr stilvolle Luxushotel **Versal'** (Versailles) hat zwar etwas nachgelassen, ist aber immer noch 1. Wahl; DZ 6400 Rbl., ul. Svetlanskaja 10, Tel. 264201.

Eine preiswertere Alternative ist das **Hotel Vladivostok**; DZ mit und ohne Meerblick 3400/3000 Rbl., ul. Naberežnaja 10.

Gleich daneben liegt in der selben Preisklasse auch das Hotel **Amurskij Zaliv**, ul. Naberežnaja 9, Tel. 225520.

Privatunterkünfte vermittelt eine Agentur im Hauptpostamt (ul. Verchneportovaja 2a).

Die günstigste Unterkunft bietet das **Hostel Nezabudka** mit 550 Rbl. für einen Schlafplatz, ul. Avrorovskaja 4, Tel. 400296.

Eine Alternative ist das **Mix-Mix** für 25 USD, ul. Krygina 42 a, 4. Etage, Tel. 487779.

Das **Café Nostal'gija** lohnt sowohl als Gaststätte wie auch als Kunstgewerbeladen den Besuch und ist in jeder Hinsicht sehr zu empfehlen, ul. Pervaja Morskaja 6/25, Tel. 228343.

Restaurant Russkij, ul. Svetlanskaja 12, Tel. 264563. Russische Küche.

Alternativen sind **Atlantida**, ul. Kirova 38, Tel. 348516, oder **Pečki-Lavočki**, pr. Krasnogo Znameni 51a, Tel. 455609.

Restaurant Mitami, pr. Okeanskyj 76, Tel. 437918. Gutes, japanisches Restaurant.

Restaurant Moranbon, ul. Pervaja Morskaja 6/25, Tel. 227725. Empfehlenswerter Koreaner.

Studio Coffee, Svetlanskaja 18, Tel. 412822. Hier gibt es guten Kaffee.

Das größte Kaufhaus der Stadt ist das **GUM**, das im von ›Kunst & Albers‹ errichteten Gebäude residiert, ul. Svetlanskaja 35, Tel. 225550.

Für Seemannsbedarf lohnt ein Besuch im **Flottenkaufhaus (Flotskij univermag)**, ul. Svetlanskaja 18, Tel. 225550.

Einen guten **Kunstgewerbeladen** findet man am Okeanskij pr. 140, Tel. 252791, unweit des Zentralmarktes.

Internetcafé: ul. Svetlanskaja 49.
www.vladivostoktimes.ru (E).
www.primorje.ru (R)
www.vlc.ru (R).

Karte S. 290

▲ *Die zukünftige Brücke über das Goldene Horn*

Die Partisanen vom Amur

Durchs Gebirge, durch die Steppe
Zog unsre kühne Division
Hin zur Küste dieser weißen,
Heiß umstrittenen Bastion.

Rot vom Blut, wie unsre Fahne
War das Zeug. Doch treu dem Schwur
Stürmten wir die Eskadronen,
Partisanen vom Amur.

Kampf und Ruhm und bittere Jahre!
Ewig bleibt im Ohr der Klang,
Das ›Hurra‹ der Partisanen,
Als der Sturm auf Spassk begann.

Klingt es auch wie eine Sage,
Kann es doch kein Märchen sein:
Wolotschajewka genommen!
Rotarmisten zogen ein.

Und so jagten wir zum Teufel
General und Ataman.
Unser Feldzug fand sein Ende
Erst am Stillen Ozean.

Dieses Lied ist ein sowjetischer Klassiker und immer noch populär. Alle, die in Ostdeutschlands Schulen Russischunterricht hatten, müssten es zumindest noch vage als ›Po dolinam i po vzgorjam‹ in Erinnerung haben. Das Lied beschreibt die für die roten Revolutionäre letztendlich erfolgreichen Kämpfe im Bürgerkrieg gegen die Weißgardisten. Zwei im Lied erwähnte Orte erbitterter Kämpfe lagen an der Transsib-Strecke: Voločaevka bei Kilometer 8476 und Spassk bei Kilometer 9048. Ursprünglich galt das Lied mit einem anderen Text im Ersten Weltkrieg als ›Marsch der sibirischen Schützen‹. Zu Beginn der 1920er Jahre gaben S. Parfenov und S. Alymov der populären Melodie einen neuen Text. In der deutschen Nachdichtung von Kurt Bartel wurden ›Die Partisanen vom Amur‹ vor allem im Repertoire des Arbeitersängers Ernst Busch in der DDR sehr bekannt.

Nachodka/Находка

Seit Vladivostok wieder seine ihm eigene Rolle als Endpunkt der Transsib in vollem Umfang übernommen hat, ist Nachodka heute eigentlich ein Randposten der längsten Eisenbahnstrecke der Welt. Seine Transsibkarriere basierte auf dem militärischen Schloss, mit dem die Sowjetunion Vladivostok vor den Bahntouristen abgeschlossen hatte.

Nachodka ist eine vergleichsweise junge Stadt und entstand aus der Notwendigkeit für Russland bzw. die Sowjetunion, über einen großen internationalen Handelshafen am Pazifik zu verfügen. Da Vladivostok aufgrund seiner militärischen Bedeutung und der entsprechenden Geheimhaltung für zivile Zwecke geschlossen wurde, begann man in den 1930er Jahren des letzten Jahrhunderts mit dem Bau eines Hafens in einer nicht zufrierenden Bucht des Pazifik. Zuvor war 1936 der Eisenbahnanschluss an die Transsib fertig gestellt worden. Die Standortwahl war wohl nicht unglücklich, denn Nachodka bedeutet etwa ›Fundstück‹. Hafen und Stadt wurden vor allem von Gulag-Häftlingen und in den Jahren nach dem Zweiten Weltkrieg auch von japanische Kriegsgefangenen errichtet.

Die für ausländische Touristen zugänglichen Züge durchfuhren die Strecke von Chabarovsk nach Nachodka nachts, damit man von den Grenzanlagen an der russisch-chinesischen Grenze nichts sehen konnte

Seit der Wiedereröffnung von Vladivostok hält sich das touristische Interesse für Nachodka in Grenzen. Seine wirtschaftliche Bedeutung ist aber ungebrochen und wird heute durch den Hafen bzw. die Häfen Nachodkas (Handelshafen, Fischereihafen, Ölhafen) und durch den in den 1970er Jahren an der Wrangel-Bucht gebauten Hafen ›Vostočnyj‹ bestimmt. Projekte, in Nachodka eine Sonderwirtschaftszone zu errichten, werden in den letzten Jahren viel diskutiert, waren aber bis jetzt noch nicht von Erfolg gekrönt. Die Stadt erhielt das Stadtrecht 1950 und hat heute ungefähr 178 000 Einwohner.

Stadtrundgang

Die Hauptmagistrale der Stadt ist der **Nachodkinskij prospekt**, der an der Nordseite der Bucht von Nachodka fast parallel zur Eisenbahnlinie am Ufer die Windungen der Bucht nachvollzieht. Das Stadtzentrum im eigentlichen Sinne lässt sich schwer ausmachen. Es befindet sich etwa zwischen den drei Bahnhöfen Torgovyj Port, Tichookeanskaja und Zavodskaja oder zwischen der Südspitze der Bucht des seit zehn Jahren geschlossenen Passagierhafens und dem Šeffner-Kap. Auf der Höhe des Šeffner-Kaps befindet sich der **zentrale Platz** der Stadt mit dem Rathaus und dem obligatorischen und in Nachodka aber erst sehr spät – 1985 – errichteten Lenindenkmal. Aus dem angrenzenden Park hat man einen schönen Blick auf die Bucht und die beiden ›Bruder und Schwester‹ genannten Kalksteinfelsen. Der Bruder ist mit 242 Metern Höhe heute kleiner als die 312 Meter hohe Schwester. Von 1935 bis 1970 wurde von seiner Spitze Kalkstein für die Hafenbaustellen abgetragen. Am Passagierhafen entsteht Nachodkas neues Wahrzeichen – die im Rohbau bereits fertige **neue Kathedrale**, die der Ikone der Kazaner Gottesmutter gewidmet wird.

Am Anker-Platz am Bahnhof Tichookeanskaja beginnt mit der **ul. Leninskaja** das Geschäftszentrum der Stadt. Der

Mittelstreifen ist eine Fußgängerzone, die zum Kulturpalast der Seeleute führt, ul. Leninskaja 22, Tel. 652122. In einer Parallelstraße befindet sich am Zentralmarkt das 1980 gegründete **Nachodka-Museum**, in dem man eine Archäologie-Abteilung, eine umfangreiche Fotoausstellung zur Geschichte der Stadt sowie eine Gemäldegalerie mit angeschlossener Verkaufsausstellung besichtigen kann (ul. Vladivostokskaja 6, Telefon 655390).

Zugpersonal am Sonderzug

Russisch-Amerika

Am 18. März 1867 verkaufte Russland für 7,2 Millionen Dollar Alaska und die Aleuten-Inseln an die Vereinigten Staaten. Zu einem Quadratmeterpreis von 0,0005 Cents wurde das Kapitel Russisch-Amerika abgeschlossen. Zwei Jahre hatte der amerikanische Kongress gebraucht, um diese damals spektakuläre Entscheidung abzusegnen. Doch wie kam der russische Zar zu Alaska und warum wollte er sich wieder davon trennen?

Die Nachrichten über die Eroberung und die Reichtümer der Neuen Welt waren selbstverständlich auch nach Russland gedrungen. Zwar hatten die Russen bereits lange das Pazifikufer erreicht, aber zu Beginn des 18. Jahrhunderts herrschte immer noch Unklarheit über die Existenz einer Landzunge zwischen Sibirien und Amerika. Als Zar Peter I. die Befehle für die Große Nordische Expedition gab, ging es auch um Klarheit über die Frage, ob Russland den Westen Amerikas erobern konnte oder eine Invasion westwärts strebender Eroberer in Sibirien fürchten musste. Mit dem umstrittenen Erfolg der Expeditionen Berings und Čirikovs im Jahre 1741 konnte die Frage der beide Kontinente verbindenden Landzunge verneint werden. Die Berichte der Teilnehmer über die Pelzreichtümer der Nordpazifikinseln ließen nach den ersten Abenteurern unter Emeljan Basov etwa ab 1750 jeden Sommer ein Dutzend Schiffe aufbrechen, um die Pazifikinseln zu ›jassakieren‹, also den Pelzreichtum von den Inselbewohnern einzutreiben.

Vor allem der Irkutsker Kaufmann Grigorij Selichov, der später den Spitznamen ›russischer Kolumbus‹ erhielt, rüstete seine Flotte auf und schickte fast 100 000 Felle im Gesamtwert von 1,5 Millionen Rubeln zurück nach Irkutsk. Da der Handel mit China in dieser Zeit stagnierte, investierten viele Kaufleute in die Handelsexpeditionen nach Amerika. So gründete Selichov 1781 die ›Nordöstliche Amerikanische Compagnie‹ – sozusagen ein sibirisches Gegenstück zu den in Europa bekannten Ostindischen Handelsgesellschaften in Amsterdam und London. Mit der Rückendeckung des Irkutsker Gouverneurs wollte man sich auch in Petersburg Unterstützung in Form von Geld und Militär für die Expansionsideen sichern. Zarin Katharina hielt sich zwar mit der Erteilung eines Handelsmonopols zurück und versagte auch sonstige finanzielle oder militärische Hilfe, sie ließ aber den Irkutsker Kaufleuten ansonsten freie Hand.

Selichov und nach seinem Tode 1795 seine Witwe Natalja gründeten entlang der Handelsroute nach Alaska mehrere Niederlassungen, die zumeist aus einer Palisadenumzäunung, einer Handelsmission, einem Lazarett und einem Bethaus bestanden. Ihr Statthalter in Alaska, der clevere Alexander Baranov, heiratete 1799 die Tochter eines Alëuten-Häuptlings und erhielt so die Hoheitsgewalt über Alaska und die Alëuten-Inseln. Mehrere Eingeborenenstämme gingen zum russisch-orthodoxen Glauben über. Man schloss sich mit der Konkurrenz zur ›Russisch-Amerikanischen Compagnie‹ zusammen und erhielt vom neuen Zaren auch das Handelsmonopol. Der noch heute existierende Ort Sitka wurde zu einer Art Hauptstadt der neuen Provinz. Doch die Bitte, hier die Ansiedlung russischer Bauern als freie Farmer zuzulassen, fand in St. Petersburg keine Unterstützung. Dafür begann man für die Versorgung Alaskas, Kontakte mit dem spanisch besetzten Kalifornien zu knüpfen. Da die Spanier sehr reserviert reagierten, begann man auch dort Grenzpfeiler des russischen Reiches einzuschlagen.

So wurde 1808 an der Bodega-Bucht die russische Kolonie Fort Ross gegründet. Im Jahre 1812, zur Zeit des Winterkrieges mit Napoleon, schossen russische Kanonen nicht nur vor Smolensk und Moskau, sondern auch im sonnigen Kalifornien. Während es Russland 1824 und 1825 in bilateralen Verträgen mit England und Amerika gelang, die Grenzen Alaskas festzuschreiben, blieb der kalifornische Vorposten als Streitpunkt mit dem nun von Spanien unabhängigen Mexiko davon ausgespart. Die im Privatbesitz der ›Russisch-Amerikanischen Compagnie‹ befindliche Siedlung Fort Ross wurde 1836, dem Jahr der Unabhängigkeit Kaliforniens von Mexiko, an den aus der Schweiz stammenden Kaufmann Johann A. Sutter verkauft. Die fehlende wirtschaftliche Rentabilität war dabei ausschlaggebend.

Die Aufgabe von Fort Ross hat wohl später auch im russischen Staatsapparat der Erkenntnis zum Durchbruch verholfen, dass Alaska zu weit entfernt, zu dünn besiedelt, in der Unterhaltung zu teuer und im Ernstfall kaum zu verteidigen sei. In der zweiten Hälfte des 19. Jahrhunderts rückte außerdem über Südsibirien und das Amur-Gebiet der unberechenbare Nachbar China stärker in den Fokus der russischen Ostpolitik, so dass man die diplomatischen wie finanziellen und militärischen Ressourcen auf diesen Nachbarn zu konzentrieren suchte. Die russisch-amerikanischen Beziehungen hingegen waren entspannt. In beiden Riesenreichen herrschte ein neuer Liberalismus, nachdem man mit der Aufhebung der Leibeigenschaft in Russland und der Abschaffung der Sklaverei in den Vereinigten Staaten seine Untertanen befreit hatte.

»Das russische und das amerikanische Volk haben einander nichts zugefügt, was sie vergessen oder woran sie sich erinnern müssten«, resümierte Zar Nikolai I. 1866. Aber auch nicht zuletzt die gemeinsame Feindschaft zu den Briten machte beide Länder zu idealen Partnern für den größten Immobilienkauf der Weltgeschichte.

Unter Peter I. begann die Eroberung des Nordens

Ulaanbaatar/Улаанбаатар

Als Stadt und Hauptstadt ist Ulaanbaatar – auch kurz nur UB (›Juubii‹) genannt – im herkömmlichen Sinn sehr jung. Die mongolische Hauptstadt wurde zwar bereits 1639 als Jurtensiedlung für einen neuen Khan gegründet. Die dem Khan vorbehaltene Palastjurte hieß damals ›Urgöö‹ und gab der ganzen Siedlung den Namen. Aussprachlich vereinfacht, war der Ort fast 300 Jahre lang im Westen als ›Urga‹ bekannt. Aber er wurde häufig verlegt, ähnlich wie die einheimischen Nomaden mit ihrem Wohnsitz je nach Weidemöglichkeiten umzogen. Damals gab es in der Stadt auch zahlreiche Jurten auf Rädern. Allein zwischen 1717 und 1770 notiert die Chronik 21 Ortswechsel der Hauptstadt. Erst 1778 vollzog die Stadt ihren letzten Ortswechsel und wurde dort eingerichtet, wo sie heute noch liegt. Den heutigen Namen Ulaanbaatar (russ. Ulan Bator) erhielt sie erst 1924, drei Jahre nach Ausrufung des Kommunismus in der Mongolei. Der Name steht für ›Roter Held‹ und war stets das Zentrum des zentralistisch organisierten Staatswesens.

In Ulaanbaatar lebt heute etwa eine Million Menschen – ungefähr ein Drittel der Gesamtbevölkerung des Landes. Ein erheblicher Teil davon in den traditionellen Jurten im Norden und Westen der Stadt, viele aber auch in den großen Neubausiedlungen, die in den vergangenen zwei Jahrzehnten errichtet wurden und das Gesicht der Hauptstadt mit prägen. Der neue wirtschaftliche Boom hat dem Baugeschehen in den letzten zwei Jahren noch mal einen deutlichen Schub gegeben. Früher war man bestrebt, im Interesse besserer Kontrollmöglichkeiten das landestypische Nomadentum sesshafter zu machen. Heute ist hingegen wiederum das größte kommunalpolitische Infrastrukturproblem der Hauptstadt der unkontrollierte Zuzug. Wer in Ulaanbaatar sein Glück suchen möchte, kommt mit seiner Jurte und sucht sich am Stadtrand einen Fleck Erde und avanciert zum Hauptstädter, weshalb die Angaben zur Einwohnerzahl stark schwanken.

Lage und Orientierung

Ulaanbaatar liegt in knapp 1300 Metern Höhe über dem Meeresspiegel, ringsherum umgeben von den über 2000 Meter hohen Bergen des Khentii-Gebirges. So kann man praktisch von jedem Punkt der Stadt in die grüne bzw. weiße Natur blicken, ein angenehmer Kontrast zu den meisten Hauptstädten der Welt. Leider wird der Blick aber auch an vielen, vor allem Winter-Tagen durch den Smog über der Stadt getrübt. Die Kessellage bewirkt, dass der Steppenwind hier nur sehr selten für den notwendigen Durchzug sorgen kann. Gleichzeitig führt diese Höhen- und Kessellage dazu, dass die Wintertemperaturen mit einem Januarmittelwert von bei –25,6 Grad nochmals deutlich unten denen im Süden Sibiriens liegen, ganz zu schweigen von anderen Orten auf dem selben Breitengrad. Aufgrund der Höhenlage erreicht aber der Juli als wärmster und regenreichster Monat eine mittlere Temperatur, die nur ein Grad unter der von Zürich liegt.

Ulaanbaatar wirkt insgesamt noch beschaulich und provinziell, verändert sich aber in den letzten Jahren mit großer

Am Suchbaatar-Platz

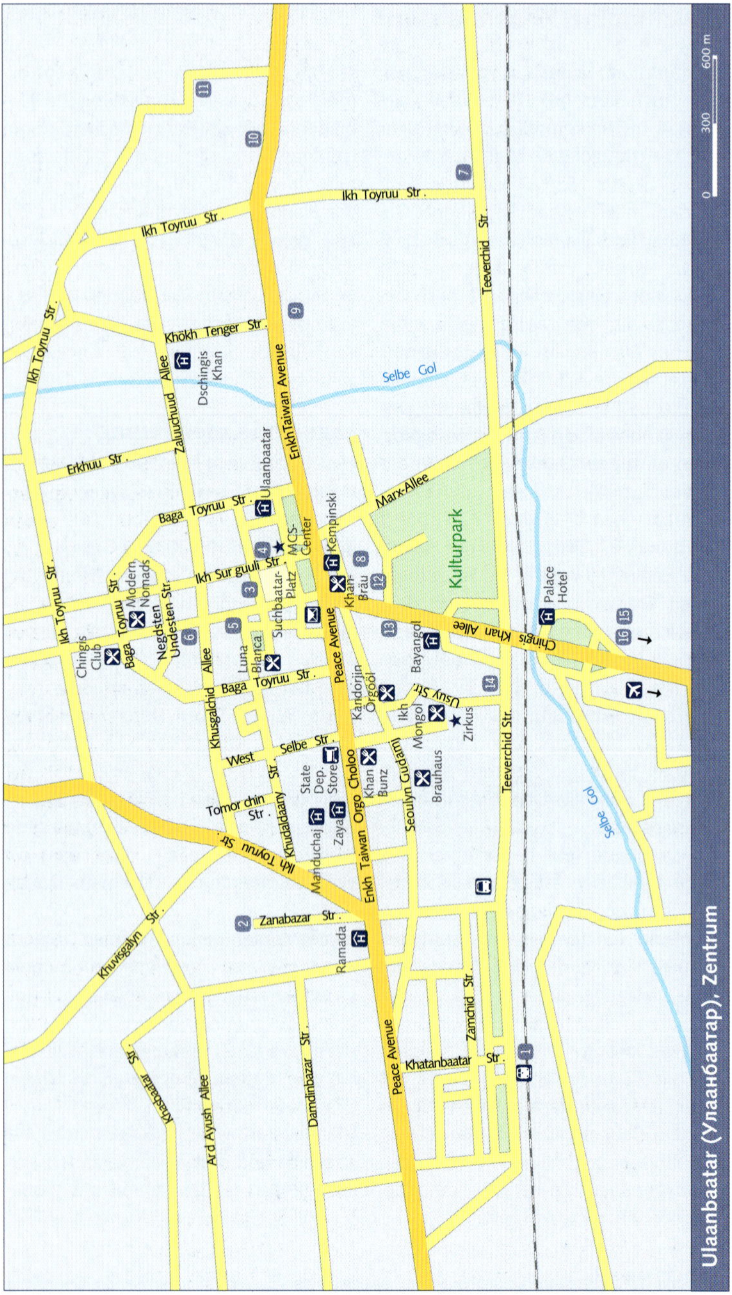
Ulaanbaatar (Улаанбаатар), Zentrum
0
300
600 m
Ikh Toyruu Str.
Khökh Tenger Str.
Dschingis Khan
Zaluuchuud Allee
EnkhTaiwan Avenue
Selbe Gol
Erkhuu Str.
Baga Toyruu Str.
Ulaanbaatar
MCS-Center
Marx-Allee
Kempinski
Kulturpark
Ikh Sur guuli Str.
Suchbaatar-Platz
Khan-Bräu
Modern Nomads
Negdsten Str.
Undesten Str.
Chingis Club
Baga Toyruu Str.
Luna Blanca
Peace Avenue
Chingis Khan Allee
Bayangol
Palace Hotel
Teeverchid Str.
Khusgalchid Allee
Kandorjin Örgööl
Usny Str.
Ikh Mongol
Zirkus
West Selbe Str.
State Dep. Store
Khan Bunz
Seoulyn Gudamj
Brauhaus
Tomor chin Str.
Khudaldaany Str.
Manduchaj
Zaya
Enkh Taiwan Orgo Choloo
Ikh Toyruu Str.
Zanabazar Str.
Ramada
Khuvisgalyn Str.
Zamchid Str.
Khatanbaatar Str.
Khasbaatar Str.
Ard Ayush Allee
Damdinbazar Str.
Peace Avenue
1
2
3
4
5
6
7
8
9
10
11
12
13
14
15
16

Dynamik. Fast alle Besichtigungspunkte sind im Zentrum zu Fuß erreichbar. Aber Staus im Zentrum gehören mittlerweile ebenfalls zum Alltag. Taxis sind preiswert; die Grundgebühr beträgt etwa einen US-Dollar, der Kilometer kostet 0,40 US-Dollar. Jedes Auto, das auf Ihr Winken hin anhält, gilt als Taxi. Straßennamen wurden lange überhaupt nicht verwendet; erst in den letzten Jahren haben sich zumindest für die größeren Straßen allgemein übliche Bezeichnungen durchgesetzt. Sie werden unter Mongolen aber nur sehr selten verwendet. Hier sind auch in der Stadt – die Steppe lässt grüßen – ausführlichere Wegbeschreibungen nach bekannten Orientierungspunkten üblich.

Stadtrundgang

Der **Bahnhof** befindet sich etwa drei Kilometer vom Stadtzentrum in wenig interessanter und ansprechender Umgebung. Man kann mit dem Taxi zum zentralen Suchbaatar-Platz fahren und Ulaanbaatar von dort aus erkunden oder aber seinen Rundgang am Bahnhof beginnen. Man kann aus dem Bahnhof geradeaus der Khatanbaatar Straße folgen, bis sie auf die Enkh-Taiwan-Straße (Prospekt des Friedens) stößt. Diese ist als zentrale Ost-West-Magistrale durch die Stadt auch ihre Hauptgeschäftsstraße. Ihr folgend, erreicht man nach ca. 800 Metern linker Hand die Zanabazar-Straße.

Jurte in der Stadt

Gandan-Kloster

Die Zanabazar-Straße führt als Sackgasse direkt zum Haupteingang des Gandan-Klosters und ist nach Önder Gegeen Zanabazar (1635–1723) benannt. Er galt zu Lebzeiten als Erleuchteter und nach Studien in Tibet bekam er den Beinamen ›Bogd‹ (der Heilige). Zanabazar begründete diese bis 1924 an der Spitze der mongolischen Buddhisten stehende Dynastie. Das Gandan-Kloster ist heute das Zentrum des Buddhismus in der Mongolei und zeigt architektonisch unverkennbar die tibetischen Wurzeln der hiesigen Lehre. Mit dem Grundungsjahr 1838 ist es mit einer Unterbrechung zwischen 1939 und 1944 heute das größte Kloster im Lande.

In der weitläufigen Anlage befinden sich insgesamt zehn Dazan genannte Tempel sowie verschiedene religiöse Einrichtun-

Legende

1 Bahnhof
2 Gandan-Kloster
3 Parlamentsgebäude
4 Opern- und Schauspielhaus
5 Nationalmuseum
6 Naturkundemuseum
7 Narantuul-Markt
8 Lama-Klostermuseum
9 Stadtmuseum
10 Žukov-Museum
11 Militärmuseum
12 Staatsbibliothek
13 Nationaltheater
14 Eisenbahn-Freilichtmuseum
15 Palast des Bogd Khan
16 Zaysan-Tolgoy-Berg

gen wie die **buddhistische Universität**, ein **Kolleg für tibetische Medizin** und eine große **Bibliothek**. Der bedeutendste Tempel ist der **Zhanrajsig-Tempel**. Im Gebäude steht eine 26 Meter hohe Statue des tibetischen Schutzherren Bodhisattva. Der Dalai Lama gilt als seine Inkarnation. Die heutige 90 Tonnen schwere Statue, in der 8,6 Kilo Gold und über 2000 Edelsteine verarbeitet wurden, ist eine 1996 geweihte Kopie des ursprünglich 1913 geweihten und 1938 in der Zeit der Lamaverfolgung von den Russen demontierten Originals. Heute leben und studieren ca. 900 Lamas und Lama-Schüler im Gandan-Kloster (Tel. 360164, www.gandan.mn).

Suchbaatar-Platz

Zurück auf der Hauptgeschäftsstraße erreicht man vorbei am siebenstöckigen ›State Department Store‹ als größtem Kaufhaus der Stadt nach etwa 1,5 Kilometern den Suchbaatar-Platz. Dieser Platz ist ein Muss für jeden Hauptstadtbesucher. Man kann hier oft außer vielen Hochzeitsgesellschaften auch Besucher aus verschiedenen Landesteilen in ihren vor allem durch die langen Mäntel (Deel) geprägten Trachten beobachten. Der zentrale Platz der Hauptstadt ist nach wie vor nach dem kommunistischen Staatsgründer Suche Baatar benannt ist, der 1921 gegen China mit russischer Unterstützung den Kampf für den Kommunismus und die mongolische Eigenstaatlichkeit für die damalige äußere Mongolei führte. Der Glanz seines **Reiterdenkmals** in der Platzmitte wird nun allerdings durch ein neues, dem Parlamentsgebäude vorgelagertes **Memorial für Dschingis Khan** und seine Heerführer überlagert. Der Herrscher des Mongolischen Weltreiches thront

Besucher im Gandan-Kloster

▲ Karte S. 304

buddhagleich in der Mitte der Anlage. Der Platz bildet zweifellos nicht nur das geographische, sondern auch das ideelle Zentrum der Stadt und wird durch das monumentale Denkmal weiter aufgewertet.
Am Rand des Parlamentsgebäudes befindet sich ein allerdings für Touristen nicht zugängliches Mausoleum für die beiden Führer Suchbaatar und seines Nachfolgers in der Stalinzeit Čojbolsan. Dschingis Khans Grabstätte wurde bekanntlich bis heute nicht gefunden.
An der westlichen Seite befinden sich mehrere Verwaltungsgebäude sowie die Börse von Ulaanbaatar. An der Ostseite erhebt sich der seinerzeit von Moskau spendierte **Zentrale Kulturpalast**, daneben steht in Rot die klassizistisch gehaltene **Oper**. Erbaut 1950 nach einem Entwurf des Berliner Architekten Gerhard Kosel (1909–2003), den dieser während seiner Emigration in der Sowjetunion fertigte und erst 20 Jahre später von der erfolgten Umsetzung erfuhr. Am Südrand des Platzes prägt als neue Sehenswürdigkeit von UB der segelförmig in himmelblau gestaltete Neubau des **Blue-Sky-Towers** (MCS Business Center) die Silhouette.

Museen

Das **Nationalmuseum für Geschichte** war früher das Revolutionsmuseum. Es befindet sich linker Hand auf der Höhe des Parlamentsgebäudes und lohnt einen Besuch. Von Dschingis Khan bis zur Wendezeit bekommt man einen guten Überblick über Geschichte und Tradition in der Mongolei einschließlich Trachten und Kopfbedeckungen (im Winter So und Mo Ruhetage, Tel. 325656).
Eine Ecke weiter nördlich steht das **Naturkundemuseum** (manchmal auch noch als Zentralmuseum bezeichnet, da es früher auch eine jetzt im Nationalmu-

Werbung für Dschingis-Bier

seum zu sehende Geschichtsabteilung hatte) mit heimatkundlicher Flora und Fauna sowie interessanten Saurier-Exponaten, die aber häufig teilweise im Ausland gezeigt werden (Im Winter Mo und Di Ruhetage, Tel. 315679).
Wenn man südlich des Suchbaatar-Platzes an der jurtenförmigen Gaststätte ›Khan-Bräu‹ nach links abbiegt, gelangt man zum **Čoijin-Lama-Klostermuseum**. Das ehemalige Kloster mit fünf Tempeln wurde zwischen 1904 und 1908 erbaut. Es war der Sitz des Čoijin-Lamas, dessen wichtigste Aufgabe das Staatsorakel war. Das Museum ist ein wunderschönes Kleinod mit einer großen Sammlung buddhistischer Tanzmasken und bildlichen Darstellungen der Himmelsfreuden und Höllenqualen (Do Ruhetag, Tel. 324788).
Südlich davon befindet sich der städtische **Kultur- und Erholungspark**. 2007 wurde er flächenmäßig verkleinert. Einerseits entstand ein neuer Rummel, andererseits wurden in dieser 1A-Lage Flächen für neue Bauprojekte verkauft. Es bleibt zu hoffen, dass der Park in seiner jetzigen Fläche erhalten bleibt.
Weiter östlich auf der Hauptgeschäftsstraße befinden sich noch hinter der

Im Gandan-Kloster

Brücke über den Selge-Fluss weitere Museen. In Höhe der Abzweigung zum Dschingis Khan Hotel befindet sich rechts die **Ringersporthalle** und gleich daneben in einem Holzhaus das **Stadtmuseum von** Ulaanbaatar (Tel. 450960). Einen weiteren Kilometer weiter östlich gelangt man zum kleinen **Georgij-Žukov-Museum**. Der große Heerführer des Zweiten Weltkriegs verdiente sich 1939 mit der Führung der sowjetischen Truppen in den Kämpfen am Chalchin Gool in der Ostmongolei, einem sowjetisch-japanischen Präludium zum Zweiten Weltkrieg, seine ersten Orden (Tel. 453781). Die Niederlage der Japaner soll den Ausschlag gegeben haben, dass Tokio keine Front in Sibirien eröffnete. Durch die hier abzweigende Lhagvarusen-Str. gelangt man zum 1996 neu eröffneten **Militärmuseum**, wo sich auch das – allerdings nicht zu besichtigende – nationale Heiligtum der Mongolen, Dschingis Khans legendäre Schwarze Standarte aus den Pferdehaaren seiner Krieger, befindet (Telefon 544292).

▶ Karte S. 304

Südlich des Zentrums

Zurück am Khan-Bräu sieht man die Staatsbibliothek und das rote modern-klassizistische **Nationaltheater**, wo in der Sommersaison täglich um 18 Uhr eine sehr sehenswerte Folklore-Show aus Tanz, Gesang, Kehlkopfgesang und Akrobatik läuft (Tel. 320991, www.mon-ensemble.mn (E)).

Hier beginnt die **Seoulyn Gudamj** – die zweite Hauptstraße, wo man in Richtung Zirkus auf mehrere nette Kneipen und Biergärten stößt. Wenn man vom Musiktheater Richtung Süden am Kulturpark entlang weiterläuft, kommt man vorbei an den beiden Türmen des Hotels ›Bayangol‹ zur Brücke des Friedens über die Transmongolische Eisenbahn und den Fluss Tuul. Davor geht es rechts zum **Eisenbahn-Freilichtmuseum** – sieben Loks aus verschiedenen Zeiten des 20. Jahrhunderts von der Dampflok P36 bis zur Diesellok TE2 mit Stalin-Profil sind hier ausgestellt. Die Straße führt parallel zur Bahn wieder zum Bahnhof.

Wer die große Brücke überquert, erreicht nach gut einem Kilometer in Richtung Süden das sehenswerte **Bogd-Khan-Museum**. Benannt ist es nach dem letzten Khan der Mongolei aus der im 17. Jahrhundert durch Zanabazar begründeten Bogd-Dynastie, der zwischen 1911 und 1924 zugleich das politische und religiöse Oberhaupt der Mongolen war. Die zahlreichen Exponate, unter ihnen eine Sammlung religiöser Gebrauchsgegenstände, vermitteln zusammen mit der beeindruckenden Architektur der zwischen 1893 und 1903 erbauten Anlage seines ehemaligen

Winterpalais ein informatives Bild über den Buddhismus und das religiöse Leben in der Mongolei (im Winter Mo und Di Ruhetage, Tel. 342195).

Weiter in Richtung Süden gelangt man über den Fluss Tuul zum **Zaysan-Tolgoy-Berg**, dem beliebtesten Aussichtsplateau in Ulaanbaatar. Vorbei an einem Park mit einer neu aus Südkorea gespendeten Buddha-Statue kommt zum seinerzeit von der Sowjetunion gespendeten Ehrenmal für den Sieg der russischen Armee über den Hitlerfaschismus. Der Aufstieg zum Rondell mit Denkmal und Mosaik lohnt sich wegen des phantastischen Ausblicks auf die Stadt.

Ausflüge in die Umgebung

Viele Transittouristen möchten neben der Metropole Ulaanbaatar auch einen Eindruck von der Weite des Landes in der Umgebung bekommen. Die populärste Destination für Tagesausflüge ist der **Nationalpark Terelj**, ca. 50 Kilometer östlich der Hauptstadt gelegen. Das auch ›mongolische Schweiz‹ genannte Gebiet erstreckt sich entlang des gleichnamigen Flusses und ist durch viele markante Felsformationen in der hügeligen Steppe bekannt. In den letzten Jahren entstanden viele Jurtencamps für Touristen und auch ein nobler Golfclub darf nicht fehlen. Einige der Felserhebungen haben Namen wie ›Schildkröte‹ oder ›Wütender Yak‹. Die jüngste ›Erhebung‹ ist allerdings aus Stahl und Beton. Auf einem zweistöckigen Rondell mit Restaurant, Souvenirshop etc. ragt seit 2009 das mit 40 Metern **größte Reiterdenkmal der Welt** in die Höhe. Der Reiter mit Peitsche ist natürlich Dschingis Khan, der in dieser Gegend seine Jugend verbracht haben und an diesem Ort in der Steppe eine goldene Peitsche gefunden haben soll. Das Denkmal ist ›begehbar‹. Mit einem Fahrstuhl gelangt man auf ein Aussichtsplateau in der Pferdemähne, das einen schönen Ausblick auf die Umgebung bietet. Rund um das Denkmal entsteht mit 200 Jurten das größte Camp der Umgebung (Tsonjin Boldog, Tel. 328 960).

In der Mongolischen Schweiz

Ulaanbaatar

Zeitunterschied: MEZ + 6 h im Sommer, MEZ + 7 h im Winter.
PLZ: es gibt keine Postleitzahlen, auch kaum Hausnummern.
Vorwahl: 00976/11.
Hauptpostamt: Am Suchbaatar-Platz/Ecke Enkh Taiwan Orgo Choloo, Tel. 313421.
Bank: Geldwechsel ist am einfachsten im Hotel; sonst nach anderen Möglichkeiten an der Rezeption fragen. Trade & Development Bank, Ecke Baga Toiruu/Khudaldaany Str. (Tel. 321171)
Geldautomat: im Foyer des Bayangol-Hotels
Reisebüro: Tsolmon Travel, Tel. 322870, www.tsolmontravel.mn, gegenüber der Staatsbibliothek, deutschsprachige Geschäftsführung.

Der Bahnhof liegt etwa drei Kilometer westlich vom Suchbaatar-Platz, internationale Ticketreservierung: Tel. 944133. Sinnvoller ist es aber, die Fahrscheine bei einem der Reisebüros oder im Hotel zu kaufen. Vor Ort einen Platz im Zug Nr. 4 Moskau–Beijing zu bekommen, ist Glückssache; für den Zug Nr. 24 Ulaanbaatar–Beijing in der Zeit zwischen Juni und Mitte September ebenfalls. Für folgende Verbindungen sind die Tickets leichter zu erhalten, dafür ist das Reisen umständlicher: Mit Zug Nr. 216 (zweimal wöchentlich) Ulaanbaatar - Hohhot in der chinesischen Inneren Mongolei, unterwegs in Jining umsteigen nach Beijing oder täglich mit dem Nachtzug 276 nach Zamin Uud (15 Stunden), auf der Straße die Grenze überqueren und dann am Abend weiter von Erlian mit dem täglichen Zug K4 nach Beijing (14 Stunden).
Die Züge nach Russland sind nicht so stark ausgebucht, aber auch hier gibt es eine Alternative, den allerdings langsamen, täglichen Zug Nr. 263 nach Irkutsk (21 Stunden bis Ulan-Udė, 30 Stunden bis Irkutsk).
GPS: 47°54'31"N/106°53'2"O.

Der Flughafen, vormals Buyant Ukhaa, wurde in Dschingis Khan Airport umbenannt. Er befindet sich knapp 20 Kilometer vom Zentrum am südwestlichen Stadtrand. Neben den lokalen Fluggesellschaften sind drei internationale Airlines vertreten: Aeroflot (tgl. nach Moskau und 2 x pro Woche nach Irkutsk), Air China (1-2 x tgl. nach Beijing), Korean Air (nach Seoul) und MIAT (von Juni bis September 2 x wöchentlich direkt nach Berlin, in den übrigen Monaten 1 x, ab 2012 soll es auch einen Direktflug nach München geben; außerdem 2 x täglich nach Beijing. Die neue lokale Fluggesellschaft Oznys fliegt 3 x wöchentlich nach Ulan-Udė. Tel. 312759.

Der Hotel-Klassiker in puncto Lage, Service, Infrastruktur und Preis ist das mittlerweile aber in die Jahre gekommene **Hotel Bayangol**, Tel. 326781, www.bayangol hotel.mn (E).
Eine Alternative ist das **Ulaanbaatar**, Tel. 320620.
Ein empfehlenswertes neues Business-Hotel neben dem Bayangol ist das **Corporate Hotel**, Tel. 334411.
Als neue Nobelhotels gelten das **Kempinski Hotel**, Ecke Peace Avenue/Ih Toyruu, Tel. 483483, und das 2011 eröffnete **Ramada Hotel**, Peace Avenue 35/1, Tel. 70141111. Im Vergleich dazu lässt das in der gleichen Liga spielende **Dschingis-Khan-Hotel** doch einige Wünsche offen, Tel. 313380, www.chingis-hotel.mn.
Wer nach langer Transsib-Fahrt nicht ohne Bahngeräusche schlafen mag, ist im **Palace Hotel** (früher Hotel Zuchi) gleich jenseits der großen Eisenbahnbrücke am besten aufgehoben, Chinggis 25, Tel. 343565, www.palace.mn.
Es gibt eine ganze Reihe günstiger Hostels, wie z.B. das **Zaya Hostel** mit zwei Wohnungen, Peace Avenue 63, App. 12, Tel.

▶ Karte S. 304

331575, oder das **LG Guest House**, Teeverchdiin Street, Tel. 91002311.

Das beste mongolische Restaurant ist das **Modern Nomads**, Baga Toiruu, Tel. 318744. Ebenfalls empfehlenswert ist das **Khandorjin Örgööl** in einer alten Prachtjurte in der Seoulyn Gudamj, Tel. 320763.

Für europäische Küche ist das **Monet** zu empfehlen. Es befindet sich in der 18. Etage des MCS-Business-Centers am Zentralplatz und ist auch allein wegen der Aussicht einen Besuch wert.

Im Zentrum findet man auch ein paar gute **Fast-Food-Einrichtungen**: Lokale Kost gibt es bei der Kette **Khan Buuz**, Ecke Peace Av./Tserendorj Str. Für internationale Küche ist **Berlin Burger** da: Peace Avenue und Sambuu Street.

Die **deutsche Braukunst** hat sich mit Gaststätten und Biergärten in Ulaanbaatar sehr erfolgreich etabliert. Es gibt neben dem **Restaurant Kuhdamm**, Seoul Str., das **Khan Bräu**, Tel. 326626, neben der Staatsbibliothek, den **Chingis Beer Club**, Tel. 325582, hinter dem Musiktheater, das **Ikh Mongol**, Tel. 340450, am Zirkus sowie das **Brauhaus** in derselben Straße weiter östlich.

Vegetarier haben es schwer im Fleischland Mongolei; ein Lichtblick ist das **Luna Blanca**, Sambuu Str., Tel. 251131.

Für Kaffee und Kuchen ist **Helmut Sachers Kaffee** der richtige Anlaufpunkt, Baga Toiruu 14, Tel. (mobil) 70/114324.

Alternativ gibt es im Erdgeschoss der Galleria Plaza rechts neben dem Zentralkaufhaus das **Adesso**, Tel. (mobil) 70 122422.

In der Hauptgeschäftsstraße Enkh Taiwan Orgo Choloo ist das größte **Kaufhaus** des Landes nicht zu verfehlen. Man findet hier eine gute Auswahl an Souvenirs (5. Etage) und Kaschmir-Artikeln (2. Etage).

Nicht weit entfernt am Zirkus liegt der **Lebensmittelmarkt Dalai Eej**, bekannter als Zirkusmarkt.

Der größte Markt für Waren jeglicher Art ist der **Narantuul-Markt**, Tevercheed Str.

Für **Kaschmir-Artikel** gibt es einen großen Laden hinter dem Bogd-Khan-Museum.

Der Werksverkauf des Herstellers **Gobi Cashmere House** liegt in einem Gewerbegebiet in einer Nebenstraße auf dem Weg zum Flughafen, Chuvsgalchdyn Organ Choloo, Tel. 313662.

Für das weltabgeschiedene Land sind der Mobilfunk und das Internet ein wahrer Segen, die Abdeckung ist landesweit unerwartet gut. In UB gibt es zahlreiche Internetcafés, die Stunde kostet etwa einen US-Dollar

Alle mongolischen Kinder können von klein auf reiten

Die große Yasa Dschingis Khans

(3) Wer bewusst lügt oder sich mit Zauberei abgibt oder einem anderen aufpasst oder sich zwischen zwei Streitende mischt oder dem einen gegen den anderen hilft, wird mit dem Tode bestraft.

(4) Wer in Asche oder Wasser harnt, wird mit dem Tode bestraft.

(5) Wer Waren empfängt und dreimal hintereinander Bankrott erklärt, wird mit dem Tode bestraft.

(8) Beim Schlachten eines Tieres soll man ihm die Beine fesseln, den Bauch aufschlitzen und das Herz solange mit der Hand zusammendrücken, bis es stirbt; dann kann man sein Fleisch essen. Wer aber das Tier nach Art der Mohammedaner schlachtet, den soll man selbst so schlachten.

(11) Alle Bekenntnisse sollen gleicherweise geehrt werden, da sie Mittel sind, Gott zu gefallen.

(13) Durchreisende sollen bei Leuten, die essen, vom Pferde steigen und, ohne um Erlaubnis zu fragen, mit ihnen essen. Niemand darf es ihnen verbieten.

(14) Verboten ist es, die Hände in Wasser zu tauchen; zum Schöpfen soll ein Gefäß benutzt werden.

(15) Verboten ist es, seine Kleider zu waschen, solange man sie trägt und bis sie nicht völlig abgetragen sind.

(29) Der, bei dem ein gestohlenes Pferd gefunden wird, ist verpflichtet, es seinem Herrn mit neun gleichwertigen Pferden zurückzugeben.

Ist er hierzu nicht imstande, so soll man ihm statt der Pferde seine Kinder nehmen, und den, der keine Kinder hat, soll man abschlachten wie einen Hammel.

(30) Die Yasa verbietet: Lüge, Diebstahl, Ehebruch und befiehlt: seinen Nächsten zu lieben wie sich selbst, Beleidigungen nicht zuzufügen und sie völlig zu vergessen, Stadt und Land zu schonen, insofern sie sich freiwillig unterwerfen, Gott geweihte Tempel sowie die Diener Gottes von jeglichen Abgaben zu befreien und zu ehren.

(32) Wer sich von übermäßigem Essen erbrochen hat, den soll man unter dem Zelt hindurchschleifen und sofort töten. Ebenso soll man den töten, der mit dem Fuß auf die Schwelle des Zeltes des Heerführers tritt.

(33) Wer vom Trinken nicht lassen kann, mag sich dreimal im Monat betrinken. Geht es darüber hinaus, so ist er schuldig. Sich zweimal im Monat zu betrinken, ist besser; einmal noch lobenswerter.

(34) Kinder von der Beischläferin gelten als eheliche Kinder und erhalten nach der Verfügung Ihres Vaters den entsprechenden Anteil der Erbschaft. Die Teilung des Nachlasses erfolgt so, dass der älteste Sohn mehr erhält als die jüngeren; der jüngste Sohn erbt den Haushalt des Vaters. Der Vorrang im Alter der Kinder richtet sich nach dem Range der Mutter, gewöhnlich entsprechend der Dauer der Ehe.

(35) Über das Schicksal der Frauen seines Vaters verfügt der Sohn nach dessen Tode, ausgenommen seine Mutter, und er kann sie selbst heiraten oder anderen in die Ehe geben.

Auszüge aus: Mongolische Gesetze. Darstellung des geschriebenen mongolischen Rechts; von Dr. jur. Curt Alinge, Verlag von Theodor Weicher, Leipzig 1934.

Erlian/Erenhot/二连浩特市

Die Zeiten, als der Zug durch ein lichterbekränztes freundliches Tor nach China einfuhr, wo riesige Lautsprecher die Zugankunft mit Melodien wie ›Heidi‹ und ›Der Osten ist rot‹ musikalisch untermalte, sind vorbei. Erlian ist heute kein allein an den Bahnhof angeschlossenes, verkommenes Provinznest mehr. Man erinnert sich eher an die Lektionen in Wirtschaftsgeographie, wie Orte unter bestimmten Voraussetzungen dank ihrer günstigen geographischen Lage einen ungeahnten Aufschwung nehmen. Genau das passiert seit 20 Jahren in Erlian bzw. Erenhot, wie der Ort auf Mongolisch heißt. Nicht nur der 2005 neu eröffnete Bahnhofsneubau, sondern die gewaltige Expansion des Ortes mit neuen Häusern, Firmen, Geschäften und Hotels zeigen eine dank des Grenzhandels florierende Stadt in der Wüste mit heute über 40 000 Einwohnern – Tendenz steigend. Erlian gehört zum autonomen Gebiet der Inneren Mongolei, weshalb man auf viele Aufschriften sowohl in Chinesisch als auch in Mongolisch in kyrillischen Buchstaben trifft.

Stadtrundgang

Bei den Regelzügen beträgt der Aufenthalt ca. drei Stunden. In alter Tradition passieren diese Züge die Grenze nachts. Wenn die Kontrollen vorüber sind, kann man den Zug verlassen. Dieser fährt dann für 1,5 Stunden in die Umspurhalle, um die Radgestelle von Breitspur auf Normalspur zu wechseln. Bei touristischen Sonderzügen, die am Tage ankommen und in der Regel ein kleines Besichtigungsprogramm in Erlian absolvieren, steigen die Touristen in Richtung Beijing dann in einen chinesischen Sonderzug um und die in der Gegenrichtung reisenden Gruppen fahren mit dem Sonderzug weiter in Richtung Ulaanbataar und Moskau.

Vom Bahnhof folgt man der Xinhua Dajie bis zum die Qianjin Lu kreuzenden Kreisverkehr. Diese Straße ist die wichtigste Magistrale der Stadt. Sie führt

Touristenrikschas in Erlian

Karte S. 315

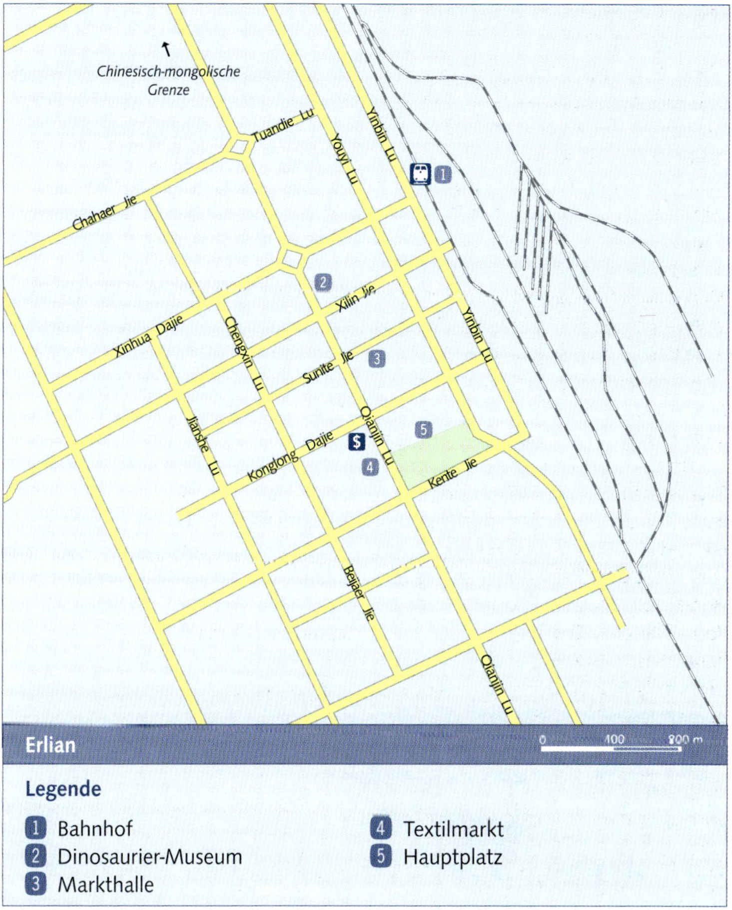

Richtung Norden zur Grenze und Richtung Süden ins Stadtzentrum. Linker Hand befindet sich das **Dinosaurier-Museum**, mit diesem Thema will sich Erlian dank vielfältiger Saurierfunde in der Wüste Gobi profilieren. So finden sich auf dem weiter südlich gelegenen zentralen Platz verschiedene Saurier-Figuren. Die Dino-Galerie setzt sich auch auf der Fernverkehrsstraße in Richtung Beijing fort, was man aus dem Zugfenster nach Abfahrt in Richtung Beijing erkennen kann. Den Abschluss bilden zwei riesige Dinosaurier-Skulpturen, deren Köpfe sich am Ortsausgangsschild über der Straße kreuzen.

Ein populäres Verkehrsmittel ist die Fahrrad-Rikscha, und wenn beim Stop der touristischen Sonderzüge Moskau-Beijing eine Karawane aus über 100 Rikschas mit Langnasen vom Bahnhof zur Stadtrundfahrt startet, so ist das im Ort ein Ereignis.

Neben dem **Markt für Lebensmittel** gibt es am Zentralplatz auch einen großen überdachten **Textilmarkt**.

Erlian

Zeitunterschied: MEZ + 6 h im Sommer, + 7 h im Winter.
Vorwahl: 0086/479.
Hauptpostamt: Yingbin Lu.
Bank: Qianjin Lu, neben dem Textilmarkt.
Konsulat: Mongolei, Qianjin Lu, am Busbahnhof, Tel. 7539200

Der Bahnhof befindet sich am östlichen Rand des Stadtzentrums und besteht aus einem alten und einem neuen Gebäude, Tel. 7123456.

GPS: 43°39'18"N/111°58'50"O.

Es gibt mehrere Mittelklassehotels in der Stadt: z.B. **Pacific International Hotel** am zentralen Platz; DZ 350 CNY, oder das **Yin Du** in der Xilien Jie; DZ 300 CNY.
Eine einfache Herberge ist das **Eisenbahn-Hotel** in der Yingbin Lu; DZ 80 CNY.

Gegenüber dem alten Bahnhofsgebäude befindet sich das **Chai Fen Buudal**, ansonsten mehrere Restaurants entlang der Qianjin Lu.

Datong/大同

Die Industriestadt Datong ist ein Schwerpunkt des Maschinenbaus und bildet das Zentrum eines Kohlebeckens. Der Stadtname bedeutet etwa ›große Einheit‹, der Spitzname lautet ›Stadt der Kohle‹. Im bevölkerungsreichsten Land der Erde mit unzähligen Millionenmetropolen gehört Datong mit einer Einwohnerzahl von 1,4 Millionen zu den kleinen Millionenstädten.

Ursprünglich hieß der bereits im 2. Jahrhundert als Garnisonsstadt an der Großen Mauer gegründete Ort Pingcheng. Die erste Blüte erreichte die Stadt, als sie vom türkisch-mongolischen Stammesverbund der Tabgač (auch Tuoba genannt) im 4. Jahrhundert erobert und zur Hauptstadt erkoren wurde. Damit kam der Buddhismus. Bis zu 40 000 Arbeiter verewigten in knapp 100 Jah-

In Datong

▲ Karte S. 317

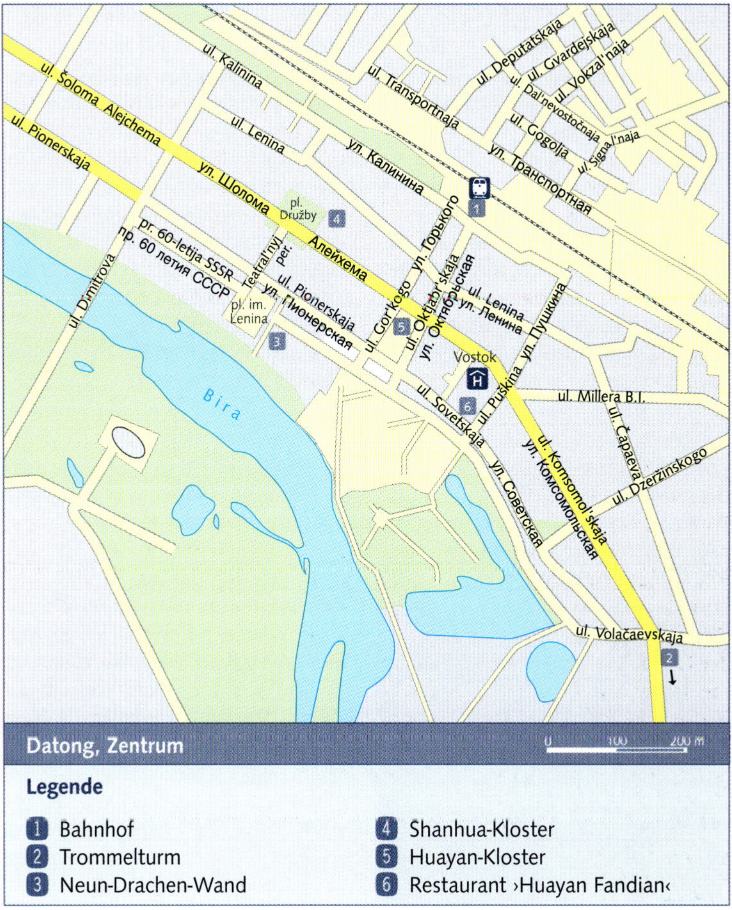

Datong, Zentrum

Legende

1 Bahnhof
2 Trommelturm
3 Neun-Drachen-Wand
4 Shanhua-Kloster
5 Huayan-Kloster
6 Restaurant ›Huayan Fandian‹

ren Arbeit sein Kommen in den heute weltberühmten Yungang-Grotten am Stadtrand von Datong. Neben diesem Höhlenkloster ist die Stadt noch für ihren kleinen historischen Altstadtkern bekannt. Letzterer wird derzeit einer umfassenden ›historisierenden‹ Rekonstruktion unterzogen.

Datong und Umgebung besitzen zweifellos die bedeutendsten kulturgeschichtlichen Attraktionen zischen Ulaanbaatar und der Großen Mauer, so dass sich ein Stop hier durchaus lohnt. 2007 wurde eine neue Bahnlinie Beijing–Datong eröffnet, die nicht mehr über die Bergpässe durch die Große Mauer führt. Auch die nicht Richtung Sibirien fahrenden Züge zwischen Beijing und der Mongolei benutzen nun teilweise diese neue Strecke. Einzelne Reiseveranstalter sind bereits umgestiegen und bieten in ihrem Transsib-Angebot einen Hotelstopp in Datong oder verbinden Beijing und Datong per Bus mit entsprechendem Ausflug zur Chinesischen Mauer.

Stadtrundgang

Vom Bahnhof aus geht man zunächst geradeaus über die Xinjian Beilu und dann an der ersten Kreuzung nach links. Dort kommt man auf die wichtigste Nord-Süd-Magistrale der Stadt, die auf verschiedener Höhe sechs verschiedene Straßennamen hat.

Richtung Süden gelangt man zur Altstadt, die von einer 600 Jahre alten, fast quadratischen **Stadtmauer** umgeben wird, deren östlicher Teil in den letzten Jahren komplett neu aufgebaut wurde. Kurz vor dem gut sichtbaren **Trommelturm** kreuzt die Straße mit der Daxi Jie die zweite wichtigste Geschäftsstraße von Datong. Hier befindet sich auch die **Neun-Drachen-Wand**. Die ursprünglich als Sichtblende und Geistersperre für den Palasteingang gedachte Wand mit einem Mosaik aus Keramikziegeln stammt aus der Zeit der Ming-Dynastie. Der dazu gehörende Palast ist leider im 15. Jahrhundert abgebrannt.

Das hängende Kloster ›Xuankongsi‹

▲ Karte S. 317

Es gibt zwei sehenswerte, historische Klosteranlagen in der Stadt. Weiter südlich befindet sich das im 11. Jahrhundert begründete **Kloster Shanhua Si** mit fünf vergoldeten Buddha-Statuen, umgeben von 24 Weltwächtern in seiner Haupthalle. Vom Trommelturm in Richtung Osten befindet sich das **Kloster Huayan Si** aus der Zeit der Liao-Dynastie.

Datong ist ein Zentrum des chinesischen Lokomotivbaus. Bis 1989 wurden hier noch Dampfloks gebaut. Mit dem Aufbau des neuen Beijinger Eisenbahnmuseums wurde aber das Dampflok-Museum des Werkes geschlossen und die Exponate zogen in die Hauptstadt um.

■ Ausflüge von Datong

Die bekannteste und zum UNESCO-Weltkulturerbe gehörende Sehenswürdigkeit von Datong liegt etwas außerhalb des Stadtzentrums – die **Wolkengrat-Grotten** (Yungang). In diesem Höhlenkloster erstrecken sich auf über 1000 Metern Länge insgesamt 53 in Sandstein gehauene Höhlen. Sie beherbergen 50 000 Statuen und Reliefs aus der Zeit zwischen 450 und 500 nach Christus. Die meisten sind nur wenige Zentimeter groß, einige sind aber über zehn Meter hoch. Die Höhlen sind durchnummeriert. Am interessantesten sind die Grotten 5 bis 13. In Höhle 5 steht die mit 17 Metern Höhe größte Statue.

In der Umgebung nordöstlich von Datong sind auch alte, meist weitgehend verfallene Abschnitte der **Großen Mauer** zu finden.

Auf jeden Fall sollte man aber das in etwa 75 Kilometer Entfernung am Berg Hengshan liegende, oder besser gesagt, an seinen Felsen hängende **Kloster Xuankongsi** (etwa ›im leeren Raum hängender

Tempel‹) besuchen. Das berühmte Kloster schmiegt sich mit seinen vierzig kleinen Hallen in drei Etagen an die als Rückwand genutzte Felswand. Die Anlage stammt aus dem 6. Jahrhundert und vereint als einziges Kloster im Land Elemente aller drei Hauptreligionen, so dass in der obersten Halle die Figuren von Buddha, Konfuzius und Lao Zi ein harmonisches Trio bilden. Das Tal war ein wichtiger Handelsweg, wo aber der Fluss häufig über die Ufer trat, so dass man sich entschloss, mit dem Kloster nach oben auszuweichen. Beim Aufstieg zweigt ein Gang durch einen Drachenkopf zum nahe liegenden Staudamm ab, welcher nun schon aus dem 20. Jahrhundert stammt.

Vom Busbahnhof in Datong fahren stündlich Busse in die 70 Kilometer südlich gelegene Kreisstadt Hunyuan, von wo aus man mit Routentaxen zum Klostertal gelangt.

Buddha in den Wolkengrat-Grotten

Datong

Zeitunterschied: MEZ + 6 h im Sommer, + 7 h im Winter.

Vorwahl: 0086/352.

Hauptpostamt: Ecke Da Xijie/Xinjian Nanlu, Tel. 2033336.

Bank: Bank of China, Ecke Caochangcheng Jie/Caochangcheng Xilu, Tel. 5033790.

Reisebüro: CITS, Yingbin Donglu 21, im Hotel Yungang, Tel. 5024176.

Der Bahnhof befindet sich nordöstlich des Stadtzentrums, Es gibt täglich mehrere Verbindungen nach Beijing (5,5 Stunden), Tel. 7123456.

GPS: 40°7'8''N/113°17'47''O.

Der Busbahnhof befindet sich in Yantong Xilu 20. Hier fahren Busse nach Hunyuan in der Nähe des Hängenden Klosters.

Der Flughafen liegt südlich der Stadt und hat nur regionale Bedeutung, es gibt tgl. einen Flug nach Beijing, Tel. 2044039.

Als das beste Hotel der Stadt gilt das **Howard Johnson Jindi Plaza**, Pingcheng Lu 88; DZ 85 USD. Sehr gut ist auch das **Garden Hotel**, Danan Jie 59; DZ 700 CNY.

Eine Alternative ist das das **Hotel Yungang**, Daxi Jie 38; DZ 600 CNY, Tel. 5869999. Günstiger wird es südlich der Altstadt im **Holiday Inn** (früher Datong Binguan), Yingbin Xilu; DZ 280 CNY, Tel. 2032476.

Empfehlenswert sind u.a. das Restaurant **Huayan Fandian** in der Daxi Jie und das **Laoyemiao-Restaurant**, Xinkai Nanjie 155. Westliche Küche und guten Kaffee gibt es im **Yuandou Coffee**, Xinkai Nanjie 328.

Harbin/哈尔滨

Harbin ist die Hauptstadt der Heilongjiang genannten chinesischen Amurprovinz. Heilongjiang bedeutet ›Schwarzer Drachenfluss‹ – die chinesische Bezeichnung des Amurstromes. Mit ihren heute 3,2 Millionen Einwohnern ist die lebendige Metropole im wahrsten Sinne des Wortes ein Produkt der Transsibirischen Eisenbahn. Die ersten Siedlungsspuren eines Dorfes namens Arjin reichen zwar bis in das 12. Jahrhundert zurück, die Entwicklung des Ortes begann aber mit dem Eisenbahnbau. Hier sollte die Streckenführung den Amurnebenfluss Songhua (russ. Sungari) überwinden und sich dann einerseits nach Süden in Richtung Dal'nyj und Port Arthur und andererseits in Richtung Osten zur bereits bestehenden Ussurij-Linie bewegen. Der Ortsname Harbin stammt wahrscheinlich vom mandschurischen Wort Harba – Furt ab. Da alle notwendigen Materialien für den Eisenbahnbau durch die Mandschurei über den Fluss hierher gebracht wurden, entstanden an dieser Furt die Infrastruktur und der Verwaltungssitz der ostchinesischen Eisenbahn. Harbin entwickelte sich mit der Eisenbahn ungeachtet der gewaltigen Schwierigkeiten der ersten Jahre als russische Stadt in China. Ab 1897 begann der Bau der Bahn, ab 1903 verkehrten die Züge regelmäßig. Aber bereits im Vorfeld des russisch-japanischen Krieges war die Bahnlinie zum Zankapfel der künftigen Kriegsgegner geworden, und 1906 verlor Russland nach dem Krieg auch die Südtrasse von Shenyang (damals Mukden) nach Dal'nyj an Japan.

Doch Harbin entwickelte sich als Schnittstelle zwischen Ost und West sehr dynamisch und zog Händler und Kaufleute aus vielen Ländern an. Nach der Revolution 1917 und dem folgenden Bürgerkrieg wurde Harbin zu einem zentralen Fluchtpunkt für die Bevölkerung Sibiriens. Von knapp einer Million russischer Flüchtlinge ließen sich über 100 000 in

Karte S. 322

In Harbin

Harbin nieder. Sie machten damit fast ein Drittel der Bevölkerung aus, und so wurde die Stadt bis in die 1940er Jahre zu einem bedeutenden Zentrum der russischen Emigration. Nach der Entstehung des japanischen Protektorats Mandschuko 1931 und dem folgenden Verkauf der Ostchinesischen Eisenbahn an Japan verloren aber viele Russen ihre an die Bahn gebundene wirtschaftliche Basis und verließen die Stadt sowohl in Richtung Sowjetunion als auch in andere Länder.
Die Wirren nach dem Zweiten Weltkrieg und die neue politische Perspektive Chinas, vor der die verbliebenen Russen bereits in den 1920er Jahren aus Russland geflohen waren, ließen sie nun vorrangig in westliche Länder auswandern. So wurde ein Schlussstrich unter die noch heute im Stadtbild wahrzunehmenden, russischen Episoden in der Geschichte der Stadt gesetzt. Unter dem roten Stern entwickelte sich die Handelsmetropole Harbin gemäß der chinesischen Diktion ohne den russischen und japanischen Kolonialdruck zum bedeutendsten Verwaltungs- und Industriestandort im Nordosten Chinas.
Heute hat die Stadt für die Zukunft auch wieder ehrgeizige internationale Pläne. Dabei sollen neben dem Tourismus aufgrund des russisch-chinesischen Grenzhandels auch die gemeinsamen Wurzeln wieder an Bedeutung gewinnen. Harbin ist Chinas Kandidat für eine künftige Bewerbung um die Ausrichtung der Olympischen Winterspiele. Seit 2008 bestehen Städtepartnerschaften mit Magdeburg und Wiener Neustadt.

Stadtrundgang

Die Bahnlinie durchkreuzt das Zentrum Harbins. Vom Bahnhofsvorplatz führt langsam ansteigend die Hongjun Jie zum zentralen Platz der Stadt, wo die großen Hochhäuser und Kaufhäuser locken.

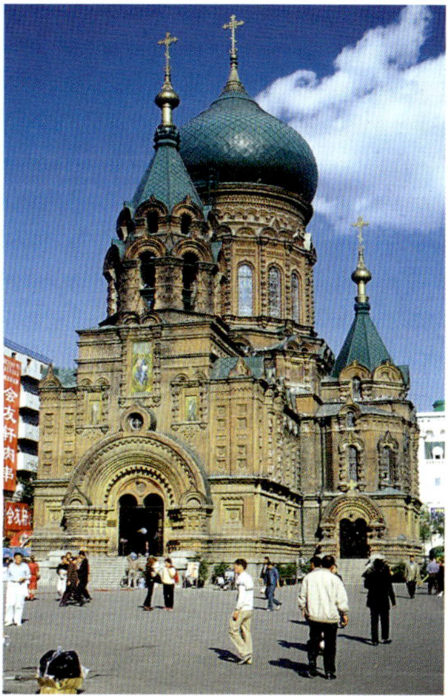

Die Sophienkirche

Fußgängerzone

Um zum Fluss und zur Fußgängerzone in der Zhangjiang-Straße zu gelangen, muss man die ausufernden Eisenbahnanlagen entweder linker Hand über die 2002 neu errichtete Brücke der Shangzhi Dajie oder rechter Hand über die historische Brücke der Jihong Jie überqueren. Das Ziel, die etwa 1,5 Kilometer lange **Zhangjiang-Straße** war schon in der Vergangenheit die bekannteste Einkaufsstraße der in der Stadt lebenden Ausländer. Mit entsprechender Rekonstruktion wurde sie 1997 in eine Fußgängerzone umgewandelt. Die russisch geprägte Architekturmischung des beginnenden 20. Jahrhunderts aus Historismus und Jugendstil blieb weitestgehend erhalten. Cafés und Geschäfte der Flaniermeile strahlen ein ansonsten für China eher exotisches, fast etwas europäisches Flair aus, das sich teilweise auch in den mit Xi von 1 bis 14 durchnummerierten Seitenstraßen fortsetzt.

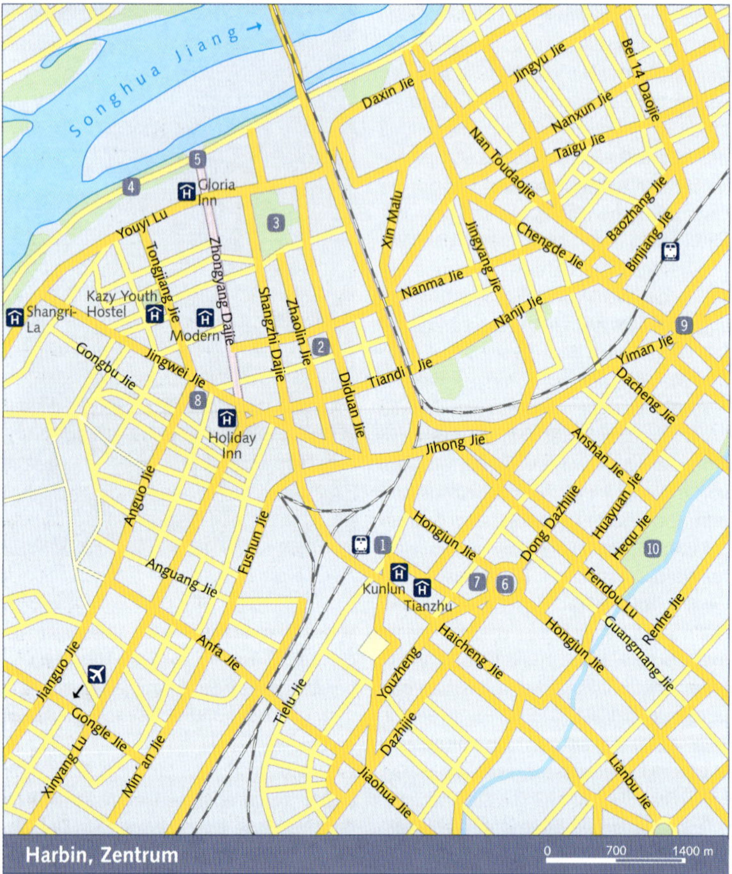

Legende

1 Bahnhof
2 Sophienkirche
3 Zhaolinpark
4 Stadtpark
5 Flutdenkmal
6 Hongbo-Platz
7 Heimatkundemuseum
8 Neue Synagoge
9 Jile-Tempel mit Kloster
10 Pioniereisenbahn

Sophienkirche

Über die Xi 12 Daojie gelangt man auf einen großen Platz, der durch das Harbiner Kaufhaus Nr. 1 bestimmt wird. Dahinter rechts erhebt sich das Gebäude der früher größten russisch-orthodoxen Kirche der Stadt. Die Sophienkirche (Sheng Suofeiya Jiaotang) mit ihrer 53 Meter hohen Zwiebelkuppel wurde zwischen 1923 und 1932 erbaut. Sie beherbergt heute neben einer kleinen Reliqiuenausstellung das **Museum für Stadtgeschichte**. Die Exposition geht dann in der 2004 ebenfalls zum Museum umgebauten früheren **Neuen Synagoge** weiter. Diese war ursprünglich 1921 für die über 20 000 aus Russland emigrierten Juden errichtet worden (Jingwei Jing 162).

Zhaolinpark und Songhua-Fluss

Wenn man der Zhaolin Jie in Richtung Fluss folgt, gelangt man zum Zhaolinpark, der ebenso wie die Straße nach dem Armeegeneral Li Zhaolin (1908–1946) benannt wurde, der sich im Kampf gegen die Japaner verdient gemacht hatte und hier auch begraben wurde. Der Park beherbergt seit 1985 alljährlich vom 5. Januar bis zum 15. Februar Harbins größte touristische Attraktion: das dank eines hartes Kontinentalklimas und eines entsprechend garantiert eisigen Winters mögliche **Eislaternenfest**. Phantastische, hell und farbenprächtig illuminierte Eisskulpturen locken in wachsendem Maße in- und ausländische Besucher in den Zhaolin-Park und auch auf das Eis an den Ufern des Songhua-Flusses.

An der Strandpromenade erstreckt sich der immer noch nach Stalin benannte **Stadtpark**, der in Richtung Autobahnbrücke in den Jiuzhan-Park übergeht. Ein halbrundes Monument erinnert an die Hochwasserkatastrophe des Jahres 1957 und würdigt die vielen freiwilligen Helfer von damals. Der Fluss wird hier mit Blick nach rechts auch von der **historischen Transsib-Eisenbahnbrücke** überquert. Daneben kann man auch mit einer imposanten **Seilbahn** oder mit kleinen Fährtaxen auf das andere Flussufer übersetzen, wo sich weitere Parkanlagen erstrecken und man neuerdings mit einem ›**Russischen Dorf**‹ samt Theater und Restaurantgasse Touristen anlocken möchte. Im Winter kann der zugefrorene Fluss auch zu Fuß überquert werden.

Hongbo-Platz

Zurück am Bahnhof, gelangt man nun über die Hongjun Jie zum Hongbo-Platz, dem Museumsplatz. Hier stand früher die erste Harbiner Kirche. Aus Holz 1899 erbaut, wurde die Nikolaikirche später zur Kathedrale. Mit Blick vom oder zum Bahnhof war sie ein beliebtes Fotomotiv. Leider viel sie 1967 der Barbarei der Kulturevolution zum Opfer. Heute bildet den Mittelpunkt des Platzes das **Handelszentrum ›Schneeflocke‹**. Der Handel selbst floriert auf zwei riesigen unterirdischen Etagen. Im Zentrum erinnern ein kleine Modellskulptur und einige historische Fotos an die Geschichte des Platzes.

Der Tempel des Paradieses

Am Platz befindet sich auch das örtliche **Theater** und im ursprünglichen Kaufhaus ›Moskau‹ das **Heimatmuseum** der Provinz Heilongjiang, das in zwei Dauerausstellungen Natur und Geschichte der Region präsentiert.

Für Eisenbahnfans lohnt von hier ein Spaziergang in die Xidazhi Jie, wo sich die historischen Gebäude der **Verwaltung der Ostchinesischen Eisenbahn** mit einem Mao-Denkmal davor und der Club der Eisenbahner befinden (Hausnummer 51 bzw. 82).

Abseits des Zentrums

Wenn man vom Museumsplatz der Dongdazhi Jie in Richtung Nordosten folgt, gelangt man zunächst in das Einkaufsviertel auf der **Fendou Lu**. Immer geradeaus kommt kurz vor dem rummelgleichen Kulturpark eine kleine Fußgängerzone, auf deren linker Seite ein interessantes buddhistisches Heiligtum zu besichtigen ist. Der 1924 errichtete **Tempel des Paradieses** (Jile Si) ist mit über 70 Mönchen das größte Kloster der Provinz und beeindruckt durch die verschiedenen Hallen der Tempelanlage sowie durch eine gewaltige, siebenstufige Pagode.

Weitere Sehenswürdigkeiten etwas abseits des Stadtzentrums sind der **Tierpark** und ein neuer Themenpark, der unter dem Namen ›**Fenster nach Europa**‹ kitschige Miniaturdarstellungen von Sehenswürdigkeiten der westlichen Welt wie der Moskauer Basiliuskathedrale oder des Pariser Triumphbogens zeigt. Die 1956 im Harbiner Kinderpark eingeweihte erste **Pioniereisenbahn** Chinas ist derzeit allerdings außer Betrieb.

Im Harbiner Vorort **Pingfang** erinnert ein Museum an die Opfer eines besonders schrecklichen Kapitels der Harbiner Geschichte und an japanische Kriegsverbrechen. In Pingfang befand sich unter der japanischen Okkupation ein Zentrum für biologische Forschung, wo Japans Faschisten an über 4000 chinesischen Häftlingen bakteriologische Waffen und für mögliche Aggressionen in Richtung Sibirien die Wirkung extremer Frosttemperaturen auf den menschlichen Körper testeten (Xinjiang Dajie, Tel. 6804104, Bus Nr. 338 ab Bahnhof).

Im Tigerpark

Karte S. 322

Tigerpark

Nördlich von Harbin befindet sich eine Forschungseinrichtung für sibirische Tiger, die man bei uns Amurtiger nennt. Hier leben mittlerweile über 500 Amurtiger in 360 000 Quadratmeter abgezäunter freier Wildbahn. Aktuell hat China bei der Internationalen Artenschutzkonferenz CITES einen Antrag auf die kommerzielle Tigerzucht gestellt. In Teilen dieses größten Tigerparks kann man heute safariähnlich mit Kleinbussen durch den Park fahren und von Hochgängen aus die Tiere beobachten. Die Anlage ist auch aus dem Zug an der Bahnstrecke Harbin–Manzhouli zu erkennen (Songbei Lu 88, Tel. 88080606, Bus Nr. 85).

Harbin

Zeitunterschied: MEZ + 6 h im Sommer, + 7 h im Winter.

Vorwahl: 0086/451.

Hauptpostamt: Minyi Jie 100, Tel. 11185.

Bank: Bank of China, Honguin Jie 19, Tel. 53633518.

Reisebüro: CITS, Xizhi Jie 13, Tel. 53642339.

Taxi: Tel. 6323900.

Der Bahnhof befindet sich im Zentrum. Auf alten Fotos sieht man Harbins wunderschönen Jugendstil-Bahnhof. Er fiel leider 1959 der Erweiterung durch einen Zweckbau zum Opfer. Es gibt verschiedene Wartesäle für die 1. und die 2. Klasse, Tel. 82345628.

GPS: 45°45'35"N/126°37'38"O.

Der 1996 errichtete Flughafenneubau Taipin befindet sich 50 km südöstlich des Stadtzentrums. Es gibt u.a. täglich ein Dutzend Flüge nach Beijing sowie internationale Flüge nach Seoul, Vladivostok und Chabarovsk, Tel. 82894219.

Neben dem Bahnhof befindet sich das **Hotel Kunlun**, Tielu Jie 8, Tel. 53616688; DZ 100 USD.

Die teuerste 5-Sterne Option in Nähe des Flusses Songhua ist das **Harbin Shangri La** mit im Winter sehr schönem Blick auf die nachts beleuchteten Figuren des Eislaternenfestes, You Jie Lu 555, Tel. 84858888; DZ 160 USD.

Empfehlenswert ist an der Fußgängerzone auch das **Holiday Inn**, Jingwei 90, Tel. 84226666; DZ 112 USD.

Das Traditionshotel der Stadt ist das 1906 gebaute und 2007 rekonstruierte **Modern**, Zhongyang Dajie 89, Tel. 84615846.

Preiswerte Alternativen sind das **Songhuajiang Gloria Inn**, Zhongyang Dajie 257, Tel. 84638855, oder das ältere **Tianzhu Binguan**, Songhuajiang Jie 6, Tel. 8647 2109.

Die günstigsten Übernachtungsmöglichkeiten bietet das **Kazy International Youth Hostel** in der alten Synagoge mit 50 CNY für einen Schlafplatz, Tongjiang Jie 82, Tel. 87654211, kazyzcl@126.com.

Die Stadt führt ein Ratingsystem für ihre Restaurants ein. Anstelle der Sterne gibt es Laternen, um so mehr, desto besser und teurer. Es gibt eine große Restaurant-Auswahl in der Fußgängerzone Zhongyang Dajie. Sehr beliebt sind das **Bi Feng Tang**, Zhongyang Dajie 185, Tel. 84690011(chinesische Küche), das **Russia 1914**, Xi Toudao Jie 57, Tel. 84563207 (russische Küche), oder das **Portman**, Xiqi Dao Jie 53, Tel. 84686888 (westliche Küche).

Internetcafé: **Join us Plaza**, Ecke Songhua Jie/Wang Gang oder im Hauptbahnhof, 2. Etage.

www.harbin2010.org.cn.

Dalian/大连

Kaum jemand weiß heute, dass sich der eigentliche Endpunkt der Großen Sibirischen Bahn in den ersten Jahren im heutigen Dalian befand. Wer damals nach Vladivostok wollte, musste in Harbin umsteigen, wo der durchgehende Transsibirien-Express nach Süden abbog und in den noch ziemlich unbekannten Ort mit dem damaligen Namen Dal'nyj fuhr. Das Zarenreich hatte große Pläne für seine neuen gepachteten Eroberungen in der Südmandschurei. Neben dem Hauptstützpunkt für die russische Pazifikflotte in Port Arthur wollte man mit ehrgeizigen Investitionen Dal'nyj zu einer großen Hafenstadt und Handelsmetropole werden lassen, das zu Beginn des 20. Jahrhunderts als russisches Pendant zu San Francisco in aller Munde war. Doch der Krieg zwischen Russland und Japan und die vernichtende Niederlage Russlands bescherten dem Traum ein schnelles Ende, da man diese Territorien und den Südteil der südmandschurischen Eisenbahn an Japan abtreten musste und somit Vladivostok seine ursprüngliche Bedeutung für Russland und die Transsib zurückerlangte.

Die Geschichte der Stadt Dalian ist wechselvoll. Unter japanischer Herrschaft hieß die Stadt Dairen und entwickelte sich zu einer bedeutenden Hafen- und Industriestadt. In der pazifischen Endphase des Zweiten Weltkrieges landeten am 23. August 1945 russische Truppen auf der Halbinsel Liaodong. Die Japaner übergaben die Stadt daraufhin kampflos. Die Rote Armee verließ die Mandschurei 1955.

Heute leben über fünf Millionen Menschen in Dalian, das ohne Zweifel zu den attraktivsten Metropolen Chinas gehört. In einem für diese Breitengrade vergleichsweise milden Meeresklima fügen sich die verschiedenen Stadtteile harmonisch in die hügelige Landschaft der Halbinsel ein. Mit seinen Stränden und Parks bietet Dalian seinen Bewohnern und Gästen viele Freizeitmöglichkeiten und gilt unter Chinas Großstädten hinsichtlich Lebensqualität als Nr. 1. Neben Hafen und Gewerbegebieten gibt es ein architektonisch interessantes Stadtzentrum, in dem sowohl die alten Viertel als auch die moderne Skyline die Einflüsse verschiedener Stilrichtungen verraten.

Die Wirtschaft der Stadt boomt unverkennbar. Dalian wird auch oft als ›die kleine Schwester von Schanghai‹ bezeichnet. Daneben gilt sie in China als Hauptstadt des Fußballs und der Mode. Die ›Dalianer Dachse‹ können in der noch recht jungen Geschichte von Chinas Fußballmeisterschaft auf acht Titelgewinne verweisen. In den letzten Jahren schwächelt man allerdings etwas. Eine Erfahrung die man durchaus mit den Fußballclubs der beiden deutschen Partnerstädte Bremen und Rostock teilt. Auch die Modemessen in der Stadt locken nicht mehr nur heimische Designer an. Alljährlich findet zur Zeit der Akazienblüte im Mai ein großes Programm mit farbenprächtigen Umzügen und Shows statt. Ein oktoberfestartiges Bierfestival steigt alljährlich in der ersten Juli-Hälfte.

Stadtrundgang

Der **Hauptbahnhof** befindet sich am nördlichen Rand des Stadtzentrums, das vor allem durch unzählige, in den letzten Jahren entstandene Hochhäuser und viele grüne Parkanlagen gekennzeichnet ist. Vorbei an einem aus drei Hochhäusern bestehenden Quartal gelangt man auf die **Zhongshan Lu**, die als die Haupt-

▶ Karte S. 327

Legende

1 Hauptbahnhof
2 Zhongshan-Platz
3 Fernsehturm
4 Russische Straße
5 Japanische Straße
6 Xinghai-Platz
7 Messezentrum
8 Meerespark ›Sun Asia Ocean World‹
9 Muschel-Museum
10 Zoo
11 Tiger Beach Ocean Park

Blick vom Fernsehturm über Dalian

straße gilt und in Richtung Osten zum Passagierhafen führt. Dabei überquert man zunächst den Yonhao-Platz und erreicht an der übernächsten Kreuzung den **Zhongshan-Platz**. Das Rondell mit einem Durchmesser von etwa 200 Metern war in der Gründerzeit der zentrale Platz und ist bis heute von geschichtsträchtigen Gebäuden im Kolonialstil umgeben. Die Hauptstraße zum Hafenterminal heißt ab hier **Renmin Lu**.

Wenn man aber hier der **Shanghai Lu** in Richtung Norden folgt und die Bahngleise überquert, sieht man in Richtung Hafen auf das Gelände, auf dem vor gut 100 Jahren die Züge der Großen Sibirischen Bahn ihr Ziel erreicht hatten. In Dalian allerdings erinnert nichts an die Rolle des Ortes als erste Endstation der Transsib. Man bekennt sich aber zu den russischen und japanischen Spuren in der eigenen Geschichte. Einerseits betont man die freie Entwicklung der Stadt nach den Jahren der russischen und japanischen Unterjochung und andererseits würdigt man diese Etappen der Stadtgeschichte durch zwei im jeweiligen typischen Baustil mit einem leichten Hauch von Disneyworld rekonstruierte Straßen. Als Fußgängerzonen heißen sie heute ›**Straße des russischen Flairs**‹ und ›**Straße des japanischen Flairs**‹ und sollen vor allem Touristen anlocken.

Wenn man der Zhongshan Lu in Richtung Westen folgt und die Jiefang Lu in Richtung Süden geht, gelangt man zum **Laodong-Park**, der größten Grünanlage im Stadtzentrum Dalians, die durch eine Skulpturenallee mit den chinesischen Sternzeichen zu einem Ausstellungsforum in Fußballform führt. Hier fährt auch ein **Sessellift zum Fernsehturm** empor, wo man von der Aussichtsplattform einen phantastischen Ausblick auf das Stadtzentrum und die gesamte Halbinsel hat.

▲ Karte S. 327

Südliche Küste

An der Xinghai-Bucht im Süden der Halbinsel befindet sich der riesige **Xinghai-Platz**, der 1997 zu Ehren der Rückkehr Hongkongs nach China gestaltet wurde. Im Zentrum eines Kreises mit dem Durchmesser von 1997 Meter er-

Ein Hauch von Disneyland in der ›Russischen‹ Straße

Das ›Modern Museum‹

hebt sich eine 19,97 Meter hohe Marmorstele. Im Süden laden die städtischen Badestrände ein. Im Norden grenzt das Messezentrum an den Platz. Hier befindet sich auch das ›**Modern Museum**‹ genannte Heimatmuseum der Stadt. In dem quadratischen Neubau mit Kuppel findet man neben Geschichte und wechselnden Ausstellungen eine gigantische Selbstvermarktung der Stadt und ihrer Wirtschaft (Huizhan Lu 10, Tel. 84801025).

Im Osten wird die Silhouette durch eine von Neuschwanstein inspirierte **Backsteinburg** geprägt, die derzeit zu einem ultimativen 5-Sterne-Schloss-Hotel umgebaut wird. Für das früher dort ansässige **Muschel-Museum** mit mehr als 5000 Muscheln aus allen Meeren der Welt entstand ein neues Domizil in der unmittelbaren Nachbarschaft (Tel. 84802938).

Weiter südlich an der Festlandsküste befindet sich auf einer vorgelagerten Landzunge der 2005 eröffnete eindrucksvolle **Meerespark ›Sun Asia Ocean World‹** (Tel. 84581113) und der bei den Dalianern beliebte **Xinghai-Park**. Die **Strände** sind im Sommer gut besucht. Dalian lockt Touristen aus dem Inland und Russland auch zum Strandurlaub.

Auf der Uferstraße (Bin Hai Lu) gelangt man in Richtung Osten nach etwa fünf Kilometern an den Eingang zum **Zoo** von Dalian. Dieser Teil des Parks war früher ein **Safari-Park**, der aber jetzt in den Zoo integriert wurde, dessen Hauptgelände hinter dem Berg liegt, den man zu Fuß umwandern oder mit einer Seilbahn (phantastischer Ausblick) überfahren kann. (Tel. 82480694).

Weitere zehn Kilometer östlich auf der Küstenstraße gelangt man zum ›**Tiger Beach Ocean Park**‹, wo das Polar-Aquarium mit Delphin- und Robben-Shows und die Korallengalerie zum Besuch einladen (Hutan Lu 3, Tel. 82678616).

Dalian-Rundfahrt

In Dalian sind für Touristen zwei Buslinien zu empfehlen. **Buslinie 801** startet am **Passagierhafen** und fährt entlang der meisten Sehenswürdigkeiten in der

Innenstadt bis zum **Meeresmuseum**. Eine weitere Route ab Bahnhof fährt auf einem 48 Kilometer langen **Rundkurs auf der Binhai-Küstenstraße** um die gesamte Halbinsel. Generell hat die Stadt ein vergleichsweise sehr gutes Busnetz, auf dem auch viele Doppeldecker und sowohl uralte als auch neue Straßenbahnen unterwegs sind. Dalian ist die einzige Stadt in China (außer Hongkong), in der noch Straßenbahnen fahren und auch wieder produziert werden. Aufgrund des hügeligen Stadtbildes findet man in Dalian im Vergleich zu anderen chinesischen Großstädten deutlich weniger Fahrräder.

Dalian

Zeitunterschied: MEZ +6 h im Sommer, + 7 h im Winter.

Vorwahl: 0086/411.

Hauptpostamt: Zhongshan-Platz 10, Tel. 82807722.

Bank: Bank of China, Zhongshan-Platz 9, Tel. 82586101.

Reisebüro: CITS, Chantong Jie 1, 4. Stock, Tel. 83687956.

Dalian hat vier Bahnhöfe. Der im Zentrum befindliche schlichte Hauptbahnhof wurde um 1930 von den Japanern gebaut. Es gibt einen täglichen Nachtzug nach Beijing sowie täglich 6 Expresszüge nach Shenyang, die zwischen 4 (nonstop) und 6 Stunden unterwegs sind. Weitere Züge fahren nach Jiliin, Changchun und Lüshün (Tel. 82831222).

GPS: 38°55'16"N/121°37'41"O.

Der örtliche Flughafen Zhoushuizi befindet sich 15 km nordwestlich des Stadtzentrums. Neben vielen Inlandsflügen (10 x täglich Beijing) gibt es Flüge nach Tokio, Osaka und Seoul (Tel. 83886699).

Es gibt unter anderen Fährverbindungen nach Tianjin, Yantai und Shanghai, Tel. 82625612.

Die besten Hotels in Dalian sind das **Shangri-La Hotel**, Renmin Lu 66, Tel. 82525000; DZ 1400 CNY, und das **Swissotel**, Wuhui Lu 21, Tel. 82303388; DZ 1050 CNY.

Das erste Hilton heißt heute **Nikko** und befindet sich zentral in einem Turm, Changjiang Lu 123, Tel. 82529999; DZ 850 CNY.

Geschichtsträchtig ist das ehemalige Yamato Hotel (heute **Dalian Hotel**) Zhongshan Sq. 4, Tel. 82633111.

Das 10-stöckige **Sea Horizon** am Südufer der Halbinsel bietet Pazifikblick, Bin Hai Lu 81, Tel. 82403399; DZ 550 CNY.

Das preiswerteste Hotel gehört zur **Home Inn Hotel-Kette**, Renmin Lu 92; DZ 190 CNY.

Gut und günstig ist auch das **Dalian Liang Yun Hotel** in Hafennähe, Wuwu Lu 12, Tel. 82589188; DZ 550 CNY.

Bei den günstigsten Übernachtungsmöglichkeit im **South Montain Hostel**, Mingze Lu 114, oder im **Haiyun International Hostel**, Jian Jie 104, Tel. 82394400 kostet der Schlafplatz 59 bzw. 49 CNY.

Die Auswahl an Restaurants aller Klassen lässt kaum Wünsche offen, Fisch und Meeresfrüchte stehen hoch im Kurs, man kann sowohl in den besseren als auch in einfacheren Gaststätten in den Aquarien sein noch lebendes Hauptgericht wählen. Das beste Restaurant dafür ist das **Xin Hai Wei** am Zhongshan-Platz, Shengli Plaza 8, Tel. 83708888.

Eine Alternative sind die Restaurants der Kette **Tian Tian Yu Gang**, Tianjin Lu 72, Tel. 82633898, oder Yan'an Lu 41, Tel. 82801111.

▶ Karte S. 327

Sehr empfehlenswert ist das **Hutong Li Restaurant**, Wuwu Lu (gegenüber dem Liang Yun Hotel), Tel. 82716388.
Im Zentrum gibt es vor allem in der Shanghai Lu und der Tianjin Lu viele kleine Gaststätten.

www.en.visitdl.com (C/E/R)
www.dalian.gov.cn (C/E)
www.dalianxpat.com (E).

Lüshunkou/旅顺口区

Lüshun, auch Lüshunkou genannt, ist heute ein Stadtteil von Dalian. Der an der Südspitze der Halbinsel Liaodong und etwa 35 Kilometer vom eigentlichen Dalian entfernte Ort ist aber besser unter seinem alten Namen Port Arthur bekannt. Während des Opiumkrieges ging ein britisches Schiff unter seinem Kapitän William S. Arthur in dem nur durch eine enge Durchfahrt zu erreichenden und ringsum durch felsige Hügel abgeschirmten Hafen vor Anker. Dorf samt Hafen hatten fortan einen Namen. Ab 1882 begann China, den Hafen für das Militär auszubauen.
Weltgeschichte wurde in dieser etwa fünf Kilometer langen Bucht in den Jahren 1904 und 1905 geschrieben. Russland hatte den Ort mit seinem windgeschützten Hafen im Rahmen seiner aus dem Bau der Transsib resultierenden ›Pachtoffensive‹ in der Mandschurei zum künftigen zentralen Hafen für seine Pazifikflotte erkoren. China hatte im ersten japanisch-chinesischen Krieg 1894 Port Arthur erobert. Dem damaligen viertägigen Massaker fielen über 18 000 Menschen zum Opfer. Es soll auf chinesischer Seite nur 36 Überlebende gegeben haben. Nun half Russland vier Jahre später, die Japaner wieder zu vertreiben. Doch der Eisenbahnexpansion des Zaren, die er gegen den Rat seines Chefunterhändlers Sergej Witte für die Mandschurei-Trasse nach Vladivostok verfügte, war keine lange Dauer vergönnt. Japan meldete sich schnell wieder zurück. Vergleichbar mit später

Blick vom Balyu-Turm auf Lüshun, das frühere Port Arthur

Das Bahnhofsgebäude von Lüshun hat sich in 100 Jahren kaum verändert

Pearl Harbor im Jahr 1941 begann das Reich des Tenno seinen Krieg gegen Russland am 9. Februar 1904 mit einem Überraschungsangriff zur Vernichtung großer Teile der russischen Flotte in deren eigenem Hafen. Es folgten ein monatelanger Belagerungskessel für den russischen Stützpunkt im Süden der durch die japanischen Landtruppen abgeschnittenen Halbinsel. Im Ergebnis des den russisch-japanischen Krieg beendenden Friedensvertrages verlor Russland das Gebiet an Japan. Nachdem die Sowjetunion im Zweiten Weltkrieg die Japaner in der Mandschurei besiegt hatte, schloss sie mit China einen neuen 30-jährigen Pachtvertrag für die Flottenbasis, zog sich aber bereits nach zehn Jahren endgültig aus Port Arthur zurück. Heute ist Lüshun einer der wichtigsten chinesischen Flottenstützpunkte und war deshalb lange Jahre für Ausländer geschlossen. Es gibt derzeit ab Dalian organisierte und vor allem bei russischen und japanischen Touristen populäre Tagesausflüge per Bus. Eine solche Exkursion in den geschichtsträchtigen Ort lohnt auf jeden Fall, und künftig soll es auch für Individualtouristen nur noch wenige, den Militärhafen betreffende Einschränkungen geben. Derzeit wird eine Schnell-Tram-Linie zwischen Dalian und Lüshun gebaut, die wohl dann ab 2013 den Ort für Tagesausflüge noch interessanter werden lässt.

Im Stadtgebiet sind noch einige wenige alte Gebäude aus den Gründerjahren erhalten. Eisenbahnfans werden am **Bahnhof** Gefallen finden. Der mit der Fertigstellung der Südmandschurischen Eisenbahn von den Russen aus Holz erbaute Bahnhof sieht noch genau so aus wie vor über 100 Jahren (GPS: 38°48'23"N/121°14'42"O).

Zunächst sollte man dem auf dem **Baiyu-Berg** von den Japanern errichteten gleichnamigen Turm einen Besuch abstatten. Als symbolischer Mix aus Kerze und Patrone sollte er als ›Halle der Asche‹ an die 20 000 japanischen Opfer im Krieg mit Russland erinnern und die japanische Militärmacht demonstrieren. Auf dem Weg nach oben erinnert auch eine Krupp-Kanone an deutsche Militärambitionen. Heute bietet der 67 Meter hohe Turm vor allem als Aussichtsturm einen phantastischen Blick auf die Hafenbucht.

Es gibt in der Stadt ein **Heimatmuseum** zu Chinas Geschichte allgemein (u.a. zwei Mumien aus der Provinz Xinjang), Liening Lu 42, Tel. 86383006, und das eindrucksvolle **Museum im Russisch-Japanischen Gefängnis**, Xiangyang Lu 139, Tel. 86610676.

Die größte **Schlangensammlung** Chinas im entsprechenden Museum entstand ausgerechnet in Lüshun aufgrund der Forschung zur unweit gelegenen und unbewohnten Schlangeninsel, die ca. 18 000 Exemplare einer Unterart von hochgiftigen Grubenottern (Pallas Pit Viper) bevölkern, Youyi Lu 2, Tel. 86382480.

Mehrere museale Orte erinnern an den Russisch-Japanischen Krieg. Auf der umkämpften **Anhöhe 203** gibt es einen

Obelisken und eine Ausstellung. Auch die Überreste der **Festung**, die Russland nach 154 Tagen japanischer Belagerung aufgeben musste, sind zu besichtigen. Das an den Zweiten Weltkrieg erinnernde Denkmal für die sowjetischen Soldaten und sich anschließende Friedhof wurden 1999 aus Dalian hierher verlagert.

Gastronomisch sieht es in Lüshun noch recht trostlos aus.

i Lüshun

www.dllsk.gov.cn (C/E/R)

Shenyang/沈阳

Shenyangs Geschichte begann vor über 2000 Jahren, und die Stadt ist auch unter ihrem alten Namen Mukden in den Geschichtsbüchern anzutreffen. Im 17. Jahrhundert hieß sie Shenjing. Jing stand für Hauptstadt. Damals machte der mandschurische Stammesfürst Nurhaci den Ort zur Hauptstadt seines Reiches. Er begründete die Qing-Dynastie und begann ab 1616 seine Eroberungen gen Süden, die 1644 in der das Ende der Ming-Dynastie bedeutenden Eroberung Beijings durch seinen Sohn Huang Tajii gipfelte.

Die Stadt blieb dann bis 1911 während der gesamten Qing-Dynastie zweite Hauptstadt, und aus dieser Zeit stammt auch der örtliche Kaiserpalast, sozusagen eine sehenswerte Kleinausgabe von Beijings Verbotener Stadt, die heute ebenfalls zum UNESCO-Weltkulturerbe gehört.

In der Nähe der Stadt fand im Mai 1905 die entscheidende Schlacht des Russisch-Japanischen Krieges statt. Russlands verheerende Niederlage bedeutete auch den Verlust der Hoheit über die Häfen von Dal'nyj und Port Artur sowie der Südmandschurischen Eisenbahn. Die nächsten Schlagzeilen der Geschichte stammen aus dem September 1931. Ein von japanischen Agenten verübter Sprengstoffanschlag auf die Japan unterstehende Eisenbahnlinie hatte schwerwiegende Folgen. Japan beschuldigte chinesische Banditen und begann, die Mandschurei zu besetzen. Mukden wurde zur Hauptstadt des dann folgenden Marionettenstaates Mandschouko. Heute leben knapp fünf Millionen Einwohner in der Industriemetropole. Es besteht eine Städtepartnerschaft mit Düsseldorf.

Stadtrundgang

Vom Nordbahnhof gelangt man geradeaus zum **Hugong-Platz**, an dem man sich rechts hält. Linker Hand ist das vertikal kreisrunde Bürogebäude, eines der markantesten Beispiele für die neue Architektur der Stadt, zu sehen. Man erreicht Shenyangs zentralen **Shifu-**

Der Kaiserpalast

TAXI 沈阳
TAXI 沈阳
行

Platz, wo sich neben Verwaltungsgebäuden auch das neue Theater und das Heimatmuseum der Provinz Liaoning befinden.
Vom Platz aus gelangt man Richtung Osten zum historischen Zentrum der Stadt mit dem **Kaiserpalast** als bedeutendster Sehenswürdigkeit. Hier erfolgte 1643 die Krönung des ersten Kaisers der Qing-Dynastie als Weihe für die nachfolgende Eroberung Beijings. Die Anlage ist natürlich deutlich kleiner als die Verbotene Stadt in der Hauptstadt. Während Beijing mit 10 000 Räumen auf über 700 000 Quadratmetern trumpft, finden sich in Shenyang nur ca. 300 Räume auf 60 000 Quadratmetern. Dafür geht es hier weniger hektisch zu. Die Anlage ist exzellent restauriert, alle Räume sind zugänglich, und vor allem die Details der vielen Reliefs lohnen einen genaueren Blick, Shenyang Lu, Tel. 24843819.
In allen vier Himmelsrichtungen findet man in jeweils vier Kilometern Abstand zum Kaiserpalast in kleinen Parkanlagen **buddhistische Pagoden**, die um 1650 die damaligen Stadtgrenze markierten. Die angrenzende Straße **Shenyang Lu** versucht zwischen den beiden Stadttoren das alte architektonische Flair der Vergangenheit wiederzubeleben. Östlich des Zentralplatzes findet man in Richtung Südbahnhof am Zhongshan-Platz das **größte Mao-Denkmal Chinas**. Der richtungsweisende große Steuermann ist dabei am Sockel von einer großen Gruppe kämpferischer Volksgenossen umrahmt.

Qing-Gräber und Expo-Garten

Vergleichbar mit den Ming-Gräbern in der Nähe von Beijing ist die **Grabanlage Zhaoling** (Mausoleum des Lichtes) einschließlich einer Seelenallee im Beiling-Park. Hier sind der zweite Kaiser der Qing-Dynastie Huang Tajii und sein Hofstaat begraben. Die weitläufige Parkanlage befindet sich nördlich des Stadtzentrums und gehört zum Weltkulturerbe (Beiling Jie). Gleiches gilt für die Grabanlage seines Vaters Nurhaci. Dieses Grab wird **Fuling** (Mausoleum des Glücks) genannt. Es ist zwar architektonisch bescheidener, dafür aber landschaftlich sehr schön auf einem Hügel zehn Kilometer östlich der Stadt gelegen, Dongling Lu 210, Tel. 88031748.
In derselben Richtung gelangt man auch zur im Zusammenhang mit der EXPO Shanghai 2008 in Shenyang angesiedelten Internationalen **Gartenschau** (Horticultural Exposition Garden). Entstanden aus dem ehemaligen Botanischen Garten, findet man rund um den Lilienturm verschiedene Gartenanlagen aus vielen Provinzen Chinas.

Museen

Das moderne und große, der gesamten Provinz Liaoning gewidmete **Heimatmuseum** mit Archäologie, Ethnographie und viel Kunst und Kunstgeschichte befindet sich am Zentralplatz, Shiwei Lu 26, Tel. 22821903.
Nicht 9/11, sondern 9/18 ist in Shenyang ein eigenes Museum gewidmet. Das Datum steht für den **18. September 1931**, als ein durch Japan provoziertes Eisenbahnattentat den Vorwand für die japanische Okkupation der Mandschurei lieferte. Das Museum beleuchtet diese bis heute auf die Beziehungen zu Japan nachwirkende Zeit bedrückend anschaulich, Wanghua Nanjie 46, Tel. 88320918.

Originelles Bürogebäude am Hugong-Platz

Am südwestlichen Stadtrand befindet sich ein neues riesiges **Eisenbahnmuseum**. Alle Exponate, darunter auch zwei Stomlinienlokomotiven und ein Salonwagen des legendären Asien-Expresses zwischen Harbin und Dairen, sind in einem exzellenten Zustand, Shandan Lu 8, Tel. 62077715, Sa, So geöffnet, an Wochentagen nur nach Voranmeldung.

Shenyang

Zeitunterschied: MEZ + 6 h im Sommer, + 7 h im Winter.

Vorwahl: 0086/24

Hauptpostamt: Baizhan Lu 111, Tel. 22562395.

Bank: Bank of China, Shifu Da Lu 253, Tel. 22810916.

Reisebüro: CITS, Nan Huanghe Lu 113, Tel. 86809383.

Konsulate: Frankreich, Nan Shisanwei Lu 34, Tel. 23190000, USA, 14. Wei Lu 52, Tel. 23221198, Russland, Nan Shisiwei Lu 31, Tel. 23223927, Japan, Nan Shisiwei Lu 37, Tel. 23855170, Südkorea, 13. Wie Lu 37, Tel. 23853388, Nordkorea, Nan Sijing Lu 109, Tel. 23240008.

Shenyang hat zwei nennenswerte Bahnhöfe. Der eigentliche Hauptbahnhof ist der neuere **Nordbahnhof**, der 2011 umfassend rekonstruiert wurde. In Shenyang zweigt die Bahnstrecke in Richtung Dalian ab. Diese 398 Kilometer lange Strecke über Anshan, Yingkou, Gai Xian und Wafangdian bildete 1903 den ursprünglichen Verlauf der Transsib zum damals russischen Pazifikhafen Dal'nyj. Reisende in Richtung Vladivostok mussten in Harbin umsteigen. Heute gibt es fast stündlich Züge nach Beijing, die zwischen 5 und 10 Stunden unterwegs sind. Es gibt u.a. täglich 6 Expresszüge nach Dalian (4 – 6 Stunden) und nach Harbin (5 Stunden), Beizhan Lu. **GPS**: 41°48'57''N/123°25'55''O.

Am historischen, architektonisch interessanten **Südbahnhof** halten zwar auch einige überregionale Züge, aber er ist ansonsten nur für den Regionalverkehr von Bedeutung, Zhongshan Lu. **GPS**: 41°47'30''N/123°23'17''O.

Der örtliche Flughafen Taoxian liegt ca. 20 Kilometer südlich der Stadt. Das Stadtbüro befindet sich in der Zhonghua Lu 229, Tel. 96833.

Das beste Hotel der Stadt ist das **Kempinski**, Qing Nian Da 109, Tel. 2298 8988; DZ 1100 CNY.

Eine Alternative ist das zur Shangri-La-Gruppe gehörende **Traders Hotel**, Zhonghua Lu 68, Tel. 23412288; DZ 850 CNY.

Fast daneben liegt das günstigere **Grand Century Hotel**, Zhonghua Lu 88-2 (ab Etage 8 aufwärts Hotel), Tel. 23402888 .

Am Nordbahnhof ist das **Gloria Plaza Hotel** zu empfehlen, Yingbin Lu 32, Tel. 22528855; DZ 1050 CNY.

Günstige Übernachtungsmöglichkeiten bietet das **Ibis Hotel**, Nanjing Bai Lu 161, Tel. 31315555; DZ 200 CNY.

Bekannt für seine Maultaschen ist das Traditionsrestaurant **Laobian Jiaozigan** an zwei Standorten: Zhongjie Lu 206 und Beishichang 57

Rund um die West-Pagode gibt es eine Reihe kleiner koreanischer Restaurants, Tita, Shifu Dajie.

www.shenyang.gov.cn (C/E)
www.lntour.gov.cn (C/E/R)
www.richardundiris.de (D).

Tianjin/天津

Mit knapp vier Millionen Einwohnern in der eigentlichen Stadt und etwa zwölf Millionen Menschen im Einzugsgebiet ist Tianjin fast schon ein echter Konkurrent für Beijing. Sie ist eine von vier Städten im Rang einer Provinz, die direkt der Zentralverwaltung unterstehen (neben Beijing, Shanghai und Chongqing). Tianjin ist ein riesiges Industriezentrum, der wichtigste Hafen für ganz Nordchina und auch der nächste Welthafen für Im- und Export der Mongolei. Vom Stadtzentrum bis zur Bucht von Bohai sind es ca. 50 Kilometer.

Der auch unter seinem früheren Namen Tientsin bekannte Ort war zunächst ein Fischerhafen, über den sogenannten Kaiserkanal wurde Beijing versorgt. Als China Mitte des 19. Jahrhunderts vom Ausland unter kriegerischem Druck gezwungen wurde, Handelskonzessionen zu vergeben, wurden diese Verträge 1858 in Tianjin unterzeichnet, das in der Folgezeit dann zum Zentrum der Konzessionäre aus Großbritannien, Frankreich und den Vereinigten Staaten wurde. Ende des 19. Jahrhunderts kamen Deutschland und Japan dazu.

Während des Boxer-Aufstandes war Tianjin das Zentrum der Auslandstruppen, weshalb noch Konzessionen für Russland, Belgien, Italien sowie Österreich-Ungarn folgten. Dies fand dann in der Stadtarchitektur in einem ungewöhnlichen Stilgemisch all dieser Länder seinen Ausdruck, das der Stadt am Fluss Haihe bis heute eine besondere Note verleiht. Im Jahr 1976 wurde Tianjin stark durch das schwere Erdbeben in Tangshan, das als das verheerendste des 20. Jahrhunderts gilt, in Mitleidenschaft gezogen. Es besteht eine Partnerschaft mit dem Saarland.

Stadtrundgang

Am im Untergeschoss gelegenen Bahnhofsausgang hält man sich nach der Rolltreppe links und gelangt zum weiten Vorplatz mit Blick auf den Fluss Haihe samt Dampferanlegestelle. Mit Blick

Verkehrspolizisten in Tianjin

Richtung Westen sieht man die **Milleniums-Uhr** sowie bereits zwei der drei möglichen Brücken, um über den Fluss ins Stadtzentrum zu gelangen.

Wenn man über die erste Stahlbrücke den Fluss überquert, kann man links der Uferpromenade folgen oder die **Jiefang Lu** weitergehen. An der ersten Kreuzung, wo das alte Kunstmuseum heute eine Kunstgalerie beherbergt, kann man nach links Richtung Fußgängerzone abbiegen.

Geradeaus landet man im historischen Bankenviertel, wo viele der alten Gebäude auch heute wieder Bankfilialen beherbergen, weshalb die Straße auch die Wall Street von Tianjin genannt wird.

Die **Fußgängerzone** besteht aus der fast parallel zum Fluss verlaufenden Heping Lu und der im rechten Winkel nach Süden abzweigenden Binjiang Dao, der Hauptgeschäftsstraße der Stadt. Am Ende der Binjiang Dao bilden die beiden 45 Meter hohen Türme der von Frankreich in den Jahren des Ersten Weltkrieges gebauten **Xikai-Kathedrale** einen markanten Orientierungspunkt. Vor der Kirche kreuzt man die Nanjing Jie. Ihr Richtung Osten folgend, gelangt man auf deren Südseite ins **Villenviertel Wudadao**. Hier findet man die meisten, heute denkmalgeschützten Bauten aus der Kolonialzeit. Diese Gegend rund um das Miyuan-Stadion wird auch das Fünf-Straßen-Viertel genannt. Man kann es zu Fuß, per Mietrad oder Pferdekutsche erkunden.

Von hier aus ist es nicht mehr weit bis zum 1991 errichteten **Fernsehturm**. Von einem künstlichen See umgeben, belegt er mit 415 Metern Höhe (samt Drehrestaurant in 257 Metern Höhe) weltweit Platz 6 unter den höchsten Turmbauten, Weijin Lu, Tel. 23343557. Auf der anderen Straßenseite der Weijin Lu gelangt man zum **Wasserpark** und zum **Zoo** von Tianjin. Südöstlich des Fernsehturms befindet sich einer der spektakulärsten Museumsneubauten Chinas, das **Tianjiner Geschichts- und Kunstmuseum**, Youyi Dajie 31, Tel. 5879 3000, www.tjbwg.com.

Tianjin

Zeitunterschied: MEZ + 6 h im Sommer, + 7 h im Winter.

Vorwahl: 0086/22.

Hauptpostamt: Huayuan Lu 4, Tel. 27121000.

Bank: Bank of China, Jiefang Bailu 80, Tel. 27102101.

Reisebüro: CTS, Pingshan Dao 16, Tel. 23535288.

Tianjins Hauptbahnhof ist heute der ehemalige Ostbahnhof, der sich im Zentrum nördlich des Haihe-Flusses befindet. Haihe East Road, **GPS**: 39°8'5"N/117°12'11"O. Ab 2012 soll der Hauptbahnhof zum etwa 4 km nordwestlich des Zentrums gelegenen Westbahnhof umziehen, Xiqingdao, **GPS**: 39°9'26"N/117°9'40"O. Die seit 2008 zwischen Beijing-Südbahnhof und Tianjin im 30-Minuten-Takt verkehrenden chinesischen Hochgeschwindigkeitszüge CRH benötigen für die 135 km bei in der Spitze 290 km/h eine gute halbe Stunde.

Ungeachtet der Nähe zu Beijing ist das Flugnetz des 15 Kilometer östlich des Stadtzentrums gelegenen Tianjin-Binhai Flughafens beachtlich. Es gibt Auslandsverbindungen nach Japan und Südkorea, www.tianjin-air.com (C/E).

Das beste Hotel der Stadt ist das **Golden Crown Hotel**, Nanjing Lu 18, Tel. 23038866; DZ 850 CNY.

Gute Mittelklasse bieten das **Holiday Inn**, Zhongshen Lu 288, Tel. 26288888; DZ 650 CNY, oder das **Friendship Hotel**, Nanjing Lu 94, Tel. 23315334; DZ 600 CNY. Die günstigste Hotelübernachtung gibt es im **Home Inn**, Hanyang Dao 19, Tel. 58996988; DZ 179 CNY.

Tianjin ist für die Vielfalt gedünsteter Fleischtaschen – Baozi – beruhmt. Das Traditionsrestaurant **Goubali** serviert sie an zwei Standorten: Shandong Lu 77, Tel. 27302540, und Heping Lu 232, Tel. 23031118.

Europäische Küche im alten Konzessions-Viertel bietet das **Richmond International**, Hebei Dajie 231, Tel. 23113397.

Eine lokale ›Fressgass‹ mit vielen Imbissständen befindet sich in einer Seitenstraße der Fußgängerzone Binjiang Dao.

www.tj.gov.cn (C/E).

An der Uferpromenade von Tianjin

Beijing/Peking/北京

Beijing gehört heute mit ca. 17 Millionen Einwohnern, von denen ca. zehn Millionen im unmittelbaren Stadtgebiet leben, ohne Zweifel zu den Megametropolen der Welt. Gleichzeitig blickt sie aber auch bereits auf eine etwa 3000 -jährige Geschichte zurück, in der sie die längste Zeit einen Vorposten am nördlichen Rand des Reiches der Mitte bildete. Chinesische Quellen datieren bis ins 12. Jahrhundert zurück und belegen die Existenz eines Grenzortes Ji. Unter allen chinesischen Kaiserstädten Chinas ist Beijing die jüngste. Der Mongolenkaiser Kublai-Khan (1260–1294) ließ hier als erster eine große Palaststadt errichten, die unter dem Namen Dadu oder auch Khanbalik Berühmtheit erlangte, in Europa vor allem dank der überschwänglichen Berichte des Marco Polo, der deswegen als Lügner bezeichnet wurde. Bei der Vertreibung der Mongolen durch die Ming-Kaiser um 1368 wurde Dadu zerstört und an ihrer Stelle die heutige Kaiserstadt erbaut.

Zu Beijing, was nichts anderes als ›nördlichen Hauptstadt‹ bedeutet, avancierte der Ort erst im 15. Jahrhundert. Das Pendant im Süden ist Nanjing, von wo Yong Le, der dritte Kaiser der Ming-Dynastie 1420 die Hauptstadt in die heutige Metropole verlegte und sie zum Zentrum der politischen Macht gestaltete. In der Folgezeit regierten hier 24 Kaiser die Geschicke des Reiches,. Der letzte – Pu Yi – dankte 1911 ab. Es folgte die Zeit der Republik, die auch die Hauptstadt wieder nach Nanjing und später nach Chongquing verlegte, bevor Mao 1949 Beijing den Hauptstadtstatus wieder zurückgab.

In den letzten 25 Jahren wuchs die Stadt mit einem kaum vorstellbaren Tempo und soll den Eintritt in das 21., das ›chinesische Jahrhundert‹ symbolisieren. Unter dem Motto ›One world – One dream‹ war Beijing 2008 Gastgeber der Olympischen Sommerspiele. Die Stadt profitierte dabei neben den Sportanlagen vor allem von einer grundlegend modernisierten Infrastruktur.

Beijinger Hauptbahnhof bei Nacht

▲ Karte hintere Umschlagklappe

Orientierung

Stadtrundfahrten im klassischen Sinne bieten in Beijing – neben dem zentralen Platz des Himmlischen Friedens – vor allem auf den mehrspurigen Magistralen entlang der unzähligen Hochhaus-Neubauten einen Eindruck vom bei allem Chaos doch irgendwie harmonisch ablaufenden Straßenverkehr. Am besten erschließt man sich die Sehenswürdigkeiten mit gezielten Ausflügen, die entweder mit den Bussen von Reiseveranstaltern oder auf eigene Faust gemacht werden.

Taxifahren ist in Beijing nicht viel teurer als öffentlicher Personennahverkehr in Europa. Allerdings sind Sprachprobleme vorprogrammiert. Man sollte dem Taxifahrer sein Ziel auf einem Stadtplan zeigen bzw. es sich vom Hotelpersonal in Chinesisch aufschrieben lassen. Alle größeren Hotels haben eigene Visitenkarten mit Lagehinweisen in Chinesisch, die dann auch die sichere Rückkehr gewährleisten. Alle Taxis haben Taxameter. Falls ein Taxifahrer diesen nicht einschalten will – das kommt mitunter in der Nähe der typischen Touristenplätze vor –, nimmt man ein anderes Taxi.

Einige Orte sind auch gut mit der **U-Bahn** zu erreichen. Im Vorfeld der Olympischen Sommerspiele 2008 wurde das U-Bahn-Netz in den letzten zehn Jahren gewaltig ausgebaut. Aus zwei Linien wurden acht, fünf weitere sind derzeit noch im Bau, fünf weitere in der Planung. Die Eingänge zu den U-Bahnhöfen sind an einem großen G-ähnlichen Symbol zu erkennen. Die **Linie 1** unterlegt die zentrale Ost-West-Magistrale. Die **Ringlinie 2** umschließt als Ring im Großen und Ganzen das Stadtzentrum. Der **Hauptbahnhof** liegt an der U-Bahn-Station Beijing Zhan an der Ringlinie. Der **Südbahnhof** hat auf der Linie 4 ebenfalls eine eigene U-Bahn-Station: Nan Zhan. Der **Westbahnhof** hat an der noch kurzen Linie 9 einen eigenen U-Bahnhof: Xike Zhan. Man gelangt aber auch in etwa zehn Minuten Fußweg zum U-Bahnhof Gongzhu Fen an der Linie 1.

Das Seidenstraßen-Kaufhaus

Stadtrundgang vom Hauptbahnhof aus

Unsere Tour beginnt am Hauptbahnhof. Wenn man mit dem Rücken zum Bahnhofsgebäude steht, sieht man mit der Beijingzhan eine Straße, die nach Norden führt. Dieser Straße folgt man bis zur nächsten Kreuzung. Jetzt befindet man sich auf der Dongchang'an Jie, der Hauptmagistrale Beijings, die die Stadt in West-Ost-Richtung durchzieht. An der Nordostecke der Kreuzung steht das **International Hotel**, erkennbar an seinem runden Drehrestaurant auf dem Dach. Linker Hand geht es in Richtung Verbotene Stadt und Platz des Himmlischen Friedens. Zunächst bietet sich noch ein Spaziergang nach rechts (Osten) an.

Vorbei an zwei großen Einkaufszentren mit zahlreichen Fast-Food-Möglichkeiten gelangt man an eine den zweiten innerstädtischen Ring überquerende große Brückenkreuzung. Heute gibt es bereits fünf innerstädtische Autobahn-

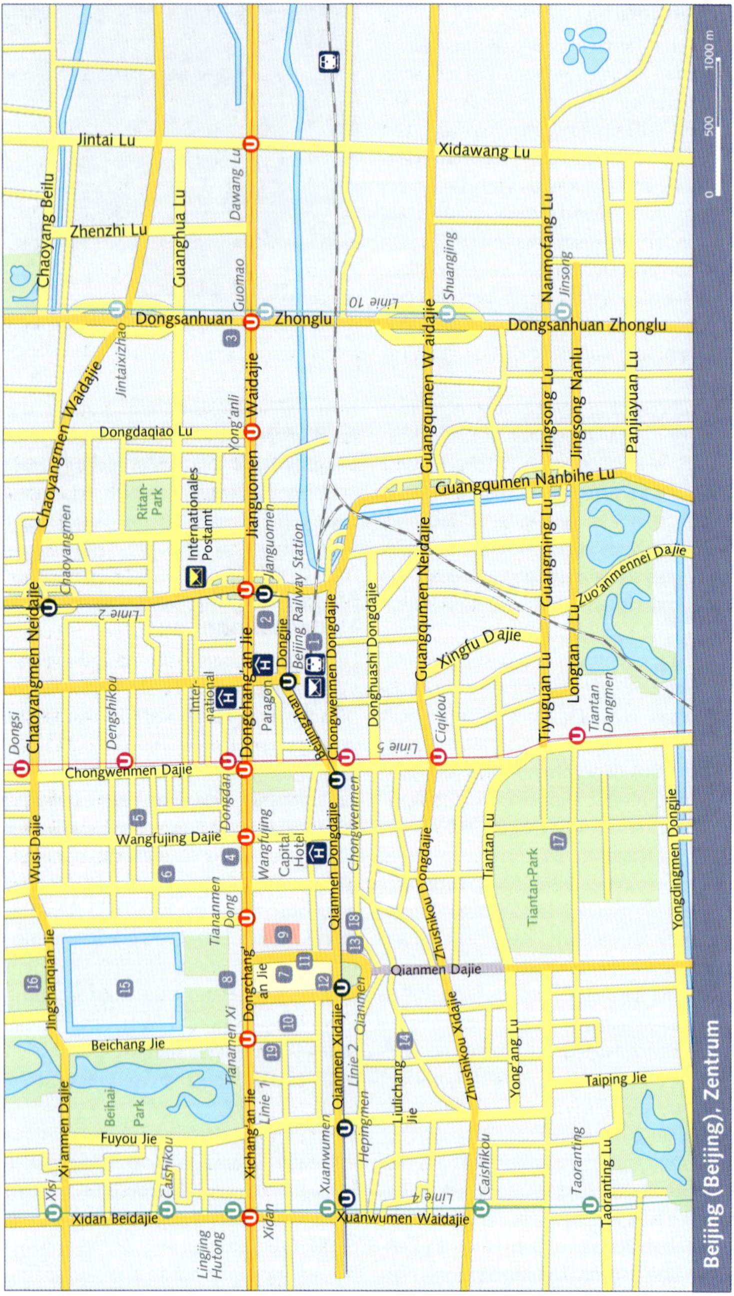

Beijing (Beijing), Zentrum

ringe in Beijing. An dieser Kreuzung kann man Reste eines Eckturms der alten Stadtmauer sowie altertümliche astronomische Instrumente besichtigen. Dieses **Observatorium** (Guanxiangtai) wurde 1442 in der Mingzeit erbaut und 1982 umfassend restauriert. Sechs der acht ausgestellten Instrumente wurden im 17. Jahrhundert von dem belgischen Jesuiten Ferdinand Verbiest geschaffen. Die Patres waren so gute Astronomen, dass ihnen der Kaiser die Leitung des Observatoriums übertrug (Dongbiaobai Hutong 2, Tel. 65128923). Weiter in Richtung Osten folgen mehrere Hotels und Einkaufsmöglichkeiten.

In Höhe der nächsten U-Bahn-Station Yongan Li steht das **Seidenstraßen-Kaufhaus**. Der alte Seidenstraßen-Markt im Botschaftsviertel befindet sich heute in diesem Sechsgeschosser. Es ist eines der Beijinger Zentren für Schnäppchenjäger mit starken Nerven und Zeit für exzessives Handeln.

Auf dem Rückweg in Richtung Zentrum kommt man am **Chang'an Grand Theater** (Jianguomen Waidajie 7, Telefon 65101155) vorbei, in dem täglich originale, also nicht speziell für Touristen aufbereitete, Beijing-Opern aufgeführt werden. Sicherlich nicht jedermanns Sache, nicht umsonst erfreuen sich die T-Shirts mit der Aufschrift ›I survived Beijing Opera‹ nicht geringer Beliebtheit. Die Vorstellungen beginnen um 19.30 Uhr und dauern etwa 3 Stunden.

Wangfujing Dajie

Man läuft dann weiter gen Westen, bis man auf der Nordseite rechter Hand Beijings bekannteste Fußgängerzone und Shopping-Meile wahrnimmt – die Wangfujing Dajie.

An der Ecke erhebt sich das **Beijing Hotel**. Es gehört zu den großen alten Traditionshotels der Welt und lohnt einen Blick ins Innere. Der älteste Teil stammt aus dem Jahr 1917, der Turmbau kam 1974 sowie der Westteil 1988.

In der Fußgängerzone stehen rechts und links Kaufhäuser aller Art. Am nördlichen Ende kommt rechts die riesige **Shopping-Mall Sun Dong An** mit eleganten Läden und Restaurants und Imbissen aller Art. Wenn man von dort noch etwa 150 Meter nach Norden weitergeht, sieht man rechts die anglikanische **Wangfujing-Kathedrale** (St. Andrew), die an einem neu gestalteten Platz liegt. Wer die Wangfujing am Abend besucht, sollte in einer Querstraße in Richtung Verbotene Stadt der allabendlichen **›Fressgasse‹ in der Donganmen**, einem sogenannten Nachtmarkt, einen Besuch

Legende

1 Hauptbahnhof
2 Altes Observatorium
3 Seidenstraßen-Kaufhaus
4 Beijing-Hotel
5 Wangfujing-Kathedrale
6 Nachtmarkt in der Donganmen
7 Tiananmen-Platz
8 Tor des Himmlischen Friedens
9 Revolutions- und Geschichtsmuseum
10 Nationaler Volkskongress
11 Mao-Mausoleum
12 Qianmen-Tor
13 Eisenbahnmuseum im alten Kolonialbahnhof
14 Abwechslungsreicher Einkaufsbezirk
15 Verbotene Stadt
16 Kohlenhügel
17 Himmelstempel
18 Stadtentwicklungsmuseum
19 Nationalzentrum für darstellende Künste

Transportfahrräder

abstatten. Über 100 ambulante Kioske in Reih und Glied bieten Delikatessen aus dem ganzen Land.

■ Platz des Himmlischen Friedens

Zurück auf Dongchang'an Jie ist es nicht mehr weit bis zum Platz des Himmlischen Friedens (Tian'anmen Guangchang). Von hier aus sind viele bedeutende Gebäude und Anlagen der Stadt sicht- und gut erreichbar. Der Platz wurde in seiner heutigen Form genauso wie die Dongchang'an Jie als zentrale Magistrale nach 1949 gestaltet. Er ist mit 44 Hektar Fläche (800 Meter x 500 Meter) vermutlich der größte hauptstädtische Platz dieser Art weltweit.

In seiner Mitte befindet sich das **Denkmal für die Helden des Volkes**. Das Sockelrelief zeigt wichtigen Stationen der jüngeren Geschichte Chinas. Blickt man von dieser Stelle aus nach Norden, liegt direkt hinter der von West nach Ost verlaufenden Chang An das **Tor des Himmlischen Friedens**, Tian'anmen (Men – Tor). Es war das Tor zur Kaiserstadt, die auch ›Verbotene Stadt‹ genannt wurde, weil dem gemeinen Volk der Zugang zu dieser Anlage verboten war. Das Tor ist gut am Mao-Portrait auszumachen.

▲ Karte S. 342

An der Ostseite des Platzes steht ein großer Gebäudekomplex, der im Nordflügel das Museum der Chinesischen Revolution und im Südflügel das Museum für Chinesische Geschichte beherbergt, die 2003 zum **Chinesischen Nationalmuseum** (http://en.chnmuseum.cn (E)) zusammengeführt wurden. Es wurde durch die Hamburger Architekten Gerkan, Marg und Partner in den letzten Jahren umgebaut und erweitert, die Neueröffnung fand im April 2011 statt.

In der **Großen Halle des Volkes** an der Westseite tagt der Nationale Volkskongress Chinas. Hinter dem Gebäude steht Beijings neues hypermodernes Opernhaus, das **Nationalzentrum für darstellende Künste** mit drei Bühnen und 6500 Plätzen. In diesem neuen Haus der Superlative finden allerdings nicht Beijing-Opern, sondern unterschiedliche Theateraufführungen und Konzerte statt (Xichang'an Jie 2, Tel. 66550000, www.chncpa.org).

Wendet man sich von der Ostseite des Platzes aus nach Süden, sieht man rechter Hand auf der gegenüberliegenden Straßenseite das **Mao-Mausoleum**, wo auch heute noch tagtäglich eine lange Menschenschlange steht. Die Wartezeit schwankt je nach Andrang zwischen 15 und 45 Minuten.

Auf dem Platz des Himmlischen Friedens

Hinter dem Mausoleum folgt rechts mit dem **Qianmen** ein gigantisches altes Stadttor, das man auch besichtigen kann.

Halbrund um das Tor liegt eine Reihe von Gebäuden, von denen das markanteste am Ostende der alte Hauptbahnhof von Beijing ist, den man stilistisch am typischen Turm alter Kolonialbahnhöfe erkennen kann. Seit 2010 befindet sich hier ein neues **Eisenbahnmuseum**, allerdings ohne Technik-Ausstellung, die sich im zweiten riesigen Bahnmuseum am Stadtrand befindet.

Gleich daneben befindet sich das zur Olympiade neu eröffnete **Stadtentwicklungsmuseum** (Qianmen Dongdajie 20, Tel. 67017074). Von hier aus gelangt man nach Osten über die Qianmen Dong Dajie zum Hauptbahnhof zurück. Alternativ fährt man zwei Stationen auf der Ringlinie der U-Bahn.

In Richtung Süden gelangt man die **Quianmen Dajie** entlang zum Park des Himmelstempels (s.u.). Aus der früher quirligen Geschäftsstraße wurde ab 2008 eine große Fußgängerzone mit einer historischen Straßenbahn. Zur Olympiade war man erstaunlicherweise nicht fertig, aber seit 2009 lassen sie immer mehr Geschäfte und Restaurants in vollem Glanz erstrahlen. Wer sich mehr für das alte Beijing der Hutongs interessiert, sollte rechter Hand in die Nebenstraßen abtauchen, wo sich auch die durch ihre Kunstgewerbeläden bekannte **Touristengasse Liulichang Jie** befindet.

Die Verbotene Stadt

Der Kaiserpalast (Gugong, Palastmuseum) mit einer Fläche von 720 000 Quadratmetern soll 9999 Räume enthalten, einen weniger als der Palast des Himmelskaisers, der der Sage nach 10 000 Räume umfasst. Als Raum galt in der antiken Architektur Chinas jede von vier

In der Verbotenen Stadt

Säulen umgebene Fläche. Doch auch die Zahl 9999 scheint legendären Charakter zu haben. Eine Zählung im Jahre 1958 ergab ›nur‹ eine Zahl von 8886 Räumen. Man betritt den in den Jahren 1406 bis 1420 erbauten Palast durch das **Wumen**, das Mittagstor. Während der Qing-Dynastie war es üblich, dass sich hier alle Beamten vor Tagesanbruch versammeln mussten, um auf die Audienz des Kaisers zu warten. Hat man das Tor passiert, überquert man die Goldwasserbrücke aus weißem Marmor, deren mittlerer Weg ebenso wie alle mittleren Durchgänge und Wege auf der Nord-Süd-Achse ausschließlich dem Kaiser vorbehalten waren.

Es folgt das **Tor der Höchsten Harmonie**. Hinter diesem liegt der größte Hof des Palastes, in dem fast 90 000 Menschen Platz finden. Während der großen Zeremonien hatten sich hier die Ehrengarde, Militärs und Beamte zu versammeln, um auf Knien dem Kaiser zu huldigen.

Die den Hof nach Norden begrenzende **Halle der Höchsten Harmonie** ist die größte Halle des Palastes und gleichzeitig der größte Holzbau des alten China. Mit 37 Metern Höhe war sie in der Kaiserzeit auch der höchste Bau Beijings, und kein anderes Gebäude der Stadt durfte diese Höhe überschreiten. 72 mächtige zinnoberrote Säulen stützen den Bau. Die mittleren sechs Säulen, die den Thron umgeben, sind mit goldlackierten Drachen verziert, dem Symbol der kaiserlichen Macht. Diese Halle war für die größten Zeremonien wie etwa die Thronbesteigung vorgesehen, für große Audienzen sowie Zeremonien an den Festtagen.

Dann folgt die **Halle der Vollkommenen Harmonie**, ein kleinerer Bau, der fast das Aussehen eines Pavillons hat. Hier ruhte der Kaiser und bereitete sich auf die Zeremonien vor. Auch diese Halle

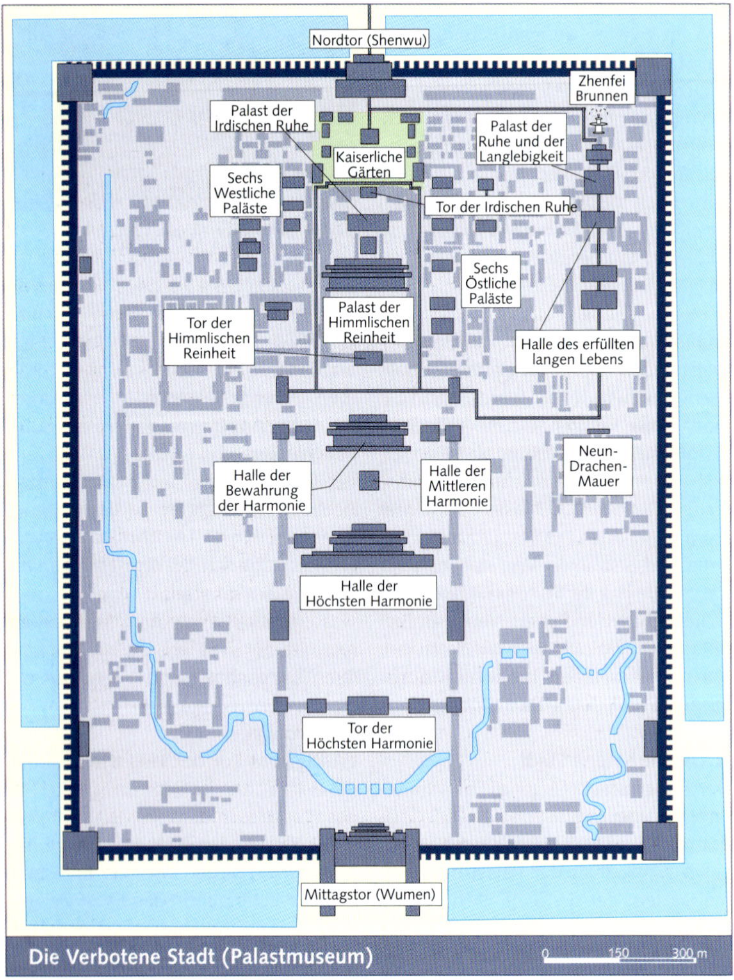

Die Verbotene Stadt (Palastmuseum)

Karte S. 342

enthält einen Thron und zwei offene Sänften des Kaisers. Noch auf der gleichen Terrasse schließt sich dann die letzte der drei Großen Hallen an, die **Halle zur Erhaltung der Harmonie**. Hier empfing der Kaiser die Vertreter des Adels zu Banketten. Die Qing-Kaiser nahmen hier auch das kaiserliche Examen ab, das als Einstieg in die höhere Beamtenlaufbahn unerlässlich war. In der Mitte der Halle steht wieder ein großer Thron mit einer fünfteiligen, reich verzierten Rückwand.

In den **Hallen an der West- und Ostseite** werden heute Exponate aus der Schatzkammer des Palastes gezeigt, darunter Gemälde, Kalligraphien, Gewänder des Kaisers und der Kaiserin sowie Schmuck- und Gebrauchsgegenstände.

Die Halle zur Erhaltung der Harmonie verlässt man über eine große **Marmortreppe**. Deren Mitte wird von einem einzigen Steinrelief gebildet, das aus einer 16 Meter langen und 200 Tonnen schweren Platte besteht. Die nun folgende purpurfarbene Mauer mit dem Tor der göttlichen Reinheit auf der zentralen Achse markiert die Grenzlinie zwischen dem Außenhof und den inneren Gemächern, in denen früher die kaiserliche Familie, die Hofdamen, Konkubinen und Eunuchen wohnten.

Hinter dem Tor liegen auf der Nord-Süd-Achse folgende **Privatgemächer**: zunächst der Palast der Göttlichen Reinheit, das kaiserliche Schlafgemach, danach die Halle der Berührung von Himmel und Erde. Hier thronten die Kaiserinnen, feierten ihre Geburtstage oder züchteten im Frühjahr Seidenraupen. Die letzte Halle der inneren Gemächer ist der Palast der Irdischen Ruhe, der den Kaiserinnen als Schlaf- und Aufenthaltsraum diente. Hier befindet sich auch der ganz in Rot gehaltene Hochzeitsraum.

Garküchen in der Donganmen

Durch das Tor der Irdischen Ruhe gelangt man in den letzten Teil der Anlage, den **Kaiserlichen Garten**. Mit seinen Miniaturlandschaften und den uralten Kiefern und Zypressen ist er ein Beispiel chinesischer Gartenbaukunst.

Im Ostteil der Anlage befinden sich die berühmte **Neun-Drachen-Mauer** mit ihren kunstvollen Keramikfliesen und der ebenfalls sehenswerte **Palast des Ruhevollen Alters**.

Kohlehügel und Beihai-Park

Gegenüber dem Nordtor des Kaiserpalastes erhebt sich der **Kohlehügel**, Jingshan. Der Volksmund berichtet, dass hier früher die Kohle für den Palast gelagert wurde. Der Hügel wurde mit dem Aushub des Palastgrabens aufgeschüttet und war zugleich ein Windschutz gegen die häufigen Nordwinde. Bei gutem Wetter lohnt sich ein Aufstieg, denn dann hat man einen herrlichen Blick über den Kaiserpalast, dessen goldgelbe Ziegeldächer im Gegenlicht erstrahlen. In Richtung Osten hat man eine gute Aussicht auf den Beihai-Park.

So wie Beijing in der wörtlichen Übersetzung ›nördliche Hauptstadt‹ bedeu-

tet, steht der Name des Parks für den gleichnamigen ›nördlichen See‹ – **Beihai**. Hier befand sich vor 1400 die Hauptstadt Dadu des Kublai-Khan. Auf der über zwei Brücken zu erreichenden Jade-Insel steht die **Weiße Dagoba**, eine mächtige Stupa im tibetischen Stil, die 1651 anlässlich des Besuches des damaligen Dalai Lama gebaut wurde. Den Bei-See kann man mit einer kleinen Drachenbootfähre überqueren.

Im Norden grenzt der Park an die **Di'anmen Xi Dajie**. Links des Qian-Sees, in der direkt am Ufer gelegenen sogenannten **Lotusgasse,** reiht sich ein Restaurant an das andere. Diese beschauliche Gasse in der hektischen Metropole hat sich in den letzten Jahren zu einem beliebten touristischen Ruhepunkt für fußmüde Touristen entwickelt. Zur Zeit der Lotusblüte im Juni ist der Blick auf den See besonders reizvoll. Zugleich befindet man sich mitten im größten **Hutong-Viertel** der chinesischen Hauptstadt, wo man den Geist des alten Beijings mit seinen Hofhäusern noch etwas spüren kann. Über die Kanalbrücke zwischen dem Quin-See und dem nördlicheren Hou-See gelangt man zum zentralen Orientierungspunkt des Viertels – zwei einander gegenüberstehenden Türmen.

Glockenturm und Trommelturm

Der Glockenturm und der Trommelturm bilden dieses Turmpaar und beide sind zu besichtigen (siehe hintere Klappkarte). Zur Kaiserzeit erfuhr man hier im Zwei-Stunden-Rhythmus, was die Stunde geschlagen hatte. Tagsüber erklang die Glocke, nachts die aber eher der Kategorie Pauke zuzuordnende Trommel. Im Hutong-Viertel werden auch vielfältige **Rikscha-Exkursionen** angeboten. Östlich der Achse beider Türme läuft die Rekonstruktion des Viertels und seine Ausrichtung auf wachsende Touristenströme auf Hochtouren. Westlich der Achse bieten die Gassen und Höfe vorläufig noch mehr Ursprünglichkeit. Am Rand des Viertels in Nähe zum 2. Autobahn-Ring befinden sich zwei der wichtigsten Tempelanlagen: der Lamatempel Yonghegong und der Konfuzius-Tempels Kong Miao.

Lamatempel und Konfuziustempel

Der **Lamatempel** diente dem Kaiser Yongzheng vor seiner Thronbesteigung als Residenz. Nach seinem Tod wurde der Palast zum tibetischen Kloster. Neben figürlichen Buddha-Darstellungen und einer Bronzefigur des Begründers der lamaistischen Gelbmützensekte, Tsongkapa, ist die 18 Meter hohe Figur des Buddha Maitreya, die aus einem einzigen Sandelholzstamm geschnitzt wurde, bemerkenswert (Yonghe Gong Dajie, U-Bahnstation Yonghegong).

Nur wenige Fußminuten entfernt befindet sich die große Anlage des **Konfuziustempels Kong Miao**. Hier huldigte man zweimal jährlich unter Leitung des Kaisers oder eines Stellvertreters dem großen Lehrmeister – Konfuzius heißt auf chinesisch Kongzi, was ›Meister Kong‹ bedeutet. Das Gelände ist mit uralten Zypressen bestanden, in deren Schatten 198 Inschriftenstelen die Namen aller 51624 Konfuzianer verewigen, die seit dem 14. Jahrhundert bis zu deren Abschaffung im Jahre 1904 die höchste Staatsprüfung bestanden haben. Auch wenn sich nicht viele Touristen hierher verirren, lohnt sich ein Besuch sehr (Guozijian Jie 13, Tel. 84011977, U-Bahnstation Yonghegong).

Im Beihai-Park

Himmelstempel

Zu den unbedingt sehenswerten Tempel- und Parkanlagen gehört der Himmelstempel. Der ebenfalls 1420 unter dem Ming-Kaiser Yongle erbaute Tempel (Tiantan) ist Chinas größte Tempelanlage. Zweimal im Jahr zogen die Ming- und später die Qing-Kaiser hierher, um den Himmelskaiser um eine reiche Ernte zu erbitten bzw. dafür zu danken.

Die **Halle der Ernteopfer** mit dem einzigartigen dreistufigen Runddach mit blauen Ziegeln wurde 1420 gebaut und einige Male renoviert. Sie misst 30 Meter im Durchmesser und ist 38 Meter hoch; die Spitze des Dachs ziert eine vergoldete Kugel. Die Halle ist ohne Zuhilfenahme von Stahlgerüsten und ohne einen einzigen Nagel gebaut; Säulen, Balken und komplizierte Konsolen tragen das Dach. Die 28 zinnoberroten Holzsäulen haben symbolischen Charakter. Die vier mittleren, starken Säulen, um die sich goldene Drachen winden, symbolisieren die vier Jahreszeiten. Es folgen in kreisrunder Aufstellung zwölf weitere Säulen, die für die zwölf Monate eines Jahres stehen. Der äußere Ring von zwölf Säulen steht für die zwölf Stunden des Tages. Im Kaiserreich teilte man den Tag in zwölf Abschnitte ein, also in Zwei-Stunden-Takte, deshalb auch der Zwei-Stunden-Rhythmus bei der Zeitansage am Glocken- bzw. Trommelturm.

Über einen längeren, erhöhten Weg gelangt man nun zur **Halle des Himmelsgewölbes**. Das ist eine runde Halle – ebenfalls mit einem Dach aus blauglasierten Ziegeln –, in der früher Zeremonialgegenstände sowie die Gedenktafeln des Himmelsgottes aufbewahrt wurden. In dieser Halle gibt es keinen einzigen Querbalken; das Dach ruht lediglich auf einem besonderen System stufenförmiger Konsolen. Die Halle wird von der Echomauer umgeben. Sie ist so angelegt, dass man sich, selbst wenn man weit entfernt voneinander steht, bequem unterhalten kann, wenn beide Sprecher gegen die Mauer reden.

Es folgt als letztes Bauwerk der **Himmelsaltar**, eine runde, in drei Stufen erbaute Terrasse aus weißem Marmor. Die Gesamthöhe beträgt fünf Meter; die oberste Terrasse hat einen Durchmesser von 30 Metern. Ihren mittleren Stein

Im Himmelstempel

▲ Karte hintere Umschlagklappe

Die Siebzehn-Bogen-Brücke am Sommerpalast

bezeichneten die Chinesen auch als Mittelpunkt der Erde – ein besonders beliebtes Fotomotiv für Chinesen. Alle Platten der Terrasse wurden im Einklang mit der chinesischen Zahlenmystik gelegt.

Im Westen des Parks gibt es noch eine kleine Burganlage, in deren Gemächern der Kaiser vor den Tempelzeremonien wohnte und fastete.

Sommerpalast

In die kühleren Gartenanlagen des Sommerpalastes (Yihe Yuan) im Nordwesten der Stadt (siehe hintere Klappkarte) zog sich der kaiserliche Hof in den heißen Sommermonaten zurück. Die jetzige Anlage geht in ihrer Struktur auf den Kaiser Qianlong (1736–1795) zurück. Im Süden des Parks liegt der künstlich angelegte **Kunming-See**, der mit der 150 Meter langen Siebzehn-Bogen-Brücke und der Jadegürtelbrücke aus Marmor dem Westsee von Hangzhou gleicht. Man betritt den Sommerpalast durch das Osttor und kommt zunächst zur **Halle des Wohllebens und der Langlebigkeit**, die für die Erledigung der Staatsgeschäfte vorgesehen war. Dahinter folgt in westlicher Richtung das **Wohnviertel** mit der Halle der Freude und der Langlebigkeit und der Halle der Jadewellen.

Ein 728 Meter langer überdachter **Wandelgang**, dessen Decken und Balken mit Landschaften und Szenen alter Legenden bemalt sind, erstreckt sich am Ufer des Sees entlang von Ost nach West. In der Mitte des Wandelganges steht direkt am Ufer ein großes Schmucktor. Hier beginnt man den Aufstieg zum Gipfel des **Wanshou-Berges**, auf dem sich der Pavillon des buddhistischen Wohlgeruchs und der Tempel des Weisheitsmeeres befinden.

Am Ende des Wandelganges steht das berühmte **Marmorboot**. Das ließ die Kaiserwitwe Cixi mit Geldmitteln bauen, die ursprünglich für die Aufrüstung der kaiserlichen Marine vorgesehen waren. In der Nähe des Sommerpalastes befindet sich auch Beijings beliebtestes Ausflugsziel, der **Duftende Hügel** (Xiangshan). Die zwei wichtigsten Sehenswürdigkeiten des Parks sind der Tempel der azurblauen Wolken (Biyun Si) und der Tempel des liegenden Buddhas (Wofosi).

Olympisches Grün

Beijings Olympiade ist mittlerweile Geschichte, aber die Wirkung der spektakulären Spiele hallt im Stadtbild nicht nur architektonisch nach. Offensichtlich hat sich auch die ökologische Situation in Chinas Metropole nicht nur für die Zeit der Olympiade, sondern nachhaltig verbessert. Mit dem Olympiagelände im Norden der Stadt entstand als Verlängerung der zentralen, kaiserlichen Nord-Südachse eine weitere Parkanlage: das ›Olympische Grün‹. Den Mittelpunkt bildet das ›Schwalbennest‹ genannte **Nationalstadion**, das heute an wettkampffreien Tagen zu besichtigen und bei den Einheimischen als Picknick-Ausflugsziel beliebt ist. Das Olympiagelände befindet sich nördlich des vierten Ringes und ist über die drei Bahnhöfe umfassende Olympia-Linie der U-Bahn zu erreichen (Umsteigebahnhof: Beitucheng auf der ebenfalls neuen Linie 10).

Südöstlich des Olympiageländes befindet sich der **Minoritätenpark** (Zhonghua Minzuyuan), wo man sich im völkerkundlichen Schnelldurchlauf mit der Architektur und der Kultur der über

Im Eisenbahnmuseum

50 in China lebenden nationalen Minderheiten vertraut machen kann (Beichen Xilu, Tel. 62063647)

Eisenbahnmuseum

Ein Muss für alle Eisenbahnfans ist das 2002 neu eröffnete Beijinger Eisenbahnmuseum. Es befindet sich am östlichen Stadtrand im Chaoyang-Bezirk, wo sich auch das Testgelände der Chinesischen Eisenbahnindustrie befindet. In einer gigantischen Halle (16 500 Quadratmeter) sind neben der Mao-Dampflok alle Variationen des Modells Dong Feng (Ostwind) und viele alte ausländische und in China eingesetzte Dampfloks sowie verschiedene Waggons zu besichtigen (Montag Ruhetag, Jiuxiangqiao North Road, Tel. 64381317).

Die Große Chinesische Mauer

Chinesen behaupten, wer die Große Mauer (eigentlich die ›Lange Mauer‹ – Khangcheng) nicht bestiegen habe, der habe China nicht besucht. Ohne Zweifel ist sie mit etwa 6350 Kilometern Länge eines der imposantesten Bauwerke der Menschheit.

Schon vor 2500 Jahren begannen chinesische Fürstentümer mit dem Bau von Schutzwällen, um die kriegerischen Nomadenstämme aus dem Norden aufzuhalten. Kaiser Qin Shi Huangdi (221–210 v. Chr.) ließ erstmals die verschiedenen Teilmauern zu einer einzigen Wehranlage zusammenfassen, die allerdings eher Erdwälle waren. Die heute sichtbaren Abschnitte gehen auf das 15. Jahrhundert zurück, als man sich nach der Verlagerung der Hauptstadt nach Beijing mit dieser Mauer vor einer Rückkehr der Mongolen schützen wollte. Als Schutzwall war die Mauer aber letztendlich eine Fehlinvestition, denn ein General öffnete Anfang des 17. Jahrhunderts mandschurischen Truppen das Tor

▲ Karte hintere Umschlagklappe

Die Umgebung von Beijing und die Große Mauer

einer Festung. In China hatte eine Bauernarmee die Ming-Kaiser gestürzt, und der General setzte auf mandschurische Truppen zur Wiederherstellung der Ming-Herrschaft. Ein klassisches Bock-Gärtner-Szenarium. Die mandschurischen Eindringlinge etablierten mit ihrer Qing-Dynastie für die nächsten 300 Jahre ihre Herrschaft im Reich der Mitte.

Nördlich von Beijing sind etwa ein Dutzend Mauerstücke touristisch erschlossen.

Mauer bei Badaling

Spitzenreiter in der Popularität ist dank guter Verkehrsanbindung per Autobahn das 60 Kilometer entfernt liegende Badaling. Hier ist die Mauer gut erhalten, und man kann auf ihr in westlicher oder in östlicher Richtung nach moderat steilem Aufstieg zu Wachtürmen gelangen.

Kurz vor Badaling befindet sich die **Festung Jiayuguan**, an der man auf der Autobahn nach Badaling vorbeifährt.

Hier ist das ›Treppensteigen‹ etwas schweißtreibender, dafür aber die Aussicht, u.a. auch auf die Bahnstrecke Beijing–Datong, eindrucksvoller. Daneben gibt es am vollständig wiederaufgebauten Fort die interessante ›Wolkenplattform‹. Am Sockel einer ehemaligen Pagode sind gleichlautende Inschriften in verschiedenen Sprachen und Schriften zu besichtigen.

Nach Badaling kommt man mit den Ausflugsbuslinien 1 oder 2. Abfahrt am Qianmen bzw. am Hauptbahnhof. Eintritt: 60 CNY.

Mauer bei Mutianyu und Simatai

Weniger touristisch frequentierte Zielorte für Mauerausflüge sind Mutianyu oder Simatai. Im Gegensatz zu Badaling gibt es keine regulären Busverbindungen. Man ist auf Ausflugsbusse oder ein tageweise für Hin- und Rückfahrt zu mietendes Taxi angewiesen.

Mutianyu ist ebenfalls gut restauriert, von Interesse sind insbesondere die Wachtürme. Für weniger trainierte Treppensteiger gibt es einen Sessellift und eine Sommerrodelbahn.

Das weiter entfernte **Simatai** ist noch nicht so gut rekonstruiert, aber dafür landschaftlich sehr eindrucksvoll. Die Mauer verläuft auf einem Bergkamm, der auf beiden Seiten steil abfällt. Wenn man die Abholung mit dem Taxifahrer entsprechend organisiert, kann man auch auf der Mauer ca. 12 Kilometer nach Jinshanling wandern.

Ming-Gräber

Mit dem Ausflug nach Badaling oder Mutianyu wird meistens ein Ausflug zu den Ming-Gräbern verbunden. Sie befinden sich gut 40 Kilometer nordwestlich von Beijing in einem Tal, das wegen seiner guten Fengshui-Eigenschaften als Grabstelle ausgesucht wurde. 13 von insgesamt 16 Ming-Kaisern sind hier bestattet.

▸ Karte S. 353

Den Zugang bildet der etwa 700 Meter lange **Weg der Seelen** oder auch Geisterallee. 24 steinerne Tierfiguren und zwölf steinerne Menschenfiguren, militärische und zivile Würdenträger, deuten an, dass sie den Kaiser auch nach seinem Tode ehren und beschützen.

Die meisten Besucher besichtigen das **Grab Dingling** des Ming-Kaisers Wan Li, das 1956 geöffnet wurde. Über sechs Jahre hinweg sollen hier täglich 30 000 Menschen mit dem Bau des Grabes beschäftigt gewesen sein. Die Kosten entsprachen den Einnahmen aus der Bodensteuer des ganzen Landes von zwei Jahren. Im dritten Hof der Grabanlage stehen zu beiden Seiten zwei kleine **Ausstellungshallen**, in denen die Grabfunde gezeigt werden, darunter zwei kostbare Kronen aus Gold, Edelsteinen und Perlen. Am Ende dieses Hofes führen Treppen zu einem Stelenturm hinauf, hinter dem sich schließlich der Eingang ins eigentliche Grab befindet. Der **Unterirdische Palast** besteht aus drei Haupt- und zwei Nebenhallen. Im mittleren Saal finden sich drei steinerne Thronsessel. Die Särge des Kaisers und seiner beiden Frauen stehen im hinteren Saal.

Am Eingang zu den Ming-Gräbernv

Beijing

Zeitunterschied: MEZ + 6 h im Sommer, + 7 h im Winter.
Vorwahl: 0086/10.
Hauptpostamt: Ecke Jianguomenwai Dajie/Yabao Lu, Tel. 65128114, www.bibto.com.cn (C/E), EMS-Kurierservice, Qianmen Dajie 7, Tel. 65129948.
Geldwechsel: Bank of China, Wangfujing Dajie 35, Tel. 95566.
Geldautomat: Es gibt viele, man muss auf das Maestro-Symbol achten, da nicht alle Geldautomaten ec-Karten akzeptieren.
Reisebüro: CITS Beijing, 28 Jianguomenwai Dajie neben dem ›Gloria Plaza Hotel‹ (U-Bahnstation Jianguomen, Linie 1, 2), Tel. 65158562. Es gibt eine **Beijing Tourism Hotline**: Tel. 65130828.

Beijing hat mehrere Bahnhöfe, von denen drei sehenswert und zwei für Transsib-Reisende relevant sind.
Die **Regelzüge der Transsibirischen Eisenbahn** und fast alle Züge aus dem Norden, Südosten und Osten Chinas kommen am **Hauptbahnhof** südöstlich des Zentrums an (U-Bahnstation Beijing Zhan), Tel. 51019999. **GPS**: 39°54'08"N/116°25 '15"O.
Die Züge nach dem Süden, Westen und Südwesten verkehren vom neuen **Westbahnhof**. An diesem derzeit größten Bahnhofsgebäude der Welt erfolgt auch die Ankunft/Abfahrt der **touristischen Transsib-Sonderzüge** (U-Bahnstation Xike Zhan), Tel. 51826273. **GPS**: 39°53'40"N/116°18'55"O.
Interessant ist auch der neue **Südbahnhof**, von dem die Hochgeschwindigkeitszüge in Richtung Shanghai und Tianjin abfahren (U-Bahnstation Nan Zhan), Tel. 51837262. **GPS**: 39°51'50"N/116°22 '21"O.
Man sollte sich aber hinsichtlich **Fahrkarten** keine Illusionen über deren kurzfristige Erhältlichkeit machen. Die Transsib-Routen sowieso, aber auch die Langstrecken innerhalb Chinas sind sehr gut ausgebucht, so dass eine mehrtägige und oft sogar mehrwöchige Vorausbuchung in Deutschland über ein Reisebüro und per Internet zu empfehlen ist.

Der Flughafen befindet sich nordöstlich des Stadtzentrums und ist ca. 30 Kilometer entfernt. Er umfasst drei Terminals, wobei bei Auslandsflügen Terminal 2 oder 3 zur Auswahl stehen. Air China, Lufthansa und Austrian Airlines fliegen das neue Terminal 3 an (Tel. 64541100, www.bcia.com.cn). Eine Fahrt mit einem Taxi vom Taxistand in die Stadt kostet je nach Größe des Taxis zwischen 120 und 150 CNY. Die bereits in der Flughafenhalle ihre Dienstleistungen anbietenden Chauffeure vertreten meist Limousinen-Agenturen, wo es in komfortableren Autos ca. 500 bis 600 CNY kostet. Seit 2008 gibt es von beiden Terminals auch einen Expresszug zur U-Bahn-Station Dongzhimen auf der Ringlinie.

Beijing ist mit Hotels aller Kategorien bestens versorgt.
Der Hotel-Klassiker im 5-Sterne-Bereich ist das **Beijing Hotel**, Dong Chang'an Jie 33, Tel. 65137766, www.chinabeijinghotel.com.cn (C/E); DZ 1800 CNY.
Eine Alternative ist das **Kempinski Hotel**, Liangmasqiao Lu 50, Tel. 64653388, www.kempinski-beijing.com (C/E).
Hotel Paragon, Jianguomen Nei Dajie 18, Tel. 65266688; DZ 700 CNY. Unmittelbar gegenüber dem Hauptbahnhof.
Capital Hotel, Qianmen Dong Dajie 3, Tel. 58159988, www.capitalhotel.com.cn; DZ 750 CNY. Sehr günstig zwischen Hauptbahnhof und Platz des Himmlischen Friedens gelegen. Block B ist besser als Block A. In der Nachbarschaft liegt auch das **Novotel Beijing**, Chongwenmen Xidajie 1, Tel. 65133366; DZ 650 CNY.

Haoyuan Hotel, Shjia Hutong 53, Tel. 65125557, Fax 65253179; DZ 530 CNY. Mittelklassehotel mit klassisch chinesischer Inneneinrichtung. Gute Lage etwas nordöstlich der Wangfujing.

Lüsongyuan-Hotel, Banchang Hutong 22, Tel. 64040436, www.the-silk-road.com; DZ 630 CNY. Wer eine Übernachtung im Hutong-Stil vorzieht, trifft mit diesem Hotel im Stil einer alten Familienresidenz eine gute Wahl. Das Hotel liegt in der Nähe des Trommelturms und betreibt auch einen Backpacker-Schlafsaal.

Beijing Downtown Backpackers Accomodation, Nanluogu Xian 85, Tel. 84002429, www.backpackingchina.com; DZ 210 CNY. Dieses einfache Hostel liegt in einer stimmungsvollen Altstadtgasse ebenfalls in der Nähe des Trommelturms.

Eine weitere zentrale Hostel-Alternative ist das **365 Inn** mit Schlafplätzen ab 60 CNY, Dashilan Dajie 55, Tel. 63085956.

In den Restaurants der besseren Hotels kann man gut essen, die Preise haben aber europäisches Niveau.

Empfehlenswert sind die **Imbiss-Restaurants** der großen **Warenhäuser**, die besser sind als vergleichbare Angebote in Europa. Das größte Einkaufszentrum heißt **Sun Oriental Plaza**, (Xindong An Shangchang) und liegt am Nordende der Fußgängerzone der Wangfujing-Straße (U-Bahnstation Wangfujing). Im vierten und fünften Stock befinden sich Restaurants und Imbisse, die keine Wünsche offen lassen.

Gegenüber dem ›**International Hotel**‹ in der Khang-An-Avenue (200 Meter westlich der U-Bahnstation Jiaguomen) befinden sich ebenfalls zwei große Einkaufszentren mit Restaurants und Imbissständen im Untergeschoss.

Das beste und wohl stimmungsvollste Restaurant der chinesischen Kaiserlichen Küche (800 Rezepte) findet sich im **Fang Shan** an der Nordseite der Jade-Insel im Beihei-Park, Tel. 64011889.

Zahlreiche **kleine Garküchen** bieten überall in der Stadt gutes Essen zu kleinen Preisen, bei der Auswahl sollte man sich an den Einheimischen orientieren: ist das Lokal gut besucht, kann man davon ausgehen, dass die Qualität stimmt. Ein Tipp sind auch die so genannten **Nachtmärkte**, auf denen abends zahllose Stände auf der Straße Spezialitäten aus ganz China anbieten. Ein beliebter Nachtmarkt findet sich in der **Donganmen Dajie**, einer Querstraße der Wangfujing Dajie.

Für Pekingente ist international das **Dadong Roast Duck Restaurant** wohl die beste und auch teure Wahl, Ecke Dongsanhuan Lu/Changhong Qiao, Tel. 65822892.

Der Renner der Beijinger ist das **King Roast Duck**, Minzuyan Lu 1, Tel. 62042648.

Nicht nur für Ente, sondern für Gerichte aus verschiedenen Küchen des Landes ist das im Botschaftsviertel gelegene **Xiheyaju-Restaurant** eine gute Wahl, Nordostecke des Ritan-Parks, Tel. 85617643, www.xhyj.net (C/E).

Dem selben Konzept folgt das aber teurere Restaurant **Qi**, Jinchengfang Dongjie 1, Tel. 66016666.

Ganz China ist ein einziges gigantisches Einkaufszentrum. Für einen ersten Überblick bietet sich die beliebte **Fußgängerzone der Wangfujing-Straße** an (U-Bahnstation Wangfujing). Gegenüber der Mall Sun Dong An liegt hier die einzige spezialisierte **Fremdsprachenbuchhandlung** (Hausnummer 235, Tel. 65126911). Ansonsten wird man auf Streifzügen und Ausflügen durch Beijing bald einen Überblick bekommen. Empfehlenswert ist auch ein Besuch des großen **Flohmarktes Panjiayuan Qiao** im Südosten des 3. Stadtringes, am Wochenende ab 4.30 Uhr geöffnet, Ecke Dongsanhuan Nan Lu/Panji Yuan.

▸ Karte S. 342

Eine Ecke weiter befindet sich mit der **Antique City** noch ein großes Kunstgewerbe-Kaufhaus, Ecke Dongsanhuan Nanlu/ Huawei Nan.
Fündig werden kann der Souvenirjäger auch in den beiden Einkaufsstraßen **Dazhalan** und **Liulichang** südöstlich des Tiananmen-Platzes (Metro Hepingmen).

www.beijingpage.com (E)
www.tour-beijing.com (E)
www.beijingtrip.com (E)

Auf der Chinesischen Mauer

»Die Faszination der Transsibirischen Eisenbahn beruht auf einer Mischung von Abenteuer und Nostalgie, und sie ist in unseren Breiten so manifest, dass sie sogar Leute in ihren Bann zu ziehen vermag, bei denen die Erwähnung des Begriffs ›Sibirien‹ sonst ein Frösteln auslöst.«

Ralf Kühne

Routenplan der Transsibirischen Eisenbahn

Wege nach Osten

Der Routenverlauf der Transsibirischen Eisenbahn ist mittlerweile nicht mehr so eindeutig und umfasst mehrere Wege. ›Trans Sibirien‹, also ›durch Sibirien‹, führt etwa zwischen Omsk und Ulan-Udė südöstlich des Baikalsees nach wie vor nur die Trasse der seinerzeit zwischen Čeljabinsk im Ural und Vladivostok am Pazifik errichteten ›Großen Sibirischen Bahn‹. Westlich von Omsk und östlich von Ulan-Udė sind aber mehrere Varianten möglich, da verschiedene transsibirische Expresszüge auf unterschiedlichen Strecken fahren.

Die **›klassische‹ Strecke** führt von Moskau in Richtung Nordosten über Jaroslavl' zum Ural und weiter durch Sibirien bis Vladivostok. Die **›ursprüngliche‹ Route** führt von Moskau südöstlich über Samara zum Ausgangspunkt des Bahnbaus in Čeljabinsk. Einige Züge wählen von Moskau auch die **›tatarische‹ Route** über Kazan' zum Ural, während seit einigen Jahren viele Züge eine **›neue‹ Strecke** über Nižnij Novgorod befahren. Hinter dem Baikalsee kann man entweder auf direktem Wege durch Russland entlang des Stromes Amur nach Vladivostok gelangen oder mit vielen Umständlichkeiten auch über die chinesische Mandschurei. Analog gibt es auch zwei direkte Verbindungen nach Beijing: entweder mit der **Transmongolischen** oder mit der **Transmandschurischen** Bahn.

Die im folgenden beschriebenen verschiedenen Routen führen alle Bahnhöfe und -stationen entlang der Transsibirischen Eisenbahn auf. Die Haltepunkte der Fernzüge sind fett gedruckt. Auf der klassischen Strecke zwischen Moskau und Vladivostok orientieren sich die Kilometer-Angaben an der Streckenmessung und entsprechen den Kilometersteinen entlang der Trasse. Die Streckenmessung gilt auch für die Transmandschurische und die Transmongolische Bahn auf dem Territorium Chinas bzw. der Mongolei, während auf allen anderen Strecken die Tarifmessung die Grundlage der Kilometerangaben ist, die nicht mit den Kilometersteinen entlang der Trasse übereinstimmt.

Verschiedene Quellen weisen aber auch auf der Hauptstrecke Moskau–Vladivos-

Der Bahnhof von Bolotnaja (Km 3462)

tok häufig widersprüchliche Angaben zu den Entfernungen aus. Die Unterschiede betragen für einzelne Standorte bis zu zehn Kilometer und basieren neben Ungenauigkeiten vor allem auf zwei unterschiedlichen Messverfahren. Die Streckenmessung basiert auf dem genauen Streckenverlauf und kommt für Moskau–Vladivostok auf eine Entfernung von 9288,2 Kilometern. Die Tarifmessung für die Fahrpreisberechnung auf Teilabschnitten kommt bei entsprechender Summierung durch die vielen Auf- und Abrundungen auf eine Entfernung von 9297 bzw. 9298 Kilometern, die für viele Eisenbahnunterlagen die Grundlage bilden.

Ein aus diesen zwei Herangehensweisen zu erklärender Lapsus ist beispielsweise auch die Tatsache, dass als Kilometerangabe auf dem Transsib-Obelisken auf dem Vladivostoker Bahnhof die Zahl 9288 und auf der Transsib-Gedenktafel auf dem Jaroslavler Bahnhof in Moskau die Zahl 9298 steht.

Die Hauptstrecke

Moskau–Vladivostok

Die Haltepunkte der Fernzüge sowie die Zeitzonenwechsel sind fett gedruckt:

Km *Bahnhof (Вокзал)*

0 **Moskva (Москва), Jaroslavler Bahnhof** → S. 128
GPS: 55°45'36"N/37°39'26"O.

3 Moskva 3 (Москва 3)

4 Malen'kovskaja (Маленьковская)

5 Jauza (Яуза)

8 Severjanin (Северянин)

10 Losinoostrovskaja (Лосиноостровская)

13 Los' (Лось)

Kurz hinter Los' überquert die Bahn parallel zur Jaroslavler Chaussee den in den letzten Jahren massiv ausgebauten Moskauer Autobahnring.

15 Tajninskaja (Тайнинская)

18 Mytišči (Мытищи)

Die Industriestadt mit ihren 155 000 Einwohnern ist der Hauptstadt schon fast eingemeindet. Mytišči ist älter als Moskau. Die ersten Siedlungen befanden sich hier bereits im 11. Jahrhundert und lebten vom Wegezoll (›Myt‹) der Händler, die hier ihre Boote über einen Landstrich zwischen den Flüssen Jauza und Kljasma transportierten. In den Chroniken taucht der Ort erstmals 1631 als Besitz des Pfingst-Sergiev-Klosters auf. Die Seen um Mytišči bilden seit 1804 die Grundlage der Moskauer Trinkwasserversorgung. Durch die Industrialisierung kam 1896 mit dem Fabrikanten Sergej I. Mamontov der Waggonbau in die Stadt, der sie auch heute neben der chemischen Industrie prägt. Zur Stadt wurde Mytišči 1925. Hier werden heute alle russischen Metrozüge hergestellt. In der riesigen Halle der ehemaligen ›Denkmalfabrik‹, wo früher u.a. das Gros aller über das Land verstreuten Lenindenkmäler produziert wurden, stellt man heute Rohlinge für Plasteflaschen her. Im poetisch ›Sternenstädtchen‹ genannten Nachbarort befindet sich das russische Raumfahrtkontrollzentrum.

22 Čeljuskinskaja (Челюскинская)

26 Kljazma (Клязма)

30 Puškino (Пушкино)

Das Dorf wurde bereits 1499 als Station auf dem Weg zwischen Moskau und Sergiev Posad in den Chroniken erwähnt. Sein Name stammt von dem damaligen Besitzer dieser Ländereien, dem Bojaren Grigorij Morchonin-Puški, einem Ahnen des Dichters Alexander Puschkin. Bekannt ist Puškino aber vor allem als

Ort, wo mit der Inbetriebnahme der Eisenbahn im Jahr 1862 viele Moskauer in der zweiten Hälfte des 19. Jahrhunderts ihre ›Datschen‹ genannten Sommerhäuser erbauten. Mit einer Siedlung von über 700 solcher Häuser wurde die Datsche hier erstmalig zum Massenphänomen. Später kam die Industrie mit Webereien, die der Familie Armand gehörten. Heute leben in Puškino 95 000 Menschen. Die Stadt hat ein Heimatmuseum, Moskivskij pr. 35a.

33 Zavety Il'iča (Заветы Ильича)

Der Dorfname bedeutet übersetzt ›Vermächtnis des Il'ič‹ und bezieht sich auf den Vatersnamen des als Lenin bekannten Führers der Oktoberrevolution Vladimir Il'ič Ul'janov. Nach seinem Tod war es ein populärer Ehrenname für Fabriken, Sowchosen oder Dörfer wie hier. Wenn man sich das Dorf anschaut, wurde aus dem Namen auf eine traurige Art und Weise Programm.

36 Pravda (Правда)

45 Sofrino (Софрино)

In Sofrino materialisiert sich der russisch-orthodoxe Glaube. Hier unterhält die Kirche ihre größte Produktionsstätte zur Herstellung von Ikonenwänden und Kircheninventar. Die Werkstätten können besichtigt werden, ul. Železnodorožnaja 3.

51 Kalistovo (Калистово)

57 Abramcevo (Абрамцево)

Das Gut Abramcevo wurde dank des Mäzens Savva Mamontov zu einer beliebten Künstlerkolonie. Polenov, Repin, Surikov, Vrubel' und andere verbrachten hier ihre Sommer und prägten den Landsitz mit ihrer Malerei und Entwürfen im Park. Diese ›Sommerfrische‹ der Tret'jakov-Galerie war architektonisch eine Stil-Etüde für das Gebäude des Jaroslavler Bahnhofs in Moskau und ist heute ein Museum. Unweit befindet sich auch der Landsitz Muranovo – ein beliebter Literatentreffpunkt im 19. Jahrhundert. Der Besitzer war der Dichter Fëdor Tjučev, berühmt vor allem durch eine Zeile aus einem Gedicht: ›Russland kann man mit dem Verstand nicht verstehen‹. Heute befindet sich dort ebenfalls ein Museum.

59 Chot'kovo (Хотьково)

73 Sergiev Posad (Сергиев Посад, ehem. Zagorsk/Загорск) → S. 150

86 Bužaninovo (Бужаниново)

95 Arsaki (Арсаки)

103 Strunino (Струнино)

112 Aleksandrov (Александров)

GPS: 56°23'53''N/38°42'17''O.

Der weitestgehend unbekannte, aber in der russischen Geschichte doch recht bedeutungsträchtige Ort wurde erstmals im 14. Jahrhundert als Aleksandrovskaja Sloboda erwähnt. Berühmt wurde er im 16. Jahrhundert, als Ivan der Schreckliche von 1564 bis 1581 aus Misstrauen gegen die Moskauer Bojaren seine Residenz nach Aleksandrov verlegte. Hier war das Zentrum der Opričina mitsamt den Opričniki, einer vom Zaren etablierten grausamen Sondereinheit mit Besen und Hundekopf als Erkennungszeichen an ihren schwarzen Kutten. Auch die durch Repin-Gemälde bekannte gewordene Ermordung des Zarensohnes geschah am 16.11.1581 in Aleksandrov. Das Stadtrecht erlangte der Ort aber erst 1778. Im ehemaligen Kreml befindet sich heute ein Kloster. Das bedeutendste Bauwerk im Kreml ist die Anfang des 16. Jahrhunderts erbaute Pfingstkathedrale. Bemerkenswert sind die beiden Kupfertore, die Zar Ivan nach der Unterwerfung der Städte Tver' und Novgorod aus diesen nach Aleksandrov bringen ließ. Heute leben 68 000 Einwohner in der Stadt, die vor allem als Heimat der russischen Fernsehgeräteproduktion einen Namen hat. Es gibt ein

Heimatmuseum, Muzejnyj proezd 20, eine Gemäldegalerie, ul. Sovetskaja 16 und ein den Schwestern Anastasia und Marina Zvetaeva, letztere eine der bekanntesten Dichterinnen Russlands, gewidmetes Literaturmuseum, ul. Institutskaja 6. Aleksandrov ist auch ein bedeutender Eisenbahnknotenpunkt. Hier findet auch der erste Lokwechsel statt, da Aleksandrov noch der Moskauer Regionalverwaltung untersteht und das östlich davon gelegene Gebiet bereits zur Jaroslavler Regionalverwaltung gehört, welche ab hier die Lok stellt.

123 Mošnino (Мошнино)
130 Balakirevo (Балакирево)
145 Berendeevo (Берендеево)
151 Šuškovo (Шушково)
159 Rokša (Рокша)
164 Rjazancevo (Рязанцево)
175 Beklemiševo (Беклемишево)
182 Itlar' (Итларь)
191 Sil'nicy (Сильницы)
200 Petrovsk (Петровск)
210 Debolovskaja (Деболовская)
224 Rostov-Jaroslavskij (Ростов-Ярославский)

GPS: 57°11'52"N/39°24'32"O.

Bereits etwa ab Kilometer 215 sieht man rechts den eine Fläche von 51 Quadratkilometern bedeckenden Nero-See. An seinem Ufer befindet sich eine der Perlen des sogenannten Goldenen Ringes um Moskau. Die alte russische Stadt Rostov liegt – eingeklemmt – zwischen Schienenstrang und Nero-See. Im Halbkreis um den 1162 begründeten weißen Kreml mit seinen elf Türmen breitet sich die seit 1970 unter Denkmalschutz stehende Stadt aus. Sie hat heute etwa 36000 Einwohner. Erstmalig taucht Rostov 862 in den Annalen des Kiever Rus' als Stadt in einem ›Zales'e‹ (Hinter den Wäldern) genannten Landstrich auf. Ihr jetziges Bild bestimmen die Kirchen und Türme des Kremls aus dem 17. Jahrhundert, als Rostov zum Sitz des Metropoliten ausgebaut wurde. Häufig findet man auch noch die Ortsbezeichnung Rostov-Velikij, die aber nur vom 12. bis zum 17. Jahrhundert verwendet wurde und mit der Verlegung des Metropolitensitzes nach Jaroslavl' endete.

239 Semibratovo (Семибратово)
249 Koromyslovo (Коромыслово)
261 Koz'modem'jansk (Козьмодемьянск)
282 Jaroslavl' (Ярославль) → S. 152
288 Privolž'e (Приволжье)
289 Brücke über die Wolga

Der Zug überquert ›Mütterchen Wolga‹, Russlands vielzitierten Fluss der Flüsse. Die Wolga ist zwar mit 3531 Kilometern der längste Fluss Europas, in Russland landet sie aber damit nur auf Platz fünf. Platz eins bis vier belegen Sibiriens Ströme, die man mit Ausnahme des Flusses Lena (4400 Kilometer) auf der Strecke nach Vladivostok bei Novosibirsk, Krasnojarsk und Chabarovsk noch überqueren wird.

293 Filino (Филино)
313 Utkino (Уткино)
319 Pučkovskij (Пучковский)
326 Dogadcevo (Догадцево)
335 Putjatino (Путятино)
345 Panteleevo (Пантелеево)
356 Danilov (Данилов)

GPS: 58°11'13"N/40°11'8"O.

Der Ort, der mit seinen 19 000 Einwohnern bereits im 15. Jahrhundert in den Chroniken auftaucht, genießt das Stadtrecht seit 1777. In Danilov zweigen die Züge in Richtung Archangel'sk und Vorkuta ab. Bekannt ist die Stadt vor allem für die zu Beginn des 20. Jahrhunderts aus rotem Backstein errichtete Kathedrale der Kazaner Gottesmutter. Nach 18-jähriger Bauzeit wurde sie in den Revolutionswirren fertiggestellt und 1918 durch den damaligen Patriarchen

10

Tichon als einzige Kirche unter der Sowjetherrschaft geweiht. Später erfuhr auch sie das Schicksal, zu einem Lager umfunktioniert zu werden, aber heute finden bei laufender Restauration bereits wieder Gottesdienste statt.

366 Lunka (Лунка)
373 Sot' (Соть)
383 Žarok-Jaroslavskij (Жарок-Ярославский)
394 Ljubim (Любим)
403 Ruša (Руша)
415 Sekša (Секша)
424 Kazarinovo (Казариново)
432 Brodni (Бродни)
441 Korega (Корега)
450 Buj (Буй)

GPS: 58°27'34"N/41°32'39"O.

Ursprünglich 1537 von der Mutter von Ivan, dem Schrecklichen als Befestigung am Fluss Kostroma gegen die Kazaner Tataren errichtet, erlebte der Ort Höhen und Tiefen. Das Stadtrecht erhielt Buj 1778 verliehen, 1796 aberkannt und 1802 erneut zuerkannt. Das Stadtwappen belegt die Bedeutung des Flusses für die heute 26000 Einwohner zählende Stadt, die auch ein eigenes Heimatmuseum (ul. Marksa 12) hat.

Hier zweigt die Strecke in Richtung Vologda und St. Petersburg ab. Der Bahnhof ist ein Unikat, denn den rechten Flügel des Gebäudes bildet die Nikolai-Kirche. Der heilige Nikolaus ist bekanntlich auch der Schutzpatron aller Reisenden. Unweit von Buj befindet sich das Dorf Sussanino. Es erinnert an den einfachen Bauern Ivan Sussanin, der hier den ersten Romanov-Zaren rettete, indem er das ortsunkundige Heer der Romanov-Feinde in die Sümpfe führte und dafür sein Leben ließ. Das heute bei jeder ›Irreführung‹ sprichwörtliche Thema wurde auch vom Komponisten Michail Glinka in seiner Oper ›Ivan Sussanin‹ aufgegriffen.

459 Machrovo (Махрово)
471 Veksa (Векса)
480 Rossolovo (Россолово)
492 Chramki (Храмки)
500 Galič (Галич)

GPS: 57°22'7"N/42°20'39"O.

Ab Kilometer 495 fährt die Bahn südlich am insgesamt ca. 17 Kilometer langen und 75 Quadratkilometer großen Galičer See entlang. Die Wurzeln des dazugehörenden Ortes reichen bis ins 12. Jahrhundert, als sich hier bereits mächtige Erdfestungen befanden. Vom im 15. Jahrhundert errichteten Kreml sind im Zentrum allerdings nur die Erdwälle der alten Mauern übrig geblieben. Die Stadt war bekannt für ihre landwirtschaftlichen Erzeugnisse, der Handel blühte. Es gibt eine große Düngemittelfabrik, die vor allem den Schlamm des Galičer Sees verarbeitet. Die 21 000 Einwohner zählende Stadt hat mit den Wallanlagen, der Seelage, den alten Handelsreihen dem Heimatkundemuseum (ul. Lunačarskogo 11), und dem Paisiev-Kloster samt seiner Kirchen viele malerische Ecken und durchaus ihren eigenen Charme.

516 Krasil'nikovo (Красильниково)
524 Loparevo (Лопарево)
536 Monakovo (Монаково)
546 Antropovo (Антропово)
552 Nikolo-Ugol (Николо-Угол)
562 Tčanikovo (Тчаниково)
571 Nikolo-Poloma (Николо-Полома)

Unmittelbar neben dem Bahnhof erhebt sich eine alte Holzkirche.

581 Nomža (Номжа)
591 Elenskij (Еленский)

Die Bahnhofskirche von Buj

598 Neja (Нея)
604 Nel'ša (Нельша)
615 Abrosimovo (Абросимово)
626 Brantovka/Oktjabr'skij (Брантовка/Октябрьский)
634 Petrušino (Петрушино)
641 Kostricha (Костриха)
651 Manturovo (Мантурово)

Die Industriestadt Manturovo ist noch vergleichsweise jung und erhielt erst 1958 das Stadtrecht. In diesem Zentrum der Holzverarbeitung leben heute 22 000 Menschen.

657 Unža (Унжа)
664 Vočerovo (Вочерово)
672 Krasnyj (Красный)
678 Šekšema (Шекшема)
688 Barakinskij (Баракинский)
701 Šar'ja (Шарья)

GPS: 58°21'55"N/45°31'44"O.

Die Stadt hat 25 000 Einwohner. Auf dem Bahnhofsvorplatz steht eine restaurierte Dampflok des Typs P 36.

706 Sokolovskij (Соколовский)
712 Zebljaki (Зебляки)
725 Jakšanga (Якшанга)

Spielzeugverkäuferin in Kirov

734 Burundučicha (Бурундучиха)
740 Novoe Kiselevo (Новое Киселево)
746 Ponazyrevo (Поназырево)
756 Suprotivnyj (Супротивный)
763 Metil (Метил)
768 Gostovskaja (Гостовская)
780 Krutenskij (Крутенский)
786 Bliny (Блины)
795 Šabalino/Leninskij (Шабалино/Ленинский)
805 Semenovskij (Семеновский)
811 Čerpaki (Черпаки)
818 Sveča (Свеча)

Hier findet ein Wechsel der Lokomotiven statt. Die ab jetzt zuständige regionale Eisenbahnverwaltung hat ihren Hauptsitz in der Stadt Nižnij Novgorod (→ S. 160).

826 Juma (Юма)
842 Acvež (Ацвеж)
854 Ronžino (Ронжино)
861 Darovica (Даровица)
870 Kotel'nič (Котельнич)

GPS: 58°18'20"N/48°20'31"O.

Kotel'nič ist mit seinen 38 000 Einwohnern eine klassische Provinzstadt. Erstmals bereits im Jahr 1181 erwähnt, war es im Mittelalter ein bekannter Handelsplatz, wo vor allem Pferde und Stoffe gehandelt wurden. Sehenswert sind die Pfingstkirche aus dem 17. und die alten Handelsreihen aus dem 18. Jahrhundert. Es gibt ein Heimatmuseum, ul. Lenina 3. Die Umgebung gilt auch als reiche archäologische Fundstätte und brachte der Stadt 1994 ein kleines Paläontologisches Museum, ul. Marksa 22. Nach dem Bahnhof überquert man den Fluss Vjatka.

880 Mokricy (Мокрицы)
888 Maradykovskij (Марадыковский)
895 Bystrjagi (Быстряги)
903 Šalegovo (Шалегово)
915 Oriči (Оричи)

921 Socialističeskaja (Социалистическая)
928 Striži (Стрижи)
940 Ljangasovo (Лянгасово)
949 Čuchlominskij (Чухломинский)
957 Kirov (Киров) → S. 157
968 Pozdino/Novovjatsk (Поздино/Нововятск)
976 Poloj (Полой)
979 Mutnica (Мутница)
995 Bumkombinat (Бумкомбинат)
1003 Prosnica (Просница)
1010 Konyp (Конып)
1019 Lugovoj (Луговой)
1030 Ardaši (Ардаши)

Auf den nächsten 25 Kilometern verläuft die Bahnstrecke parallel zum Fluss Čepsa, denn sie dann nochmals bei Km 1220 überquert.

1041 Rechino (Рехино)
1051 Kordjaga (Кордяга)

1062 Zuevka (Зуевка)

GPS: 58°24'17"N/51°7'49"O.

Die heute 13 000 Einwohner zählende Stadt entstand 1899 mit dem Bau der Eisenbahnstrecke Perm'–Kotlas. Vor allem während des Zweiten Weltkrieges wurden viele Leningrader hierher evakuiert, weswegen der Ort 1944 das Stadtrecht erhielt. Bekannt ist die örtliche Fabrik für Karussells und andere Rummel-Ausrüstungen. Auf dem Bahnhof steht eine alte Güterzugdampflok mit der Aufschrift ›100 Jahre Bahnhof Zuevka‹. Die Stadt hat ein Heimatmuseum (pl. Sverdlova 1).

1070 Kosa (Коса)
1084 Černous (Черноус)
1093 Falenki (Фаленки)
1096 Knjazi (Князи)
1108 Sada (Сада)
1115 Bačumovo (Бачумово)
1128 Jar (Яр)

Jar entstand ebenfalls 1899 mit dem Bau der Eisenbahnstrecke Perm'–Kotlas. Heute leben 6500 Einwohner im Ort. Es gibt ein Heimatmuseum mit dem Schwerpunkt Eisenbahngeschichte, ul. Sovetskaja 67.

1129 Diz'mino (Дизьмино)
1134 Balyšur (Балышур)

Kurz vor dem Bahnhof befindet sich ein Lokomotivendepot mit vielen alten Dampfloks.

1142 Kožil' (Кожиль)
1159 Ubyt' (Убыть)

1162 Glazov (Глазов)

GPS: 58°7'58"N/52°40'16"O.

Die 1780 gegründete Stadt hat ihren Namen (Glaz – Auge) ihrem ersten Bebauungsplan mit halbrunden Straßen um den Marktplatz in Form eines Auges zu verdanken und besitzt auch ein entsprechendes Stadtwappen. In der heute 107 000 Einwohner zählenden Stadt gibt es noch viele mit Schnitzereien verzierte Holzhäuser und ein Heimatkundemuseum, ul. Sovetskaja 27. Dort wird auch Geschichte der aus dieser Gegend stammenden Familie Knipper beleuchtet. Russlands berühmter Dramatiker Anton Čechov heiratete Olga Knipper. Auch Neffe und Nichte beider – Michail und Olga, beide Schauspieler – gingen den Bund der Ehe ein und blieben 1923 nach einem Gastspiel in Deutschland. Ihre Tochter, die Schauspielerin Vera Tschechova, war auch schon im Museum zu Gast.

1173 Bezum (Безум)
1181 Tuktym (Туктым)
1190 Balezino (Балезино)
1198 Din'šur (Диньшур)
1208 Šur (Шур)
1216 Piban'šur (Пибаньшур)

1226 Čepca (Чепса)

GPS: 57°53'13"N/53°24'38"O.

In Čepca kommt wieder eine neue Lokomotive. Bei diesem Lokwechsel kommt man in den Einzugsbereich der Ural-Bahnverwaltung. Die Strecke führt nun ins Gebirge.

1236 Segedur (Сегедур)
1245 Kez (Кез)
1251 Lyp (Лып)
1255 Kabalud (Кабалуд)
1263 Filincy (Филинцы)
1266 Kuz'ma (Кузьма)

Moskauer Zeit + 2 h

1274 Šnyry (Шныры)
1283 Volegovo (Волегово)
1292 Borodulino (Бородулино)
1298 Putino (Путино)
1303 Chrustali (Хрустали)
1308 Subbotniki (Субботники)
1315 Vereščagino (Верещагино)

Vereščagino entstand als Station Voznesenskaja mit der Eisenbahn, die auch heute den Rhythmus des 23 000 Einwohner zählenden Ortes bestimmt. Im Jahre 1904 machte Vasilij Vereščagin (1842–1904) auf seiner Transsib-Reise an der Station Halt. Der pazifistische Künstler brachte die Botschaft seiner Bilder durch eine einzigartige Detailtreue in der Darstellung von Krieg und Leid auf den Punkt. Seine Reise zu den Schlachten des Russisch-Japanischen Krieges sollte seine letzte Reise werden, denn bei der Explosion des russischen Panzerkreuzers ›Petropavlovsk‹ kam der Maler im Pazifik ums Leben. Zum Gedenken an den humanistischen Schlachtenmaler und seinen Stop vor dem Ural erhielt die Bahnstation 1915 den Namen des Malers und 1942 auch das Stadtrecht. Es gibt ein Heimatmuseum, ul. Lenina 33.

1322 Zjukaj (Зюкай)
1325 Anikino (Аникино)
1330 Kuketskij (Кукетский)
1335 Puzjata (Пузята)
1342 Mendeleevo (Менделеево)

Der Vater des Periodensystems der chemischen Elemente gab diesem Ort den Namen. Er arbeitete auch als Inspekteur für chemische Fabriken und besuchte die örtliche Chemiefabrik mehrmals.

Am Heldengedenktag in Perm'

1351 Obva (Обва)
1361 Mokino (Мокино)
1369 Grigor'evskaja (Григорьевская)
1377 Sjuz'va (Сюзьва)
1383 Vožakovo (Вожаково)
1387 Čajkovskaja/Majskij (Чайковская/Майский)

Die Station ist nach Russlands berühmten Komponisten Peter Tschaikowsky (Čajkovskij) benannt. Sein Geburtsort Kamsko-Votkinsk befindet sich allerdings noch 180 Kilometer südöstlich von hier. Die nächstgelegene Siedlung Majskij gehört zu einem Staudamm. Die weitere Strecke bis Perm' ist recht kurvenreich.

1397 Šabuniči (Шабуничи)
1410 Overjata (Оверята)
1422 Kur'ja (Курья)
1429 Perm' Sortirovočnaja (Пермь Сортировочная)
1431 Brücke über die Kama

Die 1899 erbaute Brücke über die Kama bietet einen guten Panoramablick auf Perm'. Die Kama entspringt im Ural und fließt nach 1805 Kilometer bei Samara in die Wolga, deren größter Nebenfluss sie ist.

1434 Perm' II (Пермь II) → S. 171
1444 Bacharevka (Бахаревка)
1453 Ferma (Ферма)
1456 Kočkino (Кочкино)
1465 Muljanka (Мулянка)
1475 Jug (Юг)
1481 Janyči (Янычи)
1488 Kukuštan (Кукуштан)
1499 Kurašimskij (Курашимский)
1511 Ergač (Ергач)
1518 Bliny (Блины)
1525 Irenskij (Иреснкий)
1535 Kungur (Кунгур) → S. 177
1544 Čikali (Чикали)
1549 Kaman (Каман)
1555 Kišert' (Кишерть)
1562 Pjatkovo (Пятково)
1567 Die Strecke überquert hier und nochmals bei Km 1629 den Fluss Sylva.
1572 Šumkovo (Шумково)
1577 Tjurikovo (Тюриково)
1585 Tulumbasy (Тулумбасы)
1594 Lek (Лек)
1605 Kordon (Кордон)
1613 Gluchar' (Глухарь)
1620 Šutem (Шутем)
1641 Koz'jal (Козьял)
1651 Vogulka (Вогулка)
1662 Biz' (Бизь)
1669 Šalja (Шаля)
1679 Pastušnyj (Пастушный)
1687 Sarga (Сарга)
1693 Baskinskij (Баскинский)
1701 Berloga (Берлога)
1708 Sabik (Сабик)
1727 Kuzino (Кузино)
1737 Kaurovka (Кауровка)
1747 Bojcy (Бойцы)
1756 Bilimbaj (Билимбай)
1765 Podvološnaja (Подволошная)
1771 Pervoural'sk (Первоуральск)

Hier, am äußersten Rand Europas, errichtete die berühmte Demidov-Dynastie, eine der bekanntesten Industriellen-Familien im alten Russland, im Jahre 1732 ihr erstes (daher auch der Name des Ortes) und 1760 ihr zweites Eisenwerk im Ural. Heute leben in der Industriestadt 148 000 Einwohner. Bis zur Grenze zwischen Europa und Asien sind es noch sechs Kilometer. Es gibt ein Heimatmuseum (ul. Lenina 65).

1777 Veršina (Вершина)

Wenige Meter östlich des Haltepunktes steht auf der rechten bzw. Südseite der Bahnstrecke der weiße Europa-Asien-Obelisk, der die Grenze zwischen den beiden Kontinenten markiert. Von Westen kommend, ist man zwar jetzt bereits in Asien, aber noch nicht in Sibirien.

1783 Novo-Alekseevka (Ново-Алексеевка)
1786 Chrustal'naja (Хрустальная)
1794 Severka (Северка)

Europa-Asien-Express im Winter

1813 Ekaterinburg/ehem. Sverdlovsk (Екатеринбург/Свердловск-Пасс.) → S. 179

1819 Šartaš (Шарташ)

1822 Putevka (Путевка)

1829 Istok (Исток)

1857 Gagarskij (Гагарский)

1864 Mezenskij (Мезенский)

1871 Baženovo/Belojarskij (Баженово/Белоярский)

1879 Šipelovo (Шипелово)

1893 Grjaznovskaja (Грязновская)

1903 Kortoguz (Кортогуз)

1913 Bogdanovič (Богданович)

1923 Dubrovnyj (Дубровный)

1934 Pyšminskaja (Пышминская)

1941 Elanskij (Еланский)

1950 Kokšarovskij (Кокшаровский)

1957 Kamyšlov (Камышлов)

1966 Temnovo (Темново)

1980 Aksaricha (Аксариха)

1985 Jurmač (Юрмач)

1996 Oščepkovo (Ощепково)

2006 Proselok (Проселок)

2017 Pul'nikovo (Пульниково)

2038 Talica (Талица)

Kellnerin im Speisewagen

Die 1732 gegründete Siedlung, die seit 1942 das Stadtrecht genießt, liegt etwa fünf Kilometer vom Bahnhof entfernt. Talica hat 20 000 Einwohner. Aus den Mineralquellen in der Umgebung wird das nach dem Ort benannte Mineralwasser gewonnen.

2039 Čupino (Чупино)

2061 Jušala (Юшала)

Der durch Sergej Eisensteins berühmten Film bekannte Matrosenaufstand auf dem ›Panzerkreuzer Potemkin‹ fand hier sein letztes, grausames Kapitel. Die zum Tode verurteilten Matrosen des Schiffes wurden in Jušala hingerichtet und in einem Massengrab in Kamyšlov begraben.

2070 Bachmetskoe (Бахметское)

2078 Sibirien beginnt an der Grenze der Verwaltungsgebiete Ekaterinburg und Tjumen'.

2079 Tugulym (Тугулым)

2087 Mesjady (Месяды)

2097 Karmak (Кармак)

2102 Guževoe (Гужевое)

2118 Podem (Подъем)

2128 Utjaševo (Утяшево)

2138 Tjumen' (Тюмень) → S. 199

2147 Vojnovka (Войновка)

2156 Ozero Andreevskoe/Borovskij (Озеро Андреевское/Боровский)

2165 Vinzili (Винзили)

2176 Bogandinskaja (Богандинская)

2183 Tugarskij (Тугарский)

2192 Berkutskij (Беркутский)

2204 Kavdyk (Кавдык)

2212 Jalutorovsk (Ялуторовск)

Ursprünglich befand sich am linken Ufer des Tobol die tatarische Siedlung Jalu Tur. Auf ihren Überresten errichteten die Russen 1639 ein Fort, das sich schnell ausdehnte und 1782 das Stadtrecht erhielt. Im 19. Jahrhundert kamen einige verbannte Dekabristen in die Stadt. Das örtliche Heimatmuseum widmet seine

Expositionen in drei Gebäuden der Heimatgeschichte, der Naturkunde und den Dekabristen, pl. Revoljuzii 75. Die Stadt zählt heute 38 000 Einwohner. Wirtschaftlicher Schwerpunkt ist die Verarbeitung der landwirtschaftlichen Erzeugnisse aus dem Süden des Tjumener Gebietes. Von hier aus werden die Orte im Norden Westsibiriens versorgt, wo das Klima keine Landwirtschaft mehr zulässt.

2215 Brücke über den Tobol, der, in Kasachstan entspringend, nach 1519 Kilometern südlich der Stadt Tobol'sk in den Irtyš mündet.

2226 Krivolukskij (Криволукский)
2236 Zavodoukovskaja (Заводоуковск)
2246 Ukovo (Уково)
2257 Novaja Zaimka (Новая Заимка)
2269 Ol'chovskij (Ольховский)
2283 Vagaj (Вагай)
2306 Omutinskaja (Омутинская)
2326 Lamenskaja (Ламенская)
2350 Golyšmanovo (Голышманово)
2361 Gladilovo (Гладилово)
2371 Skakunovo (Скакуново)
2387 Karasul'skaja (Карасульская)
2399 Openovka (Опеновка)
2410 Bezrukovo (Безруково)

2428 Išim (Ишим)

GPS: 56°6'42"N/69°30'43"O.

Am gleichnamigen Nebenfluss des Irtyš gelegen, war Išim, das zunächst als Siedlung Korkin hieß und mit der Verleihung des Stadtrechtes 1782 Išim wurde, ein bedeutendes Handelszentrum. Die dortige jährliche Nikolsker Messe lockte viele Kaufleute an. Auch Alexander v. Humboldt besuchte die Stadt während seiner Sibirienexpedition. Heute leben hier ca. 65 000 Einwohner. Išim gilt als Zentrum der ›Valenki‹ genannten typisch sibirischen Filzstiefel, die in den letzten Jahr wieder in Mode kommen. Es gibt mehrere Museen. Neben dem Heimatkundemuseum, ul. Lenina 20, gibt es ein Kunst- und Handwerksmuseum mit großer Valenki-Sammlung sowie ein dem aus der Gegend stammenden sibirischen Märchendichter Petr Eršov (da bekannteste Werk ist das ›Das bucklige Pferdchen‹) gewidmetes Literaturmuseum. In Išim wird der nächste Lokwechsel vollzogen. Östlich der Stadt überquert die Bahn den gleichnamigen aus Kasachstan kommenden Fluss. Die ursprünglich 1913 errichtete Brücke wurde in den Jahren 1993 bis 1995 durch einen Neubau ersetzt.

2440 Malyj Ostrov (Малый Остров)
2451 Šablykino (Шаблыкино)
2475 Masljanskaja (Маслянская)
2496 Novo-Andreevskij (Ново-Андреевский)

Moskauer Zeit + 3 h

2518 Mangut (Мангут)

2562 Nazyvaevskaja (Называевская)

GPS: 55°34'04"N/71°21'22"O.

In der 1910 gegründeten und 1956 zur Stadt erhobenen Ortschaft leben 14 000 Einwohner. Ursprünglich bestimmte die Bahn das Leben in der Stadt, aber in der zweiten Hälfte der 1950er Jahre wurde die Landwirtschaft forciert. Nikita Chruschtschows Neuland-Kampagne zur Ausdehnung der landwirtschaftlichen Nutzfläche hatte zwar ihren Schwerpunkt im heutigen Kasachstan, reichte aber im Norden bis nach Westsibirien, beispielsweise Nazyvaevsk. Hier findet auch der nächste Lokwechsel statt, da hier aus der Sicht der Bahn die Ural-Verwaltung und die Westsibirische Verwaltung aneinander grenzen.

2587 Kočkovatskij (Кочковатский)
2601 Oširovskij (Ошировский)
2613 Dragunskaja (Драгунская)
2635 Novokievskij (Новокиевский)

In der Omsker Bahnhofshalle

2658 Ljubinskaja (Любинская)
2683 Petrušenko (Петрушенко)
2695 Plamja (Пламя)
2706 Karbyševo I (Карбышево)

Hier treffen sich der heutige und der von Čeljabinsk kommende ursprüngliche Verlauf der Transsib. Bis Čeljabinsk beträgt die Entfernung 770 Kilometer.

2707 Brücke über den Irtyš

Der 4428 Kilometer lange Fluss entspringt dem chinesischen Teil des Altajgebirges und fließt dann über Kasachstan nach Russland, wo er bei Chanty-Mansijsk in den Ob' mündet.

2711 Omsk (Омск) → S. 204

2721 Moskovka (Московка)
2729 Gustaf'evo (Густафьево)
2757 Kormilovka (Кормиловка)
2790 Kalačinsk (Калачинск)

In dem 1837 gegründeten Ort leben heute 25 000 Menschen. Die Stadt liegt an einer Schleife des Flusses Om' (Länge 1901 Kilometer), der dann in Omsk in den Irtyš fließt. Kalačinsk hat seit 1952 das Stadtrecht und ist im Vergleich zu anderen Orten mit sehr vielen Grünanlagen durchsetzt. Es gibt ein Heimatmuseum, ul. Lenina 39.

2804 Valerino (Валерино)
2817 Il'juškino (Илюшкино)
2830 Kolonija (Колония)
2843 Lagunaka (Лагунака)
2865 Karatkansk (Каратканск)
2880 Tatarsk (Татарск)
GPS: 55°12'46"N/75°57'36"O.

Die 31 000 Einwohner zählende Stadt entstand 1911 aus dem Zusammenschluss der beiden Dörfer Tatarka und Stancionnyj und erhielt 1925 das Stadtrecht. Heute lebt die Stadt von den Eisenbahnwerkstätten und einer großen Molkerei. Tatarsk hat ein erstaunlich großes Heimatkundemuseum mit einer umfangreichen Techniksammlung unter freiem Himmel (ul. Telegina 52). Hier findet ein Lokwechsel statt.

2898 Taryšta (Тарышта)
2904 Kabakly (Кабаклы)
2912 Čertokulič (Чертокулич)
2932 Čany (Чаны)
2949 Ozero Karači (Озеро Карачи)

Die Siedlung am gleichnamigen See soll ursprünglich nach dem Tatarenführer Mursa Karača benannt worden sein, der nach den Niederlagen gegen den ersten russischen Eroberer Ermak und gegen den Tatarenfürsten Kučm in dieses Gebiet floh. Der Ort am See ist heute durch mehrere Sanatorien für seinen Heilschlamm bekannt. Aus seinen Quellen kommt das bekannte Mineralwasser ›Karačinskaja‹.

2958 Koškul' (Кошкуль)
2979 Tebisskaja (Тебисская)
2997 Moškar' (Мошкарь)
3009 Kirzinskoe (Кирзинское)
3035 Barabinsk (Барабинск)
GPS: 55°21'22"N/78°20'45"O.

Der Name Barabinsk stammt von den ›Barbara‹. So nannte sich ein tatarischer

Stamm, der hier siedelte. Später kam ein russisches Fort, und mit der Eisenbahn entstanden Eisenbahnwerkstätten sowie eine Siedlung, die 1917 das Stadtrecht erhielt. Heute hat Barabinsk 36 000 Einwohner. Neben dem Heimatmuseum (ul. Kirova 3) gibt es im Lokomotivendepot unter dem Namen ›Museum des Kampfes- und Arbeitsruhmes‹ (ul. Putevaja 121) eine Ausstellung zur Geschichte des Lokdepots vom Bau der Transsib bis heute, einschließlich mehrerer alter Loks und einer den örtlichen Veteranen der Arbeit samt ihrer Orden und Urkunden gewidmeten Exposition.

Erwähnenswert ist auch der zwölf Kilometer nördlich liegende Nachbarort Kainsk-Barabinskij, der als Kainsk 1722 gegründet und 1785 zur Stadt befördert wurde. 1935 wurde sie aber zu Ehren des zur Zarenzeit hierher verbannten Revolutionärs Valerian Kujbyšev umbenannt. Es ist nicht zu verwechseln mit Samara an der Wolga, das zu sowjetischen Zeiten ebenfalls Kujbyšev hieß. Die Stadt liegt am Fluss Om'. In ihr leben heute ca. 52 000 Menschen. Kainsk lebte vom Handel und von der Butterherstellung. Einige alte Kaufmannshäuser sind erhalten (ul. Kujbyševa). Sehenswert ist auch die Johannes dem Täufer gewidmete Kirche (ul. Pugačeva 2). Die Stadt war aber auch ein Etappenort auf dem Weg in die Verbannung, so dass im 19. Jahrhundert viele Dekabristen und Anführer der polnisch-litauischen Aufstände hier Station machten. Es gibt ein Heimatmuseum (ul. Kujbyševa 10) und ein Kujbyšev-Museum (ul. Lenina 2). Beide Städte bilden sozusagen die ›Hauptstadt‹ der Barabinsker Steppenlandschaft, die die Strecke zwischen Omsk und Novosibirsk prägt.

3060 Trunovskoe (Труновское)
3063 Novogutovo (Новогутово)
3078 Kožurla (Кожурла)
3118 Ubinskaja (Убинская)
3124 Kajak (Каяк)
3140 Gruzdievka (Груздевка)
3165 Kargat (Каргат)

In der kleinen Stadt leben heute 13 000 Einwohner. Eines der Exponate im örtlichen Heimatmuseum, ul. Lenina 4, ist ein altes BMW-Motorrad. Ein aus dem Ort stammender Soldat der Roten Armee hatte es 1945 von General Žukov

Ein Zug fährt in den Bahnhof von Novosibirsk ein

Auf dem Bahnhof von Jurga

in Berlin persönlich als Kampfauszeichnung bekommen und später samt Urkunde dem Museum vermacht.

3170 Kapralovo (Капралово)
3183 Kokošino (Кокошино)
3192 Sekty (Секты)
3205 Čulymskaja (Чулымская)
3235 Tichomirovo (Тихомирово)
3247 Duplenskaja (Дупленская)
3268 Lesnaja Poljana (Лесная Поляна)
3286 Kočenevo (Коченёво)
3308 Čik (Чик)
3311 Sady (Сады)
3319 Ob' (Обь)

Dieser Vorort von Novosibirsk hat ca. 26 000 Einwohner. Links von der Strecke befindet sich in Sichtweite der Novosibirsker Flughafen Tolmačevo.

3328 Novosibirsk-Zapadnyj (Новосибирск-Западный)
3332 Brücke über den Ob'

Mit der Transsib-Überquerung des Ob' entstand Novosibirsk. Der Ob' (russ. ›die Ob'‹) entsteht bei Bijsk am Altajgebirge durch den Zusammenfluss der beiden Bergflüsse Katun und Bija und ist zusammen mit dem Katun 4338 Kilometer lang. Manchmal wird seine Länge auch mit 5410 Kilometern angegeben. Diese Länge ergibt sich, wenn man den Ob' zur Quelle seines Nebenflusses Irtyš vermisst.

3333 Novosibirsk-Central'nyj (Новосибирск-Центральный)
3336 Novosibirsk-Glavnyj (Новосибирск-Главный) → S. 212
3342 Novosibirsk-Vostočnyj (Новосибирск-Восточный)
3348 Inja-Vostočnaja (Иня-Восточная)
3373 Sokur (Сокур)
3384 Koševo (Кошево)
3394 Moškovo (Мошково)
3403 Poros (Порос)
3417 Ojaš (Ояш)
3425 Kubovo (Кубово)
3436 Čebula (Чебула)
3450 Čachlovo (Чахлово)
3462 Bolotnoe (Болотное)

Bolotnoe – benannt nach dem Fluss Bolotnaja, was soviel wie sumpfig bedeutet – entstand 1805 am Rande des Sibirischen Traktes an der Abzweigung in Richtung Barnaul und Altaj. Seit 1943 hat der Ort mit heute 20 000 Einwohnern Stadtrecht. Im 1980 erbauten Kulturhaus befindet sich auch ein kleines Heimatmuseum (ul. Lenina 4).

3470 Tyn (Тын)

3479 Taskaevo (Таскаево)

3498 Jurga I (Юрга-1)

Die 1894 gegründete Industriestadt Jurga teilt sich in Jurga I und II. Noch trennen beide Teile etwa sieben Kilometer voneinander. Das Stadtrecht wurde Jurga 1949 verliehen. Insgesamt leben hier 94 000 Menschen.

3499 Brücke über den Tom'

Der Fluss entspringt im Altajgebirge und fließt auf 827 Kilometern Länge durch die Städte Kemerovo und Tomsk, bevor er in den Ob' mündet.

3504 Tutal'skaja (Тутальская)

3519 Tal'menka (Тальменка)

3532 Litvinovo (Литвиново)

3537 Jaškino (Яшкино)

3546 Chopkino (Хопкино)

3557 Kuzel' (Кузель)

3565 Tajga (Тайга) → S. 223

GPS: 56°3'50"N/85°37'32"O.

3578 Pichtač (Пихтач)

3596 Anžerskaja (Анжерская)

Die zum Bahnhof gehörende Bergarbeiterstadt Anžero-Sudžensk mit ihren heute 112 000 Einwohnern bildet das Nordende des Kuzbass-Kohlereviers. In den beiden Gruben, die der Stadt auch den Doppelnamen gaben, wurden zur Zeit des Transsib-Baus etwa 95 Prozent der Kuzbass-Kohle gefördert. In den 20er Jahren wurde dann der gesamte Kuzbass durch eine entsprechende Abzweiglinie der Bahn erschlossen. Die Abzweigung führt in Richtung Kemerovo und Novokuzneck. 1931 bekam der Ort das Stadtrecht. Das Heimatkundemuseum ist eher ein Bergbaumuseum. Der Ort gilt als eine der sensiblen Stellen auf der Transsib-Trasse. Mehrfach blockierten streikende Bergarbeiter hier die Gleise, um ihre Gehaltsforderungen durchzusetzen. In der spektakulärsten Aktion vom Sommer 1998 legte eine durch die Arbeiter auf den Gleisen errichtete Zeltstadt den Schienenverkehr für vier Tage lahm.

3604 Sudženka (Судженка)

3614 Mal'cevo (Мальцево)

3632 Počitanka (Почитанка)

3640 Ižmorskaja (Ижморская)

3657 Iverka (Иверка)

3679 Berikul'skaja (Берикульская)

3689 Suluj (Сулуй)

So sah der Bahnhof Tajga um 1900 aus

3698 Antibesskij (Антибесский)

3715 Mariinsk (Мариинск)

GPS: 56°12'36"N/87°43'35"O.

Das 1698 am Verlauf des Sibirischen Traktes gegründete Dorf Kiskoe wurde 1857 mit der Verleihung des Stadtrechtes zu Ehren der deutschen Ehegattin des Zaren Alexander II., Marija Aleksandrovna, in Mariinsk umbenannt. Zu jener Zeit boomte der Ort, da man in der Umgebung Gold gefunden hatte, was viele Glückssucher anzog. Heute dominiert in der ca. 42 000 Menschen zählenden Stadt die Holzindustrie. Doch auch die örtliche Spirituosenfabrik macht Furore, beispielsweise durch einen Kirschlikör mit dem schönen Namen ›Freulejnskoe‹. Es gibt ein Heimatmuseum, ul. Rabočaja 4. In Mariinsk erfolgt der nächste Lokwechsel. Gleichzeitig wechselt auch die Spannung in der Leitung. Während man westwärts mit Gleichstrom fährt, geht's mit Wechselstrom gen Osten.

Moskauer Zeit + 4 h

3723 Predmetkino (Предметкино)
3729 Aleksandrovka (Александровка)
3736 Suslovo (Суслово)
3748 Sadovaja (Садовая)
3753 Aver'janovka (Аверьяновка)
3759 Razdolnoe (Раздольное)
3767 Lysyj Bor (Лысый Бор)
3773 Tjašin (Тяжин)
3778 Kedrač (Кедрач)
3786 Tisul' (Тисуль)
3799 Burdasskij (Бурдасский)
3808 Itat (Итат)
3817 Samsonovka (Самсоновка)
3834 Kosul' (Косуль)
3837 Kirsanovo (Кирсаново)

3846 Bogotol (Боготол)

GPS: 55°45'36"N/37°39'26"O.

Der Ort entstand mit der Transsib unweit eines alten Dorfes gleichen Namens. Seit 1911 besitzt Bogotol das Stadtrecht und hat heute 28 000 Einwohner. Von Interesse ist das Eisenbahnmuseum im Lokomotivendepot mit mehreren alten Dampfloks und einem Modell einer Schnellzuglok der Baureihe JS, was für Josef Stalin steht.

3854 Šuldat (Шулдат)
3863 Vagino (Вагино)
3879 Kritovo (Критово)
3888 Stepanovka (Степановка)
3892 Klubničnaja (Клубничная)
3898 Zercaly (Зерцалы)
3902 Belyj Jar (Белый Яр)

3917 Ačinsk I (Ачинск-1)

GPS: 56°18'15"N/90°31'6"O.

1642 gegründet, wurde Ačinsk dank seiner Flussverbindung über den Čulym nach Tjumen' und Tomsk ein bedeutender Handelsplatz. Heute ist Ačinsk eine wenig attraktive Industriestadt mit 122 000 Einwohnern. Braunkohlefunde etwa 80 Kilometer südlich der Stadt, wo in einem gigantischen Tagebau nach fünf Metern Erde ein etwa 120 Meter breiter Kohleflöz beginnt, und ein Tonkombinat machen die Stadt zu einem wichtigen Zulieferer für die weltweit größten Aluminiumwerke in Bratsk und Krasnojarsk. Daneben gibt es in Ačinsk aber auch ein Heimatkundemuseum und ein Theater. Ein berühmter Sohn der Stadt ist Dmitrij Davydov, der Autor der Baikal-Hymne (→ S. 250). Ačinsk ist ein wichtiger Eisenbahnknotenpunkt, in Richtung Norden zweigt eine Bahn nach Lesosibirsk ab, in Richtung Süden nach Abakan.

3918 Ivanovka (Ивановка)
3925 Irinka (Иринка)

Die schöne Kirche von Tajga

3930 Kozlovka (Козловка)

3931 Ein kleiner weißer Obelisk auf der rechten Seite zeigt allen, die von Moskau über die Mongolei nach Beijing reisen, dass sie jetzt die Hälfte des Weges hinter sich haben.

3937 Tarutino (Тарутино)

3948 Ibrjul' (Ибрюль)

3954 Černorečenskaja (Чернореченская)

3980 Kozul'ka (Козулька)

3988 Šarlovka (Шарловка)

3996 Kosači (Косачи)

4004 Kemčug (Кемчуг)

4027 Zeledeevo (Зеледеево)

4040 Krjučkovo (Крючково)

4047 Kača (Кача)

4061 Snežnica (Снежница)

4073 Minino (Минино)

4083 Bugač (Бугач)

4098 Krasnojarsk (Красноярск)
→ S. 225

4100 Brücke über den Enisej

Die etwa einen Kilometer lange Brücke ist Geschichte pur. Sie stammt aus dem Jahre 1890 und wurde auf der Weltausstellung 1900 als architektonische Meisterleistung mit einer Goldmedaille ausgezeichnet. Das zweite Bauwerk, dem diese Auszeichnung zuteil wurde, war der Eiffelturm. Der Enisej gilt als der wasserreichste Strom der Erde. Er entsteht aus dem Zusammenfluss zweier Bergflüsse – Großer und Kleiner Enisej genannt – in der Nähe von Kyzyl, der Hauptstadt von Tuva, und fließt auf einer Länge von 4092 Kilometern mit einer Breite von fast einem Kilometer in das Eismeer. So verwundert auch sein Name nicht: Enisej heißt in der Sprache des in seinem Mittellauf lebenden Volksstammes der Evenken soviel wie ›breites Wasser‹.

Streckenarbeiter

4103 Enisej (Енисей)

4107 Terganino (Терганино)

4110 Zlobino (Злобино)

4115 Šinnyj Zavod (Шинный Завод)

4118 Bazaicha (Базаиха)

Hier zweigt eine Sackbahnstrecke nach Krasnojarsk-26 (Železnogorsk), eines der Zentren der russischen Atomwirtschaft, ab. Krasnojarsk-26 war, ebenso wie diese Strecke, in keinen Karten des Landes verzeichnet.

4124 Suchoj (Сухой)

4130 Zykovo (Зыково)

4141 Maganskaja (Маганская)

4153 Sorokino (Сорокино)

4156 Samarka (Самарка)

4164 Taežnyj (Таежный)

4172 Grjaznyj (Грязный)

4179 Kamarčaga (Камарчага)

4185 Esaulovka (Есауловка)

4193 Mramornaja (Мраморная)

4204 Balaj (Балай)

Hier fährt die Bahn mehrere Kilometer auf einem teilweise aufgeschütteten Erddamm, dessen Höhe streckenweise über 25 Meter erreicht.

4214 Kosogor (Косогор)

4229 Ujar (Уяр)

Der Ort entstand 1760 und hat heute 17 000 Einwohner. Kurz vor der Einfahrt in den Bahnhof stehen mehrere Dampflokomotiven, die teilweise noch funktionsfähig sind, teilweise aber auch nicht mehr aus eigener Kraft von der Stelle kommen würden.

4241 Gromadskaja (Громадская)

4249 Sibirjak (Сибиряк)

4263 Zaozernaja (Заозерная)

Zaozernajas Geschichte begann 1776, als man hier anfing, Glimmervorkommen abzubauen. Heute leben 16 000 Menschen in der Stadt. Hier beginnt die Sackbahnstrecke nach Krasnojarsk-45 (Zelenogorsk), neben Krasnojarsk-26 das zweite Zentrum der russischen Atomwirtschaft in dieser Gegend.

4273 Irša (Ирша)

4283 Kamala (Камала)

4293 Jagodnaja (Ягодная)

4299 Soljanka (Солянка)

4311 Kurup (Куруп)

4315 Bošnjakovo (Бошняково)

4328 Filimonovo (Филимоново)

4351 Kansk-Enisejsk (Канск-Енисейский)

GPS: 56°11'56"N/95°42'16"O.

Am Fluss Kan wurde 1628 im heutigen Dorf Kamarovka das Kansker Ostrog errichtet, das einige Jahre später etwa 40 Kilometer weiter an seinen heutigen Standort umzog. Einige Dekabristen verbrachten im 1822 zur Stadt erhobenen Kansk ihre Verbannung. Heute zählt die durch Industrie und Militär (Luftwaffe) geprägte Stadt 98 000 Einwohner. Das bereits 1922 gegründete Heimatmuseum befand sich früher in der Pfingstkathedrale, die aber nach 1990 der Kirche zurückgegeben wurde. Das Museum zog in das 1911 eröffnete erste Kino der Stadt um, das damals ›Furore‹ hieß, ul. Moskovskaja 57. Die Stadt hat ein eigenes Theater.

4349 Kansk II (Канск-2)

Am Bahnhof Birjusinsk (Km 4503)

4364 Dalaj (Далай)

4367 Teplye Ključi (Теплые Ключи)

4377 Ilanskaja (Иланская)

Die Siedlung entstand 1733. Der Seefahrer Vitus Bering gab auf seiner Anreise zu seiner Zweiten Kamčatka-Expedition über den Sibirischen Trakt Empfehlungen für künftige Poststationen nach Petersburg, darunter u.a. Ilanskaja. 1891 kam die Eisenbahn und bestimmte fortan das Leben des Ortes. 18 000 Einwohner leben heute hier vor allem von den Eisenbahnwerkstätten. Im Lokomotivendepot gibt es ein kleines Museum zur Geschichte der Stadt und der Eisenbahn.

4384 Busjuk (Бузюк)

4391 Stajnyj Kondon (Стайный Кондон)

4398 Sulemka (Сулемка)

4405 Ingašskaja (Ингашская)

4413 Pojma (Пойма)

4432 Tinskaja (Тинская)

4441 Dogadaevo (Догадаево)

4452 Rešoty (Решоты)

4465 Ključi (Ключи)

4477 Uralo-Ključi (Урало-Ключи)

Der Bahnhof von Nižneudinsk

Moskauer Zeit + 5 h

4482 Širokovo (Широково)
4488 Jurty (Юрты)
4502 Brücke über den Fluss Birjusa
4503 Birjusinsk (Бирюсинск)
4515 Tajšet (Тайшет) → S. 233
Hier beginnt die Abzweigung der Baikal-Amur-Magistrale, der sogenannten BAM (→ S. 80). Auch der später errichtete Abzweig nach Süden in Richtung Abakan hat hier seinen Ausgangspunkt.
4524 Lavrent'evo (Лаврентьево)
4537 Bajronovka (Байроновка)
4551 Šelechovo (Шелехово)
4556 Razgon (Разгон)
4565 Oblepicha (Облепиха)
4593 Alzamaj (Алзамай)
4596 Algašet (Алгашет)
4607 Zamzor (Замзор)
4615 Bolotnyj (Болотный)
4635 Kamyšet (Камышет)
4649 Uk (Ук)
Ein typischer Holzbahnhof aus der Zeit des Baus der Transsib. Reisende, die von Moskau nach Vladivostok unterwegs sind, haben hier die Hälfte der Strecke hinter sich.
4661 Mara (Мара)
4668 Kurjat (Курят)
4678 Nižneudinsk (Нижнеудинск)
GPS: 54°53'41"N/99°01'34"O.
Die heute 40 000 Einwohner zählende Stadt hat ihren Ursprung im Jahre 1649, als Kosaken hier am Fluss Uda ein kleines Fort errichteten. 1783 bekam der Ort das Stadtrecht, den er aber derzeit durch eine Fusion mit dem Landkreis wohl wieder verliert. Über viele Jahre war Nižneudinsk ein bedeutendes Handelszentrum, woran noch einige Kaufmannsvillen im Stadtbild erinnern. Heute ist davon wenig zu spüren, der größte Arbeitgeber ist das Bahnausbesserungswerk. Vor dem neu gebauten Bahnhofsgebäude steht eine alte Güterzugdampflok der L-Serie. Unweit des Bahnhofs erhebt sich die dem heiligen Nikolaus gewidmete Holzkirche des Ortes. Das Gebäude der alten Synagoge beherbergt heute ein Rechenzentrum. Im Heimatmuseum ist neben Bildergalerie und Stadtgeschichte vor allem die Ethnographie-Sammlung zum Stamm der Tofalaren einzigartig (ul. Lenina 27, Tel. 71227). Mit knapp 500 Seelen sind

die Tofalaren heute die kleinste nationale Minderheit Russlands. Sie leben ca. 200 Kilometer von Nižneudinsk entfernt in drei Siedlungen. In das Gebiet führt keine Straße, es ist nur per Hubschrauber zu erreichen. Hier findet der nächste Lokwechsel statt.

4684 Rubachino (Рубахино)
4695 Brücke über den Fluss Uda
4687 Uda II (Уда-2)
4703 Chunguj (Хингуй)
4716 Kaduj (Кадуй)
4726 Chudoelanskaja (Худоеланская)
4743 Šeberta (Шеберта)
4746 Varjag (Варяг)
4763 Budagovo (Будагово)
4777 Utaj (Утай)
4786 Kotik (Котик)
4795 Tulun (Тулун)

Tulun ist ein Zentrum des Bergbaus und der Holzindustrie. Im Zentrum der 54000 Einwohner zählenden Stadt am Fluss Ija gibt es noch viele alte Häuser aus der Zeit, als Tulun ein wichtiger Umschlagplatz im Handel mit Jakutien war. Die Stadt hat ein kleines Dekabristenmuseum.

4807 Njura (Нюра)
4816 Azej (Азеи)
4825 Šuba (Шуба)
4837 Šeragul' (Шерагуль)
4845 Tul'juška (Тулюшка)
4856 Mingatuj (Минтагуй)
4874 Kujtun (Куйтун)
4888 Charik (Харик)
4906 Kimil'tej (Кимильтей)
4919 Perevoz (Перевоз)

4934 Zima (Зима)

GPS: 53°55'31"N/102°3'6"O.

Zima bedeutet Winter. Ein Fluss gleichen Namens fließt hier in die Oka (nicht verwechseln mit der in die Wolga mündenden Oka südlich von Moskau), die dann wiederum in die Angara mündet. Der Ort entstand 1898 mit dem Bau der Transsib und erhielt 1922 das Stadtrecht. Heute leben hier 39000 Menschen. Berühmt wurde Zima durch den zeitgenössischen Dichter Evgenij Evtušenko (*1932), der in Gedichten und einem autobiographischen Film seine Kindheitserinnerungen auf der Station Zima beschrieb (→ S. 83). In der Stadt gibt es ein Heimatmuseum.

4940 Oka (Ока)
4947 Charagun (Харагун)
4958 Deljur (Делюр)
4968 Tyret' (Тыреть)
4999 Zalari (Залари)
5003 Chotchor (Хотхор)
5011 Golovinskaja (Головинская)
5017 Chortovskaja (Хортовская)
5021 Kutulik (Кутулик)

Kutulik ist das Zentrum eines autonomen Kreises, in dem Burjaten die Mehrheit der Bevölkerung stellen. Gleichzeitig ist es die Heimat des Schriftstellers Aleksandr Vampilov (1937–1972), an den ein kleines Museum erinnert.

5032 Zabituj (Забитуй)
5033 Noty (Ноты)
5046 Ossinzowo (Осинцево)
5049 Žargon (Жаргон)
5055 Čeremchovo (Черемхово)

Speisewagen des ›Bajkal-Express‹

Ein rechter Hand gut sichtbares Zentrum des Kohlebergbaus ist Čeremchovo, das sich über mehrere Siedlungen mit heute 75 000 Einwohnern knapp zehn Kilometer an der Bahntrasse entlangzieht. Im Jahre 1772 als Poststation am Sibirischen Trakt gegründet, kam die wirtschaftliche Dynamik mit dem 1896 in Betrieb genommenen ersten Bergwerk und wenige Jahre später mit der Eisenbahn.

5067 Kas'janovka (Касьяновка)

5070 Vostočnaja (Восточная)

5081 Polovina (Половина)

Polovina bedeutet Hälfte. Gemeint ist die Hälfte der ursprünglichen Strecke zwischen Moskau und Vladivostok über Čeljabinsk und die Mandschurei. Heute betragen die beiden ungleichen Hälften 5081 Kilometer nach Moskau und 4207 Kilometer nach Vladivostok.

5088 Zaimka (Заимка)

5098 Belaja/Tajturka (Белая/Тайтурка)

5104 Mal'ta (Мальта)

Mal'ta gilt als Fundgrube für Archäologen. Nachdem in den 20er Jahren zufällig Mammutknochen gefunden worden waren, begann man mit umfangreichen Ausgrabungen, die neben Knochen auch noch Werkzeuge und Kultgegenstände zutage förderten, die belegen, dass hier bereits über 10 000 Jahre vor Christus Menschen siedelten.

Die Gotteserscheinungskathedrale in Irkutsk

5111 Lužki (Лужки)

5118 Usol'e-Sibirskoe (Усолье-Сибирское)

Zu Zeiten sowjetischer Mangelwirtschaft galten Vorräte an Salz, Seife und Streichhölzern als Grundausstattung zum Überleben. Alle Einwohner von Usol'e-Sibirskoe kann man vor diesem Hintergrund der Schicht der Privilegierten zuordnen, denn zwei der drei Mangelprodukte wurden nirgends in der Sowjetunion in solchen Mengen wie in dieser sibirischen Stadt produziert. Usol'e lässt sich etwa mit ›beim Salz‹ übersetzen. Seit seiner Gründung im Jahre 1669 war und ist es die Salzhauptstadt Sibiriens. Seit 1956 befindet sich hier unter dem Namen ›Sibsol'‹ (Sibsalz) die größte Salzfabrik Russlands. Zweitgrößter Arbeitgeber der 10 5000 Einwohner zählenden Stadt ist die Streichholzfabrik ›Bajkal‹. Usol'e erhielt 1925 das Stadtrecht und 1940 den offiziellen Zusatz ›Sibirskoe‹, um nicht mit dem zweiten Usol'e bei Perm' verwechselt zu werden. Daneben ist die Stadt auch für ihre Heilschlammbehandlungen bekannt. Die Stadt hat ein Heimatmuseum (Komsomol'skij pr. 79).

5127 Tel'ma (Тельма)

5140 Kitoj (Китой)

5141 Majsk (Майск)

5145 Angarsk (Ангарск)

Angarsk ist eine der jüngsten Städte Sibiriens. Es entstand 1948 mit einer gigantischen Ölraffinerie. Die Lebensqualität der 246 000 Einwohner versuchte man zu erhöhen, indem man von Anfang an konsequent Gewerbe- und Wohngebiet durch ein Waldgebiet getrennt hat. Vielleicht erklärt sich auch so das Stadtwappen, das – wie ansonsten

Zug am Baikalsee

typisch für diese Zeit – keine Reagenzgläser und Zahnräder, sondern eine goldene Meerjungfrau auf grünem Untergrund zeigt. Trotzdem liegt hier die Lebenserwartung deutlich unter dem russischen Durchschnitt. Interessant ist mit über 1000 Zeitmessern das örtliche Uhrenmuseum, das auf der Privatsammlung das Angarsker Uhrmachers P. Kurdjakov beruht, ul. Marksa 31. Daneben hat die Stadt noch ein Geologiemuseum (ul. Glinki 25).

5148 Južnaja (Южная)

5151 Suchovskaja (Суховская)

Hier eröffnet sich ein guter Ausblick auf den Fluss Angara, der auch den Spitznamen ›Doč' Bajkala‹ (Tochter des Baikals) trägt und vom Baikalsee kommend nach 1779 Kilometern in den Enisej mündet.

5163 Meget (Мегет)

5170 Batarejnaja (Батарейная)

5173 Gorka (Горка)

5178 Irkutsk-Sortirovočnyj (Иркутск-Сортировочный)

5185 Irkutsk (Иркутск) → S. 235

5192 Kaja (Кая)

5205 987Gončarovo/Šelechov (Гончарово/Шелехов)

Der Name der Stadt erinnert an den Irkutsker Seefahrer und Kaufmann Grigorij Šelechov (1747 1795), der von Irkutsk aus den Handel mit der Pazifikregion forcierte und Russlands Anspruch auf Alaska durchsetzte. Die Stadt selbst entstand 1956 mit dem Bau eines Aluminiumkombinates, das den billigen Angara Strom nutzen sollte. Das Stadtrecht wurde ihr 1962 verliehen. Heute leben 49000 Menschen hier.

5208 Izvestkovaja (Известковая)

5209 Olcha (Олха)

5213 Letnjaja (Летняя)

5217 Bol'šoj Lug (Большой Луг)

5229 Rassocha (Рассоха)

5235 Ogon'ki (Огоньки)

5241 Trudnyj (Трудный)

5249 Podkamennaja (Подкаменная)

5261 Glubokaja (Глубокая)

5273 Andrianovskaja (Андриановская)

5285 Angasolka (Ангасолка)

Etwa drei Kilometer hinter Angasolka öffnet sich nach einem 863 Meter hohen Berg erstmals der Blick auf den Baikalsee, der nun auf etwa 200 Kilometern immer wieder in Sichtweite kommt. Es beginnt eine gut 15 Kilometer lange, kurvenreiche Abfahrt in Richtung Baikalsee mit zwei Tunneldurchfahrten.

5290 Der Obere Baikaltunnel ist 667 Meter lang und in einer Röhre zweigleisig.

5298 Der Untere Baikaltunnel besteht aus zwei 473 bzw. 500 Meter langen Röhren.

5306 Sljudjanka II (Слюдянка-2)

5311 Sljudjanka I (Слюдянка-1)

GPS: 51°39'44"N/103°43'9"O.

Hier beginnt die heute Baikalbahn genannte Strecke nach Port Bajkal, auf der die Transsib bis zur Flutung der Angara bei der Einweihung des Irkutsker Wasserkraftwerkes verkehrte. Der Ort erhielt 1936 das Stadtrecht und hat heute 20 000 Einwohner. Da in der Umgebung umfangreiche Marmorvorkommen existieren, wurde der Bahnhof damals vollständig aus diesem aufgrund der geringen Transportkosten billigen Rohstoff erbaut.

5314 Rybzavod (Рыбзавод)

5319 Buravščina (Буравщина)

5326 Mangutaj (Мангутай)

5335 Orechovaja Pad' (Ореховая Падь)

5340 Utulik (Утулик)

5351 Bajkal'sk (Байкальск)

Bajkal'sk ist der Inbegriff für ein dem Baikalsee drohendes ökologisches Desaster. Hier befindet sich das vielgescholtene Baikalsker Zellulose- und Papierkombinat, das seit seinem Bau in den 1960er Jahren umstritten ist. Es ist der einzige Arbeitgeber für die 17 000 Einwohner der mit dem Fabrikneubau entstandenen Stadt

5366 Murino (Мурино)

5373 Pan'kovka (Паньковка)

5383 Vydrino (Выдрино)

5387 Tolbazicha (Толбазиха)

5399 Mamaj (Мамай)

5406 Kedrovaja-Sibirskaja (Кедровая-Сибирская)

5416 Dulicha (Дулиха)

5420 Tanchoj (Танхой)

In Tanchoj befanden sich ursprünglich als Alternative bzw. Reserve zu Mysovaja gedachte Hafenanlagen, wo die Baikalfähren am Südufer anlegen konnten. Da die Bucht sich aber im Vergleich zu Mysovaja als weniger windanfällig herausstellte, wurden noch gut 50 Kilometer Bahn gebaut und Tanchoj zum Hauptanlegepunkt am Südufer.

5431 Pereemnaja (Переемная)

5443 Priboj (Прибой)

5456 Mišicha (Мишиха)

5463 Kovrižka (Коврижка)

5467 Kljuevka (Клюевка)

5477 Mysovaja (ehem. Babuškin) (Мысовая (Бабушкин)

GPS: 51°43'9"N/105°51'36"O.

Hier befand sich zunächst der wichtigste Südhafen für die Fährschiffe ›Bajkal‹ und ›Angara‹, die in den Anfangsjahren den Fährbetrieb über den Baikalsee zwischen Mysovaja und Port Bajkal gewährleisteten. Da die Bucht wenig Windschutz bot und damit häufig Probleme bereitete, wurde der Fährverkehr in immer größerem Umfang ins eigentlich nur als Reserveanlegestelle gedachte Tanchoj verlagert. Am Ufer finden sich noch Überreste der alten Kaianlagen sowie die Ruine des alten Leuchtturms. Zu Sowjetzeiten trug der Ort den Namen des hier auf dem Bahnhof wegen Waffenschmuggels erschossenen Revolutionärs Ivan Babuškin (1873–1906), der mit Lenin in der Leipziger ›Iskra‹-Druckerei zusammengearbeitet hatte. Heute leben in der 1892 gegründeten Stadt ca. 5000 Menschen. Es gibt ein kleines Heimatmuseum (ul. 3. Internacionala 39).

5482 Tel'naja (Тельная)

5486 Gremjačij (Гремячий)

5489 Manturicha (Мантуриха)
5493 Suchoj Ručej (Сухой Ручей)
5499 Bojarskij (Боярский)
5502 Povorot (Поворот)
5506 Kultušnaja (Култушная)
5513 Bajkal'skij Priboj (Байкальский Прибой)
5517 Gošok (Гошок)

Hier verabschiedet sich die Strecke vom Ufer des Baikalsees.

5521 Bol'šaja Rečka (Большая Речка)
5524 Posol'skaja (Посольская)
5528 Kamennyj Kar'er (Каменный Карьер)
5543 Timljuj (Тимлюй)
5550 Njuki (Нюки)
5554 Beregovaja (Береговая)
5561 Selenga (Селенга)
5571 Tarakanovka (Таракановка)
5574 Mostovka (Мостовка)
5582 Talovka (Таловка)
5583 Troick (Троицк)
5590 Lesovoznyj (Лесовозный)
5603 Tataurovo (Татаурово)
5610 Mandrik (Мандрик)
5615 Kolos (Колос)
5618 Brücke über die Selenga

Die durch dieses malerische Tal zum Bajkal fließende Selenga entsteht in der Mongolei im Zusammenstrom der Flüsse Ider und Muren. Die Selenga erstreckt sich von der Quelle der Ider über eine Länge von 1024 Kilometern.

5619 Mostovoj (Мостовой)
5631 Sotnikovo (Сотниково)
5634 Divizionnaja (Дивизионная)
5640 Ulan-Udė (Улан-Удэ) → S. 258
5649 Zaudinskij (Заудинский)

Hier beginnt die Abzweigung in Richtung Ulaanbaatar und Beijing.

5657 Tal'cy (Тальцы)
5668 Kolchoznyj (Колхозный)
5674 Nördlich der Strecke befindet sich ein großer Lokfriedhof, wo neben alten Dampfloks auch Diesellokomotiven und Waggons stehen. Das Gelände ist eingezäunt und wird offensichtlich auch bewacht.

5676 Onochoj (Онохой)
5682 Brojlernaja (Бройлерная)
5698 Zaigraevo (Заиграево)
5712 Čelutaj (Челутай)
5722 Il'ka (Илька)
5737 Novoil'inskij (Новоильинский)
5740 Gorchon (Горхон)
5764 Kiža (Кижа)

Moskauer Zeit + 6 h

5784 Petrovskij Zavod (Петровский Завод) → S. 266
5789 Dekabristy (Декабристы)
5805 Baljaga (Баляга)
5811 Kuli (Кули)
5818 Tarbagataj (Тарбагатай)

Kurz hinter Tarbagataj folgt die Strecke für die nächsten 200 Kilometer dem Flusslauf des Chilok. Bis hinter Zagarino fährt man landschaftlich reizvoll größtenteils in Sichtweite zu diesem südlich der Bahn liegenden Nebenfluss der Selenga.

5828 Novopavlovka (Новопавловка)
5836 Chochotuj (Хохотуй)
5883 Bada (Бада)

Auf dem Bahnhof von Ulan-Udė

Der alte Jablonov-Tunnel mit der Aufschrift: ›Zum Stillen Ozean‹

Hier befindet sich nördlich der Bahnstrecke ein großer Flughafen, auf dem man neben einem MIG-Monument auch einige Flugzeuge auf der Landebahn sehen kann.

5897 Charčetoj (Харчетой)

5907 Žipchegen (Жипхеген)

5934 Chilok (Хилок)

GPS: 51°21'48"N/110°27'21"O.

Am gleichnamigen Fluss entstand die Siedlung 1896 an der Strecke der Transbaikalbahn. Dank Lokdepot und Werkstätten ist die Bahn bis heute der größte Arbeitgeber. Seit 1951 besitzt Chilok das Stadtrecht. Sie gehört auch zu den wenigen Orten, die die Transsib in ihrem Stadtwappen aufgenommen haben. Heute leben in der in den Ausläufen des Jablonovyj-Gebirges liegenden Stadt ca. 11 000 Menschen.

5951 Gyršelun (Гыршелун)

5971 Chušenga (Хушенга)

5993 Charagun (Харагун)

6013 Tajdut (Тайдут)

6033 Zagarino (Загарино)

6041 Uletka (Улетка)

6053 Mogzon (Могзон)

Mogzon entstand 1895 mit dem Bau der Transsib und ist bis heute ein wichtiger Eisenbahnknotenpunkt mit einem großen Lokdepot, wo auch der nächste Lokwechsel erfolgt. Es gibt ein kleines Eisenbahn-Museum.

6075 Gongota (Гонгота)

6096 Sochondo (Сохондо)

Diese Bahnstation ist nach dem mit 2510 Metern höchsten Berg des die Wasserscheide zwischen Eismeer und Pazifik bildenden Jablonovyj-Gebirges benannt, durch das die Strecke hier führt.

6106 Turgutuj (Тургутуй)

Unmittelbar vor dem Bahnhof Turgutuj erklimmt die Bahnstrecke mit 1031 Metern über dem Meeresspiegel den höchsten Punkt auf der gesamten Transsib-Linie zwischen Moskau und Vladivostok. Etwa einen Kilometer hinter dem Bahnhof passiert die Strecke in einer Kurve ein Felsmassiv. Hier befand sich ursprünglich der von alten Ansichten bekannte kurze Tunnel, dessen beiden Einfahrten die Aufschriften ›Zum Stillen Ozean‹ und ›Zum Atlantischen Ozean‹ schmückten. Damals war die Strecke jedoch einspurig. Der Tunnel wurde beim zweigleisigen Ausbau gesprengt.

6119 Jablonovaja (Яблоновая)

6134 Kuka (Кука)

6139 Lesnaja (Лесная)

6156 Ingoda (Ингода)

Die Station ist nach dem gleichnamigen Fluss benannt, der nach 708 Kilometern zunächst mit dem Onon zusammen als Šilka weiter in den Amur fließt. Von Ingoda bis Kuenga fließt er auf den nächsten 380 Kilometern größtenteils in Sichtweite und über lange Abschnitte auch unmittelbar südlich neben der Bahnstrecke. Nach der Fahrt am Ufer des Baikalsees ist dies der wohl schönste Streckenabschnitt der Transsib.

6163 Domna (Домна)
6173 Černovskaja (Черновская)
6184 Kadala (Кадала)
6195 Čita I (Чита-1)
6198 Čita II (Чита-2) → S. 268
6204 Antipicha (Антипиха)
6207 Pesčanka (Песчанка)
6214 Atamanovka (Атамановка)
6231 Kručina (Кручина)
6240 Novaja (Новая)
6254 Makkaveevo (Маккавеево)
6264 Darasun (Дарасун)
6274 Turinskaja (Туринская)
6287 Kadachta (Кадахта)
6295 Karymskaja (Карымская)
GPS: 51°37'31''N/114°20'39''O.
Die Siedlungsgeschichte des Ortes reicht bis in das Jahr 1878 zurück, doch nach einer großen Überschwemmung im Jahre 1897 verlagerte sich das Siedlungszentrum vom Ufer der Ingoda zur im Bau befindlichen Bahnstrecke. Bis heute bestimmt die Eisenbahn den Takt des ca. 10 000 Einwohner zählenden Ortes. Hier findet auch der nächste Lokwechsel statt.

6307 Tarskaja (Тарская)
Hinter dem Bahnhof beginnt die Abzweigung der Strecke durch die Mandschurei, die zunächst bis zur Fertigstellung des Amur-Abschnittes über die Ostchinesische Bahn nach Vladivostok führte und heute die direkte Verbindung zwischen Russland und China bildet. An der Richtung Zabajkal'sk führenden Brücke über die Ingoda steht noch das Gebäude des alten Bahnhofs ›Kitajskij Razjezd‹. Der letzte Umsteigebahnhof ist Karymskaja.

6319 Kajdalovo (Кайдалово)
6323 Nacygun (Нацигун)
6337 Urul'ga (Урульга)
6363 Savinskaja (Савинская)
6376 Zubarevo (Зубарево)
6394 Razmachnino (Размахнино)
6407 Solncevaja (Солнцевая)
6418 Onon (Онон)
6420 Südlich der Bahnstrecke fließen die beiden Flüsse Ingoda und Onon zusammen. Ab nun trägt der Strom den Namen Šilka.
6429 Kazanovo (Казаново)
6443 Šilka-Tovarnaja (Шилка-Товарная)
6445 Šilka (Шилка)
GPS: 51°51'35''N/116°2'46''O.
Der Ort Šilka entstand 1897 mit dem Eisenbahnbau. Am heutigen Güterbahnhof Šilka-Tovarnaja sieht man noch vergleichsweise kompakt und gut erhalten die standardisierte Holzhausarchitektur aus der Zeit des Transsib-Baus – den alten Bahnhof, umgeben von etwa einem Dutzend Holzhäusern, die aber heute alle umgebaut sind und als Wohnhäuser genutzt werden. Neben dem alten Bahnhof sticht auch die aus Holz erbaute Peter-und-Pauls-Kirche ins Auge. Um 1910 fand man Heilquellen in der Umgebung, so dass Šilka und sein Nachbarort Šivanda (auf burjatisch wörtlich: göttliches Getränk) damals zu populären Kurorten wurden. Heute ist davon jedoch wenig zu spüren, obwohl das Mineralwasser nach wie vor gewonnen

›Vorsicht Züge‹ (in Čita)

und geschätzt wird. Šilka besitzt seit 1951 das Stadtrecht. In diese Zeit fällt auch die Ausdehnung des Ortes Richtung Osten und der Neubau des heutigen Bahnhofs. Heute hat die Stadt ca. 16 000 Einwohner.

6451 Mirsanovo (Мирсаново)
6459 Cholbon (Холбон)
6469 Aprelkovo (Апрелково)
6475 Bišigino (Бишигино)
6490 Priiskovaja (Приисковая)

Etwa sieben Kilometer von dieser Station entfernt liegt die alte und bekannte Stadt Nerčinsk mit heute etwa 17 000 Einwohnern. 1653 von Kosaken am Fluss Nerča gegründet, erlangte der Ort bald zu großer Bekanntheit. Im Jahr 1689 wurde hier der erste Grenzvertrag zwischen Russland und China abgeschlossen. Bereits 1696 erhielt Nerčinsk das Stadtrecht. In der Umgebung wurden Salz und später Silber, Gold und Edelsteine gefördert. Diese Gruben (Priski) gaben dann später der Bahnstation den Namen. Die meisten Minen und Gruben gehörten dem Zaren und ließen den Ort im 19. Jahrhundert zum bedeutendsten und verrufensten Zentrum der zaristischen Arbeitslager (Katorga) werden. Nerčinsk erlangte auch als Verbannungsort vieler Dekabristen eine traurige Berühmtheit. Daneben brachten es aber auch ortsansässige Kaufleute zu immensem Reichtum, wovon bis heute einige Architekturdenkmäler im Stadtbild, wie z.B. die alten Handelsreihen zeugen. Der bekannteste Unternehmer der Stadt war Michail Butin (1836–1907). Er errichtete sich einen für die örtlichen Gegebenheiten ebenso gewaltigen wie exotischen Palast im mauretanischen Stil und trat auch als Mäzen hervor, der das Gros seines Vermögens der Stadt vermachte. Leider verfiel das Schloss nach der Revolution mit Ausnahme des Eckflügels. Dieser beherbergt heute das Heimatkundemuseum, das einen Besuch lohnt (ul. Sovetskaja, Tel. 30242/44515).

Express bei Kilometer 6116

6502 Verchnie Ključi (Верхние Ключи)
6515 Bjankino (Бянкино)
6526 Kuėnga (Куэнга)

GPS: 52°4'6"N/116°3'2"O.

Hier verlässt die Transsib-Strecke das Tal der Šilka. Dem Fluss folgt die der alten Strecke folgende Abzweigung zum 58 Kilometer entfernten Sretensk (→ S. 276).

6539 Šapka (Шапка)
6557 Šev'ja (Шевья)
6564 Ukurej (Укурей)
6576 Gaur (Гаур)
6579 Kunduj (Кундуй)

6593 Černyševsk-Zabajkal'skij (Чернышевск-Забайкальский)

GPS: 52°30'51"N/117°0'58"O.

Die Ortsbezeichnung erinnert an den vor allem durch sein Buch ›Was tun?‹ bekannten, liberalen russischen Aufklärer Nikolaj Černyševskij (1828–1889), der über 20 Jahre in der sibirischen Verbannung zubringen musste. Der Bezug zum Ort basiert allerdings auf einem Missverständnis. Ursprünglich hieß der Ort Popovskoe, und als 1921 nach einem neuen Namen gesucht wurde, fand der Vorschlag Černyševsk zu Ehren des berühmten Aufklärers sofort breite Zustimmung, da er angeblich sieben Jahre Zwangsarbeit im nahen Dorf Kadaja verbracht hatte. N. Černyševskij hatte diese Zeit allerdings in einem anderen Dorf gleichen Namens unweit von Zabajkalsk verbracht. Von 1935 bis 1957 hieß der Ort allerdings nach dem sowjetischen Verkehrsminister Lazar Kaganovič. Die Trasse erreicht hier auf den nächsten 600 Kilometern die südliche Grenze des Dauerfrostbodens, und das russische Sprichwort, dass es im Lande keine Straßen, sondern bestenfalls Richtungen gibt, erlangt nochmal eine neue Qualität. Hier endete bis vor kurzem im Prinzip, außer für Hartgesottene, die Fernverkehrsstraße gen Osten. Daran erinnert die große Autoverladestelle am Bahnhof. Gezwungenermaßen fuhr man also von Černyševsk-Zabajkal'skij bis Skovorodino bei Kilometer 7306 mit dem Autozug. Das größere Verkehrsaufkommen kam aber in der Gegenrichtung: Gebrauchtwagen aus Japan. Im Rahmen des im Jahr 2000 beschlossenen Ausbaus der durchgängigen Autostraße in den Fernen Osten wurde 2006 dieser Abschnitt zunächst als Schotterpiste fertiggestellt und im Herbst 2010 dem Verkehr übergeben. Medienwirksam fuhr Vladimir Putin die Trasse mit einem knallgelben Lada-Kalina ab. Zwei weitere knallgelbe Lada-Kalinas fuhren hinterher, denn nach wie vor trauen die Russen ihren eigenen Autos nicht wirklich. Aber damit gibt es nun eine durchgängige Asphalt-Alternative zur guten alten Transsib.

6595 Aleur (Алеур)
6606 Ulej (Улей)
6623 Bušulej (Бушулей)
6644 Kavekta (Кавекта)
6651 Arčikoj (Арчикой)
6670 Zilovo (Зилово)
6692 Zudyra (Зудыра)
6703 Ul'jakan (Ульякан)
6719 Urjum (Урюм)
6737 Nanagry (Нанагры)
6765 Sbega (Сбега)
6770 Temnaja (Темная)
6789 Ksen'evskaja (Ксеньевская)
6836 Kislyj Ključ (Кислый Ключ)
6851 Arteuška (Артеушка)

Hier macht die Transsib eine etwa fünf Kilometer lange 180-Grad-Schleife.

6872 Pen'kovaja (Пеньковая)
6896 Razdol'noe (Раздольное)
6906 Mogoča (Могоча)

GPS: 53°44'20''N/119°45'55''O.

Der Landstrich um diesen 1910 mit dem Bahnbau gegründeten Ort bietet entlang der transsibirischen Bahnstrecke die wohl härtesten klimatischen Bedingungen. Strenges Kontinentalklima und Dauerfrostboden lassen das Thermometer im langen Winter auf bis – 50 °Celsius sinken. Mogoča bedeutet auf evenkisch ›goldenes Tal‹ und bezieht sich auf Goldfunde in der Gegend. Hauptarbeitgeber für die 12 000 Einwohner der Stadt ist aber die Eisenbahn mit ihren Werkstätten.

6930 Taptugary (Таптугары)
6955 Semiozernyj (Семиозерный)
6964 Čador (Чадор)
6995 Germanovskij (Германовский)
7004 Amazar (Амазар)
7014 Krasavka Changli (Красавка-Хангли)
7026 Kolokol'nyj (Колокольный)
7034 Potajka (Потайка)
7044 Čičatka (Чичатка)
7052 Žanna (Жанна)
7075 Die Grenze zwischen den Verwaltungsgebieten Čita und Amur ist die Grenze zwischen Ostsibirien und dem Fernen Osten.
7067 Malye Kovali (Малые Ковали)

»Eine Minute zu gewinnen, kann Dich das Leben kosten«

7086 Ajači (Аячи)
7094 Tekan (Текан)

7111 Erofej Pavlovič (Ерофей Павлович)

Der Ort entstand 1909 mit dem Bau der Eisenbahn. Hinter dieser etwas ungewöhnlichen Ortsbezeichnung verbergen sich Vor- und Vatersname des russischen Fernost-Eroberers Erofej Chabarov, dem auch die Stadt Chabarovsk ihren Namen verdankt. Im Ort leben heute 5000 Menschen, für die das 2006 neu erbaute Bahnhofsgebäude etwas überdimensioniert erscheint. Das originelle Gebäude symbolisiert zwei Schiffsspitzen der Koč genannten Boote, mit denen die Russen Sibirien eroberten. Auf den nächsten Kilometern folgen zwei große Schleifen mit guten Aussichten auf gute Zugfotos.

7126 Itašino (Иташино)
7135 Segačama (Сегачама)
7154 Bol'šaja Omutnaja (Большая Омутная)
7174 Uljatka (Улятка)
7182 Chalan (Халан)
7191 Sgibeevo (Сгибеево)
7209 Uruša (Уруша)
7223 Glubokij (Глубокий)
7230 Čitkan (Читкан)
7240 Uljagir (Улягир)
7250 Madalan (Мадалан)
7259 Ol'doj (Ольдой)
7266 Tachtamygda (Тахтамыгда)
7273 Bamovskaja (Бамовская)

Hier besteht eine weitere Abzweigung zur Bajkal-Amur-Magistrale. Die 179 Kilometer lange Strecke nach Tynda wird auch als kleine BAM bezeichnet und wurde bereits in den 1930er Jahren gebaut. Sie ist auch der erste Abschnitt und Kilometer 0 der Streckenführung für die im Bau befindliche Amur-Jakutischen Bahn nach Jakutsk. Der Umsteigebahnhof in Richtung Tynda/BAM ist aber das 33 km entfernte Skovorodino. Auf dem Weg dorthin hat man zwischen Km 7295 und 7299 einen guten Panoramablick.

7287 Imači (Имачи)

7306 Skovorodino (Сковородино)

GPS: 53°59'19''N/123°56'15''O.

Als Zmejnyj im Jahre 1908 gegründet, wurde der Ort zunächst 1911 in Ruchlovo umbenannt und bekam 1927 das Stadtrecht. Ihren heutigen Namen erhielt die Stadt 1938 zu Ehren eines 1920 hier ermordeten Rotgardisten namens Alexander Skovorodin. Bemerkenswert ist wiederum die Autoverladestelle sowie östlich des Bahnhofs eine grüne Schnellzugdampflok der Reihe P 36, die bis 1974 in Betrieb war. Skovorodino hat heute etwa 15 000 Einwohner.

7329 Bol'šoj Never (Большой Невер)
7339 Kovali (Ковали)
7346 Ul'ruč'i (Ульручьи)
7355 Kerak (Керак)
7362 Angarič (Ангарич)
7368 Urkan (Уркан)
7379 Džiktanda (Джиктанда)
7400 Taldan (Тальдан)
7419 Burinda (Буринда)
7439 Gudači (Гудачи)
7456 Gonža (Гонжа)

7474 Njukža (Нюкжа)

7494 Magdagači (Магдагачи)

Der Ort entstand 1910 mit dem Bau der Amurbahn. Der Name leitet sich wohl aus den beiden Wörtern der Sprache der nanaischen Ureinwohner ›Magda‹ und ›Gati‹ ab, die Mädchen und Sumpf bedeuten. Hauptarbeitgeber des 5000-Seelen-Ortes ist die Eisenbahn. Das Bahndepot hat ein bemerkenswertes Museum eingerichtet. Hier erfolgt der nächste Lokwechsel.

7511 Krasnaja Pad' (Красная Падь)

7521 Tymersol' (Тымерсоль)

7528 Daktuj (Дактуй)

7538 Sulus (Сулус)

7559 Tygda (Тыгда)

7573 Gorki (Горки)

7579 Čalgany (Чалганы)

7609 Ušumun (Ушумун)

7626 Sivaki (Сиваки)

7650 Tu (Ту)

7663 Pereselenčeskij (Переселенческий)

7677 Muchinskaja (Мухинская)

7700 Bereja (Берея)

7711 Petruši (Петруши)

7723 Šimanovsk (Шимановск)

Der Ort entstand 1910 mit dem Namen Pera und wurde 1920 nach dem ermordeten Bolschewisten Vladimir Šimanovskij benannt. Die heute 26 000 Einwohner zählende Stadt boomte vor allem mit dem Bau der BAM, als hier große Werke der Baustoffindustrie entstanden.

7742 Seletkan (Селеткан)

7754 Djatva (Джатва)

7765 Ledjanaja (Ледяная)

Nördlich der Station befindet sich das unter der Bezeichnung Svobodnyj-18‹ bekannte Raketenabschussgebiet, wo künftig Russlands wichtiges Kosmodrom entstehen soll.

7773 Dom Otdycha (Дом Отдыха)

7777 Buzuli (Бузули)

7790 Juchta (Юхта)

7800 Ust'-Pera (Усть-Пера)

7807 Svobodnyj (Свободный)

GPS: 51°23'32"N/128°8'13"O.

Der Ortsname bedeutet ›frei‹, und Svobodnyj trägt ihn seit 1924. Bei seiner Gründung im Jahre 1912 war der Ort am rechten Ufer des Amurnebenflusses Zeja nach dem Zarevič Aleksej Alekseevsk benannt worden. ›Es gab einmal im Fernen

Blick aus dem Zugfenster

Brücke über den Amur

Osten eine Stadt mit dem Namen des Zarevič. Die Revolution benannte sie in ›Svobodnyj‹ um. Die Amurkosaken, die die Stadt besiedelt hatten, vertrieb man – die Stadt verkam. Irgendjemanden musste man dort wieder ansiedeln. Und es kamen die Häftlinge und die sie bewachenden Čekisten. Die ganze Stadt Svobodnyj wurde ein Straflager (BAMLag). So gestaltet das wahre Leben die Symbole‹. So beschrieb Alexander Solženicyn die Stadt. Bis zum Ende der 20er Jahre befand sich hier die Verwaltung der Amur-Bahn. Heute leben 81 000 Menschen in der Stadt. Es gibt ein Heimatmuseum und eine kleine Pioniereisenbahn. Das umliegende Tiefland ist mit seiner ausgeprägten Landwirtschaft Russlands fruchtbarster Landstrich östlich des Baikalsees. Neben Russen leben hier auch viele Ukrainer. Manchmal wird der Ortsname im Zusammenhang mit den Abschussrampen für die während des Kalten Krieges auf die USA gerichteten Interkontinentalraketen genannt und als neben Plisseck in der Nähe von Archangel'sk zweiter in Frage kommende Standort für ein neues russisches Kosmodrom diskutiert. Dabei handelt es sich aber in Wirklichkeit um ein Gelände unweit des 40 Kilometer westlich liegenden Bahnhofs Ledjannaja.

7812 Michajlo-Česnokovskaja (Михайло-Чесноковская)

7822 Arga (Арга)

7827 Zejskij (Зейский)

7845 Seryševo (Серышево)

7857 Ukraina (Украина)

7866 Belogorsk (Белогорск)

GPS: 50°55'16"N/128°27'45"O.

Die Industriestadt mit 75 000 Einwohnern wurde 1860 unter dem Namen Aleksandrovskoe gegründet. Im Jahre 1926 erhielt sie das Stadtrecht und 1957 nach mehreren Umbenennungen ihren heutigen Namen. Hier steigt man nach Blagoveščensk, der gut 100 Kilometer entfernten Hauptstadt des Amur-Gebietes, die für ihren kleinen Grenzverkehr mit China berühmt ist, um. Belogorsk ist vor allem durch ein großes Landmaschinenkombinat geprägt.

7880 Itikut (Итикут)

7893 Vozžaevka (Возжаевка)

7905 Tola (Тола)
7915 Pozdeevka (Поздеевка)
7934 Koroli (Короли)
7943 Ekatarinoslavka (Екатеринославка)
7963 Troebratka (Троебратка)
7974 Tur (Тур)
7985 Zavitinsk (Завитинск)

Zavitinsk mit seinen 22 000 Einwohnern gilt als Russlands Zentrum des Soja-Anbaus.

7996 Deja (Дея)
8007 Tjukan (Тюкан)
8030 Bureja (Бурея)
8040 Kulusutaj (Кулусутай)
8060 Uletuj (Улетуй)
8069 Žuravli (Журавли)
8080 Archara (Архара)

Hier findet der Lokwechsel zwischen den Eisenbahnverwaltungen Transbaikal und Ussuri statt.

8085 Kar'ernyj (Карьерный)
8091 Tatakan (Татакан)
8101 Bogučan (Богучан)
8110 Rači (Рачи)
8120 Uril (Урил)
8128 Otrogi (Отроги)
8137 Tarmančukan (Тарманчукан)
8146 Kasatkin (Касаткин)
8154 Kundur-Chabarovskij (Кундур-Хабаровский)
8164 Kazačij (Казачий)
8174 Esaulovka (Есауловка)
8184 Jadrin (Ядрин)

Moskauer Zeit + 7 h

8198 Obluč'e (Облучье)

Die 1909 gegründete Stadt mit ihren 12 000 Einwohnern befindet sich im Jüdischen Autonomen Gebiet. Interessant ist der Tunnel kurz hinter dem Ort. Er ist der erste Eisenbahntunnel der Welt, der unter den Bedingungen des Permafrosts gebaut wurde. Weitere folgten später beim Bau der BAM.

8207 Udarnyj (Ударный)
8215 Lagar-Aul (Лагар-Аул)
8220 Vorob'evo (Воробьево)
8231 Kimkan (Кимкан)
8242 Izvestkovaja (Известковая)
8256 Birakan (Биракан)
8266 Teploe Ozero (Теплое Озеро)
8269 Izvestkovyj Zavod (Известковый Завод)
8276 Londoko (Лондоко)
8283 Kandalik (Кандалик)
8289 Budukan (Будукан)
8298 Bobrovskij (Бобровский)
8306 Bira (Бира)

Der Fluss Bira, der hier knapp 100 Kilometer südlich neben der Bahnstrecke fließt gab diesem Ort und zum Teil auch Birobidžan seinen Namen.

8316 Semistočnyj (Семисточный)
8328 Trek (Трек)
8339 Kirga (Кирга)
8351 Birobidžan (Биробиджан)
→ S. 277
8366 Ikura (Икура)
8378 Usov Balagan (Усов Балаган)
8393 Aur (Аур)
8408 Ol' (Оль)
8422 In/Smidovič (Ин/Смидович)
8435 Urmi (Урми)
8449 Ol'gochta (Ольгохта)
8461 Lumku-Korani (Лумку-Корани)
8474 Voločaevka (Волочаевка)
8485 Dežnevka (Дежневка)
8496 Nikolaevka (Николаевка)
8506 Priamurskaja (Приамурская)
8515 Brücke über den Amur

Die ursprüngliche, 2600 Meter lange Brücke über den Amur wurde 1916 als letztes Teilstück der Transsibirischen Eisenbahn mit rein russischer Streckenführung eröffnet und war die längste Brücke Russlands. Im Bürgerkrieg wurde die Brücke zerstört. Bis zum Wiederaufbau wurden die Gleise über das Eis verlegt und zu Beginn der Jahre 1922 und 1923 fuhren hier bei schärfstem Frost ganze

Züge über das Eis. Aus militärstrategischen Überlegungen wurde Ende der 30er Jahre neben der Brücke noch ein Tunnel unter dem Amur gebaut. Heute verkehren alle Züge von West nach Ost über die Brücke, während die Züge von Ost nach West teils durch den Tunnel teils über die Brücke fahren. Ende 1999 wurde eine neue kombinierte Eisenbahn- und Straßenbrücke dem Verkehr übergeben, die wiederum die längste Brücke Russlands ist. Die alte Brücke wurde demontiert, nur ein Brückenbogen wurde zur Erinnerung am Ostufer versetzt stehen gelassen.

8518 Severnaja (Северная)
8521 Chabarovsk I (Хабаровск-1)
8532 Chabarovsk II (Хабаровск-2) → S. 281
8542 Krasnaja Rečka (Красная Речка)
8551 Chechcirskij (Хехцирский)
8561 Korfovskaja (Корфовская)
8568 Čirki (Чирки)
8575 Kruglikovo (Кругликово)
8583 Zoevka (Зоевка)
8595 Verino/Perejaslavka (Верино/Переяславка)
8593 Kija (Кия)
8603 Brücke über den Fluss Kija
8605 Chor (Хор)
8615 Askan (Аскан)
8618 Dormidontovka (Дормидонтовка)
8623 Dubok (Дубок)
8633 Krasickij (Красицкий)
8651 Vjazemskaja (Вяземская)
8661 Avan (Аван)
8673 Kotikovo (Котиково)
8681 Gedike (Гедике)
8688 Ščebenčicha (Щебенчиха)
8697 Kamenuška (Каменушка)
8703 Snarskij (Снарский)
8714 Rozengartovka (Розенгартовка)
8736 Bojcovo (Бойцово)
8746 Perelesok (Перелесок)
8756 Bikin (Бикин)
8769 Zven'evoj/Lesopil'noe (Звеньевой/Лесопильное)
8782 Alčan (Алчан)
8792 Burlit-Voločaevskij (Бурлит-Волочаевский)
8803 Lučegorsk (Лучегорск)
8813 Lastočka (Ласточка)
8821 Bujnevič (Буйневич)
8825 Ljunino (Люнино)
8839 Guberovo (Губерово)
8850 Čaldanka (Чалданка)
8861 Ėbergard (Эбергард)
8868 Sokolicha (Соколиха)
8874 Dal'nerečensk (Дельнереченск)

In der 1895 von Kosaken gegründeten Siedlung bestimmen heute Russlands Grenztruppen den Rhythmus der Stadt und stellen auch das Gros der 34 000 Einwohner. Die Fernöstliche Verwaltung der Grenztruppen hat hier ihren Sitz. Neben einem Museum gibt es ein Denkmal für die Opfer des sowjetisch-chinesischen Grenzkonfliktes im Jahre 1969.

8884 Murav'evo-Amurskaja/ehem. Lazo (Муравьево-Амурская/Лазо)
8891 Gruševoe (Грушевое)
8914 Prochasko (Прохаско)
8921 Filaretovka (Филаретовка)
8931 Ružino (Ружино)
8938 Lesozavodsk (Лесозаводск)
8954 Kabarga (Кабарга)
8975 Šmakovka (Шмаковка)
8985 Belaja Rečka (Белая Речка)
8994 Kraevskij (Краевский)
9002 Sungač (Сунгач)
9014 Svijagino (Свиягино)
9025 Drozdov (Дроздов)
9036 Adarka (Адарка)
9048 Spassk-Dal'nij (Спасск-Дальний)

Der 1886 gegründete Ort erhielt 1911 das Stadtrecht und hat heute 61 000 Einwohner. Die Stadt ist als Zentrum der Zementindustrie berühmt und berüchtigt. Alexander Solženicyn war hierher deportiert worden und verarbeitete seine Erfahrungen in seiner ersten Erzählung ›Ein Tag im Leben des Ivan Denisovič‹.

9056 Staryj Ključ (Старый Ключ)
9067 Knorring (Кнорринг)
9078 Tichovodnoe (Тиховодное)
9090 Mučnaja (Мучная)
9101 Chalkidon (Халкидон)
9109 Sibircevo (Сибирцево)
9118 Orechovo-Primorskoe (Орехово-Приморское)
9131 Ippolitovka (Ипполитовка)
9141 Ozernaja Pad' (Озерная Падь)
9148 Novošachtinskaja (Новошахтинская)
9151 Nekruglyj (Некруглый)
9158 Dubininskij (Дубинский)
9169 Limičovka (Лимичевка)
9177 Ussurijsk (Уссурийск)

GPS: 43°48'16"N/131°58'39"O.

In Ussurijsk vereinigt sich die heute aus dem chinesischen Harbin kommende historische Strecke der Transmandschurischen bzw. Ostchinesischen Eisenbahn mit der klassischen, vollständig russischen Transsibroute.

Ussurijsk wurde 1866 von ungefähr 300 Siedlern aus Südrussland zu Ehren des Zaren als Nikol'sk gegründet. Währende der Sowjetzeit hieß die Stadt Vorošilov. Heute leben 162 000 Einwohner hier. Etwa 50 Kilometer südwestlich befindet sich das Ussurische Naturschutzgebiet, das vor allem für seine große Ginseng-Plantage bekannt ist. Auf dem Bahnhof steht eine alte amerikanische Güterzuglok der Reihe JE. Sie erinnert an eine Tragödie im Jahr 1920, als im Bürgerkrieg zwischen Roten und Weißen der von den Japanern gefangene Revolutionsführer Sergej Lazo mit zwei Gefährten im Heizkessel dieser Lok lebendigen Leibes verbrannten.

Es gibt täglich einen Zug nach Harbin, der aus Kurswagen der Züge aus Chabarovsk und Vladivostok zusammengestellt wird.

Видъ полотна Кит.-Вост. ж. д.
Разстоянie отъ С.-Петербурга 7.653 версты.
View of the line of China-East railway.
From St Petersburg 7.653 versts.

Historische Ansicht der Ostchinesischen Eisenbahn

9190 Banevurovo (Баневурово)

Hier zweigt die Strecke in Richtung Korea ab, die möglicherweise künftig insbesondere für den Güterverkehr deutlich an Bedeutung zunehmen wird. Hier entlang rollen die in Ussurijsk umgekoppelten Kurswagen in Richtung Pyongyang. Auf russischem Territorium fährt der Zug noch 237 Kilometer bis zur Grenzstation Chasan. Von der drei Kilometer entfernten koreanischen Grenzstation Tumangang sind es dann noch 862 Kilometer bis zur Hauptstadt Nordkoreas.

9199 Baranovskij (Барановский)

9215 Razdol'noe (Раздольное)

9226 Kiparisovo (Кипарисово)

9235 Sirenevka (Сиреневка)

9243 Nadeždinskaja (Надеждинская)

9248 Sovchoznaja (Совхозная)

9251 Amurskij Zaliv (Амурский Залив)

Hier beginnt die Abzweigung zum 175 Kilometer entfernten Nachodka, der nach Vladivostok wirtschaftlich bedeutendsten Stadt der Region Primor'e. Dort befindet sich der größte Hafen des russischen Fernen Ostens, der sich über 30 Kilometer entlang der Pazifikküste erstreckt. Nachodka hat 188 000 Einwohner.

9255 Ugol'naja/Trudovoe (Угольная/Трудовое)

9259 Vesennjaja (Весенняя)

9261 Sadgorod (Садгород)

9263 Sputnik (Спутник)

9266 Okeanskaja (Океанская)

9269 Sanatornaja (Санаторная)

9270 Sedanka (Седанка)

9275 Čajka (Чайка)

9276 Pionerskaja (Пионерская)

9279 Vtoraja Rečka (Вторая Речка)

9280 Morgorodok (Моргородок)

9284 Pervaja Rečka (Первая Речка)

In der ursprünglichen Planung war der Endpunkt der Bahn hier vorgesehen, so dass die berühmte Schubkarre durch den Zarevič in der Umgebung dieses Bahnhofs ausgeschüttet wurde.

9288 Vladivostok (Владивосток)
→ S. 289

Der Ausgangs- oder Endpunkt der Reise ist die Hauptstadt des Gebietes Primor'e.

Transsib-Obelisk auf dem Bahnhof in Vladivostok

Im sibirischen Luxuszug 1903

Es gibt so viel zu sehen und zu hören, dass man sich wundert, wie schnell aus Morgen und Abend wieder ein Tag geworden ist. Vor allem ist es mit dem Mangel an Bewegung gar nicht so arg, wie wir ursprünglich fürchteten. Auf der Strecke von Moskau nach Irkutsk macht der Zug nach dem Fahrplan, den wir in unserem Coupé vorfanden, neunundneunzig, während der Fahrt von Irkutsk nach Dalny sechsundsiebzig, in Wirklichkeit aber noch mehr Stationen. Wir kommen also im Ganzen innerhalb der vierzehn Tage zu über hundertfünfundsiebzig Ruhepunkten.

Die Dauer des Aufenthalts ist sehr verschieden, aber fast nirgends weniger als fünf Minuten, in vielen Fällen das Fünf-, in einzelnen das Zehnfache und darüber. In Tula, Ufa und Berdausch hält der Zug je zwanzig Minuten. In Tscheljabinsk, wo die sibirische Bahn beginnt und wir uns anschicken, Europa zu verlassen, bleibt er fünfzig, in Kurgan zwanzig, in Petropawlowsk fünfundzwanzig Minuten liegen. Ungefähr denselben Aufenthalt bringen Omsk, Kainsk, Ob und Taiga, wo die Eisenbahn sich nach Tomsk abzweigt. Hieran schließen sich Bogotoll mit zwanzig, Krasnojarsk mit dreißig, Ilanskaja wieder mit zwanzig, Tulun mit fünfundzwanzig, Sima mit vierzig Minuten und Irkutsk mit einer ganzen Stunde. (...)

Für die ganze Strecke bleiben mithin einige vierzig Stunden übrig, während deren der Zug stillsteht. Rechnet man, dass ein Drittel dieser Zeit in die Nachtruhe der Passagiere fällt, so haben sie für den Tag durchschnittlich etwa zwei Stunden übrig, und innerhalb eines größeren oder geringeren Umkreises der Stationsgebäude Spaziergänge zu machen und sich die Glieder elastisch zu erhalten. Das ist im Grunde mehr, als sich die meisten Stadtmenschen, die mit ihren Berufspflichten und -sorgen belastet sind, täglich an Körperbewegung gönnen.

Dabei braucht man beim sibirischen Zuge nicht ängstlich schon beim zweiten Glockenzeichen einzusteigen, sondern kann ruhig auf das dritte warten und dann irgendeinen Handgriff an den Treppen der Durchgangswagen ergreifen, ohne Gefahr zu laufen, dass man zurückbleibt.

Freilich darf man sich durch diese Gemächlichkeit und Gemütlichkeit zu keinerlei gefährlichen Scherzen verleiten lassen, wie sie ein paar von unseren Reisegefährten in jugendlichem Übermut versuchten. So sprangen sie einmal, während der Zug sich bereits in Bewegung gesetzt hatte, vom Trittbrett wieder herunter, liefen einige zwanzig Schritte nebenher und schwangen sich dann wieder hinauf. Ein anderer kletterte sogar auf einer Station, wo die Lokomotive Wasser nahm, auf einen Wagen hinauf, stellte sich mitten unter die Arbeiter, welche die von der Sonne erhitzten Dächer besprengten und hielt eine begeisterte Ansprache an die Reisegesellschaft. (...)

Was die Sicherheit auf der sibirischen Bahn betrifft, so wird darüber von Einzelnen je nach den Erfahrungen, die sie gemacht haben, sehr verschieden geurteilt. Die meisten empfehlen für alle Fälle einen Revolver mitzunehmen und ihn entweder in der Rocktasche zu tragen oder auf dem Tisch im Coupé liegen zu lassen, damit man ihn bei vorkommenden Fällen sofort zur Hand hat. Die Ehrlichkeit des Zugpersonals dürfte kaum zu bezweifeln sein, da diese Leute verhältnismäßig gut bezahlt werden und schon bei geringen Versehen ihre Stelle verlieren. Auf den Stationen schleichen sich allerdings oft Elemente, die nur mit Mühe zurückgedrängt werden, an die Coupés heran, und es empfiehlt sich, sie durch den Kondukteur immer sofort schließen zu lassen, auch wenn man den Zug nur einige Minuten lang verlässt. (...)

Natürlich sind die Coupés auch von innen zu verschließen. Bei dem neuen Luxuszug, der seit diesem Sommer durch die Mandschurei fährt, kommt hierzu noch eine Sicherheitskette, die der Passagier anwendet, wenn er haben will, dass in den heißen Nächten ein frischer Luftstrom hindurchzieht, ohne dass die Tür von draußen geöffnet werden kann. Im russischen Verkehrsministerium werden beständig neue Vorschläge erwogen, wie weit man Diebstähle, die trotzdem vorkommen sollen, verhindern kann. Tatsache ist aber, dass von unseren Mitreisenden niemand in die Lage gekommen ist, seinen Revolver anzuwenden. Bei unserer Fahrt durch die Mandschurei erhielten wir jeden Abend eine Bedeckung von sieben Kosaken mit geladenem Gewehr, von denen sechs im Gepäckwagen untergebracht waren, während der siebente im letzten Wagen stand und nach beiden Seiten aufmerksam ausblickte. Es war anzunehmen, dass man eine plötzliche Zusammenrottung von Chinesen befürchtete, durch die dem Zug hätte Gefahr drohen können. Vielleicht handelte es sich aber auch um einen Geldtransport, den man für alle Fälle schützen wollte.

Jedenfalls war bei der Rückfahrt auf dieser Strecke von einer solchen Vorsichtsmaßregel nichts zu merken. Der Gendarm, der auf einzelnen Strecken den Zug begleitet, hat mit dem Dienst auf ihm nichts zu tun, sondern begibt sich nur zur Erledigung einer eiligen Amtssache nach den entsprechenden Stationen.

Der erwähnte Eisenbahnzug durch die Mandschurei, der zweimal in der Woche von Myssowaja nach Dalny und umgekehrt abgelassen wird, war erst vor wenigen Wochen in Gebrauch gestellt und übertraf in der Vortrefflichkeit des Materials und der Gediegenheit der technischen Ausführungen sogar den Zug der internationalen Schlafwagengesellschaft. Während diese ihre Waggons in einer französischen Fabrik, in St. Denis, erbauen lässt, sind jene ausschließlich russisches Erzeugnis und den Bedürfnissen in den ostasiatischen Provinzen genau angepasst. Auf den Wagen finden wir die Aufschrift »Chinesische Ost-Eisenbahn«, in russischer und chinesischer Schrift. Sie bestehen nicht aus gewöhnlichen eisernen, sondern aus gepanzerten Platten, die den Fahrgästen eine größere Sicherheit gewähren. Diese Panzerwände lassen sich im Fall eines Eisenbahnunglücks nicht so leicht wie die sonst angewendeten zusammenquetschen und gewähren vor allem bei einem Überfall oder gar im Kriegsfall zuverlässigen Schutz. Eine Gewehrkugel würde sie nicht durchbohren können. Außerdem sind die Fenster etwas kleiner, und zwar so angebracht, dass man hinausblicken kann, ohne selbst gesehen zu werden. Auch die Verteilung der Achsen ist eine andere, denn zwei von ihnen liegen vorn, zwei hinten, während die Mitte unter dem Wagen frei bleibt. Man kann ihn daher bequem als Deckung benutzen, sich unter ihm verstecken, hindurchkriechen und den Feind überraschen und beschießen.

Aus: Eugen Zabel, Transsibirien. Mit der Bahn durch Russland und China 1903, Erdmann Verlag 2003.

Die historische Strecke über Čeljabinsk

Nachdem im vorhergehenden Kapitel der Routenplan der Hauptstrecke der Transsibirischen Eisenbahn von Moskau nach Vladivostok vorgestellt wurde, sollen hier noch kurz einige andere Streckenführungen der Transsib vorgestellt werden. Die Kilometerangaben basieren auf der Tarifmessung für die jeweiligen Strecken und sind nicht mit den Angaben entlang der Strecke identisch.

Der westliche Ausgangsort des Transsib-Baus war bekanntlich das im Südural gelegene Čeljabinsk, von wo aus die Strecke in Richtung Omsk gebaut wurde und kurz vor der Überquerung des Irtyš mit der heutigen Hauptroute zusammenläuft. In den ersten Jahren der Transsibirischen Eisenbahn erfolgte die Anbindung des Ausgangspunktes Čeljabinsk in das bestehende Eisenbahnnetz im europäischen Teil Russlands über Penza, Samara und Ufa nach Čeljabinsk. Der Streckenabschnitt zwischen Penza, Samara und Čeljabinsk verknüpft heute mit direkten Zugverbindungen wie beispielsweise Novosibirsk–Volgograd (Nr. 81), Irkutsk–Soči (Nr. 141) oder Vladivostok–Charkov (Nr. 53) Sibirien mit Südrussland, der Schwarzmeerküste und der Ukraine. Ein Teilstück der Strecke zwischen Čeljabinsk und Omsk liegt aber heute bei Petropavlovsk in Kasachstan. Grenzkontrollen sollen im Zug zwar nur sporadisch vorkommen, man braucht aber als Ausländer ein kasachisches Transitvisum. Von Moskau verkehrt auf diesem Teilstück nur der Zug Nr. 220 nach Karaganda (Kazachstan).

Moskau–Čeljabinsk–Omsk

Km	*Bahnhof*
0	**Moskva, Kazaner Bahnhof (Москва, Казанский вокзал)** → S. 128
20	Ljubercy (Люберцы)
89	Voskresensk (Воскресенск)
117	**Kolomna (Коломна)**
136	Luchovicy (Луховицы)
	Podlipki (Подлипки)
152	Fruktovaja (Фруктовая)

Die Erlöserkathedrale in Moskau

Al'pat'evo (Альпатьево)
169 Divovo (Дивово)
180 Rybnoe (Рыбное)
Rjazan' I (Рязань-1)
197 Rjazan' II (Рязань-2)

Rjazan' wurde vor allem durch die Erzählungen des russischen Satirikers Michail Saltykov-Ščedrin bekannt, der hier mehrere Jahre Gouverneur war. Die Stadt ist stolz auf ihre reichen Handwerkstraditionen und zählt heute als Hauptstadt des gleichnamigen Gebietes 530 000 Einwohner.

Stenkino (Стенкино)
Denežnikovo (Денежниково)
245 Starožilovo (Старожилово)
Chruščovo (Хрущево)
268 Čemodanovka (Чемодановка)
276 Birkino (Биркино)
Korablino (Кораблино)
312 Rjažsk (Ряжск)

Die heute 27000 Einwohner zählende Kleinstadt wurde bereits 1502 gegründet und ist ein wichtiger Eisenbahnknotenpunkt. Zur Zeit der Inbetriebnahme der Großen Sibirischen Bahn fuhren die Züge von Moskau noch über Tula und stießen hier auf die heutige Trasse.

Egoldaevo (Еголдаево)
335 Kenzino (Кензино)
346 Sucharevo (Сухарево)
356 Želobovo (Желобово)
Maljutino (Малютино)
377 Verda (Верда)
Remizovo (Ремизово)
395 Muravljanka (Муравлянка)
Jagodnoe (Ягодное)
416 Chludovo (Хлудово)
425 Rakša (Ракша)
433 Bazevo (Базево)
441 Moršansk (Моршанск)
Koršunovka (Коршуновка)
Kašma (Кашма)
462 Vjažli (Вяжли)
471 Fitingof (Фитингоф)
Daškovo (Дашково)
491 Vernadovka (Вернадовка)
Pominaevka (Поминаевка)
514 Sosedka (Соседка)
524 Chutor (Хутор)
532 Kandievka (Кандиевка)
540 Bašmakovo (Башмаково)
Glebovka (Глебовка)
Pjatnickoe (Пятницкое)
566 Pačelma (Пачелма)
Tolkovka (Толковка)
580 Vygljadovka (Выглядовка)
Vodenjapino (Воденяпино)
593 Titovo (Титово)
599 Varežka (Варежка)
Adikaevka (Адикаевка)
Kevda (Кевда)
623 Belinskaja (Белинская)
633 Lermontovskij (Лермонтовский)
643 Studenec (Студенец)
Pančulidzievka (Панчулидзиевка)
664 Simanščina (Симанщина)
Poslovka (Пословка)
685 Ramzaj (Рамзай)
Pjaša (Пяша)
Arbekovo (Арбеково)
709 Penza (Пенза)

GPS: 53°12'14''N/45°0'43''O.

Penza wurde 1663 als Grenzbefestigung des Russischen Reiches gegründet und kann heute auch auf umfangreiche kulturelle Traditionen verweisen. So verlebte der Dichter Michail Lermontov in der Umgebung seine Kindheit. In der 550 000 Einwohner zählenden Gebietshauptstadt gibt es zwei Theater und mehrere Museen.

Seliksa (Селикса)
Leonidovka (Леонидовка)
Šnaevo (Шнаево)
Kanaevka (Канаевка)
Aseevskaja (Асеевская)
782 Čaadaevka (Чаадаевка)
795 Kodada (Кодада)
Eljuzan' (Елюзань)

Blick über die Wolga auf Samara

804 Sjuzsjum (Сюзюм)

830 Kuzneck (Кузнецк)

Evlaševo (Евлашево)

862 Nikulino (Никулино)

Ključiki (Ключики)

888 Praskov'ino (Прасковьино)

898 Kanadej (Канадей)

Novospasskoe (Новоспасское)

Koptevka (Коптевка)

938 Rep'evka (Репьевка)

953 Novoobrascovoe (Новообразцовое)

962 Syzran' (Сызрань)

GPS: 53°10'12''N/48°28'53''O.

Die Stadt bekam ihren Namen vom gleichnamigen Fluss, der hier in die Wolga fließt. Als Festung am Hochufer im Jahr 1683 gegründet leben heute 175 000 Menschen in der Stadt. Die 15 Kilometer entfernte eindrucksvolle Brücke über die Wolga war bei ihrer Einweihung 1880 die längste Brücke Europas.

Oktjabr'sk (Октябрьск)

Pravaja Volga (Правая Волга)

994 Obšarovka (Обшаровка)

Myl'naja (Мыльная)

1027 Majtuga (Майтуга)

Bezenčuk (Безенчук)

Zvezda (Звезда)

1055 Čapaevsk (Чапаевск)

Die Ortschaft entstand 1908 und wurde 1929 zu Ehren des legendären roten Bürgerkriegshelden Vasilij Čapaev umbenannt. Dieser war beim Schwimmen in der Wolga ertrunken. Er ist heute gemeinsam mit seinem Adjutanten Petja nach wie vor als Held vieler Witze außerordentlich populär. Die Stadt hat 95 000 Einwohner.

1060 Tomylovo (Томылово)

Žiguli (Жигули)

Novokujbyševskaja (Новокуйбышевская)

Liljagi (Лиляги)

Krjaž (Кряж)

1098 Samara (Самара)

GPS: 53°11'9''N/50°7'16''O.

Die Hauptstadt des gleichnamigen Gebietes zieht sich über 30 Kilometer am Ufer der Wolga entlang. 1586 als Festung am Flussufer gegründet, leben heute 1,2 Millionen Einwohner in der lebendigen Stadt. Samara ist eine alte Handels- und moderne Industriestadt. Das architektonisch vor allem im

18. Jahrhundert geprägte Stadtbild ist sehenswert und bietet viele Sehenswürdigkeiten. Zu sowjetischen Zeiten hieß die Stadt Kujbyšev und war für Ausländer geschlossen. Heute fliegt Lufthansa zweimal wöchentlich von Frankfurt nach Samara.

Bezymjanka (Безымянка)
Smyšlaevka (Смышляевка)
Alekseevskaja (Алексеевская)
1139 Kinel' (Кинель)
1154 Turgenevka (Тургеневка)
1165 Georgievka (Георгиевка)
Krotovka (Кротовка)
1192 Novootrjadnaja (Новоотрадная)
Tolkaj (Толкай)
Podbel'skaja (Подбельская)
1257 Pochvistnevo (Похвистнево)

Moskauer Zeit + 2 h

1277 Buguruslan (Бугуруслан)
Zagljadino (Заглядино)
1310 Asekeevo (Асекеево)
Filippovka (Филипповка)
Saraj-Gir (Сарай-Гир)
1372 Abdulino (Абдулино)
Taldy Bulak (Талды Булак)
Prijutovo (Приютово)
1429 Aksakovo (Аксаково)
1484 Šafranovo (Шафраново)
Raevka (Раевка)
1525 Davlekanovo (Давлеканово)
Šingak Kul' (Шингак Куль)
1574 Čišmy (Чишмы)
Alkino (Алкино)
Jumatovo (Юматово)
Dema (Дема)

1621 Ufa (Уфа)

GPS: 54°44'54"N/55°37'6"O.

In der Hauptstadt der Republik Baschkortastan (früher Baschkirien) wohnen heute knapp 1,1 Millionen Menschen. Hier leben neben den zu den Turkvölkern gehörenden Baschkorten auch viele Tataren und Russen. In einer Schleife des Kama-Nebenflusses Belaja gelegen, ist Ufa ein bedeutender Wirtschaftsstandort mit dem Schwerpunkt Petrochemie. Es gibt eine Universität und Museen sowie drei Theater und eine Philharmonie in der Stadt.

Černikovka (Черниковка)

Auf dem Bahnhof Čeljabinsk: »Russlands Eisenbahn hält Russland in Bewegung«

1643 Šakša (Шакша)
1657 Iglino (Иглино)
1676 Tavtimanovo (Тавтиманово)
Urman (Урман)
Ulu Teljak (Улу Теляк)
1725 Aša (Аша)
1745 Min'jar (Миньяр)
Simkaja (Симкая)
Eral (Ерал)
1782 Kropačevo (Кропачево)
Jachino (Яхино)
Ust' Kataev (Усть-Катаев)
1818 Vjazovaja (Вязовая)
Mursalimkino (Мурсалимкино)
Kukšik (Кукшик)
Suleja (Сулея)
Edinover (Единовер)
1890 Berdjauš (Бердяуш)
Salgan (Салган)
Tunduš (Тундуш)
Aj (Ай)
Anosovo (Аносово)
1942 Zlatoust (Златоуст)
GPS: 55°11'55"N/59°43'2"O.
Die 205000 Einwohner zählenden Stadt wurde 1754 gegründet und ist vor allem als Zentrum der Metallurgie und der Metallgravur in ganz Russland bekannt.
Taganaj (Таганай)
Uržumka (Уржумка)
Chrebet (Хребет)
Syrostan (Сыростан)
2006 Miass (Миасс)
Im 18. Jahrhundert fand man hier Kupfererz und später auch Goldvorkommen. Im Jahr 1773 gegründet, erhielt der Ort 1926 das Stadtrecht. Heute leben 172 000 Menschen in der um das alte Ortszentrum mit vielen Holzhäusern entstandenen Industriestadt. Bekannt ist Miass durch sein Autowerk, das geländegängige Lastwagen herstellt. Es gibt ein Heimat- und ein Mineralogiemuseum.
Ustinovo (Устиново)
2024 Čebarkul' (Чебаркуль)
Misjaš (Мисяш)
Biškil' (Бишкиль)
Birgil'da (Биргильда)
2076 Poletaevo (Полетаево)
Smolino (Смолино)
Šeršin (Шершин)
2102 Čeljabinsk (Челябинск)
→ S. 193
Traktorstroy (Тракторстрой)
Čurilovo (Чурилово)
Potanino (Потанино)
2146 Černjavskaja (Чернявская)
Kajasan (Каясан)
Pivkino (Пивкино)
2190 Ščuc'e (Щучье)
2227 Sumicha (Шумиха)
Butyrskoe (Бутырское)
Miškino (Мишкино)
Sladkoe (Сладкое)
2303 Jurgamys (Юргамыш)
Zyrjanka (Зырянка)
Logovuška (Логовушка)
Vvedenskoe (Введенское)
2360 Kurgan (Курган)
GPS: 55°26'27"N/65°19'6"O.
Die Stadt wurde 1662 auf einem am Ufer des Flusses Tobol gelegenen Schütthügel (Kurgan bedeutet Hügel) von Tjumener Siedlern begründet. Der Ort entwickelte sich vor allem dank des Handels mit Agrarerzeugnissen, die zu Beginn des 20. Jahrhunderts mit der Anbindung an die Transsib sogar nach Westeuropa exportiert wurden. Heute leben in der Gebietshauptstadt 365 000 Einwohner.
2380 Utjak (Утяк)
Vargaši (Варгаши)
Jurachly (Юрахлы)
Kravcevo (Кравцево)
2444 Lebjaž'ja (Лебяжья)
Baksary (Баксары)
Konovalovo (Коновалово)
2490 Makušino (Макушино)
P'jankovo (Пьянково)
2538 Petuchovo (Петухово)
Gorbunovo (Горбуново)

Der Bahnhof von Petropavlovsk (Kasachstan)

Moskauer Zeit +3 h

2583 Mamljutka (Мамлютка\Kazachstan)
Kondratovka (Кондратовка\Kaz.)
Zaton (Затон\Kaz.)

2627 Petropavlovsk (Петропавловск\Kaz.)

GPS: 54°51'24''N/69°10'13''O.

Petropavlovsk (kasachisch: Petropavl) ist die nördlichste Stadt Kasachstans und hat ca. 192 000 Einwohner. Sie entstand 1752 als Festungsanlage an der Südgrenze Russlands. Zur Zeit des Baus der Transsib lag hier einer der zentralen Umschlagplätze, von wo sich viele Neusiedler in die Steppen Zentralasiens aufmachten. Das alte Bahnhofsgebäude aus der Zeit vor 1900 direkt neben dem Bahnhofskasten aus der Sowjetzeit beherbergt heute Grenztruppen und Zoll. Die Stadt selbst hat im Stadtzentrum viele interessante historische Gebäude und eine nette Fußgängerzone (ul. Konstituzii Kazachstana). Unter den Kirchen und Moscheen stechen die eindrucksvolle neue Hauptmoschee (ul. Mira) und die historische Peter-und-Paul-Kirche (ul. Kominterna). Neben dem Schauspielhaus gibt es ein gutes Heimatkundemuseum (ul. Konstituzii Kazachstana 25) sowie eine Gemäldegalerie. Das größte Hotel mit klassisch sowjetischem Charme ist das Kyzyl Zhar, ul. Konstituzii Kazachstana. Das beste Restaurant ist der Slavjanskij Dvor (Ul. Konstituzii 52) Am Bahnhof befindet sich das originelle Café ›Die schwarze Katze‹, das dem sowjetischen Kultkrimi ›Treffpunkt unverändert‹ mit Vladimir Vyssotzkij huldigt (ul. Archemenko 4). Für Kasachstan benötigt man ein Visum.

Asanovo (Асаново\Kaz.)
Tokuši (Токуши\Kaz.)
Jarmy (Ярмы\Kaz.)
Gankino (Ганкино\Kaz.)

2709 Bulaevo (Булаево\Kaz.)

Zarosloe (Заростое)
Kara-Guga (Кара-Гуга)
Junino (Юнино)

2762 Isil' Kul' (Исиль-Куль)

Kucharevo (Кухарево)
2805 Moskalenki (Москаленки)
Piketnoe (Пикетное)
2851 Marianovka (Мариановка)
Lužino (Лужино)
Karbyševo I (Карбышево-1)

2900 Omsk (Омск) → S. 204

Die neue Strecke über Nižnij Novgorod

Der Fahrplanwechsel im Juni 2001 brachte überraschend einschneidende Veränderungen in den Zugverkehr zwischen Moskau und Sibirien. Mehr als die Hälfte der Regelzüge und vor allem die insbesondere bei ausländischen Touristen populären internationalen Express-Züge fahren nun von Moskau zunächst in Richtung Nižnij Novgorod, um dort die Wolga zu überqueren und dann bei Kotel'nič wieder auf die alte Haupttrasse zu stoßen. Es gab dafür vor allem zwei Argumente. Einerseits ist die Strecke 40 Kilometer kürzer und bringt auch aufgrund einer höheren Durchlassfähigkeit eine Zeitersparnis von zwei bis drei Stunden. Andererseits wird die bedeutende Wirtschaftsregion Nižnij Novgorod (→ S.160) direkt in die bedeutendsten Ost-West-Trassen eingebunden, worüber die Bevölkerung der Stadt hoch erfreut war.

Während die internationalen Zugpaare Nr. 1/2 Moskau–Vladivostok, Nr. 3/4 Moskau–Beijing sowie Nr. 19/20 Moskau–Beijing am Jaroslavler Bahnhof ankommen bzw. abfahren, gibt es bei den russischen Zielorten sowohl Züge vom Jaroslavler Bahnhof (z.B. Nr. 5/6 Moskau-Irkutsk, 43/44 Moskau-Irkutsk, Nr. 55/56 Moskau–Krasnojarsk) als auch vom Kazaner Bahnhof (z.B. Nr. 37/38 Moskau–Tomsk, Nr. 47/48 Moskau–Omsk).

Moskau–Kotelnič

Km *Bahnhof*

Moskva (Москва), Jaroslavler Bahnhof → S. 128

73 Frjazevo (Фрязево)

Kazanskoe (Казанское)

Vochna (Вохна)

87 Pavlovskij Posad (Павловский Посад)

94 Nazar'evo (Назарьево)

99 Drezna (Дрезна)

104 Kabanovo (Кабаново)

109 Orechovo-Zuevo (Орехово-Зуево)

Entstanden aus den an den beiden Seiten des Flusses Kljazma gelegenen Dörfern Orechovo und Zuevo wurde der Ort durch die Unternehmerdynastie Morozov zu einem Zentrum der russischen Textilindustrie. Heute leben 136 000 Menschen in der Stadt.

114 Krutoe (Крутое)

117 Vojnovo (Воиново)

121 Usad (Усад)

129 Pokrov (Покров)

137 Omutišče (Омутище)

145 Petuški (Петушки)

Der unscheinbare Vorort erlangte durch Wenedikt Jerofejews Erzählung ›Die Reise nach Petuschki‹ seinen zweifelhaften Ruhm. Vodkatrunkene, typisch russische Seelenerkundungen und einem den Magen umdrehende Cocktailrezepte (u.a. ›Die Träne einer Komsomolzin‹) während einer Fahrt im Vorortzug von Moskaus Kursker Bahnhof ins besagte Petuški ließen das Büchlein in Russland Kult werden.

Bahnarbeiter

Die Maria-Entschlafenskathedrale in Vladimir

Kosterevo (Костерево)
162 Boldino (Болдино)
Sušnevo (Сушнево)
Krasnaja Ochota (Красная Охота)
180 Undol (Ундол)
193 Kolokša (Колокша)
Jurevec (Юревец)

210 Vladimir (Владимир)

Als Festung 1108 gegründet, gehört die am Fluss Kljazma gelegene Hauptstadt des gleichnamigen Gebietes zu den ältesten Städten Russlands. Heute leben 355 000 Einwohner in der an Kirchen und Museen reichen Stadt.

221 Bogoljubovo (Боголюбово)
226 Lemeški (Лемешки)
228 Vyselki (Выселки)
230 Karjakinskaja (Карякинская)
238 Vtorovo (Второво)
248 Terechovicy (Тереховицы)
259 Novki 1 (Новки-1)
274 Kovrov 1 (Ковров-1)
279 Kovrov 2 (Ковров-2)
289 Gostjuchino (Гостюхино)
Osipovo (Осипово)
303 Krestnikovo (Крестниково)
Daryevo (Дариево)
319 Mstera (Мстера)
Sen'kovo (Сеньково)
346 Vjazniki (Вязники)

Die heute 45 000 Einwohner zählende Stadt gilt seit dem 17. Jahrhundert als eines der russischen Zentren für Ikonenmalerei.

355 Denisovo (Денисово)
Čulkovo (Чулково)
Molodniki (Молодники)
382 Gorochovec (Гороховец)
Il'ino (Ильино)
Gorbatovka (Горбатовка)
Sejma (Сейма)
Žoldino (Жолдино)

427 Dzeržinsk (Дзержинск)

Die an der Oka gelegene Industriestadt zählt 285 000 Einwohner entstand Ende der 20er Jahre mit dem Bau eines gigantischen Chemie-Werkes. Der Name der Stadt erinnert an den Begründer des sowjetischen Geheimdienstes Feliks Dzeržinskij.

Igumnovo (Игумново)
Gor'kij Sortirovočnaja (Горький-Сортировочная)

461 Nižnij Novgorod (Нижний Новгород) → S. 160

466 Tolokoncevo (Толоконцево)
Rekšino (Рекшино)
475 Kiselicha (Киселиха)
Špalozavod (Шпалозавод)
Kalikino (Каликино)
491 Linda (Линда)
Tarasicha (Тарасиха)
513 Osinki (Осинки)
530 Semenov (Семенов)

Die 27 000 Einwohner zählende Kreisstadt ist für ihr Kunsthandwerk bekannt. Hier entstehen die unter dem Namen ›Chochloma‹ bekannten Löffel und Gefäße mit der typischen Lackmalerei.

	Keržene c (Керженец)
	Kamennyj Ovrag (Каменный Овраг)
564	**Suchobezvodie (Сухобезводье)**
	Perechvatka (Перехватка)
590	Vetlužskaja (Ветлужская)
601	Bystrucha (Быструха)
612	Šemanicha (Шеманиха)
	Mineevka (Минеевка)
	Usta (Уста)
644	Uren' (Урень)
	Ar'ja (Арья)
661	Obchod (Обход)
680	Zubanja (Зубанья)
	Šachunja (Шахунья)
	Šesterikovo (Шестериково)
	Tonšaevo (Тоншаево)
	Jangarka (Янгарка)
726	Pižma (Пижма)
	Burepolom (Бурепопом)
750	Šerstki (Шерстки)
771	Ežicha (Ежиха)
805	Igotino (Иготино)
825	Kotel'nič 2 (Котельнич-2)
830	**Kotel'nič 1 (Котельнич-1)**

Die tatarische Strecke über Kazan'

Einige Regelzüge (z.B. 35/36 Moskau–Barnaul) und insbesondere viele touristische Sonderzüge fahren von Moskau über Tatarstan zum Ural und stoßen bei Ekaterinburg auf die Haupttrasse. Auch die Kurswagen, die von Berlin aus nach Omsk, Novosibirsk und Irkutsk fahren sowie die von Minsk (Weißrussland) nach Irkutsk fahrenden Züge verkehren auf dieser Strecke. Die Route via Kazan' ist bis Ekaterinburg mit 1688 Kilometern etwa 150 Kilometer kürzer als die traditionelle Strecke.

Moskau–Kazan'–Ekaterinburg

Km	*Bahnhof*
0	**Moskva (Москва), Kazaner Bahnhof** → S. 128
24	Ljubercy II (Люберцы II)
30	Ovraški (Овражки)
35	Vjalki (Вялки)

Moskau: Blick vom Park an der Erlöser-Kathedrale zum berühmten ›Haus am Ufer‹

Keramik-Lok aus Gžel

46 Donino (Донино)
53 Grigorovo (Григорово)
57 Gžel (Гжель)

Der Bahnhof wurde 1912 gebaut und die damit entstandene Siedlung bekam denselben Namen. Dieser steht eigentlich für die berühmte russische, weißblaue Tonkeramik, die aus dieser Gegend kommt. Der Markenname Gžel vereint dabei Kunsthandwerk aus knapp 30 Dörfern in der Umgebung.

61 Ignat'evo (Игнатьево)
77 Anziferovo (Анциферово)
82 Podosinki (Подосинки)
88 Kurovskaja (Куровская)
100 Avsjunino (Авсюнино)
112 Zaputnaja (Запутная)
119 Šaturtorf (Шатурторф)
126 Šatura (Шатура)
131 Botino (Ботино)
136 Krivandino (Кривандино)
155 Struja (Струя)
158 Čerusti (Черусти)
170 Tasino (Тасино)
184 Torfoprodukt (Торфопродукт)
189 Milzevo (Мильцево)
197 Necaevska (Нечаевская)

207 Vekovka (Вековка)

Die Siedlung Vekovka ist ein kleiner Eisenbahnknotenpunkt. Die Moskau umfahrenden Züge aus Richtung Minsk kommen hier wieder auf die Hauptstrecke. Das ursprüngliche Dorf fiel 1972 den großen Torfbränden im Moskauer Umland zum Opfer und wurde neu erbaut. Die Region ist das Zentrum der russischen Glasindustrie, weshalb hier auf dem Bahnhof viel Glas und Kristallartikel feilgeboten werden.

220 Zakolp'e (Заколпье)
227 Zolotkovskij (Золотковский)
236 Alferovo (Алферово)
243 Dobrjatino (Добрятино)
248 Maksimovskij
255 Butylici (Бутылицы)
260 Zimnizy (Зимницы)
263 Levino (Левино)
267 Kondakovo (Кондаково)
273 Amosovo (Амосово)
275 Prosinskoe (Просинское)
280 Strigino (Стригино)
284 Kol'dino (Кольдино)

287 Murom (Муром)

Murom ist vor allem als Heimat des russischen Märchenrecken Ilja Muromez (der Muromer) bekannt geworden. Mit der erstmaligen Erwähnung im Jahre 862 ist es – romantisch an der Oka gelegen – einer der ältesten Orte Russlands. Ansonsten ist das nette Provinzstädtchen mit 128 000 Einwohnern weitestgehend unbekannt, da Murom zu sowjetischer Zeit aufgrund mehrerer Rüstungswerke eine geschlossene Stadt war.

296 Priokskij (Приокский)
300 Navašino (Навашино)
310 Velet'ma (Велетьма)
321 Rodjakovo (Родяково)
325 Valtovo (Валтово)
341 Teša (Теша)
346 Verdeevka (Вердеевка)
350 Venec (Венец)
360 Sakony (Саконы)
367 Muchtolovo (Мухтолово)
378 Balachonicha (Балахониха)
390 Kostylicha (Костылиха)

401 Slezavka (Слезавка)

410 Arzamas II (Арзамас-2)

Am Ufer des Oka-Nebenflusses Teša gelegen, entstand Arzamas im Jahre 1578 als Handelsplatz. Im 19. Jahrhundert entstand hier die erste Malereischule Russlands. Heute ist die 112 000 Einwohner zählende Stadt als eines der wichtigsten Forschungszentren der russischen Atomwirtschaft bekannt.

Bobyl'skaja (Бобыльская)

442 Vadok (Вадок)

482 Smagino (Смагино)

515 Tartalej (Тарталей)

524 Sergač (Сергач)

Der heute 26 000 Einwohner zählende Ort nimmt seinen Ursprung im Jahre 1674 und wurde in der Geschichte samt seinem Stadtwappen für eine große Meisterschaft in der Bärendressur bekannt.

Andosovo (Андосово)

557 Pil'na (Пильна)

566 Knjažicha (Княжиха)

592 Šumerlja (Шумерля)

602 Myslec (Мыслец)

Vurnary (Вурнары)

667 Kanaš (Канаш)

Aleševo (Алёшево)

Kibeči (Кибечи)

692 Šorkistry (Шоркистры)

Bateevo (Батеево)

704 Urmary (Урмары)

Širdany (Ширданы)

726 Tjurlema (Тюрлема)

752 Svijažsk (Свияжск)

759 Zelenodolsk (Зеленодольск)

Unmittelbar vor der knapp 100 000 Einwohner zählenden Industriestadt führt die Bahnlinie über die Wolga. Die 1913 eröffnete Brücke hat heute wieder ihren ursprünglichen Namen ›Romanov-Brücke‹ zurückbekommen. Zu Sowjetzeiten hieß sie ›Rote Brücke‹.

Vasil'evo (Васильево)

781 Judino (Юдино)

Novoe Arakčino (Новое Аракчино)

793 Kazan' (Казань) → S. 165

Vachitovo (Вахитово)

798 Omet'evo (Ометьево)

Kompressornyj (Компрессорный)

801 Derbyški (Дербышки)

809 Kenderi (Кендери)

812 Vysokaja Gora (Высокая Гора)

818 Kalinino (Калинино)

821 Birjuli (Бирюли)

831 Kurkači (Куркачи)

837 Kamaevo (Камаево)

847 Čulpanovo (Чулпаново)

853 Arsk (Арск)

883 Korsa (Корса)

891 Šemordan (Шемордан)

899 Ištugan (Иштуган)

908 Koinsar (Коинсар)

918 Sostamak (Состамак)

928 Kukmor (Кукмор)

938 Vjatskie Poljany (Вятские Поляны)

Der 46 000 Einwohner zählende Ort heißt übersetzt Vjatkaer Lichtungen und erhielt 1946 das Stadtrecht. Seine Entwicklung nimmt ihren Ursprung in der Gründung eines russischen Klosters im Jahre 1596.

944 Jamnoe (Ямное)

950 Zastrug (Заструг)

957 Sosnovka (Сосновка)

969 Kočetlo (Кочетло)

975 Kizner (Кизнер)

985 Jagul (Ягул)

996 Sarkuz (Саркуз)

1011 Ljuga (Люга)

1028 Možga (Можга)

1038 Čumajtlo (Чумайтло)

1058 Karambaj (Карамбай)

1069 Urom (Уром)

1077 Gožnja (Гожня)

1089 Agryz (Агрыз)

1114 Kičevo (Кичево)

1142 Sarapul (Сарапул)

Das im 16. Jahrhundert als Festung begründete Sarapul ist mit 110 000 Einwohnern nach Iževsk die zweitgrößte Stadt Udmurtiens. Hinter der Stadt überquert die Bahnstrecke den wasserreichen Wolga-Nebenfluss Kama auf einer über 400 Meter langen Brücke.

1163 Armjaz' (Армязь)
Šol'ja (Шолья)
1180 Kama (Кама)
Kambarka (Камбарка)
1201 Amzja (Амзя)
Karmanovo (Карманово)
1236 Janaul (Янаул)
1258 Rabak (Рабак)
Kueda (Куеда)
1315 Černuška (Чернушка)

Hier zweigt ein Verladegleis zum seinerzeit von der DDR errichteten Permer Abschnitt der Erdgastrasse ab.

Trun (Трун)
Ščuč'e Ozero (Щучье Озеро)
1356 Ater (Атер)
1366 Bartym (Бартым)
1395 Čad (Чад)

Ab Čad beginnt der Zug den Anstieg zum Ural. Diese Strecke ist besonders schön und führt durch echte Gebirgslandschaften mit steilen Felshängen. Da beim zweigleisigen Ausbau an mehreren Stellen eine abweichende Streckenführung gewählt werden mussten, hat man aus dem Zug – vor allem bei der Fahrt Richtung Westen – einen sehr guten Blick auf die alten Viadukte und einige Tunnel der ursprünglichen Strecke. Einen Obelisken, der an verschiedenen West-Ost-Übergängen im Ural die Grenze zwischen Europa und Asien markiert, konnten wir auf dieser Route vom Zug aus noch nicht erkennen.

Nenast'e (Ненастье)

Moskauer Zeit + 2 h

1420 Pudlingovyj (Пудлинговый)
Saraninskij Zavod (Саранинский Завод)
1434 Krasnoufimsk (Красноуфимск)
Zjurzja (Зюрзя)
Ufimka (Уфимка)
1476 Osypljanskij (Осыплянский)
1486 Afanas'evskij (Афанасьевский)
1510 Klenovskij (Кленовский)
Kontuganovskij (Контугановский)

»Dem rechten Glauben« – Synonym für den orthodoxen Glauben

1542 Bisertskij Zavod (Бисертский Завод)
Čebotaevo (Чеботаево)
Soldatka (Солдатка)
1581 Družinino (Дружинино)
Revda (Ревда)
Fljus (Флюс)
Rešety (Решеты)
Peregon (Перегон)
1668 **Ekaterinburg (Екатеринбург)**
→ S. 179

Die alte Petersburger Strecke

Die Petersburger Zaren-Strecke verlief nach der Inbetriebnahme der Großen Sibirischen Eisenbahn, als St. Petersburg noch die Hauptstadt Russlands war, entweder über Moskau oder direkt von der Neva-Metropole über Čerepovec und Vologda, um dann bei Kilometer 450 ab Moskau in Buj weiter der heutigen Transsib-Haupttrasse bis Ekaterinburg zu folgen. Von dort fuhr sie zunächst über Čeljabinsk und dann über Tjumen' Richtung Omsk. Diese Streckenführung ist beispielsweise auf dem der Transsibirischen Eisenbahn gewidmeten Fabergé-Ei (→ S. 74) abgebildet. Heute spielt die Strecke im Gegensatz zum Güterverkehr beim Personenverkehr so gut wie überhaupt keine Rolle. Die einzigen Regelzüge sind Nr. 9/10 und Nr. 13/14, die St. Petersburg mit Sibirien (Irkutsk bzw. Omsk) verbinden (Achtung: Nr. 13/14 fährt über Kasachstan, dafür ist ein Visum nötig). Ansonsten fahren auf dieser Strecke nur Sonderzüge und der Regelzug Nr. 71/72 St. Petersburg–Ekaterinburg.

St. Petersburg–Buj

Km *Bahnhof*
0 **St. Petersburg (Санкт-Петербург), Ladoga-Bahnhof**
→ S. 140
32 Mga (Мга)
Nazija (Назия)
Žicharevo (Жихарево)
Vojbokalo (Войбокало)
100 Novyj Byt (Новый Быт)
Pupyševo (Пупышево)
121 **Volchovstroj (Волховстрой)**
Kukol' (Куколь)
137 Myslino (Мыслино)
Zelenec (Зеленец)
162 Valja (Валя)
173 Čerencovo (Черенцово)
Zvylevo (Звылево)
196 **Tichvin (Тихвин)**
Dymi (Дыми)
234 Pikalevo (Пикалево)
Čudcy (Чудцы)
260 Koli (Коли)
Efimovskaja (Ефимовская)
292 **Podborov'e (Подборовье)**
Zabor'e (Заборье)
Verchnevol'skij (Верхневольский)
327 Tešemlja (Тешемля)
Babaevo (Бабаево)
361 Timoškino (Тимошкино)
Siuč (Сиуч)
Ujta (Уйта)
426 Kaduj (Кадуй)
Komaricha (Комариха)
450 Suda (Суда)
Nelazkoe (Нелазкое)
Košta (Кошта)
472 **Čerepovec I (Череповец-1)**
491 Chemalda (Хемалда)
Schelomovo (Шеломово)
520 **Šeksna (Шексна)**
Čebsara (Чебсара)
Kuščuba (Кущуба)
549 Kipelovo (Кипелово)
Dikaja (Дикая)

Moločnaja (Молочная)
596 Vologda I (Вологда-1)
In Vologda findet ein Lokwechsel statt.
615 Papricha (Паприха)
Tufanovo (Туфаново)
Buschuicha (Бушуиха)
657 Leža (Лежа)
678 Vochtoga (Вохтога)
Šuškodom (Шушкодом)
713 Rat'kovo (Ратьково)
726 Buj (Буй)
Neben dieser Regelzug-Trasse ab St. Petersburg verkehren Sonderzüge (insbesondere mit historischen Dampfloks, die auf den Gleisen der Moskauer Eisenbahn nicht mehr fahren dürfen) manchmal von Kostroma zur Transsib-Weiterfahrt nach Jaroslavl'.

Die Transmandschurische Bahn

Die Züge Nr. 19/20 Moskau–Beijing–Moskau verkehren auf dieser Stecke, die bei Tarskaja (km 6307) die Hauptroute Čita-Vladivostok verlässt und nach Süden abbiegt. Zusätzlich fährt im Sommer manchmal ein Zug von Irkutsk nach Harbin. Die Strecke ist bis Harbin nicht elektrifiziert, so dass hier Dieseltraktion zum Einsatz kommt.
Auf der Strecke durch die ›Daurien‹ genannte, bergige Steppenlandschaft sieht man in Russland noch Antennen und andere ausgeprägte militärische Präsenz vermuten lassende Bauten. Auf diesem Abschnitt zwischen Tarskaja und der chinesischen Grenze war Fotografieren zu Sowjetzeiten streng verboten. Heute wird zwar von den Zugbegleitern kein Verbot mehr ausgesprochen, aber man sollte nach wie vor etwas zurückhaltend sein.

Tarskaja–Harbin–Beijing

Km Bahnhof
6295 Karymskaja (Карымская)
6305 Tarskaja (Тарская)
Im Jahr 2006 wurde damit begonnen, die Strecke zweigleisig auszubauen und zu elektrifizieren.
6315 Adrianovka (Адриановка)
Zwischen Adrianovka und Sedlovaja überquert die Strecke den nach dem Fluss Mogojtuj benannten Gebirgszug. Es geht durch fünf Schluchten steil aufwärts, weshalb auch auf diesem Abschnitt in Richtung Osten eine zweite Lok zum Einsatz kommt, die hier an- und in Burjatskaja wieder abgekoppelt wird.
6330 Sedlovaja (Седловая)
6347 Burjatskaja (Бурятская)
6371 Mogojtuj (Могойтуй)
Der ebenfalls nach dem Fluss Mogojtuj benannte Ort entstand 1907 an der Eisenbahnlinie. Aus dieser Gegend stammte Grigorij Semenov (1890-1946), der weißgardistische Kosakenhauptmann (Ataman), um dessen Grausamkeit im Bürgerkrieg Legenden ranken. Nicht weniger Geschichten ranken bekanntlich um das Zarengold. Erwiesenermaßen übernahm Semenov von Admiral Kolčak zwei Waggons des legendären Goldzuges. Er nutzte einen Teil der Mittel zur Ausstattung und Unterhaltung seiner Truppen. Der andere Teil soll irgendwo in der daurischen Steppe vergraben liegen. In den 1960ern gab es eine großangelegte Suchexpedition, die aber ohne Erfolg blieb. Heute leben hier 11 000 Einwohner.

Chinesische Touristin und Fremdenführerin in Beijing

6385 Ostrečnaja (Остречная)
6394 Aga (Ага)
6418 Bulak (Булак)
6423 Step' (Степь)
6443 Olovjannaja (Оловянная)
Im Mai 2011 fuhr der erste von einer E-Lok gezogene Zug von Karymskaja bis nach Olovjannaja.
6445 Hier überquert die Bahnstrecke den Šilka-Zufluss Onon, der auf den nächsten zehn Kilometern direkt neben den Gleisen fließt.
6457 Jasnogorsk-Zabajkal'sk (Ясногорск-Забайкальский)
6463 Jasnaja (Ясная)
6479 Byrka (Бырка)
6486 Mirnaja (Мирная)
6495 Bezrečnaja (Безречная)
6509 Chada-Bulak (Хадабулак)
6524 Šerlovaja Gora (Шерловая Гора)

6543 Borzja (Борзя)

Borzja ist mit ca. 30 000 Einwohnern Kreisstadt und zugleich ein wichtiger Bahnknotenpunkt. Hier zweigt die allerdings ausschließlich für den Güterverkehr genutzte Strecke zum mongolischen Čojbolsan ab. Der Ort entstand 1899 als Bahnsiedlung und erhielt zu Ehren des russischen Heerführers Alexander Suvorov ein Jahr später den Namen ›Suvorovskaj‹, der sich allerdings nicht durchsetzte, so dass man bei der Verleihung des Stadtrechtes im Jahr 1950 wieder zu Bozja, was im Burjatischen ›Salzsee‹ bedeutet, zurückkehrte. Auf den nächsten 25 Kilometern folgen mehrere Serpentinen – wenn man in den letzten Waggon geht, kann man den Zug in ganzer Länge fotografieren.

Eisenbahnbrücke über den Songhua bei Harbin

6582 Charanor (Харанор)
6608 Daurija (Даурия)
6636 Bilituj (Билитуй)
6648 Macievskaja (Мациевская)

6661 Zabajkal'sk (Забайкальск)

GPS: 49°38'20"N/117°19'55"O.

Der russische Grenzbahnhof bringt einen ca. vier- bis fünfstündigen Aufenthalt mit sich, denn hier müssen die Drehgestelle der Waggons von der russischen Breitspur auf die chinesische Normalspur ausgewechselt werden. Der Aufenthalt in den Waggons ist dabei nicht erwünscht, so dass man zwangsläufig Gelegenheit bekommt, sich den Bahnhof bzw. die dazugehörige Siedlung genauer anzuschauen. Der Bahnhof ist neu renoviert und hinterlässt einen passablen Eindruck. Es gibt im Erdgeschoss ein Café sowie eine Post und einen Geldautomaten. Zabajkalsk selbst hinterlässt einen eher trostlosen Eindruck. Über die Fußgängerbrücke gelangt man in den Ort. Die zweite, parallel zur Bahnlinie verlaufende Strecke ist die ul. Krasnoarmejskaja, die als Hauptstraße Richtung Norden sozusagen das Zentrum des Ortes ausmacht: Sparkasse, Markt, Bus-Stop, Kirche und Kriegsdenkmal sowie verschiedene Läden und Cafés (akzeptabel sind das ›Samolet‹ sowie ein Café

Der Bahnhof Zabajkal'sk

ohne Namen in der ul. Železnodorožnaja 2 direkt am Bahnhof). Zabaijkalsk hieß ursprünglich Atamanovskaja und entstand 1904 an einer der während des Russisch-Japanischen Krieges neu errichteten Ausweichstellen. Um die Durchlassfähigkeit der eingleisigen Strecke für die Frontversorgung zu erhöhen, entstanden 1904 sehr viele solcher zusätzlichen Stationen. Der Frontcharakter blieb dem Ort erhalten. Von 1929 bis 1954 hieß der Ort Otpor, was sich etwa mit Widerstand übersetzen lässt. Im Jahr 1929 erfolgte die Umbenennung wegen Auseinandersetzungen um die Zukunft der Ostchinesischen Eisenbahn, 25 Jahre später, als sowjetisch-chinesische Freundschaft sehr groß geschrieben wurde und im Januar 1954 erstmalig der Express Moskau–Beijing verkehrte, die Rückbenennung.

Der Grenzstreifen ist mit gut fünf Kilometern vergleichsweise schmal. Man fährt durch ein riesiges Tor. Neubauten ziehen sich auf der chinesischen Seite bis dicht an die Grenze. Auf einem Platz neben den Gleisen sieht man ein futuristisches Denkmal, eine alte Dampflok und einen ausrangierten Düsenjäger.

6678/936 Manzhouli

GPS: 49°34'58"N/117°26'32"O.

Manzhouli ist die chinesische Grenzstation mit etwa zweistündigem Stopp.

Bei der Passkontrolle ist eine Devisendeklaration und ein Gesundheitsfragebogen auszufüllen. Das chinesische Visum bei Einreise zu erhalten ist noch nicht möglich. Für alle die mit dem ›Vostok‹-Express die Grenzen überqueren, ist ein Ausflug in die Stadt nicht möglich. Türmchenbestückte Neubauten in Sichtweite hinter den Gleisen künden aber wie vielerorts in den chinesischen Grenzorten vom Wirtschaftsboom des Grenzhandels. Wer sich auch Manzhouli anschauen möchte, sollte von Zabajkal'sk aus die Grenze mit dem Bus überqueren und dann mit lokalen Zügen weiterreisen. Die Schaffner teilen den ›Vostok‹-Passagieren mit, wann man aussteigen und sich auf dem langgezogenen Bahnsteig unter der Aufsicht im 50-Meter-Abstand aufgestellter Grenzer die Beine vertreten darf. Am nördlichen Ende des Bahnhofsgebäudes gibt es mehrere kleine Geschäfte (Lebensmittel im Erdgeschoss, Industriewaren im ersten Stock), ein kleines Café und eine Wechselstelle. Von Manzhouli aus geht die Kilometerzählung entlang der Strecke rückwärts zunächst bis Harbin (Km 0), ab Harbin dann wird bis Beijing gezählt.

Östlich von Manzhouli fährt man an einem in weite Steppen eingebetteten See, dem Hulun Nur, vorbei.

912 Zhabennuoer

874 Ogang

749 Hailar

GPS: 49°13'37"N/119°44'1"O.

Hailar ist eine für chinesische Verhältnisse kleine Industriestadt mit 180 000 Einwohnern. Nun beginnt langsam das Hinggangebirge.

674 Haiman

667 Yakeshi

634 Mianduhe

564 Xinganling

Bugt

Zhalatun

539 Boketu

416 Zhalantun

323 Longjiang

284 Fulaerji

267 Angangxi

212 Taikang

Langjang

Dorbod

159 Daqing

Am Bahnhof Manzhouli

Hochgeschwindigkeitszug im Bahnhof von Tianjin

Anda

96 Song

Zhaodong

1372/0 (aus Russland kommend)

Harbin → S. 320

In Harbin zweigt die alte Strecke nach Vladivostok ab. Über Acheng, Shangzi, Yimiapo, Yabuli, Hailin gelangt man in das 548 Kilometer entfernte Saifenhe an der russisch-chinesischen Grenze. Die Grenzstation auf der russischen Seite heißt Grodekovo, wo die Räder der chinesischen Normalspur gegen die russische Breitspur ausgetauscht werden, bevor die Reise nach Ussurijsk weitergehen kann.

Shuangcheng

Dehui

1126 Changchun

GPS: 43°54'36"N/125°19'3"O.

Changchun ist mit über einer Million Einwohner eine bedeutende Industriestadt Chinas. Besonders bekannt ist das örtliche Autowerk, in dem die Komfortlimousine ›Rote Fahne‹ hergestellt wurde. Die deutsche Volkswagen AG hat sich ebenfalls für Changchun als einen ihrer beiden chinesischen Standorte entschieden. Changchun gilt neben Beijing auch als die zweite Filmstadt Chinas, da sich hier große Studios befinden. Zwischen 1933 und 1945 war Changchun die Hauptstadt des japanischen Marionettenstaates Mandschukuo.

1064	Gongzhuleng
1011	**Siping**
	Changtu
927	Kaiyuan
893	Tieling
826	**Shenyang** (→ S. 333)
758	Liaozhong
	Xinmin
	Goubangzi
603	**Jinzhou**
	Jinxi
	Xingcheng
	Suizhong
442	Hier endet die Große Chinesische Mauer an der Pazifikküste.
438	**Shanhaiguan**
422	Quinhuangdao
	Baidahe
	Changli
331	Luan Xian
262	Tangshan

Bis etwa 1990 wurden hier neue Dampfloks gebaut; heute finden nur noch Wartungsarbeiten statt. Bekannt wurde die Stadt weltweit 1976, als eines der opferreichsten Erdbeben der Menschheitsgeschichte die Region erfasste. Amtlich zugegeben wurden 150 000 Tote; Schätzungen gehen von fünfmal so vielen Opfern aus. Selbst im 260 Kilometer entfernten Beijing richteten die Erdstöße Schäden an, und die Beijinger schliefen nächtelang im Freien.

210	Hangu
177	Tangu
134	**Tianjin** → S. 337
74	Langfang
33	Huangcun
0	**Beijing/Beijing** → S. 340

Auf der Route der Transmandschurischen Eisenbahn sind es 9001 Kilometer von Moskau hierher, so zumindest die bahnamtliche Zählung aus Moskau. Der internationale Fahrplanherausgeber Thomas Cook Overseas Timetable gibt allerdings 9025 Kilometer für dieselbe Strecke an – aber was sind schon 24 Kilometer Schwund bei diesen Dimensionen!

Beijing-Hauptbahnhof

Die Transmongolische Bahn

Östlich von Ulan-Udė zweigt die Transmongolische Eisenbahn zunächst als zweispurige Bahnlinie von der Hauptroute südwärts in die Mongolei ab, diese Strecke ist nicht elektrifiziert. Die Bahn folgt dabei dem Tal der wilden Selenga – wirklich atemberaubende Landschaften erwarten einen die nächsten 200 Kilometer. Ehemalige Kolchosen eingestreut in diese extrem meerfernen Steppenweiten, Herden von Pferden und Rindern, betreut von Halbnomaden, bilden neben Gewässern und Wind die einzigen Elemente in Bewegung. Was man nicht zu Gesicht bekommt: Hier gibt es große Militärlager und Stützpunkte der russischen Luftwaffe.

Ulan-Udė–Ulaanbaatar–Beijing

5649 Zaudinskij (Заудинский)

5769 Zagustaj (Загустай)

Etwa fünf Kilometer vom Bahnhof entfernt befindet sich vom Zugfenster aus gut sichtbar die Kleinstadt Gusinoozersk, deren Panorama vor allem durch ein riesiges Kohlekraftwerk bestimmt wird. Sie entstand 1953 aus der 1939 gegründeten Bergarbeitersiedlung Šachty und wurde nach dem gleichnamigen See, dessen Name sich mit Gänsesee übersetzen lässt, benannt. Bekannt ist auch das am Südwestufer des schönen Sees gelegene buddhistische Kloster, dessen Geschichte bis in das Jahr 1740 zurückgeht.

5806 Gusinoe ozero (Гусиное Озеро)

5828 Selenduma (Селендума)

5853 Džida (Джида)

5881 Charanchoj (Харанхой)

5902 Nauški (Наушки)

GPS: 50°23'18"N/106°5'59"O.

Der Grenzort Nauški (Fahrtdauer von Ulan-Udė mit den Zügen Nr. 4 oder Nr. 6 ca. sieben Stunden, mit dem Zug Nr. 264 elf Stunden) bietet einen kleinen Park vor dem Bahnhof sowie linker Hand einen Markt mit ein paar Kiosken.

Mongolische Tanzgruppe

Das Postamt mit Telefonvermittlung ist bis Mitternacht geöffnet, es ist zwei Minuten zu Fuß rechts vom Bahnhofsausgang entfernt. Die Hauptstraße des Dorfes hinter dem Park macht einen trostlosen Eindruck: Pelmeni-Bude, Eisenbahner-Kulturhaus und einige kleine Läden.

Die Grenzformalitäten sind aufwendig. Der Zug steht für ca. zweieinhalb Stunden in Nauški (Nr. 263/264 sogar sieben Stunden), aber man kann nach Abgabe des Reisepasses im Ort frei herumlaufen oder auch zur 15 Fußminuten entfernten Selenga-Brücke laufen (die hölzerne Furt über die Gleise nehmen).

5925/23 Suchbaatar (Сухбаатар)

GPS: 50°14'19"N/106°11'43"O.

Seit einiger Zeit richtet die Mongolei die Zählung ihrer Bahn-Kilometer nicht mehr mit Moskau als Bezugspunkt aus, sondern die Zählung beginnt an der russisch-mongolischen Grenze mit Kilometer Null. Der Aufenthalt hier beträgt gut eine Stunde. Wieder werden Zolldeklarationen verteilt und die Pässe eingesammelt. Aussteigen ist hier nicht erwünscht.

49 Dulvan (Дулван)
62 Eree (Ерее)
73 Orchon (Орхон)
96 Ench-Tal (Энх тал)

122 Darchan (Дархан)

Darchan ist nach Ulaanbaatar das wichtigste Industriezentrum der Mongolei. Erst 1961 gegründet, wuchs die Einwohnerzahl in diesen knapp 50 Jahren auf über 74 000.

144 Cajdam (Цайдам)
157 Salchit (Салхит)
167 Erehet (Эрхэт)
201 Baruyn-Charav (Баруун харав)
221 Barch (Барх)
232 Suun-Charaa (Зуун хараа)
274 Tunch (Тунх)
295 Šatangi (Шатанги)

Mongole auf dem Bahnhof von Ulaanbaatar

314 Mandal (Мандал)
335 Nogoon-Tolgoj (Ногоон толгой)
354 Aršant (Аршант)
396 Tolgojt (Толгойт)

403 Ulaanbaatar (Улаанбатаар)
→ S. 303

Südlich der Hauptstadt geht die Reise zunächst durch abwechslungsreiche Bergsteppen; weidende Viehherden, Nomadenzelte, vereinzelt auch Yaks und Wildpferde verleihen dem Abschnitt sein Gepräge. Mehrere weitläufige Kurven bieten gute Möglichkeiten, den Zug zu fotografieren. Die Strecke ist hier einspurig und nicht elektrifiziert. Sie wurde erst 1955 zur Hoch-Zeit der russisch-chinesischen Freundschaft gebaut. Es gibt übrigens, entgegen den Angaben in Atlanten und Reisekarten, noch keine durchgehend asphaltierte Straße parallel zur Bahn. Sie ist zwar dank chinesischer Finanzspritzen im Bau, führt aber noch streckenweise nur über Sand- und Schotterpisten.

412 Amgalan (Амгалан)
430 Chonchor (Хонхор)

Im Bahnhof Čoyr

Bei Km 433 zieht der Zug eine große 360-Grad-Kehre. Zwischen Chonchor und Bajan passiert man auch den höchsten Abschnitt entlang der gesamten Strecke Moskau–Beijing mit über 1425 Metern über dem Meeresspiegel in der Spitze.

450 Bajan (Баян)
468 Choolt (Хоолт)
477 Cagaan-Chjar (Цагаан хяр)
497 Changaj (Хангай)
509 Baga-Kangaj (Бага кангай)
521 Maanit (Маанит)
545 Aguit (Агуйт)
574 Naran-Elgen (Наран элгэн)
624 Lun (Лун)
648 Čoyr (Чоур)

GPS: 46°21'31"N/108°21'28"O.

Hier hält der Zug etwa 20 Minuten. Der Ort zählt 13000 Einwohner. Zu sozialistischen Zeiten befand sich hier der von den Sowjets unterhaltene, größte Luftwaffenstützpunkt des Landes. Auf dem sandigen Bahnhofsvorplatz erinnert ein Denkmal an den einzigen Weltraumflieger der Mongolei: Jugderdemid Gurragchao, der von 2000 bis 2004 das Amt des Verteidigungsministers innehatte, flog 1981 in den Kosmos.

Nun beginnen die monotonen, aber eindrucksvollen Ausläufer der Wüste Gobi. Man sollte sich hier ruhig einmal mit Fotoapparat in den letzten Waggon begeben – besonders zum Sonnenuntergang herrscht eine stimmungsvolle Atmosphäre.

671 Šivee-Ovoo (Шивээ овоо)
718 Olon-Ovoo (Олон овоо)
727 Zomog (Цомог)
751 Airag (Айраг)
819 Ulchyn-Ovoo (Улхын овоо)
844 Al-Sumbet (Аль сумбэт)
876 Sajnšand (Сайншанд)

Kurz vor der Stadt sind mehrere alte Dampflokomotiven zu sehen. In Sajnšand am Bahnsteig hängt der letzte Briefkasten auf der Reise durch die Mongolei.

939 Orgen (Оргэн)
988 Ulaan-Uul (Улаан уул)
1018 Cagaan-Chad (Цагаан хад)

An diesem einsamen Bahnhof in der Wüste Gobi machen neuerdings viele Sonderzüge einen etwa zweistündigen Stop, wenn sie hier am Tag entlangfahren. Somit können sich die Touristen nicht nur aus dem Zugfenster einen Eindruck von der Wüstenlandschaft verschaffen. Gleichzeitig kann man eine Kamelherde in Augenschein nehmen und auch einen kurzen Ritt zwischen den beiden Höckern eines Wüstenschiffs riskieren.

Zug in der Wüste Gobi

1034 Sumangay Zoo (Цумангай Зоо)
1046 Aagyn-Gol (Аагын гол)
1069 Nartyn-Chošuu (Нартын хошуу)

1111 Zamin Uud (Заминууд)

GPS: 43°43'7"N/111°54'27"O.

Die bereits bekannten Pass- und Zollprozeduren laufen hier erneut in zwei bis drei Stunden Aufenthalt ab, aber wie gehabt alles bequem im Abteil, das man allerdings auch nicht verlassen darf. Der Bahnhof wurde neu renoviert. Bei der Ausfahrt in Richtung China salutiert eine Soldatentruppe. Rechter Hand sieht man die parallel verlaufende Fernstraße, wo offensichtlich ebenfalls viel Verkehr herrscht. Bei Kilometer 1113 passiert der Zug die Grenze, nach ca. zwei weiteren Kilometern fährt der Zug an den Umspurhallen vorbei in den Bahnhof Erlian ein.

842 Erlian → S. 314

Ab Erlian (auch Erlan, mongolisch Erenhot) zeigen die Streckenschilder an der Bahn die Kilometer rückwärts bis Beijing an. An der parallel verlaufenden Landstraße sieht man noch einige Kilometer lang Saurier-Skulpturen.

820 Shil
739 Sšnid Youqi
509 Zhurihe
549 Tšmšrtei
524 Houqi

498 Jining

Jining ist ein wichtiger Eisenbahnknotenpunkt. Hier zweigt die wichtige Bahnlinie in die Hauptstädte der Inneren Mongolei, Hohhot und Baotou, ab.

470 Quahar Youyi/Fengzhen

Hinter Fengzhen passiert man erstmalig die hier im Vergleich zum später folgenden Abschnitt zwischen Kanzhuang und Badaling allerdings weniger umfassend rekonstruierten Überreste der Großen Chinesischen Mauer.

Dinosaurier-Denkmal in Erlian

386 Gu Dian

371 Datong → S. 316

317 Yanggao
226 Huaiyan

194 Zhanjiakou

Die Stadt ist über 2000 Jahre alt und auch unter ihrem alten mongolischen Namen Khaalga bekannt. Der Name bedeutet ›Tor‹. Hier kreuzte die alte Handelsstraße zwischen Beijing und Russland die Große Mauer und die Karawanen durchquerten durch besagtes Tor die Mauer. Heute ist es eine Industriestadt mit mehr als einer Million Einwohnern.

146 Xahuayuan
116 Huailai

Hinter Huailai zweigen seit mehreren Jahren die neue Strecke durch das Hengshan Gebirge nach Beijing ab. Während sich die alte Strecke weiter nördlich über Badaling mit schönem Ausblick auf die Große Mauer der chinesischen Metropole nährt, führt die 15 km kürzere Strecke entlang des Yongding Flusses nach Beijing. Die sowohl von allen touristischen Sonderzügen als auch neuerdings von einigen Regelzügen (z.B. Nr. 24) befahrene Route führt knapp 50 Kilometer lang durch die eindrucksvolle Gebirgslandschaft

Chinesischer Zugschaffner

des Yongdang-Tals im Hengshan-Gebirge. Der Abzweig beginnt mit Kilometerstein 100 und nach dem Zhenzhu-See zwischen Kilometer 85 und 80 folgen auf den nächsten 50 Kilometern über 40 Tunnel und Brücken. Die Fahrt durch die felsigen Schluchten bietet einiges fürs Auge und lohnt ein Verweilen am Zugfenster. Die Mauer sucht man hier allerdings vergeblich. Auf der alten Strecke fahren nur noch die Züge von Beijing nach Badaling und Datong.

83 Kanzhuang

73 Badaling

An diesem Punkt durchquert man die Große Chinesische Mauer! Bei nur sechs bis acht Minuten Stop läuft man am besten rechtzeitig zum Zugende, um ein paar schöne Fotos zu machen.

68 Chinglungchiao

Vom Bahnhof und auf den folgenden Kilometern hat man einen guten Blick auf die über den Bergrücken verlaufende Chinesische Mauer. Es folgt eine langsame, spannende Talfahrt durch mehrere Tunnel.

60 Juyongguan

Hier ist ein fünfminütiger Halt erforderlich, damit die Zugbremsen nach der Talfahrt wieder abkühlen können.

51 Nankou

Der Name bedeutet etwa ›Südpass‹. Hier werden eventuell die als Schubverstärkung angehängten Loks, die den Zug über den besagten Pass schleppten bzw. schoben, wieder abgehängt. Nun verläuft die vierspurige Autobahn mehrere Kilometer direkt neben der Bahnlinie in einem engen Tal. Man sieht u.a. den riesigen Parkplatz für Besucher der Großen Mauer bei Badaling.

0 Beijing/Peking Hauptbahnhof
→ S. 340

Ab Moskau via Mongolei waren es hierher 7865 Kilometer, ab Köln ziemlich exakt 10 000 Bahnkilometer, ab Berlin etwa 9500 Kilometer. Die touristischen Sonderzüge kommen in den letzten Jahren am neuen Westbahnhof an. Die Strecke ist dann etwa zehn Kilometer kürzer.

Konfuzius-Denkmal

Sprachführer Russisch

Die aus der russischen Sprache übernommenen Namen und Begriffe sind in den vom ›Duden‹ empfohlenen Transliterationsregeln für das kyrillische Alphabet gehalten. Ungewohnt mag die Umschrift der in der russischen Sprache häufigen Zischlaute wirken (Ж – Ž, Ч – Č, Х – CH, Ц – C, Ш – Š, Щ – ŠČ). Sie ist aber eindeutiger als die eindeutschende Übertragung und, wenn man sich einmal daran gewöhnt hat, auch gut zu lesen. Lediglich bei Namen, die im Deutschen sehr geläufig sind, haben wir auf die wissenschaftliche Umschrift verzichtet.

Das kyrillische Alphabet

Kyrillisch	Aussprache	Transkription	Transliteration	engl. Transkription
А а	›a‹ wie in ›Vater‹	a	a	a
Б б	›b‹ wie in ›Ball‹	b	b	b
В в	›w‹ wie in ›Wasser‹	w	v	v
Г г	›g‹ wie in ›gut‹, in den Endungen -ero und -oro wie ›w‹	g	g	g
Д д	›d‹ wie in ›dort‹	d	d	d
Е е	am Wortanfang, nach Vokalen und in der Endsilbe ›ite‹ wie ›je‹, sonst wie ›e‹	e	e	e
Ё ё	am Wortanfang und nach Vokalen ›jo‹, sonst betontes ›o‹	jo	ë	yo
Ж ж	›sch‹ wie in ›Journal‹	sch	ž	zh
З з	›s‹ wie in ›Rose‹	s	z	z
И и	›i‹ wie in ›Ritus‹	i	i	i
Й й	kurzes ›j‹	j	j	y
К к	›k‹ wie in ›Kamm‹	k	k	k
Л л	›l‹ wie in ›Schall‹	l	l	l
М м	›m‹ wie in ›Milch‹	m	m	m
Н н	›n‹ wie in ›Natur‹	n	n	n
О о	›o‹ in betonten, ›a‹ in unbetonten Silben	o	o	o
П п	›p‹ wie in ›Post‹	p	p	p
Р р	rollendes ›r‹	r	r	r
С с	stimmloses ›s‹ (dass)	s	s	s
Т т	›t‹ wie in ›Tisch‹	t	t	t
У у	›u‹ wie in ›gut‹	u	u	u
Ф ф	›f‹ wie in ›falsch‹	f	f	f
Х х	›ch‹ wie in ›acht‹	ch	ch	kh
Ц ц	›z‹ wie in ›Zar‹	z	c	ts

Kyrillisch	Aussprache	Transkription	Transliteration	engl. Transkription
Ч ч	›tsch‹ wie in ›Tschechien‹	tsch	č	ch
Ш ш	›sch‹ wie in ›Schule‹	sch	š	sh
Щ щ	länger gezogenes ›sch‹	schtsch	šč	shch
ы	ein im hinteren Mundbereich ausgesprochenes ›jüi‹	y	y	y
ь	Weichheitszeichen, davorstehende Konsonanten werden weich ausgesprochen	entfällt	ʼ	entfällt
Э э	›ä‹ wie in ›Ente‹	e	ė	e
Ю ю	›ju‹ wie in ›Jugend‹	ju	ju	yu
Я я	›ja‹ wie in ›Januar‹	ja	ja	ya

Wichtigste Ausspracheregeln:
unbetontes o wird wie a ausgesprochen
š entspricht stimmlosen ›sch‹
ž entspricht stimmhaften ›sch‹
č entspricht ›tsch‹

deutsch	Transliteration, der Akzent zeigt die betonte Silbe an	russisch
Allgemeine Wendungen		
Guten Tag!	Dóbryj den'!	Добрый день!
Hallo!	Privét!	Привет!
Guten Morgen!	Dóbroe útro!	Доброе утро!
Guten Abend!	Dóbryj véčer!	Добрый вечер!
Gute Nacht!	Spokójnoj nóči!	Спокойной ночи!
Auf Wiedersehen!	Do svidánija!	До свидания!
Tschüß!	Poká!	Пока!
Wie geht's?	Kak delá?	Как дела?
gut	chorošó	хорошо
schlecht	plócho	плохо
Es geht.	Ták sebjé.	Так себе.

Danke!	Spasíbo!	Спасибо!
Bitte!	Požálujsta!	Пожалуйста!
ja	da	да
nein	net	нет
Hilfe!!	Pomogíte!	Помогите
Entschuldigung!	Izviníte!	Извините!
Macht nichts!	Ničevó!	Ничего!
Sprechen Sie deutsch/ englisch?	Vy govoríte po nemécki/ po-anglíjski?	Вы говорите по-немецки/ по-английски?
Ich verstehe nicht.	Ja ne ponimáju.	Я не понимаю.
Ich spreche kein Russisch.	Ja ne govorjú po-rússki.	Я не говорю по-русски.
Sprechen Sie langsam!	Govoríte médlenno!	Говорите медленно!
Ich weiß es (nicht).	Ja (ne) znáju.	Я (не) знаю.
Schreiben Sie es bitte auf!	Zapišíte, požálujsta!	Запишите, пожалуйста!
Ist es frei?	Svobódno?	Свободно?
Darf ich?	Móžno?	Можно?
Sie dürfen nicht/Man darf nicht!	Nel'zjá!	Нельзя!

Orientierung

Wo?	gde?	Где
Sagen Sie bitte, wo ist ...?	Skažíte, požálujsta, gde ...?	Скажите, пожалуйста, где ...?
Entschuldigen Sie, wie komme ich zu ...?	Izviníte, kak mne popást' k ...?	Извините, как мне попасть к ...?
rechts, nach rechts	právo, naprávo	право, направо
links, nach links	lévo, nalévo	лево, налево
geradeaus	prjámo	прямо
um die Ecke	za uglóm	за углом
hinter der Brücke	za mostóm	за мостом
hier	zdes'	здесь
dort	tam	там
nah	blízko	близко
weit	dalekó	далеко

deutsch	Transliteration, der Akzent zeigt die betonte Silbe an	russisch
Norden	séver	север
Süden	jug	юг
Westen	západ	запад
Osten	vostók	восток

Hinweisschilder

Eingang	vchod	вход
Ausgang	vychod	выход
geschlossen	zakrýto	закрыто
außer Betrieb	ne rabótaet	не работает
Kasse	kássa	касса
Umbau, Renovierung	remónt	ремонт
geöffnet	otkrýto	открыто
Hygiene-Tag	sanitárnyj den'	санитарный день
Information	správka	справка
Toilette (Damen/Herren)	tualét (žénskij/mužskój)	туалет (женский/ мужской)
Orte		
Brücke	most	мост
Straße	úlica	улица
Gasse	pereúlok	переулок
Prospekt (große Straße)	prospékt	проспект
Platz	plóščad'	площадь
Uferstraße	nábereżnaja	набережная
Boulevard	bul'vár	бульвар
Haus	dom	дом
Theater	teátr	театр
Kloster	monastýr'	монастырь
Kirche	cérkov'	церковь
Museum	muzéj	музей

Öffentliche Verkehrsmittel

Bahnhof	vokzál	вокзал
Busbahnhof	avtovokzál	автовокзал

deutsch	Transliteration, der Akzent zeigt die betonte Silbe an	russisch
Haltestelle	ostanóvka	остановка
Bahnsteig	perrón, put'	перрон, путь
Abfahrt	otpravlénie	отправление
Ankunft	pribýtie	прибытие
Bus	avtóbus	автобус
Fährt dieser Zug/Bus nach ...?	Étot póezd/avtóbus idët v ...?	Этот поезд/автобус идёт в ...?
Wann fährt der Zug nach ...?	Kogdá otpravljáetsja póezd v ...?	Когда отправляется поезд в ...?
Von welchem Bahnsteig?	S kakój platfórmy?	С какой платформы?
Gleis	put'	путь
Der Zug verspätet sich um ...	Póezd opázdyvaetsja na ...	Поезд опаздывается на ....
mit dem (Tragflügel-) Boot	na lódke (na rakéte)	на лодке (на ракете)
mit dem Bus	na avtóbuse	на автобусе
mit dem Taxi	na taksí	на такси
mit dem Zug	na póezde	на поезде
Einen Fahrschein nach Irkutsk, bitte!	Odín bilét v Irkútsk, požálujsta!	Один билет в Иркутск, пожалуйста!
hin und zurück	tydá i obrátno	туда и обратно
Gepäck	bagáž	багаж
Gepäckkarren	bagážnaja teléžka	багажная тележка
Gepäckaufbewahrung	chranénija bagáža	хранения багажа
Gepäckträger	nosílščik	носильщик
Gute Reise!	Sčastlívogo putí	Счастливого пути!
Im Zug		
Transsibirische Eisenbahn	Transsibírskaja magistrál'	Транссибирская магистраль
Schaffner/in	provodník/-níca	проводник/-ница
Wagennummer	nómer vagóna	номер вагоа
Schlafwagen	spál'nyj vagón	спальный вагон
Zugabteil	kupé	купе
Platz	mésto	место

deutsch	Transliteration, der Akzent zeigt die betonte Silbe an	russisch
Wann sind wir in ...?	Čérez skól'ko my búdem v ...?	Через сколько мы будем в ...?
Wann muss ich aussteigen?	Kogdá mne výjti?	Когда мне выйти?
Bettwäsche	postél'noe bel'ë	постельное бельё
Kann ich bitte frische Bettwäsche bekommen?	Móžno li polučít' svéžee postél'noe bel'ë?	Мозно ли получит свежее постельное бельё?
Wo befindet sich der Speisewagen?	Gde nachóditsja vagón-restorán?	Где находится вагон-ресторан?
Haben Sie Tee?	Est' li u vas čaj?	Есть ли у вас чай?
Ich habe Kopfschmerzen!	U menjá bolít golová!	У меня болит голова!

Öffentliche Einrichtungen

Post	póčta	почта
Geschäft, Laden	magazín	магазин
Bank, Sparkasse	bank, sberkássa	банк, сберкасса
Konsulat	kónsul'stvo	консульство
Botschaft	posól'stvo	посольтво
Krankenhaus	bol'níca	больница
Apotheke	аптека	aptéka
Arzt	vrač	врач
Zahnarzt	zubnój vrač	зубной врач

Im Hotel

Hotel	gostínica	гостиница
Pension	pansión	пансион
Zimmer	nómer	номер
für eine Nacht	na noč'	на ночь
heißes Wasser	gorjáčaja vodá	горячая вода
Dusche	duš	душ
Heizung	otoplénie	отопление
Preis	cená	цена

deutsch	Transliteration, der Akzent zeigt die betonte Silbe an	russisch
dies hier	vot éto	вот это
funktioniert nicht	ne rabótaet	не работает
Licht	svet	свет

Einkaufen

Haben Sie ...?	U vas est' ...?	У Вас есть ...?
Was kostet das?	Skól'ko éto stóit?	Сколько это стоит?
Geben Sie mir bitte ...!	Dájte mne, požálujsta ...!	Дайте мне, пожалуйста ...!
Zeigen Sie mir bitte ...!	Pokažíte mne požálujsta ...!	Покажите мне пожалуйста ...!
Tüte	pakét	пакет
Eine Packung ..., bitte	Odnú páčku ..., požálujsta	Одну пачку ..., пожалуйста
Eine Flasche ..., bitte	Odnú butýlku ..., požálujsta	Одну бутылку ..., пожалуйста
Zeitung	gazéta	газета
Zigaretten	sigaréty	сигареты
Schokolade	šokolád	шоколад
Kaugummi	ževétel'naja rezinka	жевательная резинка

Im Restaurant/Speisewagen

Die Speisekarte bitte!	Menjú, požálujsta!	Меню, пожалуйста!
Ich möchte zahlen.	Ja chočú zaplatít'.	Я хочу заплатить.
Bringen Sie bitte ...!	Prinesíte, požálujsta ...!	Принесите, пожалуйста ...!
Teller	tarélka	тарелка
Tasse	čáška	чашка
Glas	stakán	стакан
Messer	nož	нож
Gabel	vílka	вилка
Löffel	lóžka	ложка
Zucker	sáchar	сахар
Salz	sol'	соль
Frühstück	závtrak	завтрак
Mittagessen	obéd	обед
Abendessen	úžin	ужин

deutsch	Transliteration, der Akzent zeigt die betonte Silbe an	russisch
Vorspeisen	zakúski	закуски
Erster Gang (Suppe)	pérvoe (sup)	первое (суп)
Zweiter Gang	vtoróe	второе
Nachspeise	desért	десерт
Frühstück		
Tee mit Zitrone	čaj s limónom	чай с лимоном
Kaffee mit Milch und Zucker	kófe s molokóm i sácharom	кофе с молоком и сахаром
Brot	chleb	хлеб
Butter	máslo	масло
Honig	mëd	мёд
Marmelade	varén'e	варенье
Milch	molokó	молоко
Eier	jájca	яйца
Käse	syr	сыр
Wurst	kolbasá	колбаса
Vorspeisen		
Pfannkuchen	bliný	блины
Fleischsalat mit Mayonnaise	oliv'é	оливье
Gurkensalat	salát iz ogurcóv	салат из огурцов
Tomatensalat	salát iz pomidórov	салат из помидоров
Pilze	gribý	грибы
Kaviar	ikrá	икра
Pirogge	piróg	пирог
Gemüsesalat	vinegrét	винегрет
Suppen		
Rote-Beete-Suppe	boršč	борщ
Kohlsuppe	šči	щи
Bouillon	bul'ón	бульон
Soljanka	soljánka	солянка
Fischsuppe	uchá	уха

deutsch	Transliteration, der Akzent zeigt die betonte Silbe an	russisch
Zubereitungsarten		
gekocht	varënyj	варёный
gebraten	žárenyj	жареный
geräuchert	kopčënyj	копчёный
mariniert	marinóvannyj	маринованный
in Öl gebraten	fri	фри
Mittag- und Abendessen		
Kartoffeln	kartóška	картошка
Reis	ris	рис
saure Sahne	smetána	сметана
russische Maultaschen	pel'méni	пельмени
Fisch	rýba	рыба
Fleisch	mjáso	мясо
Hammelfleisch	baranina	баранина
Boulette	kotléta	котлета
Ragout	ragú	рагу
Würstchen	sosíski	сосиски
Huhn	kúrica	курица
Plow (Reisgericht mit Fleisch)	plov	плов
Gemüse und Salat		
Erbsen	goróch	горох
Gurke	oguréc	огурец
Kartoffeln	kartófel	картофель
Kohl	kapústa	капуста
Möhren	morkóv'	морковь
Rote Beete	sveklá	свекла
Salat	salát	салат
Tomaten	pomidór	помидор
Zwiebel	luk	лук
Obst		
Apfel	jábloko	яблоко

deutsch	Transliteration, der Akzent zeigt die betonte Silbe an	russisch
Birne	grúša	груша
Erdbeere	klubníka	клубника
Honigmelone	dýnja	дыня
Kirsche	čeréšnja	черешня
Orange	apel'sín	апельсин
Pflaume	slíva	слива
Wassermelone	arbúz	арбуз
Weintrauben	vinográd	виноград
Zitrone	limón	лимон
Dessert		
Speiseeis	moróženoe	мороженое
Bonbons	konféty	конфеты
süßes Teiggebäck	pirožók	пирожок
Kuchen	piróžnoe	пирожное
Torte	tort	торт
Obst	frúkty	фрукты
Getränke		
Mineralwasser	minerál'naja vodá	минеральная вода
Saft	sok	сок
Rotwein	krásnoe vinó	красное вино
Weißwein	béloe vinó	белое вино
Bier	pívo	пиво
Vodka	vódka	водка
Cognac	kon'ják	коньяк
Telefonieren		
Ich höre.	Slúšaju.	Слушаю.
Wer spricht?	Kto govorít?	Кто говорит?
Wen möchten Sie sprechen?	Kto vam núžen?	Кто вам нужен?
Ich möchte bitte ... sprechen.	Pozovíte požálujsta ... k telefónu.	Позовите пожалуйста ... к телефону.
Ich möchte nach Deutschland telefonieren.	Ja choču pozvonít' v Germániju.	Я хочу позвонит в Германию.

deutsch	Transliteration, der Akzent zeigt die betonte Silbe an	russisch
Vorwahl	kod	код
Zahlen		
eins, zwei, drei	odín, dva, tri	один, два, три
vier, fünf, sechs	četýre, pjat', šest'	четыре, пять, шесть
sieben, acht, neun	sem', vósem', dévjat'	семь, восемь, девять
zehn, elf	désjat', odínadcat'	десять, одинадцать
zwölf	dvenádcat'	двенадцать
dreizehn	trinádcat'	тринадцать
vierzehn	četýrnadcat'	четырнадцать
fünfzehn	pjatnádcat'	пятнадцать
sechzehn	šestnádcat'	шестнадцать
siebzehn	semnádcat'	семнадцать
achtzehn	vosemnádcat'	восемнадцать
neunzehn	devjatnádcat'	девятнадцать
zwanzig	dvádcat'	двадцать
hundert	sto	сто
tausend	týsjača	тысяча
Zeitangaben		
Wie spät ist es?	Kotóryj čas?	Который час?
heute	segódnja	сегодня
gestern	včerá	вчера
morgen	závtra	завтра
Stunde	čas	час
am Morgen	útrom	утром
tagsüber, am Tag	dnëm	днём
am Abend	véčerom	вечером
Woche	nedélja	неделя
Monat	mésjac	месяц
Jahr	god	год
Montag	ponedél'nik	понедельник
Dienstag	vtórnik	вторник

deutsch	Transliteration, der Akzent zeigt die betonte Silbe an	russisch
Mittwoch	sredá	среда
Donnerstag	četvérg	четверг
Freitag	pjátnica	пятница
Sonnabend	subbóta	суббота
Sonntag	voskresén'e	воскресенье
Januar, Februar	janvár', fevrál'	январь, февраль
März, April, Mai	mart, aprél', maj	март, апрель, май
Juni, Juli, August	ijún', ijúl', ávgust	июнь, июль, август
September, Oktober	sentjábr', oktjábr'	сентябрь, октябрь
November, Dezember	nojábr', dekábr	ноябрь, декабрь

Sprachführer Mongolisch

Obwohl relativ viele Mongolen eine Fremdsprache beherrschen, wird vor allem auf dem Land die Verständigung schwierig. Während der sozialistischen Zeiten wurde vor allem Russisch unterrichtet, heute werden Englisch, Deutsch und Koreanisch fleißig gelernt und auch gesprochen. Insbesondere in Ulaanbaatar findet man viele Mongolen, die sich durch Studium, Ausbildung oder andere längere Auslandsaufenthalte gute Sprachkenntnisse angeeignet haben.
Die mongolische Sprache ist nicht ganz einfach zu erlernen und für Europäer schwer auszusprechen. Zudem verwendet sie das kyrillische Alphabet, das einige Sonderzeichen zusätzlich enthält. Im folgenden Sprachführer wird versucht, eine möglichst genaue Aussprache zu beschreiben. Fehlende Endungen wie beispielsweise ›bain‹ statt ›baina‹ sind beabsichtigt, da das ›a‹ nicht mitgesprochen wird. Alle mongolischen Vokale werden kurz ausgesprochen, es sei denn, sie sind verdoppelt. Länge und Kürze der Vokale sind wichtig für die Verständlichkeit und Bedeutung. So bedeutet zum Beispiel цас (tsas) ›Schnee‹, während цаас (tsaas) für ›Papier‹ steht.

Das mongolische Alphabet

Mongolische Buchstaben	Aussprache	Transliteration	Englische Transkription
а	a	a	a
б	b	b	b
в	w wie in Winter	v	v
г	g im hinteren Gaumen	g	g
д	d	d	d
е	e	je	ye
ё	jo wie in Jolle	jo	yo

Mongolische Buchstaben	Aussprache	Transliteration	Englische Transkription
ж	dsch wie in Dschungel	ž	j
з	ds	z	z
и	i	i	i
й	i, zur Verlängerung	j	i
к	k	k	k
л	l	l	l
м	m	m	m
н	n	n	n
о	o	o	o
ө	o mit leichtem ö	ö	u
п	p	p	p
р	gerolltes Zungen-R	r	r
с	s	s	s
т	t	t	t
у	u	u	u
ү	u	ü	u
ф	f	f	f
х	ch wie in Buch	ch	kh
ц	z wie in Zahn	c	ts
ч	tsch wie in Tschechien	č	ch
ш	sch wie in Schule	š	sh
щ	schtsch	šč	shch
ъ	wird nicht gesprochen	-	-
ы	Verlängerung i wie Miene	y	i
ь	Weichheitszeichen	i	i
э	e wie in Ente	ä	e
ю	ju wie in Jubel	ju	yu
я	ja wie in Jacke	ja	ya

deutsch	Transliteration	kyrillisch
Begrüßung/Verabschiedung		
Guten Tag! (eine Person)	Sain bain uu!	Сайн байна уу!
Guten Tag! (mehrere Personen)	Sain baitsgaa nuu!	Сайн байцгаа нуу!
Ist die Sommerweide gut? (Begrüßung auf dem Land)	Saikhan dsusadsch bain uu?	Сайхан зусаж байна уу?
Wie geht es Ihnen?	Tany bie sain uu?	Таны бие сайн уу?
Wie heißen Sie? (höflich)	Tany ner aldar khen be?	Таны нэр алдар хэн бэ?
Wie heißt Du?	Tschinii ner khen be?	Чиний нэр хэн бэ?
Wo kommen Sie her?	Ta khanaas irsen be?	Та хаанаас ирсэн бэ?

deutsch	Transliteration	kyrillisch
Ich komme aus (Deutschland).	Bi (german-) aas irsen.	Би (герман-) аас ирсэн.
Auf Wiedersehen!	Bajartai!	баяртай!
Gute Reise!	Sain javaarai!	Сайн яваарай!
Leben Sie wohl!	Dsa, sain suudsch baigaarai!	За, сайн сууж байгаарай!
Gute Nacht!	Saikhan noirsooroi!	Сайхан нойрсоорой!
Wann treffen wir uns?	Bid nar khedsee uuldsakh we?	Бид нар хэзээ уулзах вэ?
Wo treffen wir uns?	Bid nar khaana uuldsakh we?	Бид нар хаана уулзах вэ?
Abgemacht!	Dsa, tegi!	За, тэгъе!

Allgemeines

Ja.	Tiim, dsa.	тийм, за.
Nein.	ugui.	үгүй.
Danke!	Bajarlaa!	Баярлаа!
Bitte (ist ok).	Dsa, dsugeer.	За, зүгээр.
Entschuldigung!	Uutschlaarai!	Уучлаарай!
Ich verstehe Sie nicht.	Bi oilgokhgui bain.	Би ойлгохгүй байна.
Würden Sie mir behilflich sein?	Ta nadad tusal nuu?	Та надад туслана уу?
Was ist das?	En ju we?	Энэ юу вэ?

Orientierung

Norden	umard, khoid	умард, хойд
Süden	ömnö	өмнө
Osten	dsuun	зүүн
Westen	baruun	баруун
Landkarte	gadsryn dsurag	газрын зураг
Berg	uul	уул
Brücke	guur	гүүр
Düne/Sandwüste	els	элс
Fluss	gol	гол
Gebirge	Nuruu	нуруу
Höhle	agui	агуй
Mineralquellen	rashaan	рашаан
Pass	davaa	даваа

deutsch	Transliteration	kyrillisch
Quelle	bulag булаг	
See	nuur	нуур
Stadt	khot	хот
Steppe/Ebene	tal	тал
Strom	mörön	мөрөн

Verkehrsmittel

Autobus	avtobus	автобус
Eisenbahn	galt tereg	галт тэрэг
Flugzeug	ongots	онгоц
Auto	maschin	машин
Geländewagen	mosttoi tereg	мосттой тэрэг
Fahrer	dscholootsch	жолооч
Ich möchte ein Auto mieten.	Bi neg tereg zeelj avtsch unahk gesen jum.	Би нэг тэрэг зээлж авч унах гэсэн юм.
Wieviel kostet es für einen Tag?	ödört jamar unetei ve?	Өдөрт ямар үнэтэй вэ?
Abschleppseil	tross	тросс
Achse	gol	гол
Benzin	bensin	бензин
Bremse	tormos	тормос
Flickzeug	khaimar nökhökh tsawuu	хаймар нөхөх цавуу
Licht	gerel	гэрэл
Motoröl	motoryn tos	моторын тос
Reparaturwerkstatt	dsaswaryn gasar	засварын газар
Rad	dugui	дугуй
Reifen	khaimar	хаймар
Tank	bank	банк
Wagenheber	damkrat	дамкрат

Essen/Restaurant

Fisch	dsagas	загас
Fleisch	makh	мах
Hammelfleisch	khoniny makh	хонины мах
Hühnerfleisch	takhiany makh	тахианы мах
Kalbfleisch	tugalyn makh	тугалын мах

deutsch	Transliteration	kyrillisch
Rindfleisch	ukhriyn makh	үхрийн мах
Schweinefleisch	gakhain makh	гахайн мах
Ziegenfleisch	jamaany makh	ямааны мах
Brot	talkh	талх
Butter	maslo	масло
Ei	öndög	өндөг
Gurke	ogurtzy	огурцы
Kartoffeln	töms	төмс
Milch	suu	сүү
Mehl	guril	гурил
Nudeln (hausgemacht)	guril	гурил
Nudeln (Fabrik)	goimen	гоймон
Reis	tsagaan budaa	цагаан будаа
Salz	davs	давс
Tomate	pomidor	помидор
Weißkohl	baitsaa	байцаа
Zucker	elsen tschikhir	элсэн чихэр
Zwiebeln	songino	сонгино
Nudeln mit Fleisch und Gemüse	Zuivan	Цуйван
Gedünstete Teigtaschen mit Fleisch	Buuz	бууз
Frittierte Teigtaschen mit Fleisch	Khuschuur	хуушуур
Fischsuppe	dsagasny schöl	загасны шөл
Gemüsesuppe	nogootoy schöl	ногоотой шөл
Geflügelsuppe	takhiany schöl	тахианы шөл
gebraten	scharsan	шарсан
gekocht	tschanasan	чанасан
Ich möchte vegetarisch (pflanzliche Kost) essen.	Bi urgamlyn garaltai khool idmeer bain.	Би ургалмлын гаралтай хоол идмээр байна.

Gesundheit

Mir geht es schlecht.	Minii bie muu bain.	Миний бие муу байна.
Ich habe Fieber.	Bi khaluuntai bain.	Би халуунтай байна.
Ich brauche einen Arzt	Bi emtschid udsuulmeer bain.	Би эмчид үзүүлмээр байна.

deutsch	Transliteration	kyrillisch
Mein Zahn schmerzt.	Minii schud övdödsch bain.	Миний шүд өвдөж байна.
Kopf	tolgoi	толгой
Ohr	tschikh	чих
Auge	nud	нүд
Hals	khooloi	хоолой
Arm/Hand	gar	гар
Herz	dsurkh	зүрх
Bauch/Gedärm	gedes	гэдэс
Bein/Fuß	khul	хөл

Wetter/Natur

Wie ist das Wetter heute?	Önöödör tenger jamar bain?	Өнөөдөр тэнгэр ямар байна?
Heute ist es kalt (warm, heiß).	Önöödör khuiten (dulaan, khaluun).	Өнөөдөр хүйтэн (дулаан, халуун).
Es regnet (schneit).	Boroo (tsas) ordsh bain.	Бороо] (цас) орж байна.
Sonne	nar	нар
Regenbogen	solong	солонго
Mond	sar	сар
Stern	od	од
Baum	mod	мод
Wald	oi	ой
Blume	tsetseg	цэцэг
Pferd	mor	морь
Kamel	temee	тэмээ
Rind	ükher	үхэр
Schaf	khon	хонь
Ziege	jamaa	ямаа

Zeit

Wie spät ist es?	Kheden zag boldsh bain?	Хэдэн цаг болж байна?
Morgen	öglöö	өглөө
Vormittag	üdees ömnö	үдээс өмнө
Mittag	üd	үд
Nachmittag	üdees khoisch	үдээс хойш

Sprachführer

deutsch	Transliteration	kyrillisch
Zahlen		
1, 2, 3	neg, khojer, gurav	нэг, хоёр, гурав
4, 5, 6	dürüv, taw, dsurga	дөрөв, тавө, зургаа
7, 8, 9	doloo, naim, jus	долоо, найм, ес
10, 11	araw, arwan neg	арав, арван нэг
12	arwan khojor	арван хоёр
13	arwan gurav	арван гурав
14	arwan dürüv	арван дөрөв]
15	arwan taw	арван тав
16	arwan dsurga	арван зургаа
17	arwan doloo	арван долоо
18	arwan naim	арван найм
19	arwan jus	арван ес
20	khor	хорь
21	khorin neg	хорин нэг
22	khorin khojor	хорин хоёр
30	guch	гуч
31	guchin neg	гучин нэг
32	guchin khojer	гучин хоёр
100	dsuu (n)	зуу (н)

Sprachführer Chinesisch

Chinesisch wird von weit über einer Milliarde Menschen als Muttersprache gesprochen und ist somit die meistgesprochene Sprache der Welt. Innerhalb der Volksrepublik China wird es von rund 95 Prozent der Bevölkerung gesprochen, außerdem spricht man es auf Taiwan, in Hongkong, Singapur und Malaysia. Auch in den Gebieten, in denen Minderheiten wohnen, wird es meist verstanden und neben der eigenen Muttersprache gesprochen. In China ist die offizielle Sprache das dem nordchinesischen Dialekt um Beijing angenäherte Hochchinesisch (Putonghua – Allgemeinsprache), das heute in ganz China verbreitet ist. Daneben gibt es noch verschiedene große Dialektgruppen, die sich in der Aussprache stark voneinander unterscheiden. So wird zum Beispiel in und um Hongkong und Kanton (Guangzhou) fast ausschließlich der kantonesische Dialekt gesprochen, den etwa Chinesen aus Beijing praktisch nicht verstehen können. Wie auch die meisten Hongkong-Chinesen Putonghua, auch Mandarin genannt, nicht oder nur eingeschränkt verstehen.

Das monosyllabische Chinesisch ist für uns Europäer vor allem deswegen relativ schwer zu sprechen, weil jede Silbe noch einen besonderen Ton trägt, der bedeutungsentscheidend ist.
Die chinesische Schrift ist im Prinzip eine Zeichen- und Bilderschrift. Im modernen Chinesisch besteht ein Wort zumeist aus mehreren Schriftzeichen. Im Laufe der Geschichte entstanden bis zu 50 000 Schriftzeichen. Heute sind in China und Hongkong circa 5000 bis 7000 in ständigem Gebrauch. Mit Kenntnis von etwa 3500 Schriftzeichen kann man den Großteil einer Tageszeitung verstehen. Sie werden mit Erstaunen feststellen, dass Sie jeden Tag mindestens ein Zeichen lernen.
In der Volksrepublik China ist in den 1950er Jahren ein Teil der Schriftzeichen – jedes Schriftzeichen besteht aus einer genau festgelegten Anzahl einzelner Striche – in der Schreibung vereinfacht worden. In Hongkong und Taiwan werden noch die tradtionellen, nicht vereinfachten Schriftzeichen benutzt.
Oft wird neben den chinesischen Schriftzeichen bereits eine lateinische Umschrift benutzt, das sogenannte **Pinyin**. So heißt in dieser auch von der UN anerkannten Umschrift die chinesische Hauptstadt Beijng, nach einer alten Umschrift Peking. Diese Umschrift wird auch in den meisten Publikationen benutzt. Da im Chinesischen die einzelnen Zeichen einfach nacheinander geschrieben werden, kommt es bei der Übertragung ins Pinyin oft zu unterschiedlichen Silbenzusammenstellungen: Tianmen, Tian An Men oder auch Tianan Men
In den Touristen-Hotels beherrschen viele Angestellte Englisch, oft allerdings nur sehr eingeschränkt. Vor allem bei Zahlen sollte man im Zweifelsfalle alles aufschreiben. Jüngere Leute verstehen zwar oft Englisch, haben aber Schwierigkeiten, es zu sprechen. Nicht viele Taxifahrer in China sprechen Englisch. Wenn Sie bestimmte Ausflüge etc. auf eigene Faust planen, lassen Sie sich im Zweifelsfalle etwa Ortsnamen, Adressen und ähnliches an der Rezeption Ihres Hotels in chinesischen Schriftzeichen aufschreiben. Auch auf die Begriffe im nachfolgenden Sprachführer können Sie deuten.

Aussprache

a	lang, wie in ›Krater‹
ai	wie in ›Mainz‹
an	wie in ›Kanne‹; nach i, u, y als ›än‹ wie in ›Länder‹
ang	wie in ›Klang‹
ao	wie in ›Traum‹
b	wie in ›Baum‹
c	wie in ›stets‹
ch	wie in ›deutsch‹
d	wie in ›Donner‹
e	wie das ›e‹ in‹ Ende‹, jedoch breiter; als ›ä‹ nach i, u, y
ei	als ›äi‹ wie in ›Layout‹
en	sehr kurz, wie in ›leben‹
eng	sehr kurz, also wie eine Mischung aus e und ö + ng
er	wie im engl. Wort ›mirror‹
f	wie in ›Freund‹

g	wie in ›Regen‹
h	wie in ›wach‹
i	am Wortende wie in ›Bieber‹; in der Wortmitte flüchtiger wie in ›wirken‹; nach c, ch, r, s,sh, z, zh sehr kurz wie eine Mischung aus einem kurzen e und einem ö
j	wie ›dj‹, wie in ›Rundjahr‹
k	wie in ›kalt‹ (aspiriert)
l	wie in ›links‹
m	wie in ›Mann‹
n	wie in ›Name‹
o	wie in ›konnte‹
ong	wie in ›Wirkung‹
ou	wie im engl. Wort ›go‹
p	wie in ›Pilz‹ (aspiriert)
q	wie ›tj‹ in ›tja!‹ (aspiriert)
r	wie im engl. Wort ›right‹
s	stimmlos wie in ›Nuss‹
sh	stimmlos wie in ›Schirm‹
t	wie in ›Tier‹ (aspiriert)
u	wie in ›im Nu‹, nach y wie ›ü‹ in ›Hürde‹
w	wie im engl. Wort ›water‹
x	wie in ›Kichern‹
y	wie ›i‹ in ›Maya‹
z	›ds‹ wie der Fluss ›Hudson‹
zh	wie in ›Dschungel‹

Deutsch	Pinyin-Umschrift	Chinesisch
Einige wichtige Sehenswürdigkeiten und Orientierungspunkte in Beijing		
Hauptbahnhof	běijīng zhàn	北京站
Westbahnhof	běijīng xīzhàn	北京西站
Tor des Himmlischen Friedens	tīan'ānmén	天安门
Platz des Himmlischen Friedens	tīan'ānmén gŭangchăng	天安门广场
Verbotene Stadt (Palastmuseum)	gùgōng	故宫
Kohlenhügel	méishān	煤山
Trommelturm	gŭlóu	鼓楼
Glockenturm	zhōnglŏu	钟楼
Lamatempel	yōnghé gŏng	雍和宫
Tempel der Weißen Wolke	báiyún gūan	白云观

Deutsch	Pinyin-Umschrift	Chinesisch
Himmelstempel	tīantān	天坛
Qianmen	qíanmén	前门
Sommerpalast	yíhéyúan	颐和园
Tempel der Azurblauen Wolke	bìyún sì	碧云寺
Liegender Buddha (Wofosi)	wòfó sì	卧佛寺
Antiquitätenstraße Liulichang	líulíchăng	琉璃厂
Wangfujing (Einkaufsstraße)	wángfŭjĭng	王府井
Beijing Hotel	beĭjīng fàndìan	北京饭店
Dong-An-Men-Straße (Nachtmarkt)	dōng'ān mén dàjīe	东安门大街
Sun Oriental Plaza (Einkaufzentrum)	xīn dōng'ān shāngcháng	新东安商场
Seidenmarkt	xìushŭi jīe	秀水街
Panjiayuan-Antiquitätenmarkt	pānjīayúan jìuhùo shìchăng	潘家园旧货市场
Fang-Shan-Restaurant	fāngshàn fàndìan	仿膳饭店

Begrüßung

Guten Tag, Hallo!	nĭ hăo	你好

Konversation

Woher kommen Sie?	nĭ shì cóng năli láide?	你是从哪里来的?
Wie heißen Sie?	nĭ jiào shénme míngzi?	你叫什么名字?
Erfreut, Sie kennenzulernen.	gāoxing rènshi nĭ	高兴认识你
Das ist meine Ehefrau (Ehemann).	Zhè shì wŏ de tàitài (zhàngfu)	这是我的太太 (丈夫)
Herr Wang	Wang xiānshēng	王先生
Frau Wang	Wang nüshí	王女士
Fräulein (auch im Service)	xĭaojie	小姐
Ich heiße ...	wŏ jiào ...	我叫 …
Ich komme aus ...	wŏ shì cóng ... lái de	我是从… 来的
Ich bin Deutsche/r (Österreicher, Schweizer).	wŏ shì déguórén (àodìlìrén, ruìshìrén)	我是德国人(奥地利人, 瑞士人)
Wo ist...?	... zài năli	… 在那里?
Ich verstehe nicht.	wŏ ting bù dŏng	我听不懂
Ich spreche kein Chinesisch.	wŏ bu huì jiăng zhōngwén	我不会将中文

Deutsch	Pinyin-Umschrift	Chinesisch
Sprechen Sie Englisch (Deutsch)?	nǐ huì bu huì jiǎng yingwén (déwén) ma?	你会不会将英文（德文）马?
Könnten Sie das bitte wiederholen?	qǐng nǐ zài shuō yi xià	请你再说一下
Ich habe mich verlaufen	wǒ mílù le	我迷路了
Einen Moment bitte!	qǐng děng yi xia	请你等一下
Länder		
Deutschland	déguó	德国
Österreich	aòdìlì	奥地利
Schweiz	ruìshì	瑞士
Luxemburg	lusēnbào	卢森堡
Einkaufen		
Wo bitte gibt es ein Kaufhaus?	zài nǎli yǒu yi gè bǎihuò shāngdiàn	在哪里有一个百货商店
Supermarkt	chāojí shìchǎng	超级市场
Kiosk	xiǎomǎibu	小卖部
Was kostet das?	zhèigè duōshǎo qián	这个多少钱
Ich möchte das da kaufen.	wǒ yào mǎi zhèigè	我要买这个
Kann ich das da mal sehen?	kěyǐ kàn yi xià zhèigè	可以看一下这个
Das ist zu teuer.	Zhèigè tài guì	这个太贵
Gehen Sie mit dem Preis ein wenig runter!	nǐ yào bu yào dì yi diàn	你要不要底一点
Ich möchte das nicht kaufen!	wǒ bu yào mǎi zhèigè	我不要卖这个
Ich möchte mich nur umschauen.	wǒ zhǐ yào kàn yi kàn	我只要看一看
Wo gibt es...?	zài nǎli yǒu	在哪里有 …
etwas, ein wenig	yidiàn	一点
etwas mehr	duō yi diàn	多一点
etwas weniger	shǎo yi diàn	少一点
zuviel	tài duō	太多
zu wenig	tài shǎo	太少
Kleidung	yifu	衣服
Schuhe	xiézi	鞋子
Kosmetika	huàzhuāng	化妆
Lebensmittel	shíwù	食物
Papier	zhi	纸

Deutsch	Pinyin-Umschrift	Chinesisch
Briefmarken	yóupiào	邮片
ausländische Zeitschriften	wàiwén zázhì	外文杂志
ausländische Bücher	wàiwén shu	外文书
Getränke	yǐnliào	饮料
Post/Bank/Telefon		
Ich möchte diesen Brief nach Deutschland schicken.	wǒ yào fā zhèigè xìn dào déguó	我要发这个信到德国
Ich möchte dieses Päckchen nach Deutschland schicken.	wǒ yào fā zhèigè bāoguǒ dào déguó	我要发这个包裹到德国
Briefmarken	yóupiào	邮票
Luftpost	hángkōng	航空
Seeweg	háiyùn	海运
Landweg	lùyùn	陆运
Wo ist das internationale Postamt?	guōjí yóuju zài nǎli?	国际邮局在那里?
Bank	yínháng	银行
Ich möchte Geld wechseln.	wǒ yào huàn qián	我要换钱
Telefon	diànhuà	电话
Fax	chuánzhēn	传真
Ich möchte telefonieren.	wǒ yào dǎ diànhuà	哦要打电话
Verkehr/im Taxi		
Auto	qìchē	汽车
Taxi	chuzuqìchē	出租汽车
Fahrrad	zìxíngchē	自行车
Ich möchte ein Fahrrad mieten.	wǒ xiǎng zu yi liàng zìxíngchē	我想租一辆自行车
Bus	gōnggòng qìchē	公共汽车
Zug	huǒchē	火车
Bahnhof	huǒchēzhàn	火车站
Ich möchte ein Zugticket kaufen nach …	wǒ yào mǎi yi zhang dào … de huǒchēpiao	我要买一张到 … 的火车票
Softsleeper-Ticket	rǔanwò-piao	软卧票
Softseater-Ticket	ruǎnzuò piao	软座票
Hardsleeper-Ticket	yìngwò piao	硬卧票
Hardseater-Ticket	yìngzuò piao	硬座票
Transsibirische Eisenbahn	xībólìyà lìechē	西伯利亚列车
Schaffner/in	shòupìaoyúan	售票员

Deutsch	Pinyin-Umschrift	Chinesisch
Wagennummer	chēhào	车号
Schlafwagen	rŭanwò	软卧
Zugabteil	chēxīang	车厢
Platz	wèizi/wùowèi	位子/座位
Wann sind wir in ?	wŏmen shénme shíhou dào	我们什么时候到
Wann muss ich aussteigen?	wŏ shénme shíhou yào xìa chē	我什么时候要下车
Kann ich bitte frische Bettwäsche bekommen?	qĭng nĭ hùan yīxìa chúandān	请你换一下床单
Flughafen	jicháng	机场
Hafen	mătou	码头
Bitte benutzen Sie das Taxometer.	qĭng nĭ dă biăo	请你打表
Ich möchte nach...	wŏ yào qù ...	我要去…
Bitte halten Sie hier!	qĭng nĭ zài zhèli tíng	请你在这里停

Gesundheitliches

Deutsch	Pinyin-Umschrift	Chinesisch
Ich fühle mich nicht wohl	wŏ bù shufu	我不舒服
Ich brauche einen Arzt	wŏ xŭyào yigè yishĕng	我需要一个医生
Apotheke	yàodiàn	药店
Krankenhaus	yiyuan	医院
Chinesische Medizin	zhōng yào	中药

Im Restaurant/Hotel

Deutsch	Pinyin-Umschrift	Chinesisch
Restaurant	fàndiàn	饭店
Speisesaal	cānting	餐厅
Wo ist die Toilette?	cèsuŏ zài năli?	厕所在那里?
Männer	nán cèsuŏ	男厕所
Frauen	nü cèsuŏ	女厕所
Bitte bringen Sie die Speisekarte.	qĭng nĭ gĕi wŏ kàn yi xià càidān	请你给我看一下菜单
Haben Sie eine englische Speisekarte?	yŏu méi yŏu yingwén càidān?	你有没有英文菜单?
Zahlen bitte!	jiézhàng	结账
Haben Sie Einweg-Stäbchen?	yŏu méi yŏu wèishēng kuàizi?	有没有卫生筷子?
Rindfleisch	niuròu	牛肉
Schweinefleisch	zhuròu	猪肉
Hühnerfleisch	jiròu	鸡肉
Fisch	yu	鱼

Deutsch	Pinyin-Umschrift	Chinesisch
Meeresfrüchte	hǎixiān	海鲜
Gemüse	sùcài	素菜
Reis	báifàn	白饭
gebratener Reis	chǎofàn	炒饭
Nudeln	miàn	面条
gebratene Nudeln	chǎomiàn	炒面
Brot	miànbāo	面包
Salz	yán	盐
Zucker	táng	糖
zu scharf!	tài làde	太辣的
Obst	shuǐguǒ	水果
sehr lecker!	fēicháng hǎochi!	非常好吃!
Bitte machen Sie das Zimmer sauber	qǐng nǐ dǎcǎo yixià fángjiān	请你打扫一下房间
Gerichte auf der Speisekarte		
gebratenes Gemüse	chǎo shucài	炒蔬菜
gebratene Nudeln mit etwas Gemüse und Schwein	chǎo mian	炒面
Huhn mit Erdnüssen und Chili	gōngbǎo jiding	宫保鸡丁
süß-saures Schweinefleisch	gūlǎoròu	古老肉
Tofu in sehr scharfer Chilisoße	málà dòufu	麻辣豆腐
Tofu mit Hackfleischsoße	mápó dòufu	麻婆豆腐
Rindfleisch mit grünem Paprika	qingjiāo niuròu	青椒牛肉
Knusprig fritiertes Hühnerfleisch	xiangsu ji	香酥鸡
gebratene Tomaten mit Ei	xihóngshì chǎodàn	西红柿炒蛋
kantonesischer Reis mit Erbsen, Ei und Schinken	guǎngdōng chǎofàn	广东炒饭
›Die Ameisen krabbeln auf den Baum‹ (Glasnudeln mit scharfer Hackfleischsoße)	máyǐ shàng shù	蚂蚁上树
zweimal gebratenes Schweinefleisch	huíguōròu	回锅肉
Feuertopf (Brühe-Fondue)	huǒguō	火锅

Deutsch	Pinyin-Umschrift	Chinesisch
Die wichtigsten Getränke		
Wasser	shuĭ	水
Mineralwasser	kuàngquán shuĭ	矿泉水
Kaffee	kāfēi	咖啡
Milchkaffee	niunăi kāfēi	牛奶咖啡
grüner Tee	lü4chá	绿茶
schwarzer Tee	hóngchá	红茶
Coca-Cola	kěkŏu kělè	可口可乐
Pepsi-Cola	băishì kělè	百事可乐
Fanta	fēndá	芬达
Orangensaft	juzizhi	橘子汁
Bier	píjiŭ	啤酒
Rotwein	hóng putáojiŭ	红葡萄酒
Weißwein	bái putáojiŭ	白葡萄酒
ein Glas	yi bēi	一杯
eine Flasche	yi píng	一瓶
noch ein Glas	zài lái yi bēi	再来一杯
Notfälle		
Hilfe!	jiùmìng a!	救命啊！
Polizei	jĭngchá	警察
Botschaft	dàshĭguăn	大使馆
Ich muss mit der deutschen Botschaft telefonieren.	wŏ xuyào gĕi déguó dàshŏguăn dă diànhuà	我需要给德国大使馆打电话
Personalpronomen		
ich	wŏ	我
du	nĭ	你
er/sie/es	tā	他，她，它
wir	wŏ-men	我们
ihr	nĭ-men	你们
sie	tā-men	他们
Zahlen/Mengen		
1	yi	一
2	èr	二

Deutsch	Pinyin-Umschrift	Chinesisch
3	sān	三
4	sì	四
5	wǔ	五
6	liù	六
7	qi	七
8	bā	八
9	jiǔ	九
10	shí	十
15	shíwǔ	十五
20	èrshí	二十
21	èrshíyi	二十一
50	wǔshí	五十
100	yibǎi	一百
200	liǎngbǎi	两百
250	liǎngbǎi wǔshí	两百五十
251	liǎngbǎi wǔshí yi	两百五十一
1000	qian	一千
10000	wàn	一万
Kilo	gȯngjın	公斤
Pfund	jin	斤
Meter	mǐ	米
Kilometer	gȯngli	公里
Stück	gè	个

Wochentage

Montag	xingqi yi	星期一
Dienstag	xingqi èr	星期二
Mittwoch	xingqi sān	星期三
Donnerstag	xingqi sì	星期四
Freitag	xingqi wǔ	星期五
Samstag	xingqi liu	星期六
Sonntag	xingqi tiān	星期天

Geographische Namen

Beijing	běijing	北京

Deutsch	Pinyin-Umschrift	Chinesisch
Shanghai	shànghǎi	上海
Xi'an	xi'ān	西安
Guilin	guìlín	桂林
Kanton	guǎngdōng	广州
Kunming	kunmíng	昆明
Wuhan	wǔhàn	武汉
Chongqing	chóngqìng	重庆
Chengdu	chéngdu	成度
Huangshan	huángshān	黄山

Tai-Chi vor dem Mao-Denkmal in Shenyang

Russland-Reisetipps von A bis Z

Autofahren

Obwohl der Bahnreisende wahrscheinlich kaum mit dem Auto fahren wird, ist anzumerken, dass der übliche Fahrstil in Russland deutlich rücksichtsloser ist als hierzulande und somit sowohl für Autofahrer als auch vor allem für Fußgänger etwas gewöhnungsbedürftig ist. Es gilt das Recht des PS-Stärkeren. Als Fußgänger sollte man sich ruhig einmal mehr hinsichtlich der freien Straße vergewissern und sich keinesfalls auf solche für Autofahrer oft Empfehlungscharakter tragende Signale wie Zebrastreifen oder grüne Ampeln verlassen.

Banken, Geldwechsel

Die Währungseinheit Russlands heißt Rubel. Das Wort stammt vom Verb ›rubit'‹ ab, was soviel wie kerben oder zerteilen bedeutet. Edelmetallklumpen wurden früher in kleinere Einheiten zerteilt. Nachdem eine Hyperinflation in der ersten Hälfte der 1990er Jahre den Rubel dramatisch entwertet hatte, wurden per 1. Januar 1998 in einer Währungsreform drei Nullen gestrichen. Die alten Scheine, die sich von den neuen nur durch die besagten drei Nullen unterscheiden, waren noch bis zum Ende des Jahres 2000 gültig, so dass Sie bei vielen Nullen auf den Scheinen ein gesundes Misstrauen entwickeln sollten. Heute zeigt der Rubel Stärke und gilt als durchaus stabile Währung. Seit 1 Euro mehr wert ist als 1 Dollar, nahm auch die Popularität des Euro als Berechnungsgrundlage für Devisenpreise zu. Die Rubelscheine zeigen russische Stadtmotive: Krasnojarsk (10 Rubel, soll künftig durch Münzen ersetzt werden), St. Petersburg (50 Rubel), Moskau (100 Rubel), Archangel'sk (500 Rubel), Jaroslavl (1000 Rubel) und Chabarovsk (5000 Rubel).

Umtausch: Im Inland ist der Rubel problemlos konvertierbar. Die Bezahlung in Dollar oder Euro ist ungesetzlich und deshalb nur in den seltensten Fällen möglich. Man kann aber problemlos Rubel gegen Euro oder Dollar und umgekehrt in allen Banken tauschen. Häufig muss aber der Pass dabei vorgelegt werden. In Richtung Osten nimmt die Popularität des Euro ab, hier sind Dollar besser, da für Euro zumeist schlechtere Umtauschsätze angeboten werden. Die Scheine sollten nicht abgenutzt sein und auf keinen Fall irgendwelche Markierungen haben.

Die **Ein- und Ausfuhr** von Rubel ist in begrenztem Umfang zulässig (derzeit bis zu einem Gegenwert von maximal 3000 Dollar, die Bestimmungen können sich aber jederzeit ändern). Es ist nicht möglich, sich vor der Reise in Deutschland mit Rubel zu versorgen, der Umtausch kann also erst in Russland stattfinden.

Es gibt zahlreiche **Wechselstuben**, in den größeren Städten auch **Geldautomaten**, an denen man mit der ec-Karte abheben kann. Auch in größeren Hotels gibt es in der Regel einen internationalen Geldautomaten.

Wechselkurs: Anfang 2012 bekam man für 1 Euro ca. 40 Rubel und für einen US-Dollar ca. 30 Rubel.

Diplomatische Vertretungen Russlands

Botschaft der Russischen Föderation in Deutschland
Unter den Linden 63–65
10117 Berlin
Tel. 030/2291110
Visaabteilung
Behrenstr. 15
10117 Berlin

Tel. 030/22651184
www.russische-botschaft.de

Generalkonsulat Hamburg
Am Feenteich 20
22095 Hamburg
Tel. 040/2276380

Generalkonsulat Leipzig
Kickerlingsberg 18
04105 Leipzig
Tel. 0341/5961876

Generalkonsulat München
Seidlstr. 28
80335 München
Tel. 089/5922528

Botschaft der Russischen Föderation in Österreich
Reisnerstr. 45–47
1030 Wien
Tel. +43/(0)1/7121229
www.vienna.rusembassy.org

Botschaft der Russischen Föderation in der Schweiz
Brunnadernstr. 53
3006 Bern
Tel. +41/(0)31/3520567
www.bern.rusembassy.org

Embassy of the Russian Federation in China
Dongzhimen Beizhong Jie 40, Beijing
Tel. 10/65322051
www.russia.org.cn

Embassy of the Russian Federation in Mongolia
Enkhtayvany gudamzh
A-6, Ulaanbaatar
C.P.O. Box 661
Tel. +976/11/326836, Fax 327018

Diplomatische Vertretungen in Russland

Deutsche Botschaft
ul. Mosfil'movskaja 56
119285 Moskva
Tel. +7/495/9561080
Konsular- und Visaabteilung
Leninskij prospekt 95a
117393 Moskva
Tel. +7/495/9362410
www.moskau.diplo.de

Deutsches Generalkonsulat St. Petersburg
ul. Furštatskaja 39
191123 St. Petersburg
Tel. + 7/812/3202400
www.sankt-petersburg.diplo.de

Deutsches Generalkonsulat Ekaterinburg
ul. Kujbyševa 44
620026 Ekaterinburg
Tel. +7/343/3596399
www.jekaterinburg.diplo.de

Deutsches Generalkonsulat Novosibirsk
Hotel ›Centr Rossii‹
Krasnyj pr. 28
690000 Novosibirsk
Tel. +7/383/2310020
www.nowosibirsk.diplo.de

Österreichische Botschaft
Starokonjušennyj per. 1
119034 Moskva
Tel. +7/495/5029512
www.aussenministerium.at/moskau

Schweizer Botschaft
Per. Ogorodnoi Slobody 2/5
101000 Moskau
Tel. +7/495/2583830
www.eda.admin.ch

Schweizer Generalkonsulat
ul. Černyševskogo 17,
191123 St. Petersburg
Tel. +7/812/3270817
www.eda.admin.ch

Chinesische Botschaft
ul. Družby 15
117330 Moskva
Tel. +7/495/9561168
www.ru.chineseembassy.org

Einkaufen/Geschäftszeiten

Die Bilder mit den endlosen Schlangen aus der Zeit der sowjetischen Mangel-

Die Erlöserkathedrale in Moskau

wirtschaft sind endgültig Vergangenheit. Die Ladenausstattung wurde in vielen Geschäften in den letzten Jahren erneuert. Auch in der Provinz gibt es schon große Einkaufszentren. In vielen Läden kam der obligatorische, oft bewaffnete Security-Mitarbeiter hinzu. Die Abgabe mitgeführter Taschen ist in Selbstbedienungsläden häufig Pflicht. Zumeist können die Verkäufer selbst kassieren. Manchmal trifft man aber auch noch folgendes Verfahren, das insbesondere zu Sowjetzeiten den unerfahrenen Ausländer zur Verzweiflung trieb: Wenn man an einer Ware Gefallen gefunden hat, merkt man sich den Preis und marschiert zur Kasse. Wenn zum Beispiel bei Lebensmitteln auszuwählen und/oder abzuwiegen ist, reserviert man die Ware bei der Verkäuferin und lässt sich den Preis sagen oder sicherheitshalber auf einen kleinen Zettel schreiben, mit dem man dann zur Kasse geht. Nach der Bezahlung erhält man den Kassenbon, den man dann bei der Verkäuferin gegen die gewünschte Ware eintauscht.

Hinsichtlich verbraucherfreundlicher Öffnungszeiten macht heute selbst Russland Deutschland etwas vor – es gibt keine gesetzlichen Regelungen über Ladenöffnungszeiten. Wochentags haben die meisten Geschäfte von 10 bis 19 bzw. 20 oder 21 Uhr geöffnet. Samstags haben die meisten Geschäfte bis 18 Uhr geöffnet. Große Lebensmittelgeschäfte und einige andere Läden haben auch sonntags meist bis 17 oder 18 Uhr geöffnet.

Ein- und Ausreise

Für Russland besteht **Visumpflicht**, wobei Russland in den letzten Jahren seine Visa- und Meldebestimmungen verschärft bzw. verkompliziert hat. Das Visum muss persönlich oder per Visumsservice (nicht per Post!) bei einer der diplomatischen Vertretungen beantragt werden. Viele Reiseveranstalter bieten diesen Service gegen Entgelt, auch wenn man keine Pauschalreise bucht.

Wenn man das Visum selbst beantragen möchte benötigt man entweder eine offizielle **Einladung** (Bearbeitungsfrist

Der Bahnhof Tajga

fünf Arbeitstage) eine Reisebuchung bzw. **Hotelbuchung** (Bearbeitungsfrist zehn Arbeitstage) oder eine vom örtlichen russischen Meldeamt (OVIR) beglaubigte **Privateinladung** (Bearbeitungsfrist sechs Arbeitstage). Als Retourkutsche auf die deutsche Visapraxis können jetzt auch Einkommens- oder Vermögensnachweise gefordert werden. Der **Reisepass** muss noch mindestens sechs Monate gültig sein, man benötigt ein **Passbild**, und der Abschluss einer Reisekrankenversicherung ist obligatorisch; die zugelassenen Versicherungsunternehmen listet die russische Botschaft im Internet auf (www.russische-botschaft.de).

Bei der **Einreise** muss eine Migrationskarte ausgefüllt werden, auf deren Basis man sich nach Ankunft innerhalb von sieben Arbeitstagen (bis 2011 drei Arbeitstage) bei der örtlichen Meldebehörde OVIR registrieren muss. Bei Hotelübernachtungen wird das vom Hotel übernommen. Bei Privatübernachtungen ist man selbst verantwortlich, seit 2008 ist es auch brieflich auf jedem Postamt möglich. Die meisten größeren Hotels übernehmen gegen eine Gebühr die Anmeldung, auch wenn man nicht dort wohnt. Bei Pauschalreisen kümmert sich der Veranstalter bzw. dessen örtlicher Partner um die Formalitäten.

Die Kontrolle dieser Registrierung obliegt dem Innenministerium, dessen Mitarbeiter vor allem auf den Flughäfen bei Inlandsflügen oder in Zügen kontrollieren. Die Grenzbeamten kümmern sich dagegen nur um die Einhaltung der Visumsfristen (siehe auch ›Visum‹).

Essen und Trinken

Russland ist ein Land der Teetrinker. Kaffee ist im Regelfall Instantkaffee, ansonsten wird er ›türkisch‹ gebrüht. Bier wird in den letzten Jahren immer beliebter. Vodka ist bekanntlich ein Nationalgetränk. Mineralwasser, Softdrinks und Säfte sind populär. Landestypisch ist der gut den Durst löschende Brotsaft Kvas oder ein ›Kisel'‹ genannter Trunk aus Fruchtgelee.

Normalerweise werden in Russland drei Mahlzeiten eingenommen, wobei Mittagessen und Abendbrot warme Speisen bieten. Zum Mittagessen gehört unbedingt eine Suppe als Vorspeise, der häufig ein Salat vorangeht. Zu Fleisch und Fisch als Hauptgericht wird dann in der Regel eine Beilage gereicht: Kartoffeln, Reis, Teigwaren, Gemüse oder Buchweizengrütze. Häufig wird Brot zu allen Speisen gegessen. Daher beschränkt man sich dann beim Essen auf die Verwendung der Gabel, da die zweite Hand das Brotstück hält. Der am Essbesteck orientierte Name einer neuen Kette von Selbstbedienungsrestaurants in Russland heißt dementsprechend auch nicht ›Messer und

Gabel‹, wie man erwarten könnte, sondern eben landestypisch ›Gabel und Löffel‹ (›Vilki i Loški‹).

Es gibt in Russland mittlerweile ein breiteres Angebot an akzeptablen Restaurants, das sich aber in erster Linie an den Besserverdienenden orientiert und im Vergleich zu China deutlich schmaler ist. In Imbissbuden werden häufig Würstchen, Fleischspieße oder Piroggen (Fleisch oder Kohl mit Teig umbacken) angeboten.

Etagen, Stockwerke

In Russland ist das Erdgeschoss die 1. Etage, die 2. Etage entspricht somit dem deutschen 1. Stockwerk usw.

Feiertage

In Russland feiert man gern und viel. Ob religiöse oder atheistische Feste, ob man demokratischer oder revolutionärer Traditionen gedenkt – ein Anlass zum Feiern findet sich immer. Es gibt folgende offizielle Feiertage:

1./2./3./4./5. Januar (arbeitsfrei): Neujahrsferien. Nicht wenigen Firmen verlängern die Neujahrsferien mit Betriebsferien (dann zumeist bis zum nächsten Wochenende oder bis zum 13. Januar).

7. Januar (arbeitsfrei): russisch-orthodoxes Weihnachtsfest.

13. Januar: altes Neues Jahr – das Neujahrsfest nach altrussischem Kalender.

25. Januar: Tatjanas Tag. Gründungstag der Moskauer Universität, der heute als Fest aller Studenten wachsende Popularität erlangt.

23. Februar (arbeitsfrei) : Tag der Vaterlandsverteidiger – so heißt er offiziell seit 1996. Früher war er entsprechend dem Gründungsdatum der Tag der Sowjetarmee und gilt als Pendant zum 8. März – als Männertag, an dem kleine Aufmerksamkeiten üblich sind. Seit 1999 ist er im Rahmen der Gleichberechtigung ebenfalls arbeitsfrei.

8. März (arbeitsfrei): Internationaler Frauentag. Ein für die Frauen Russlands sehr wichtiger Feiertag, der aber weder kämpferisch noch feministisch geprägt ist. Fehlende Blumen oder Aufmerksamkeiten werden aber den Männern beruflich wie privat sehr übel genommen.

1. Mai (arbeitsfrei): Tag des Frühlings und der Arbeit

›Niemand hilft Russland außer uns selbst – es ist Zeit, Steuern zu zahlen‹

9. Mai (arbeitsfrei): Tag des Sieges – Der Tag des Sieges im hier ›Großer Vaterländischer Krieg‹ genannten Zweiten Weltkrieg weicht aufgrund des Zeitunterschiedes vom Jahrestag der Kapitulation Deutschlands ab. Bei der Unterzeichnung am 8. Mai 1945 um 23.45 Uhr war es in Moskau bereits zwei Stunden später und somit der 9. Mai.

12. Juni (arbeitsfrei): Tag Russlands. Der offizielle Nationalfeiertag war ursprünglich der Tag der Unabhängigkeit. Am 12. Juni 1993 fanden die ersten freien Präsidentschaftswahlen statt, die Boris Jelzin zum Präsidenten werden ließen.

4. November (arbeitsfrei): Tag der Einheit des Volkes. Im Jahre 1612 wurde Moskau von den polnisch-litauischen Besatzern befreit.

Die aus der Vergangenheit bekannten Feiertage 2. Mai (sozusagen 2. Tag der Arbeit), 7. November (Tag der Aussöhnung, vormals Oktoberrevolution) und 12. Dezember (Tag der Verfassung) wurden 2005 mit der Einführung der Neujahrsferien abgeschafft.

Modenschau in Ulan-Udė

Wenn offizielle Feiertage auf ein **Wochenende** fallen, ist generell der darauffolgende Montag ebenfalls ein arbeitsfreier Feiertag. Wenn zwischen Feiertag und Wochenende nur ein Arbeitstag liegt, gibt es manchmal offizielle Beschlüsse zur Verlegung dieses Arbeitstages auf einen anderen Samstag. Neben der Verlängerung der Neujahrsferien bietet dazu sich die erste Maidekade mit zwei Feiertagen an. Böse Zungen lästern, dass in der ersten Januar- und Maihälfte Russland eigentlich generell für jeweils zwei Wochen geschlossen hat.

Fernsehen

Es gibt ca. ein halbes Dutzend Programme, die landesweit zu empfangen sind. Marktführer sind die öffentlich-rechtlichen Kanäle ›Das Erste‹ (›Pervyj‹ Kanal) und RTR. Empfehlenswert ist der etwas anspruchsvollere, arte-ähnliche und werbefreie Kanal ›Kultura‹. Daneben gibt es private Programme, die aber heute zumeist den Medientöchtern staatlicher Rohstoffkonzerne gehören. Der Fernsehstandard ist SECAM. Einige ausländische Sender sind per Satellit in einigen Hotels zu empfangen. Ausländische Filme werden im russischen Fernsehen selten synchronisiert. Der Text wird eingesprochen.

Flugreisen

Aufgrund der gigantischen Entfernungen ist das Flugzeug häufig die schnellste und manchmal auch die einzige Variante, um in Russland schnell ans Ziel zu gelangen. Das Flughafennetz wurde zu Sowjetzeiten gut ausgebaut. Die staatliche Fluggesellschaft Aeroflot war die größte ihrer Art auf der ganzen Welt.

Heute fliegen neben Aeroflot eine Vielzahl weiterer Fluggesellschaften auf

Souvenirladen am Baikalsee

den Routen Sibiriens, wobei es sich zumeist um seinerzeit privatisierte regionale Ableger des früheren Monopolisten handelt. Rossija (vormals Pulkovo, St. Petersburg), Vnukovo Airlines (Moskau), S7 (vormals Sibir, Novosibirsk) oder der neue Lufthansa-Partner AirUnion (vormals KrasAir, Krasnojarsk) und Domodedovo Airlines (Moskau) glänzen heute mit eigenen Logos an ihren Maschinen bereits auf deutschen Flughäfen (vor allem Frankfurt/M., Berlin und Hannover). Die einzige bei Null beginnende Neugründung einer Fluggesellschaft war Transaero, die sich sowohl national als auch international gut behauptet.

Der Anteil der Flugzeuge russischer Bauart, wie Tupolev, Jakovlev oder Il'jušin ist in den letzten Jahren rückläufig. Es kommen langsam auch im Inlandsverkehr mehr westliche Flugzeuge zum Einsatz. Nichtsdestotrotz trifft man – insbesondere abseits von Moskau – noch häufig auf folgende **russische Flugzeugtypen**: Am weitesten verbreitet ist die **Tupolev TU-154**, die an ihrem Hecktriebwerk mit drei Düsen zu erkennen ist. Auf Langstrecken – insbesondere von Moskau nach Fernost – trifft man zumeist auf den Langstreckenjet **Il'jušin IL-62**, der eine maximale Reichweite von 9200 Kilometer hat. Sie ist an ihren zwei mal zwei Heckdüsen leicht zu erkennen.

Ebenfalls aus dem Il'jušin-Konstruktionsbüro stammt der russische Jumbo-Jet **IL-86**.

Auf kürzeren Strecken begegnet man den **Jakovlev-Jets**. Die Jak 42 bietet Platz für 120 Passagiere und ist neben den beiden vergleichsweise kleinen Hecktriebwerken auch am Heckeingang zu erkennen.

Fotografieren

In manchen Museen und Galerien ist Fotografieren gänzlich verboten, in anderen darf man nicht mit Blitzlicht knipsen oder muss für eine Fotoerlaubnis extra bezahlen. In Kirchen sollte man sich zurückhalten. ›Strategische Objekte‹, wie zum Beispiel Flughäfen darf man zwar nach wie vor nicht fotografieren, aber die Auslegungsmöglichkeiten sind recht locker. Militäranlagen und Uniformträger sollte man nicht ablichten. Ansonsten gehört es auch in Sibirien zum guten Ton, Leute auf der Straße um Erlaubnis zu fragen, bevor man sie aufnimmt.

Speicherkarten und Filme bekannter Marken sowie Foto-CD-Erstellung und zügige Filmentwicklung in ein bis zwei Tagen sind in allen Großstädten kein Problem mehr. Problematisch sind Diafilme – sie sind fast nirgends erhältlich und werden auch nicht zur Entwicklung angenommen.

Gelb bedeutet Abfahrbereitschaft

Gepäckaufbewahrung

In den meisten Hotels bieten in der Garderobe auch eine Gepäckaufbewahrung. Auf den Bahnhöfen gibt es neben der Gepäckaufbewahrung in der Regel auch Schließfächer, die mit einem einzugebenden dreistelligen Code zu sichern sind.

Gesundheit, Impfungen und Medikamente

Es sind derzeit keine Impfungen vorgeschrieben. Ausländer, die länger als drei Monate in Russland bleiben wollen, müssen die Bescheinigung über einen AIDS-Test vorlegen. Vor Auslandsreisen generell sollte ein ausreichender **Impfschutz** gegen Poliomyelitis (Kinderlähmung) und Tetanus (Wundstarrkrampf) sowie Diphterie bestehen.

Eine geringe Infektionsgefahr mit Hepatitis A besteht eventuell bei schlechten Hygienebedingungen (in Russland etwa bei Imbissständen auf Märkten). Hepatitis B wird hauptsächlich durch Geschlechtsverkehr mit infizierten Personen und durch Blutkontakte übertragen. Die Notwendigkeit einer Impfung gegen Hepatitis A und B sollte man mit seinem Hausarzt besprechen.

Wer in seinen Reiseplänen insbesondere im Frühjahr oder im Sommer auch einen Ausflug in die Taiga plant, sollte sich auf jeden Fall über eine Zeckenimpfung (Schutz gegen FSME) informieren. Bewährt hat sich auch die Mitnahme eines Moskitomittels, das auch gegen Zecken (protiv klešej/против клешеи) schützt (z.B. Zeckito oder Anti-Brumm forte).

Zwischen Russland und Deutschland besteht kein Sozialversicherungsabkommen, so dass der Abschluss einer **Auslandskrankenversicherung** mit Rücktransport nachdrücklich zu empfehlen ist. Zudem verlangen die russischen Behörden bei der Beantragung eines Visums den Nachweis einer Auslandskrankenversicherung. Unter www.visum express.de sind die akzeptierten Versicherungsunternehmen aufgelistet.

Hotels

Es gibt einige neue Hotels, die im oberen Preissegment liegen. Die meisten russischen Hotels sind aber rekonstruierte (manchmal nur teilweise) Plattenbauten aus den 1970/80er Jahren mit riesigen Eingangshallen und Restaurants, aber kleinen Zimmern. Sie haben Dusche/WC, einen Kühlschrank, ein Fernsehgerät und Telefon. Meist gibt es zwei Kategorien: mit oder ohne ›Evroremont‹, also vor bzw. nach zumeist auch sichtbar billiger Rekonstruktion. Man bemüht sich um Sauberkeit, aber vor allem vor ›Evroremont‹ ist ein Hauch von Schmuddeligkeit kaum vermeidbar.

Die **Hotelpreise** sind zumeist, wie das Zimmerkontingent, sehr differenziert. Ingesamt sind Hotels im internationalen Vergleich in Russland teuer. Die angegebenen Preise sind wegen der Vergleichbarkeit Standardpreise (rack rate), wo aber bei der konkreten Buchung durchaus Spielraum bestehen kann.

Die früher häufig anzutreffende Praxis, für Ausländer höhere Preise zu berechnen, ist kaum noch anzutreffen. Dafür hält sich vielerorts eine andere Gebühr aus den Zeiten der allgemeinen Knappheit: Bron' – eine Gebühr für die Vorbestellung (ca. 25% des Preises für eine Übernachtung).

In vielen Städten etablieren sich Agenturen, die als Hotel-Alternative Wohnungen tageweise vermieten. Hostels sind in Russland noch ein vergleichsweise neues Phänomen, das sich aber in den letzten Jahren in vielen Orten zu entwickeln beginnt.

Kleidung

Es empfiehlt sich bequeme, der Jahreszeit angepasste und leicht waschbare Bekleidung. Die Besonderheiten des ausgeprägten Kontinentalklimas im Inneren des Landes bedeuten einen kurzen heißen Sommer, einen langen kalten bis sehr kalten Winter und vergleichsweise viele Sonnentage. Bei Kälte helfen mehrere übereinander gezogene dünne Kleidungsstücke mehr als ein dickes Kleidungsstück. Die offizielle Heizperiode läuft in den ferngeheizten Wohnhäusern vom 15. Oktober bis 15. April. Insbesondere in der ersten Oktoberhälfte oder zweiten Aprilhälfte ist es häufig recht ›frisch‹.

Wenn keine Feierlichkeiten angesagt sind, lassen Sie elegante oder förmliche Kleidung und teuren Schmuck besser zu Hause.

Klima

Russland und insbesondere Sibirien ist bekanntlich ein kaltes Land. Die gigantische Landmasse bewirkt das typische Kontinentalklima, das sich insbesondere zwischen dem Ural und Transbajkalien von seiner ausgeprägtesten Seite zeigt. In den **Wintermonaten** kann es auch in Südsibirien entlang der Transsib sehr kalt werden. Im Durchschnitt liegen die Temperaturen zwischen – 5 und – 20 Grad, was aufgrund der trockenen Kälte bei normaler Empfindlichkeit und richtiger Kleidung von den meisten angenehmer als erwartet empfunden wird. Unangenehm wird es erst, wenn die Quecksilbersäule unter – 25 Grad absinkt, was sie aber normalerweise jeden Winter in dieser Gegend nur etwa zwei Wochen macht. Der Winter 2009/2010 war allerdings sehr kalt, wobei die Temperaturen in weiten Gegenden über vier Wochen auf unter – 40 Grad absanken, was Platz 2 (nach 1968/69) in der Liste der kältesten Winter seit Beginn der Messungen vor 110 Jahren bedeutete. Frühling und Herbst vollziehen sich nach mitteleuropäischen Maßstäben im Schnelldurchlauf.

Der etwa dreimonatige **Sommer** erreicht im Juli/August bei recht kühlen Nächten am Tage problemlos Temperaturen über 30 Grad.

Medizinische Hilfe

Eine medizinische Grundversorgung ist in den größeren Orten gewährleistet. Der Notarzt ist immer unter der Telefonnummer 03 zu erreichen. Neben den staatlichen Kliniken entstehen in den letzten Jahren zunehmend Privatpraxen. In allen Fällen ist Vorkasse angesagt. Der Nachweis einer **Auslandskrankenversicherung** (→ S. 458) ist seit 1999 bei Individualreisen Bestandteil des Visumantrages.

Mietwagen

Mietwagenangebote zum Selbstfahren sind die Ausnahme. In manchen Hotels werden hoteleigene Wagen mit Fahrer auf Stunden- oder Tagesbasis angeboten. Wenn man sich privat einen Wagen von Freunden ›mietet‹, benötigt man eigentlich eine notariell beglaubigte Vollmacht, aber: ›Der Zar ist weit‹. Mietwagen mit Fahrer sind überall mit etwa zweistündiger Vorbestellung erhältlich. Da die Gehälter niedrig sind, ist das vergleichsweise günstig.

Notrufnummern

Feuerwehr (Požarnaja komanda): 01
Polizei (Milicja): 02
Medizinischer Notruf: 03
Zentrale Notrufnummer zum Sperren von EC-, Kredit-, Kunden- und Handykarten: 8-10-49/116116, oder über Berlin 8-10-49/30/40504050.
Sicherheitshalber sollte man sich die Notrufnummern für die persönlichen Karten extra notieren.

Öffentliche Verkehrsmittel

In Bussen, Trolleybussen und Straßenbahnen der meisten Städte erwacht in der letzten Zeit ein bereits in Vergessenheit geratener Beruf zu neuem Leben: der Konduktor genannte Schaffner, der die Fahrscheine verkauft. Hohe Schwarzfahrquoten (Schwarzfahrer nennt man ›zajcy‹ – Hasen) zwangen viele Kommunen, sich vom Kartenvorverkauf und dem Entwertersystem zu verabschieden. Die Preise betragen einen Bruchteil der deutschen Preise (10–15 Rubel). Die Einhaltung der Fahrpläne ist zumeist Glückssache, die Übersichten weisen oft auch nur das Intervall in der Spitzenzeit aus. Vielerorts gibt es als Konkurrenz zum Stadtverkehr private Kleinbusse (Maršrutki), die zu etwas höheren Preisen – vor allem im Berufsverkehr – mit etwas weniger Gedränge ihre Passagiere auf denselben Routen befördern.

Post

Die Post ist nach wie vor staatlich. Die Postämter bieten zumeist als ›Kybr-Počta‹ (Кыбр-Почта) Internet-Zugang und Fax-Service. Briefe und Karten sind aus Moskau in der Regel fünf bis sieben Tage und aus Sibirien etwa 15 Tage unterwegs. Briefmarken bekommt man auf den Postämtern, in vielen Hotels oder an Zeitungskiosken in den Bahnhöfen. In den meisten Großstädten Russlands unterhalten weltweit bekannte internationale Kurierdienste wie DHL und EMS Garantpost Niederlassungen.

Religionsgemeinschaften

Nach langen Jahren des staatlich verordneten Atheismus erlebt die zu sowjetischer Zeit in ihrem Aktionsradius sehr stark eingeschränkte Kirche sowohl von offizieller Seite als auch durch die Bevölkerung ein außerordentlich starkes Interesse und einen entsprechenden Zulauf. Neben der dominierenden russisch-orthodoxen Kirche gibt es auch katholische, lutheranische und baptistische Gemeinden, die aber von der russischen Kirche mit großem Argwohn betrachtet werden. Der Islam und der Buddhismus spielen vor allem in nationalen Republiken wie Tatarstan und Burjatien eine ausgeprägte Rolle. Daneben haben aber auch eine Reihe umstrittener Sekten wie beispielsweise Scientology einen bestimmten Zulauf.

Sicherheit

Kriminalität ist ohne Zweifel ein wichtiges Thema, wobei aber bei der Beachtung der überall gültigen elementaren Vorsichtsregeln das Risiko nicht größer ist als in anderen Ländern. Die sensationsheischende Berichterstattung in vielen deutschen Medien ist stark übertrieben.

Strom

Die Stromspannung beträgt im Allgemeinen 220 V. Mit flachen Eurosteckern dürfte man keine Probleme haben, obwohl der Abstand der Stecklöcher einige Millimeter breiter ist. Ein Universaladapter ist allerdings in Ausnahmefällen hilfreich, da bei Renovierungen die Elektrik aus aller Herren Länder stammen kann.

Telefon

Ortsgespräche von individuellen Anschlüssen sind vielerorts durch die Grundgebühr abgedeckt und kostenlos. In Telefonzellen sind nur Ortsgespräche möglich, die in diesem Fall kostenpflichtig sind. Man muss dafür häufig von Stadt zu Stadt unterschiedliche Jetons oder Telefonkarten erwerben, die an Zeitungskiosken verkauft werden. In Russland haben sich seit 2006 viele Vorwahlen geändert (z.B. Moskau früher 095 – jetzt 495 bzw. 499) bzw. in einigen (nicht allen) Großstädten entlang der Transsib wurden die vierstelligen auf dreistellige Vorwahlen umgestellt und die letzte Ziffer der Vorwahl der Teilnehmernummer vorangestellt. Dadurch verlängern sich die Anschlussnummern von 6 auf 7 Stellen. Da das in vielen Quellen nur sehr zögerlich aktualisiert wird, sollte man bei 6-stelligen Telefonnummern nachfragen. In den meisten Fällen ist die erste neue Ziffer eine 2 oder eine 3.

Im **Selbstwählverfahren** wählt man zunächst die 8. Danach wartet man auf einen Dauerton. Innerhalb Russlands schließt sich dann die entsprechende Vorwahl (z.B. Moskau 495) und die gewünschte Nummer an. Bei Auslandsgesprächen ist nach 8 und Dauerton zunächst eine 10 als Zugang zum internationalen Selbstwählverkehr, dann die Landesvorwahl und die Städtevorwahl (in Deutschland unter Weglassung der 0) zu wählen. Einige wichtige Landesvorwahlen lauten: Deutschland 49, Schweiz 41, Österreich 43, USA 1, China 86, Mongolei 976. Wer beispielsweise aus Sibirien Berlin anwählt, hat 8 – Dauerton – 10 – 49 – 30 – Teilnehmernummer zu wählen.

Die russischen **Mobilfunknetze** arbeiten mit den GSM 900- und 1800-Standards und erfassen weite Teile des Landes. Es bestehen Roaming-Vereinbarungen mit deutschen Anbietern, was in den großen Städten entlang der Transsib auch problemlos funktioniert.

Toiletten

In den letzten Jahren hielten in vielen öffentlichen Toiletten private Pächter Einzug. Dieses Geschäft mit gesicherter Nachfrage wurde damit kostenpflichtig, wodurch sich die Situation zwar verbesserte, man aber trotzdem keine allzu hohen Erwartungen haben sollte. Häufig sind es Steh- bzw. Hocktoiletten. Um Verstopfungen vorzubeugen, landet benutztes Toilettenpapier nicht im Abfluss, sondern im Papierkorb.

Damentoilette: ženskij tualet (женский туалет), **Herrentoilette**: mužskoj tualet (мужской туалет).

Trinkgeld

Trinkgeld, das hier Teegeld (čaevye) heißt, wird gern genommen. Es werden fünf bis zehn Prozent des Rechnungsbetrages als Trinkgeld erwartet. Manche Zeitgenossen kultivieren noch die Sitte aus Sowjetzeiten, bereits bei der Bestellung durch ein Scheinchen in der Speisekarte die Bedienung ›gnädig‹ zu stimmen. Vereinzelt wird auch eine prozentuale Servicegebühr in Rechnung gestellt.

Trinkwasser

Leitungswasser ist als Trinkwasser nicht zu empfehlen. Es ist zumeist stark gechlort. Verschiedene Mineralwassersorten sind überall erhältlich.

Zeitungen

Deutsche Zeitungen und Zeitschriften sind in Russland außerhalb Moskaus schwer, um nicht zu sagen überhaupt nicht erhältlich. Es erscheinen in Omsk und Barnaul lokale deutschsprachige oder zweisprachige deutsch-russische Zeitungen, die aber aufgrund ihrer geringen Auflagen schwer zu bekommen sind.

Wöchentlich erscheint die **Moskauer Deutsche Zeitung** (im Internet unter: www.mdz-moskau.eu), täglich die englischsprachige **Moscow Times** (www.themoscowtimes.com). Die führenden russischen überregionalen Tageszeitungen sind heute ›Izvestija‹ (Neuigkeiten) und die Wirtschaftszeitung ›Kommersant‹ (Der Geschäftsmann). Die wichtigste Zeitung der Opposition ist die zweimal wöchentlich erscheinende ›Novaja Gaseta‹ (Die neue Zeitung).

Zeitzonen

Durch seine immense West-Ost-Ausdehnung erstreckt sich Russland über neun Zeitzonen. Näheres dazu im Kapitel Transsib von A bis Z (→ S. 118). In den Infokästen zu den einzelnen Städten ist die örtliche Zeitzone immer mit angegeben.

Zoll

Bei der Einreise folgt nach der Passkontrolle die Zollabfertigung, bei der Ausreise dementsprechend vor der Passkontrolle. Sowohl bei der Ein- als auch bei der Ausreise muss eine Zolldeklaration ausgefüllt werden. Während man beispielsweise in Moskau manchmal die Wahl zwischen grünem (nichts zu deklarieren) und rotem (etwas zu deklarieren) Korridor hat, ist in der Provinz die Zollkontrolle in der Regel obligatorisch. Nach der Gesetzgebung von 2002 muss man unbedingt bei Einreise eine Deklaration ausfüllen und durch den roten Korridor einreisen, wenn man beliebiges Geld wieder aus dem Land mitnehmen möchte.

Gold- und Silberschmuck ist zu deklarieren, auch sollte man ggf. **wertvolle Ausrüstung** (Kamera, Laptop) deklarieren, um bei der Ausreise keine Probleme zu bekommen. Die zollfreie Einfuhr von **Geschenken** ist bis zum Gegenwert von 1000 USD gestattet.

Die Ein- und Ausfuhr der **Landeswährung** Rubel ist bis zum Gegenwert von 3000 USD erlaubt, was in der Praxis für Touristen kaum eine Rolle spielt, da man Rubel außerhalb Russlands nicht eintauschen kann.

Aufgrund des Washingtoner Artenschutzabkommens beschlagnahmen der deutsche, österreichische und der Schweizer Zoll **Kaviar**, dessen Menge mehr als 250 Gramm umfasst.

Da sich Zollvorschriften laufend ändern können, sollte man sich vor Reiseantritt entweder beim Auswärtigen Amt (www.auswaertiges-amt.de) oder bei der Russischen Botschaft (www.russische-botschaft.de) erkundigen.

Mongolei-Reisetipps von A bis Z

Autofahren

In allen Kommentaren zum Fahrstil in der Mongolei wird gern an das Nomadentum und die damit verbundenen Reiterfahrungen aller Mongolen erinnert: »Gib dem Pferd die Sporen«, so hat man es hier über Jahrhunderte gelernt. Der Übergang vom Pferd zum Auto erfolgte für viele erkennbar sehr abrupt. In Ulaanbaatar ist Stau bereits ein täglicher Dauerzustand, in der Provinz gibt es kaum Straßen, zumeist nur Pisten oder Richtungen.

Banken, Geldwechsel

Die Landeswährung heißt Tögrög bzw. Tugruk (Mehrzahl Tugrik). Die mongolischen Geldscheine gibt es in folgender Stückelung: 10, 20, 50, 100, 500, 1000, 5000 und 10 000. Auf dem Kleingeld bis 100 Tugrik wurde Suchbataar verewigt. Für die größeren Beträge ab 500 Tugrik gibt natürlich Dschingis Khan sein Antlitz. Der US-Dollar und in geringerem Umfang auch der Euro sind im Tourismus als Zweitwährungen nach wie vor hoch im Kurs. Es empfiehlt sich, entsprechend Fünf- und Zehn-US-Dollarnoten mitzubringen.

Umtausch: An den Grenzübergängen per Bahn kann man nicht mit geöffneten Wechselstuben rechnen, man sollte im Hotel einen kleinen Betrag in die Landeswährung Tugruk einwechseln, ein Rücktausch ist umständlich und aufwendig. Man kann damit rechnen, überall jemanden zu finden, der einem einen kleinen US-Dollarschein in Landeswährung wechselt. Dies ist legal und offen möglich.

Seit etwa drei Jahren kommen **Geldautomaten** in Gebrauch. Viele Geräte akzeptieren aber nicht alle ausländischen Karten. Die Geldautomaten in den großen Touristenhotels akzeptieren aber auch ausländische Kreditkarten. Barauszahlungen auf Kreditkarten sind auch in den Filialen der Golomt Bank oder der Bank for Trade & Development möglich.

Wechselkurs: Anfang 2012 bekam man für 1 Euro ca. 2000 Tugrik und für einen US-Dollar ca. 1400 Tugrik.

Diplomatische Vertretungen der Mongolei

Botschaft der Mongolei in Deutschland
Dietzgenstr. 31, 13156 Berlin
Tel. 030/4748060
www.botschaft-mongolei.de

Botschaft der Mongolei in der Schweiz
4, Chemin des mollies
1293 Bellevue (Genf)
Tel. 022/7741974/5

Botschaft der Mongolei in Österreich
Teinfaltstr. 3/6
1010 Wien
Tel. 01/5353012

Diplomatische Vertretungen in der Mongolei

Deutsche Botschaft in der Mongolei
Negdsen Undestnii gudamj 7
C.P.O. Box 708
Ulaanbaatar 210613
Tel. 011/323325
www.ulan-bator.diplo.de.
Die Deutsche Botschaft vertritt auch Österreich.

Schweizer Konsulat in der Mongolei
Chingeltei District
4th Khoroo
Diplomatic Complex 95
Entrance 4
C.P.O. Box 218
Ulaanbaatar
Tel. 011/331422

Russische Botschaft in der Mongolei
Enkhtayvany gudamzh
A-6 Ulaanbaatar
C.P.O. Box 661
Tel. 011/327851

Chinesische Botschaft in der Mongolei
Zaluuchuudyn Urgun Chuluu 5
C.P.O.Box 672
Ulaanbaatar
Tel. 011/323940

Einkaufen/Geschäftszeiten

Neben wenigen großen Läden gibt es viele kleine private Geschäfte (Delguur) und Kioske, die zumeist bis 20 Uhr geöffnet haben. Es gibt aber auch Kioske, die rund um die Uhr geöffnet sind. Das Angebot sowohl an Lebensmitteln als auch an sonstigen Erzeugnissen ist zufriedenstellend. China-Importe dominieren. Als Souvenirs sind vor allem Textilien aus Kaschmir und Erzeugnisse aus Filz und Leder beliebt. Wenn man Zeit hat, sollte man sich ruhig auf den Märkten umsehen, wo es außer Lebensmitteln viele Dinge des täglichen Bedarfs zu kaufen gibt.

Ein- und Ausreise

Für die Einreise benötigt man ein Visum. Dafür sind ein ausgefülltes Antragsformular, ein mindestens 6 Monate über den Aufenthalt hinaus gültiger Reisepass und ein Passbild einzureichen. Die Bearbeitung dauert 7 bis 10 Tage. Die Kosten für ein Visum zur einmaligen Ein- und Ausreise bei einem Aufenthalt bis 30 Tage betragen 35 Euro, bei zweimaliger Einreise 65 Euro. Das Visum kann unkompliziert der Post beantragt werden. Das Antragsformular gibt es unter www.botschaft-mongolei-de.
Wer länger als vier Wochen im Land bleibt, muss sich polizeilich registrieren lassen.

Essen und Trinken

Die mongolische Küche ist vor allem eine fleischreiche Küche, wobei in erster Linie Hammel und Ziege auf dem Speiseplan steht. Gemüse gedeiht hierzulan-

Durch Transbaikalien in Richtung Mongolei

Jurtenumzug

de schwer und spielt auch in der nationalen Küche so gut wie keine Rolle. Beliebt sind auch Pelmeni-ähnliche Teigtaschen mit Fleischfüllung, die aber gegart werden und ›Buuz‹ heißen. Das beliebteste landestypische Getränk ist die ›Airag‹ genannte vergorene Stutenmilch. Tee ist ebenfalls sehr beliebt. Er wird zur Hälfte in Wasser und Milch aufgebrüht und dann aber nicht mit Zucker, sondern mit Salz verfeinert.

In Ulaanbaatar gibt es eine Fülle von Restaurants, Gaststätten, Bierzelten und kleinen Cafés. Die Speisekarten bieten unter anderem mongolische, europäische, russische, koreanische und chinesische Küche sowie auch Pizza an. In den letzten Jahren hat sich nicht zuletzt dank mehrerer deutscher Brauer in Ulaanbaatar eine an Deutschland angelehnte Bierkultur mit Biermarken wie ›Khan-Bräu‹ und ›Dzhingis-Bräu‹ etabliert. Es gibt im Zentrum mehrere Biergärten mit guter, auch auf europäischen Geschmack ausgerichteter, Küche. Das Weinangebot ist extrem überschaubar und teuer. Bei den hochprozentigen Spirituosen dominieren Arkhi (Klarer) und Vodka. Bei allen möglichen Gelegenheiten wird getrunken und dabei so manches Mal auch das berühmte Maß überschritten.

Feiertage

1. Januar (arbeitsfrei): Neujahrsfest.
Februar: Neujahrsfest nach dem Mondkalender, also jährlich wechselnd drei arbeitsfreie Tage.
8. März (arbeitsfrei): Internationaler Frauentag.
1. Juni (arbeitsfrei): Internationaler Kindertag.
11.–13. Juli (arbeitsfrei): Nationalfest Naadam.
26. November (arbeitsfrei): Verfassungstag.

Fernsehen

Die Medienwelt in Ulaanbaatar ist in den letzten Jahren vielseitiger geworden. Vor allem das Fernsehen liefert von Nachrichten über Kulturveranstaltungen und aktuelle Sumo-Wettbewerbe mit mongolischer Beteiligung bis hin zu neuen Tele-Soaps aus Korea ein buntes Programm. Das staatliche Fernsehen

›Mongol Televis‹ sendet landesweit bzw. mit ›Ulaanbaatar TV‹ in Reichweite der Stadt. Es gibt private Sender wie ›Kanal 25‹, ›TV 5‹ und ›TV 9‹. Die ›Deutsche Welle‹ sendet täglich in Deutsch und Englisch.

Fotografieren

Beim Fotografieren von Menschen gehört es sich, um Erlaubnis zu bitten. Viele Mongolen werden es nicht verneinen, im Gegenteil. Schnell stellt man sich in eine würdige Pose, holt Familienangehörige dazu. Mit einem Abzug kann man den Fotografierten immer eine große Freude machen. Außer militärischen Anlagen darf eigentlich alles aufgenommen werden. In Museen und Tempelanlagen muss in der Regel eine Fotoerlaubnis erworben werden. In Ulaanbaatar ist es überhaupt kein Problem mehr, digitale Fotos bearbeiten, speichern oder ausdrucken zu lassen.

Geschenke

Bei der Gastfreundschaft der Mongolen kommt es häufig vor, dass man eingeladen wird. Man sollte darauf vorbereitet sein und ein Mitbringsel dabeihaben. Spezialitäten und kleine Souvenirs aus der Heimat kommen immer gut an, aber auch Süßigkeiten und Kekse für die Kinder.

Gesundheit

Es gibt keine vorgeschriebenen Empfehlungen; der Gesundheitsdienst des Auswärtigen Amts empfiehlt Impfungen gegen Tetanus, Diphtherie, Polio und Hepatitis A, bei Langzeitaufenthalten auch Hepatitis B. Man kann nicht damit rechnen, benötigte Medikamente im Land kaufen zu können.

Eine **Reisekrankenversicherung**, die auch die Kosten eines Rücktransportes abdeckt ist unbedingt zu empfehlen. Wegen der trockenen Luft ist immer auf genügend **Flüssigkeitsaufnahme** zu achten. Tee und Wasser sind hier bekanntlich die besten Mittel. Dafür kann man sich mit abgefüllten Mineralwasserflaschen eindecken.

Leitungswasser sollte nur abgekocht getrunken, Obst und Gemüse gründlich gewaschen werden. Gegenmittel gegen Erkrankungen des Magen-Darm-Traktes sollten in der Reiseapotheke nicht fehlen. Wer eher zu Verstopfung neigt, hat in der gegorenen Stutenmilch Airag eine wunderbare Arznei. Sie ist nicht nur vitaminreich, sondern sie entschlackt und reinigt den Körper auf natürliche Art.

Häufig ist es leicht windig, und man spürt die Intensität der Sonne nicht, aber sie ist trotzdem gefährlich. **Creme mit hohem UV-Filter** und Sonnenhut schützen vor Sonnenbrand. Man muss sich in der Mongolei auch auf **stark schwankende Temperaturen** einstellen. Dabei lieber etwas wärmer anziehen als sich von Blasen- oder Nierenentzündung die Urlaubsstimmung trüben lassen. Wer sich im Winter in der Mongolei aufhält, muss sich vor Erfrierungen und

Internet in Ulaanbaatar

Frostbeulen schützen. Trockene Kälte und strahlend blauer Himmel täuschen oft über die bestehende Gefahr hinweg. Im Sommer muss man in Gewässernähe mit einer erheblichen Mückenplage rechnen, entsprechender **Mückenschutz** ist also ratsam (→ S. 458).

Hotels

In Ulaanbaatar übernachtet der Reisende in der Regel in einem Hotel. Verschiedene Preisklassen stehen zur Verfügung, vom vollklimatisierten Kempinski-Hotel ›Khan Palace‹ bis hin zum kleinen Hostel, in dem man für ca. zehn Euro unterkommen kann. Im Sommer sind die Hotels in der Regel mit Reisegruppen belegt und völlig ausgebucht. Individualreisende sollten sich entweder rechtzeitig um eine Reservierung kümmern oder einen örtlichen Reisveranstalter um Unterstützung bitten. Viele Hotels bieten Buchungen per Internet an.

Die **Jurten- oder Ger Camps**, wie sie auf mongolisch heißen, findet man überall an den beliebtesten Touristenzielen. Die Jurten in den Camps sind gewöhnlich mit einigen niedrigen bunt bemalten Möbelstücken, einem Ofen und, je nach Wunsch oder Bezahlung, mit zwei, drei oder vier Betten ausgerüstet. Zu den meisten Camps gehört ein festes Gebäude, in dem man Duschen mit (heißem) Wasser und ein richtiges WC findet, und praktisch überall gibt es entweder ein Gebäude oder eine große Jurte, in der ein Restaurant untergebracht ist. Das Essen ist im Allgemeinen eine annehmbare Mischung aus mongolischer und europäischer Kost, nur Vegetarier sollten sich auf jeden Fall frühzeitig anmelden, wenn sie nicht nur fleischlose Beilagen essen möchten.

Durch Transbaikalien in Richtung Mongolei

Viele Hotel bieten auch Vollpension an. Wenn man darum bittet, wird einem auch oft ein Lunchpaket gepackt.

Kleidung

Zu empfehlen ist robuste, winddichte Kleidung, ein Regenschutz sowie ein Sonnenschutz im Sommer und ein guter Kälteschutz im Winter. Von entscheidender Bedeutung ist **festes, recht hohes Schuhwerk**, bei Überlandreisen ein bis zwei Reservepaare (oft Durchnässung). Auch die Mitnahme von Trekkingsandalen ist überlegenswert, falls man plant, über Land zu reisen (Flussdurchquerungen).

Klima

Das Klima ist streng kontinental. Ulaanbataar gilt im Jahresdurchschnitt als die **kälteste Hauptstadt der Erde**, hat aber trotzdem einen kurzen und heißen Sommer. Das Frühjahr beginnt mit Stürmen. Erst Anfang Mai steigt die Tagestemperatur über Null, und am Ende dieses Monats öffnen die Jurtencamps im Lande. In der ersten Julihälfte, um den Nationalfeiertag Naadam, liegt dann der erste Touristenboom.

Im Norden sowie im Zentrum des Lan des sind Juni, Juli und die erste Augusthälfte gekennzeichnet durch kurze regelmäßige Regenschauer, die gleich wieder von längeren sonnigen Abschnitten abgelöst werden. Bei bedecktem Himmel liegen die Tagestemperaturen um 10 Grad, bei Wolkenfreiheit schnell bei 25 Grad, so dass ein Pullover jederzeit ins Tagesgepäck gehört.

Die wettermäßig stabilste und niederschlagsärmste Sommerperiode liegt in der zweiten August- und ersten Septemberhälfte. Während im Norden, z.B. am

Obo in einem Vorort von Ulaanbaatar

Chuvsgul-See, auch im Juli und August mit Nachtfrösten bis -8 Grad gerechnet werden muss, herrscht im Südteil des Landes von Juni bis September tagsüber angenehme Wärme um die 25 Grad mit Spitzenwerten bis 38 Grad im Maximum. Die Nächte kühlen ab auf 10 bis 20 Grad. Stellen Sie sich also auf Schwankungen von über 25 Grad innerhalb von 24 Stunden ein.

Mitte September treten in Ulaanbaatar die ersten Nachtfröste auf, innerhalb eines nur zwei Wochen langen Herbstes fällt einiger Schnee, dann beginnt der gut sechsmonatige Winter, der durch sonnige, frostklare Kälte gekennzeichnet ist. Niederschläge fallen kaum, so dass in den meisten Wintern keine geschlossene Schneedecke besteht.

Der schnelle Übergang von der Wachstumsperiode im Sommer zum kältestarrenden Winter ermöglicht erst die nomadische Lebensform ohne Stallhaltung des Viehs und ohne nennenswerte Heuernte: Das Steppengras wird durch den Frost ›auf dem Halm‹ konserviert und dient dem Vieh auf freier Weide als Nahrung auch im Winter. In schneereichen Wintern, von denen es im letzten Jahrzehnt einige gab, ist dies fatal, weil dann oft Tiere in großer Zahl verhungern und die Nomaden ihrer Lebensgrundlage beraubt werden.

Medizinische Hilfe

Was die medizinische Betreuung so schwierig macht, ist weniger die fachliche Kompetenz der Ärzte, sondern die materielle Versorgung. Es fehlt an modernem medizinischen Gerät genauso wie an Einwegspritzen, Antibiotika etc. Sollte im Notfall doch ein Arzt konsultiert werden müssen, so findet man ihn im Krankenhaus des Aimagzentrums oder in Ulaanbaatar.

In besonders schweren Fällen wendet man sich am besten an die Botschaft seines Landes. In Ulaanbaatar kann man sich an folgende Einrichung wenden: **SOS Medica Mongolia Clinic**, im Osten der Stadt, Zaluuchuud Avenue bis zum Ikh Toiruu, nördlich vom Hotel ›Khan Palace‹, Tel. 00976/11/464325, der 24-Stunden-Notruf: ist unter Tel. 00976/99/110335 (Englisch) zu erreichen, www.sosmedica.mn (E).

Mietwagen

Die Straßenverhältnisse sind extrem verschleißträchtig, daher sind Leihwagen im internationalen Vergleich teuer. Außerhalb der Hauptstadt ist Allrad zwar nicht Pflicht, aber sehr empfehlenswert und meist nur ein Auto plus Chauffeur zu mieten.

Notrufnummern

Feuerwehr: 101
Polizei: 102
Medizinischer Notruf: 103
Verkehrspolizei: 124, 321008
SOS Medica Mongolia: 00976/99/110335.
Zentrale Notrufnummer zum Sperren von EC-, Kredit-, Kunden- und Handykarten: 00149/116116, oder über Berlin 00149/30/40504050.
Sicherheitshalber sollte man sich die Notrufnummern für die persönlichen Karten extra notieren.

Öffentliche Verkehrsmittel

In Ulaanbaatar fahren Busse und Trolleybusse. Obwohl noch vergleichsweise neu, sehen die meisten Busse schon arg mitgenommen aus. Obwohl mit den Bussen fast jeder Punkt in Ulaanbaatar erreichbar ist, werden die Mikrobusse bevorzugt. Diese Sammeltaxi-Linien ergänzen den öffentlichen Nahverkehr. Man wird sehr schnell die zentralen Haltestellen der Mikrobusse erkennen. Zur Sicherheit sollte man sich seine ›Heimatstation‹ und die des Ziels gut merken oder mit kyrillischen Buchstaben aufschreiben lassen und bei Bedarf nennen bzw. den Zettel vorzeigen.

Post

Briefmarken und Briefkästen findet man auch in den Hotels. Außerhalb der Postämter sind Briefkästen selten. Es gibt auch keine Postzustellung im Land, die Post muss von den Empfängern an zentralen Stellen abgeholt werden. Eine Karte nach Deutschland ist ca. 2 Wochen unterwegs.

Preise

Grundnahrungsmittel, Bus und Bahn sowie Mieten sind günstig. Importwaren (von der Matratze über Glühbirnen bis zum Auto) sind sehr teuer – der nächste Hafen liegt im Ausland, 1500 Kilometer südlich von Ulaanbaatar in China-Tianjin.

Sicherheit

Größere Geldmengen trägt man am besten in einem Geldgürtel bei sich, den Tagesbedarf im Portemonnaie. Taschendiebstähle sind auf Märkten nicht selten; ansonsten ist man ziemlich überall sicher. Betrunkenen sollte man aus dem Weg gehen.

Strom

Die Netzspannung beträgt Regel 220–230 Volt bei 50 Hz. Manchmal sind die Klemmen in den Steckdosen aber zu eng. Deshalb ist es von Vorteil, einen Weltadapter dabeizuhaben. Es kann jedoch immer noch sein, dass der Stecker

Fußgängerampel in Ulaanbaatar

nicht passt. In den Läden in Ulaanbaatar gibt es jedoch alle möglichen Varianten von Adaptern zu kaufen.

Telefon

Ortsgespräche sind durch die Grundgebühr abgedeckt und kostenlos.

Öffentliche Münz- bzw. Kartentelefone gibt es in Ulaanbaatar kaum, dafür viele Ein-Personen-Anbieter, die mit Ihren Funktelefonen an allen stark bevölkerten Punkten zu finden sind. Fax-Service bieten das Hauptpostamt und die großen Hotels an.

Auslandsgespräche sind aufgrund überlasteter Leitungen manchmal ein Problem. Die internationale Vorwahl der Mongolei lautet 00976.

Beim **internationalen Selbstwählverfahren** ist in der Mongolei zu beachten, dass im Unterschied zu allen anderen Ländern nach dem weltweit üblichen 00 noch eine 1 vor der Ländervorwahl eingeschoben werden muss. Einige wichtige Landesvorwahlen lauten somit: Deutschland 00149, Schweiz 00141, Österreich 00143, Russland 0017, China 00186. Wer beispielsweise aus der Mongolei nach Berlin anruft, muss 00149/30/Teilnehmernummer wählen.

Dschingis-Khan-Denkmal bei Ulaanbaatar

Mobiltelefone: bei Eingabe der Landesvorwahl mit + anstatt 00 entfällt die 1, die Vorwahlen lauten entsprechend also: Deutschland +49, Schweiz +41, Österreich +43, Russland +7 und China + 86. ›Mobicom‹ und ›Skytel‹ sind die Netzwerkbetreiber mit der größten Netzabdeckung im Landesinneren. Es gibt hier gute Fortschritte, aber wenn man sich von den Kreisstädten (Aimagzentren) weiter als zehn Kilometer entfernt, ist eine Verbindung möglich, aber nicht garantiert. Roaming aus Deutschland ist möglich. Telefon und SMS-Service funktionieren, sind aber sehr teuer.

Mobicom bietet Pre-Paid-Karten für 10 000, 25 000 und 50 000 Tugrik an. Diese sind mindestens einen Monat gültig (www.mobicom.mn). Vor dem Kauf einer mongolischen Handy-Nummer ist aber darauf zu achten, dass man über ein Dual-Mode-/Triband-Mobiltelefon mit automatischem Frequenzbandwechsel verfügt. Andernfalls kann es passieren, dass das Handy nicht funktioniert und man bei Mobicom einen Tag damit verbringen muss, das Handy umstellen zu lassen.

Toiletten

In den besseren Hotels entsprechen die sanitären Anlagen dem westlichen Standard. In der Nähe touristischer Sehenswürdigkeiten sind die Toiletten, für die man einen kleinen Obolus entrichten muss, in der Regel sauberer als die normalen öffentlichen Toiletten. Diese sind Stehtoiletten. Außerhalb der Hauptstadt ist zumeist die Steppe die einzige Alter-

Hier gibt es Buuz (mongolische Teigtaschen)

native. Im Bedarfsfall geht man in der mongolischen Sprache ›nach den Pferden schauen.‹ Toilettenpapier sollte man immer dabeihaben.

Trinkgeld

Trinkgeld war in der Mongolei eigentlich kaum verbreitet. Heute hat es sich in den Restaurants und Gaststätten eingebürgert, in denen viele Touristen verkehren. Die Höhe bewegt sich zwischen fünf und zehn Prozent des zu zahlenden Betrages.

Verhaltensregeln

Man nehme sich **Zeit**. Nirgendwo in der Mongolei herrscht Eile, manchmal ist sie sogar unhöflich. Ist man auf dem Land und will nur nach dem Weg fragen, so sollte man nicht mit der Tür ins Haus fallen. Zuerst erkundigt man sich nach dem Wohlbefinden der Tiere und der Familie, fragt nach dem Wetter, nach dem Woher und Wohin, tauscht die Schnupftabakdosen, ersatzweise die Zigarette. Erst dann kommt die Frage nach dem Weg. Möglicherweise erfolgt nun die Einladung in die Jurte.

Beim **Betreten der Jurte** ist darauf zu achten, dass man nicht auf die Schwelle tritt oder mit den Kopf an den oberen Türbalken stößt, es würde Unglück bedeuten. Betritt man die Jurte, begibt man sich als Gast immer in die linke Hälfte. Beim Hinsetzen sollten nie die Füße in Richtung Herd ausgestreckt werden, und nur kleinen Kindern ist es erlaubt, mit ausgestreckten Beinen zu sitzen.

Dann wird erst einmal Tee gekocht, und die Hausfrau stellt weiße Speisen und Gebäck auf den Tisch. Es wäre unhöflich, wenn man nicht wenigstens probieren würde. Bleibt man länger, kommt häufig eine Schüssel mit gekochtem Fleisch auf den Tisch.

Händeschütteln zur Begrüßung/Verabschiedung ist in der Mongolei eigentlich unüblich, auch wenn es sich der eine oder andere in Ulaanbaatar angewöhnt hat. Allerdings ist der Handschlag ein Muss, wenn man jemandem auf den Fuß getreten ist. Es ist also kein plumper Annäherungsversuch, wenn Sie von jemandem getreten wurden und dann

Das ›Brauhaus‹ in Ulaanbaatar

auch noch seine Hand in die Ihre gedrückt bekommen.

Zeitzonen

In der Mongolei gibt es drei Zeitzonen. Die Hauptstadt Ulaanbaatar befindet sich in der mittleren der drei Zeitzonen. Es gibt keine unterschiedliche Sommer- und Winterzeit mehr.

Es gilt im Sommer: mitteleuropäische Sommerzeit plus sechs Stunden.

Im Winter: europäische Winterzeit plus sieben Stunden.

Die Nomaden in der Steppe leben in vielen Bereichen noch wie ihre Ahnen. Sie ziehen von Weide zu Weide, immer damit beschäftigt, genügend Nahrung für ihre Herden zu finden. Sie leben im Hier und Jetzt, ihr Handeln wird von der Gegenwart bestimmt. Die Erfahrung sagt, wann welche Verrichtungen zu erledigen sind. Auf unvorhergesehene Veränderungen wird reagiert, wenn sie eintreffen.

Auch die Mongolen in der Stadt sind von dieser Mentalität geprägt. Kommt die Zeit für ein Vorhaben, wird es kurzfristig umgesetzt, vorbereitet wird nur das Nötigste. Während wir gern alles detailliert im voraus planen, belasten sich die Mongolen nicht mit Eventualitäten. Als Gast im Land tut man gut daran, es ebenso zu tun. So kann man sich den Stress ersparen, den man hat, wenn man Dinge ändern will, die man nicht ändern kann.

Zeitungen

Die Zeitungen sind zwar schmal, aber liberaler als in den Nachbarländern. Die wichtigsten Blätter sind Ardiin Erkh (Volksrecht) und Önöödör (Heute). Wöchentlich erscheint die Ulaanbaatar Post in Englisch (www.ubpost.mongolnews.mn).

Yaks in der Mongolei

China-Reisetipps von A bis Z

Autofahren

Eine beliebte Touristenfrage in China ist: Gibt es im Land Fahrschulen? Im Prinzip ja, auch wenn man beim Beobachten des Straßenverkehrs auf andere Gedanken kommt. Trotz gigantischer Magistralen ist in den Großstädten Stau der Dauerzustand. Das am weitesten verbreitete Verkehrsmittel ist vor allem auf dem Land nach wie vor das Fahrrad, aber das Auto holt auf. Vielerorts gibt es gesonderte Spuren für die Massen der Radfahrer, spannend wird es aber immer an den Kreuzungen ohne Brücken. Autos hupen nahezu permanent. Der Fahrstil ist weniger aggressiv als in Russland, man spürt im ständigen Ausweichen und Einordnen einen Hauch Harmonie im Chaos. Internationale Führerscheine haben keine Gültigkeit. Touristen ist es generell verboten, sich selbst ans Steuer zu setzen.

Banken, Geldwechsel

In China nennt sich die Währung Renminbi (wörtlich: Volksgeld, CNY) und hat als Grundeinheit den Yuan. Ein Yuan unterteilt sich in zehn Jiao – in der Umgangssprache auch Mao genannt – oder 100 Fen; Ein Jiao hat somit zehn Fen. Sämtliche Einheiten sind als Banknoten in Umlauf, und zwar als 1-, 2-, 5-, 10-, 50-, 100, 500-Yuan-Noten und 1-, 2-, 5-Jiao-Noten. Die Geldscheine zeigen alle nach wie vor Mao Zedongs Porträt und Sehenswürdigkeiten Chinas. Als Münzen gibt es Fen, Jiao und Yuan in diversen Münzausgaben.

Umtausch: Ende 2011 bekam man für 1 Euro ca. 9 Yuan und für einen US-Dollar ca. 7 Yuan. Banken nehmen meist höhere Gebühren als die Hotels. Man muss den Pass beim Tauschen vorlegen. Alle großen deutschen Banken sind zwar in China mit Filialen vertreten, unterhalten aber keinen Schalterverkehr für Privatkunden.

Kreditkarten sind mittlerweile in den Großstädten weit verbreitet, Reiseschecks werden in den staatlichen Banken gerne genommen, und an vielen Geldautomaten ist auch die ec-Karte gut für Bares. Es erscheint zwar auf dem Display ein Dollarsymbol, ausgezahlt werden aber Yuan. Nur wer sich weit von den Touristenzentren entfernt, sollte eine Notration chinesischer Währung dabei haben. Man sollte aufpassen, am Geldautomaten nicht die Karte zu vergessen. Diese wird zumeist nicht automatisch ausgespuckt, sondern erst nach Anklicken der entsprechenden Aufforderung.

Obwohl die chinesische Währung nicht frei konvertierbar ist, wurden die Einfuhreinschränkungen größtenteils aufgegeben. Bis zu 6000 Renminbi bzw. der Gegenwert von 5000 CNY dürfen eingeführt werden, größere Summen müssen deklariert werden.

Diplomatische Vertretungen Chinas

Botschaft der Volksrepublik China in Deutschland
Märkisches Ufer 54
10179 Berlin
Tel. 030/275880
www.china-botschaft.de

Außenstelle der Botschaft der VR China
Kurfürstenallee 12
53177 Bonn, Tel. 0228/79559716

Generalkonsulat der VR China
Elbchaussee 268
220605 Hamburg, Tel. 040/826975

Generalkonsulat der VR China
Romanstr. 107
80639 München
Tel. 089/17301612

Botschaft der VR China in der Schweiz
Kalcheggweg 10
3000 Bern
Tel. 031/3527333
www.china-embassy.ch
Botschaft der VR China in Österreich
Metternichgasse 4
1030 Wien
Tel. 01/7143149
www.chinaembassy.at

Diplomatische Vertretungen in China

Deutsche Botschaft
德国大使
No. 71 Dongzhimenwai Dajie
东直门外大街
Sānlǐtún 三里屯
Beijing, China 北京
Tel. 0086/10/65322161
Fax 0086/10/65325336
Deutsches Generalkonsulat Shanghai
New Century Plaza
188 Wujiang Lu
Tel. 021/62172884
Botschaft der Schweiz
Sanlitun Dongwujie 3
Beijing
Tel. 010/65324353
www.eda.admin.ch
Botschaft der Republik Österreich
Dongwu Jie 5/ Xiushui Nanjie
Beijing
Tel. 010/65322062
www.bmeia.gv.at/peking
Botschaft der Russischen Föderation
4 Dongzhimen Beizhong Jie
Beijing
Tel. 010/65322051
www.russia.org.cn
Botschaft der Republik Mongolei
2 Xiushui Beijie Jianguomenwai,
Beijing
Tel. 010/653211810

Einkaufen/Geschäftszeiten

Staatliche Läden haben höchstens bis 21 Uhr offen. Private Läden können länger offen sein. Ganz China ist ein einziges Warenhaus. Es gibt alles. Typische Souvenirs sind Seide, Porzellan,

Metroeingang in Beijing

Rollbilder, Keramik, Kalligraphien, Schmuck (Jade), Cloisonné, Teppiche und natürlich der Tee.

Man findet Souvenirs in Hülle und Fülle in unterschiedlicher Qualität und unterschiedlichen Preisen in vielen Hotelläden, in staatlichen und privaten Läden und freien Märkten. Auf den freien Märkten und in vielen Privatläden wird um den Preis gefeilscht. Sehr oft werden hier die Produkte überteuert angeboten. In staatlichen Läden und in den Hotelläden sind die Preise fest. Antiquitäten sollten nur in staatlichen Geschäften gekauft werden, wo man ein Zertifikat bekommt, das die Echtheit bestätigt und die Ausfuhr erlaubt. Die dazugehörigen Wachssiegel dürfen nicht entfernt werden. In der Regel erhält man in China jedoch keine besonders guten Antiquitäten. Auf freien Märkten und bei fliegenden Händlern ist man vor Fälschungen nicht sicher. Man sollte darauf achten, keine Waren mit Bestandteilen von Tieren zu kaufen, die dem Washingtoner Artenschutzabkommen unterliegen.

Bauboom in Dalian

Ein- und Ausreise

Europäer können nur mit Visum nach China einreisen. Dieses muss persönlich oder per Visumsservice (nicht per Post!) bei einer der diplomatischen Vertretungen beantragt werden. Viele Reiseveranstalter bieten diesen Service gegen Entgelt, auch wenn man keine Pauschalreise bucht. Die genauen Bestimmungen sind unter www.china-botschaft.de abrufbar, genauso wie die Anträge, die man sich als PDF-Datei herunterladen kann. Für Erwachsene gilt generell: Der Reisepass muss noch sechs Monate gültig sein, ein Passbild ist erforderlich. Kinder können mit dem Kinderpass einreisen, er muss aber mit einem Bild versehen sein (auch bei Säuglingen!). Gruppenreisende haben es meist etwas einfacher, in der Regel kümmert sich der Veranstalter um das Visum.

Essen und Trinken

Typische Getränke sind Tees aller Art (abgekochtes Wasser gibt es überall), Bier (hat zwischen 3 und 3,5 Prozent Alkoholgehalt), Mineralwasser, aufbereitetes Wasser (z.B. Wahaha), amerikanische Softdrinks, Kokosnusssaft aus Hainan, Fruchtsäfte in Dosen. Normalerweise werden in China drei warme Mahlzeiten am Tag eingenommen. Grundnahrungsmittel sind dabei in Südchina eher Reis und in Nordchina eher Teigwaren. Dazu werden Fleisch-, Fisch- bzw. Gemüsegerichte gegessen.

Die chinesische Küche als solche existiert nicht, sondern stattdessen eine große Vielfalt Die Spezialitäten variieren je nach der Region des Riesenlandes. Es lassen sich vier Gruppen unterscheiden:

Der Norden mit Beijing und Shandong: Bekannt sind die vielen Zubereitungsarten wie Frittieren, Grillen, Dünsten, Dämpfen, Rösten, Braten, Schmoren. Besonderheiten sind die Gerichte der kaiserlichen Küche, die Beijing-Ente und der mongolische Feuertopf.

Der Osten mit Shanghai, Jiangsu und Zhejiang ist wegen der Meeresnähe stark auf Meeresfrüchte ausgerichtet. Besonders bekannt sind die Geflügel- und Fischgerichte Zhejiangs und Jiangsus.

Der Westen (Sichuan und Hunan) zeichnet sich durch scharfe Gerichte (mit Ingwer, Knoblauch und Chili) aus. Eine Spezialität ist der scharfe Sojabohnenkäse (Tofu).

Der Süden mit Guangzhou (Kanton) schließlich bietet mit seiner eher milden Küche eine Unmenge an Gemüsegerichten und ausgezeichneten Enten- sowie Fischspezialitäten.

Feiertage

Feiertage nehmen in China einen hohen Stellenwert ein. Dreimal pro Jahr ist das Land im Ausnahmezustand. Das wichtigste Familienfest ist das Frühlingsfest (chunjie). Es ist das **Neujahrsfest** nach dem traditionellen Mondkalender und in seiner Bedeutung mit Weihnachten vergleichbar. Das genaue Datum der drei arbeitsfreien Tage schwankt jährlich im Zeitraum vom 20. Januar bis zum 21. Februar. Die weiteren Höhepunkte sind **Anfang Mai** der Tag der Arbeit und **Anfang Oktober** der Nationalfeiertag. Hier gibt es ebenfalls drei arbeitsfreie Tage. Diese ›goldene Wochen‹ genannte Praxis führt dazu, dass viele Firmen und Institutionen nur eingeschränkt arbeiten und aufgrund von Familientreffen alle Transportkapazitäten an Fliegern und Zügen maximal ausgelastet sind. Wer in dieser Zeit das Land besuchen möchte, muss sehr früh buchen und einige Abstriche machen. Wenn in China Feiertage auf einen Samstag oder Sonntag fallen, sind die nachfolgenden Arbeitstage arbeitsfrei.

1. Januar (arbeitsfrei): Neujahrstag
Ende Januar/Anfang Februar (drei arbeitsfrei Tage): Frühlingsfest (Neujahr nach dem Mondkalender),
8. März (½ Tag für Frauen arbeitsfrei): Internationaler Frauentag
5. April: Qingming-Fest (Totengedenktag)
1./2./3. Mai (arbeitsfrei), Internationaler Tag (besser Tage) der Arbeit
4. Mai: Tag der Jugend
1. Juni: Internationaler Kindertag (schulfrei für Kinder unter 13 Jahren und arbeitsfrei für deren Eltern)
1. Juli: Gründungstag der KPChinas (arbeitsfrei für Parteimitglieder)
1. August: Tag der Gründung der Volksarmee
1./2./3. Oktober (arbeitsfrei): Nationalfeiertag

An den arbeitsfreien Gedenk- und Feiertagen sind die meisten Geschäfte geöffnet. In den Parks gibt es oft Aufführungen etc. Traditionelle westliche Feiertage wie Weihnachten werden in der VR China zwar offiziell nicht begangen, aber der Kommerz hat es fertiggebracht, dass es seit dem Jahr 2000 in Beijing auch einen Weihnachtsmarkt gibt.

Fernsehen

Das allgemeine staatliche Fernsehen ist natürlich auf Hochchinesisch gehalten.

Die Halle der Ernteopfer im Himmelstempel

›Hardsleeper-Abteil‹

Es gibt unter den über 30 Kanälen jedoch auch einen englischsprachigen Kanal: CCTV. Für Fußball- und Sportenthusiasten bietet CCTV eine breite und detaillierte Berichterstattung, inklusive je eines Live-Spiels der Bundesliga jeden Samstag und Sonntag. In den internationalen Hotels empfangen Sie fast immer CNN und teils sogar Deutsche Welle TV.

Fotografieren

Gutes Fotomaterial ist überall erhältlich, Diafilme so gut wie nirgends. Die Aufnahme von Grenzanlagen, militärischen (auch Flugplätze mit gemischter ziviler und militärischer Nutzung) und militärstrategischen Objekten ist verboten. Im Inneren von Tempeln und Museen darf häufig nicht fotografiert werden. Manchmal muss man in geschlossenen Räumlichkeiten für Foto- und Videoaufnahmen bezahlen. Wenn man Personen aufnehmen will, sollte man erst um Erlaubnis fragen.

Gesundheit, Impfungen und Medikamente

Es sind derzeit keine Impfungen vorgeschrieben. Wenn sich der Reisende innerhalb der letzten sechs Tage in Gelbfieberinfektionsgebieten aufgehalten hat, wird für China eine Impfung benötigt. Bei der Einreise nach China muss man auf einem Formular, der Health Declaration, versichern, dass man an keiner ansteckenden Krankheit leidet. Ausländer, die länger als ein Jahr in China bleiben wollen, müssen die Bescheinigung über einen AIDS-Test vorlegen.

Vor Auslandsreisen generell sollte ein ausreichender **Impfschutz** gegen Poliomyelitis (Kinderlähmung) und Tetanus (Wundstarrkrampf) bestehen. Eine Infektionsgefahr besteht vor allem bei schlechten Hygienebedingungen (in China etwa bei Garküchen und kleinen Restaurants auf Märkten). Hepatitis B wird hauptsächlich durch Geschlechtsverkehr mit infizierten Personen und durch Blutkontakte übertragen.

In den größeren Städten sind in der Regel immer westlich ausgebildete Ärzte und Krankenhäuser mit speziellen Abteilungen für Ausländer erreichbar. Vorkasse ist dabei angesagt. Falls eine ärztliche Behandlung notwendig wird, sollte man sich vergewissern, dass die verwendeten Instrumente sterilisiert sind. Behandlung in traditioneller chinesischer Medizin erhält man nur auf ausdrücklichen Wunsch.

Die häufigste Erkrankung bleibt die **Erkältung**, denn überall in China fährt man normalerweise Klimaanlagen mit maximaler Leistung. Wie in allen exotischen Gefilden sollte man ungeschältes Obst und Eis meiden. Magen-Darm-Probleme kommen vor, lassen sich aber meist durch konsequente Hygiene vermeiden: nur gekochte oder geschälte

Speisen, neue oder gut gesäuberte Stäbchen und vor allem häufiges Händewaschen lauten die goldenen Regeln!

Wirksame **Medikamente** sind unbegrenzt erhältlich. Gute Apotheken in den Stadtzentren haben meist einen englisch-chinesischen Handzettel mit der Übersetzung von medizinischen Wirkstoffen oder Erste-Hilfe-Basisfloskeln.

Zwischen China und Deutschland besteht kein Sozialversicherungsabkommen, so dass der Abschluss einer **Auslandskrankenversicherung** unbedingt anzuraten ist.

Sonnenschutzmittel sollte man mitbringen, sie sind in China nur selten erhältlich.

Hotels

In Beijing und in allen touristisch interessanten Orten gibt es ausreichend Hotels aller Preisklassen, die westlichen Komfortvorstellungen entsprechen. Es gibt kaum Einzelzimmer, sondern nur Doppelzimmer zwei Betten, die man auch einzeln belegen kann. Doppelbetten sind allerdings eine Seltenheit. Die Preise sind unterschiedlich, aber im Schnitt deutlich günstiger als in Russland.

Meist lohnt es sich, vorab bei einem Reiseveranstalter zu buchen. Die Buchung über das Internet, sowohl in deutschen, als in chinesischen Portalen ist zumeist günstiger und mittlerweile kein Problem mehr. Die sogenannte ›rack-rate‹ (der offiziell verfügbare höchste Preis) vor allem der besseren Hotels ist meist deutlich höher als bei Vorausbuchung. Das System von Hostels und ausgesprochenen Billighotels (z.B. die Home Inn-Kette, http://english.homeinns.com) ist in China bereits weit verbreitet, so dass man auch mit schmalem Geldbeutel ohne Probleme unterkommt.

Kleidung

Es empfiehlt sich bequeme, der Jahreszeit angepasste, leicht waschbare Bekleidung. Man sollte die unterschiedlichen klimatischen Verhältnisse im Land beachten. In den Wintermonaten wird es in Nordchina teilweise sehr kalt (auch in Beijing), so dass gute Winterkleidung angebracht ist. In den Frühjahrs- und

Das Eisenbahnmuseum in Shenyang

Chinesischer Pandabär

Herbstmonaten gehören auch für südchinesische Gegenden Pullover und Jacken für die kühlen Stunden ins Gepäck. Regenbekleidung sollte man immer dabei haben, auch in den Wintermonaten in Südchina. Offiziell geheizt wird vom 15. November bis 15. März, und das auch nur nördlich des Yangzi. Elegante oder förmliche Kleidung und teuren Schmuck lässt man besser zu Hause. Generell herrscht in China ein recht lockerer Kleider-Kodex, verschmutzte oder gar zerrissene Kleidung ist jedoch nicht akzeptabel, schon gar nicht in den Metropolen Beijing und Shanghai.

Klima

China weist große klimatische Unterschiede auf, die aus den Monsunwinden, aus der Ausdehnung des Landes in Länge und Breite und den beträchtlichen Höhenunterschieden resultieren. Während es in Südost- und Zentralchina im allgemeinen relativ warm und feucht ist, ist es in Nord- und Nordostchina relativ trocken. Beste Reisezeit ist der Frühling (Mai) und Herbst (September und Oktober).

In vielen Gebieten Chinas sind die Sommer heiß und regnerisch, oft mit hoher Luftfeuchtigkeit, während die Winter trocken sind. In Nordchina fallen über 80 Prozent der Jahresniederschläge in den Sommermonaten, in Südchina 40 Prozent. In Südostchina kommt es während der Regenzeit zwischen Juli und September häufig zu Taifunen. Nördlich des Yangzi sind die Winter zum Teil sehr kalt. Vor allem in den nördlichen Gebieten kann man eine deutliche Ausprägung der vier Jahreszeiten erleben. Der Nordosten hat heiße, trockene Sommer und lange, kalte Winter. In den Wüstenregionen in Xinjiang und der Inneren Mongolei sind die Sommer ebenfalls heiß und trocken, die Winter hingegen kalt und trocken. Auf dem Tibet-Qinghai-Hochplateau (4000 Meter Höhe im Durchschnitt) ist die Sommerzeit kurz und gemäßigt warm, die Winter hingegen sind sehr kalt. Die Niederschlagsmenge ist hier das ganze Jahr über gering. Die Temperaturunterschiede zwischen Tag und Nacht sind sehr groß. In Zentralchina gibt es durchweg heiße und feuchte Sommer mit vielen Niederschlägen. In den Regionen um Beijing, Xian und Zhengzhou treten im Winter und Frühjahr manchmal Sandstürme auf.

Post/Telefon

Briefmarken gibt es in manchen Hotels oder auf jedem Postamt zu kaufen. Telefonverbindungen nach Europa kann man in den meisten Hotels vom Zimmer aus durch Direktwahl selbst herstellen. In den Großstädten finden Sie mittlerweile auch Kartentelefone, die ebenfalls Auslandsgespräche zulassen. Chinesische Prepaid-Karte gibt es direkt am Flughafen und in allen Mobilfunk-Geschäften zu kaufen. Fast jedes Hotel hat ein Business-Center mit Fax- und Internetanschluss. Der Modus der Wahl ist wie bei uns, also z.B. nach Berlin: 0049-30-Nummer. Man sollte sich im Hotel vorher genau nach den jeweiligen Tarifen erkundigen (Auslandsgespräche sind teuer). Deutsche Mobiltelefone funktionieren fast überall, einschließlich SMS (Grenzgebiete und Tibet nicht).

Religionsgemeinschaften

Offiziell wird in der Volksrepublik China der Atheismus propagiert. Aber mittlerweile sind wieder verschiedene Religionsgemeinschaften zugelassen. Hauptreligionen sind der Buddhismus und der Daoismus, deren Tempel und Klöster sich im ganzen Land finden. Der meist im selben Atemzug genannte Konfuzianismus hat als Moraldoktrin in China eine große Bedeutung, jedoch nicht den Charakter einer Religion.

Daneben gibt es in den moslemischen Gebieten, vor allem entlang der Seidenstraße, aber auch in vielen Großstädten, Moscheen, die regelmäßig Gebetsstunden abhalten.

Protestantische und baptistische Kirchen und die katholische Kirche – alle mit wachsendem Zulauf – gibt es nahezu in ganz China.

Restaurants

Es gibt in China ein breites Angebot an Restaurants, großen wie kleinen, staatlichen wie privaten, Spitzenrestaurants sowie Imbissbuden und Garküchen (auf Tages- und Nachtmärkten). Man sollte bedenken, dass viele einfache Restaurants nicht unbedingt unseren hygienischen Standards entsprechen. In den Großstädten breiten sich auch die international bekannten Fast-Food-Ketten und ›Fressgassen‹ in den Warenhäusern aus. Problemlos kann man in den Restaurants und Coffee-Shops der großen internationalen Hotels essen. Man kann sich in den meisten Restaurants Messer und Gabel geben lassen, sollte aber nicht die Mühe scheuen, das Essen mit Stäbchen zu erlernen. Es ist leichter, als es aussieht.

Dass alle Chinesen Hundefleisch essen, ist ein Vorurteil. Natürlich findet man Hundefleisch ebenso wie Schlangenfleisch und anderes bis hin zu Skorpio-

Ausflugsboot in Tianjin

nen und Grottenolmen auf dem Speiseplan der chinesischen Küche. Aber das sind meist Spezialitäten, die man nur auf besondere Bestellung und schon gar nicht in allen Gegenden und allen Restaurants erhält.

Sicherheit

Tätliche Angriffe auf Ausländer sind selten, und auch Frauen können sich allein sicher bewegen. Allerdings haben Diebstähle und insbesondere Taschendiebstähle zugenommen. Eine normale Sorgfalt im Umgang mit den eigenen Wertgegenständen ist notwendig. Man sollte von den Hotel-Safes Gebrauch machen.

Strom

Die Netzspannung beträgt in der Regel 220–230 Volt bei 50 Hz. Es empfiehlt sich die Mitnahme eines internationalen Adapter-Sets, auch wenn bereits vielerorts auf unterschiedliche Stecker adaptierte Steckdosen zum Einsatz kommen und an den meisten Rezeptionen eine beschränkte Anzahl von Adaptern vorhanden ist.

Toiletten

In den besseren Hotels entsprechen die sanitären Anlagen unserem westlichen Standard. Ausnahmen sind insbesondere in abgelegenen Gegenden, entlang der Seidenstraße und in Tibet möglich. Vielfach gibt es bei touristischen Sehenswürdigkeiten oder in der Stadt öffentliche Toiletten, für die man einen kleinen Obolus entrichten muss. Diese sind in der Regel sauberer und gepflegter als die normalen öffentlichen Toiletten. Die meisten Toiletten an Bahnhöfen, Flugplätzen und Besichtigungspunkten sind Stehtoiletten mit fließendem Wasser ohne Toilettenpapier. Dieses sollte aus dem Hotel mitgenommen werden. Die Toiletten sind oft nicht in einem sehr sauberen Zustand. Das gleiche trifft auch auf viele Toiletten in Zügen zu.

Modell im Beijinger Museum für Stadtentwicklung

Trinkgeld

Noch vor wenigen Jahren verbot die sozialistische Ehre jedes Trinkgeld. Diese Zeiten sind definitiv vorbei! Wie auch in Europa sind in hochklassigen Restaurants 10 bis 15 Prozent angemessen, das Trinkgeld wird jedoch nach dem Bezahlen diskret auf dem Tisch liegen gelassen. In einfachen Restaurants sind Trinkgelder weiterhin eher unüblich. Gute Leistungen der chinesischen Fremdenführer sowie der Fahrer sollten ebenfalls durch ein Trinkgeld honoriert werden.

Trinkwasser

Man sollte nur abgekochtes Wasser trinken und Leitungswasser generell meiden, auch wenn bzw. weil es stark gechlort schmeckt. In fast allen Hotels findet man auf dem Zimmer heißes Wasser für Tee oder Kaffee in Thermoskannen oder einen Heißwasserbereiter vor.

Verhaltensregeln

Allgemeine Hinweise und Regeln für das Verhalten in China sind nur schwer zu geben. Wer brüllt, hat Unrecht. Es ist hilfreich gerade in problematischen Situationen Geduld zu zeigen und darauf zu achten, dass man den jeweiligen chinesischen Ansprechpartner nicht willentlich oder unwillentlich in eine Lage bringen, in der er sein Gesicht verlieren könnte. Wenn man Reklamationen hat, sollte man diese zunächst diskret und taktvoll vorbringen und wenn möglich nicht in Anwesenheit anderer Chinesen.

Verkehrswesen

Das Verkehrswesen hat sich in den letzten Jahren extrem schnell entwickelt. Vor allem in den Großstädten sind neue, moderne Flughäfen entstanden und auf den Hauptlinien fliegen moderne Maschinen. Zu Verzögerungen kann es trotzdem immer wieder kommen, nicht zuletzt wegen den sehr unterschiedlichen Witterungsbedingungen in dem Riesenland China. Hauptverkehrsmittel für viele Chinesen ist bei Reisen innerhalb Chinas die Eisenbahn. U-Bahnen gibt es in Beijing, Shanghai, Guangzhou und Hongkong. Hauptverkehrsmittel in den Städten sind Busse (meist sehr voll bis überfüllt) und Taxis. In den Großstädten kann man problemlos an den Hotels und auch durch Winken auf der Straße Taxis bekommen. Taxifahren ist in China günstig. In den meisten Städten sind die jeweils gültigen Kilometertarife bzw. die Grundgebühr am Taxi angezeigt. Die Grundgebühr beträgt beispielsweise in Beijing 11 CNY, in Harbin 8 CNY.

Zeitungen

›China Daily‹ ist die einheimische Tageszeitung auf Englisch. Daneben erhält man in einigen großen Hotels auch internationale Tageszeitungen, meist auf Englisch.

Zeitzonen

Die Zeitdifferenz zur Mitteleuropäischen Zeit beträgt im Sommer plus 6 Stunden, im Winter plus 7 Stunden. Es gibt keine

In einem chinesischen Hochgeschwindigkeitszug

Sommerzeit und keine Zeitzonen, im ganzen Land gilt die gleiche Zeit.

Zoll

Gegenüber westlichen Touristen ist der Zoll ausgesprochen liberal. Genaue Kontrollen finden sehr selten statt. Alles, was ein Tourist selbst tragen kann, erregt selten die Aufmerksamkeit des Zolls. Die Dinge des persönlichen Gebrauchs können in diesem Rahmen importiert werden. Selbstverständlich ist die Einfuhr von Waffen, Munition, Sprengstoff, gefährlichen Chemikalien, radioaktivem Material, Rauschgift etc. und Medienmaterial, dessen Inhalt sich gegen nationale chinesische Interessen wendet (Dalai-Lama-Bilder, aber auch Pornografie) verboten. In den Flughäfen wird das Gepäck im Zweifel schon vor der Auslieferung durch Röntgengeräte geschickt, so dass die Beamten bei der Kontrolle schon wissen, wen sie sich vornehmen müssen.

Reiseveranstalter und Reiseagenturen

Deutschland

Bahnagentur Schöneberg
Crellestraße 7
10827 Berlin
Tel: 030/76768398
www.bahnagentur-schoeneberg.de

bahnurlaub.de
City Reisebüro Udo Hell GmbH
Rathausstraße 24
66914 Waldmohr
Tel. 0800/7070787
www.bahnurlaub.de

Baikal-Express
Unterholz 3
79235 Vogtsburg
Tel. 07662/949294
www.baikal-express.de

Bund Naturschutz
ReiseCenter am Stresemannplatz
Stresemannplatz 10
90489 Nürnberg
Tel. 0911/58888-20
bund-reisen.7392@tui-reisecenter.de
www.bund-reisen.de

DERTOUR GmbH & Co. KG
Emil-von-Behring-Straße 6
60424 Frankfurt/M.
Tel. 069/95885308
www.dertour.de

Doris Knop Reisen GmbH
Hollerlander Weg 77
28355 Bremen
Tel. 0421/9885030
www.knop-reisen.de

Gleisnost GmbH
Bertoldstr. 44
79098 Freiburg
Tel. 0761/383031
www.gleisnost.de

GO EAST Reisen GmbH
Bahrenfelder Chaussee 53
22761 Hamburg
Tel. 040/896909-0
www.go-east.de

Haase Touristikz
Dickhardtstr. 56
12159 Berlin
Tel. 030/84183226
www.haase-touristik.de

Lernidee Reisen
Eisenacher Str. 11
10777 Berlin
Tel. 030/786000-0
www.lernidee-reisen.de

PulExpress
Meinekestraße 510719 Berlin
Tel. 030/8871470
www.pulexpress.de

Olympia-Reisen-Sibir
Lindchenweg 15
51588 Nümbrecht
Tel. 02293/9089450
www.olympia-reisen.com

Ost & Fern Reisedienst GmbH
An der Alster 40
20099 Hamburg
Tel. 040/28409570
www.ostundfern.de

Schulz Aktivreisen
Bautzener Str. 39
01099 Dresden
Tel. 0351/266255
www.schulz-aktiv-reisen.de

Sputnik Travel GmbH
Stresemannstr. 107
10963 Berlin
Tel. 030/20302246
www.sputnik-travel-berlin.de

Troika-Tour GmbH
Oberlau 34
48727 Billerbeck
Tel. 02543/270240
www.troika-tour.de

TSA Travel Service Asia
Nelkenweg 5
91093 Heßdorf-Niederlindach
Tel. 09135/736078-0, Fax -11
www.tsa-reisen.de

Ventus Reisen GmbH
Krefelder Str. 8
10555 Berlin
Tel. 030/39100-332 und -333
www.ventus.com

Schweiz

Atlas Reisen
Weinbergstrasse 22
8001 Zürich
Tel. 01/9942235
www.atlas-reisen.ch

Kira Reisen
Badstrasse 31
CH-5400 Baden
Tel. 056/2001900
www.kirareisen.ch

Globotrek
Neuengasse 30
3001 Bern
Tel. 031/3130022
www.globotrek.ch.

Trans-Sib.ch
Benziwil 51/375
6020 Emmenbrücke
Tel. 041/2809007
www.trans-sib.ch

Ziegler & Partner
Orzens 42
1095 Lutry Lausanne
Tel. 021/7913280
www.studyrussian.com

Österreich

ÖSG Reisedienst GmbH
Favoritenstr. 35, 1040 Wien
Tel. 01/5056794
www.oesgreisedienst.info.

Dänemark

Jasoe Rejser
Tel. 074/722518
www.jasoerejser.dk

Niederlande

Trans-Sputnik Nederland
Tel : 070/3882757
www.trans-sputnik.nl

Russland

Baikal-Complex
Russland, Irkutsk
Jubileyny Str. 67, Office 35
www.baikalcomplex.com

Siberian Times
ul. Ėngelsa 2/12
Russland, Irkutsk
Tel. 007/3952/202277
sibtimes@rambler.ru

Am Baikalsee

Die Transsib im Internet

Unangefochtener Link Nr. 1 ist die allerdings bislang auf die innerrussische Strecke von Moskau nach Vladivostok fixierte Seite www.trans-sib.de (R/D/E), die auch in diesem Buch ausführlich vorgestellt wird (siehe → S. 94). Zu ausgewählten Web-Seiten über die an der Bahnstrecke liegenden Orte finden Sie die Details am Ende des jeweiligen Stadtkapitels. Der Informationsgehalt der einzelnen Seiten differiert dabei allerdings sehr stark.
Die populärsten, nationalen Suchmaschinen in den Ländern sind in Russland www.yandex.ru (R/E), in der Mongolei www.mol.mn (M/E) und www.chinavista.com (Ch/E) in China.

Allgemeines

www.auswaertiges-amt.de
www.bpb.de
www.die-reisemedizin.de

Russland

www.Russlandweb.de (D/R)
www.visatorussia.de (D/E/R)
www.aktuell.ru (D)
www.president.kremlin.ru (R/E)
www.gov.ru (R)
www.expat.ru (E)

Mongolei

www.mongolei.de (D)
www.mongols.com (E)
www.abenteuer-mongolei.ch (D)
www.mongoliatoday.com (D)
www.ub-mongolia.mn (E)
www.mongolart.mn (M/E)

China

www.chinalink.de (Ch/D/E)
www.chinaweb.de (D)
www.fac.de (D)
www.china9.de (D)
www.chinanow.com (Ch/E)
www.chinanowmag.com (Ch/E)
www.travelchinaguide.com (E)

Eisenbahn

www.bahn.de Hier findet man mittlerweile in der Rubrik ›Planen & Buchen‹ alle Transsib-Züge nach Vladivostok und Beijing, allerdings ohne Fahrpreisangaben.

www.rzd.ru (R) Die russische Eisenbahn präsentiert sich hier, allerdings nur auf Russisch.

www.parovoz.com Das ultimative Portal für alle Eisenbahnfans mit einer gigantischen Fotogalerie, Karten, Fahrplänen u.v.m.

www.gudok.ru (R) Aktuelle Nachrichten zum Thema Transport und Verkehr.

www.semafor.narod.ru (R) Eisenbahner-Zeitschrift online

www.trains-worldexpresses.com/500/500.htm (E) Hans Sölch bietet auf seiner Eisenbahnseite viele historische Informationen und Fotos zur Transsib-Geschichte.

www.railways.id.ru (R/E) Informationen zu allen Kindereisenbahnen Russlands.

www.mtz.mn (M) Die Seite der mongolischen Eisenbahn ist sichtlich noch im Aufbau begriffen und bislang nur in Mongolisch verfügbar.

vwww.chinamor.cn.net (Ch) Hier wird man zur chinesischen Eisenbahn fündig.

www.cartoon.metro.ru Eine russische Karrikaturensammlung zum Thema Eisenbahn.

Reiseberichte

Sehr interessant sind auch viele sowohl journalistische als auch private, persönliche Transsib-Reiseberichte im Internet, die neben Reisebeschreibungen, Tagebüchern, Fotosammlungen auch praktische Tips und weitere Internet-Links bieten.

Nachfolgend eine kurze alphabetische Auswahl mit Schwerpunkt im mitteleuropäischen, deutschsprachigen Raum:

Ernst Bernhauer: www.bernhauer.com
Marco Bertram: www.marco-bertram.de
Kim Gronemeier: www.kim-gronemeier.de
Oliver Hammer: www.baikal-transsib.de
Angela Humbold: www.angela-humbold.de
Andrea Klingebiel: www.ak11.de
Tim Leichter: www.abenteuer-transsibirien.de
Ortrud Mauk: www.nur-birken.de
John Pannell: www.trans-siberia.com (E)
Norbert Schott: www.andrea2000.de
Mark Smith: www.seat61.com/Trans-Siberian.htm (E)
Helmut Uttenthaler: www.eurasia2005.blogspot.com
Jürgen Vogel: www.vogel-page.de

Literatur

Allgemeines

Braunburg, Rudolf: Die Transsibirische Eisenbahn, Luzern 1997, 200 S. Wir sehen dem Autoren einige kleine Ungenauigkeiten im Text nach, denn dank der phantastischen Fotoauswahl kann man die Tour Moskau–Vladivostok in diesem Bildband sehr schön nachvollziehen.

Chen, H.: Kulturschock China, Bielefeld, 240 S. Aus der bekannten Kulturschock-Reihe von Reise Know How.

Čechov, Anton: Die Reise nach Sachalin, Berlin 1982, 509 S. Russlands berühmter Dramatiker lieferte von seiner Reise zur Verbannungsinsel Sachalin (›eine ausgemachte Hölle‹) eine ausführliche Beschreibung Sibiriens zum Ende des 19. Jahrhunderts.

de Cars, Jean, Caracalla, Jean-Paul: Die Transsibirische Bahn, Zürich 1987, 160 S. Das beste, reich bebilderte Buch zur Geschichte der Transsib mit informativen Texten und sorgfältig ausgewählten Fotos und Illustrationen.

Deeg, L.: Kunst & Albers Wladiwostok, Essen 1996, 320 S. Die ungewöhnlich faszinierende Geschichte zweier Hamburger Kaufleute, die um die Jahrhundertwende im Fernen Osten Russlands eine einzigartige Kaufhauskette aufbauten. In deren Geschichte gibt es vielfältige Bezüge zum Bau der Ussuri-Bahn und der Ostchinesischen Bahn.

Eichenberger, Peter: Sibirien. Naturparadies zwischen Ural und Pazifik, München 2003, 144 S. Ein aufwendiger Bildband, dessen Transsib-Kapitel die Überschrift ›Ein Mikrokosmos Russlands‹ trägt.

Hahnemann, Kathleen: Die Transsibirische Eisenbahn. Von Moskau nach Beijing, Köln 2004, 192 S. Ein in Bild und Text wirklich gelungener Bildband, der außerdem noch preiswert ist.

Heywood, Anthony, Button Ian: Soviet Locomotive Types. The Union Legacy, Malmö, 175 S. Das Buch bietet einen reich bebilderten Überblick über die

Lokomotivenlandschaft Russlands mit umfangreichen technischen und statistischen Angaben.

Lincoln, W. B.: Die Eroberung Sibiriens, München/Zürich 1996, 571 S. Ein außerordentlich lesenswertes Buch. Die Geschichte Sibiriens bis zur Gegenwart liest sich in Lincolns Buch wie ein spannender Abenteuerroman, der einen nicht mehr loslässt. Das absolut beste Buch zu dieser Thematik.

Löwe, B.: Kulturschock Russland, Bielefeld 2007, 240 S. Viele auch in der Transsibirischen Eisenbahn hilfreiche Informationen für die mentale Annäherung an Russland.

Meinhardt, Anne u. Olaf: Transsibirische Eisenbahn, München 2008, 192 S. Der neueste Bildband zum Thema auf der Strecke Moskau–Vladivostok.

Pifferi, Emilio: Trans Sibirien. Auf der längsten Bahn der Welt, Augsburg 1996, 239 S. Das Originalbuch stammt zwar bereits aus dem Jahr 1982, doch dank der stimmungsvollen Fotos vom Alltag an der Bahn ist es auch heute noch sehr eindrucksvoll.

Poulsen, John: Die Transsibirische Eisenbahn, Malmö, 1986, 80 S. Ein zwar mittlerweile nicht mehr ganz frisches, aber doch aufgrund seines Schwerpunktes Eisenbahn informatives Buch über Route, Geschichte und das ›rollende Material‹ auf der Transsib.

Rakow, Witali: Russische und sowjetische Dampflokomotiven, Berlin 1986, 328 S. Entlang der Transsib stehen vielerorts noch alte Dampfloks, über die man in diesem Buch dann detaillierte Informationen finden kann. In Russisch gibt es vom selben Autor einen weiteren Band über sowjetische Diesel- und Elektrolokomotiven.

Schmid, Gregor M., Thöns, Bodo: Transsibirische Eisenbahn, Würzburg 2005, 224 S. Aufwendiger Bildband, als Lizenzausgabe auch bei Weltbild erhältlich.

Schmid, Gregor M.: Zarengold, Würzburg, 2007, 116 S. Bildband zur gleichnamigen Transsib-Sonderzugreise

Thöns, Bodo: Die Transsibirische Eisenbahn. Die frühen Jahre 1900–1916, Erfurt 2004, 128 S. Der Bildband enthält viele interessante Fotos u. Karten aus den ›Gründerjahren‹ der Transsib.

Tupper, Harmon: To the great ocean, Boston, 1965, 536 S. Heute gilt das Buch bereits als Klassiker zur Geschichte der Transsib und Sibiriens. Auf dem Weg zum ›Großen Ozean‹ zieht das Buch Parallelen zur Eroberung des amerikanischen Westens.

Urbansky, Sören: Kolonialer Wettstreit. Russland, China, Japan und die Ostchinesische Eisenbahn, Frankfurt, 2009, 263 S. Interessante Darstellung zur Geschichte der Ostchinesichen Eisenbahn.

Woebke, Petra: Die Transsibirische Eisenbahn, Luzern 2003. Aufwendiger Bildband.

Xiaobiao, Zhou u.a.: Die Lokomotiven der chinesischen Eisenbahnen, Basel-Stuttgart 1987, 196 S. Ein umfassender Überblick über die Eisenbahngeschichte Chinas.

Zabel, Eugen: Auf der sibirischen Bahn nach China, Berlin 1904 bzw. Stuttgart 2003. Mit der Eisenbahn 1903 von Berlin nach Schanghai – einer der ersten Reiseberichte über die Transsib (→ S. 397).

Reiseführer

Häring, Volker, Hauser, Francoise: China, Trescher Verlag Berlin 2010, 545 S. Umfangreicher Reiseführer, der nicht nur Reiseziele in ganz China vorstellt, sondern auch eine sympathische Annäherung an die oft fremd erscheinende chinesische Kultur bietet.

Häring, Volker, Hauser, Francoise: Beijing und Shanghai, Trescher Verlag Berlin 2008, 432 Seiten. Ausführliche Informationen über die beiden aufregendsten Städte Chinas.

Knop, Doris: Transsib, Bielefeld, 2011, 372 S. Doris Knop schrieb 1985 den ersten deutschen Transsib-Reiseführer und legt seit 2003 eine kompakte und informative Aktualisierung – mit allerdings etwas zu vielen Bezügen zum Reiseveranstalter Doris Knop – vor.

Richmond, Simon: Trans-Siberian Railway, Melbourne 2009, 384 S. Lonely Planet hat das Thema Transsib recht spät entdeckt und bleibt auch mit der 2. Auflage eindeutig hinter Bryn Thomas zurück.

Wisotzki, M., Käppeli, E., von Waldenfels E.: Mongolei. Trescher Verlag Berlin 2010. 408 S. Aktueller und umfassender Reiseführer über die gesamte Mongolei.

Thomas, Bryn: Trans-Siberian Handbook, Hindhead 2011, 512 S. In der 8. Auflage seit 1988 der beste englische Führer für Transsib-Reisen.

Thöns, Bodo: Den Baikalsee entdecken, Trescher Verlag Berlin 2007, 326 S. Eine sinnvolle Ergänzung zum vorliegenden Buch für alle, die einen längeren Aufenthalt am Baikalsee planen.

Belletristik

Akunin, Boris: Die diamantene Kutsche: Fandorin ermittelt, Berlin, 2006, 745 S. Russlands neuer Kultdetektiv aus der Zarenzeit verhindert 1904 zwei Anschläge auf der Transsib.

Bujko, Miroslaw: Der goldene Zug, München, 2007, 540 S. Historischer Abenteuerroman aus dem Russland des Jahres 1918.

Cendrars, Blaise: Die Prosa von der Transsibirischen Eisenbahn und der Kleinen Jehanne von Frankreich, Basel 1998, 76 S. Neu editierte zweisprachige (französisch-deutsch) Ausgabe.

Iwanow, Wsjewolod: Panzerzug 14-69, Leipzig, 1954, 128 S. Die Handlung spielt in den Wirren des Bürgerkrieges nach 1917 in Sibirien.

Jaspers, Susanne: Der Duschenkrieg, Luxemburg, 2010, 210 S. Spießerprioritäten im touristischen Sonderzug Beijing–Moskau.

Konsalik, Heinz: Transsibirien-Express, München 2000, 281 S. Konsalik eben, wird auch durch unzählige Neuauflagen und als Hörbuch nicht besser.

Makine, Andrej: Die Liebe am Fluss Amur, Hamburg 1998, 252 S. Der aus Sibirien stammende Autor lebt heute in Frankreich und beschreibt sehr originell seine Jugenderfahrungen unter dem Einfluss von Belmondo-Filmen in den 1970er Jahren in einem Dorf am fernöstlichen Strom Amur (→ S. 287).

DVD, Video

Transsibirische Eisenbahn, Welt Weit – Lust auf Reisen, Komplett Video, 2006, 90 Minuten (DVD).

Abenteuer Transsib, Mit der Transsibirischen Eisenbahn von Wladiwostok nach Moskau, Gera Mond, München, 2005, 60 Minuten (DVD).

Transsibirische Eisenbahn. Die schönsten Reiseziele, AVU, München, 2005, 45 Minuten (DVD).

Transsibirien-Express. Moskau–Wladiwostok. Mit Dampf-Einsätzen. Rio-Grande, Freiburg, 1994 (VHS).

Trans-Siberia, Reihe: The World's Greatest Train Ride, Sleeve & Design, New York, 1995 (engl.), 55 Minuten (VHS).

Trans-Siberian Rail Journeys, Haysbridge Video, 1997 (engl.), zwei Teile, jeweils 60 Minuten (VHS).

Landkarten und Stadtpläne

Die besten Übersichtskarten sind heute die im Bertelsmann Verlag erschienenen Übersichtskarten **Russland West** und **Russland Ost** (Maßstab 1:4 Millionen, Ortsregister).

In einem Stück gibt es aus Kanada von International Travel Maps mit englischer Beschriftung die Karte Russia im Maßstab 1:6 Millionen.

In Russland erschienen in den letzten Jahren in einer neuen Reihe **Allgemeingeographische Karten der Russischen Föderation** (Общегеографические Карты Российской Федерации) in einheitlicher Aufmachung neue Karten der einzelnen Föderationssubjekte und beendeten damit weitestgehend die sowjetische, höchste Geheimhaltung der eigenen Geographie. Der Maßstab der nur kyrillisch beschrifteten Karten schwankt zwischen 1:500 000 und 1:1,5 Millionen. Es gibt allerdings keine Ortsregister.

Wenn man mit der kyrillischen Schrift Probleme hat, kann man traditionell aber auch auf die bereits zu Sowjetzeiten in den USA erschienen **ONC- und TPC-Flugkarten** zurückgreifen, Maßstab 1:1 Millionen bzw. 1:50000 (www.geomart.com).

Für die Mongolei und China sind die englisch beschrifteten Karten aus dem ungarischen Verlag Gizi Map am besten. Sowohl die Mongolei als auch China in fünf Einzelkarten haben einen Maßstab von 1:2 Millionen.

Stadtpläne beruhen in Russland zumeist auf lokalen Initiativen und sind in sehr unterschiedlicher (manchmal russisch-englisch gehaltener) Aufmachung zumeist nur in den entsprechenden Städten erhältlich. Analog der Karten-Reihe zu den Regionen wurde auch eine Reihe **Städte Russlands** aufgelegt (Карты Городов Росии). Die Beschriftung ist aber nur kyrillisch. Heute gibt es in dieser Reihe zu Städten entlang der Transsib in guter Qualität Pläne von Moskau, Sergeev Posad, Jaroslavl', Kirov, Perm, Ekaterinburg, Tjumen', Čeljabinsk, Novosibirsk, Krasnojarsk, Ulan-Udė, Čita, Birobidžan, Chabarovsk und Vladivostok.

In **Ulaanbaatar** gibt es mehrere Varianten von auf Touristen ausgerichteten Stadtplänen.

In China sind ebenfalls chinesisch-englische Stadtpläne vor Ort erhältlich, wobei aber die Schrift extrem klein ist.

Vor der Reise kann man spezielle Karten bei folgenden Anbietern bekommen:

Buchhandlung Schropp
Hardenbergstraße 9a
10623 Berlin
Tel. 030/2355732-0
www.schropp.de.

Internationales Landkartenhaus GeoCenter
Schockenriedstraße 44
70565 Stuttgart
Tel. 0711/49072210

Buchversand Jürgen Kesting
Geraer Weg 6
21107 Hamburg
Tel. 040/7533565

Der **Internetladen Mapfox** aus Kiel lohnt ebenfalls einen Blick: www.mapfox.de.

Fahrpläne

Richtung von West nach Ost

Fahrplan der Züge Moskau-Irkutsk-Vladivostok

Abfahrtszeiten werden in Russland immer nach Moskauer Zeit [MOZ] angegeben, + 2 h etc. zeigt die Zeitverschiebung zur Moskauer Zeit an. Die Schattierungen geben die Tageswechsel nach Ortszeit an.

Bahn-km	**Bahnhof**	**Zug 2/8***	**Zug 4**	**Zug 20**	**Zug 6 ******	**Zug 26/56**	**Zug 10**
	Abfahrtstage	Ungerade Daten#	Dienstag	Samstag	Mittwoch, Donnerstag	Gerade Daten**	ungerade Daten ***
0	**Moskau Jaroslavskij Voksal** **Москва**	**ab 23:45**	**ab 21:35**	**ab 23:55**	**ab 21:35**	**ab 16:20**	**16:32 ab St. Petersburg**
210	Vladimir Владимир	an 02:29 ab 02:52	an 00:30 ab 00:53	an 02:39 ab 03:02	an 00:30 ab 00:53	an 19:29 ab 19:52	
461	Nižnij Novgorod Нижний Новгород	an 05:34 ab 05:44	an 03:40 ab 03:52	an 05:44 ab 06:10	an 03:40 ab 03:52	an 22:49 ab 23:01	**an 22:13** **ab 22:40** **Babaevo**
917	Kirov Киров	an 11:50 ab 12:05	an 09:44 ab 09:59	an 12:03 ab 12:18	an 09:44 ab 09:59	an 05:17 ab 05:38	an 13:48 ab 14:03
1154	Balezino Балезино	an 15:40 ab 16:03	an 13:27 ab 13:50	an 15:50 ab 16:13	an 13:27 ab 13:50	an 09:06 ab 09:29	an 17:45 ab 18:08
1397	Perm II MOZ + 2 h Пермь II	an 19:48 ab 20:08	an 17:30 ab 17:50	an 19:58 ab 20:18	an 17:30 ab 17:50	an 13:12 ab 13:32	an 20:02 ab 20:22
1778	**Ekaterinburg MOZ +2 h** **Екатеринбург**	**an 01:28** **ab 01:51**	**an 23:10** **ab 23:33**	**an 01:38** **ab 02:01**	**an 23:10** **ab 23:33**	**an 18.53** **ab 19:16**	**an 03:53** **ab 04:30**
2104	Tjumen' MOZ + 2 h Тюмень	an 06:09 ab 06:29	an 03:54 ab 04:14	an 06:19 ab 06:39	an 03:54 ab 04:14	an 00:10 ab 00:30	an 08:54 ab 09:14
2676	**Omsk MOZ + 3 h** **Омск**	**an 13:47** **ab 14:03**	**an 11:24** **ab 11:40**	**an 13:58** **ab 14:14**	**an 11:24** **ab 11:40**	**an 07:37** **ab 08:17**	**an 16:29** **ab 17:02**
3000	Barabinsk MOZ + 3 h Барабинск	an 17:59 ab 18:38	an 15:26 ab 15:49	an 18:07 ab 18:30	an 15:26 ab 15:49	an 11:49 ab 12:12	an 20:57 ab 21:27
3303	**Novosibirsk MOZ + 3 h** **Новосибирск**	an 22:01 ab 22:20	**an 19:13** **ab 19:32**	**an 21:51** **ab 22:30**	**an 19:13** **ab 19:32**	**an 15:45** **ab 16:20**	**an 00:54** **ab 01:43**
3532	Tajga MOZ + 4 h Тайга	an 01:25 ab 01:27	an 22:35 ab 22:37		an 22:35 ab 22:37	an 20:05 ab 20:30	an 04:43 ab 04:45
3680	Marijnsk MOZ + 4 h Марийнск	an 03:22 ab 03:47	an 00:34 ab 00:59	an 03:44 ab 04:09	an 00:34' ab 00:59	an 22:44 ab 23:09	an 06:40 ab 07:05
3881	Ačinsk 1 MOZ + 4 h Ачинск	an 06:31 ab 06:33		an 06:55 ab 06:57		an 01:55 ab 01:58	an 09:53 ab 09:58
4065	**Krasnojarsk MOZ + 4 h** **Красноярск**	**an 09:16** **ab 09:36**	**an 06:30** **ab 06:50**	**an 09:46** **ab 10:06**	**an 06:30** **ab 06:50**	**an 04:50**	**an 12:44** **ab 13:19**
4344	Ilanskaja MOZ + 4 h Иланская	an 13:45 ab 14:05	an 10:52 ab 10:12	an 14:19 ab 14:39	an 10:52 ab 10:12		an 17:35 ab 17:55
4483	Tajšet MOZ + 4 h Тайшет	an 16:11 ab 13:13					an 20:08 ab 20:13
4647	Nižneudinsk MOZ + 5 h Нижнеудинск	an 18:39 ab 18:51	an 15:42 ab 15:54	an 19:15 ab 19:27	an 15:42 ab 15:54		an 22:39 ab 22:51
4902	Zima MOZ + 5 h Зима	an 22:15 ab 22:40	an 19:17 ab 19:47	an 22:50 ab 23:20	an 19:17 ab 19:47		an 02:31 ab 03:01
5153	**Irkutsk MOZ + 5 h** **Иркутск**	**an 02:30** **ab 02:55**	**an 23:25** **ab 23:50**	**an 02:57** **ab 03:27**	**an 23:25** **ab 23:50**		**an 07:06**
5279	Sljudjanka MOZ + 5 h Слюдянка	an 04:59 ab 05:01	an 02:23 ab 02:25	an 05:31 ab 05:33	an 02:23 ab 02:25		
5609	**Ulan-Udė MOZ + 5 h** **Улан-Удэ**	**an 09:25** **ab 09:50**	**an 07:27** **ab 08:04**	**an 10:01** **ab 10:26**	**an 07:27** **ab 08:04**		
Fortsetzung nächste Seite							

Fortsetzung Moskau–Irkutsk–Vladivostok							
Bahn -km	**Bahnhof**	**Zug 2/8***	**Zug 4**	**Zug 20**	**Zug 6** ****	**Zug 26/56**	**Zug 10**
	Abfahrtstage	Ungerade Daten#	Dienstag	Samstag	Mi, Do	Gerade Daten**	Ungerade Daten
5752	Petrovskij Zavod MOZ + 6 h Петровский Завод	an 11:56 ab 11:58					
5902	Čhilok MOZ + 6 h Чилок	an 14:24 ab 14:43		an 15:05 ab 15:24			
6166	**Čita MOZ + 6 h** **Чита**	**an 19:04** **ab 19:29**		**an 19:46** **ab 20:11**			
7275	Skovorodino MOZ + 6 h Сковородино	an 15:49 ab 15:51		weiter nach Beijing			
7463	Magdagači MOZ + 6 h Магдагачи	an 18:52 ab 19:07					
7777	Svobodnyj MOZ + 6 h Свободный	an 23:30 ab 23:33					
7835	**Belogorsk MOZ + 6 h** **Белогорск**	**an 00:26** **ab 00:56**					
7999	Bureja MOZ + 6 h Бурея	an 03:23 ab 03:25					
8160	Obluč'e MOZ + 7 h Облучье	an 06:00 ab 06:13					
8320	**Birobidžan MOZ + 7 h** **Биробиджан**	**an 08:46** **ab 08:51**					**Zug 6** **Okean**
8493	**Chabarovsk MOZ + 7 h** **Хабаровск**	**an 10:54** **ab 11:24**					**ab 14:00**
8621	Vjazemskaja MOZ + 7 h Вяземская	an 13:17 ab 13:32					
8845	Dal'nerečensk MOZ + 7 h Дельнереченск	an 16:38 ab 16:41					an 18:47 ab 18:49
9019	Spassk-Dal'nij MOZ + 7 h Спасск-Дальний	an 19:09 ab 19:10					
9079	Sibircevo MOZ + 7 h Сибирцево	an 20:01 ab 20:02					
9147	Ussurijsk MOZ + 7 h Уссурийск	an 21:00 ab 21:18					an 22:49 ab 23:04
9226	Ugol'naja MOZ + 7 h Угольная	an 22:32 ab 22:33					an 00:18 ab 00:20
9259	**Vladivostok MOZ + 7 h** **Владивосток**	**an 23:17**					**an 01:00**

Hinweise zum Fahrplan Moskau–Irkutsk–Vladivostok:

Hinweis: wenn zwei ungerade Daten aufeinander folgen, wie 31.7. und 1.8., gibt es folgende Regeln: Zug 2 fährt ab Moskau am 29., 01., 03. usw., also nicht am 31.

* In Ergänzung zu Zug 2 fährt ab Novosibirsk Zug 8 mit gleichen Fahrzeiten an den Tagen, an denen Zug 2 nicht fährt, ab Novosibirsk gibt es daher eine tägliche Verbindung nach Vladivostok.

** Zug 26 (keine 2-Bettabteile) fährt bis Novosibirsk an geraden Daten. Nach einem Monat mit 31 Tagen ist die Abfahrt am 1. anstatt am 2.

Zug 56 fährt bis Krasnojarsk an ungeraden Daten. Nach einem Monat mit 31 Tagen ist die Abfahrt am 2. anstatt am 3.

*** Zug 10 (keine 2-Bettabteile) fährt an ungeraden Daten. Nach einem Monat mit 31 Tagen ist die Abfahrt am 2., 4. und ab 7. wieder an ungeraden Daten.

**** Zug 6 Abfahrt ab Moskau: Sommer 2012 bis 27.09.12. Mittwoch und Donnerstag.

Ab 5.10.11 bis 2.5.12 alle zwei Wochen mittwochs

Ab 13.10.11 bis 08.05.12 donnerstags. Danach wieder Mittwoch und Donnerstag

Fahrplan der Züge Irkutsk–Ulaanbaatar–Beijing

Abfahrtszeiten in Russland nach Moskauer Zeit [MOZ], + 5 h etc. zeigt die Zeitverschiebung zur Moskauer Zeit an. In der Mongolei und in China: Ortszeiten.

Bahn-km ab Moskau	**Bahnhof**	**Zug 4**	**Zug 6**	**Zug 24**	**Zug 362/ Zug 364**
	Abfahrtstage	Ab Irkutsk Sa	Ab Irkutsk So + Mo	Do, ab Mitte Juni bis Mitte Oktober zusätzlich Fr	Täglich Nur 4-Bettabt.
5153	**Irkutsk MOZ + 5 h Иркутск**	**an 23:25 ab 23:50**	**an 23:25 ab 23:50**		**ab 17:15**
5609	Ulan-Udė MOZ + 5 h Улан-Удэ	**an 07:27 ab 08:04**	**an 07:27 ab 08:04**		an 01:19 ab 02:04
5821	Djida MOZ + 5 h Джида	**an 12:08 ab 12:10**	**an 12:08 ab 12:10**		an 07:33 ab 07:53
5864	**Nauški MOZ + 5 h Наушки**	**an 13:08 ab 15:43**	**an 13:08 ab 15:43**		**an 08:43 ab 13:50**
5887	Suchbaatar (mongol. Zeit) Сухбаатар	an 21:30 ab 23:15	an 21:30 ab 23:15		an 19:36 ab 21:05
5985	Darchan Дархан	an 00:48 ab 01:05	an 00:48 ab 01:05		an 23:05 ab 23:40
6094	Suun-Charaa Зуун хараа	an 03:15 ab 03:40	an 03:15 ab 03:40		an 02:14 ab 02:50
6266	**Ulaanbaatar Улаанбатаар**	**an 06:30 ab 07:15**	**an 06:30**	**ab 07:15**	**an 06:10**
6513	Čoyr Чоур	an 11:33 ab 11:53		an 11:33 ab 11:53	
6740	Sajnšand Сайншанд	an 15:06 ab 15:33		an 15:00 ab 15:33	
6770	Zamin Uud Замин ууд	an 19:10 ab 20:35		an 19:10 ab 20:35	
6780	Erlian (Chin. Zeit)	an 21:00 ab 00:57		an 21:00 ab 00:57	
6940	Jining (chin Zeit)	an 05:47 ab 05:56		an 05:47 ab 05:56	
7240	Datong (chin Zeit)	an 07:59 ab 00:11		an 07:59 ab 08:11	
7622	Beijing (Peking)	an 14:04		an 14:04	

Fahrplan des Zuges Irkutsk–Beijing

Abfahrtszeiten werden in Russland immer nach Moskauer Zeit [MOZ] angegeben, + 2 h etc. zeigt die Zeitverschiebung zur Moskau Zeit an. Die Schattierungen geben die Tageswechsel nach Ortszeit an.

Bahn-km	Bahnhof	Zug 20
(von Moskau)	**Abfahrtstag**	Ab Irkutsk Mittwoch
5153	**Irkutsk MOZ + 5 h** **Иркутск**	**an 02:57** **ab 03:27**
5609	Ulan-Udė MOZ + 5 h Улан-Удэ	an 10:01 ab 10:26
6166	Čita MOZ + 6 h Чита	an 19:46 ab 20:11
6509	Borzja MOZ + 6 h Борзя	an 04:14 ab 04:34
6626	**Zabajkal'sk MOZ + 6 h** **Забайкальск**	**an 11:33** **ab 14:06**
6638	Manzhouli (ab hier chin. Zeit)	an 22:46 ab 00:11
6733	Hailaer	an 02:17 ab 02:25
6973	Boketu	an 05:19 ab 05:25
7373	Daqing	an 10:27 ab 10:31
7573	**Harbin**	**an 12:23** **ab 12:52**
8120	**Shenyang**	**an 19:18** **ab 19:33**
8211	Jinzhou	an 22:11 ab 22:16
8311	Shanhaiguan	an 00:14 ab 00:22
8561	Tianjin	an 03:40 ab 04:00
8961	**Beijing/Peking**	**an 05:32**

Richtung von Ost nach West

Fahrplan der Züge Beijing–Ulaanbaatar–Irkutsk

Abfahrtszeiten werden in Russland immer nach Moskauer Zeit [MOZ] angegeben, + 2 h etc. zeigt die Zeitverschiebung zur Moskauer Zeit an. Die Schattierungen geben die Tageswechsel nach Ortszeit an.

Bahn-km	Bahnhof	Zug 3	Zug 5	Zug 23	Zug 361/363
Ab Peking	**Abfahrtstage**	Mittwoch	Dienstag* + Freitag	Dienstag und Samstag	Täglich, nur 4-Bettabt.
	Beijing/Peking	**ab 07:45**		**ab 07:45**	
382	Datong	an 13:51 ab 14:15		an 13:51 ab 14:15	
682	Cszininnan	an 16:03 ab 16:09		an 16:03 ab 16:09	
842	Erlian Grenzbahnhof	an 20:37 ab 23:59		an 20:37 ab 23:59	
852	Zamin Uud Grenzbahnhof Замин уyд	an 00:25 ab 01:40		an 00:25 ab 01:40	
882	Saynshand	an 05:21 ab 05:41		an 05:21 ab 05:41	
1109	Čoyr Чоур	an 09:04 ab 09:19		an 09:04 ab 09:19	
1356	**Ulaanbaatar** **Улаанбатаар**	**an 13:20** **ab 13:50**	**ab 13:50**	**an 13:20**	**ab 21:10**
1528	Suun-Charaa Зуун хараа	an 16:50 ab 17:05	an 16:50 ab 17:05		**an 00:30** **ab 00:45**
1637	Darchan Дархан	an 19:15 ab 19:20	an 19:15 ab 19:25		an 03:15 ab 03:30
1940	Suchbaatar (mongol. Zeit) Сухбаатар Grenzbahnhof	an 20:50 ab 22:05	an 20:50 ab 22:05		an 05:35 ab 10:40
1735	**Nauški MOZ + 5 h** **Наушки**	**an 17:14** **ab 22:31**	**an 17:30** **ab 22:31**		**an 06:44** **ab 11:50**
1801	Djida MOZ + 5 h Джида	an 23:13 ab 23:15	an 23:13 ab 23:15		an 12:47 ab 12:57
	Guzinoe Ozero MOZ + 5 h Гусиное Озеро				an 14:07 ab 14:09
2013	Ulan-Udė MOZ + 5 h Улан-Удэ	an 02:39 ab 03:09	an 02:39 ab 03:09		an 18:02 ab 18:47
2343	Sljudjanka MOZ + 5 h Слюдянка	an 08:10 ab 08:12	an 08:10 ab 08:12		Ab 00.25 An 00.40
2469	**Irkutsk MOZ + 5 h** **Иркутск**	**an 10:40** **ab 11:05**	**an 10:40** **ab 11:05**		**an 02:52**

Anhang

Fahrplan der Züge Beijing–Harbin–Irkutsk

Abfahrtszeiten werden in Russland immer nach Moskauer Zeit [MOZ] angegeben, + 2 h etc. zeigt die Zeitverschiebung zur Moskauer Zeit an. Die Schattierungen geben die Tageswechsel nach Ortszeit an.

Bahn-km	**Bahnhof**	**Zug 19**
Ab Peking	**Abfahrtstag**	Sonnabend
	Peking	**ab 23:00**
400	Tianjin	an 00:32 ab 00:38
650	Shanhaiguan	an 03:55 ab 04:01
750	Jinzhou	an 05:59 ab 06:03
841	**Shenyang**	**an 08:35 ab 08:55**
1388	**Harbin**	**an 14:49 ab 15:10**
1588	Daqing	an 16:54 ab 17:02
1988	Boketu	an 22:08 ab 22:14
2188	Khajlar	an 01:15 ab 01:23
2323	Manzhouli Grenzbahnhof	an 03:27 ab 07:01
2335	**Zabajkal'sk MOZ + 6 h Забайкальск**	**an 03:42 ab 09:57**
2452	Borzja MOZ + 6 h Борзя	an 12:41 ab 13:01
2795	Čita MOZ + 6 h Чита	an 21:25 ab 21:50
3352	Ulan-Udė MOZ + 5 h Улан-Удэ	an 06:52 ab 07:17
3682	Sljudjanka 1 MOZ + 5 h Слюдянка	an 11:44 ab 11:46
	Irkutsk MOZ + 5 h Иркутск	**an 13:52 ab 14:22**

Fahrplan der Züge Vladivostok–Irkutsk–Moskau

Abfahrtszeiten werden in Russland immer nach Moskauer Zeit [MOZ] angegeben, + 2 h etc. zeigt die Zeitverschiebung zur Moskauer Zeit an. Die Schattierungen geben die Tage nach Ortszeit an.

Bahn-km	Bahnhof	Zug 1	Zug 5 Okean
Ab Vladivostok	Abfahrtstage	Gerade#.	täglich
0	**Vladivostok MOZ + 7 h** **Владивосток**	**ab 15:30**	**ab 14:30**
33	Ugol'naja MOZ + 7 h Угольная	an 16:09 ab 16:11	an 15:08 ab 15:10
112	Ussurijsk MOZ + 7 h Уссурийск	an 17:26 ab 17:44	an 16:23 ab 16:38
180	Sibircevo MOZ + 7 h Сибирцево	an 18:44 ab 18:46	an 17:35 ab 17:37
240	Spassk-Dal'nij MOZ + 7 h Спасск-Дальний	an 19:47 ab 19:49	an 18:29 ab 18:31
415	Dal'nerečensk MOZ + 7 h Дельнереченск	an 22:20 ab 22:22	an 20:43 ab 20:44
639	Vjazemskaja MOZ + 7 h Вяземская	an 01:39 ab 01:54	
767	**Chabarovsk MOZ + 7 h** **Хабаровск**	**an 03:55** **ab 04:25**	**an 01:30**
940	**Birobidžan MOZ + 7 h** **Биробиджан**	**an 06:31** **ab 06:34**	
1100	Obluč'e MOZ + 7 h Облучье	an 09:09 ab 09:24	
1261	Bureja MOZ + 6 h Бурея	an 12:06 ab 12:08	
1425	**Belogorsk MOZ + 6 h** **Белогорск**	**an 14:35** **ab 15:05**	
1483	Svobodnyj MOZ + 6 h Свободный	an 15:57 ab 16:00	
1797	Magdagači MOZ + 6 h Магдагачи	an 20:27 ab 20:42	
1985	Skovorodino MOZ + 6 h Сковородино	an 23:13 ab 23:45	
2384	Mogoča MOZ + 6 h Могоча	an 07:09 ab 07:24	
2705	Černyševsk MOZ + 6 h Чернышевск	an 12:46 ab 13:16	
3094	**Čita MOZ + 6 h** **Чита**	**an 20:21** **ab 20:46**	
3358	Čilok MOZ + 6 h Чилок	**an 00:58** **ab 01:13**	
3508	Petrovskij Zavod MOZ + 6 h Петровский Завод	an 03:39 ab 03:41	
3651	**Ulan-Udė MOZ + 5 h** **Улан-Удэ**	**an 05:56** **ab 06:21**	
3981	Sljudjanka MOZ + 5 h Слюдянка	an 10:56 ab 10:58	
	Fortsetzung nächste Seite		

Fortsetzung Vladivostok–Irkutsk–Moskau							
Bahn-Km	**Bahnhof**	**Zug 1**	**Zug 3**	**Zug 19**	**Zug 5**	**Zug 55 / 25**	**Zug 9**
ab Vladivostok		Von	Von	Von	Von	**Zug 55 ab Krasnojarsk**	**Irkutsk–St. Petersburg**
		Vladivostok	Beijing	Beijing	Ulaanbaatar	Gerade	Ungerade
		Ab Irkutsk	**Ab Irkutsk**	**Ab Irkutsk**	**ab Irkutsk** Mittwoch+	**Zug 25 ab Novosibirsk** Keine 2-Bettabteile	
		Ungerade#	Freitags	Dienstag	Samstag	Gerade	
4107	**Irkutsk MOZ + 5 h Иркутск**	**an 13:12 ab 13:47**	**an 10:40 ab 11:05**	**an 13:52 ab 14:22**	**an 10:40 ab 11:05**		**ab 15:10**
4238	Čeremčovo MOZ + 5 h Черемчово		-	-	-		an 17:25 ab 17:27
4358	Zima MOZ + 5 h Зима	an 17:44 ab 18:14	an 14:42 ab 15:12	an 17:59 ab 18:29	an 14:42 ab 15:12		an 19:15 ab 19:45
4497	Tulun MOZ + 5 h Тулун	an 20:11 ab 20:13	-		-		an 21:48 ab 21:50
4613	Nižneudinsk MOZ + 5 h Нижнеудинск	an 21:52 ab 22:04	an 18:46 ab 18:58	an 22:03 ab 22:15	an 18:46 ab 18:58		an 23:29 ab 23:41
4777	Tajšet MOZ + 4 h Тайшет	an 00:37 ab 00:56	-	-	-		an 02:14 ab 02:19
5195	**Krasnojarsk MOZ + 4 h Красноярск**	**an 07:37 ab 07:57**	**an 03:54 ab 04:14**	**an 07:27 ab 07:47**	**an 03:54 ab 04:14**	**ab 18:32**	an 09:03 ab 09:38
5379	Ačinsk 1 MOZ + 4 h Ачинск	an 10:44 ab 10:47	-	an 10:34 ab 10:36	-	an 21:19 ab 21:22	an 12:25 ab 12:28
5447	Bogotol MOZ + 4 h Боготол	an 11:47 ab 11:49	-	-	-	an 22:22 ab 22:24	an 13:28 ab 13:30
5580	Marijnsk MOZ + 4 h Марийнск	an 13:42 ab 14:07	an 09:55 ab 10:20	an 13:30 ab 13:55	an 09:55 ab 10:20	an 00:17 ab 00:42	an 15:23 ab 15:48
5728	Tajga MOZ + 4 h Тайга	an 16:05 ab 16:07	an 12:18 ab 12:20	-	-	an 02:55 ab 02:58	an 18:07 ab 18:12
5957	**Novosibirsk MOZ + 3 h Новосибирск**	**an 19:21 ab 19:40**	**an 15:53 ab 16:17**	**an 19:11 ab 20:01**	**an 15:58 ab 16:17**	**an 06:21 ab 06:40**	an 21:43 ab 22:24
6260	Barabinsk MOZ + 3 h Барабинск	an 22:54 ab 23:24	an 19:33 ab 19:56	an 23:22 ab 23:45	an 19:33 ab 19:56	an 10:02 ab 10:25	an 02:23 ab 02:55
6584	**Omsk MOZ + 3 h Омск**	**an 03:01 ab 03:17**	**an 23:28 ab 23:44**	**an 03:25 ab 03:41**	**an 23:28 ab 23:44**	**an 14:01 ab 14:45**	an 06:46 ab 07:39
6733	Nazyvaevskaja MOZ + 3 h Называевская	-	-	-	-	-	an 09:12 ab 09:14
7156	Tjumen' MOZ + 2 h Тюмень	an 10:40 ab 11:00	an 06:39 ab 06:59	an 10:50 ab 11:10	an 06:39 ab 06:59	an 21:36 ab 21:56	an 15:19 ab 15:40
7482	**Ekaterinburg MOZ +2 h Екатеринбург**	**an 15:22 ab 15:45**	**an 11:32 ab 11:55**	**an 15:32 ab 15:55**	**an 11:32 ab 11:55**	**an 02:50 ab 03:14**	an 20:58 ab 21:21
7863	Perm II MOZ + 2 h Пермь II	an 21:07 ab 21:16	an 17:21 ab 17:41	an 21:17 ab 21:37	an 17:21 ab 17:41	an 08:56 ab 09:16	an 02:52 ab 03:12
8106	Balezino Балезино	an 01:08 ab 01:31	an 21:22 ab 21:45	an 01:19 ab 01:42	an 21:22 ab 21:45	An 13:06 Ab 13:29	an 07:29 ab 07:52
8343	Kirov Киров	an 04:45 ab 05:00	an 01:03 ab 01:18	an 04:55 ab 05:10	an 01:03 ab 01:18	An 16:50 Ab 17:05	an 11:24 ab 11:44
8799	Nižnij Novgorod Нижний Новгород	an 10:50 ab 11:02	an 06:55 ab 07:10	an 11:00 ab 11:12	an 06:55 ab 07:10	An 23:16 Ab 23:28	an 21:47 ab 22:10 **Vologda**
9050	Vladimir Владимир	an 14:12 ab 14:35	an 10:18 ab 10:41	an 14:22 ab 14:45	an 10:18 ab 10:41	An 02:17 Ab 02:40	an 03.02 ab 03.29 **Babaevo**
9260	**Moskau Jaroslavskij Voksal Москва**	**an 17:43**	**an 13:58**	**an 17:58**	**an 13:58**	**an 06:07**	**an 10:00 St. Petersburg**

Hinweise zum Fahrplan Vladivostok–Irkutsk–Moskau:

wenn zwei ungerade Daten aufeinander folgen, wie 31.7. und 1.8., gibt es folgenden Regeln:

*In Ergänzung zu Zug 1 fährt ab Vladivostok bis Novosibirsk Zug 7 mit gleichen Fahrzeiten an ungeraden Daten

Zug 1 fährt ab Vladivostok nicht am 2.; 4. und 6. , dafür am 01.,03., 05. usw.

Zug 7 fährt ab Vladivostok nicht am 1., 3, und 5., dafür am 2. und 4. des Monats ab.

Zug 9 fährt ab Irkutsk nach Monaten mit 31 Tagen nicht am 1. des folgenden Monats ab

* Zug 5, Abfahrt ab Ulaanbaatar dienstags und freitags um 13.50, ab 7.10.2011 dann im Wechsel freitags und dienstags bis Mai 2012, danach wieder dienstags und freitags.

* Zug 23, bis 29.05.2012 dienstags, ab 9.06.2012 dann Samstag bis Ende Mai 2013, ab Mitte Juni 2012 bis Mitte Oktober 2012 Zusatz-Zug mit Abfahrt Dienstag.

Fahrkarten

Legende zur russischen Fahrkarte

A Zugnummer
B Abfahrt (Datum, Uhrzeit)
C Waggon (Nummer, Typ)
  Л – 2-Bett SV
  М – 4-Bett SV
  К – 4-Bett-Coupé
  П – Platzkarten Coupé
  О – nur Sitzplätze
D Preis (Fahrkarte, Platzkarte)
E Personenanzahl
F Kategorie
  полный – Erwachsener
  детский – Kind
  студентеский – Student
G Abfahrtsort, Ankunftsort
H Platz-, Bettnummer
I Ausweis-, Paßnummer, Name des Passagiers
J Preis insgesamt
K Ankunft (Datum, Uhrzeit)

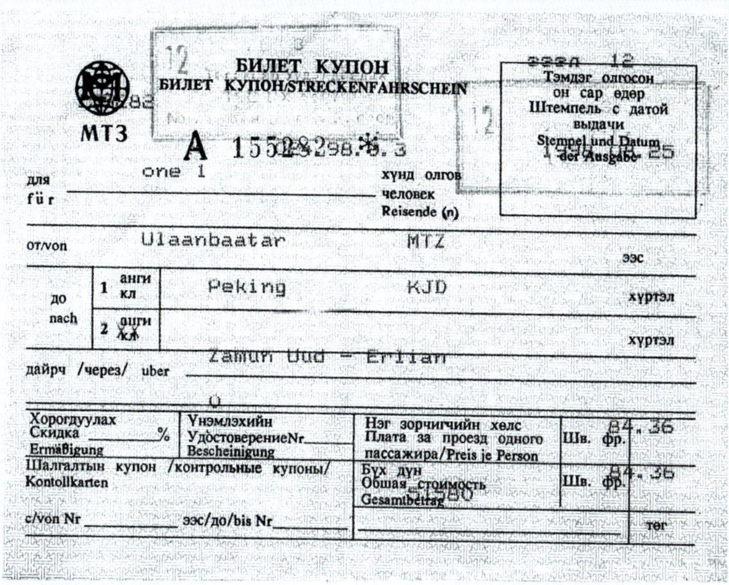

МТЗ

БИЛЕТ КУПОН
БИЛЕТ КУПОН/STRECKENFAHRSCHEIN

A 155282 298.8.3

Тэмдэг олгосон он сар өдөр
Штемпель с датой выдачи
Stempel und Datum der Ausgabe
1998.08.25

для für: one 1 — хүнд олгов человек Reisende (n)

от/von: Ulaanbaatar MTZ — ээс

до nach: 1 анги кл — Peking KJD — хүртэл
2 анги кл — хүртэл

дайрч /через/ uber: Zamun Uud – Erlian

Хорогдуулах Скидка ___% Ermäßigung	Үнэмлэхийн Удостоверение Nr Bescheinigung	Нэг зорчигчийн хөлс Плата за проезд одного пассажира/Preis je Person	Шв. фр. 84.36
Шалгалтын купон /контрольные купоны/ Kontollkarten		Бүх дүн Общая стоимость Gesamtbetrag 51580	Шв. фр. 84.36
с/von Nr	ээс/до/bis Nr		төг

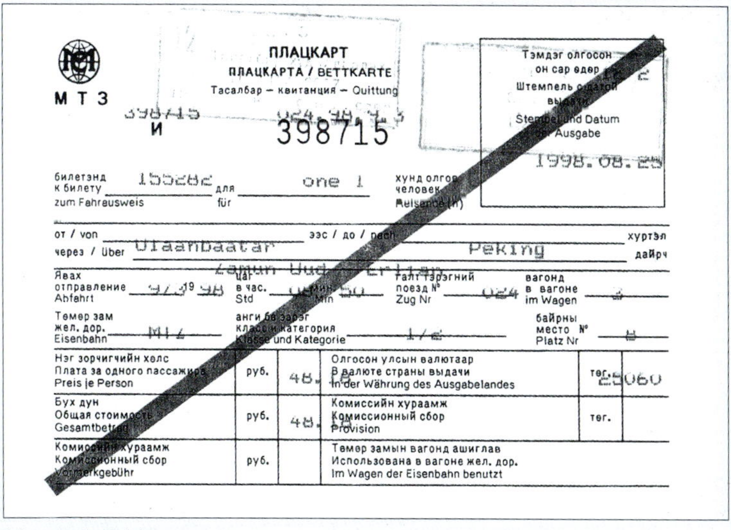

М Т З

ПЛАЦКАРТ
ПЛАЦКАРТА / BETTKARTE
Тасалбар – квитанция – Quittung

И 398715

Тэмдэг олгосон он сар өдөр
Штемпель с датой выдачи
Stempel und Datum der Ausgabe
1998.08.25

билетэнд к билету zum Fahrausweis: 155282 — для für: one 1 — хүнд олгов человек Reisende (n)

от / von: Ulaanbaatar — ээс / до / nach: Peking — хүртэл

через / über: Zamun Uud – Erlian — дайрч

Явах отправление Abfahrt: 19 98 — цаг в час. Std — мин Min: 50 — галт тэрэгний поезд № Zug Nr: 024 — вагонд в вагоне im Wagen

Төмөр зам жел. дор. Eisenbahn: MTZ — анги ба зэрэг класс и категория Klasse und Kategorie: 1/2 — байрны место № Platz Nr

Нэг зорчигчийн хөлс Плата за одного пассажира Preis je Person	руб.	48.18	Олгосон улсын валютаар В валюте страны выдачи In der Währung des Ausgabelandes	төг.	25060
Бүх дүн Общая стоимость Gesamtbetrag	руб.	48.18	Комиссийн хураамж Комиссионный сбор Provision	төг.	
Комиссийн хураамж Комиссионный сбор Vormerkgebühr	руб.		Төмөр замын вагонд ашиглав Использована в вагоне жел. дор. Im Wagen der Eisenbahn benutzt		

Mongolische Fahrkarte

Anhang

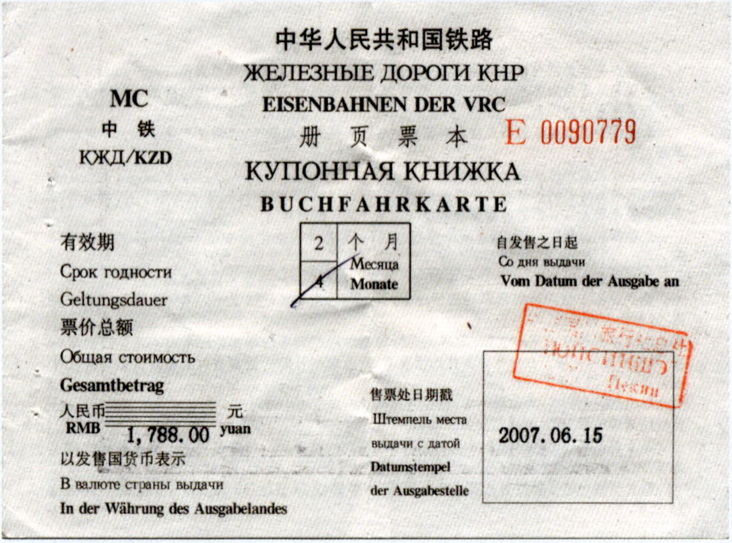

中华人民共和国铁路
ЖЕЛЕЗНЫЕ ДОРОГИ КНР
EISENBAHNEN DER VRC
册 页 票 本 E 0090779
КУПОННАЯ КНИЖКА
BUCHFAHRKARTE

MC
中 铁
КЖД/KZD

有效期
Срок годности
Geltungsdauer

2	个 月
4	Месяца Monate

自发售之日起
Со дня выдачи
Vom Datum der Ausgabe an

票价总额
Общая стоимость
Gesamtbetrag
人民币 RMB 1,788.00 元 yuan
以发售国货币表示
В валюте страны выдачи
In der Währung des Ausgabelandes

售票处日期戳
Штемпель места выдачи с датой
Datumstempel der Ausgabestelle
2007.06.15

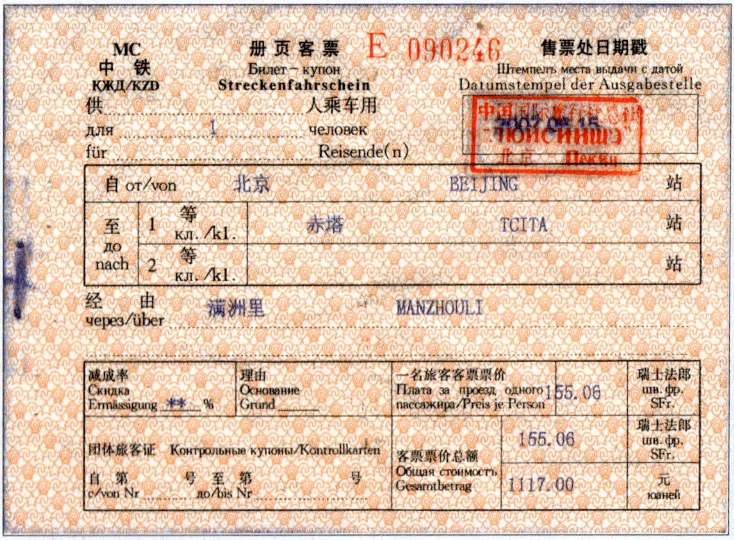

MC
中 铁
КЖД/KZD

册页客票 E 090246
Билет – купон
Streckenfahrschein

售票处日期戳
Штемпель места выдачи с датой
Datumstempel der Ausgabestelle
2007.06.15

供 / для / für 1 人乘车用 / человек / Reisende(n)

自 от/von		北京	BEIJING	站
至 до nach	1 等 кл./kl.	赤塔	TCITA	站
	2 等 кл./kl.			站

经由 через/über 满洲里 MANZHOULI

减成率 Скидка Ermässigung ** %	理由 Основание Grund	一名旅客客票票价 Плата за проезд одного пассажира/Preis je Person	155.06	瑞士法郎 шв. фр. SFr.
团体旅客证 Контрольные купоны/Kontrollkarten		客票票价总额 Общая стоимость Gesamtbetrag	155.06	瑞士法郎 шв. фр. SFr.
自第 号至第 号 с/von Nr до/bis Nr			1117.00	元 юаней

Chinesische Fahrkarte

Formulare

VISUMANTRAG

ACHTUNG! Bitte mit Kugelschreiber in Blockschrift oder am PC ausfüllen

Bitte mit Kugelschreiber in Blockschrift oder am PC ausfüllen Ich bestätige, daß meine Angaben richtig und vollständig sind. Im Übrigen nehme ich zur Kenntnis, daß jegliche unrichtige oder irreführende Angaben zur Verzicht auf die Ausstellung des Visums sowie anderen in der russischen Gesetzgebung verankerten Maßnahmen führen können. Ich verpflichte mich während der Gültigkeitdauer des Visums die Russische Föderation zu verlassen. Mir ist bekannt, daß der Besitz des Visums unmittelbar die Einreise in die Russische Föderation noch nicht gewährleistet. Falls mir die Einreise verweigert wird, wird meinerseits die Frage über die möglichen Entschädigungen nicht gestellt.

1. Staatsangehörigkeit (Im Falle eines vorherigen Besitzes der Staatsangehörigkeit der UdSSR oder Russlands sind Gründe und Datum für deren Abgabe anzugeben)

7. Zweck der Reise

8. Kategorie, Art des Visums

2. Familienname (gemäß dem Reisepass)

9. Anzahl der Einreisen

1 ☐ 2 ☐ Mehrmalig ☐

3. Vorname (Vornamen) (gemäß dem Reisepass)

10. Datum der Einreise in Russland (TT/MM/JJ)

11. Datum der Ausreise aus Russland (TT/MM/JJ)

4. Geburtsdatum (TT/MM/JJ)

5. Geschlecht M ☐ W ☐

6. Passnummer

Ausgestellt am (TT/MM/JJ) **Gültig bis** (TT/MM/JJ)

12. Wie oft waren Sie in Russland?

Datum Ihrer letzten Reise nach Russland? (TT/MM/JJ)

Von bis

13. Zu welcher Dienststelle? (für Touristen – Benennung und Referenznummer des einladenden Reisebüros), für Geschäftsvisa – Benennung der einladenden Dienststelle, Stadt, für einen privaten Aufenthalt – Name, Vorname sowie Adresse der einladenden Person)

14. Reiseroute (Ortschaften)

15. Besitzen Sie den Nachweis über die in Russland gültige Krankenversicherung?

ja ☐ Art des Nachweises nein ☐

16. Mitreisende Kinder unter 16 Jahren sowie andere in Ihren Reisepass eingetragenen Verwandte, die Sie begleiten : nein ☐ ja ☐

Familienname, Vorname, Geburtsdatum (TT/MM/JJ), **ständiger Wohnort**

Foto

Ich bin einverstanden, daß meine persönliche Angaben zwecks Beschlußfassung über die Ausstellung des Visums elektronisch bearbeitet und übertragen werden.

Datum (TT/MM/JJ), **Eigenhändige Unterschrift**

17. Andere Namen, Vornamen (vor der Eheschließung, Decknamen, Ordens – und Künstlernamen)

18. Adresse Ihres ständigen Wohnsitzes, Telefonnummer, Faxnummer, E-Mail

19. Geburtsort (falls in Russland geboren, bitte angeben wann und in welches Land ausgewandert)

20. Ort Ihrer beruflichen Tätigkeit oder Studiums, Dienststelle (Benennung, Adresse, Telefon – und Faxnummer, E-Mail)

21. Ihre Verwandte zur Zeit in Russland? (Name, Vorname, Verwandtschaftsgrad, Geburtsdatum ständiger Wohnsitz)

Antrag für ein russisches Visum. Zusätzlich muß ein Formular für die Krankenversicherung ausgefüllt werden, es kann zusammen mit einer Liste der akzeptierten Versicherungsunternehmen unter www.russische-botschaft.de heruntergeladen werden.

VISUMSANTRAG
für die Einreise in die Mongolei

Application for Mongolian Visa

Foto

1.	**Name, Vorname; Geschlecht** Full name, sex	
2.	**Staatsangehörigkeit, Geburtsdatum** Citizenship, date of birth	
3.	**Art, Nr. und Gültigkeitsfrist des Reisedokuments (Pass)** Type, number, validity of passport	
4.	**Anschrift des Wohnsitzes, Telefon-Nr. für Rückfragen** Permanent address, phone number	
5.	**Datum der Einreise in die Mongolei, Transportmittel** Date of arrival , means of Transport	
6.	**Zweck und Dauer des Aufenthaltes in der Mongolei** Purpose and duration of stay in Mongolia	
7.	**Bisherige Aufenthalte in der Mongolei** Previous stays in Mongolia	
8.	**Empfangende oder zuständige Einrichtung bzw. Person in der Mongolei, Anschrift** Receiving and responsible authority or person in Mongolia, address	
9.	**Angaben zu mitreisenden Kindern** Details of accompanying children	
10.	**Bezahlung der Visumsgebühr** (in bar oder per Überweisung*)	

Unterschrift
Signature…………………………… Ort, Datum
Place, date ……………………………

Виз олгосон үндэслэл	
Ямар ангиллын визийг хэдий хугацаагаар	
Визийн зориулалт, визийн ялгаа	
Хураамж	
Мөнгө хүлээн авагч	

***Bankverbindung der Botschaft der Mongolei**: Deutsche Bank AG
Konto-Nr.: 0794933 BLZ: 100 700 00
Verwendungszweck: Name Visumsgebühr

Antrag für ein mongolisches Visum

中华人民共和国签证申请表
Antrag auf Erteilung eines Visums zur Einreise in die Volksrepublik China

请逐项在空白处用中文或外文印刷体填写，或在□打×选择。
Bitte füllen Sie das Formular auf Chinesisch, Deutsch oder Englisch leserlich in Druckschrift aus.
Kreuzen Sie bei □ die zutreffende Option an!

一、关于你本人的信息 / Teil 1. Persönliche Daten

1.1 外文姓名 / Name(n) 姓 / Familienname(n):	中间名 / Zweiter Vorname:	照片 / Lichtbild 请将一张近期正面免冠、浅色背景的彩色护照照片粘贴于此。 Bitte kleben Sie hier ein aktuelles Passbild mit weißem Hintergrund auf!
名 / Vorname(n):	1.2 性别 / Geschlecht: □ 男 / männlich □ 女/weiblich	
1.3 中文姓名 / Chinesischer Name bei der Geburt:	1.4 现有国籍 / Derzeitige Staatsangehörigkeit:	
1.5 别名或曾用名 / Sonstiger od. früherer Name:	1.6 曾有国籍 / Frühere Staatsangehörigkeit:	
1.7 出生日期 / Geburtsdatum (JJ-MM-TT):	1.8 出生地点（国、省/市）/ Geburtsort und -land:	

1.9 护照种类 / Art des Passes	□ 外交 / Diplomatenpass □ 公务、官员 / Dienstpass □ 普通 / Reisepass □ 其他证件(请说明) /Anderes Reisedokument (bitte nähere Angaben):
1.10 护照号码 / Passnummer:	1.11 签发日期 / Ausstellungsdatum (JJ-MM-TT):
1.12 签发地点（省/市及国家）/ Ausgestellt durch:	1.13 失效日期 / Gültig bis (JJ-MM-TT):

1.14 当前职业（可多选）/ Derzeitige berufliche Tätigkeit(en):

- □ 商人 / Geschäftsmann
- □ 教师、学生 / Lehrkraft, Student od. Schüler
- □ 政府官员 / Beamter
- □ 乘务人员 / Crew-Mitglied (Flugzeug, Zug od. Schiff)
- □ 宗教人士 / Geistlicher
- □ 议员 / Parlamentarier, Abgeordneter od. Senator
- □ 其他 (请说明) / Sonstiges (bitte nähere Angaben):
- □ 新闻从业人员 / Journalist od. Redakteur

二、你的赴华旅行 / Teil 2. Ihre Reise nach China

2.1 申请赴中国主要事由（可多选）/ Reisezweck(e):

- □ 旅游 / Tourist
- □ 探亲 / Besuch von Familienangehörigen od. Freunden
- □ 商务 / Geschäftsreise
- □ 过境 / Transit
- □ 留学 / Studium
- □ 商业演出 / Kommerzielle Aufführung (Orchester, Theater...)
- □ 执行乘务 / als Crew-Mitglied
- □ 记者常驻 / als Journalist mit langfristiger Akkreditierung
- □ 记者临时采访 / als Journalist mit kurzfristiger Akkreditierung
- □ 外交官、领事官赴华常驻 / Akkr. Diplomat od. Konsul in China
- □ 官方访问 / Offizieller Besuch
- □ 任职就业 / Arbeitsaufnahme
- □ 其他 (请说明) / Sonstiges (bitte nähere Angaben):

2.2 计划入境次数 / Anzahl der geplanten Einreisen *Die Gültigkeitsdauer berechnet sich ab Visumerteilung.	□ 一次入出境有效（3个月内有效）/ Einmalige Einreise (gültig für 3 Monate) □ 二次入出境有效（3个月内有效）/ Zweimalige Einreise (gültig für 3 Monate) □ 半年内多次入出境有效 / Multi-Einreise (gültig für 6 Monate) □ 一年内多次入出境有效 / Multi-Einreise (gültig für 12 Monate)
2.3 首次可能抵达中国的日期 / Voraussichtl. Ankunftsdatum in China (JJ-MM-TT)	
2.4 预计你一次在华停留的最长天数 / Voraussichtl. Aufenthaltsdauer (Max./Pro Aufenthalt)	Tage
2.5 请按时间顺序列明你访问中国的地点（省及市/县）/ Besuchsort(e) (in der Reihenfolge Ihrer Reise)	
2.6 办理签证通常需要4个工作日，你是否想另交费要求加急或特急服务 / Die normale Bearbeitung dauert 4 Arbeitstage. Bevorzugen Sie eine kostenpflichtige Express-Bearbeitung?	□ 否 / Nein □ 加急（2-3个工作日）/ Abholung in 2-3 Tagen (plus 20 €) □ 特急（1个工作日）/ Abholung am gleichen Tag (plus 30 €)

第1页 共2页 / Seite 1 von 2

Antrag für ein chinesisches Visum

三、你的健康状况及以前的国际旅行 / Teil 3. Ihr Gesundheitszustand und Ihre früheren Auslandsreisen

3.1 你是否曾经被拒绝颁发中国签证？ / Wurde Ihnen ein Antrag auf ein chinesisches Visum abgelehnt?	☐ 否 / Nein ☐ 是 / Ja
3.2 你是否曾经被拒绝进入或被遣送出中国？ / Wurde Ihnen eine Einreise nach China verweigert oder wurden Sie aus China abgeschoben?	☐ 否 / Nein ☐ 是 / Ja
3.3 你在中国或其他国家是否有犯罪记录？ / Sind Sie vorbestraft in China oder in einem anderen Land?	☐ 否 / Nein ☐ 是 / Ja
3.4 你现在是否患有以下任一种疾病？ / Leiden Sie an einer der folgenden Krankheiten? ①精神病 / Geisteskrankheit ②开放性肺结核 / Offene Tuberkulose ③性病 / Geschlechtskrankheit ④感染 HIV 或艾滋病 / HIV Positiv (AIDS) ⑤麻风病 / Aussatz ⑥其他传染性疾病 / Andere Infektionskrankheit	☐ 否 / Nein ☐ 是 / Ja Wenn ja, welche? ____________
3.5 你是否曾经访问中国？ / Waren Sie schon mal in China?	☐ 否 / Nein ☐ 是 / Ja
3.6 对问题 3.1-3.4 选择"是"并不表示你就无资格申请签证，请说明详细情况。 / Die Beantwortung zu Fragen 3.1 bis 3.4 mit „Ja" führt nicht automatisch zur Ablehnung Ihres Antrags. Bitte geben Sie nähere Informationen zu Ihrer Antwort an.	

四、你的联系方式 / Teil 4. Ihre Kontaktdaten

4.1 你的工作单位或学校名称 / Name Ihres Arbeitgebers od. Ihrer Bildungsstätte in Deutschland:	4.2 日间电话 / Ihre Telefonnummer (dienstl.):
4.3 你的工作单位或学校地址 / Ihre Anschrift tagsüber (Büro, Firma, Schule…):	4.4 夜间电话 / Ihre Telefonnummer (privat):
4.5 你的家庭住址 / Ihre Privatanschrift in Deutschland:	4.6 你的电子信箱 / Ihre E-Mail-Adresse:
4.7 在华邀请、联系的单位名称或探亲对象的姓名 / Name der einladenden Person / des einladenden Unternehmens in China:	4.8 联系电话 / Telefonnummer zu 4.7:
4.9 在华邀请、联系的单位名称或探亲对象的地址 / Anschrift zu 4.7:	4.10 电子信箱 / E-Mail-Adresse zu 4.7:

五、其他声明事项 / Teil 5. Sonstige Angaben (z.B. zu 1.14 od. 2.1)
如有其他需要声明事项，请在下面说明。

六、他人代填申请表 / Teil 6. Von einer anderen Person ausgefülltes Antragsformular
如系他人为你填写签证申请表，请其填写以下栏目。 / Wurde dieses Formular von einer anderen Person ausgefüllt, bitte folgenden Teil ausfüllen.

6.1 代填人姓名 / Name der Person, die das Formular ausgefüllt hat:	6.2 与申请人关系 / Beziehung zum Antragsteller:
6.3 代填人地址及电话 / Anschrift und Telefonnummer:	6.4 代填人签名 / Unterschrift:

我已阅读并理解此表所有问题，并对照片及填报内容的真实性和准确性负责。我理解，签证种类、有效期及停留期将由领事决定，任何不实、误导或填写不完整均可能导致签证申请被拒绝或被拒绝进入中国。
Ich habe sämtliche Fragen dieses Antragsformulars durchgelesen und verstanden und meine Angaben nach bestem Wissen und Gewissen richtig und wahrheitsgemäß gemacht. Ich nehme zur Kenntnis, dass die Entscheidung über Art des Visums, Anzahl der Einreisen und Dauer des Aufenthalts bei dem Konsul liegt und eine falsche, irreführende oder unvollständige Angabe die Ablehnung eines Visums bzw. der Einreise zur Folge haben könnte.

申请人签名 / Unterschrift des Antragstellers **日期** / Datum (JJ-MM-TT)

________________ ________________

第 2 页 共 2 页 / Seite 2 von 2

Antrag für ein chinesisches Visum, Rückseite

«A» (Въезд/Arrival)

Российская Федерация Russian Federation

Миграционная карта *Migration Card* **500335044204**

Фамилия/*Surname*

Имя/*Given name*

Отчество/*Patronymic*

Дата рождения/*Date of birth*

День *Day* Месяц *Month* Год *Year*

Пол/*Sex*

Муж/*Male* ☐ Жен/*Female* ☐

№ паспорта/*Passport No.*

Гражданство/*Nationality*

Цель визита/*Purpose of visit:*

Служебная/*Service* ☐ Туризм/*Tourism* ☐

Коммерческая/*Commerce* ☐

Учеба/*Education* ☐ Работа/*Employment* ☐

Частная/*Private* ☐ Транзит/*Transit* ☐

Адрес (организация) в России *Address (host organization) in Russia:*

Срок пребывания/*Term of stay:*

С/*From:* До/*Until:*

Подпись/*Signature:*

Для служебных отметок/*Official use only*

Въезд/*Arrival*

✂ Линия разреза

«B» (Выезд/Departure)

Российская Федерация Russian Federation

Миграционная карта *Migration Card* **500335044204**

Фамилия/*Surname*

Имя/*Given name*

Отчество/*Patronymic*

Дата рождения/*Date of birth*

День *Day* Месяц *Month* Год *Year*

Пол/*Sex*

Муж/*Male* ☐ Жен/*Female* ☐

№ паспорта/*Passport No.*

Гражданство/*Nationality*

Цель визита/*Purpose of visit:*

Служебная/*Service* ☐ Туризм/*Tourism* ☐

Коммерческая/*Commerce* ☐

Учеба/*Education* ☐ Работа/*Employment* ☐

Частная/*Private* ☐ Транзит/*Transit* ☐

Адрес (организация) в России *Address (host organization) in Russia:*

Срок пребывания/*Term of stay:*

С/*From:* До/*Until:*

Подпись/*Signature:*

Для служебных отметок/*Official use only*

Въезд/Arrival Выезд/Departure

Russische Ein- und Ausreisekarte

ARRIVAL CARD — **MONGOLIA Passport Control Service**

Note:
This form is to be filled neatly and checked with passport

Surname:

Givenname:

Date of birth: year month day — Sex: Male ☐ Female ☐

Citizenship: — Passport type & number:

Visa type & number:

Duration of stay in Mongolia:
Up to 30 days ☐ Up to 90 days ☐ Over 90 days ☐

Number of accompanying children ☐ — Children full name:
Citizenship: — Passport type & number:

Purpose of visit:

	Study ☐	Transit ☐
Business ☐	Work ☐	Permanent resident ☐
Tourism ☐	Private ☐	Other ☐

Date of arrival: year month day — Flight/Train No:

Address in Mongolia:

Signature:

Mongolische Einreisekarte

DEPARTURE CARD **MONGOLIA Passport Control Service**

Note:
This form is to be filled neatly and checked with passport

Surname:

Givenname:

Date of birth: year month day Sex: Male ☐ Female ☐

Citizenship: Passport type & number:

Visa type & number:

Duration of stay in Mongolia:
Up to 30 days ☐ Up to 90 days ☐ Over 90 days ☐

Number of accompanying children ☐ Children full name:
Citizenship: Passport type & number:

Date of departure: year month day Flight/Train No:

Signature:

Mongolische Ausreisekarte

外国人入境卡
ARRIVAL CARD

请交边防检查官员查验
For Immigration clearance

姓 Family name ______ 名 Given names ______

国籍 Nationality ______ 护照号码 Passport No. ______

在华住址 Intended Address in China ______ 男 Male ☐ 女 Female ☐

出生日期 Date of birth 年Year 月Month 日Day

入境事由(只能填写一项) Purpose of visit (one only)

签证号码 Visa No. ______

会议/商务 Conference/Business ☐ 访问 Visit ☐ 观光/休闲 Sightseeing/in leisure ☐

签证签发地 Place of Visa Issuance ______

探亲访友 Visiting friends or relatives ☐ 就业 Employment ☐ 学习 Study ☐

航班号/船名/车次 Flight No./Ship's name/Train No. ______

返回常住地 Return home ☐ 定居 Settle down ☐ 其他 others ☐

以上申明真实准确。
I hereby declare that the statement given above is true and accurate.

签名 Signature ______

Chinesische Einreisekarte

外国人出境卡
DEPARTURE CARD

请交边防检查官员查验
For Immigration clearance

姓 Family name ______

名 Given names ______

护照号码 Passport No. ______

出生日期 Date of birth 年Year 月Month 日Day 男 Male ☐ 女 Female ☐

航班号/船名/车次 Flight No./Ship's name/Train No. ______ 国籍 Nationality ______

以上申明真实准确。
I hereby declare that the statement given above is true and accurate.

签名 Signature ______

妥善保留此卡，如遗失将会对出境造成不便。
Retain this card in your possession, failure to do so may delay your departure from China.
请注意背面重要提示。 See the back →

Chinesische Ausreisekarte

Über die Autoren

Hans Engberding (Jahrgang 1952) studierte an der Universität Freiburg Slavistik, Geografie und Nordamerikanistik mit Abschluss Lehramt am Gymnasium. Er ist heute Inhaber der Lernidee Reisen GmbH, Berlin und lebt in Berlin.

Erstmals 1980 mit der Transsibirischen Eisenbahn im Winter unterwegs, reist er heute beruflich etwa fünfmal pro Jahr auf der Route der Transsibirischen Eisenbahn. Seine zwölf Transsib-Reiseleiter sind mit diesem Handbuch unterwegs, ergänzen, erweitern und korrigieren, so dass dieses Werk wirklich aktuell ist.

Bodo Thöns (Jahrgang 1959) studierte und promovierte in Berlin und Moskau. Der Osteuropa-Experte arbeitet im Firmenkundengeschäft der Commerzbank. Nach mehrjährigen Auslandsaufenthalten in Russland und Tschechien lebt er heute in Almaty/Kasachstan. Im Trescher Verlag erschienen von ihm die Reiseführer ›Litauen entdecken‹, ›Sibirien entdecken‹ und ›Den Baikalsee entdecken‹. Zum Thema Transsib veröffentlichte er zudem das ›Transsib-Lesebuch‹ (mit Hans Engberding), den Bildband ›Transsibirische Eisenbahn‹ (mit Gregor M. Schmid), den historischen Bildband ›Die Transsibirische Eisenbahn. Die frühen Jahre (1900–1916)‹ sowie die Neuauflage der historischen Reisebeschreibung ›Trans-Sibirien. Mit der Bahn durch Rußland und China 1903‹ von Eugen Zabel.

Danksagung

Allen unseren mehr oder weniger der Transsib-Fangemeinde zuzuordnenden Freunden und Bekannten, die uns mit Tipps, Informationen und Erfahrungen bei der Vorbereitung dieses Handbuches geholfen haben, möchten wir an dieser Stelle Dank sagen. Stellvertretend seien hier genannt: Tobias Büttner (Berlin), Wang Caifa (Beijing), Christian Fink (Berlin), Esther Flehl (Ingolstadt), Marco Graff (Pulsnitz) Volker Häring (Berlin), Bettina Herrmann (Berlin), Bernd Klaube (Kitzingen), Heike Lawin (Berlin) Ralph Leitloff (Halle/S.), Tatjana Semjagina (Irkutsk), Norbert Schott (Dresden), Sergej Sigačov (St. Petersburg), Igor Šalygin (Tajšet), Heinz Thannheiser (Starnberg), Wolfgang Wehner (Dresden) und Susanne Wunderlich (Berlin).

Bodo Thöns (links) und Hans Engberding

Register

A

B

C

D

T

U

V

W

X

Y

Z

Bildnachweis

Bodo Thöns, außer:
art_zzz/Fotolia.com: 406
Marco Bertram: 228, 292
Karin Beutin: 250
Hans Engberding: 113, 121
Torsten Erdmann: 286
Evgenia/Fotolia.com: 174
Oleg Fedorov/Fotolia.com: 401
kleine-@nja/Fotolia.com: 148
Andrej Kononov: 294, 296
Matthias Krüttgen/Fotolia.com: 128
Pavel Losevsky/Fotolia.com: 132
metlion/Fotolia.com: 129
mikeng/Fotolia.com: 180
Eva Maria Muth: 202
Andreas_Schneider/Fotolia.com: 141
shorty25/Fotolia.com: 131
John Smith: 144
Andreas Strohfeldt: 153, 161, 301
Irina Thöns: 513
Jochen Töpfer: 222, 250
Claudia Quaukies: 192, 263

Titelfoto: Zugschaffernin (Bodo Thöns)
vordere Umschlagklappe: Elektroloks im Bahnhof von Tajšet (Bodo Thöns)
hintere Umschlagklappe: Sonderzug am Baikalsee (Lernidee Reisen)
S. 16/17: Der Sonderzug ›Zarengold‹ in der Wüste Gobi (Bodo Thöns)
S. 48/49: Der alte Bahnhof von Sretensk (Bodo Thöns)
S. 126/127: Der Bahnhof von Krasnojarsk
S. 358/359: Der Express ›Vostok‹ (Osten) in der Steppe (Bodo Thöns)

Kartenlegende

- Bahnhof
- Bank
- Busbahnhof
- Café
- Denkmal
- Fähre
- Flughafen
- Hafen
- Höhle
- Hotel
- Internetcafé
- Kirche
- Markt
- Museum
- Oper
- Post
- Restaurant
- Sehenswürdigkeit
- Theater
- Touristeninformation

- Autobahn
- Autobahn im Bau
- sonstige Straßen
- 243 Straßennummern
- Eisenbahn
- Grenzübergang
- Staatsgrenze
- Hauptstadt
- Stadt/Ortschaft

Kartenregister